AF569557

Langenscheidt
Universal-Wörterbuch

Kroatisch

Kroatisch – Deutsch
Deutsch – Kroatisch

Langenscheidt

Langenscheidt Universal-Wörterbuch Kroatisch

Bearbeitet von: Martina Levačić, Dr. Christiane Wirth

Entwickelt auf der Basis des
Langenscheidt Universal-Wörterbuch Kroatisch

Lexikografische Bearbeitung: Susanne Brudermüller,
Dr. Robert Hammel, Dr. Dunja Melčić,
Mia-Barbara Mader Skender

1. Auflage 2024 (1,02 - 2025)

www.langenscheidt.com

Projektleitung: Ursula Martini
Typgografisches Konzept nach:
KOCHAN & PARTNER GmbH, München
Satz: Claudia Wild, Konstanz
Druck und Bindung: L.E.G.O. S.p.A., Lavis

ISBN 978-3-12-514580-1

Inhalt

Hinweise für die Benutzung

Die Tilde ~ ersetzt das unmittelbar vorangehende Stichwort in den Wendungen und idiomatischen Ausdrücken:

bazẹn M Becken *n* (*a* GEOG), Pool *m*; **pḷivāčkī ~** Schwimmbecken *n*
gut dọbar; *adv* dọbro; **schon ~!** nịšta zạ tō!

Das Genus der Substantive (M, F, N bzw. *m, f, n*) wird grundsätzlich bei allen kroatischen und deutschen Substantiven angegeben. Wortartangaben wie ADJ, PF bzw. *adj, pf* usw. stehen nach dem Stichwort:

putovānje N Reise *f*
modern ADJ mọdēran

Perfektive kroatische Verben werden mit PF bzw. *pf* gekennzeichnet, wenn kein imperfektives Verb dazu exisiert: **zaspati** PF. Imperfektive Verben bleiben unbezeichnet: **hodati**. Verben, die sowohl imperfektiv als auch perfektiv sind, stehen mit dem Hinweis (IM)PF bzw. (*im*)*pf*: **rezervirati** (IM)PF. Perfektive Verben, die vom imperfektiven Verb durch ein Präfix gebildet werden, stehen in eckigen Klammern:

glẹd|ati ⟨**pọ-**⟩ (an)schauen, betrachten (= **glẹdati** *impf*, **pọglẹdati** *pf*)
lieben [za-]vọljeti (= voljeti *impf*, zavoljeti *pf*)

Wird ein imperfektives Verb von einem perfektiven Verb durch Anfügen eines Suffixes gebildet, so steht dieses in runden Klammern:

sa|žēti (sažimati) zusammenfassen
fortsetzen nastaviti (-vljati)

Die Rektion, d. h. die zum Stichwort gehörenden Präpositionen bzw. die Kasusangaben im Kroatischen und im Deutschen werden aufgeführt, um die Satzbildung zu erleichtern:

odnositi se sich beziehen (**na** *A* auf *A*); sich verhalten (**prema** *L* gegenüber; zu)

Im Deutschen wird bei der Präposition der Kasus nur dann angegeben, wenn diese mehrere Kasus regiert:

achten [pri-]paziti (**auf** *A* na *A*)

Erläuternde Hinweise in kursiver Schrift erleichtern die Wahl der richtigen Übersetzung:

Geschichte F povijēst *f*; *Erzählung* pripovijētka *f*, pripovijēst *f*

Sachgebiete werden meistens abgekürzt in Kapitälchen angegeben:

odrez|ak M GASTR Schnitzel *n*; Abschnitt *m*, Coupon *m*

Die Aussprache des Kroatischen

Konsonanten

č	entspricht deutschem *tsch* in *Rutsche*
ć	klingt wie deutsch *tch* in *Hütchen*, wenn man es schnell spricht
dž	bezeichnet einen Laut wie deutsch *dsch* in *Dschungel*
đ	ist die stimmhafte Entsprechung zu **ć** und klingt ähnlich wie deutsches *di* in *Medien*, wenn man es schnell spricht
h	klingt wie deutsch *ch* in *Krach*
lj	bezeichnet einen Laut, der ähnlich deutschem *ll* in *Vanille* ist
nj	entspricht *gn* in *Lasagne* oder *Bologna*
p, t, k	werden ohne Behauchung gesprochen
r	wird mit der Zungenspitze gesprochen; zuweilen bildet es eine eigene Silbe und klingt ähnlich *rr* in *brr!*
s	ist im Kroatischen immer stimmlos, so wie deutsch *Fuß* oder *dass*
š	klingt wie deutsch *sch in Schiff*
v	entspricht deutschem *w* in *Wasser*
z	ist die stimmhafte Entsprechung zu **s** und wird wie deutsch *s* in *See* oder *böse* ausgesprochen
ž	ist die stimmhafte Entsprechung zu **š** und entspricht deutschem *j* in *Journal*

Im Kroatischen werden stimmhafte Konsonanten wie z. B. **b, g, v** auch im Wortauslaut stimmhaft gesprochen.

Vokale

a, u	entsprechen deutschem *a* und *u*
o	ist ein offener Vokal wie deutsch *o* in *Bord*
e	ist ein offener Vokal wie deutsch *ä* in *Nässe*
i	klingt wie deutsch *ie* in *Miete*
ijē	ist ein Diphthong und wird ähnlich wie *ie* in deutsch *Premiere* ausgesprochen
au, eu	werden getrennt ausgesprochen, also **ạuto** = **a-uto**, **rẹuma** = **re-uma**, letzteres wie deutsch *eu* in *Museum*

Im Kroatischen können ähnlich wie im Deutschen betonte Vokale kurz oder lang sein. Dies gilt auch für das silbenbildende **r**. Die Betonung wird mit einem Punkt unter dem betonten Vokal angegeben. Lange betonte Vokale bzw. langes silbenbildendes **r** werden im Wörterbuch als ạ̄, ẹ̄, ị̄, ọ̄, ụ̄, ṝ gekennzeichnet.

Kroatisch – Deutsch

a doch, und; ~ **kąmoli** geschweige denn
abecę̄da F Abc *n*, Alphabet *n*
abortị̄rati (IM)PF abtreiben
abọrtus M Abtreibung *f*
adąpter M TECH Adapter *m*
add-on M IT Add-on *n*
ạdekvātan adäquat, angemessen
administrą̄cija F Verwaltung *f*
adręsa F Adresse *f*; IT **e-mail** ~ E-Mail-Adresse *f* **adresị̄rati** (IM)PF (*D* **na** *A*) adressieren
ạdūt M Trumpf *m*
advọkāt M Rechtsanwalt *m* **advokạtica** F Rechtsanwältin *f*
aerọdrom M Flugplatz *m*; Flughafen *m*
afę̄ra F Affäre *f*
ạfričkī afrikanisch **Ạfrika** F Afrika *n*
Afriką̄nac M Afrikaner *m* **Afrịkānka** F Afrikanerin *f*
agę̄ncija F: **pụ̄tničkā** ~ Reisebüro *n*
ạgent M Vertreter *m*; Agent *m* **ạgentica** F Vertreterin *f*; Agentin *f* **agentụ̄ra** F Agentur *f*, (*Handels-*)Vertretung *f*
agręsija F Aggression *f*
ạjme INT wehe
ạjvar M *würzige Paprikasoße*
akadẹmija F Akademie *f* **akadẹmik** M Akademiemitglied *n*
ạkcent M Akzent *m*
ạkcija F Aktion *f*; Einsatz *m*; Aktie *f*
ạko wenn, falls; ~ **i** wenn auch
akontą̄cija F Vorschuss *m*; Anzahlung *f*
ạkt[1] M (PL **ạkti**) Akt *m*, Handlung *f*; Akte *f*
ạkt[2] M (PL **ạktovi**) *Kunst* Akt *m*
ạktīvan aktiv
ạktōvka F Aktentasche *f*
ạktuālan aktuell
akumụlātor M Akkumulator *m*; Autobatterie *f*
ạkvārij M Aquarium *n*
ạlāt M Werkzeug *n* **ạlātka** F *einzelnes* Werkzeug *n*
A!bą̄nac Albaner *m*
Ạlbānija F Albanien *n* **Ạlbānka** F Albanerin *f* **ạlbānskī** albanisch
alęrgičan allergisch (**na** *A* gegen *etw*) **alęrgičar** M Allergiker *m* **alęrgičarka** F Allergikerin *f*
alge F/PL Algen *f/pl*
ạli aber, (je)doch
alimentą̄cija F Alimente *pl*

ālka F: **Sịnjskā ~** *Reitturnier in Sinj*
ạlkohōlnī alkoholisch; **ạlkohōlnā pịća** *n/pl* alkoholische Getränke
alpinịzam M Bergsport *m*
ālpskī Alpen-; alpin
ạlūzija F Anspielung *f*
Ạlžīr M Algerien *n*
amạtēr M Amateur *m* **amạtērka** F Amateurin *f*
ambalāža F Verpackung *f*
ambasạda F Botschaft *f* **ambạsādor** M Botschafter *m*
ambạsādorica F Botschafterin *f*
ạmbiciōzan ehrgeizig
ambulạnta F Ambulatorium *n*
amẹrički amerikanisch
Amerikānac M Amerikaner *m*
Amerịkānka F Amerikanerin *f*
āmo (hier)her; **tamo-~** hin und her
amortịzēr M Stoßdämpfer *m*
ānđeo M Engel *m*
anestẹzija F Betäubung *f*; **lokālnā ~** örtliche Betäubung *f*
angažīrati (IM)PF engagieren; **~ se** sich engagieren
ankẹta F Umfrage *f*
anorẹksičan ADJ magersüchtig
antipạtičan unsympathisch
apạrāt M Apparat *m*; Gerät *n*
apạrtmān M Appartement *n*
apẹtīt M Appetit *m*
apotēka F Apotheke *f*
ạpsolūtan ADJ, **ạpsolūtno** ADV absolut
Ạrapin M Araber *m* **Ạrapkinja** F Araberin *f m* **ạrapskī** arabisch
arhịtekt M Architekt *m* **arhịtektica** F Architektin *f*
ạrhīv M Archiv *n*
ạriš M Lärche *f*
ạrtikl M HANDEL Artikel *m*
asịstent M Assistent *m* **asistẹntica** F Assistentin *f*
aspirīn M Aspirin® *n*
atẹljē M Atelier *n*
atẹntāt M Attentat *n* **atẹntātor** M Attentäter *m*
ạtōmskī atomar, Atom-
Ạustrija F Österreich *n* **Austrijānac** M Österreicher *m*, **Ạustrijānka** F Österreicherin *f* **ạustrījskī** österreichisch
ạut M SPORT Aus *n*
ạuto M Auto *n* **ạutobus** M (Auto)Bus *m* **autocẹsta** F Autobahn *f* **ạutogōl** M Eigentor *n* **ạutoklub** M Automobilklub *m*
autọmāt M Automat *m*; Maschinenpistole *f*; Entwerter *m* (*für Fahrscheine*); **autọmātskī** automatisch
automehạničār M Automechaniker *m*
automọbilskī Auto-; Kraftfahrzeug-
ạutor M Autor; JUR Urheber *m*
ạutorica F Autorin *f*; JUR Urheberin *f* **ạutorskī** Autoren-; Urheber-; **ạutorskō prāvo** *n* Urheberrecht *n*
ạutostop M: **putọvati ~om** per Anhalter fahren **autostọpist** M Anhalter *m* **ạutosto-**

pistica F Anhalterin *f*
autoškōla F Fahrschule *f*
autsajder Außenseiter *m* (a SPORT)
avans M Vorschuss *m*
avantūra F Abenteuer *n*
aviōn M Flugzeug *n*
Azija F Asien *n* Azijac M Asiate *m* Azījka F Asiatin *f* azījskī asiatisch
azīl M Asyl *m* azilant M Asylant *m oft neg!* azilantica F Asylantin *f oft neg!*
ažurīranje N IT Aktualisierung *f*, Wartung *f*

B

baba F (altes) Weib *n* babica F Hebamme *f* babinje F/PL Wochenbett *n* babljē ljeto N Altweibersommer *m*
bacāč M SPORT, MIL Werfer *m*; ~ kūglē Kugelstoßer *m* bacati → baciti
bāciti (bacati) werfen; ~ u zrāk in die Luft jagen bāciti se sich stürzen (na *A* auf *A*)
bačva F Fass *n*; Tonne *f*
badavā ADV kostenlos, gratis; vergebens
bādem M BOT Mandel *m*
Badnjāk M, Badnjā večēr F Heiligabend *m*
bager M Bagger *m*
bagrem M Akazie *f*
bahat hochmütig
bajt M IT Byte *n*
bāka F Großmutter *f*
bakalār M Kabeljau *m*, Dorsch *m*
bakar M Kupfer *n*
baklava F Baklawa *f* (*süßes Blätterteiggebäck*)
baklja F Fackel *f* bakljāda F Fackelzug *m*
bāl M Ball *m*
balzam M: ~ za usne Lippenbalsam *m*
bankomāt M Geldautomat *m*
baktērija F Bakterie *f*
balēt M Ballett *n*
Balkān M Balkan *m* Balkānskī poluotok M Balkanhalbinsel *f*
balōn M Ballon *m*
banāna F Banane *f*
bānda F Bande *f*
bandažīrati (IM)PF bandagieren
bānka F Bank *f*; IT ~ podātākā Datenbank *f*
bankār M Bankier *m*
bankārstvo N Bankwesen *n*; IT internetskō ~ Internetbanking *n*; IT online ~ Onlinebanking *n*
bankīna F Seitenstreifen *m*
bankōvnī Bank-
bankrotīrati (IM)PF bankrottgehen
bār M Bar *f*
bara F Tümpel *m*; Sumpf *m*
baraka F Baracke *f*
barbūn M Meerbarbe *f*
barem wenigstens; mindestens
barometar M Barometer *n*
bārskī: ~ stolac M Barhocker *m*

baršun M Samt *m*
bȃrut M (*Schieß-*)Pulver *n*
bạs M Bass(stimme *f*) *m*; Kontrabass *m*
bạsna F Fabel *f*
bạš eben, gerade
bạština F Erbe *n* **bạštinica** F Erbin *f* **bạštinīk** Erbe *m* **bạštiniti** erben
bạtērija F Batterie *f*; *umg* Taschenlampe *f*
batērija F Akku *m*
bạtāk M GASTR (*Geflügel-*) Keule *f*
bạtina F Knüppel *m*; Prügel *m* **bạtine** F/PL (Tracht) Prügel *f*
Bavȃrac M Bayer *m*
Bạvārka F Bayerin *f* **Bạvārskā** F Bayern *n*
baviti se sich beschäftigen (*I* mit *etw*); *Sport, Beruf usw* ausüben
bȃza F Basis *f*; MIL Stützpunkt *m*; ~ **pọdātākā** Datenbank *f*; **prijȇlom** *m* **bāzē lụbanjē** Schädelbasisbruch *m*
bazẹn M Becken *n* (*a* GEOG), Pool *m*; **plịvāčkī** ~ Schwimmbecken *n*
bȃzga F Holunder *m*
bdjẹti ⟨**prọ-**⟩ wachen; wach bleiben
bȇba F Baby *n*
Bȇč M Wien *n* **Bȇčanin** Wiener *m* **Bȇčanka** F Wienerin *f* **bȇčkī** Wiener; ~ **ọdrezak** *m* Wiener Schnitzel *n*
bećār M *umg* Junggeselle *m*; Zecher *m*, Lebemann *m*
bẹdast blöd
bẹdem M Stadtmauer *f*
bẹdro N Oberschenkel *m*
Bȇlgija F Belgien *n* **Bȇlgịjac** M Belgier *m* **Bēlgịjānka** F Belgierin *f*
bẹlgījskī belgisch
bẹnzīn M Benzin *n*; **bẹzolōvnī** ~ bleifreies Benzin **bẹnzīnskā crpka** F *od* **pọstaja** F Tankstelle *f* **bẹnzīnskī** Benzin-
Beọgrad M Belgrad *n*
bȇrba F (*Beeren-, Obst-*)Ernte *f*; (*Wein-*)Lese *f*
bẹrlīnskī Berliner (*adj*)
bẹskorīstan nutzlos **bẹskrājan** unendlich, endlos **bẹskȓvan** unblutig; *fig* blutleer **bẹskućnīca** F Obdachlose *f* **bẹskućnīk** M Obdachloser *m* **bẹsmislen** unsinnig **bẹsmislica** F Unsinn *m* **bẹsmrtan** unsterblich
bẹsplatan kostenlos, unentgeltlich; Frei- **bẹspomoćan** hilflos **bẹsposlen** untätig; müßig **bẹspravān** rechtlos; widerrechtlich **besprijẹkōran** makellos, tadellos **bẹsprȋmjeran** beispiellos
bẹsrāman schamlos
bẹtōn M Beton *m*
bẹvānda F Weinschorle *f*
bez PRP (*G*) ohne (*A*)
bẹzalkohōlan alkoholfrei
bezạzlen arglos; harmlos
bẹzbōjan farblos **bẹzbrižan** sorglos **bẹzbrōj** M (*G*) Unmenge (von) **bẹzbrōjan** zahllos **bẹzdušan** herzlos
bẹzizglēdan aussichtslos
bẹznačājan bedeutungslos

bẹznadan hoffnungslos **bezọbrazan** unverschämt **bẹzobzīran** rücksichtslos **bẹzočan** schamlos **bẹzub** zahnlos **bẹzūman** unvernünftig **bezrạzložan** grundlos **bezụvjetan** bedingungslos **bẹzvōljan** lustlos **bẹžičan** drahtlos **bẹživotan** leblos

Bịblija F Bibel *f* **bịblījskī** biblisch

bibliotẹka F Bibliothek *f*

bicịkl M Fahrrad *n* **bicịklist** M Radfahrer *m* **bicịklistica** F Radfahrerin *f* **biciklịstičkā stạza** F Fahrradweg *m*

bič M Peitsche *f*

bīće N Wesen *n*; Geschöpf *n*

bifē M Imbissstube *f*; Büfett *n*

biftek M Beefsteak *n*

bih *enkl 1. pers sg Hilfsverb zur Bildung des Konjunktivs*

bijẹda F Elend *n*; Not *f* **bijẹdan** elend; arm

bijẹg M Flucht *f*

bijẹl weiß, Weiß-; **~ō vīno** *n* Weißwein *m* **bijẹlac** N Weiße(r) *m*; ZOOL Schimmel *m* **bijẹliti ⟨po-⟩** weißen

bijẹs M Wut *f* **bijẹsan** wütend

bīk M Stier *m* (*a* ASTRON)

bilạnca F Bilanz *f*

bilijār M Billard *n*

bịlo¹ N Puls *m*

bīlo²: **~ … ~** sei es … sei es; **~ gdję** wo auch immer; **~ kọjī** jeder beliebige

bīlje N Pflanzen *f/pl*; Kräuter *n/pl*

bịljeg M Mal *n*; Gebührenmarke *f* **bịlježiti ⟨za-⟩** vermerken, notieren **bịlježnica** F Notizbuch *n* **bịlježnīk** M Notar *m* **bịlješka** F Anmerkung *f*; Notiz *f*

bīljka F Pflanze *f*

bio → biti¹

birāč M Wähler *m* **birạčica** F Wählerin *f* **biralīšte** N Wahllokal *n*

bīrati POL, TEL wählen

birō M Büro *n*

biser M Perle *f*

biskup M Bischof *m* **biskụpija** F Bistum *n*

bistar *Wasser, Himmel* klar; schlau **bistrịna** F Klarheit *f*; Schlauheit *f*

bitan wesentlich

bitcoin M IT Bitcoin *m*

biti¹ sein; **dạnas je lijẹpō vrijẹme** heute ist schönes Wetter; **jučēr smo bịli u kạzalīštu** gestern waren wir im Theater; **10 joj je gọdinā** sie ist 10 Jahre alt; **bụdi ljụbazan** (**ljụbazna** *f*)! sei so gut!

biti² schlagen

bitka F Schlacht *f*

bīvati sein; vorkommen

bivol M Büffel *m*

bīvšī früher; ehemalig

bjạnko *indeklinabel* blanko

bjegūnac M, **bjegụnica** F Flüchtling *m*

bjelạnjak M Eiweiß *n* **bjelạnčevine** F/PL Proteine *n/pl*

bjẹlodan offensichtlich

bjelogọrica F Laubwald *m*

bjelọuška F Natter *f*

bjẹsnilo N Wut *f*; **nạpadāj** *m*

bjesnila Tobsuchtsanfall *m*
bjẹsnọća F Tollwut *f*
bjẹžati → pobjeći
blȃg sanft
blạgājna F Kasse *f* **blạgājnica** F Kassiererin *f* **blạgājnīk** M Kassierer *m*
blạgdan M Feiertag *m*
blȃgo¹ N Schatz *m*
blạgo²: ~ **tẹbi!** du Glückliche(r)!
blạgoslōv M REL, *fig* Segen *m*
blagoslọviti segnen **blagostȃnje** N Wohlstand *m* **blạgotvōran** wohltuend **blagovaōnica** F Speisezimmer *n*
blạtan schlammig; matschig; dreckig **blạto** N Schlamm *m*, Matsch *m* **blạtobrān** M Kotflügel *m*
blȃžen selig **blȃžiti** ⟨**u-**⟩ lindern; (ab)mildern
blẹ̄nda F ARCH, FOTO, MUS Blende *f*
blẹsav blöd
blijẹ̄d bleich **blijẹ̄djeti** ⟨**iz-**⟩ verblassen
blijẹ̄sak M Blitz *m*
blịsko ADV nahe
blịstati ⟨**za-**⟩ glänzen (*a fig*)
blịtva F Mangold *m*
blịzak nah
blizȃnac M Zwillingsbruder *m*
blizȃnci M/PL Zwillinge *m/pl* (*a* ASTRON); **jednojajčanī** ~ eineiige Zwillinge
blịzānka F Zwillingsschwester *f*
blizịna F Nähe *f*
blīzu ADV nahe
blịžē ADV, **blịžī** ADJ näher
blīžiti ⟨**pri-**⟩ **se** sich nähern
blọg M IT Blog *m*
blọgati IT bloggen
blọger M IT Blogger *m*
blọg-post M IT Blogeintrag *m*
blọk M Block *m* **blokīrati** (IM)PF blockieren
bluetooth M IT Bluetooth *n*
blu-ray TECH Blu-Ray *m od n*
blūza F Bluse *f*
bljẹskalica F Blitzlicht *n*
bljẹsnuti (bljẹskati) blitzen
bljezgạrija F Unfug *m*, Unsinn *m*
bljụvati *vulg* kotzen *vulg* **bljụtav** fad(e)
bọb M Saubohne *f* **bọbica** F Beere *f*
bọca F Flasche *f*
bọčnī Seiten-; seitlich
bọ̄d M Punkt *m*
bọ̄dež M Dolch *m*
bọdljika F Stachel *m* **bọdljikavā žịca** F Stacheldraht *m*
bọdovati nach Punkten bewerten
Bọ̄g M Gott *m*; ~! hallo!, grüß Gott!
bọgat reich **bogạtāš** M Reiche(r) *m* **bogatạšica** F Reiche *f* **bọgatiti** ⟨**o-**⟩ bereichern; ~ **se** sich bereichern
bogạtstvo N Reichtum *m*
bogịnja F Göttin *f* **boginje** F/PL Pocken *pl*; **mȃlē** ~ Windpocken *pl*
bogoslužẹ̄nje N Gottesdienst *m*
bọ̄gznā Gott weiß …
bọ̄j M Kampf *m*; Schlacht *f*
bọ̄ja F Farbe *f*

bojati se (G) (be)fürchten (A); sich fürchten (vor) **bojāzan** F Angst f; Furcht f **bojažljiv** ängstlich; furchtsam **bojažljivōst** F Ängstlichkeit f
bojīšte N Kriegsschauplatz m; Schlachtfeld n **bojišnica** F Frontlinie f
bojiti ⟨o-⟩ färben
bojkotīrati (IM)PF boykottieren
bojler M Boiler m
bok M Seite f
boks M Boxsport m; Box f **boksāč** M SPORT Boxer m **boksati** SPORT boxen **bokser** M ZOOL Boxer m
bōl[1] M Schmerz m; **porođajnī ~ovi** m/pl Wehen f/pl
bōl[2] F Kummer m, (Seelen-)Schmerz m **bōlan** krank; schmerzhaft
bolesnica F Kranke f; Patientin f **bolesnīk** M Kranker m; Patient m **bolesničkī** Kranken-; **bolesničkā blagājna** f Krankenkasse f
bolēst F Krankheit f; Leiden n **bolestan** krank; krankhaft
bōlnica F Krankenhaus n **bōlničār** M Krankenpfleger m **bōlničārka** F Krankenschwester f
bolovānje N: **biti na bolovānju** krankgeschrieben sein, österr im Krankenstand sein **bolovati** krank sein; leiden (**od** G an D)
boljē ADV besser
boljeti ⟨za-⟩ schmerzen; **bolī me** es tut mir weh
boljī ADJ besser
bōmba F Bombe f; **tempīrānā ~** Zeitbombe f
bonaca F Meeresstille f
bōr M Kiefer f
bōra F (Haut-)Falte f; Runzel f
bōrac M Kämpfer m
boravak M Aufenthalt m **boravīšnā taksa** F Kurtaxe f **boravīšte** N Aufenthaltsort m **boraviti** ⟨pro-⟩ sich aufhalten
borba F Kampf m **borben** kämpferisch **borīk** M Kiefernwäldchen n **borilac** M (Box-, Ring-)Kämpfer m **boriti se** kämpfen (**s** / mit j-m; **protiv** G gegen j-n)
borōvnica F Heidelbeere f
bōs barfuß
Bosānac M Bosnier m
Bosānka F Bosnierin f
bosanskī bosnisch
Bosna F Bosnien n
bosti ⟨iz-⟩ stechen
božanstven göttlich
Bošnjāk M Bosnier m muslimischen Glaubens **Bošnjakinja** F Bosnierin f muslimischen Glaubens
božica F Göttin f
Božić M Weihnachten n **Božićnō dīrvce** N Weihnachtsbaum m **Djed Božićnjāk** M Weihnachtsmann m
božjī Gottes-; göttlich
br. Abk → broj
brāčnī ehelich; Ehe-; **~ pār** m Ehepaar n
braća F (Ge)Brüder pl; **~ i sestre** Geschwister pl
brāda F Kinn n; (Kinn-)Bart m

brạdat bärtig **brạdavica** F Warze *f*; Brustwarze *f*
brāk M Ehe *f* **brākorāzvodnā pārnica** F (Ehe-)Scheidungsprozess *m*
brāna F Wehr *n*; Egge *f*
brạnīč M SPORT Verteidiger *m*
brạnīk M Stoßstange *f*; BAHN Schranke *f* **brạnitelj** M Verteidiger *m* (*a* JUR); **branitelјica** F Verteidigerin *f* (*a* JUR)
brāniti ⟨**o-**⟩ verteidigen, schützen **brāniti se** sich wehren
brạšno N Mehl *n*
brạt M (PL **brạća** F) Bruder *m*
brạtić M Vetter *m*, Cousin *m*
brạtskī brüderlich
brạti pflücken
brạva F (*Tür-*)Schloss *n* **brạvār** M Schlosser *m*
brạvetina F Hammelfleisch *n*
brạzgotina F Narbe *f*
br̥bljānje N Geschwätz *n*
br̥bljati schwatzen **br̥bljav** schwatzhaft, geschwätzig
br̥čkati se planschen
br̥do N Berg *m* **brdọvit** bergig **br̥dskī** Gebirgs-, Berg-
bregọvit hügelig
brẹskva F Pfirsich *m*
brẹza F Birke *f*
brežūljak M Hügel *m*; Anhöhe *f*
brịga F Fürsorge *f*; Sorge *f*; Kummer *m*
brijāč M Barbier *m* **brijāćī aparat** M Rasierapparat *m*
brijati ⟨**o-**⟩ rasieren; **~ se** sich rasieren
brijẹ̄g M Berg *m*; Hügel *m*
brijẹ̄st M Ulme *f*
brịnuti ⟨**pọ-**⟩ **se za** (*A*) sich kümmern um *j-n od etw*; sich sorgen um *j-n*
brịsati ⟨**iz-**⟩ (weg)wischen; *Spur* verwischen
Britạnac M Brite *m* **Vẹlikā Britạnija** F Großbritannien *n*
Brịtānka F Britin *f*
brịžljiv sorgsam, sorgfältig
br̄kati ⟨**po-**⟩ verwechseln
br̥kovi M/PL Schnurrbart *m*
br̥log M (*Tier-*)Bau *m*; (*Bären-*)Höhle *f*
br̥njica F Maulkorb *m*
brọ̄d M Schiff *n*
brọdār M Schiffer *m* **brodārstvo** N Schifffahrt *f* **brọdica** F Boot *f* **brọditi** mit dem Schiff fahren
brodogrạdilīšte N Schiffswerft *f*
brọdolom M Schiffbruch *m*
brodolọmac M Schiffbrüchiger *m* **brọdskī** Schiffs-
brọ̄j M Zahl *f*; Nummer *f*; GRAM Zahlwort *n*; IT **fịksni ~** Festnetznummer *f*
brọjāč M TECH Zähler *m*
brọ̄jan zahlreich
brojčạnīk M Zifferblatt *n*; Wählscheibe *f*
brọjčan zahlenmäßig **brọjilo** N TECH Zähler *m* **brọjiti** ⟨**pre-**⟩ (durch)zählen ⟨**iz-**⟩ (aus)zählen
brọ̄jka F Ziffer *f* **brọ̄jnī** Zahlen- **brọ̄jnīk** M MATH Zähler *m*
brọker M Broker *m*, Börsenmakler *m*

brokula F Brokkoli *m*
bronhije F/PL Bronchien *f/pl*
broš M Brosche *f*
bršljan M Efeu *m*
brūcoš M *umg* Studienanfänger *m* **brūcošica** F *umg* Studienanfängerin *f*
brudet M Fischsuppe *f*
bruka F Blamage *f* **brukati** ⟨**o-**⟩ blamieren; ~ **se** sich blamieren
brūs M Schleifstein *m*; ~! Quatsch!
brusāč M Schleifer *m*
brūsiti ⟨**iz-**⟩ (ab)schleifen; (ab)schmirgeln; wetzen
brusnica F Preiselbeere *f*
bruto-dohodak M Bruttoeinkommen *n* **bruto-težina** F Bruttogewicht *n*
brvno N Steg *m*
brz schnell
brzac N Stromschnelle *f*; **na ~** auf die Schnelle
brzina F Geschwindigkeit *f* (*a* PHYS); Schnelligkeit *f*; AUTO Gang; **na brzinu** auf die Schnelle
brzinomjēr M Tacho *m*
brzojāv Telegramm *n* **brzoplet** voreilig, überstürzt **brzovōzno** ADV als Expressgut
buba F *umg* Käfer *m*
būbanj M MUS, TECH Trommel *f*
bubreg M Niere *f*
bubuljica F Pickel *m* **bubuljičav** pickelig
buckast pummelig
buča F Kürbis *m* **bučica** F Hantel *f*
būčati lärmen
bućkurīš M Gesöff *n umg*
budala F Narr *m*; Dummkopf *m* **budalāština** F Dummheit *f*
būdan wach; munter; wachsam
budēm (*im*)*pf 1. pers sg präs* → biti[1] (*Hilfsverb zur Bildung des Futur 2*) **budi** *2. pers sg imp* → biti[1]
budilica F Wecker *m*
būditi ⟨**pro-**⟩ (auf)wecken; ~ **se** aufwachen
budūćī (zu)künftig **budūći da** CJ da, weil **budūćnōst** F Zukunft *f*
budžet M Budget *n*, Haushalt *m*
Bugarin M Bulgare *m* **Bugārka** F Bulgarin *f* **Bugarskā** F Bulgarien *n* **bugarskī** bulgarisch
buha F Floh *m*
bujati *Pflanze* wuchern ⟨**na-**⟩ *Fluss* anschwellen
buka F Lärm *m*; **mēdijskā ~** Medienrummel *m*
buknuti PF *Feuer, Krieg* ausbrechen **buktjeti** lodern
bukva F Buche *f*
būljiti ⟨**iz-**⟩ **u** (*A*) anglotzen; auf *j-n od etw* glotzen
bumbār M Hummel *f*
būna F Aufstand *m*
bunār M (*gebohrter, Zieh-*) Brunnen *m*
būnda F Pelz(mantel) *m*
bundeva F Kürbis *m*
bungalov M Bungalow *m*
būniti ⟨**po-**⟩ aufwiegeln; ~ **se** sich empören; sich (*zum Auf-*

stand) erheben
bụnt M Aufstand *m* **buntōvan** aufständisch **buntōvnica** F Rebellin *f* **buntōvnīk** M Rebell *m*
bụra F Sturm *m*
būran stürmisch *(a fig)*
bụre N Fass *n*; **~ bāruta** *fig* Pulverfass *n*
bụrek M *gefüllter Blätterteigstrudel*
burnout M MED Burnout *n*
būrza F Börse *f*
bušilica F Bohrmaschine *f* **bušilo** N Locher *m* **bušiti** bohren **⟨pro-⟩** lochen
bụt M GASTR *(Reh-, Rinder-)*Keule *f*
bụtik M Boutique *f*
bụvljā pijạca F, **bụvljāk** M *umg* Flohmarkt *m*

C

cạklina F Emaille *f*, Glasur *f*; Zahnschmelz *m*
cạr Kaiser *m* **cạrevati** als Kaiser herrschen; *fig* herrschen, dominieren **cạrica** F Kaiserin *f*
cạrina F Zoll *m* **cạrinarnica** F Zollamt *n* **cạrinica** F Zöllnerin *f* **carinīk** Zöllner *m* **cariniti** (IM)PF verzollen **cạrinskā kontrọla** F, **cạrinskī prẹglēd** M Zollkontrolle *f*
cārskī kaiserlich **cārskī rēz** M Kaiserschnitt *m* **cārskē mrvice** F/PL Kaiserschmarren *m*
cārstvo N Kaiserreich *n*
cẹdulja F Zettel *m*
cẹh Zunft *f*; Innung *f*
cẹler M Sellerie *m*
cẹment M Zement *m* **cementīrati ⟨za-⟩** zementieren
cẹndrati quengeln **cẹndrav** weinerlich
cẹnt M Cent *m (Währung)*
cẹnta F Zentner *m*
cẹntar M Zentrum *n*; **~ za informạcije** Informationszentrum *n* **cẹntarfōr** M *umg* Mittelstürmer *m*
cẹntimetar M Zentimeter *m*
centrāla F Zentrale *f*
cẹntrālnī zentral **cẹntrālnō grijānje** N Zentralheizung *f*
cenzūra F *staatliche* Zensur *f*
cēriti se ⟨na-⟩ grinsen
cẹsta F Landstraße *f* **cestarina** F Maut(gebühr) *f* **cẹstōvnī** Straßen-; **~ prọmet** *m* Straßenverkehr *m*
chat M IT Chat *m*
cịča F: **~ zīma** grimmige *od* klirrende Kälte
cịfra F Ziffer *f*
Ciganin M *neg!* Zigeuner *m neg!* **Cigānka** F *neg!* Zigeunerin *f neg!*
cigāra F Zigarre *f* **cigarẹta** F Zigarette *f*
cịgla F Ziegel *m* **cīglana** F Ziegelei *f*
cijēditi ⟨is-⟩ *Zitrone* auspressen; seihen
cijēl ganz
cijẹna F Preis *m*; **ni po kọjū cijēnu** um keinen Preis; **po svạ-**

kū cijēnu um jeden Preis
cijẹnjen geschätzt, geachtet; **~ā gọspođo!** sehr geehrte Dame!, **~ī gospọdine** sehr geehrter Herr!
cijẹpati spalten; *Holz* hacken; **~ se** sich spalten
cijẹpiti IM/PF impfen **cijẹpljēnje** N Impfung *f*
cijẹv F Rohr *n*; Röhre *f*; (*Gewehr-*)Lauf *m*; **mọkraćnā ~** Harnröhre *f*
cikla F Rote Rübe *f*
ciklạma F Alpenveilchen *n*
ciklōn M Wirbelsturm *m*
ciklọna F Tiefdruckgebiet *n*
cịknuti[1] **(cịktati)** (auf)jauchzen
cịknuti[2] PF *Wein* sauer werden
cilịndar M Zylinder *m*
cīlj M Ziel *n* **cīljati ⟨na-⟩ na** (*A*) zielen (auf *A*); abzielen, anspielen (auf *A*)
cịmet M Zimt *m*
cịnk M Zink *n*
cịo → cijel
cịpal M Meeräsche *f*; **~ glạvāš** Großkopf *m*
cịpela F Schuh *m*
cirkulạcija F Kreislauf *m*
cịvīl Zivilperson *f*, Zivilist *m*; Zivil *n*; **u civịlu** in Zivil **cịvīlnī** Zivil-
cjẹdilo Sieb *n*; **ọstaviti na cjẹdilu** im Stich lassen **cjẹdīljka** F kleines Sieb *n*
cjelịna F Gesamtheit *f*
cjẹlodnēvnī ganztägig
cjelọkupan gesamt **cjelọkupnōst** F Gesamtheit *f*
cjẹnīk Preisliste *f*
cjẹnkati se feilschen, handeln
cjẹpīvo N Impfstoff *m*
cjevạnica F Schienbein *n*
clipart M IT Clipart *n od f*
cloud M IT Cloud *f*
COVID-19 (devẹtnaēst) pandēmija F Coronapandemie *f*
crijẹp M Dachziegel *m*
crijẹvo N Darm *m*; Schlauch *m*
cȓkva F Kirche *f*
crkven kirchlich
cȓn schwarz; **~ō vịno** *n* Rotwein *m* **Cȓnā Gọra** F Montenegro *n*
cȓnac M Schwarze(r) *m* **cȓnilo** N Tinte *f* **cȓnịna** F Schwärze *f*; Trauerkleidung *f* **cȓnka** F Schwarzhaarige *f* **Cȓnọgōrac** M, **Cȓnọgōrka** F Montenegriner *m*, Montenegrinerin *f*
cṛnkinja F Schwarze *f*
crnọgorica F Nadelwald *m*
cṛpka F Pumpe *f*; **bẹnzīnskā ~** *f* Tankstelle *f*
cṛta F Linie *f*; Strich *m* **cṛtāč** M Zeichner *m* **crtạčica** F Zeichnerin *f* **cṛtāćī** Zeichen-
cṛtānje N Zeichnen *n* **cṛtati ⟨nạ-⟩** zeichnen
cȓtež M Zeichnung *f*
cȓv M Wurm *m*
cṛven rot
crvẹnilo N Röte *f* **crvẹniti ⟨po-⟩** rot färben; röten **crvenọkos** rothaarig
crvẹnjeti ⟨po-, za-⟩ se sich röten; erröten
cụgati *umg* saufen
cụra F *umg erwachsenes* Mädchen *n* **cụrica** F *kleines* Mädchen *n*
cụ̄riti rinnen, rieseln
cvạsti blühen (*a fig*)

cvāt M Blüte *f*
cvijȅće N Blumen *f/pl*; Blüten *f/pl* **cvijȇt** M Blume *f*; Blüte *f*
cvīljeti wimmern; winseln
cvjȅćārnica F Blumengeschäft *n* **cvjȅtača** F Blumenkohl *m* **cvjȅtati** blühen (*a fig*); **Cvjȅtnica** F Palmsonntag *m*
cvȑčak M Grille *f* **cvȑčati** zirpen

Č

čačkalica F Zahnstocher *m*
čačkati stochern
čađa F Ruß *m*
čaj M Tee *m* **čajnīk** M Teekanne *f*
čak sogar
čāmac M Boot *n*; **gumenī ~** Schlauchboot *n*; **veslāčkī ~** Ruderboot *n*
čangrizav mürrisch
čaplja F Reiher *m*
čār M Zauber *m*; *fig* Reiz *m*
čarapa F Strumpf *m*; **kratkā ~** Socke *f*
čaroban zauberhaft
čarobnjāk M Zauberer *m*
čarter-lēt M Charterflug *m*
čas M Augenblick *m*
časopīs M Zeitschrift *f*
častan ehrlich; ehrenhaft **časnā rijēč** F Ehrenwort *n* **časnā sestra** F Nonne *f*
časnīk F Offizier *m*; **djelatnī ~** Berufsoffizier *m*; **pričūvnī ~** Reserveoffizier *m*
čast F Ehre *f*
častiti ⟨po-⟩ ehren; bewirten
čaša F Glas *n*
čavao M Nagel *m*
čāvka F Dohle *f*
čavlić M *kleiner* Nagel *m*; Stift *m*; Zwecke *f*
čavrljati plaudern
čedan *Kind* brav **čedo** N Kind *n*
čegrtāljka F Klapper *f* **čegrtuša** F Klapperschlange *f*
Čeh M Tscheche *m* **Čehinja** F Tschechin *f*
ček M Scheck *m*
čekaonica F Wartezimmer *n*; BAHN Wartesaal *m*
čekati ⟨po-⟩ warten (*A* auf *A*)
čekić M Hammer *m*
čeličan stählern (*a fig*); **čeličiti ⟨o-⟩** *fig* abhärten, stählen
čelik M Stahl *m*; **nehrđajūćī ~** nicht rostender Stahl
čelo[1] N Stirn *f*; **na čelu** an der Spitze
čelo[2] N Cello *n*
čēlnīk M Spitzenfunktionär *m*
čeljāde N Person *f*
čeljūst F ANAT Kiefer *m*
čempres Zypresse *f*
čemu: **nēmā na čemu!** keine Ursache!
čep M Pfropfen *m*, Stopfen *m*; Flaschendeckel *m*; Korken *m*
čeprkati scharren
česma F (*Trink-*)Brunnen *m*
čēst häufig
čestica F Teilchen *n*; Partikel *n*
čestit ehrenhaft, ehrbar, recht-

schaffen **čestītati** IM/PF (*A*) *j-m* gratulieren (*A* zu); *j-n* beglückwünschen (**na** *L* zu); **čestītka** F Glückwunsch *m*
čėsto ADV häufig
čėšalj M Kamm *m* **čėšati** ⟨**po-**⟩ (**se** sich) kratzen
čėšće ADV *komp* öfter(s)
čėšer M Tannenzapfen *m*
Čėškā F Tschechien *n* **čėškī** tschechisch; **Čėškā Repụblika** Tschechische Republik *f*
čėšljati ⟨**po-**⟩ kämmen; frisieren
češljụgār M Stieglitz
čėšnjāk M Knoblauch *m*
čẹtiri vier
čẹtka F Bürste *f* **čẹtkati** ⟨**iš-**⟩ (aus)bürsten **čẹtkica** F *kleine* Bürste *f*; Pinsel *m*; **~ za zūbe** Zahnbürste *f*
čẹtnīk M Tschetnik *m* (*serbischer Freischärler*)
četrdẹsēt vierzig
četṛnaest vierzehn
četvērac M (*Ruder-*)Vierer *m*
čẹtverokūt M Viereck *n*
čẹtvōrka F *Ziffer* Vier *f*; *Bus, Spieler usw* Nummer vier *f* **čẹtvōrnī metar** M Quadratmeter *m*
čẹtvrt F MATH, (*Stadt-*)Viertel *n* **čẹtvrtī** vierte(r)
četvṛtak M Donnerstag *m*; **Vẹlikī ~** Gründonnerstag *m*
čẹtvrt-finạle M, N Viertelfinale *n*
četvṛtica F *Ziffer* Vier *f* **četvṛtina** F MATH Viertel *n* **četvṛtīnka** F MUS Viertelnote *f*
čẹznuti sich sehnen (**za** *I* nach etw)
čēžnja F Sehnsucht *f*
čiča F (*älterer Mann*) Onkel *umg*
čīčak M Klette *f* **čīčak-trạka** F Klettverschluss *m*
čigra F Seeschwalbe *f*
čijī POSS PRON wessen
čik M *umg* (*Zigaretten-*)Kippe *f umg* **čik-pạuza** F *umg* Kippenpause *f umg*
čīm CJ sobald
čimbenīk M Faktor *m*
čimpạnza F Schimpanse *m*
čīn M Tat *f*; Handlung *f*; THEAT Akt *m*
čịnitelj M Faktor *m* **čịniti** ⟨**u-**⟩ tun, machen ⟨**po-**⟩ *Straftat* begehen; **~ se** scheinen (*D j-m*)
čịnovnica F Beamtin *f* **čịnovnīk** M Beamte(r) *m*
čịnjenica F Tatsache *f*
čịo rege
čịp M TECH Chip *m*
čịpka F Spitze *f* (*Textilie*)
čịr M Geschwür *n*; **~ na žẹlucu** Magengeschwür *n*
čịst sauber; rein (*a fig*); pur **čịstāč** M: **~ cịpelā** Schuhputzer *m*; **~ ụlicē** Straßenfeger *m* **čịstačica** F Putzfrau *f* **čịstilo** Reinigungsmittel *n* **čistịna** F Lichtung *f* **čịstiti** ⟨**ọ-**⟩ reinigen, sauber machen, säubern
čistiọnica F Reinigung *f* (*Geschäft*); **kẹmījskā ~** chemische Reinigung *f*
čịstokṛvan reinrassig
čišćēnje N Reinigung *f*
čịtāč M TECH Lesegerät *n*
čịtak lesbar **čịtatelj** M Leser

m **čitatẹljica** F Leserin *f* **čịtati ⟨pro-⟩** (durch)lesen
čitav gesamt; ganz
čitljiv leserlich
čizma F Stiefel *m*
člān M Mitglied *n*; Glied *n*; GRAM, JUR Artikel *m* **člānak** ANAT Gelenk *n*; (*Zeitungs-*) Artikel *m*; *wissenschaftlicher* Aufsatz *m*; IT **blog ~** Blogeintrag *m* **člānarina** F Mitgliedsbeitrag *m* **člānskī** Mitglieds-
čobanica F Hirtin *f* **čobanin** M Hirte *m*
čokolāda F Schokolade *f*
čopōr M Rudel *n*
čōrba F (legierte) Suppe *f*
čovječan menschlich **čovječanstvo** N Menschheit *f*
čovjek (PL **ljūdi**) Mensch *m*; Mann *m*
čūčavac M Plumpsklo *n*
čūčati hocken; sich kauern
čūčnuti PF in die Hocke gehen; sich niederkauern
čudāk M Sonderling *m* **čudan** seltsam, merkwürdig **čudesan** wunderbar, wundervoll
čuditi ⟨za-⟩ se sich wundern, staunen (*D*) über (*A*)
čudnovat verwunderlich **čudo** N Wunder *n*
čūjan hörbar
čūlo N Sinn(esorgan *n*) *m*
čūlan sinnlich
čūn M Kahn *m*
čūnj M Kegel *m*
čupati ⟨iš-⟩ (heraus)reißen **čupav** struppig; zottig
čupērak M (*Haar-*)Schopf *m*; Büschel *m*
čuti (IM)PF hören (**za** *A* von *etw*), vernehmen
čuturica F Feldflasche *f*
čuvār M Wächter *m*
čūvati ⟨sa-⟩ bewachen; aufbewahren; verwahren; bewahren (**od** *G* vor); **⟨pri-⟩** *Kinder* (be)hüten
čuven berühmt
čuvstven empfindsam, sensibel
čvarak M Griebe *f*
čvōr M Knoten *m* (*a* BOT, MED, SCHIFF); → **čvorište**
čvōrak M ZOOL Star *m*
čvorīšte N (*Eisenbahn-*) Knotenpunkt *m*; (*Autobahn-*) Kreuz *n*; Anschlussstelle *f*
čvoruga F MED Beule *f*
čvȓst fest; straff **čvȓstoća** F Festigkeit *f*

ćaskati plaudern
će *enkl 3. pers sg u pl präs* → htjeti
ćela F Glatze *f* **ćelav** glatzköpfig **ćelavac** M Glatzkopf *m*, Kahlkopf *m*
ćelija F (*Gefängnis-*, *Kloster-*) Zelle *f*
ćeš *enkl 2. pers sg präs* → **htjeti**
ćevapčići M/PL *Hackfleischröllchen vom Rost*

ćilim M (*Orient-*)Teppich *m*
ćirilica F kyrillische Schrift
ćorav *umg* blind (*auf e-m Auge*)
ću *enkl 1. pers sg präs* → **htjeti**
ćūd F Gemüt *n*;
ćudljiv launisch
ćūk M Zwergohreule *f*; **sīvī ~** Steinkauz *m*
ćuška F Ohrfeige *f* **ćušnuti** (**ćuškati**) ohrfeigen

D

da¹ ja
da² CJ dass, damit; **~ li** ob; **takō ~** sodass
dabar M Biber *m*
dadilja F Kindermädchen *n*
dag (*Abk*) → **dekagram**
dagnja F Miesmuschel *f*
dah M Atem *m*
dahtati schnaufen, keuchen
dakako ADV natürlich, selbstverständlich, gewiss
daklē also
dalek weit, fern
daleko ADV weit, fern
dalekosežan weitreichend **dalekovidan** MED, *fig* weitsichtig **dalekovod** M Fernleitung *f* **dalekozor** M Fernglas *n*
daljē *adv*, **daljī** ADJ weiter, ferner; **i takō ~** (*Abk* **itd.**) und so weiter (*Abk* usw.); **daljina** F Ferne *f*; Entfernung *f* **daljinomjer** M Entfernungsmesser *m*
daljnjī weitere(r)
Dalmatīnac M Dalmatiner *m*
Dalmatīnka F Dalmatinerin *f*
dalmatīnskī dalmatinisch
dāma F Dame *f* (*a Schach, Spielkarte*)
dān M Tag *m*; **dobar ~!** guten Tag!
Dānac M Däne *m*
danas heute **današnjī** heutig
dān-danas heutzutage
danguba F Untätigkeit *f*; Nichtstuer *m*; Zeugengeld *n*; Aufwandsentschädigung *f*
dangubiti Zeit verschwenden
Dankinja F Dänin *f*
danonoćno ADV Tag und Nacht
Dānskā F Dänemark *n* **dānski** dänisch
dānju tagsüber
dapače ADV (ja) sogar
dār M Geschenk *n*; *fig* Gabe *f*
dārežljiv großzügig, spendabel **dārīvati** → **darovati**
dārovānje N Schenkung *f*; Spende *f* **dārovatelj** M Spender *m* **dārovateljica** F Spenderin *f* **dārovati** (**dārīvati**) (*A etw*) schenken (*D j-m*); spenden
daska F Brett *n*; Planke *f*; Bohle *f*; **~ za glačānje** Bügelbrett *n*; **~ za jedrēnje** Surfbrett *n*
dati (**dāvati**) geben, erteilen; (*mit inf*) lassen; **dati šiti odijēlo** sich einen Anzug nähen lassen
datotēka F IT Datei *f*; **programskā ~** IT Programmdatei *f*, ausführbare Datei *f*
datulja F Dattel *f*

dāvati → dati
dāviti **⟨u-, za-⟩** (er)würgen; erdrosseln **dāviti se** ersticken
dāvnī einstig; längst vergangen **dāvnina** F Vorzeit *f*
dāvno ADV längst; seit Langem
daždevnjāk M Salamander *m*; Molch *m*
d.d. (dioničkō drūštvo) → dioničko društvo
debeo dick
dēblo N (*Baum-*)Stamm *m*
debljati **⟨u-⟩** **se** dick werden; zunehmen **debljina** F Dicke *f*
dečko N Junge *m*; Freund (*e-s Mädchens*) *m*; *Spielkarte* Bube *m*
defibrilātor M Defibrillator *m*
deka F Decke *f*
dekagram M Deka(gramm) *n*
deklarācija F Erklärung *f*; **carinskā ~** Zollerklärung *f*
delegāt M Delegierte(r) *m* **delegātkinja** F Delegierte *f*
delikatesa F Delikatesse *f*
depōnīj M Deponie *f*
depozit M Hinterlegung *f*
derati **⟨pro-⟩** **se** schreien, brüllen **derati na** (*A*) *j-n* anschreien
desert M Nachtisch *m*, Dessert *n*
deset zehn **desētak** M *eine Anzahl von ungefähr* zehn **desētī** zehnte(r)
desetica F (*Ziffer*) Zehn *f*; *Bus, Spieler usw* Nummer zehn *f*; Dezimalstelle *f* **desetina** F Zehntel *n*
desētka F *Spielkarte* Zehn *f*; → desetica
desetljēće N Jahrzehnt *n*
desiti (**dešāvati**) **se** geschehen, sich ereignen
dēsni[1] F/PL Zahnfleisch *n*
desnī[2] rechte(r)
desnica F POL Rechte *f* **desničār** M POL Rechte(r) *m*; **krājnjī ~** Rechtsextremist *m* **desničārskī** politisch rechts stehend
desno ADV rechts
dešāvati se → desiti se
dešifrīrati (IM)PF entschlüsseln; entziffern
detālj M Detail *n* **detāljan** detailliert
deterdžent M Waschmittel *n*
dēva F Kamel *n*
devalvācija F (*Geld-*) Abwertung *f*
devedesēt neunzig
devet neun **devētī** neunte(r)
devētka F *Ziffer, Spielkarte* Neun *f*; *Bus, Spieler usw* Nummer neun *f*
devetnaest neunzehn
devīza F Devise *f* **devīze** F/PL Devisen *pl*
dezodorans M Deo(dorant) *n*
dežūran diensthabend **dežurati** Dienst haben **dežūrstvo** N (*Schicht-*)Dienst *m*
dići PF → dignuti
dičiti **⟨po-⟩** **se** stolz sein (*I* auf *A*)
diftērija F Diphtherie *f*
digitālan Digital-; **~ā kamera** Digitalkamera *f*
dignuti (**dizati**) (auf)heben; errichten; *umg* klauen; **~ u zrāk** (in die Luft) sprengen

dịgnuti se sich erheben, aufstehen
dijabẹtičār M Diabetiker *m* **dijabẹtičārka** F Diabetikerin *f*
dijạlekt M Dialekt *m*
dijapozịtīv M Dia(positiv) *n*
dijẹliti ⟨**po-**⟩ teilen (*a* MATH); verteilen **dijẹljēnje** N MATH Division *f*, Teilung *f*
dijẹta F Diät *f*
dijẹte N (*pl* **djeca** F) Kind *n*
diktafōn M Diktiergerät *n*
dịler M Händler *m*; ~ **drọgē** (*Drogen*-)Dealer *m*
dịljem ADV (*G*): ~ **zẹmljē** im ganzen Land; durch das ganze Land
dịm M Rauch *m*, Qualm *m* **dịmiti** ⟨**za-**⟩ (**se**) rauchen, qualmen **dịmljen** GASTR geräuchert
dịmnjačār M Schornsteinfeger *m* **dịmnjāk** M Schornstein *m*
dinja F Honigmelone *f*
dịo M (*G* **dijẹla**) Teil *n* **dịoba** F Teilung *f*
dịonica F Aktie *f* **dịoničār** M Aktionär *m* **dịoničārka** F Aktionärin *f* **dịoničkō drūštvo** N Aktiengesellschaft *f* (*Abk* AG)
dīrati → dirnuti
dirẹkcija F Direktion *f*
direktan direkt
dirẹktōrij IT Verzeichnis *n*; **rạdnī** ~ Arbeitsverzeichnis *n*
dịrkati (*leicht*) berühren; necken
dịrljiv (an)rührend
dīrnuti (**dīrati**) anfassen, berühren; *fig* (be)rühren
dịsati atmen
dịsk M Scheibe; SPORT Diskus *m*; ANAT Bandscheibe; **tvr̄dī** ~ IT Festplatte *f*; **bạcānje** *n* **~a** Diskuswerfen *n*
dịv M Riese *m*; *fig* Gigant *m*
dīvan wunderbar, wundervoll
dīviti se (*D*) *j-n* bewundern
dịvljāč F Wild *n* **dịvljāk** Wilde(r) *m*; Rüpel *m* **dịvljạkuša** F Wilde *f* **dịvljī** wild; ~ **dẹpōnīj** *m* wilde Müllkippe *f* **divljịna** F Wildnis *f*
dịvokoza F Gämse *f*
dịvovskī riesenhaft
dizạjn M Design *n* **dizạjnerskī**: **dizạjnerskā mọ̄da** F Designermode *f*
dịzalica F Kran *m* **dịzalo** N Fahrstuhl *m*; Lift *m* **dịzati** → dignuti
djẹca F → dijẹte **djẹčāk** M Junge *m*, Knabe *m* **djẹčjī** Kinder-; ~ **vr̄tić** *m* Kindergarten *m*
djẹd M Großvater *m* **djẹdica** M Opa *m*
djẹlātan tätig; (*im Dienst*) aktiv **djẹlātnica** F Schaffende *f*; Angestellte *f* **djẹlātnīk** M Schaffende(r) *m*; Angestellte(r) *m* **djẹlātnōst** F Tätigkeit *f*
djẹlo N Werk *n*; Leistung *f*; Tat *f*; **kạznenō** ~ Straftat *f* **djẹlokrūg** M Wirkungskreis *m*; Wirkungsbereich *m* **djẹlomicē** ADV teilweise **djẹlotvōran** wirksam **djelotvọ̄rnōst** F Wirksamkeit *f* **djẹlovati** wirken, handeln
djẹljenīk M MATH Dividend

m; Zähler *m* **djẹljiv** teilbar
djẹtelina F Klee *m*
djetẹšce N kleines Kind *n*, Kindchen *n* **djetinjạrija** F Kinderei *f*
djẹtinjast kindisch **djẹtinjī** kindlich **djẹtīnjstvo** N Kindheit *f*
djẹtlić M Specht *m*
djevẹnica F *e-e Art Wurst*
djẹver M Schwager (*Bruder des Ehemannes*) *m;* Brautführer *m*
djeverẹruša F Brautjungfer *f*
djẹvica F Jungfrau *f* (*a* ASTRON); **djevičạnskī** jungfräulich **djevọjčica** F *kleines* Mädchen *f* **djẹvōjka** F *erwachsenes* Mädchen *n*
dlạčica F Härchen *n;* Fussel *f*
dlạka F Haar *n* **dlạkav** haarig, behaart; **ụ dlaku** haargenau *adv*
dlạn M Handfläche *f*
dlijẹ̄to N Meißel *m*
dnẹ̄vnī täglich; Tages-
dnẹ̄vnica F Tagegeld *n*
dnẹ̄vnīk M Tagebuch *n;* Tageszeitung *f;* TV Nachrichtenjournal *n*
dnọ N (*Meeres-, Fluss-*)Grund *m;* (*Gefäß-*)Boden *m*
do PRP (*G*) *zeitlich* bis; etwa, circa
dọ̄b F (Lebens)Alter *n*
dọba N *indeklinabel* Zeit(alter *n*) *f*
dobạ̄citi (**dobācịvati**) zuwerfen
dọbar gut; gütig; brav
dọbava F Lieferung *f*, Zustellung *f* **dọbaviti** (**dọbavljati**) sich *etw* besorgen
dọbīt F, **dobītak** M Gewinn *m*, Profit *m* **dọbiti** (**dobịvati**) bekommen, kriegen *umg;* gewinnen **dọbitnica** F Gewinnerin *f* **dọbitnīk** M Gewinner *m* **dobịvati** → dobiti
dobrạno ADV ziemlich
dọbro N Gut *n;* Wohl *n;* ADV gut **dọbrobīt** F Wohl *f* **dọbročịnitelj** M Wohltäter *m* **dobročiniteljica** F Wohltäterin *f* **dobročịnstvo** N Wohltat *f*
dobrọćudan gutmütig; MED gutartig **dobrodọšao** willkommen
dobrọhotan wohlwollend
dobrọta F Güte *f* **dobronạ̄mjeran** wohlmeinend, wohlwollend
dọbrotvōran wohltätig **dobrovọ̄ljac** M Freiwillige(r) *m* **dọbrovōljan** freiwillig **dọbrovōljka** F Freiwillige *f*
dọček M Empfang *m;* **~ Novē godinē** Silvester *m u n* **dọčekati** (**dočekịvati**) *j-n* erwarten; *j-n* in Empfang nehmen; (*Gäste*) empfangen
dočẹpati PF packen; **~ se** (*G*) erlangen, sich verschaffen (*A*)
dọ̄ći (**dọlaziti**) (an)kommen
dodạ̄tak M Zusatz *m*
dọdati (**dodạ̄vati**) hinzufügen **dọdatnī** zusätzlich **dọdijati** (**dodijạ̄vati**) (*D*) *j-n* belästigen
dodijẹ̄liti (**dodjeljịvati**) *Preis usw* vergeben; *Stelle* zuweisen
dọ̄dir M Berührung *f;* Kontakt *m*

dodīrnuti (**dodīrīvati**) berühren
dodjela F Verleihung *f*
dodūšē allerdings, zwar, freilich
dodvoriti (**dodvorāvati**) **se** sich einschmeicheln (*D* bei *j-m*)
događāj M Ereignis *n*; Vorfall *m*
dogāđati se → dogoditi se
doglēd M Sichtweite *f* **doglēdan** absehbar
dogodinē ADV nächstes Jahr
dogoditi (**dogāđati**) **se** geschehen, sich ereignen
dogovōr M Vereinbarung *f*; Abmachung *f*; Verabredung *f*
dogovoriti (**dogovārati**) **se o** (*L*) *etw* vereinbaren, abmachen; sich verabreden
dogrādnja F Anbau *m*
dohodak M Einkommen *n*
dohvāt M Reichweite *f* **dohvatiti** (**dohvaćati**) erreichen, in Reichweite haben **doista** wirklich, tatsächlich, in der Tat **dojāditi** (**dojađīvati**) (*D*) überdrüssig sein (*G*); satthaben
dōjam M Eindruck *m*
dojēnče N Säugling *m* **dojiti** ⟨**na-**⟩ *Kind* stillen
dōjka F Brust *f*, Busen *m*
dojīlja F Amme *f*
dōjmiti se PF (*A*) *j-n* beeindrucken
dojmljiv eindrucksvoll
dok[1] M Dock *n*
dok[2] CJ solange; während; **~ ne** bis
dokad(a) bis wann
dōkaz M Beweis *m*; Beweisstück *n*
dokāzati (**dokāzīvati**) beweisen; **~ se** sich bewähren; sich behaupten
dokāznī Beweis- **dokāznō sredstvo** N Beweismittel *n*
doklē wie lang; CJ solange
dokoljenica F, **dokoljēnka** F Kniestrumpf *m*
dokončati (**dokončāvati**) beend(ig)en
d.o.o. (društvo s ograničenom odgovornošću) → društvo
dokraja F vollends **dokūčiti** (**dokučīvati**) *fig* erfassen, dahinterkommen **dokučiv** fasslich
dokument M Dokument *n*; Bescheinigung **dokumenti** M/PL (*Ausweis-*)Papiere *n/pl*
dokumentārnī: **~ film** *m* Dokumentarfilm *m*
dōl M → dolina
dolazak M Ankunft *f* **dolaziti** → doći
doletjeti (**dolijētati**) FLUG eintreffen, ankommen; *Vogel* her(bei)fliegen; *fig* her(bei)eilen
doli ADV (*G*) außer (*D*)
doličan angemessen **dolikovati** sich gehören, angemessen sein
dolina F Tal *n*
doliti (**doljēvati**) nachgießen, nachschenken
dolje unten; **~!** nieder!
dōm M Haus *n*; Heim *n*; **planinārskī ~** Berghütte *f*; **starački**

~ Altersheim *n*
dọma F ADV daheim
dọmāćī (ein)heimisch; häuslich; Haus-; hausgemacht **dọmāćā životinja** F Haustier *n*
domạćica F Hausherrin *f*; Gastgeberin *f* **domạćin** M Hausherr *m*, Gastgeber *m*
dọmet M Reichweite *f*
domịšljat pfiffig, schlau
dọmjenak M Fete *f*, Party *f*
dọmoći se PF (*G*) an *etw* gelangen; sich *etw* verschaffen
dọmoljub M Patriot *m* **dọmọljupka** F Patriotin *f*
dọmovina F Heimat *f*
dọmōvnica F *Bescheinigung über das kroatische Bürgerrecht; schweiz* Heimatschein *m*
dọnedāvno ADV bis vor Kurzem
dọneklē einigermaßen; bis zu einem gewissen Grade
dọnijēti (**dọnọsiti**) bringen; ~ **ọdluku** Entscheidung treffen; ~ **ụredbu** Verordnung erlassen
donọsitelj M Überbringer *m* **donositẹljica** F Überbringerin *f* **donọsiti** → donijeti
dọnjī untere(r) **Dọnjā Austrija** F Niederösterreich *n* **dọnjī kat** M Untergeschoss *n* **dọnjē rūblje** N Unterwäsche *n*
dọpasti (**dọpadati**) *Besitz* zufallen (*D j-m*); ~ **se** gefallen (*D j-m*)
dọpirati → doprijeti
dọpis M Schreiben *n* **dọpisnica** F Postkarte *f* **dọpisnīk** M Berichterstatter *m*, Korrespondent *m* **dopisīvati se** s (*I*) sich mit *j-m* schreiben, mit *j-m* in Briefwechsel stehen
dọplata F Zuschlag *m* **doplatak** Zulage *f*; **djẹčjī** ~ Kindergeld *n*
doplạtiti (**doplacīvati**) nachzahlen; zuzahlen
doplọviti (**doplovljīvati**) SCHIFF ankommen, einlaufen
dopọdne N Vormittag *m*; *adv* vormittags
dọprijēti (**dọpirati**) **do** (*G*) gelangen (zu *j-m*, nach), erreichen (*A*)
dọprinos M Beitrag *m* **dọpuna** F Ergänzung *f*; Nachschub *m* **dopuniti** (**dopūnjati**) hinzufügen, ergänzen
dọpust M Urlaub *m*; **bịti na ~u** beurlaubt sein; im Urlaub sein
dopụstiti (**dopūštati**) erlauben
dopuštẹ̄nje N Erlaubnis *f*
doputọvati PF anreisen
dọrāstao *e-r Sache* gewachsen
dọrāsti (**dorạstati**) aufwachsen, heranwachsen
dọručak M Frühstück *n* **dọručkovati** (IM)PF frühstücken
dọsad(a)[1] bislang, bis jetzt
dọsada[2] F Langeweile *f* **dọsadan** langweilig
dosạditi (**dosāđīvati**) langweilen, belästigen **dosạditi se** sich langweilen
dosẹ̄ći PF → dosegnuti
dosẹ̄gnuti (**dosẹ̄zati**)(*A*) *etw* erreichen, an *etw* gelangen
dosẹliti (**doseljạvati**) **se** ein-

wandern
doseljẹnica F Einwanderin *f*
doseljẹnīk M Einwanderer *m*
dosēzati → dosegnuti
dọsipati → dosūti
dọsje M Dossier *n*, Akte *f*
dọsjetka F Einfall *m*
dọsjetljiv schlagfertig; findig, einfallsreich **dosjetljivōst** F Schlagfertigkeit *f*; Einfallsreichtum *m*
doskọra ADV bald
dōslōvan ADJ, **dōslọvcē** ADV buchstäblich
dōsljedan konsequent
dọspjeti (**dospijēvati**) HANDEL fällig werden
dọsta genug
dọstati (**dọstajati**) genügen, ausreichen
dọstava F Zustellung *f*, Lieferung *f* **dọstaviti** (**dọstavljati**) zustellen, liefern **dọstavnica** F Lieferschein *m*
dọstići (**dọstizati**) *j-n* einholen; *etw* erreichen
dọstignuti PF → dostići **dọstignūće** N Errungenschaft *f*
dọstōjan würdig **dostojanstvo** N Würde *f*
dọstupan zugänglich, erreichbar (*D* für); **dọsūti** (**dọsipati**) dazuschütten
Došāšće N Advent *m*
dotācija F *finanzielle* Zuwendung *f*
dotaknuti (**dọticati**) berühren (*a erwähnen*) **dotaknuti se** sich berühren
dọticāj M Kontakt *m* **dọticati** → dotaknuti **dọtičnī** betreffend
dọtjerati (**dotjerīvati**) herrichten, in Ordnung bringen; ~ **do** (*G*) es (bis) zu *etw* bringen
dọtjerati se sich zurechtmachen, sich herrichten
dọtlē bis dorthin *od* dahin
dọtrajao abgenutzt
dọvesti[1] (*präs* **dovẹdēm**) (**dovọditi**) (her)bringen; ~ **u pītānje** infrage stellen
dọvesti[2] (*präs* **dovẹzēm**) (**dovọziti**) *fahrend* herbringen; ~ **se** *mit Auto usw* herfahren
dovīknuti (**dovīkīvati**) (*A*) *etw* zurufen (*D j-m*)
dọvod M Zufuhr *f*; TECH Zuleitung *f*
dọvōljan ausreichend (*a Note*)
dọvoz M Anlieferung *f* **dovọziti** → dovesti[2]
dovīšiti (**dovīšāvati**) beenden, vollenden
dọvūći (**dovlāčiti**) her(bei)schleppen, herziehen
download M IT Download *m*
dōza F Dosis *f*; Dose *f*
dozīvati → dozvati
doznāčiti (**doznāčīvati**) HANDEL überweisen
doznati (**doznāvati**) erfahren
dọzreti (**dozrijēvati**) reifen
dọzvati (**dozīvati**) her(bei)rufen
dọzvola F Erlaubnis *f*; ~ **bọrāvka** Aufenthaltserlaubnis *f*; **vọzačkā** ~ Fahrerlaubnis *f*, Führerschein *m*
dozvọliti (**dozvoljāvati**) erlauben, genehmigen

dožīvjeti (**dožīvljāvati**) erleben
doživljāj M Erlebnis *n*
doživotnī lebenslänglich
dr. (doktor) Doktor *m* (*Abk* Dr.); → drugi
drača F Christusdorn *m*
drāg lieb, teuer; **~ī kamēn** *m* Edelstein *m*; **~o mi je** freut mich
draga[1] F (kleine) Bucht *f*
drāgā[2] Liebste *f*
drāgī Liebste(r) *m*
dragocjen kostbar **dragocjenōst** F Kostbarkeit *f*
dragovōljac M Freiwillige(r) *m*
dragovōljka F Freiwillige *f*
dragūlj M Edelstein *m* **draguljār** M Juwelier *m*
drama F Drama *n* **dramatičan** *fig* dramatisch
drāž F Reiz *m*
dražba F Versteigerung *f*
dražestan reizend
dres M Trikot *n*
drhtati ⟨**za-**⟩ zittern **drhtav** zittrig **drhtavica** F Zittern *n*; Schüttelfrost *m*
drijēm M Schlummer *m* **drijēmati** ⟨**za-**⟩ schlummern
drmati (*uneingeschränkt*) herrschen (*I* über *A*); ⟨**pro-, za-**⟩ rütteln, schütteln ⟨**uz-**⟩ erschüttern **drmati se** ⟨**uz-**⟩ (er)beben, (er)zittern
drōb M Eingeweide *n/pl*
drobiti ⟨**raz-**⟩ zerkleinern; zerbröseln **drobiti se** (zer)bröckeln
drōga F Droge *f*
drolja F Hure *f meist neg!*; Schlampe *f vulg*
drōnjak Fetzen *m*; Lumpen *m*
drōzd M Drossel *f*
drpnuti (**drpati**) zerren, reißen; zwicken; *umg* klauen
drsko ADV frech, dreist **drskōst** F Frechheit *f*, Dreistigkeit *f*
drūg M Kamerad *m*; Gefährte *m*; Genosse *m*: **školskī ~** *m* Schulkamerad *m*, Mitschüler *m*
drugačijē anders **drugačijī** andere(r)
drugamo anderswohin
drugarica F Kameradin *f*; Gefährtin *f*; Genossin *f*
drugdje woanders, anderswo
drugī andere(r); zweite(r)
drugo zweitens; anderes
drukčijē, **drukčijī** → drugačije
druker M Druckknopf *m*
društven Gesellschafts-, gesellschaftlich; gesellig
drūštvo N Gesellschaft *f*; Verein *m*; **~ s ograničenōm odgovōrnošću** Gesellschaft mit beschränkter Haftung (*Abk* GmbH)
druželjubiv gesellig
družina F (*Theater*-)Truppe *f*
drūžiti se verkehren, Freundschaft pflegen (**s** *I* mit)
drven Holz-; hölzern **drvo** Baum *m*; Holz *n* **drvodjelja** M Zimmermann *m*
drvorēd M Baumreihe *f*; Allee *f* **drvorēz** M Holzschnitt *m*
drvosječa M Holzfäller *m*
drzak frech; dreist **drznīk** M frecher *od* schamloser Mensch

m **dr̰znuti se** PF sich erdreisten
dȓžak M Griff *m*, Heft *n*
dr̰žānje N Haltung *f*; Verhalten *n* **dr̰žati** halten (*I od* **za** *A* für); meinen; **~ se** sich verhalten; sich halten (*G* an *A*); **dr̰žava** F Staat *m* **dr̰žavljanin** M Staatsbürger *m* **dr̰žavljānka** F Staatsbürgerin *f* **dr̰žavljānstvo** N Staatsbürgerschaft *f*
dr̰žāvnī Staats-; staatlich **dr̰žāvnica** F Staatsfrau *f* **dr̰žāvnīk** M Staatsmann *m*
DSL IT, TEL DSL *n*
dubịna F Tiefe *f*
dụbok tief
dụćān M *umg* (*Kauf*-)Laden *m umg*
dụd M Maulbeere *f*
dụda F Schnuller *m*
dȗg[1] M Schuld *f*
dụg[2] lang
dȗga F Regenbogen *m*
dụgačak lang
dụgme N Knopf *m*
dụgo ADV lange **dugogọdišnjī** langjährig **dugoprụgāš** M Langstreckenläufer *m* **dugoprugạšica** F Langstreckenläuferin *f* **dụgoročan** langfristig **dụgotrājan** lang andauernd
dugọvati schulden, schuldig sein
dụh M Geist *m*
dụhān M Tabak *m*
Dụhovi M/PL Pfingsten *n*
duhọvit geistreich
dụhovnīk M Geistliche(r) *m*
dụljē länger **duljịna** F Länge *f*
dȗljiti *etw* in die Länge ziehen ⟨**pro-**⟩ verlängern
Dụnav M Donau *f*
dụnja F Quitte *f*
dụpe N Po *m*, Hintern *m*
dụpin M ZOOL Delfin *m*
dȗpkom: **~ pun** vollgestopft, proppenvoll
dụplī doppelte(r)
dȗriti se schmollen
dȗša F Seele *f* **dȗšak** M: **pọpiti na ~** in e-m Zug leeren
dušēvan seelisch; geistig
dụšīk M Stickstoff *m* **Dụšnī dān** M Allerseelen *n* **dụšnīk** M Luftröhre *f* **dušọbrižnica** F Seelsorgerin *f* **dụšobrižnīk** M Seelsorger *m*
dụž (*G*) PRP längs, entlang; während
dȗžan: **bịti ~** *Geld* schuldig sein
dužịna F MATH Strecke *f*; Länge *f*
dụžnica F Schuldnerin *f* **dụžnīk** M Schuldner *m* **dụžnosnica** F Amtsträgerin *f* **dụžnosnīk** M Amtsträger *m*
dȗžnōst F Pflicht *f*; Posten *m*; Amt *n*
dvạ̄ M *u* N zwei **dvạ̄put** zweimal
dvạ̄deset zwanzig
dvạ̄naēst zwölf
DVD snịmāč M DVD-Brenner *m*
dvịca F → dvojka
dvịje F zwei **dvịje stọtinē** zweihundert
dvjẹsta *umg*, **dvjẹsto** zweihundert
dvọ̄boj M Duell *n*, Zweikampf

m

dvọjba F Zweifel *m* **dvọje** zwei Personen (*unterschiedlichen Geschlechts*); ~ **djęcē** zwei Kinder; ~ **čạrape** ein Paar Strümpfe **dvọjica** F zwei Männer

dvọjāko ADV auf zweierlei Weise

dvȭjka F *Ziffer* Zwei *f* **dvȭjnīk** M Doppelgänger *m*

dvọkolica F zweirädriger Wagen *od* Karren *m* **dvọličan** heuchlerisch, falsch **dvọpek** M Zwieback *m*

dvȏr M Hof *m* **dvōrac** M Schloss *n* **dvōrạna** F Saal *m*; Halle *f*

dvọrīšte N Hof *m*; **škọlskō** ~ Schulhof *m* **dvọriti** ⟨**po-**⟩ *j-n* bedienen

dvosjeklī zweischneidig (*a fig*); **dvọsmislen** zweideutig **dvọstruk** zweifach **dvọtjednī** zweiwöchig

dvọumica F Zweifel *m* **dvọumiti se** zweifeln (**o** *L* an *D*)

Dž

džạ̄mija F Moschee *f*

džẹm M Marmelade *f*

džẹmper M Strickweste *f*

džẹp M Tasche *f* **džẹpār** M Taschendieb *m* **džepạrac** M Taschengeld *n* **džẹpnī** Taschen-

džẹzva F *Metallkanne mit Stiel für den türkischen Mokka*

džịp M Geländewagen *m*

džọger M Jogger *m* **džọgerica** F Joggerin *f* **džogịrati** (IM)PF joggen

džụboks M Musikbox *f*

džȗdo N Judo *n*

džȗl M PHYS Joule *n*

džụngla F Dschungel *m*

Đ

đạk M Schüler *m*

đạvao M Teufel *m*

đọn M Schuhsohle *f*

đụbre N Mist *m*, Dung *m*; *umg fig* Mist *m*

đụmbīr M Ingwer *m*

đụrđica F Maiglöckchen *n*

đụveč M *Reisfleisch*

E

e INT he!

ē-cigarẹta F *električna cigareta* E-Zigarette *f*

ẹfikasan effektiv

Ẹgipat M Ägypten *n* **ẹgipatskī** ägyptisch **Ẹgipćanin** M Ägypter *m* **Ẹgipćānka** F Ägypterin *f*

egzistẹncija F Existenz *f*

ekīpa F (*Arbeits-*)Gruppe *f*; (*Rettungs-*)Mannschaft *f*

e-knjiga F IT E-Book *n*
ekonọmija F Ökonomie *f*, Wirtschaft *f* **ekonọmičan** ökonomisch, sparsam (*im Verbrauch*) **ekonọmika poduzèća** Betriebswirtschaft *f* **ekonọmist** Ökonom *m* **ekonọmistica** F Ökonomin *f*
ękrān M (*Film-*)Leinwand *f*; Bildschirm *m* **ekrānizịrati** (IM)PF verfilmen
ękskluzīvan exklusiv
eksploatạcija F Ausbeutung *f*; (*Rohstoff-*)Gewinnung *f* **eksploatịrati** (IM)PF ausbeuten; *Rohstoffe* gewinnen
eksplodịrati (IM)PF explodieren **eksplọzija** F Explosion *f* **eksplọzīv** M Sprengstoff *m*
ękvātor M Äquator *m*
elektrạna F Kraftwerk *n*
elẹktričār M Elektriker *m* **elẹktričārka** F Elektrikerin *f* **elẹktrični** elektrisch **električnī bicịkl** M E-Bike *n* **električno vọzilo** N Elektroauto *n* **elektrọnički** elektronisch
elẹment M Element *n*, Grundstoff *m*
e-mail M E-Mail *f*; **~om** per E-Mail; **pọslati** *pf* **nẹkome ~** j-m eine E-Mail schicken
emīsija F TV, *Radio* Sendung *f*; HANDEL Ausgabe *f*
emitịrati (IM)PF TV, *Radio* ausstrahlen
ẹmotīvan emotional; gefühlsbetont
ẹndīvija F BOT Endivie *f*; **bẹlgijska~** Chicorée *m od f*

enẹrgija F Energie *f*
Ẹnglēskā F England *n* **ẹnglēskī** englisch **Ẹnglēskinja** F Engländerin *f* **Ẹnglēz** M Engländer *m*
ẹno: **~!** (sieh) dort!; **~** (*G*) dort ist *od* sind
epidẹmija F Epidemie *f*
epọha F Epoche *f*
e-pošta F E-Mail *f*
ergẹla F Gestüt *n*
estrạda F Bühne *f*; Unterhaltungsmusik *f*
etạža F Etage *f*
ẹto: **~!** (sieh) da!; **~** (*G*) da ist *od* sind
ẹuro M Euro *m* (*Währung*)
Eurọpa F Europa *n* **Eurọpljanin** M Europäer *m* **Eurọpljānka** F Europäerin *f*
ẹurōpskī europäisch **Eurōpskā ụnija** F Europäische Union (*Abk* EU)
evạnđẹlje N Evangelium *n*
ẹventuālan eventuell
ẹvo: **~!** (sieh) hier!; **~** (*G*) hier ist *od* sind

F

fạca F *umg* Fresse *f umg*; Typ *m umg*
Facebook® IT Facebook
facẹta F Facette *f*
fạjrunt M *umg* Feierabend *m*
fạkīn M Frechdachs *m*; Schnösel *m*

fąks[1] M Fax *n*
fąks[2] M *umg* Fakultät *f*
fąkt M Tatsache *f* **fąktičan** faktisch
fakųltēt M Fakultät *f*
fąliti *umg* fehlen
falsifịkāt M Fälschung *f* **falsificīrati** (IM)PF fälschen
fąmilijāran familiär
fanạtičan fanatisch
fār M AUTO Scheinwerfer *m*
fąscikl M (*Akten-*)Ordner *m*
fascinạntan faszinierend **fascinīrati** (IM)PF faszinieren
fąšnik *umg* M Fasching *m*
fąul M SPORT Foul *n*
favọrīti IT Favoriten *mpl*
feature M IT Feature *n*
fęljtōn M Feuilleton *m*
fęn M Haartrockner *m*
fęnjer *umg* M Scheinwerfer *m*
fēr *adj indeklinabel* fair
fērije *umg* F/PL Schulferien *pl*
festịvāl M Festspiele *n/pl*
fīga: **dṛžati fīge** (*D*) *j-m* die Daumen drücken
fịlē M Filet *n*
fịlm M FOTO, TV Film *m*
fịltar M Filter *m*; **cigarẹta** *f* **s fịltrom** Filterzigarette *f*
fịlter-kạva F Filterkaffee *m*
fīn (*Stoff, Person*) fein
Fīnac M Finne *m*
finạle N, M Finale *n*
finạncije F/PL Finanzen *pl* **financīrati** (IM)PF finanzieren
Fīnkinja F Finnin *f*
finọća F Feinheit *f* (*Vornehmheit, Beschaffenheit*)
Fīnskā F Finnland *n* **fīnskī** finnisch
fịtnes cęntar M Fitnesscenter *n*
fịzičkī physisch **fịzikālnī** physikalisch
flạša F Flasche *f* **flašaịrati** (IM)PF abfüllen
flat M IT, TEL Flatrate *f*
flạuta F Flöte *f*; **pọprečnā ~** Querflöte *f*
flęrt M Flirt *m* **flęrtovati** flirten
flęš M Blitzlicht(lampe *f*) *n*
flipchart M IT Flipchart *m od n*
flọmaster Filzstift *m*
fọrmāt M Format *n*; **MP3 ~** IT MP3-Format *n*
fōrmula F Formel *f* **fōrmulạcija** F Formulierung *f*
fotēlja F Sessel *m*
fotoạlbum M Fotoalbum *n*
fotoaparāt M Fotoapparat *m* **fotogrąfija** F Fotografie *f*
fotografīrati (IM)PF fotografieren **fotokopīrati** (IM)PF fotokopieren
Fraṇcūskā F Frankreich *n*
fraṇcūskī französisch **Fraṇcūskinja** F Französin *f* **Fraṇcūz** M Franzose *m*
frankīrati (IM)PF frankieren
frāṇjevac M Franziskaner (-mönch) *m*
frịzēr M Friseur *m* **frịzērka** F Friseurin *f*
fruktọza F Fruktose *f*
frụla F (*Holz-*)Flöte *f*
fućkati pfeifen
funkcionīrati ⟨pro-⟩ funktionieren
fūnta F Pfund *n*

G

g. *Abk* → gospodin
ga *enkl* (*G, A*) → njẹga[1]
gạće F/PL Unterhose *f* **gạćice** F/PL Schlüpfer *m*
gạblec M *umg* Zwischenmahlzeit *f*, Vesper *f*; *öster* Jause *f*
gạd M Ekel *n* **gạdan** ekelhaft **gạditi se** (**od** *G*) sich ekeln (vor *D*); **gạdī mi se** es widert *od* ekelt mich an **gạdljiv** angeekelt, Ekel empfindend **gạdōst** F Abscheulichkeit *f*
gā̦đati zielen; schießen (*A* auf *A*)
gạđēnje N Ekel *m*
gā̦j M Hain *m*
gā̦jba F *umg* (*Getränke-*)Kasten *m*
gā̦jde F/PL Dudelsack *m*
gā̦jiti *fig* hegen
galā̦ma F Lärm *m*, Radau *m* **galā̦miti** ⟨**za-**⟩ lärmen, Radau machen; poltern
gạlēb M Möwe *f*
gạlop M Galopp *m*
gạmād F Ungeziefer *n*
gạnūt gerührt **gạnuti** *fig* rühren
gā̦njati jagen, verfolgen
garạncija F Garantie *f*
gạrantnī Garantie-; **~ lịst** *m* Garantieschein *m*; **~ rọk** *m* Garantiefrist *f*
garantị̄rati ⟨**za-**⟩ garantieren
garderọ̄ba F Garderobe *f*; Gepäckaufbewahrung *f*
garā̦ža F Garage *f*; **pọdzēmnā ~** *f* Tiefgarage *f*
gā̦s M AUTO Gas *n*
gā̦siti ⟨**u-**⟩ *Feuer, Durst* löschen; *Motor, Maschine* abstellen **gā̦siti se** erlöschen
gā̦t M Anlegestelle *f*; Mole *f*; Wehr *f*
gā̦tati wahrsagen
gạvrān M Rabe *m*
gā̦za F Gaze *f*
gạziti ⟨**iz-**, **pọ-**⟩ zertreten; (durch)waten
gdję wo **gdjẹgdje** hie(r) und da **gdjẹgod** irgendwo
gđa *Abk* → gospođa
gđica F *Abk* → gospođica
gẹmišt M *umg* Weißweinschorle *f*
genẹrāl M General *m*
generā̦cija F Generation *f*
gẹnetskī ADV genetisch; **~ izmjẹ̄njeno** genetisch verändert
gẹ̄nīj M Genie *n*
gịbak biegsam; gelenkig; geschmeidig; flexibel **gịbānje** N Bewegung *f*
gịnuti ⟨**pọ-**⟩ umkommen
gl. → glavni
glạčalo Bügeleisen *n* **glā̦čati** ⟨**iz-**⟩ bügeln
glā̦d F *od* M Hunger *m* (*a fig*)
glạdak glatt
glā̦dan hungrig; **bịti ~** Hunger haben
glạditi ⟨**pọ-**⟩ streicheln; streichen (**po** *L* über *A*)
gladọvati hungern (*a fig*)
glạgol M Verb *n*
glā̦s M Stimme *f*; Ruf *m*; Laut

m; Nachricht f
glạsāč M Wähler m **glasạčica** F Wählerin f **glạsan** laut **glạsati** → glasovati **glạsilo** N Mitteilungsblatt n **glạsina** F Gerücht n
glȃsiti lauten
glạsnice F/PL Stimmbänder n/pl
glȃsnīk M Bote m
glạsno ADV laut
glasnogọvōrnica F (Regierungs-, Firmen-)Sprecherin f
glasnogọvōrnīk Sprecher m
glạsovānje N Abstimmung f
glạsovati abstimmen; stimmen (**za** A für); **glạsovīr** M Klavier n **glasọvit** berühmt
glȃva F Kopf m; Haupt n
glạvnī Haupt- **glạvnica** F Kapital n
glavọbolja F Kopfschmerz m
glạzba F Musik f **glạzbalo** N Musikinstrument n **glạzben** Musik-, musikalisch **glạzbenica** F Musikerin f **glạzbenīk** M Musiker m
glẹ INT schau!
glẹdalīšte N Zuschauerraum m **glẹdatelj** M Zuschauer m **gledatẹljica** F Zuschauerin f
gledati ⟨**pọ-**⟩ (an)schauen, betrachten **glẹdīšte** N fig Sicht f, Gesichtspunkt m
glẽžanj M Knöchel m
glīna F GEOL Ton m
glīsta F MED Wurm m; **kišnā ~** Regenwurm m
glȗh taub
glụhonijēm taubstumm **gluhọća** F Taubheit f
glūma F Schauspielerei f
glụ̄mac F Schauspieler m
glụmica F Schauspielerin f
glụmīšte N Schauspielhaus n
glūmiti schauspielern
glȗp dumm
glụpača F dumme Gans f **glụpan** M Dummkopf m **glupạrija** F (Unsinn) Dummheit f
glȗpōst F Dummheit f
glutẹn M: **bẹz glụtēna** glutenfrei
gljịva F Pilz m **gljịvice** F/PL MED Pilz m
gmịzati kriechen (a fig); **gmịzavac** M Kriecher m
gnijẽzdo N Nest n
gnȍj M Eiter m; Mist m, Dung m **gnōjan** eitrig
gnọjīvo N Dünger m; **ụmjetnō ~** Kunstdünger m
gnọjīšte N Misthaufen m
gnọjīti ⟨**po-**⟩ düngen **gnọjīti se** ⟨**za-**⟩ eitern
gnụsan ekelhaft, ekelerregend
gnụšānje N Ekel m; Abscheu m **gnụšati se** sich ekeln
gnjavạža F nervtötende Sache f od Angelegenheit f
gnjȃviti ⟨**iz-**⟩ (A) j-m auf die Nerven gehen
gnjẽciti ⟨**z-**⟩ zerdrücken, (zer)quetschen
gnjẹv M Zorn m **gnjẹvan** zornig
gnjio Zahn, Ei usw faul
gọd: **gdjẹ ~** wo auch immer; **kad ~** wann auch immer
gọdina F Jahr n; **gọdinu dȃnā** ein Jahr (lang)
gọdišnjāk M Jahrbuch n **gọ-**

dišnjī jährlich; godišnjē doba *n* Jahreszeit *f* godišnjica F Jahrestag *m*
godīšte N Jahrgang *m*
goditi: godī mi es gefällt mir, ich mag es
gōjan wohlgenährt gōjiti ⟨u-⟩ mästen
gojzerica F *umg* Bergschuh *m*
gōl[1] nackt, bloß
gōl[2] M SPORT Tor(treffer *m*) *n*
golem riesig, ungeheuer
golicati kitzeln golicav kitzelig; *fig* schlüpfrig
golūb M Taube *f*
goljenica F Schienbein *n*
gomila F Haufen *m*; **~ma** haufenweise *adv* gomilati ⟨na-⟩ (auf-, an)häufen; **~ se** sich häufen
goniti jagen; verfolgen; *Vieh* treiben; **sudski ~** gerichtlich verfolgen gonjēnje N Verfolgung *f*
googlati IT googeln
gora F Berg *m*
gōrak bitter
gore[1] ADV oben
gorē[2] ADV, gorī ADJ schlechter, schlimmer
gorīvo N Treibstoff *m*
gorjeti brennen
gōrko ADV bitter
gorskī Berg-, Gebirgs- gorštāk M Bergbewohner *m* gorūćī *fig* brennend gorušica F Senf *m*
Gospod M Herr(gott) *m*
gospoda F → gospodin
gospodār M Herr *m*; Hausherr *m* gospodarica F Herrin *f*; Hausherrin *f* gospodāriti bewirtschaften gospodārskī Wirtschafts-; wirtschaftlich
gospodārstvo N Wirtschaft *f*
gospodin M (PL gospoda F) Herr *m*
gospođa F Frau *f* gospođica F Fräulein *f*
gōst M Gast *m*
gostionica F Gasthaus *n*, Gasthof *m* gostioničār M Gastwirt *m* gostioničārka F Gastwirtin *f*
gostiti ⟨po-⟩ bewirten
gostoljubiv, gostoprimljiv gastfreundlich gostoljubivōst F, gostoprimljivōst F Gastfreundschaft *f*
gostovānje N Gastspiel *n* gostovati gastieren
gošća F *weiblicher* Gast *m*
gotov fertig (*a fig*); bereit gotovina F Bargeld *n*
gotovo ADV fast
govedina F Rindfleisch *n* govedo N Rind *n*
goveđi Rinder-, Rinds-
gōvno N *vulg* Scheiße *f vulg*
govōr M Rede *f*; Mundart *f*; Ansprache *f*
govoriti sprechen; reden govorkati tratschen govorljiv redselig
govōrnica[1] F: **jāvnā ~** Telefonzelle *f*
govornica[2] F Rednerin *f* govornīk M Redner *m*
gozba F Gastmahl *n*; Festessen *n*
GPS® M *umg* Navi *n*

grȁbež M Raub *m* **grābȇžljiv** raffgierig **grābȇžljivōst** F Raffgier *f*
grąbiti ⟨**z-**⟩ packen (**za** *A* an *D*), (er)greifen; eilen **grąbljati** rechen **grąblje** F/PL Rechen *m*
grąbljivica F: **ptįca** ~ Raubvogel *m*
grȃd[1] M Stadt *f*; Burg *f*; **glạvnī** ~ Hauptstadt *f*
grąd[2] M Hagel *m*
grądīć M Städtchen *n* **grądilīšte** N Bauplatz *m*, -stelle *f*
grądina F Burgruine *f* **Grądīšće** N Burgenland *n* **gradìtelj** M Architekt *m* **graditęljica** F Architektin *f* **grądìteljstvo** N Architektur *f*
grȃditi ⟨**sa-**⟩ (er-, auf)bauen
grądīvo N Baumaterial *n*; Lehrstoff *m*
grȃdnja F Bau *m*
gradonȃčelnica F Bürgermeisterin *f* **gradonȃčelnīk** Bürgermeister *m*
grądskī Stadt-, städtisch
grȃđa F Material *n*; (Auf)Bau *m*
grąđanin Bürger *m*; Staatsbürger *m*; Städter *m* **grąđānka** F Bürgerin *f*; Staatsbürgerin *f*; Städterin *f* **grąđanskī** bürgerlich; ~ **rąt** *m* Bürgerkrieg *m* **grąđevina** F Bauwerk *n* **grąđevinȃrstvo** N Bauwesen *n* **grąđevīnskī** Bau-
grąh M (*Garten-*)Bohne *f*
grąna F Ast *m*; Zweig *m* (*a fig*)
granȃta F Granate *f*; **rụčnā** ~ Handgranate *f*
grąnica F Grenze *f* **grąničār** Grenz(schütz)er *m* **grąničārka** F Grenz(schützerin) *f* **grąničiti** grenzen (**s** / an *A*); **grąničnī** Grenz-
grąmziv habgierig
grȃšak M Erbse *f*
gṛb M Wappen *n*
gṛba F Buckel *m*; Höcker *m*
gṛč M Krampf *m* **grčęvit** krampfhaft **gṛčiti** ⟨**z-**⟩ **se** sich verkrampfen
Gṛčkā F Griechenland *n* **gṛčkī** griechisch
gṛdan hässlich; gewaltig **gṛditi** ⟨**iz-**, **na-**⟩ (*A*) (aus-, be)schimpfen; mit *j-m* schimpfen
gṛdnja F Geschimpfe *n*
grębēn M Bergkamm *m*
grępsti ⟨**ọ-**⟩ kratzen
gręška F Fehler *m* **gręšnica** F Sünderin *f* **gręšnīk** M Sünder *m*
grijȃćī Heiz-; Wärme- **grijalica** F Heizgerät *n* **grijānje** N Heizung *f* **grijati** ⟨**za-**⟩ heizen; wärmen
grijẹh M Sünde *f*
grijẹ̄šiti ⟨**sa-**, **z-**⟩ einen Fehler machen
gripa F Grippe *f*
gristi ⟨**ụ-**⟩ beißen
grịva F Mähne *f*
grīz M Biss *m*
grịžnja F: ~ **sȃvjesti** Gewissensbisse *m/pl*
Gṛk M Grieche *m* **Gṛkinja** F Griechin *f*
gṛkljan M Kehlkopf *m*
gṛliti ⟨**zạ-**⟩ umarmen **gṛliti se** sich umarmen **gṛlo** N Kehle *f*, Hals *m* **grlọbolja** F Halsschmerzen *m/pl*

gȓm M Strauch *m* **gȓmjeti** ⟨**za-**⟩ donnern **grmljavina** F Donner *m* **gȓmlje** N Gesträuch *n* **grọb** N Grab *n* **grȍblje** N Friedhof *m* **grọbnica** F Grabmal *n*; Gruft *f* **grọf** M Graf *m* **grọfica** F Gräfin *f* **grȏm** M Donner *m* **grọmobrān** M Blitzableiter *m* **grọmoglasan** lautstark **grȍza** F Grauen *n* **grȍzan** grauenhaft, schauderhaft **grọziti se** schaudern, erschauern **grọznica** F Fieber *n*; **imati grọznicu** Fieber haben **grọzničav** fiebrig; fieberhaft **grozọta** F Gräuel *m* **grọžđanī** Trauben-; ~ **šèćer** *m* Traubenzucker *m* **grȍžđe** M Trauben *f/pl*; **sȗhō** ~ Rosinen *f/pl* **grọžđica** F Rosine *f* **grȗb** grob, derb **grụda** F Klumpen *m*; Schneeball *m* **grȗdi** F/PL Brust *f* **grȗdnī** Brust- **grȗdnjāk** M Büstenhalter *m* **grụnuti** (**grȗvati**) *Geschütz, Donner* grollen, donnern **grụpa** F Gruppe *f* **grušati se** gerinnen **grȗvati** → grunuti **gụbica** F Maul *n*, Schnauze *f* **gubītak** M Verlust *m* **gụbiti** ⟨**iz-**⟩ verlieren **gụbiti se** verschwinden; *Spur* sich verlieren

gụdāč M Streicher *m* **gụdalo** N (*Geigen-*)Bogen *m* **gȗkati** *Taube* gurren; *Kleinkind* lallen **gȗliti** ⟨**o-**⟩ schälen; *Haut* abschürfen; *fig* schröpfen **gụma** F Gummi *n*; AUTO Reifen *m* **gụmb** M Knopf *m* **gụnđati** ⟨**pro-**⟩ murren **gȗrati** → gurnuti **gụrman** M Gourmet *m*; **gụrnuti** (**gȗrati**) schieben; stoßen **gụrnuti se** drängeln **gụsāk** M Ganter *m* **gụsjenica** F Raupe *f* **gụsjeničār** M Raupenfahrzeug *n* **gụska** F Gans *f* **gȗst** *Nebel, Haar usw* dicht; dick (-flüssig) **gȗstọća** F Dichte *f* **gȗšiti** ⟨**u-**⟩ (er)würgen **gȗšiti se** V/I ersticken **gụšt** M *umg* Lust *f* **gụša** F ANAT, ZOOL Kropf *m* **gụšter** M Eidechse *f* **guštẹrača** F Bauchspeicheldrüse *f* **gụtati** ⟨**pro-**⟩ (herunter-, ver)schlucken **gụtljāj** M Schluck *m* **gȗz** M *vulg* Arschbacke *f vulg* **gụzica** F *vulg* Arsch *m vulg* **gụžva** F Gewühl *n*, Getümmel *n* **gụžvati** ⟨**z-**⟩ (zer)knittern, (zer)knautschen, zusammenknüllen; ~ **se** *Stoff* knittern

hajde (*1. pers pl* **hajdemo**, *2. pers pl* **hajdete**) INT los!; **~mo kući!** los, gehen wir nach Hause!
hajdučija F Banditentum *n*
haker M IT Hacker *m* **hakerica** F Hackerin *f*
haljina F Kleid *n*; **kućnā ~** Morgenmantel *m*
hangār M Hangar *m*
hārati ⟨po-⟩ wüten (**po** *L* in *D*)
hārfa F Harfe *f*
hārdver M IT Hardware *f*
harīnga F Hering *m*
harmonika F Akkordeon *n*
hauba F AUTO, (*Trocken-*) Haube *f*
helikopter M Hubschrauber *m*
helidrom M Hubschrauberlandeplatz *m*
hēljda F Buchweizen *m*
hendikep M Nachteil *m* **hendikepīrati** (IM)PF benachteiligen
hendikepīrānā osoba Mensch *m* mit Behinderung
herōj M Held *m*
hidraulični hydraulisch
hidrocentrāla F, **hidroelektrana** F Wasserkraftwerk *n* **hidrogliser** M Tragflächenboot *n*
higijēna F Hygiene *f*
hihōt M, **hihotānje** N Gelächter *n*, Gekicher *n* **hihotati** kichern
hīmna F Hymne *f*
hīr M Laune *f* **hīrovit** launenhaft
histeričan hysterisch
hit M *umg* Hit *m*, Renner *m*
hitac M Schuss *m* **hitan** eilig; **hitnā pomōć** *f* Rettungsdienst *m* **hitar** flink **hitati ⟨po-⟩** eilen **hitnōst** F Dringlichkeit *f*
hitroća F Schnelligkeit *f*
hlače F/PL Hose *f*
hlād M Schatten *m*; Kühle *f* **hlādan** kalt
hladetina F Sülze *f* **hladionīk** M Kühlschrank *m*
hlāditi ⟨o-⟩ kühlen **hlāditi se** sich abkühlen **hlādno** ADV kalt; kühl **hlādnoća** F Kälte *f*
hladnokr̄van kaltblütig
hladnjača F Kühlwagen *m*
hlādnjāk Kühlschrank *m*; AUTO Kühler *m*
hladovina F → hlad
hlāđēnje N Kühlung *f*
hlap M Hummer *m*
hlāpiti ⟨is-⟩ verdunsten; sich verflüchtigen
hljeb M Brotlaib *m*
hmelj M Hopfen *m*
hobi M Hobby *n*
hobotnica F Krake *m*, Oktopus *m*
hōd M Gang *m* **hōdati** gehen, laufen; wandern; marschieren
hodnīk M Flur *m*, Korridor *m*
hodočasnica F Pilgerin *f* **hodočasnīk** M Pilger *m* **hodočašće** N Pilgerfahrt *f*
hokēj M Hockey *m*; **~ na ledu** Eishockey *m*

hotel M Hotel *n*
hotimicē ADV, **hotimičan** ADJ absichtlich
hotspot M IT WLAN *n*; **WLAN** ~ WLAN-Hotspot *m*
hrābar tapfer **hrābriti** ⟨**o-**⟩ ermuntern **hrābrōst** F Mut *m*
hrām M Tempel *m*
hrāna F Nahrung *f*; Verpflegung *f*; (*Tier-*)Futter *n*; **bŕza** ~ Fastfood *n* **hrāniti** (er)nähren ⟨**na-**⟩ füttern **hrānarina** F Verpflegungsgeld *n*; Krankengeld *f*
hranjiv nahrhaft **hranjivōst** F Nährwert *m*
hrapav rau; heiser
hrāst M Eiche *f*
hŕčak M Hamster *m*
hrđa F Rost *m* **hrđati** ⟨**za-**⟩ rosten **hrđav** rostig
hren M Meerrettich *m* **hrenōvka** F Wiener Würstchen *n*, *öster* Krenwürstchen *n*
hrīd F Felsen *m*
hŕkati ⟨**za-**⟩ schnarchen
hrom lahm; hinkend
hrpa F Haufen *m*
hrptenjača F Rückgrat *n*
hrskati knabbern, knuspern; *Schnee* knirschen **hrskav** knusprig **hrskavica** F Knorpel *m*
hrt M Windhund *m*
hrūšt M Maikäfer *m*
hrvāč M Ringer *m*
Hrvāt M Kroate *m*
hrvati se ringen
Hrvatica F Kroatin *f*
Hrvātskā F Kroatien *n* **hrvātskī** kroatisch
htjeti (*1. pers sg präs* **hoću**, *enkl* **ću**) wollen; GRAM *Hilfsverb zur Bildung des Futurs*
hūjati *Wind* heulen
hulahupke F/PL Strumpfhose *f*
hulja F Schuft *m*, Halunke *m*
hunjavica F Schnupfen *m*; **pelūdnā** ~ Heuschnupfen *m*
huškati ⟨**na-**⟩ (auf)hetzen, (auf)wiegeln
hvāla F Dank *m*; ~! Danke!; ~ **lijēpā**! vielen Dank!; ~ **Bogu**! Gott sei Dank! **hvāliti** ⟨**po-**⟩ loben; ~ **se** sich rühmen
hvalisati se prahlen **hvalisav** prahlerisch
hvatati → uhvatiti

I

i und; auch; ~ ... ~ ... sowohl ... als auch ...
iako CJ obwohl
ići (*präs* **idēm**) gehen; *Maschine* laufen; ~ **kući** nach Hause gehen; ~ **liječniku** zum Arzt gehen; ~ **u školu** zur Schule gehen; ~ **točno** (~ **naprijēd**, **natrāg**) *Uhr* richtig gehen (vor-, nachgehen)
idēja F Idee *f*; Gedanke *m*
identičan identisch **identificīrati** (IM)PF identifizieren
idūćī kommende(r)
igda je(mals)
igdje irgendwo
igla F Nadel *f*

iglica F Geranie *f*; (*Tannen-*) Nadel *f*

igra F Spiel *n* **igrāč** M SPORT Spieler *m* **igračica** F Spielerin *f* **igračka** F Spielzeug *n* **igrāćī** Spiel-; **igrāćā kārta** *f* Spielkarte *f* **igralīšte** N SPORT Spielfeld *n*; Spielplatz *m* **igrati** ⟨za-⟩ (**se**) spielen **igrokāz** M Schauspiel *n*, Theaterstück *n*

ih *enkl* → njih

ijedan irgendeine(r)

ikad(**a**) je(mals)

ikra F Rogen *m*

ikserice F/PL X-Beine *n/pl*

ilegālan illegal

ili oder; **~** … **~** … entweder … oder …

imā (*G*) es gibt (*A*)

imānje N (*Grund-*)Besitz *m*

imati haben, besitzen; **~ prāvo** recht haben

ime N (*Vor-*)Name *m*; **u ime** (*G*) im Namen (*G*); IT **korisničko ~** Benutzername *m*

imela F Mistel *f*

imendān M Namenstag *m*

imenica F Substantiv *n* **imenīk** M Namensverzeichnis *n*; **rāzrednī ~** Klassenbuch *n*; **telefōnskī ~** Telefonbuch *n*

imenovānje N Ernennung (**za ministra** zum Minister); **imenovati** (IM)PF (be)nennen; ernennen (**za** *A* zu *etw*)

imenjāk M Namensvetter *m*

imētak M → imutak

imovina F Besitz *m*

impresionīrati (IM)PF beeindrucken

imūćan vermögend

imūn immun (**na** *A* gegen)

imūtak M Vermögen *n*

ināče andernfalls; sonst

inačica F Variante *f*; Spielart *f*; Dublette *f*

ināt Starrsinn *m*; Trotz *m*; **za ~** zum Trotz

inćūn M Anchovis *m*

Indījac Inder *m* **Indijānac** Indianer *m neg!* **Indijānka** F Indianerin *f neg!* **indijānskī** indianisch *neg!*

Indījka F Inderin *f* **indījskī** indisch

informācija F Information *f*; Nachricht *f*; **povratnā ~** Feedback *n*

inī andere(r); übrige(r); **među ~m** unter anderem (*Abk* u.a.)

inokorespondent M Fremdsprachenkorrespondent *m* **inokorespondentica** F Fremdsprachenkorrespondentin *f*

inozēmac M Ausländer *m*

inozēmka F Ausländerin *f*

inozēmnī ausländisch

inozēmstvo N Ausland *n*

inspekcija F Inspektion *f*; Aufsicht *f*; **građevīnskā ~** Bauaufsicht *f*

instalīrati (IM)PF installieren

instrukcije F/PL Nachhilfe (-stunden *f/pl*) *f*

instruktor M Ausbilder *m*; **~ vōžnjē** Fahrlehrer *m* **instruktorica** F Ausbilderin *f*

instrument M Instrument *n*

intelektuālac Intellektuelle(r) *m* **intelektuālka** F Intellektuelle *f*

intenzīvan intensiv

interaktīvan IT interaktiv
ìnteres M Interesse **interesantan** interessant **interesírati** ⟨za-⟩ **se** sich interessieren (**za** *A* für *etw*)
ìnternet M Internet *n*; **ìmati prìstup ìnternetu** Internetzugang haben; **prìključak** *m* **za ~** Internetanschluss *m*; **prìstup** *m* **~u** Internetzugang *m* **ìnternet kafē** M Internetcafé *n* **ìnternet ponuđāč** M Internetprovider *m*
ìnternetskī: **ìnternetskā adresa** F Internetadresse *f*
intervjū M Interview *n*
intrigírati ⟨za-⟩ intrigieren; *fig j-n* fesseln
invalīd M Invalide *m*, Mensch *m* mit Behinderung; **tèškī ~** Schwerbehinderte(r) *m*
investícija F Investition *f*
inzistírati (IM)PF bestehen (**na** *L* auf *A*)
inzulīn M Insulin *n*
inžènjer M Ingenieur *m*
inžènjērka F Ingenieurin *f*
īnje N Raureif *m*
iole wenigstens etwas
ionako ohnehin, ohnedies
iPad® TECH iPad® *n*
ipak doch; dennoch
iPhone® TECH iPhone® *n*
Īrac M Ire *m*
Ìrkinja F Irin *f*
ìroničan ironisch
Īrskā F Irland *n*
ìrski irisch
iscijèditi (**iscjeđívati**) auspressen
iscŕpiti (**iscrpljívati**) auslaugen; erschöpfen
iscūriti (**iscurívati**) *Flüssigkeit* auslaufen
isèliti (**iseljívati**) **se** auswandern, emigrieren; *aus e-r Wohnung* ausziehen
isfućkati PF auspfeifen
ìshod M Ergebnis *n*, Resultat *n*
ìsisati (**isisávati**) aussaugen
iskàkati → iskočiti
iskàpati → iskopati
ìskāz M Aussage *f*; Äußerung *f*
iskázati (**iskazívati**) aussagen, erklären **iskázati se** sich hervortun
ìskaznica F Ausweis *m*; **~imunizacije** Impfpass *m* **ìskidati** → kidati
iskípjeti PF überkochen
ìskliznuti (**isklizávati**) entgleisen **iskliznúće** N BAHN Entgleisung *f*
isključiti (**isključívati**) ausschalten, abschalten; ausschließen **iskòčiti** (**iskàkati**) abspringen; BAHN entgleisen
iskòpati (**iskàpati, iskopávati**) ausgraben **iskòpčati** (**iskopčávati**) abschalten; abkoppeln
ìskopina F Ausgrabung *f*; *archäologischer* Fund *m*
iskorijèniti (**iskorjenjívati**) ausrotten
iskòristiti (**iskorišćívati, iskorištávati**) ausnützen, ausschöpfen; ausnutzen
ìskra F Funke *m*
ìskrcati (**iskrcávati**) ausladen; *Fahrgast* absetzen; **~ se** aussteigen; SCHIFF von Bord

gehen; FLUG auschecken
iskr̨čiti (iskrčīvati) roden
iskren ADJ, **iskreno** ADV aufrichtig **iskrenōst** F Aufrichtigkeit *f*
iskrēnuti (iskrētati) *Hand, Worte* verdrehen
iskriti funken; **~ se** funkeln
iskrīviti (iskrīvljāvati) verbiegen, verkrümmen; *Gesicht* verziehen; **~ se** sich verziehen
iskuhati (iskuhāvati) auskochen
iskūsan erfahren
iskūstvo N Erfahrung *f*; **rādnō ~** Berufserfahrung *f*
iskvāriti PF verderben
ismijati (ismijāvati) *j-n* auslachen
ispad M Exzess *m* **ispadānje** N SPORT Ausscheidung *f* **ispadati** → ispasti
ispāliti (ispāljīvati) abfeuern
ispariti (isparāvati, isparīvati) se verdunsten, sich verflüchtigen
ispasti (ispadati) herausfallen; *Zähne usw* ausfallen
ispeći → peći **ispirati** → isprati
ispis M IT Ausdruck *m*; Tilgung *f*, Löschung *f* (*aus e-m Verzeichnis*)
ispīsati (ispīsīvati) (auf)schreiben; (*ein Blatt*) vollschreiben; (*Scheck*) ausstellen; (*aus e-m Verzeichnis*) streichen
ispit M Prüfung *f* **ispītati (ispitīvati)** *j-n* prüfen; ausfragen, befragen; (er)forschen; erproben
ispiti (ispījati) austrinken
ispitivāč M Prüfer *m* **ispitivačica** F Prüferin *f* **ispitivāčkī** prüfend; forschend
isplata F Auszahlung *f* **isplātiti (isplaćīvati)** auszahlen; **~ se** sich auszahlen
isplaziti (isplazīvati) hinauskriechen; **~ jezik** die Zunge herausstrecken
isploviti (isplovljīvati) *Schiff* auslaufen
ispljunuti PF ausspucken
ispočētka F anfangs
ispod PRP (*G*) unter
ispomōć F Aushilfe *f*
ispostaviti (ispostavljati) *Rechnung* ausstellen; **~ se** sich herausstellen
ispovijēd F Beichte *f* **ispovjediti (ispovijēdati) se** beichten
ispratiti (ispraćīvati) (hinaus)begleiten; verabschieden
isprati (ispirati) aus-, abspülen
isprava F Dokument *n*; Bescheinigung *f*; **osobnē isprave** *f/pl* Ausweispapiere *n/pl* **ispravak** M Berichtigung *f*
isprāvan ADJ, **isprāvno** ADV aufrichtig
ispraviti (ispravljati) berichtigen
isprāzniti (isprāžnjāvati, isprāžnjīvati) ausleeren
ispred PRP (*G*) (*wohin?*) vor (*A*); (*wo?*) vor (*D*)
isprēgnuti PF *Pferd* ausspannen
ispričati (isprīčāvati) erzählen; **~ se** sich entschuldigen

isprijēka (G) von der (anderen) Seite
isprika F Entschuldigung *f*; Ausrede *f*
isprōbati (isprōbāvati) anprobieren
ispružiti (ispružīvati) ausstrecken; ~ **se** sich ausstrecken
ispržiti PF → pržiti
ispucati (ispucāvati) abfeuern, abschießen; *Haut* aufspringen
ispuh M Auspuff *m*
ispūmpati (ispūmpāvati) auspumpen
ispuniti (ispunjāvati) füllen; *Formular* ausfüllen; *Pflicht* erfüllen; ~ **se** sich erfüllen
ispustiti (ispūštati) herauslassen, loslassen
istaknuti (isticati) hervorheben **istaknuti se** sich auszeichnen (*I* durch)
istarskī istrisch
isteći (istjecati) *Flüssigkeit* auslaufen
istegnūće N MED Zerrung *f*
istī derselbe; der gleiche
isticati → istaknuti
istina F Wahrheit *f* **istinskī** wahr(haft)
istisnuti (istiskīvati) verdrängen
istjecati → isteći
istjerati (istjerīvati) hinaustreiben, -jagen; verweisen (**iz škōlē** von der Schule)
istočnī Ost-, östlich **istočnjāk** M Orientale *m*
istodoban ADJ, **istodobno** ADV gleichzeitig **istoimen** gleichnamig
istok M Osten *m*; **Bliskī** ~ Nahe(r) Osten *m*
istom erst
istovariti (istovarīvati) abladen, ausladen, entladen
istovjetan identisch **istovremen** gleichzeitig **istovrijēdan** gleichwertig **istovrstan** gleichartig
Istra F Istrien *n*
istraga F JUR Untersuchung *f*, Ermittlungen *f/pl*
istrāžiti (istrāžīvati) (er)forschen; untersuchen **istrāživāč** M Forscher *m* **istrāživačica** F Forscherin *f*
istražnī Untersuchungs-; Ermittlungs-; ~ **sūdac** *m* Untersuchungsrichter *m*
istrčati (istrčāvati) hinauslaufen, herauslaufen
istrebljīvati → istrijebiti
istrgnuti PF herausreißen
istrijēbiti (istrebljīvati) ausrotten
istūpiti (istūpati) vortreten; austreten (*aus e-r Partei usw*)
iščašiti (iščašīvati) ausrenken, verrenken **iščašēnje** N Verrenkung *f*
iščekīvati ungeduldig erwarten
iščeznuti (iščezāvati) verschwinden **iščupati (iščupāvati)** herausreißen, herausrupfen
išta F irgendetwas
išūljati se PF sich hinausschleichen
Itālija F Italien *n*

IT (informatička tehnologija) F IT *f* **itd.** (i tạkō dạljē) → dalje **ịtko** irgendjemand **ịvānčica** F Margerite *f* **ịver** M Splitter *m* **ịverica** F Spanplatte *f* **ivẹ̄rak** M Flunder *f* **iz** PRP (*G*) aus (*D*); von (*D*) **iza** PRP (*G*) (*wo?*) hinter (*D*); (*wohin?*) hinter (*A*) **izạbrati** (**izạbirati**) auswählen **izāci** PF → izići **izạslanica** F Abgesandte *f* **izạslanīk** M Abgesandte(r) *m* **izạslati** PF aussenden **izaslạ̄nstvo** N Abordnung *f*, Delegation *f* **izazīvati** → izazvati **ịzazōv** M Herausforderung *f* **ịzazōvan** herausfordernd **izạzvati** (**izazīvati**) herausfordern **izbạ̄citi** (**izbācịvati**) *j-n* hinauswerfen; ausstoßen **ịzbaviti** (**ịzbavljati**) retten; erlösen **izbẹzūmljen** verrückt (**ọd strāha** vor Angst); **izbījati** → izbiti **izbịrljiv** wählerisch **ịzbiti** (**izbịjati**) *Zahn usw* ausschlagen; *Krieg* ausbrechen **izbjeći** (**izbjegạ̄vati**) (*A*) vermeiden (*A*); ausweichen (*D*) **izbjeglica** M, F Flüchtling *m* **izbjẹživ** vermeidbar **ịzblīza** aus der Nähe **ịzbočen** (vor)gewölbt **ịzbočina** F Wölbung *f* **izbọčiti** (**izbočīvati**) **se** sich (vor)wölben **ịzbor** M Wahl *f*; Auswahl *f* **ịzbori** M/PL Wahlen *f/pl* **ịzbōrnīk** M IT Menü *n* **izbrbljati** PF *umg* ausplaudern **ịzbrijati** (**izbrijạ̄vati**) ausrasieren **izbrisati** → brisati **izdạhnuti** (**ịzdisati**) ausatmen; *fig* aushauchen **ịzdaja** F Verrat *m* **izdajica** M Verräter *m* **ịzdājnica** F Verräterin *f* **izdalẹka** F aus der Ferne; **ni ~** nicht im Entferntesten **izdạ̄nje** N *Buch usw* Ausgabe *f*; Auflage *f* **izdạ̄tak** M HANDEL Ausgabe *f* **ịzdati** (**izdạ̄vati**) *Material* ausgeben; *Buch* herausgeben; verraten; **~ se** sich verraten **izdạvāč** M Herausgeber *m*; Verleger *m* **izdavạčica** F Herausgeberin *f*; Verlegerin *f* **izdạvāčkī** Verlags- **izdavạ̄štvo** N Desktop *m*; **stōlnō ~** Desktop-Publishing *n* **izdṛžati** (**izdržạ̄vati**) *etw* aushalten **izdṛžljivōst** F Ausdauer *f*; Haltbarkeit *f* **izdvạjati** → izdvojiti **izdvọjiti** (**izdvạ̄jati**) abzweigen; **~ se** sich absondern **izgạ̄rati** abbrennen **ịzgladiti** (**ịzglađīvati**) glätten; **~ se** sich glätten; **izglạdnio** ausgehungert **izglạdniti** (**izgladnjīvati**) *j-n* aushungern **ịzglasovati** (**izglasạ̄vati**) (durch Abstimmung) beschließen, verabschieden **ịzglẹ̄d** M Aussehen *n*; Aussicht (*a fig*) *f* **izglẹ̄dati** aussehen; scheinen **izglọdati** PF zerna-

gen
izgọrjeti (**izgorijẹvati**) *Kerze* abbrennen
izgovōr M Aussprache *f*; Ausrede *f* **izgovọriti** (**izgovạrati**) aussprechen; ~ **se** sich herausreden
izgrạditi (**izgrāđịvati**) (auf)bauen **izgrạdnja** F Aufbau *m*
izgrēd M Ausschreitung *f*; Exzess *m* **izgrēdnīk** M Randalierer *m*
izgristi (**izgrịzati**) zerfressen
izgụbiti (**se**) PF → gubiti (se)
izīći (**izlaziti**) hinausgehen; ausgehen; hervorkommen; herauskommen
izjava F Erklärung *f*; Äußerung *f*; Aussage *f*
izjạviti (**izjāvljịvati**) erklären; sich äußern
izjednạčiti (**izjednāčạvati**, **izjednāčịvati**) ausgleichen (*a* SPORT); gleichmachen
izlạgati → izložiti
izlaz M Ausgang *m*; *fig* Ausweg *m* **izlaziti** → izići **izlazak** M *Buch usw* Erscheinen *n*; *Sonne* Aufgang *m*
izlet M Ausflug *m* **izletīšte** N Ausflugsort *m* **izletničkī brōd** M Ausflugsdampfer *m* **izletnica** F Ausflüglerin *f* **izletnīk** M Ausflügler *m*
izlēći (**izlijẹgati**) ausbrüten; ~ **se** schlüpfen
izležạvati se faulenzen
izlijẹčiti (**se**) PF → liječiti (se)
izlika F Ausrede *f*
izliti (**izlijẹvati**) *Flüssigkeit* ausschütten, ausgießen; ~ **se** sich ergießen
izlịzati PF abwetzen; abnutzen; ~ **se** sich abnutzen
izlog M Schaufenster *n*; Auslage *f*, **izložak** M Ausstellungsstück *n* **izložba** F Ausstellung *f* **izlọžiti** (**izlạgati**) ausstellen; darlegen
izljẹčiv heilbar
izmaći PF → izmaknuti
izmaglica F Dunst *m*
izmạknuti (**izmicati**) wegtun; entrinnen; ~ **se** sich entziehen (**kontrọli** der Kontrolle)
izmạmiti (**izmāmljịvati**) *etw* entlocken; hinauslocken, herauslocken
između PRP (*G*) zwischen, unter (*wohin? A*; *wo? D*); (*zeitlich*) zwischen
izmet M Auswurf *m*, Kot *m* **izmetine** F/PL Fäkalien *pl*
izmetnuti (**izmetati**) **se** entarten
izmicati → izmaknuti
izmijẹniti (**izmjenjịvati**) (ver)ändern; auswechseln
izmisliti (**izmịšljati**) entwerfen; sich ausdenken; erfinden (*a fig*); **izmišljọtina** F (*Lüge*) Erfindung *f*
izmjena F Änderung *f* **izmjenjịvati** → izmijeniti
izmjẹriv messbar
izmoren ermüdet
izmọriti (**izmạrati**) **se** müde werden, ermüden
izmọtati (**izmotạvati**) **se** sich herausreden
iznad PRP (*G*) über (*D*); oberhalb von

iznājmiti (**iznājmljīvati**) vermieten, verpachten **iznājmljivāč** M Vermieter *m*
iznemoći PF erschlaffen, ermatten **iznemogao** erschöpft
iznenādan überraschend; plötzlich **iznenāditi** (**iznenađīvati**) überraschen **iznenađēnje** N Überraschung *f*
iznevjeriti (**iznevjerāvati**) (*A*) *j-n* verraten, an *j-m* Treuebruch begehen
iznijeti (**iznositi**) hinaustragen; herausbringen; vortragen; *Beweis* vorbringen
iznīman Ausnahme- **iznīmka** F Ausnahme *f* **iznīmno** ADV ausnahmsweise
iznos M Betrag *m* **iznositi**[1] *Summe* betragen; → iznijeti **iznositi**[2] PF *Kleidung usw* abtragen
iznova F von Neuem
iznuditi (**iznuđīvati**) nötigen
iznūtra von innen
izobīlan reich (*I* an *D*); **izobīlje** N Überfluss *m*
izobrazba F Ausbildung *f*
izostati (**izostajati**) aus-, wegbleiben **izostavitii** (**izostavljati**) aus-, weglassen
izolācija F Isolierung *f*; **toplīnskā** ~ Wärmedämmung *f* **izolīrati** (IM)PF TECH, *fig* isolieren
izrābiti (**izrābljīvati**) (*Rohstoffe, Menschen*) ausbeuten; verschleißen
izračunati (**izračunāvati**) aus-, berechnen
izrada F Ausarbeitung *f*; Anfertigung *f* **izrāditi** (**izrađīvati**) ausarbeiten; anfertigen
Izrael M Israel *n*
Izraēlac M Israeli *m* **Izraēlka** F Israeli *f*
izraelskī israelisch
izraslina F MED Wucherung *f*
izrāsti (**izrāstati**) auf-, aus-, heranwachsen **izrāvan** direkt
izravnati (**izravnāvati**) ebnen; ausgleichen (*a* SPORT); *Rechnung* begleichen
izrāz M Ausdruck *m*
izrazit ADJ, **izrazito** ADV ausdrücklich
izrāziti (**izrāžāvati**) ausdrücken
izreći (**izricati**) *Laut, Strafe* aussprechen **izreka** F Ausspruch *m* **izrez** M *Kleid* Ausschnitt *m* **izrezak** M (*Zeitungs-*)Ausschnitt *m* **izrezati** (**izrezīvati**) ausschneiden
izroniti (**izronjāvati, izronjīvati**) auftauchen; *etw* aus dem Wasser holen **izrovati** PF um-, zerwühlen
izrūčiti (**izrūčīvati**) aushändigen; *Häftling* ausliefern; *Gruß* ausrichten **izrūčēnje** N JUR Auslieferung *f*
izrugīvati verspotten; ~ **se** spotten (*D* über *A*)
izučāvati → izučiti
izučiti (**izučāvati**) auslernen
izum M Erfindung *f* (*a fig*)
izumiti (**izumljīvati**) erfinden **izumitelj** M Erfinder *m* **izumiteljica** F Erfinderin *f*
izumrijēti (**izumirati**) aussterben

izuti (**izuvati**) *Schuhe* ausziehen
izuzeće N JUR Ausschließung *f* **izuzetak** M Ausnahme *f*
izuzeti (**izuzimati**) ausnehmen **izuzev(ši)** ADV ausgenommen
izvadak M Auszug *m* **izvaditi** PF → vaditi
izvan PRP (*G*) außerhalb (*G*); außer (*D*)
izvana ADV von außen
izvanbračnī außerehelich
izvanredan außerplanmäßig; außerordentlich; **izvanrednī vlāk** *m* außerplanmäßiger Zug *m*
izvedba F THEAT Aufführung *f*; Ausführung *f*
izvediv aus-, durchführbar
izvesti[1] (*präs* **izvedēm**) (**izvoditi**) hinausführen; ableiten; aufführen
izvesti[2] (*präs* **izvezēm**) (**izvoziti**) *j-n* hinausfahren, hinausbringen; HANDEL ausführen, exportieren
izvidjeti (**izvīđati**) untersuchen **izviđāč** M Pfadfinder *m* **izviđačica** F Pfadfinderin *f*
izvijāč Schraubenzieher *m* **izvijēstiti** (**izvještāvati**) berichten
izvirati hervorsprudeln, -quellen **izvīriti** (**izvirīvati**) hervorschauen; (heraus)ragen (**iz** *G* aus); **izviždati** PF auspfeifen
izvjestitelj M Berichterstatter *m* **izvjestiteljica** F Berichterstatterin *f* **izvješće** N Bericht *m*
izvjesiti PF *Fahne, Wäsche* aushängen
izvještāj M Bericht *m*
izvlāčiti → izvući
izvod M Auszug *m*; Schluss(-folgerung *f*) *m*; MATH Ableitung *f* **izvoditelj** M Ausführende(r) *m* **izvoditeljica** F Ausführende *f*
izvoli(te)! bitte sehr!
izvor M Quelle *f* (*a fig*); **izvōrnī** ursprünglich, authentisch **izvōrnīk** M Original *n*; **izvōrskā voda** *f* Quellwasser *n*
izvoz M Ausfuhr *f*, Export *m*
izvoziti → izvesti[2]
izvŕnuti (**izvrtati**) verdrehen
izvrstan außergewöhnlich
izvŕšiti (**izvŕšāvati**) ausführen
izvrtati → izvrnuti
izvūći (**izvlāčiti**) herausziehen; *Nutzen, Vorteil* ziehen

J

jā ich
jablān M Pappel *f*
jabučica F Adamsapfel *m* **jabučnī** Apfel-; ~ **sōk** *m* Apfelsaft *m*
jabuka F Apfel *m*; Apfelbaum *m*
jačati ⟨o-⟩ stärken; stärker werden
jače ADV, **jačī** ADJ stärker
jad M Kummer *m* **jadan** elend
jadikovati jammern **jadnica** F Arme *f*, Ärmste *f* **jadnīk** M Arme(r) *n*, Ärmste(r)

m; armer Schlucker *m* **jạdno** ADV elend
Jạdrān M Adria *f* **jạdrānskī** Adria-, adriatisch
jạglac M Primel *f*
jạgoda F Erdbeere *f*
jạgodica F Jochbein *n*; **~ pr̥sta** Fingerkuppe *f*
jạhāč M Reiter *m* **jahạčica** F Reiterin *f* **jahāćī kọnj** M Rennpferd *n* **jahānje** N Reiten *n* **jahaọ̄nica** F Reitplatz *m* **jạhati** reiten
jạhta F Jacht *f*
jāje N Ei *n*; Hoden *m*; **~ nạ oko** Spiegelei *n* **jājnīk** M Eierstock *m* **jājọlik** oval
jāk stark **jāko** ADV sehr, ziemlich **jākōst** F Stärke *f*
jạkna F *umg* Jacke *f*
jạma F Grube *f*
jāmac M Bürge *m*
jạmčevina F Kaution *f* **jạmčiti** ⟨za-⟩ bürgen; garantieren
jạmkinja F Bürgin *f* **jạmstvo** N Bürgschaft *f*; Garantie *f*
jạntār M Bernstein *m*
jạnje N (PL **jạnjād** F) Lamm *n* **jạnjetina** F Lammfleisch *n*
jạo INT oh weh!
Jạpān M Japan *n* **Japạ̄nac** M Japaner *m* **Japạ̄nka** F Japanerin *f* **jạpānskī** japanisch
jạrac M Ziegenbock *m*; SPORT Bock *m*; ASTRON Steinbock *m*
jārak M Graben *m*
jār̥bol M SCHIFF, (*Fahnen-*) Mast *m*
jạretina F Ziegenfleisch *n*
jār̥kī glühend heiß; *Farben* grell
jạsan klar; hell
jạsēn M Esche *f*
jạsika F Espe *f*
jạsle F/PL Krippe *f*
jasnọ̄ća F *fig* Klarheit *f*
jạstog M Languste *f*
jạstrēb M Habicht *m*
jạstuk M Kissen *n*; Polster *n*; **zrạ̄čnī ~** AUTO Airbag *m*
jạto N (*Vogel-*)Schwarm *m*
jaụkati *vor Schmerzen* jammern, wehklagen
jāvan öffentlich
jāviti (**jāvljati**) melden; **~ se** von sich hören lassen, sich melden **jāvno** ADV offen; öffentlich **jāvnōst** F Öffentlichkeit *f*
jạvor M Ahorn *m*
jāz M *fig* Kluft *f*
jạzavac M Dachs *m* **jạzavčār** M Dackel *m*
je *enkl* → jest
jẹbati (IM)PF *vulg* ficken *vulg*
jẹčam M Gerste *f* **ječmẹ̄nac** M MED Gerstenkorn *n*
jẹdāćī Ess-, Speise-
jẹdak *fig* bissig, beißend; scharf
jẹdan eins; **~ ị pōl** eineinhalb; **~ drụgōg** einander, einer den anderen; **~ drụgōme** einander, einer dem anderen; **~ uz drụgōg** nebeneinander
jedạnaēst elf **jedanaēstērac** M Elfmeter *m*
jedạnpūt einmal
jedanputjẹdan M Einmaleins *n*
jedīnac M einziger Sohn **jedīnica** F einzige Tochter
jẹdīnī einzig
jediṇica F Einheit *f*; IT **srẹdišnjā ~** Prozessor *m*

jedīnstven einheitlich; einzigartig **jedīnstvo** N Einheit *f*
jędnadžba F Gleichung *f*
jędnāk gleich **jędnāko** ADV gleich, gleichermaßen
jednąkōst F Gleichheit *f*; **znąk** *m* **jednąkosti** Gleichheitszeichen *n*
jednọbōjan einfarbig **jednọdnēvnī** eintägig **jednọdušan** einmütig **jednọglasan** einstimmig, einhellig **jednọgọdišnjī** einjährig **jednojajčanī** → blizanci
jednọkatan einstöckig **jednọkratan** einmalig **jednọličan** einförmig, gleichförmig
jędnōm ADV einmal, einst
jednọsmjērnī: **jednọsmjērnā strūja** F Gleichstrom *m*; **jednọsmjērnā ụlica** *f* Einbahnstraße *f*
jędnostāvan schlicht; einfach **jędnostāvnōst** F Einfachheit *f*
jednọstran einseitig **jednọtračnī** eingleisig; *Straße* einspurig **jednọznačan** eindeutig
ję̄dnjāk M Speiseröhre *f*
jedrẹnjāk M Segelschiff *n*
jędrilica F Segelboot *n* **jędriličārka** F Seglerin *f* **jędriličār** M Segler *m* **jędriličārstvo** N Segeln *n*; Segelsport *m*
jędriti segeln **jędro** N Segel *n*
jędva kaum
jeftin billig (*a fig*); preiswert **jeftinọća** F Billigkeit *f*
jęgulja F Aal *m*
jęka F Echo *n*; Widerhall *m*
jẹ̄la F Tanne *f*
jẹlēn M Hirsch *m*
jẹlo N Speise *f* **jẹlovnīk** M Speisekarte *f*
jer CJ denn; weil
jẹsam (*enkl* **sam**) *1. pers sg präs* → **bịti**[1]
jẹsetra F Stör *m*
jẹsi (*enkl* **si**), **jẹsmo** (*enkl* **smo**) *2. pers sg, 2. pers pl. präs* → **biti**[1]
jẹst (*enkl* **je**) *3. pers sg präs* → **biti**[1]
jẹst(e)[1](*bestätigend*) so ist es
jẹste[2] (*enkl* **ste**) *2. pers sg präs* → **biti**[1]
jẹsti ⟨**pọ-**⟩ (auf)essen; *Tier* (auf)fressen
jẹstiv essbar
jẹsu (*enkl* **su**) *3. pers pl präs* → **biti**[1]
jẹtra N/PL Leber *f* **jetrẹnica** F Leberwurst *f*
jẹza F Schauder *m*
jẹzero N See *m*
jẹ̄zgra F Kern *m*; **grạdskā** ~ Stadtkern *m*; **ạtōmskā** ~ Atomkern *m*
jezịčac M Zünglein *n*; ANAT Kehldeckel *m*
jẹzičnī Sprach-, sprachlich
jẹzik M Zunge *f*; Sprache *f*; IT **kompjụtorskī** ~ Computersprache *f*; IT **prọgramskī** ~ Programmiersprache *f*; **strạnī** ~ Fremdsprache *f* **jezikoslọ̄vac** M Sprachwissenschaftler *m* **jezikọslōvka** F Sprachwissenschaftlerin *f*
jeziv, **jezọvit** grauenhaft
jẹ̄ž Igel *m*; **mọrskī** ~ Seeigel *m*
jẹ̄žiti ⟨**na-**⟩ **se** schaudern; erschauern

jorgovān Flieder *m*
još noch
jučēr gestern **jučerašnjī** gestrig
jug Süden *m* **jugo** Südwind *m*, Schirokko *m* **jugovina** F *Klima bei Südwind* **jugoistok** M Südosten **jugozāpad** Südwesten
jūha F Suppe *f*
junāk M Held *m* **junakinja** F Heldin *f*
jūriti *im Auto* rasen; (hinter-her)rennen (**za** / hinter *D*)
jutārnjī morgendlich, Morgen-
jutro N Morgen *m*; **dobrō ~!** guten Morgen! **jutros** ADV heute Morgen, heute früh
južnī Süd-; südlich **južnjāk** M Südländer *m*

K

kabanica F Mantel *m*; **kišnā ~** Regenmantel *m*
kabel M Kabel *n* **kabelskī** Kabel-; **kabelskā televizija** *f* Kabelfernsehen *n*; **~ za punjēnje** Ladekabel *n*
kabīna F Kabine *f*; **pilōtskā ~** *f* Pilotenkanzel *f*, Cockpit *n*
kaciga F Helm *m*
kad(a)[1] wann; wenn; als
kāda[2] F (*Bade-*)Wanne *f*
kādar[1] M MIL, POL Kader *m*; Personal *n*; *Film* Einstellung *f*
kādar[2] fähig, imstande
kadgod irgendwann; manchmal; → god
kadikad(a) dann und wann
kadli CJ und als, doch als
kadulja F Salbei *m*
kafić M *umg* Café *n*
kajak M Kajak *m*; **voziti ~** Kajak fahren
kajānje N Reue *f* **kajati ⟨po-⟩ se** bereuen
kajgana F Rührei *n*
kajsija F Aprikose *f*
kakav was für ein
kako wie; **~ ... tako ...** sowohl ... als auch ...; **~ si (ste)?** wie geht es dir (Ihnen)?; **~ tō mislīte?** wie meinen Sie das?, wie stellen Sie sich das vor? **kakogod** irgendwie
kakvoća F Qualität *f*
kalendār M Kalender *m*
kamata F Zins *m*; **zāteznē kamate** *f/pl* Verzugszinsen *pl*
kamēn M Stein *m*; Gestein *n*
kamēnac M: **bubrežnī ~** Nierenstein *m*; **zūbnī ~** Zahnstein *m*
kamenī Stein-; steinern; **~ ugljēn** *m* Steinkohle *f*
kamenica F Auster *f*
kamenit steinig **kamenolom** M Steinbruch *m*
kamilica F Kamille *f*
kamiōn M Last(kraft)wagen *m*, Laster *m*
kamo wohin **kamoli**: **a ~** CJ geschweige denn
kamp M Campingplatz *m*
kampīrati (IM)PF campen
kanādskī kanadisch
Kanađanin M Kanadier *m*

Kanāđanka F Kanadierin *f*
kanarīnac M Kanarienvogel *m*
kāndža F *(Vogel-)*Kralle *f*
kānta F Eimer *m*; ~ **za otpatke** Abfalleimer *m*; Kanne *f*
kāntica F Kännchen *n*
kantōn M Kanton *m*
kao wie; ~ **da** *cj* als ob, als wenn
kaos M Chaos *n*
kaotičan chaotisch
kāp F Tropfen *m*; *umg* Schlaganfall *m*
kapa F Kappe *f*; ~ **za kūpānje** Badekappe *f*
kapacitēt M Kapazität *f*; ~**i** *m/pl* WIRTSCH Kapazitäten *pl*; IT **memōrījskī** ~ Speicherkapazität *f*
kapar M Kaper *f*
kapara F Anzahlung *f*
kapati tropfen
kapēla F ARCH Kapelle *f*
kapetān Kapitän *m* **kapetanica** F Kapitänin *f*
kaplja F Tropfen *m* **kapljica** F Tröpfchen *n*; MED, *in Mengenangaben* Tropfen *m* **kapsula** F Kapsel *f*
kapučino M Cappuccino *m*
kapūt M Mantel *m*
karakter M Charakter *m* **karakterističan** charakteristisch
karanfīl M Nelke *f*
karantēna F Quarantäne *f*
kārati schelten, schimpfen, tadeln
karfiōl M Blumenkohl *m*
karijēra F Karriere *f*
kārmine F/PL Leichenschmaus *m*
kārta F *(Land-, Spiel-, Eintritts-)* Karte *f*; **aviōnskā** *od* **zrakoplōvnā** ~ Flugticket *n*; **vōznā** ~ Fahrkarte *f*
kārtati (se) Karten spielen
kartica Kärtchen *n*; **kreditnā** ~ Kreditkarte *f*; **memōrījskā** ~ Speicherkarte *f*; **pōreznā** ~ Lohnsteuerkarte *f*; IT **zvūčna** ~ Soundkarte *f*
kartōn M Karton *m*; **pokāzati crvenī** ~ SPORT, *fig* die Rote Karte zeigen
kartotēka F Kartei *f*
kasa F Kasse *f*
kasan spät
kaseta F *(Geld-)*Kassette *f*
kasnije ADV später
kasniti ⟨za-⟩ sich verspäten
kasno ADV spät
kaša F Brei *m*
kašalj M Husten *m* **kašljati** husten **kašljucati** hüsteln
kat M Stock(werk *n*) *m*, Geschoss *n*; **gornjī** ~ Obergeschoss *n*
katalog M Katalog *m*, Liste *f*; IT **web** ~ Onlinekatalog *m*
katedrāla F Kathedrale *f*
katkad(a F) ab und zu, hin und wieder
katolički katholisch **katolik** M Katholik *m*, **katolkinja** F Katholikin *f*
katran M Teer *m* **katraniti** (IM)PF teeren
kaucija F Kaution *f*; *(Flaschen-)*Pfand *n*
kauč M Sofa *n*
kava F Kaffee *m* **kavana** F Café *n*
kavez *(Raubtier-)*Käfig *m*

kạzalīšnī Theater-; ~ **kọmād** *m* Theaterstück *n* **kạzalīšte** N Theater *n*
kạzāljka F (*Uhr*-)Zeiger *m*
kạzalo N Inhaltsverzeichnis *n*; Sachregister *n*
kāzati PF sagen
kazetọfōn → kasetofon
kạzna F Strafe *f*, Bestrafung *f*
kạznenī Straf-; ~ **prōstor** *m* SPORT Strafraum *m*; **kạznenō prāvo** *n* Strafrecht *n*
kazniọnica F Strafanstalt *f*
kạzniti (**kažnjāvati**) bestrafen
kạžiprst M Zeigefinger *m*
kạžnjāvān vorbestraft
kažnjạvati → kazniti
kạžnjenica F Strafgefangene *f* **kạžnjenīk** M Strafgefangene(r) *m*
kạžnjiv strafbar
kćẹrka M → kći
kći F Tochter *f*
kečiga F ZOOL Sterlet *m*
kēj M Kai *n*
kẹlj M Kohl *m* **kẹlj pụpčār** Rosenkohl *m*
kẹmičār M Chemiker *m* **kẹmičārka** F Chemikerin *f*
kēmija F Chemie *f*
kẹmījskī chemisch; **kemījskā ọlōvka** *f* Kugelschreiber *m*
kẹstēn M Kastanie *f* **kẹstenjāst** kastanienbraun
kīcoš M Geck *m*
kič M Kitsch *m* **kičast** kitschig
kičma F: **imati kičmu** *fig* Rückgrat haben
kićen geschmückt
kịdati ⟨**ịs-**⟩ *etw* (zer)reißen; ~ **se** *Schnur* reißen **kịdnuti** PF *umg* abhauen, ausreißen
kīhati → kihnuti
kīhnuti (**kīhati**) niesen
kikirịki M Erdnuss *f*
kila[1] F Kilo *n*
kịla[2] F MED (*Leisten*-)Bruch *m*
kịlogram M Kilo(gramm) *n* **kịlometar** M Kilometer *m*
kịmati → kimnuti
kịmnuti (**kịmati**) (**glāvōm**) (mit dem Kopf) nicken
Kīna F China *n*
kịnēskī chinesisch **Kịnēz** M Chinese *m* **Kịnēskinja** F Chinesin *f*
kīno M Kino *n*; **ići u** ~ ins Kino gehen
kịosk M (*Zeitungs*-)Kiosk *m*
kīp M Statue *f*
kipār M Bildhauer *m* **kịparica** F Bildhauerin *f* **kipārstvo** N Bildhauerei *f*
kīpjeti brodeln, kochen (*a fig*); sieden
kịrūrg M Chirurg *m* **kịrurgica** F Chirurgin *f*
kịrurškī chirurgisch
kịselica F Mineralwasser *n*
kiselịna F Säure *f*
kịseliti ⟨**ụ-**⟩ säuern; ~ **se** sauer werden **kịselē kiše** F/PL saure(r) Regen *m* **kịselkast** säuerlich (*a fig*) **kịselō zēlje** N Sauerkraut *n* **kịseo** sauer (*a fig*)
kisīk M Sauerstoff *m*
kịsnuti ⟨**pọ-**⟩ (*vom Regen*) nass werden
kịša F Regen *m*; **pạdā** ~ es regnet **kịšnī** Regen- **kịšobrān** M Regenschirm *m*

kit[1] M Wal(fisch) *m*
kit[2] M Kitt *m*
kita F Blumenstrauß *m* **kitica** F Strophe **kititi** ⟨is-⟩ (aus)schmücken, verzieren
kladionica F Wettbüro *n*
kladiti ⟨o-⟩ **se** wetten; setzen (**na** *A* auf *A*)
klanjati se → nakloniti se
klaonica F Schlachthaus *n*
klapa F *Vokalensemble zur Pflege dalmatinischer Volkslieder*; *umg* Clique *f*
klasa F POL Klasse *f*
klati ⟨za-⟩ (ab)schlachten
klaun M Clown *m*
klecati wanken; schlottern **klecnuti** PF in den Knien nachgeben
klēčati knien
klek M Wacholder *m* **klekovača** F Wacholderschnaps *m*
kleknuti PF sich (nieder)knien
klementīna F BOT Clementine *f*
klen M Feldahorn *m*; ZOOL Döbel *m*
klēti[1] ⟨**pro-**⟩ verfluchen
klēti[2] ⟨**za-**⟩ **se** schwören
klētva F Fluch *m*
kleveta F Verleumdung *f* **klevetati** ⟨**o-**⟩ verleumden **klevetnica** F Verleumderin *f*
klevetnīk M Verleumder *m*
klica F Keim *m*; **bez klicā** keimfrei
klijati ⟨**pro-**⟩ keimen
klijent M Kunde *m*; Klient *m*; Mandant *m* **klijentica** F Kundin *f*; Klientin *f*; Mandantin *f*
klijēšta N/PL Zange *f*; **rakovā ~** Krebsschere *f*
klik M IT Klick *m*; **~ mišem** Mausklick *m*
klikati IT anklicken
klīma F Klima *n*
klimati → klimnuti; **~ se** wackeln **klimav** wackelig **klimnuti** (**klimati**) nicken
klin M Keil *m* **klinac** M Nagel *m*, Stift *m*; *umg* Knirps *m* **klinčić** M Gewürznelke *f*
klīnka F kleines Mädchen *n*
klipan M Rüpel *m*; Flegel *m*
klizāč M Schlittschuh-, Eisläufer *m* **klizāčačica** F Schlittschuh-, Eisläuferin *f*
klizalīšte N Eisbahn *f* **klizāljka** F Schlittschuh *m* **klizānje** N Schlittschuhlauf *m*; **umjetničkō ~** Eiskunstlauf *m*
klīziti rutschen, gleiten **klīznī** Gleit-; **klīznō rādnō vrijēme** *n* gleitende Arbeitszeit *f*
klokan M Känguru *n*
klompe F/PL Holzpantoffel *m*
kloniti se (*G*) *etw* meiden **klonuti** PF **duhom** verzagen
klopka F Falle *f*
klūb M Klub *m*
klūpa F (*Sitz-*)Bank *f*
klupko N Knäuel *n*
ključ M Schlüssel *m* (*a fig*); **ključčanica** F Schlüsselloch *n*
ključnī Schlüssel-; **ključnā kōst** *f* Schlüsselbein *n*
kljūn M Schnabel *m*
knedla F: **imati knedlu u grlu** e-n Kloß im Hals haben
kneginja F Fürstin *f*
knez M Fürst *m*
kneževina F Fürstentum *n*

knjiga F Buch *n*; IT **elektronička** ~ E-Book *n* **knjigoveža** M Buchbinder *m* **knjigovođa** M Buchhalter *m* **knjigovotkinja** F Buchhalterin *m* **knjigovodstvo** N Buchhaltung *f*
knjižār M Buchhändler *m* **knjižara** F Buchhandlung *f* **knjižarica** F Buchhändlerin *f* **književnī** Literatur-; literarisch **književnica** F Schriftstellerin *f*, Literatin *f* **književnīk** M Schriftsteller *m*, Literat *m* **knjižēvnōst** F Literatur *f*
knjižica F Büchlein *n*; **štēdnā** ~ Sparbuch *n* **knjižiti** (IM)PF buchen **knjižnica** F Bücherei *f* **knjižničār** M Bibliothekar *m* **knjižničārka** F Bibliothekarin *f*
kobasica F Wurst *f*
kobila F Stute *f* **kobilica** F SCHIFF Kiel *m*; Geigensteg *m*
kocka F (*Zucker-, Spiel-*)Würfel *m* **kockār** M Spieler *m* **kockārnica** F Spielsalon *m* **kockati (se)** *Glücksspiel* spielen, zocken
kōčiti ⟨za-⟩ (ab)bremsen **kōčnica** F AUTO Bremse *f*
kočiōnā tekućina F Bremsflüssigkeit *f*
kod PRP (*G*) bei (*D*); ~ **kućē** zu Hause
kojekakav verschiedenartig, allerlei
koješta allerlei
kojī welcher, der
koka F, **kokōš** F Henne *f*, Huhn *n*
kokošār: **jastrēb** ~ Habicht *m*
kokōšjī Hühner-
kokōt M ZOOL, (*Abzugs-*)Hahn *m*
kola N/PL Wagen *m*
kolac M Pfahl *m*
kolāč M Kuchen *m*
kolačići IT Cookies *mpl od npl*
kolebati se schwanken **kolebljiv** schwankend
koleda F Weihnachtslied *n*
kolera F Cholera *f*
kolēga M Kollege; **školskī** ~ Schulkamerad *m* **kolēgica** F Kollegin *f*
koliba F Hütte *f*
kolīca F *kleiner* Wagen *m*; **dječjā** ~ Kinderwagen *m*; **invalīdskā** ~ Rollstuhl *m*
količina F Menge *f*; Quantität *f*
kolijēvka F Wiege (*a fig*)
kolikī wie groß **koliko** wie viel; ~ **je sātī?** wie viel Uhr ist es?; ~ **god** wie sehr *od* viel … auch
kolikogod so viel
kōlnī Fahr-; Wagen- **kōlnīk** M Fahrbahn *f*
kolo N Reigen(tanz) *m* **kolodvōr** M Bahnhof *m*; **glavnī** ~ Hauptbahnhof *m*; **autobusnī** ~ Busbahnhof *m* **kolodvōrskī** Bahnhof-
kolōna F Kolonne *f*
kolosijēk M (*Rad-*)Spur *f*; BAHN Gleis *n* **kolotūr** M Seilwinde *f*
kolovōz M *Monat* August *m*
kolūt M Ring *m*; Reifen *m*; (*Rädchen*) Rolle *f*
koljeno N Knie *n*; BIOL Geschlecht *n*
komād M Stück *n*; **kazalīšnī** ~

Theaterstück *n*
komạdati ⟨**ras-**⟩ zerstückeln
komạdić M Stückchen *n*
komạ̄rac M Mücke *f*
kọmbajn M Mähdrescher *m*
kọmbi M Kleinbus *m* **kombinạ̄cija** Kombination *f*, Verknüpfung *f*; IT ~ **tịpākā** Tastenkombination *f* **kọmbịnē** M Unterkleid *n* **kọmbinezōn** M Overall *m*
kọmēdija F Komödie *f*
komemorạ̄cija F Gedenkfeier *f*
komentịrati ⟨**pro-**⟩ kommentieren
komẹsār M Kommissar *m*
kọmfōran komfortabel
kọmičan komisch **kọmičār** M Komiker *m* **kọmičārka** F Komikerin *f*
komịsija F HANDEL Kommission *f*
kọmora F Kammer *f*; **ọbrtničkā** ~ Handwerkskammer *f*; **tạmnā** ~ Dunkelkammer *f*
kọmōtan *Kleidung, Person* bequem
kọmpjutor M Computer *m*
komplịcīran kompliziert
komplịment M Kompliment *n*
kompọzītor M Komponist *m* **kompọzitorica** F Komponistin *f*
kompromịtīrān kompromittiert
komunịstičkī kommunistisch
kọnac[1] M Faden *m*; Zwirn *m*
kọnac[2] M Ende *n*
kọnačan endgültig; definitiv; (*begrenzt*) endlich
kọnačīšte N Herberge *f*
kọnačno ADV endgültig
koncentrịrati se (IM)PF sich konzentrieren
kọncert M Konzert *n*
kondụktēr M Schaffner *m* **kondụktērka** F Schaffnerin *f*
kondụktor M ELEK Leiter *m*
konfigurịrati IT konfigurieren
kọngres M Kongress *m*
konkụrent M Konkurrent *m* **konkurẹntica** F Konkurrentin *f*
kọnobār M Kellner *m* **konobạrica** F Kellnerin *f*
kọnop M Seil *n*, Strick *m* **kọnopac** M Schnur *f*; Strick *m*
kọnoplja F Hanf *m*
kontrọ̄la F Kontrolle *f* **kontrōlịrati** (IM)PF kontrollieren
kọntūzija F Prellung *f*
kọnzul M Konsul *m* **konzụlāt** Konsulat *n*
kọnj M Pferd *n*; (*Schach*) Springer *m*
kọnjāk M Kognak *m*; Weinbrand *m*
kọnjskī Pferde-; **konjskā ụtrka** *f* Pferderennen *n*
konvertịrati IT konvertieren
kọpačka F Fußballschuh *m*
kọpar M Dill *m*
kọpati graben
kọpča F Schnalle *f*; Spange *f* **kọpčati** ⟨**za-**⟩ (zu)knöpfen; *umg* kapieren
kōpija F Kopie *f*
kọpito N Huf *m*
kọplje N Speer *m*
kọpnen Land-; Festland-; kontinental; **~ē snạ̄ge** *f/pl* Land-

streitkräfte *pl* **kopno** N Festland *n*
koprena F Schleier *m* **kopriva** F Brennnessel *f*
kōr M Chor *m*
kora F (*Baum-*, *Brot-*)Rinde *f*; (*Kartoffel-*, *Bananen-*)Schale *f*
korāba F Kohlrübe *f*
korabica F Kohlrabi *m*
koračati schreiten; marschieren
korāčnica F MUS Marsch *m*
korāk M Schritt *m*
korālj M Koralle *f*
Korējac M Koreaner *m*
Korējka F Koreanerin *f* **korējskī** koreanisch
korektan korrekt
korica F Kruste *f* **korice** F/PL (*Buch-*)Einband *m*; Futteral *n*; (*Säbel-*)Scheide *f*
korijēn M Wurzel *f*
korisnica F Nutzerin *f*; **korisnički** IT *in Zssgn* Nutzer- **korisnīk** M Nutzer *m* **korist** F Nutzen *m*; Vorteil *m* **koristan** nützlich **koristiti se** (*I*) *etw* nutzen, nützen
koriti ⟨**u-**⟩ tadeln, rügen **korito** Trog *m*; Flussbett *n* **korizma** F Fastenzeit *f*
kormilār Steuermann *m*
kormilo N Steuer *n*
korner M SPORT Eckball *m*
kōrnjača F Schildkröte *f*
kornjāš M Käfer *m*
koromač M Fenchel *m*
Korōna F COVID-19; Virus Corona *n*
Korōnakrīza F Coronakrise *f*
Korōnavīrus M Coronavirus *n*; **zaštiti se od zaraze ~om** sich vor dem Coronavirus schützen
korota F Trauer *f*
kōrov Unkraut *n*
korupcija F Korruption *f*
Koruškā F Kärnten *n*
kōs[1] Amsel *f*
kōs[2] schief; schräg
kosa[1] (*Kopf-*)Haar *n*
kosa[2] Sense *f*
kosina F schiefe Ebene *f*, Neigung *f*
kositar M Zinn *n*
kositi ⟨**po-**⟩ mähen
kosmat haarig; behaart
kōst F Knochen *m*
kostīm M Anzug *m*; Kostüm *n*
kostrijēšiti ⟨**na-**⟩ **se** *Fell*, *fig* sich sträuben
kostūr M Skelett *n*; Gerippe *n*
koš M (*Trage-*)Korb *m*; **~ za smeće** Abfallkorb *m*; **prsnī ~** Brustkorb *m* **košara** F (*Einkaufs-*, *Wäsche-*)Korb *m* **košārka** F Basketball *n*
koščat knöchern
košnica F Bienenstock *m*, Bienenkorb *m*
koštan Knochen-; **~ā sȓž** *f* Knochenmark *n* **koštica** F (*Obst-*) Stein *m*
koštati kosten
košulja F Hemd *n*
košuta F Hirschkuh *f*
kotāč M Rad *n* **kotao** M GASTR, TECH, MIL Kessel *m* **kotār** M Bezirk *m*
kotlet M Kotelett *n* **kotlina** F (*Tal-*)Kessel *m*
kotrljati wälzen; **~ se** *Ball* rollen **koturāljke** F/PL Rollschu-

he *m/pl*
kȯváč M Schmied *m* **kovȧčica** F Schmiedin *f* **kȯvačnica** F Schmiede *f* **kovȧnica** F Münze *f*; GRAM Neubildung *f*, Neologismus *m* **kȯvati** ⟨is-⟩ schmieden
kȯvčeg M Koffer *m* **kȯvčežić** M Köfferchen *n*
kȯvina F Metall *n*
kȯvrča F Locke *f* **kȯvrčast** lockig, kraus **kȯvrčati se** sich locken, sich kräuseln
kȯza F Ziege *f* **kȯzica** F Garnele *f* **kȯzice** F/PL Windpocken *pl* **kȯzlić** M Zicklein *n* **kȯzorōg** M ZOOL Steinbock *m*
kȯža F Haut *f*; Fell *n*; Leder *n* **kȯžār** Gerber *m* **kȯžnat** Leder-; ledern; **~ā jȧkna** *f* Lederjacke *f* **kȯžnī** Haut-; Leder-; **kȯžnā bȯlēst** *f* Hautkrankheit *f*
krȧdimicē heimlich **krȧdljivac** M Dieb *m* **krȧdljivica** F Diebin *f* **krȧdom** → kradimice
krȧćī kürzer
krȧđa F Diebstahl *m*
kraj¹ PRP (*G*) neben (*D*); bei (*D*)
krȃj² M Ende *n*; Rand *m*; Saum *m*; Gegend *f*
krȧjina F Rand-, Grenzgebiet *n*
krajnȉci M/PL ANAT Mandeln *f/pl*
krȃjnōst F Extrem *n*
krȃjnjē ADV, **krȃjnnjī** ADJ äußerst
krȧjolik M Landschaft *f*
krȃk M *Zirkel, Frosch* Schenkel *m*
krȃlj M König *m* **krȃlježak** M ANAT Wirbel *m* **krȃlježnica** F Wirbelsäule *f* **krȃljevina** F Königreich *n*
krȧljica F Königin *f*
Krȧnjskā F Krain *n*
krȃsan schön, herrlich
krȃsiti ⟨u-⟩ verschönern
krȧsta F (*Wund-*)Schorf *m* **krȧstača** F Kröte *f* **krȧstavac** Gurke *f*
krȧsti ⟨ų-⟩ stehlen
krȧtak kurz; **s krȧtkīm rukȃvima** kurzärmelig **krȧtica** F Abkürzung *f*
krȃtiti ⟨s-⟩ ab-, verkürzen; *Hose, Gehalt* kürzen; **~ vrijȇme** sich die Zeit vertreiben
krȧtko ADV kurz **krȧtkoročan** kurzfristig **krȧtkotrājan** von kurzer Dauer **krȧtkovidan** kurzsichtig (*a fig*)
krȧva F Kuh *f*
kravȧta F Krawatte *f*
krȧvljī Kuh-; **svjȅžī ~ sir** *m* Frischkäse *m*
kr̥cat vollgepfropft
kr̥cati¹ ⟨nȧ-⟩ auf-, beladen
kr̥cati² *Nüsse* knacken
kr̄čati *Magen* knurren
kr̥čma F Wirtshaus *n*
kr̄do N Herde *f*
krȇātor M Schöpfer *m*; **mȏdnī ~** Modeschöpfer *m* **krȇātorica** F Schöpferin *f*; **mȏdnā ~** Modeschöpferin *f*
krȇda F Kreide *f*
krȇdīt M Kredit *m*
krekȇtati ⟨za-⟩ quaken
krȇma F Creme *f*; **~ za lȉce** Gesichtscreme *f*; **~ za sųnčanje** Sonnencreme *f*
krȇmacija F Einäscherung *f*
krȇmēn M Quarz *m*

krẹ̄nuti (**krẹ̄tati**) *etw* bewegen; aufbrechen; ab-, losfahren
krẹpak *Person, Brühe* kräftig **krẹpōst** F Tugend *f*
krẹ̄tānje N Bewegung *f*; **slobọda** *f* **krẹ̄tānjā** Bewegungsfreiheit *f* **krẹ̄tati** → krenuti; **~ se** sich bewegen
krẹvet M Bett *n* **krẹvetnī** Bett- **krevetnịna** F Bettwäsche *f*
krẹzub zahnlos
kṛhak spröde; *Gebäck* mürbe **kṛhotina** F Splitter *m*
krịčav *Farbe* schrill
krīgla F Bierkrug *m*
krịjumčār M Schmuggler *m* **krijumčā̦rēnje** N Schmuggel *m* **krijumčā̦riti** ⟨**pro-**⟩ schmuggeln
krīk M Schrei *m* **krīknuti** PF aufschreien
krīlo N Flügel *m*
krịmić M *umg* Krimi *m*
krimịnāl M Kriminalität *f* **krimināļac** M Kriminelle *m* **krimịnālka** F Kriminelle *f*
krịminālan kriminell **kriminaļistički** Kriminal-; **kriminalistička polịcija** *f* Kriminalpolizei *f*
krịti ⟨**pọ-**⟩ bedecken ⟨**sạ-**⟩ verbergen (**se** sich)
krịška F (*Brot-*)Scheibe *f*; (*Torten-*)Stück *n*
krịtičan kritisch
krịv krumm; falsch; schuldig **krīvac** M Schuldige *m*
krịvičan JUR Straf-; **krịvičnā pā̦rnica** *f* Strafprozess *m*
krīviti ⟨**o-**⟩ beschuldigen ⟨**is-**⟩ verbiegen **krīvnja** F Schuld *f* **krịvo** ADV schief; unrecht
krivoklẹ̄tstvo N Meineid *m*
krịvolōv M Wilderei *f* **krivotvọrina** F Fälschung *f* **krivotvọritelj** M Fälscher *m* **krivotvoriteļjica** F Fälscherin *f*
krivotvọriti fälschen
krịvulja F MATH Kurve *f*
krīza F Krise *f*
krịzma F REL Firmung *f*
krīž M Kreuz *n*; **Cṛvenī ~** Rotes Kreuz *n* **krīža** N/PL ANAT Kreuz *n*
krịžāljka F Kreuzworträtsel *n*
krīžānje Kreuzung *f* (*a* BIOL);
krīžati durchstreichen; BIOL kreuzen; **~ se** sich bekreuzigen; *Straßen* sich kreuzen
kṛlētka F (*Vogel-*)Käfig *m*
kṛma[1] F SCHIFF Heck *n*
kṝma[2] F Viehfutter *n*;
kṛmača F ZOOL Sau *f*
kṝmak M Eber *m*
kroasān M Croissant *n*
krọ̄j M (*Zu-*)Schnitt *m*
krọjāč M Schneider *m* **krojạčica** F Schneiderin *f* **krọjiti** ⟨**s-**⟩ schneidern
krọničan chronisch
krọšnja F Baumkrone *f*, Wipfel *m*
krọtiti ⟨**u-**⟩ bändigen
krọ̄v M Dach *n* **krōvopokrīvāč** M Dachdecker *m*
krọz PRP (*A*) durch (*A*)
kṛpa F Lappen *m*; Fetzen *m*
kṛpạrija F Flickwerk *n* **kṛpati** ⟨**pọ-**, **zạ-**⟩ **kṛpati** (zusammen)flicken **kṛpelj** M Zecke *f*

kr̥snī Tauf-; ~ **kūm** *m* Taufpate *m*
kr̥stiti IM/PF taufen
kr̥š M Karst *m*
kr̥šćanin M Christ *m* **kr̥šćānka** F Christin *f* **kr̥šćānstvo** N Christentum *n*
kr̥šiti ⟨**pre-**⟩ *Gesetz* brechen
krštẹ̄nje N Taufe *f*
kr̥tica F Maulwurf *m* **kr̥tičnjāk** M Maulwurfshügel *m*
krūg M Kreis *m*; Runde *f*
kruh M Brot *n*
krumpīr M Kartoffel *f*
kruna F Krone *f* (*a fig*); **krunica** F REL Rosenkranz *m* **kruniti** ⟨**o-**⟩ krönen
krūpan (*bedeutend*) groß; *Sand usw* grob
krupica F Grieß *m*
kruška F Birne *f*; Birnbaum *m* **kruškovača** F Birnenschnaps *m*
krūt fest; starr (*a fig*); **~ā hrāna** *f* feste Nahrung *f*
krūžiti kreisen; kursieren **krūžnī** Kreis- **krūžnica** F MATH Kreis *m* **krūžnō putovānje** N Rundreise *f*
kr̄v F Blut *n*
krvārēnje N Blutung *f* **krvāriti** bluten
kr̥vāv blutig **krvavica** F Blutwurst *f*
kr̥vnī Blut- **kr̥vnā grupa** F Blutgruppe *f*
krvotōk M (*Blut-*)Kreislauf *m*
kr̄zno N Pelz *m*; Fell *n*
kr̥žljav verkümmert; verkrüppelt
kubičnī Kubik-; ~ **mẹtar** *m* Kubikmeter *m*
kucāj M Klopfen *n*; Pochen *n*; ~ **bila** Pulsschlag *m* **kucati** *Uhr* ticken; *Herz, Puls* schlagen ⟨**po-**⟩ klopfen, pochen (**na** *A* an *A*); ~ **se** → kucnuti se
kucnuti (**kucati**) **se**: ~ **čašama** mit den Gläsern anstoßen
kuća F Haus *n*; **jāvnā** ~ Bordell *n* **kućanica** F Haushälterin *f* **kućānstvo** N Haushalt *m*
kući ADV nach Hause **kućica** F Häuschen *n*; TECH Gehäuse *n* **kućīšte** N Gehäuse *n* **kućnī** Haus-; ~ **brōj** *m* Hausnummer *f*
kud(a) wohin
kuga F Pest *f*; **svinjskā** ~ Schweinepest *f*
kūgla F Kugel *f*
kuglana F Kegelbahn *f*
kuglānje N Kegelsport *m* **kuglāš** M Kugelstoßer *m*; Kegler *m* **kuglati se** kegeln **kuglični lẹžāj** M Kugellager *n*
kuhača F Kochlöffel *m* **kuhalo** N Kocher *m*; **plīnskō** ~ Gaskocher *m* **kuhān** gar; gekocht
kuhār M Koch *m* **kuharica** F Köchin *f*; Kochbuch *n* **kuhati** ⟨**s-**⟩ *Essen* kochen **kuhinja** F Küche *f*
kuja F Hündin *f*
kuk M Hüfte *f*
kuka F Haken *m*
kūkac Insekt *n*, Kerbtier *n*; *pop* Käfer *m*
kukast Haken-, hakenförmig; **~ī nōs** *m* Hakennase *f* **kukāvan** elend; erbärmlich **kukavica** F Kuckuck *m*; Feigling *n*
kukicati häkeln

kukụljica F Kapuze *f*; ZOOL Puppe *f*
kukurijẹ̄kati *Hahn* krähen
kukụruz Mais *m* **kukụruzne pahụljice** F/PL Cornflakes *pl*
kū̧la F Turm *m*
kụlen *e-e Art mit Paprika gewürzter Presssack*
kultū̧ra F Kultur *f*
kụltū̧ran Kultur-, kulturell; kultiviert
kū̧m M Pate *m*; **vjẹnčanī ~** Trauzeuge *m* **kū̧ma** F Patin *f*
kụmīn M Kümmel *m*
kumọvati Pate stehen (*D j-m*)
kū̧na[1] F Marder *m*
kū̧na[2] F Kuna *m* (*kroatische Währungseinheit*)
kụnīć M Kaninchen *n*
kū̧pac M Käufer *m*
kụpāč M Badegast *m* **kụpāći** Bade-; **~ kostīm** *m* Badeanzug *m* **kụpalīšte** N Badeort *m*; Badeanstalt *f*
kupaọnica F Badezimmer *n*
kū̧pati ⟨**o-**⟩ *j-n* baden; **~ se** baden
kupē M BAHN Abteil *n*
kū̧pelj → kupka
kụpina F Brombeere *f*
kū̧piti[1] (**kūpọvati**) kaufen
kụpiti[2] ⟨**o-**⟩ sammeln; **~ se** sich versammeln
kū̧pka F (*Dampf-, Schaum- usw*) Bad *n*
kū̧pnja F (An-, Ein)Kauf *m*
kụpola F Kuppel *f*
kupọvati → kupiti[1]
kụpovina F Kauf *m*; IT **online ~** Onlineshopping
kụpus M Kohl *m*
kū̧ra F Kur *f*; **~ mršạ̄vljēnja** Abmagerungskur *f*
kụrac M *vulg Penis* Schwanz *m vulg*
kū̧rva F *vulg* Nutte *f vulg*
kụšati (IM)PF *Essen* kosten; probieren, versuchen
kušet-kọla N/PL BAHN Liegewagen *m*
kū̧šnja F Versuchung *f*, Probe *f*
kū̧t M Ecke *f*; MATH Winkel *m*
kụtija F Schachtel *f*; Dose *f*
kụtlača F Schöpflöffel *m*
kū̧tnjāk Backenzahn *m*
kụvērta F Briefumschlag *m*
kụžiti ⟨**za-**⟩ verseuchen; *umg* ⟨**s-**⟩ kapieren
kvạčica F Wäscheklammer *f*
kvạčilo N AUTO Kupplung *f*
kvạčka F (*Tür-*)Klinke *f*; *umg verborgene* Gesetzesklausel *f*, Haken *m*
kvalifikạ̄cija F Qualifikation *f*
kvalitẹ̄ta F Qualität *f*
kvalịtetan Qualitäts-
kvạ̄r M Panne *f*, *technische* Störung *f*; Schaden *m*
kvạ̄riti ⟨**po-**⟩ *etw* kaputt machen; *etw* verderben; **~ se** verderben, verkommen
kvạ̄sac Hefe *f*
kvạsiti ⟨**pọ-**⟩ nass machen, anfeuchten, einweichen
kvọčka F Glucke *f*, Bruthenne *f*
kvṛga F MED Beule *f*

L

Lāba F Elbe *f*
labav lose, wackelig
labūd M Schwan *m* **labuđī** Schwanen-
ladānje N Sommeraufenthalt *m*; **na ladānju** auf dem Land
ladica F Schublade *f*
lāđa F ARCH (*Fluss*-)Schiff *n*
lađār M (*Fluss*-)Schiffer *m*
lagan leicht **lagano** ADV leicht; langsam
lagati ⟨**s-**⟩ (*D*) *j-n* an-, belügen
lagoda F Behagen *n* **lagodan** behaglich **lagodnōst** F Behaglichkeit *f*
laičkī laienhaft; POL laizistisch
laik M Laie *m*
lajati ⟨**za-**⟩ bellen **lajav** geschwätzig
lajkati IT liken
lak[1] ADJ, **lako** ADV *Gewicht, Aufgabe* leicht; **~ā atlètika** *f* Leichtathletik *f*; **~ī mètāl** *m* Leichtmetall *n*; **~ū noć!** gute Nacht! **lakšē** ADV, **lakšī** ADJ leichter
lak[2] M Lack *m*; **~ za kosu** Haarspray *n* **lakīrati** (IM)PF lackieren
lākat M Ellbogen *m*
laknuti PF: **laknulo mi je** ich habe aufgeatmet, ich bin erleichtert
lakoća F Leichtigkeit *f*
lakom gierig **lakomōst** F Gier *f*
lakoūman leichtsinnig **lakoūmnōst** F Leichtsinn *m*
lakovjēran leichtgläubig
laktoza F: **bez laktoze** laktosefrei
lan M Flachs *m*; Leinen *n*
lānac M HANDEL (*Eisen*-)Kette *f*
lančanī Ketten-
lane N Rehkitz *n*
lāni ADV letztes Jahr
lansīrati (IM)PF *Rakete* abfeuern; *Nachricht* lancieren
lanjskī vorjährig
laptop M TECH Laptop *m od n*
lasica F Wiesel *n*
laskānje Schmeichelei *f* **laskati** ⟨**po-**⟩ (*D*) *j-m* schmeicheln **laskav** schmeichelhaft
laskavac M Schmeichler *m*
laskavica F Schmeichlerin *f*
lastavica F Schwalbe *f*
last minute ponuda F Last-Minute-Angebot *n*
laštilo N Schuhcreme *f* **laštiti** ⟨**na-**⟩ *Schuhe, Boden* polieren
latica F Blütenblatt *n*
latinica F lateinische Schrift *f*
latīnskī lateinisch; **~ jezik** *m* Latein *n* **Latīnskā Amerika** F Lateinamerika *n*
Latvija F Lettland *n* **Latvijac** M Lette *n* **Latvījka** F Lettin *f*
lav M ZOOL, ASTRON Löwe *m*
lāva F Lava *f*
lāvež M Gebell *n*
laserskī: **~ pisāč/printer** M Laserdrucker *m*: **~ show** *m* Lasershow *f*
lāž F Lüge *f*
lažac M Lügner *m* **lažan**

falsch; unwahr **lažljiv** lügnerisch **lažljivac** M Lügner *m* **lažljivica** F Lügnerin *f* **lažnī nọvac** M Falschgeld *n*
leasing M Leasing *n*
lębdjeti schweben
lęcnuti se PF auffahren, aufschrecken
lęća F BOT, PHYS Linse *f*
lęći (lijēgati) sich (hin)legen; zu Bett gehen
lęd M Eis *n*
LED TECH LED *f*
lęden Eis-; eisig (*a fig*); **~i čaj** *m* Eistee *m*; **~ō dọba** *n* Eiszeit *f* **ledẹnjāk** M Gletscher *m*
ledīšte N Gefrierpunkt *m*
lęđa N/PL Rücken *m*
lęđnī Rücken- **lęđnō plivānje** N Rückenschwimmen *n*
legālan legal
legitimīrati se (IM)PF sich ausweisen
lepẹza F Fächer *m*
lępinja F *e-e Art Fladenbrot f*
leprṣati flattern
lęptīr M Schmetterling *m* **lęptīr-kravạta** F Fliege *f*
lęš M Leiche *f* **lęšina** F Tierkadaver *m* **lešinār** M *fig* Aasgeier *m*
lęt M Flug *m*
lętāč M *Pilot* Flieger *m* **lętạčica** F Fliegerin *f* **lętāčkī** Flug- **lętak** M Flugblatt *n*
lętimicē ADV, **lętimičan** ADJ flüchtig
lętjelica F Flugkörper *m*
lętjeti ⟨po-⟩ fliegen; rasen **letēnje** Fliegen *n*; **rēd** *m* **lętēnja** Flugplan *m* **lętēćī** fliegend; **~ tạnjūr** *m* fliegende Untertasse *f*
lęzbījka F *umg* Lesbe *f*; **lęzbījskī** *umg* lesbisch
lęžāj M Liege *f*; TECH (*Nacht-*) Lager *n* **lęžāljka** F Liegestuhl *m* **lęžati** liegen
ležēran ADJ, **ležērno** ADV leger
lęžīšte N GEOL Lagerstätte *n*
li *enklitisches Fragepartikel*
līce N Gesicht *n*; THEAT, GRAM Person *f* **līcẹmjer** M Heuchler *m* **līcemjēran** heuchlerisch
licitạcija F Versteigerung *f*
ličan ADJ, **lično** ADV persönlich **ličnōst** F Persönlichkeit *f*
ličīnka F ZOOL Larve *f*
līčiti ⟨o-⟩ (an)streichen
lịgnja F Kalmar *m*
lịhva F Wucher *m* **lịhvār** M Wucherer *m* **lihvạrica** F Wucherin *f* **lihvạriti** wuchern
lijēčēnje N Heilung *f*; Behandlung *f*; Therapie *f* **lijēčiti ⟨iz-⟩** heilen; behandeln; kurieren; **~ se** in Behandlung sein
lijēčnica F Ärztin *f* **lijēčničkī** Arzt-, ärztlich; **~ prēgled** *m* ärztliche Untersuchung *f* **lijēčnīk** M Arzt *m*
lijēgati → leći
lijēk M Arznei *f*, Medikament *n*; Mittel *n*; **prạvnī ~** Rechtsmittel *n*
lijēn faul, träge **lijēnčina** F Faulpelz *m* **lijēnōst** F Faulheit *f*
lijēp schön
lijēpiti ⟨na-⟩ (an)kleben **⟨za-⟩** (fest)kleben
lijēs M Sarg *m*
lijēska F Haselnussstrauch *m*

lijēvak Trichter *m*
lijēv M TECH Guss *m* **lijēvati** gießen
lijēvī linke(r) **lijēvo** links; nach links
līk M Gestalt *f*
likēr M Likör *m*
liko N Bast *m*
likovati frohlocken
lim M Blech *n* **limār** M Klempner *m* **limarica** F Klempnerin *f*
limenī Blech-, blechern **limēnka** F Konservendose *f*; Blechdose *f*
limūn M Zitrone *f*
limunāda F Limonade *f*
līnija F Linie *f*; TEL **fiksna līnija** Festnetz *n*
link M IT Link *m*; IT **staviti ~** verlinken
lipa[1] F Linde *f*
lipa[2] F Lipa *f* (*100 Lipa = 1 Kuna*)
lipanj M Juni *m*
lisica F Fuchs *m* **lisice** F/PL Handschellen *f/pl*
lisičica F Pfifferling *m*
lisnica F Brieftasche *f*
līst M Blatt *n*; Zeitung *f*; ANAT Wade *f*; ZOOL Seezunge *f*; **rodnī ~** Geburtsurkunde *f*; **vjenčanī ~** Trauschein *m*
lista F Liste *f*
listati ⟨pre-⟩ blättern
listonoša M Briefträger *m*
listopād M Oktober *m*
lišāj M MED, BOT Flechte *f*
lišāvati → lišiti
līšće N Laub *n*; Blätter *n/pl*
līšiti (līšāvati) berauben (*A j-n, G e-r Sache*); *j-m etw* aberkennen
liti ⟨po-, za-⟩ liti (be)gießen
litica F Felswand *f*
litra F Liter *m*
Litavac M Litauer *m* **Litāvka** M Litauerin *f* **Litva** F Litauen *n*
livada F Wiese *f*
lizalica F Lutscher *m*
līzati ⟨po-⟩ (ab)lecken
lōgor M (*Zelt-, Gefangenen-*) Lager *n* **lōgorāš** M Lagerinsasse *m* **lōgorašica** F Lagerinsassin *f* **lōgovati** *zelten* lagern
lōj M Talg *m*
lokālan lokal, Orts-; **~ī vlāk** *m* Nahverkehrszug *m*
lokati saufen
lokot M Vorhängeschloss *n*
lokva F Pfütze *f*; Lache *f*
lōm M Bruch *m* (*a fig*)
lomača F Scheiterhaufen *m*
loman gebrechlich **lomiti ⟨s-⟩** *etw* (zer)brechen; **~ se** *v/i* (zer)brechen **lomljiv** brüchig
lomljava F Krachen *n*
lonac M Topf *m* **lončanica** F Topfpflanze *f* **lončār** M Töpfer *m*
lopata F Schaufel *f* **lopatār** M Damhirsch *m* **lopatica** F Schulterblatt *n*
lopōč M Seerose *f*
lōpōv M Dieb *m*
lopta F Ball *m*; Kugel *f*
losiōn M: **~ poslije brijānja** Rasierwasser *n*; **~ za kosu** Haarwasser *n*
losos M Lachs *m*
loš ADJ, **loše** ADV schlecht
loto M Lotto *n*
lōv M Jagd *f*; Fang *m*
lōva F *umg* Geld *n*

lovac M Jäger *m*; *Schach* Läufer *m*; Jagdflugzeug *n*
lovīšte N Jagdrevier *n* **loviti** ⟨**u-**⟩ jagen; fangen
lovkinja F Jägerin *f*
lovōr M Lorbeer *m*
loza F Rebe *f*
lozīnka F Losung *f*; IT Passwort *n*, Kennwort *n*
lōža F THEAT (*Freimaurer-*)Loge *f*
ložāč M Heizer *m* **ložēnje** N Heizen *n*; **ūlje** *n* **za ~** Heizöl *n*
ložiti heizen
lubanja F Schädel *m*
lubenica F Wassermelone *f*
lubīn M Seebarsch *m*
lūčiti ⟨**iz-**⟩ *etw* ausscheiden, absondern
lūčkī Hafen- **lūčkā kapetanija** F Hafenamt *n*
lūčnī Hafen-; Bogen-
lūd verrückt, irre
luda F Narr *m*
ludilo Wahnsinn *m*, Irrsinn (*a fig*)
lūdnica F Irrenhaus *n*; **~!** Wahnsinn!, irre!
ludōst F Verrücktheit *f*
luđāk M Irre *m* **luđākakinja** F Irre *f*
lugār M Förster *m*
luk[1] M Zwiebel *f*; **bijēlī ~** Knoblauch *m*; **crvenī ~** Zwiebel *f*
lūk[2] M Bogen *m*
lūka F Hafen *m*; **zrāčnā ~** Flughafen *m*
lukav schlau **lukavōst** F Schläue *f*, Verschlagenheit *f*
lukāvstvo N List *f*
lula F (*Tabaks-*)Pfeife *f*
lumbāgo Hexenschuss *m*
lumpati *umg* lumpen
lūnjati sich herumtreiben
lūpež M Dieb *m*; Schurke *m*
lupiti (**lūpati**) (zu)schlagen; **~ vratima** mit der Tür knallen
lūtati ⟨**za-**⟩ herumirren; sich verirren
lutka F Puppe *f*
lutnja F Laute *f*
lutrija F Lotterie *f*
Lužica F Lausitz *f*
lužina F Lauge *f*

Lj

lječilišnī Kur- **lječilīšte** Heilanstalt *f*, Sanatorium *n*; Kurort *m*
ljekārna F Apotheke *f* **ljekārnica** F Apothekerin *f* **ljekārnīk** Apotheker *m*
ljekovit Heil-; heilsam; **~ā bīljka** Heilpflanze *f*
ljencāriti faulenzen
ljepēnka F Pappe *f* **ljepilo** Klebstoff *m*, Leim *m* **ljepiv** klebrig
ljepota F Schönheit *f* **ljepotān** M Schöner *m* **ljepotica** F Schöne *f*, Schönheit *f*
ljepušan, **ljepušast**, **ljepuškast** hübsch
ljestve F/PL Leiter *f* **ljestvica** F Skala *f*; **glazbenā ~** Tonleiter *f*

lješnjāk M Haselnuss *f*
lj̣eti ADV im Sommer **ljẹtina** F Ernte *f* **ljẹtnī** Sommer-; sommerlich **ljẹto** Sommer *m* **ljẹtovalīšte** Ferienort *m* **ljẹtovati** den Sommer(urlaub) verbringen
ljẹtopis Jahrbuch *n*; Chronik *f*
ljẹtōs ADV diesen Sommer
ljẹvāk Linkshänder *m* **ljevạkinja** F Linkshänderin *f*
ljẹvica F *politische* Linke *f* **ljẹvičār** M Linke(r) *m* **ljẹvičārka** F Linke *f* **ljẹvičārskī** politisch links stehend
ljiljan Lilie *f*
ljụbak anmutig; lieblich **ljubakạti** tändeln, flirten
ljūbav F Liebe *f*
ljụbāvnī Liebes-; **ljụbāvnā afēra** Liebesaffäre *f*; **~ jādi** *m/pl* Liebeskummer *m* **ljụbāvnica** F Geliebte *f*, Liebhaberin *f* **ljụbāvnīk** Geliebte(r) *m*, Liebhaber *m*
ljụbazan liebenswürdig **ljụbaznōst** F Liebenswürdigkeit *f*
ljụbica F Veilchen *n* **ljụbičast** violett
ljubīmac M Liebling *m*; **kụćnī ~** Haustier *n* **ljubịmica** F Liebling *m*
ljụbitelj Liebhaber *m* **ljubitẹljica** F Liebhaberin *f*
ljūbiti lieben **⟨po-⟩** küssen (**se** sich) **ljūbọmora** F Eifersucht *f*
ljụbomōran eifersüchtig
ljụ̄di M/PL Leute *pl*; Menschen *m/pl*; Männer *m/pl* **ljūdọžder** M Kannibale *m*
ljụdskī menschlich
ljụljačka F Schaukel *f*
ljụ̄ljati *Kind* schaukeln **ljụ̄ljati se** V/I schaukeln
ljụpko ADV → ljubak **ljụpkōst** F Anmut *f*, Liebreiz *m*
ljụska F (*Nuss-*, *Eier-*)Schale *f*
ljụskār M Schalentier *n*
ljụ̄štiti ⟨o-⟩ schälen
ljụ̄t *Speise* scharf; verärgert, ärgerlich, zornig; *Winter* streng
ljụtica F Viper *f*
ljụtit verärgert, ärgerlich
ljụ̄titi ⟨na-⟩ ärgern; **~ se** sich ärgern **ljụ̄tnja** F Ärger *m*, Zorn *m*

M

mạ CJ, PARTIKEL doch; **~ tkọ** wer auch immer
mạ̄ca[1] F Kätzchen *n*
mạ̄ca[2] F Weidenkätzchen *n*
mạč M Schwert *n*
mạ̄čak M Kater *m*
mạčjī Katzen-; **~ kạšalj** *m fig* Kleinigkeit *f* **mạčka** F Katze *f*
mạćeha F Stiefmutter *f*
mạći PF → maknuti
mạćuhica F Stiefmütterchen *n*
mạdež M Muttermal *n*
mạdrac M Matratze *f*
Mạđār M Ungar *m* **Mađạrica** F Ungarin *f* **Mạđarskā** F Ungarn *n*
mạfija F Mafia *f*
mạgarac M Esel *m*

mạgazīn M Magazin *n*; Lager *n*
mạgla F Nebel *m* **maglọvit** nebelig
mạgnēt M Magnet *m*
mạgnētskī PHYS *fig* magnetisch **mạgnētskā vrpca** F Magnetband *n*
mạh M Schwung *m*; Augenblick *m*; → ubojstvo
mậhati → mahnuti
mạhnit wahnsinnig
mậhnuti (**mậhati**) winken; schwenken (*I* mit); ~ **rẹpom** mit dem Schwanz wedeln
mậhom ADV überwiegend
mạhovina F Moos *n*
mạhuna F Schote *f* **mạhune** F/PL Schnittbohnen *f/pl*
mậjčin Mutter-; ~ **dận** *m* Muttertag *m*
mạjica F Unterhemd *n*
mậjka F Mutter *f*
mạjmun M Affe *m*
majonẹza F Mayonnaise *f*
mậjstor M Meister *m* **mậjstorica** F Meisterin *f*
mạk M Mohn *m*
makạdam M Schotter *m* **makạdamskī pụ̄t** M Schotterweg *m*
mạkar ADV wenigstens; CJ wenn auch
Makedọ̄nac M Makedonier *m*
Makẹdōnija F Makedonien *n*
Makẹdōnka F Makedonierin *f*
makẹta F Modell *n*
mạknuti (**mịcati**) bewegen; *j-n* (*von e-m Posten*) entfernen **mạknuti se** sich bewegen
makọvnjača F Mohnkuchen *m*
mậlčicē ADV ein ganz klein wenig
mạlen klein
malẹ̄nkōst F Kleinigkeit *f*
mậlī ADJ klein; M Kleiner *m*
mạlina F Himbeere *f*
mạlo ADV etwas; ~ **tkọ** kaum jemand
malọdušan verzagt
mạlokad kaum einmal
mạlokrvnōst F Anämie *f* **maloljetan** minderjährig
mạloprije kurz zuvor **mạloprọdaja** F Einzelhandel *m*
mậmac M Köder *m*
mậmiti ⟨**na-**⟩ ködern; locken
mạmūran *umg* verkatert **mạmūrnōst** F *umg* Kater *m*
mậna F Fehler *m*; **govọ̄rnā** ~ Sprachfehler *m*; **srčanā** ~ Herzfehler *m*
manẹkēn M, **manẹkēnka** F (*Foto-*)Modell *n*, Mannequin *n*
manevrīrati ⟨**iz-**⟩ manövrieren; BAHN rangieren
mạngup M *umg* Strolch *m*; Flegel *m*
manšẹta F Manschette *f*
mậnjak M HANDEL Defizit *n*; MED Mangel *m*; ~ **vitamịnā** Vitaminmangel *m*
mạnjē ADV weniger; ~-**vịšē** mehr oder weniger **mạnjī** ADJ kleiner; geringer **mạnjina** F Minderheit *f* **mạnjkati** ⟨**po-**⟩ fehlen **mạnjkav** mangelhaft
mạpa F Mappe *f*; IT ~ **strạnice** Sitemap *f*

marẹlica F Aprikose *f* **margạrīn** M Margarine *f* **marịna** F Jachthafen *m* **mā̦riti** gernhaben, sich etwas machen (**za** *A* aus *etw*) **mạrka** F (*Brief-, Firmen-*)Marke *f*; **njemačkā** ~ *hist* Deutsche Mark *f* **markīrati** (IM)PF markieren; ~ **ịz škōlē** die Schule schwänzen **mạrljiv** fleißig **mạrljivōst** F Fleiß *m* **marmelạda** F Marmelade *f* **mạsa** F Masse *f* **mạsīvan** massiv **masạ̄ža** F Massage *f* **mạska** F Maske *f*; **medicinska** ~ medizinische Maske; **zạštitna** ~ Schutzmaske **mạslac** M Butter *f* **maslạ̄čak** M BOT Löwenzahn *m* **mạslina** F Olive(nbaum *m*) *f* **mạslinovo ụ̄lje** N Olivenöl *n* **mạsnica** F blauer Fleck *umg* **masnọća** F Fettigkeit *f*; Fettgehalt *m* **masnọće** F/PL BIOL Fette *f/pl* **mạsōvan** Massen- **mā̦st** F Fett *n*; Schmalz *m*; Salbe *f*; TECH Schmiere *f* **mā̦stan** Fett-; fett; *Haar* fettig; *Witz* schmutzig **mạšta** F Fantasie *f* **mạštati** (*wachend*) träumen (**o** *A* von *etw*) **mạt** *indeklinabel* FOTO, *Lack, Schach* matt **mạterīnskī** mütterlich; Mutter-; ~ **jẹzik** *m* Muttersprache *f*; **mạterīnskā ljūbav** *f* Mutterliebe *f*

mạterinjī → materinski **mạtērnica** F Gebärmutter *f* **mạti** F Mutter *f* **mạtica** F TECH Mutter *f*; ZOOL Königin *f*; Stammhaus *n* **mạtičār** M Standesbeamte *m* **mạtičārka** F Standesbeamtin *f* **mạtičnā knjịga** F Geburtsregister *n* **mạtičnī ụred** M Standesamt *n* **mạtičnjāk** M Melisse *f* **matụ̄ra** F Abitur *n* **mā̦za** F: **mạmina** ~ Muttersöhnchen *n* **mā̦zalica** F TECH Öler *m*; Schmierung *f* **mā̦zati** ⟨**nạ-**⟩ schmieren, ölen; eincremen; ~ **se** sich einschmieren, eincremen **mạzga** F Maultier *n* **mạzivo** M TECH Schmiermittel *n* **mažụrān** Majoran *m* **me** *enkl* → mene **mẹč** M SPORT Match *n*; Spiel *n*; Kampf *m*; **bọksāčkī** ~ Boxkampf *m* **mẹćava** F Schneesturm *f* **mẹ̄d** M Honig *m* **mẹ̄dẹnjāk** M Lebkuchen *m* **mẹ̄do** M → medvjed **mẹdvjed** M Bär *m* **mẹdvjedica** F Bärin *f*; Mönchsrobbe *f* **medụ̄za** F Qualle *f* **mẹđa** F Grenze *f*, Feldrain *m* **mẹđu** PRP (*wohin? A A; wo? I D*) zwischen; unter **mẹđu-** Zwischen- **mẹđu-brōj** M Zwischengröße *f* **međụgradskī** interurban; ~ **prọ̄met** *m* Fernverkehr *m* **međuịgra** F MUS, *fig* Intermezzo *n*

međunārodnī international; **međusklop** M TECH Schnittstelle *f* **međusoban** gegenseitig **međuspremnīk** M IT Zwischenspeicher *m* **međuvrijēme** N Zwischenzeit *f*; **u međuvremenu** in der Zwischenzeit
medutīm *Partikel* indes(sen)
mehaničār M Mechaniker *m* **mehaničārka** F Mechanikerin *f* **mehanika** F Mechanik *f* **mehanizam** M Mechanismus *m*
mek, mekan weich; *Fleisch* mürbe **meko** ADV weich; **meko kuhānō jāje** *n* weich gekochtes Ei
mēlem Salbe *f*; **~ za dūšu** *fig* Balsam für die Seele
memorija F IT Speicher *m*; **osnōvnā ~** Hauptspeicher *m*; **računālnā ~** Speicherplatz *m*; **rādnā ~** Arbeitsspeicher *m*
mene (*enkl* **me**) PERS PRON (*G*) meiner; (*A*) mich
meni (*enkl* **mi**) PERS PRON (*D*) mir
menī M GASTR, IT Menü *n*
mesār M Fleischer *m*, Schlachter *m*
mēsnī Fleisch-
mesnica F Metzgerei *f*, Fleischerei *f*
mēso N Fleisch *n*
mesti ⟨**po-**⟩ kehren, fegen
mešetār M Makler *m*; **devīznī ~** Devisenhändler *m*, Broker *m* **mešetarica** F Maklerin *f* **mešetarina** F Maklergebühr *f*
meta F Zielscheibe *f*
metak M (*Gewehr-*)Kugel *f*
metālac M Metall(arbeit)er *m*
metar M Meter(maß *n*) *m*
metati → metnuti
metla F Besen *m*
mētnuti (**metati**) legen; stecken; (hin-, hinein)tun
metōda F Methode *f*
metrō M U-Bahn *f*
metvica F Pfefferminze *f*
mezimac M, **mezimica** F Lieblingskind *n*; **~ publikē** Publikumsliebling *m*
micati → maknuti
mī wir
mi *enkl* → meni
mīg Zwinkern *n*; Wink *m*
mignuti (**migati**) zwinkern
migoljiti sich winden (*a fig*), sich schlängeln
mijēh M Blasebalg *m*; (*Wein-*)Schlauch *m*
mijēna F Wandel *m*, Wechsel *m* **mijēnjati** wechseln **mijēnjati se** sich verändern
mijēsiti kneten **mijēšalica** F Mischbatterie *f*; Mischmaschine *f* **mijēšati** ⟨**iz-**⟩ mischen
mikro- Mikro- **mikrovlākno** N Mikrofaser *f*
miksati ⟨**s-**⟩ GASTR mixen
milī → mio
milijārda F Milliarde *f* **milijardēr** Milliardär *m*
milijūn M Million *f* **milijunāš** M Millionär *m* **milijunašica** F Millionärin *f*
milimetar M Millimeter *m*
milina F Wonne *f*; Liebreiz *m*
milo: **~ mi je** (sehr) angenehm!

milosrdan barmherzig
milōst F Gnade *f*; Gunst *f*
milostinja F Almosen *n* (*a fig*)
milovati ⟨**po-**⟩ streicheln; liebkosen
miljē M Milieu *n*
miljenica F, **miljenīk** M Liebling *m*
mīljeti kriechen
mimo PRP (*G*) vorbei an (*D*)
mimoīći (**mimoilaziti**) vorbeigehen **mimoīći se** (**s** *I*) sich verfehlen
mimōza F BOT, *fig* Mimose *f*
mīna F MIL, (*Kugelschreiber-*) Mine *f*
minēr M Bergarbeiter *m*
minerālnī Mineral- **minerālnā voda** F Mineralwasser *n*
ministar M Minister *m* **ministārstvo** Ministerium *n* **ministrica** F Ministerin *f*
minūta F Minute *f*
mīnuti PF vergehen
mio lieb
mīr M Frieden *m*; Ruhe *f* **mīran** friedlich; ruhig
mirīs M Geruch *m*; Duft *m* **mirisati** duften, riechen (**na** *A*, **po** *D* nach *D*); ⟨**po-**⟩ *etw* riechen
mīriti ⟨**po-**⟩ versöhnen; **~ se** sich versöhnen
mirodija F Gewürz *n*
miroljubiv friedliebend
mirovina F Ruhestand *m*
mirovīnskī Renten- **mirovīnskō osigurānje** N Rentenversicherung *f*
mirōvnī Friedens-
misa F REL Messe *f*
mīsao F Gedanke *m*
mislilac Denker *m* **misliiti** ⟨**po-**⟩ denken
miš M ZOOL, IT Maus *f* **mišica** F Oberarm *m* **mišīć** M Muskel *m* **mišićav** muskulös **mišljēnje** N Denken *n*; Meinung *f*; **jāvnō ~** öffentliche Meinung
mišolōvka F Mausefalle *f*
mīt M Mythos *m*
mitīng M POL Versammlung *f*, Kundgebung *f*
mītiti ⟨**pod-**⟩ bestechen
mīto N Bestechungsgeld *n*
mizēran miserabel; mies
mjed M Messing *n*
mjehūr M *a* ANAT Blase *f* **mjehūrić** M Bläschen *n*
mjenica F HANDEL Wechsel *m*
mjenjāč M Getriebe *n*
mjera F PHYS, *fig*, (*Körper-*)Maß *n*; Maßnahme *f*; MUS Takt *m*
mjeriti ⟨**iz-**⟩ (aus)messen; (ab)wiegen **mjerilo** N Maßstab *m*
mjerodāvan maßgeblich
mjesēc[1] M Monat *m*; **~ dānā** einen Monat (lang); **~ima** wochenlang; **medenī ~** Flitterwochen *f/pl*
Mjesēc[2] M Mond *m* **mlādī Mjesēc** Neumond *m* **punī Mjesēc** Vollmond *m*
mjesečina F Mondschein *m*
mjesečnī Monats- **mjesečnica** F Menstruation *f*
mjesnī örtlich; Orts-; Stadt-; **~ prōmet** *m* Stadtverkehr *m*
mjestimicē ADV stellenweise
mjesto[1] N Ort *m*; Platz *m*; **bōlnō ~** *fig* wunder Punkt
mjesto[2] PRP (*G*) statt (*G*)

mješavina F Mischung *f* **mješānac** M Mischling *m* **mješovit** gemischt
mještanin M Ortsansässiger *m*; Einheimischer *m* **mještānka** F Ortsansässige *f*; Einheimische *f*
mlāčan → mlak
mlaćenica F Buttermilch *f*
mlād jung
mladenac M Bräutigam *m* **mladenački** Jugend- **mladēnci** M/PL Brautleute *pl* **mladēnka** F Braut *f*
mlādež F Jugend *f*, junge Leute *pl*
mladica F Schössling *m*, Trieb *m*; ZOOL Huchen *m* **mladīć** M junger Mann
mlādo N Junge(s) *n*
mlādōst F Jugend(zeit) *f* **māldoženja** M Bräutigam *m*
mlāk lauwarm; *fig* schlaff
mlātiti ⟨iz-, pre-⟩ dreschen; *fig j-n* verdreschen
mlāz M (*Wasser-, Licht-*)Strahl *m* **mlāznī pogon** M FLUG Strahlantrieb *m*
mlāžnjāk M Düsenflugzeug *n*
mliječnī Milch- **mliječnā krava** F Milchkuh *f* **mliječnī zūb** Milchzahn *m*
mlijēko N Milch *f*
mlin M Mühle *f* (*a Spiel*) **mlinac** M Kaffemühle *f* **mlinār** M Müller *m* **mlinarica** F Müllerin *f*
mlitav schlaff; träge
mlohav schlaff
mljaskati schmatzen
mljekāra F, **mljekārnica** F Molkerei *f*
mljeti ⟨iz-⟩ **mljeti** mahlen
mljeven gemahlen
mnijēnje N Meinung *f*
mnogī manche
mnogo viel **mnogobrōjan** zahlreich
mnoštvo N Vielzahl *f*
množina F GRAM Plural *m*
množiti multiplizieren; **~ se** sich vermehren
mobitēl M Handy *n*; **broj** *m* **~a** Handynummer *f*
močiti ⟨na-⟩ anfeuchten, benetzen **močvara** F Moor *n*
mōć F Macht *f*; (*Kauf-, Urteils-*) Kraft *f*
moćan mächtig
moći (*1. pers sg, 3. pers pl präs* **mogu**) können
modar (himmel)blau
model M (*Gips-, Foto-*)Modell *n*
modēm IT M Modem *n*
modēran modern
mōdnī Mode-
modrica F blauer Fleck *umg*
mogūć(an) möglich
mogūćnōst F Möglichkeit *f*
mōj mein
mokar nass
mokraća F Harn *m*, Urin *m* **mokriti** Harn lassen, urinieren
mōl M Seehecht *m*
molba F Bitte *f*; Antrag *m* **molitelj** M Bittsteller *m*; Antragsteller *m* **moliteljica** F Bittstellerin *f*; Antragstellerin *f* **moliti** ⟨za-⟩ bitten (**za** *A* um *A*); **molīm** bitte (sehr)!
moliti se ⟨po-⟩ beten **moli-**

tva F Gebet *n* **molitvenīk** M Gebetbuch *n*
mōljac M Motte *f*
moljakati betteln
mōmak M Junge *m*
momčād F SPORT, SCHIFF Mannschaft *f*
moment M Moment *m/n*
monitor M TECH Bildschirm *m*, Monitor *m*; **rāvni ~** Flachbildschirm *m*
montāža F Montage *f*
mora F: **noćnā ~** Albtraum *m* (*a fig*)
mōrati müssen
mōre N Meer *n*; See *f*; **debelō ~** hohe See; **otvorenō ~** offenes Meer
morfij M Morphium *n*
mornār M Seemann *m* **mornarica** F Marine *f*; **trgovačkā ~** Handelsmarine *f*
morskī Meeres-; See-; **~ pas** *m* Hai(fisch) *m* **morskā bolēst** F Seekrankheit *f*
mosnī Brücken-
mōst M Brücke *f*; **zūbnī ~** Zahnbrücke *f*
mošt M Most *m*
motati ⟨na-⟩ (auf)wickeln; **~ cigaretu** Zigarette drehen; **~ se** *umg* herumtrödeln
motika F Hacke *f*
motka F Stange *f*; Stab *m*; **skok** *m* **s motkōm** Stabhochsprung *m*
motocikl M Motorrad *n*
motōr M Motor *m*; Motorrad *n*
motriti betrachten; beobachten
mozak M Gehirn *n*
možda vielleicht
moždānī Hirn-; **~ udār** Hirnschlag *m*
moždina F (*Knochen-*)Mark *n*; **leđnā ~** Rückenmark *m*
MP3-Player M MP3-Player *n*
mrāčan finster (*a fig*)
mrāk M Dunkelheit *f*
mramor M Marmor *m*
mrāv M Ameise *f*
mraz M Frost *m*; Raureif *m*
mrcvāriti ⟨iz-⟩ metzeln; zerfleischen; schinden; **~ se** sich abquälen
mrena F MED Star *m*; ZOOL Barbe *f*
mreža F Netz *n* (*a* IT); **nemati ~ u** TEL kein Netz haben; IT **društvenā ~** soziale Netzwerke *npl*; **fiksna telefōnska ~** TEL Festnetz *n*
mrēžnica F Netzhaut *f*
mrežnī: **~ operatēr** M TEL Mobilfunknetz *n*
mrgoditi ⟨na-⟩ **se** schmollen
mrijēst F Laich *m* **mrijēstiti se** laichen; ZOOL sich paaren
mrkva F Mohrrübe *f*
mrlja F Fleck *m*; *fig* Makel *m*
mrljati ⟨u-, za-⟩ beflecken; klecksen
mrskati ⟨s-⟩ zermalmen
mršav mager **mršavjeti** ⟨o-, s-⟩ abmagern
mrštiti ⟨na-⟩ **se** runzeln
mrtav tot **mrtvac** Tote *m*
mrtvačkī Toten-; **mrtvački** *adv* **blijēd** totenbleich **mrtvāčnica** F Leichenhalle *f*
mrk finster
mrva F Krümel *m*; Brocken *m*

mṛvica F Krümel *m*; **krųšnē mṛvice** *f/pl* Semmelbrösel *m/pl*
mṛviti ⟨**iz-**⟩ *etw* zerbröseln, zerkrümeln; ~ **se** *v/i* zerbröseln
mṛzak verhasst; zuwider
mṝziti hassen, verabscheuen
mṛznuti *Eis* (ge)frieren; erfrieren
mṛzovōljan mürrisch
mṝžnja F Hass *m*
mu *enkl* → njemu
mụcati ⟨**pro-, za-**⟩ stottern
mụčan mühselig, mühsam; qualvoll **mụčenica** F Märtyrerin *f* **mụčenīk** M Märtyrer *m* **mụčiti** ⟨**iz-**⟩ quälen, foltern **mụčiti** ⟨**po-**⟩ **se** sich mühen, sich (ab)plagen
mūdar weise
mụdrac M Weise *m* **mụdrica** F Weise *f* **mudrijāš** M Besserwisser *m* **mụdrōst** F Weisheit *f*, Klugheit *f*
mūdo N Hoden *m*
mụha F Fliege *f* **mụhara** F Fliegenpilz *m*
mūk F Schweigen *n*
mụka F Qual *f*; Mühe *f*
mụla F Maultier *n*
mūlj M Schlamm *m*; Schlick *m*
mūljati keltern; *fig* um eine Sache herumreden; *umg* herumlungern *umg*
mụltikulturālan multikulturell; **mụltimedījskī** IT, TV, TEL multimedial
mūnja F Blitz *m*
munjẹvit blitzartig
mūrva F Maulbeere *f*
musạka F *Gemüseauflauf mit Hackfleisch*
mụsli M Müsli *n*
muslịmān M Muslim *m* **muslịmānka** F Muslimin *f*
mụsti ⟨**ịz-**⟩ **mụsti** melken
mụstra F *umg* (*Stoff-*)Muster *n*
mụšica F (kleine) Fliege *f*; *fig* Laune *f*, Grille *f*; (*Visier-*) Korn *n*
muškā̄rac M Mann *m*
mụškī männlich; Herren-
mušṭẹrija M, F Kunde *m*, Kundin *f*
mū̄tan trübe **mū̄titi** ⟨**po-, s-**⟩ trüben
mụvati se *umg* herumlungern *umg*
mụzej M Museum *n*
mụzika F Musik *f*; Kapelle *f*
mūž M (*Ehe-*)Mann *m*
mụžjāk ZOOL Männchen *n*

N

na PRP (*wohin? A A; wo? L D*) auf; an; **nạ vrijēme** zur rechten Zeit
nạbava F Anschaffung *f* **nạbaviti** (**nạbavljati**) *etw* anschaffen
nạboj M ELEK, MIL Ladung *f*
nabrā̄jati → nabrọjiti
nạbrēkao aufgedunsen
nabrọjiti (**nabrā̄jati**) aufzählen
nạbrzo schnell, auf die Schnelle
nạbujak M GASTR Auflauf *m*
nabụjati PF *Fluss* anschwellen; *fig* überquellen
nā̄cija F Nation *f*

nậcrt M Skizze *f*, Entwurf *m*
nạcrtati PF → crtati
nậčẽlan grundsätzlich, prinzipiell **nạčelnica** F Vorsteherin *f* **nậčẽlnīk** M Vorsteher *m*, Vorstand *m*
načẹlo N Grundsatz *m*, Prinzip *n*
načẽti (**nạčinjati**) anschneiden (*a fig*)
nậčin M Art *f* **načịniti** PF anfertigen
nạčitān belesen
nậći (**nạlaziti**) finden; **~ se** sich treffen (**s** *I* mit *j-m*); sich befinden
nad (*wohin? A A; wo? I D*) über
nậda F Hoffnung *f*; **pụn nậdē** hoffnungsvoll
nạdaljē weiterhin; außerdem
nạdāren begabt, talentiert **nạdārenōst** F Begabung *f*, Talent *n*
nậdati ⟨**po-**⟩ **se** hoffen (*D* auf *A*)
nạdnevāk M Datum *n*
nạdbiskup M Erzbischof *m*
nạdesno ADV rechts; nach rechts
nadglạsati (**nadglasậvati**) überstimmen
nadglẹdati beaufsichtigen, überwachen
nậdglednica F Aufseherin *f* **nậdglednīk** M Aufseher *m*
nadgrậdnja F: IT **kọrisničkā ~** Benutzeroberfläche *f*
nậdgrobnī Grab-; **~ kạmēn** *m* Grabstein *m* **nậdimak** M Spitzname *m*
nậdležan zuständig **nậdležnōst** F Zuständigkeit *f*
nạdmašiti (**nadmašịvati**) (*A*) *j-n* übertreffen (**u** *L* in *D*)
nạdmōć F Übermacht *f* **nạdmoćan** übermächtig
nadmụdriti (**nadmūdrịvati**) überlisten
nadnậrāvan übernatürlich
nậdnevak M Datum *n*
nạdnica F Tageslohn *m* **nạdničār** M Tagelöhner *m*
nạdoknada F Schadenersatz *m* **nadọknaditi** (**nadoknađịvati**) ersetzen; auf-, nachholen
nadọmak ADV unweit **nadọmjestak** M Ersatz *m* **nadọstiti** (**nadomijẹ̄štati**) ersetzen
nạdoplata F Zuschlag *m*, Aufschlag *m*; Aufpreis *m*
nadovẹzati (**nadovēzịvati**) anknüpfen (**na** *A* an *A*)
nạdražāj M *physiologischer* Reiz *m* **nạdređenī** übergeordnet
nậdstojnica F Hausmeisterin *f* **nậdstojīk** M Hausmeister *m*
nạdūt aufgeblasen (*a fig*); **nạduti** (**nạdimati**) aufblähen; **~ se** sich aufblähen
nadvlạdati (**nadvlādạvati**) überwinden; bezwingen
nadvožnjāk M BAHN Überführung *f*
nậdzor M Aufsicht *f*; Überwachung *f* **nậdzornī** Aufsichts-; **~ ọdbor** *m* Aufsichtsrat *m*
nậdzornica F Aufseherin *f*; Inspektorin *f* **nậdzornīk** M Aufseher *m*; Inspektor *m*

nadžịvjeti (**nadžīvljạvati**) (*A*) *j-n* überleben
nạfta F Erdöl *n*
nạg nackt
nagạđati mutmaßen (**o** *L* über *A*)
nạgao heftig, hitzig; hastig
nạgaziti PF **na** (*A*) auf *etw* treten
nạgib M Neigung *f*, Gefälle *n*
nạginjati (*D*) zu *etw* neigen; → nạgnuti
nạglasak M GRAM Betonung *f*; Akzent *m* **nāglạsiti** (**nāglašạvati**) betonen
nạglo ADV jäh, plötzlich
naglūh schwerhörig
nạgnūt geneigt **nạgnuti** (**nạginjati**) neigen; ~ **se** sich neigen
nạgodba F Abkommen *n*; JUR Vergleich *m* **nāgọditi se** PF vereinbaren
nagomịlati (**nagomịlạvati**) an-, aufhäufen; ~ **se** sich an-, aufhäufen
nạgon M Trieb *m*; Instinkt *m*
nagovạrati → nagovọriti **nagovijẹstiti** (**nagovješćīvati**, **nagovještạvati**) andeuten
nạgovještāj M Andeutung *f*
nagovọriti (**nagovạrati**) überreden; zureden (*D*)
nạgrada F Belohnung *f*; Preis *m*; Entlohnung *f* **nạgradnā ịgra** F Preisausschreiben *n*
nagrạditi (**nagrāđịvati**) belohnen; prämieren; entlohnen
nạgristi (**nagrīzati**) annagen, anfressen **nagrīzajūćī** CHEM ätzend
nahrạniti (**nahrānjịvati**) füttern
nạići (**naịlaziti**) **na** (*A*) treffen auf (*A*)
nạime nämlich
nạīvan naiv
naizmjẹncē ADV abwechselnd
nạjam M Miete *f*; Pacht *f*
najamnịna F Mietpreis *m*, Miete *f*
nạjava F Ankündigung *f* **nājạviti** (**nājavljịvati**) ankündigen
nạjboljē ADV am besten **nạjboljī** ADJ beste(r) **nạjbrže** ADV am schnellsten **nạjčešćē** ADV am häufigsten **nạjdubljē** ADV am tiefsten **nạjduljē** am längsten
najedanput, **najednōm** auf einmal
nạjgorē ADV am schlimmsten **nạjgorī** ADJ schlechteste(r) **nạjjačī** stärkste(r)
najlōnke F/PL Feinstrumpfhose *f*
nạjmanjē ADV mindestens **nạjmiti** PF mieten **nạjprije** ADV zuerst
nạkana F Absicht *f*
nạkaza F Scheusal *n*
nạkit M Schmuck *m*
nạklada F Verlag *m*; (*Buch-*) Auflage *f* **nạkladnica** F Verlegerin *f* **nạkladnīk** M Verleger *m*
nạklon M Verbeugung *f*
nāklọniti (**klạnjati**) **se** sich verbeugen **nạklonōst** F Neigung *f*; Zuneigung *f*
nạknada F Ersatz *m*; Gebühr

f; IT **~ za roaming** Roaminggebühr *f* **nąknadno** ADV nachträglich
nąkon PRP (G) nach (D); **~ tọga** danach
nąkraj PRP (G) am Rande; **~ svijẹ̄ta** am Ende der Welt
nakrīviti (**nakrīvljīvati**) schief stellen, neigen
nalạ̄gati → naložiti
nạlaz M Fund *m*; MED Befund *m* **nạlazīšte** N Fundort *m* **nạlaziti** → nạ́ći **nạlaznica** F Finderin *f* **nạlaznīk** M Finder *m*
nalẹtjeti (**nalijẹ̄tati**) **na** (A) rammen (A); prallen auf (A); (*zufällig*) auf *j-n* treffen
nalijēvo ADV links; nach links
nā̦lik *adj indeklinabel* (D) ähnlich (D) **nā̦likovati** *j-m* ähnlich sein
nạliti (**nalijẹvati**) auffüllen
nā̦livpero N Füllfederhalter *m*
nā̦log M Auftrag *m*; Anordnung *f*; **plā̦tnī ~** Zahlungsauftrag *m*; **ụhidbenī ~** Haftbefehl *m*
nalọžiti (**nalā̦gati**) anordnen
nạljepnica F Aufkleber *m*
naljụ̄titi (se) → ljutiti (se)
nạma (*enkl* **nam**) uns (D)
nā̦maz M Brotaufstrich *m*
nạmazati (se) PF → mazati (se)
nā̦met M Abgabe *f*
nạmetati → nametnuti
namẹtljiv aufdringlich
nā̦metnīk M BIOL Schmarotzer *m*, Parasit *m*
nạmetnuti (**nạmetati**) aufzwingen, auferlegen (*D j-m A etw*); **~ se** sich aufdrängen
nā̦mira F Quittung *f* **nāmīriti** (**nāmirīvati**) HANDEL begleichen, befriedigen
nā̦mirnice F/PL Nahrungs-, Lebensmittel *n/pl*
nạmjena F Bestimmung *f*
nā̦mjera F Absicht *f*; Vorsatz *m* **nāmjerạ̄vati** beabsichtigen
nā̦mjērno ADV absichtlich
nạmjestiti (**namjẹ̄štati**) aufstellen; *j-n* an- *od* einstellen; *Bett* machen; *Wohnung* einrichten; **~ se** an-, eingestellt werden
nạmještāj M Möbel *n/pl* **nạmješten** *Zimmer* möbliert
namješteṇica F Angestellte *f* **namješteṇīk** M Angestellte *m* **namještẹ̄nje** N Anstellung *f*
namọčiti (**namā̦kati**) *Wäsche* einweichen **namọtati** (**namotạ̄vati**) aufwickeln, aufrollen
nạnijēti (**nanọsiti**) *Farbe, Salbe* auftragen; *Schaden* zufügen, anrichten; *Sand* anschwemmen
nanīzati (**nanizạ̄vati**) auffädeln; aneinanderreihen
nạnovo ADV erneut
naoblạ̄čiti (**naoblāčīvati**) **se** sich bewölken
naobrazba F Bildung; **fakụltētskā ~** Hochschulbildung *f*, Hochschulabschluss *m*
naočāle F/PL Brille *f*
nạokolo ADV ringsherum **nạopackē** verkehrt herum
naorụžati (**naoružạ̄vati**) be-

waffnen; *Computer* aufrüsten **naorụžati se** sich bewaffnen; *Staat* aufrüsten
nāpad M SPORT Sturm *m*
nāpạdāč M SPORT Stürmer *m* **napadạčica** F Stürmerin *f*
nạpadāj M Angriff *m*; MED Anfall *m*
nạpadati → nạpasti **napāja-ti** → napọjiti
nạpamēt ADV auswendig
nāpast F Versuchung *f*; Heimsuchung *f*
nạpasti (nạpadati) angreifen
nạpēt gespannt; angespannt; spannend **nạpēti (nạpinjati)** (an)spannen **nạpētōst** F Anspannung *f*; POL Spannung
napīsati PF → pisati
napītak M Getränk *n*
nạpiti (napījati) zu trinken geben; ~ **se** (*G*) *etw* trinken; sich betrinken
nạplata F Bezahlung *f*, Begleichung *f*
nāplatak M Felge *f*
naplạtiti (naplāćịvati) kassieren
nạplatnī: **nạplatnā kụća** F Mautstelle *f*
nạplaviti PF anschwemmen **nạplavina** Anschwemmung *f*
napọjiti (napājati) tränken; ELEK speisen
nạpōjnica F Trinkgeld *n*
nạpokōn ADV endlich **nạpola** zur Hälfte **napolje** nach draußen **nạpolju** draußen **nạpomena** F Bemerkung *f*
nāpon M ELEK Spannung *f*
nāpor M Anstrengung *f*
nāpōran anstrengend
nạprava F Vorrichtung *f* **nạpraviti** PF *Schaden* anrichten; → prạviti
nạpredak M Fortschritt *m*; *beruflich*es Fortkommen *n* **nạpredan** fortschrittlich **nạpredovati** (IM)PF fort-, voranschreiten
naprẹ̄gnuti (naprẹ̄zati) anstrengen; ~ **se** sich anstrengen
naprẹtek ADV im Überfluss
nạprijēd voran, vorwärts; ~! herein!
nạprosto ADV einfach; **prọsto-**-~ schlechterdings
nạprotīv hingegen; im Gegenteil; ~! (ganz) im Gegenteil!
nāprstak M Fingerhut *m*
nāprtnjača F Rucksack *m*; Ranzen *m* **nāpūčen** besiedelt
Nāpulj M Neapel *n*
nạpuniti PF → puniti
napụstiti (napūštati) verlassen
nạpušten ADJ verlassen
nạputāk M Anleitung *f*
nạramenice F/PL Hosenträger *pl*
nạrānča F Orange *f*, Apfelsine *f* **narančạ̄da** F Orangeade *f*
nạrančast orange(farben)
nạrāsti (narạstati) anwachsen **nạraštāj** M Generation *f*
nārav F Natur *f*, Wesen *n*, Charakter *m* **nāravan** natürlich
nāravno ADV natürlich, selbstverständlich
nāredba F Anordnung *f*; Befehl *m* **nārẹditi (nāređịvati)** anordnen; befehlen **nāred-**

nīk M Feldwebel *m*
nạrezak M Aufschnitt *m*
nạrjēčje N Mundart *f*, Dialekt *m*
narkọmān M Rauschgiftsüchtige *m* **narkọmānka** F Rauschgiftsüchtige *f*
narkōza F Narkose *f*
nārod M Volk *n* **nārodnī** Volks-; National-; → pjesma
nārodnōst F Nationalität *f*
narụ̄čiti (narūčīvati) bestellen
nārudžba F Bestellung *f*
narụ̄gati (narūgīvati) se (*D*) sich lustig machen (über *A*)
nạrukvica F Armband *n*
nạrušiti (narušạ̄vati) beeinträchtigen; *Gesetz* verletzen
nāṣ (*enkl* **nas**) PERS PRON (*G*) unser; (*A*) uns
nạsāmo ADV unter vier Augen
naseliti (naseljạ̄vati) an-, besiedeln; ~ **se** sich ansiedeln
nāselje N Siedlung *f*
naseljen besiedelt, bewohnt
naseljẹnīk M Siedler *m* **nạse** F Siedlung *f*
nāsīlan gewaltsam **nāsīlnīk** M Gewalttäter *m* **nāsīlje** N Gewalt *f*
nāsip M Damm *m*
nạslanjati se → nasloniti se
naslijẹ̄diti (nasljeđīvati) erben
nāslon M Lehne *f*
naslọniti (nạslanjati) se sich anlehnen
naslọnjač M Sessel *m*
nāslov M Titel *m* **nāslovnā strạnica** F Titelseite *f*
nāslovnica F IT Startseite *f*
naslụ̄titi (naslūćīvati) ahnen
nāsljedan Erb-; erblich
nāsljednica F Erbin *f*
nāsljednīk M Erbe *m*
nāsljedstvo N Erbe *n*
nasljeđīvati → naslijediti
nasmịjati (nasmījạ̄vati) *j-n* zum Lachen bringen; ~ **se** ausgiebig lachen; loslachen
naspạ̄vati se PF sich ausschlafen
nạsred (*G*) in der Mitte, mitten auf (*D*)
nạstajati → nastati **nạstanak** M Entstehung *f* **nạstati (nạstajati)** entstehen
nāstava F Schulunterricht *m*
nāstavak M Fortsetzung *f*; GRAM Endung *f*
nạstaviti (nạstavljati) fortsetzen
nāstavnī Unterrichts-
nāstavnica F Lehrerin *f*
nāstavnīk M Lehrer *m*
nāstup M Auftritt *m*; Auftreten *n*; MED Anfall *m*
nastụ̄piti (nastụpati) auftreten
nasụ̄kati se PF SCHIFF auflaufen
nạsuprot ADV gegenüber; PRP (*D*) entgegen (*D*)
nạš POSS PRON unser
natạknuti (nạticati) aufspießen
nạtašte ADV auf nüchternen Magen
nạteći (nạticati) MED anschwellen
natẹ̄gnuti (natẹ̄zati) anspan-

nen, straffen
naticati → nataknuti; natećí
natjecatelj M Bewerber *m*; Wettbewerbsteilnehmer *m*; M **natjecateljica** F Bewerberin *f*; Wettbewerbsteilnehmerin *f*
natjecati se sich bewerben (**za** *A* um *A*); **natječāj** M Wettbewerb *m*; Ausschreibung *f*
natovaren ADJ beladen **natovariti** (**natovarīvati**) beladen
nātpis M Aufschrift *f*
natrāg ADV zurück
natraškē ADV rückwärts
natuknica F Stichwort *n*
naūljiti PF (ein)ölen
naum M Vorsatz *m*, Absicht *f*
naušnica F Ohrring *m*, Ohrstecker *m*
nāvala F SPORT, MIL Sturm *m*
navāliti (**navāljīvati**) anstürmen; *fig* bestürmen
navečēr ADV am Abend, abends
navesti (**navoditi**) anführen
navijāč M SPORT Anhänger *m*, Fan *m* **naviti** (**navījati**) *Uhr* aufziehen
nāvika F Gewohnheit *f*
naviknuti (**navikāvati**) **se** sich gewöhnen (**na** *A* an *A*)
nāvlaka F Bezug *m*, Überzug *m*
nāvodnī ADJ, **nāvodno** ADV angeblich **nāvodnīk** M Anführungszeichen *n*
nāvōj M Gewinde *n*
navūći (**navlāčiti**) *Krankheit* sich zuziehen
nazdraviti (**nazdravljati**)(*D*) *j-m* zuprosten
nāziv M Bezeichnung *f*; Name *m* **nazīvati** → nazvati **nazīvnīk** M MATH Zähler *m*
naznāčiti (**naznāčīvati**) bezeichnen
nāzočan anwesend **nāzočnōst** F Anwesenheit *f*
nazvati (**nazīvati**) nennen; TEL anrufen
nažalōst ADV leider
nazočiti PF beiwohnen
ne nein; nicht
nebeskī himmlisch
nebo N Himmel *m*
nebodēr M Wolkenkratzer *m*
nebriga F Sorglosigkeit *f* **nebrojen** unzählig **nečijī** irgendjemandes
nečitak *Buch* unlesbar **nečitljiv** *Unterschrift* unleserlich
nečovječan unmenschlich
nečūjan unhörbar; lautlos
nećāk M Neffe *m* **nećakinja** F Nichte *f*
nēću ich will nicht (*verneinte Form von* → htjeti)
nedaleko ADV unweit, nicht weit
nedjelja F Sonntag *m*
nedjeljiv unteilbar
nedjēljnī Sonntags-
nedodirljiv unantastbar **nedokučiv** unergründlich **nedoličan** ungebührlich **nedopustiv** unzulässig **nedosljedan** inkonsequent **nedostajati** (*G*) fehlen, mangeln an (*D*); **nedostajē joj brāt** sie vermisst ihren Bruder **nedostātak** M (*G*) Mangel *m* (an *D*); **nedostiživ** unerreichbar

nedọstōjan unwürdig **nẹdovōljan** ungenügend (*a Schulnote*) **nedọvr̄šen** unvollendet **nẹdvojben** unzweifelhaft **nedvọsmislen** unzweideutig
nẹgda, nẹgdje irgendwo
nẹgo CJ sondern; (*nach Komparativ*) als
nẹhāj M Fahrlässigkeit *f*; **ubọjstvo iz ~a** fahrlässige Tötung *f*
nẹhājan fahrlässig
nẹhoticē ADV unwillkürlich
nẹiskren unaufrichtig **neịskusan** unerfahren **neịspāvan** unausgeschlafen **nẹistina** F Unwahrheit *f* **neịzbježan, neizbjẹživ** unvermeidlich; unausweichlich **neizdṛživ** unerträglich **neizljẹčiv** unheilbar **nẹizmjēran** unermesslich **nẹizrāvan** mittelbar; indirekt **neizrẹčiv** unaussprechlich **neizvẹdiv** undurchführbar **nẹjasan** unklar; undeutlich **nẹjednāk** ungleich **nejẹstiv** ungenießbar
nẹka *cj* (+ *3. pers präs*) soll(en), möge(n); **~ me nazọvē** er (*od* sie) soll mich anrufen; **~ pọbijēdī bọljī** möge der Bessere gewinnen
nẹkad, nẹkada ADV einst, früher **nẹkadašnjī** einstig, früher
nẹkakāv irgendeiner, irgend so einer **nẹkāko** irgendwie **nẹkamo** irgendwohin **nekažnjen** straflos; ungesühnt **nekạžnjiv** nicht strafbar
nẹkī ein gewisser **nẹtko** jemand **nẹkōć** ADV einst **nẹkoliko** (G) einige; ein paar **nẹkorīstan** nutzlos **nekretnịna** F Immobilie *f*
nẹkuhān ungekocht, roh **nẹlagodan** unbehaglich; peinlich **nẹljubazan** unfreundlich **nẹlojālna konkurẹ̄ncija** F unlauterer Wettbewerb
nẹ̄mā (G) (*3. Pers sg präs* → **nẹ̄mati**) es gibt nicht *od* kein
nẹmān M Ungeheuer *n*
nẹmār M Nachlässigkeit *f* **nẹmāran** ADJ, **nẹmārno** ADV fahrlässig
nẹ̄mati fehlen
nẹmilosr̄dan unbarmherzig
nẹmīr M Unruhe *f* **nẹmīran** unruhig **nẹmōć** F Schwäche *f*; Unvermögen *n* **nẹmoćan** schwach; machtlos **nẹmogūć** unmöglich
nẹmōj (PL **nẹmōjte**) nicht! **~ se bọjati!** hab keine Angst!
nẹnādan unverhofft **nẹnadmāšan** unübertroffen **nenadoknạdiv, nenadomjẹstiv** unersetzlich **nenạ̄mjeran** unabsichtlich **nenạpūčen**, **nenạseljen** unbewohnt **nẹobavljen** unerledigt **nẹobičan** ungewöhnlich **neobjạšnjiv** unerklärlich
nẹobvezan unverbindlich **neočẹkīvān** unerwartet **neodgọdiv** unverzüglich **nẹodlūčan** unentschlossen; unschlüssig **neọdlūčeno** ADV SPORT unentschieden **neodọljiv** unwiderstehlich **neọdrēđen** unbestimmt **neodvọjiv**

untrennbar **neograničen** unbegrenzt **neopāsan** ungefährlich **neopažen** unbemerkt **neopisiv** unbeschreiblich **neoprāvdan** ungerechtfertigt **neoprēzan** unvorsichtig **neosjetljiv** unempfindlich **neospōran** unbestritten **neovisan** unabhängig **neovisnōst** F Unabhängigkeit *f* **neoštećen** unbeschädigt **neotrōvan** ungiftig **neovlāšten** unbefugt **neozlijeđen** unverletzt **nepāran** ungerade **nepce** N Gaumen *m* **nepismenī** SU Analphabet *m* **neplāćen** unbezahlt **neplodan** unfruchtbar (*a fig*); **nepobītan** unwiderlegbar **nepobjediv** unbesiegbar **nepoćūdan** unbeugsam **nepodmitljiv** unbestechlich **nepodnošljiv** unerträglich **nepodoban** ungeeignet **nepogoda** F Unwetter *n* **nepogrešiv** unfehlbar **nepokolebljiv** unerschütterlich **nepokvāren** unverdorben (*a fig*); **nepomičan** unbeweglich **nepopravljiv** unverbesserlich **nepopustljiv** unnachgiebig **neposlūh** M Ungehorsam *m* **neposlūšan** ungehorsam **neposredan** unmittelbar, direkt **nepostojān** unbeständig **nepošten** unaufrichtig **nepotpun** unvollständig **nepotreban** unnötig **nepouzdān** unzuverlässig **nepovjerēnje** N Misstrauen (*a* POL) *n* **nepovōljan** ungünstig **nepoznanica** F MATH Unbekannte *f* **nepoznāt** unbekannt **nepoželjan** unerwünscht **neprāvda** F Unrecht *n* **nepravedan** ungerecht **nepreglēdan** unübersichtlich **neprekīdan** ununterbrochen **neprestān** unaufhörlich **neprihvatljiv** inakzeptabel **neprijatelj** M Feind *m* **neprijateljica** F Feindin *f* **neprijateljskī** feindlich **neprijateljstvo** N Feindschaft *f* **neprikladan** ungeeignet **neprilīka** F Unannehmlichkeit *f* **neprimjeren** unangemessen **neprimjetan** unmerklich **nepriprēmljen** unvorbereitet **neprirodan** unnatürlich **neprīstojan** unanständig, anstößig **nepristran** unparteiisch **nepristupačan** unzugänglich **neprofitan** gemeinnützig **neprohōdan** undurchdringlich **neprolazan** unbefahrbar **nepromišljen** unüberlegt, unbesonnen **nepromjenjiv** unveränderlich **nepromočiv** wasserdicht **neprovediv** undurchführbar **nepušāč** M Nichtraucher *m* **nepušačica** F Nichtraucherin *f* **nepušāčki**: **nepušačka zōna** F Nichtraucherzone *f* **nerado** ADV ungern **neraspoložen** *fig* verstimmt **nerāst**

M Eber *m* **nẹtọpiv** unlöslich **nẹrāvan** uneben **nẹravnomjēran** ungleichmäßig **nerāzborit** unklug **nerazdrụživ** unzertrennlich **nerazdvọjiv** untrennbar **nerazvịjen** unterentwickelt **nẹrazūman** unvernünftig **nẹrazụmljiv** unverständlich **nẹreālan** irreal **nẹrēd** M Unordnung *f*; POL Unruhen *pl* **nẹsanica** F Schlaflosigkeit *f* **nesạvr̄šen** unvollkommen **nesẹbičan** selbstlos **nesẹsēr** M Kulturbeutel *m*, Necessaire *n* **neshvạtljiv** unbegreiflich **nẹsigūran** unsicher; ungewiss **nesigūrnōst** F Unsicherheit *f*; Ungewissheit *f* **nesimpạtičan** unsympathisch **nẹsklād** M *fig* Missklang *m* **nẹsklon** abgeneigt **nẹslān** ungesalzen **nẹsloga** F Uneinigkeit *f*, Zwietracht *f* **neslọmiv** unzerbrechlich **nẹslužben** inoffiziell **nẹsmētano** ADV ungestört, ungehindert **nẹsporazūm** M Missverständnis *n* **nespọsoban** unfähig; untauglich; ~ **za vọjnū slụžbu** wehruntauglich **nesposọbnōst** F Unfähigkeit *f* **nẹspretan** unbeholfen, linkisch **nẹsreća** F Unglück *n* **nẹsretan** unglücklich **nẹstālan** unbeständig **nẹstanak** M Verschwinden *n* **nẹstao** vermisst **nẹstāšan** *Kind* unruhig **nẹstašica** F Mangel (an *D*); (*Waren-*) Knappheit *f* **nẹstati** (**nẹstajati**) verschwinden **nestṛpljiv** ungeduldig **nestṛpljivōst** F Ungeduld *f* **nesụglasan** uneinig **nesụglasica** F Meinungsverschiedenheit *f* **nesụmnjiv** unzweifelhaft **nẹsvijēst** F Ohnmacht *f* **nẹsvjestan** ADJ, **nẹsvjesno** ADV unbewusst **nẹšto** etwas **nẹtaknūt** unberührt **netạktičan** taktlos **nẹtko** jemand **nẹtočan** ADJ, **nẹtočno** ADV ungenau; unpünktlich **netolerạncija** F Intoleranz *f*; Unverträglichkeit *f*; ~ **na laktōzu** Laktoseintoleranz *f* **nẹtom** ADV kaum, gerade; CJ sobald **netopīr** M Fledermaus *f* **nẹudāta** (*Frau*) unverheiratet **nẹuglēdan** unscheinbar **nẹugodan** unangenehm **neukrọtiv** unbezähmbar **neụkūsan** geschmacklos (*a fig*); **neụljudan** unhöflich **neụmjestan** unangebracht **nẹumoljiv** unerbittlich **nẹumōran** unermüdlich **nẹumrlī** unsterblich **neuniṣtiv** unverwüstlich **neuobịčājen** unüblich **neupạdljiv** unauffällig **neupotrẹbljiv** unbrauchbar **neụpūćen** uneingeweiht **neuračunljiv** unzurechnungsfähig **neuredan** unordentlich **neusiljen** ungezwungen

neuspjeh M Misserfolg *m*, Fehlschlag *m* **neuspio** erfolglos **neutješiv** untröstlich

neutrālan neutral **neutrālnōst** F Neutralität *f*

nevidljiv unsichtbar

nevīn unschuldig **nevīnōst** F Unschuld *f* **nevjera** F Untreue *f* **nevjerojātan** unglaublich **nevjesta** F Braut *f* **nevješt** ungeschickt; unerfahren **nevlādina organizācija** F regierungsunabhängige Organisation *f* **nevolja** F Not *f* **nevrijēme** N Unwetter *n* **nezaborāvan** unvergesslich **nezadovōljan** unzufrieden **nezadovōljstvo** N Unzufriedenheit *f* **nezadrživ** unaufhaltsam **nezadūžen** schuldenfrei **nezahvālan** undankbar

nezainteresīran uninteressiert **nezākonit** ungesetzlich; *Kind* unehelich **nezamisliv** undenkbar; unermesslich **nezanimljiv** uninteressant **nezaposlen** arbeitslos **nezāsitan** unersättlich **nezaštićen** ungeschützt **nezāvisan** → neovisan

nezdrav ungesund **nezgoda** F Unfall *f* **nezgodan** unangenehm **nezgrāpan** plump, schwerfällig **neznalica** M, F Ignorant *m*, Ignorantin *f* **neznān** unbekannt **neznānac** M Unbekannte *m* **neznānka** F Unbekannte *f* **neznatan** unbedeutend **nezreo** unreif **neženja** M Junggeselle *m*

ni nicht; ~ ... ~ weder ... noch ...

nicati → niknuti

nigdje nirgends **nījedan** keiner

nijēkati ⟨za-⟩ verneinen; leugnen

nijēm stumm

Nijēmac M Deutsche *m*

nikad(a) nie(mals)

nikakāv keiner **nikāko** keineswegs

nikal M CHEM Nickel *n*

nikamo nirgendwohin

niknuti (nicati) sprießen, keimen (*a fig*)

nikud(a) nirgendwohin

nimalo ADV nicht im Geringsten

nīsam ich bin nicht (*od* kein(e)); **nīsi** du bist nicht (*od* kein(e))

nisko ADV niedrig

ništa nichts; (i) **nikome** ~ (und) keinen stört's

ništav nichtsnutzig **ništetan** JUR nichtig **ništica** F Null *f*

nīt F Faden *m*

niti → ni

nitko niemand

nitkōv M Schuft *m*

nivō M Niveau *n*

niz[1] PRP (*A*) abwärts, hinab

nīz[2] M Reihe *m*

nizak niedrig; nieder

nīzati ⟨na-⟩ aneinanderreihen, (auf)reihen

nizbrdica F Abhang *m*; Gefälle *n* **nizbrdo** ADV bergab
nizina F Niederung *f*; Tiefebene *f*
Nizozēmac M Niederländer *m* **Nizozēmka** F Niederländerin *f*
Nizozēmskā F Niederlande *pl*
nizozēmskī niederländisch
nižī niedriger
no CJ aber; → nego
nōć F Nacht *f*
noćas ADV heute Nacht **noćēnje** N Übernachtung *f* **noćīšte** N Nachtquartier *n* **noćiti** ⟨pre-⟩ übernachten **noćnī** Nacht-; nächtlich **noću** ADV nachts
noga F Bein *n*; Fuß *m* **nogavica** F Hosenbein *n*
nogomēt M Fußball *m* **nogomętāš** M Fußballer *m* **nogometašica** F Fußballerin *f*
nogometnī Fußball- **nogostūp** M Gehweg *m*
nōj M ZOOL Strauß *m*
nokat M Finger-, Fußnagel *m*
nōrma F Norm *f*
Norvēškā F Norwegen *n* **norvēškī** norwegisch
Norvēžanin M Norweger *m* **Norvēžānka** F Norwegerin *f*
nōs M Nase *f*
nosāč M Träger *m*; **~ aviōnā** Flugzeugträger *m*
nosēćā schwanger **nosēćī** ARCH tragend
nosila N/PL Trage *f* **nositi** tragen; **~ sa sobōm** bei sich führen **nosivōst** F TECH Tragfähigkeit *f*
nosnica F Nasenloch *n*
nosorōg M Nashorn *n*
nošnja F Tracht *f*
nōta F MUS, *diplomatische* Note *f* **nōtes** M Notizbuch *n*
nov neu; **Nōvā godina** *f* Neujahr *n*
novac M Geld *n*
novāk M Rekrut *m*
novčanā kāzna F Geldstrafe *f*
novčanī iznos M Geldbetrag *m*
novčanica F Geldschein *m*
novčanīk M Geldbörse *f*
novina F Neuerung *f*
novinār M Journalist *m* **novinārka** F Journalistin *f* **novinārstvo** N Journalismus *n*
novine F/PL Zeitung *f*
novīnskī Zeitungs-
novorođenče N Neugeborene(s) *n*
novōst F Neuigkeit *f*
nozdrva F Nüster *f*
nōž M Messer *n*
nožnī Fuß-
npr. (**na prīmjer**) → primjer
nudističkā plāža F Nacktbadestrand *m*
nuditi ⟨po-⟩ anbieten
nuklēarka F *umg* Atomkraftwerk *n*
nula F Null *f* **nultī** ADJ Null-
nuspojava F Nebenwirkung *f*
nusproizvod M Nebenprodukt *n* **nusprostorija** F Nebenraum *m*
nužan notwendig **nužnā obrana** F JUR Notwehr *f*
nužda F Not *f* **nužnīk** M Abort *m*

Nj

nj → njega¹
njega¹ (*enkl* **ga**; *A nach prp a* **nj**) PERS PRON (*G*) M, N seiner; (*A*) *m* ihn; (*A*) *n* es
njega² F Pflege *f*; ~ **kožē** Hautpflege *f*; **intenzīvnā** ~ *f* MED Intensivpflege *f*
njegovati pflegen; *fig* hegen
Njemackā F Deutschland *n* **njemačkī** deutsch **Njēmac** M Deutsche(r) *m* **Njemica** F Deutsche *f*
njemu (*enkl* **mu**) PERS PRON (*D*) M, N ihm
njēn POSS PRON F SG ihr
njezin → njen
nježan zart; zärtlich **nježnōst** F Zärtlichkeit *f*
njīh (*enkl* **ih**) PERS PRON PL (*G*) ihrer; (*A*) sie
njīhalo N Pendel *n* **njīhāljka** F Schaukel *f*; Wippe *f* **njīhati** ⟨**za-**⟩ *Baby* schaukeln, wiegen; ~ **se** *selbst* schaukeln, sich wiegen
njihov POSS PRON *3. pers pl* ihr
njiva F Acker *m*
njūh M Geruch(ssinn) *m*
njušiti ⟨**na-**⟩ schnüffeln, schnuppern; wittern **njuška** F Schnauze *f*

O

o PRP (*wohin? A A; wo? L D*) an; (*L D*) von; (*L A*) über
oba M, N (**obje** F) beide
obād M (*Vieh-*)Bremse *f*
obadvā M, N (**obadvije** F) alle beide **obadvoje** N: ~ **djecē** beide Kinder
obala F Küste *f*; (*Fluss-*)Ufer *n*
obālnī Küsten-; Ufer-
obao rundlich
obārati → oboriti
obasipati → obasūti
obasūti (**obasipati**) *fig* überschütten, -häufen (*I* mit)
obavijēst F Auskunft *f*; Benachrichtigung *f* **obavijēstiti** (**obavješćīvati, obavještāvati**) benachrichtigen, verständigen
obaviti¹ (**obavljati**) erledigen, verrichten
obaviti² (**obavījati**) umschlingen
obavještājnā služba F Nachrichtendienst *m* **obavještāvati** → obavijēstiti
obećānje N Versprechen *n*
obećati (**obećāvati**) versprechen
obeshrābriti (**obeshrābrīvati**) entmutigen
obeščastiti (**obeščašćīvati**) entehren
obeštećēnje N Schadenersatz *m*

obęštetiti (**obeštećīvati**) entschädigen
obezvrijęditi (**obezvređīvati**) entwerten
običāj M Gewohnheit *f*, Brauch *m*, Sitte *f* **običājan** Gewohnheits-
običan gewöhnlich **običąvati** die Gewohnheit haben
obīći (**obilaziti**) *etw* umgehen, umfahren; besuchen
obījati → obiti
obīlan reichhaltig
obilazak M Rundgang *m*; Besuch *m*
obilaziti → obići
obīlje N Überfluss *m*
obilježiti (**obīlježāvati**) kennzeichnen, markieren
obilježje N Zeichen *n*; Kennzeichen *n*, Merkmal *n*
obītelj F Familie *f* **obīteljskī** Familien-; familiär
obiti (**obījati**) er-, aufbrechen
objąsniti (**objašnjāvati**) erklären **objašnjęnje** N Erklärung *f* **objašnjiv** erklärbar
objava F Ankündigung *f*, Erklärung *f*; Bekanntmachung *f*
objāviti (**objāvljīvati**) ankündigen, erklären
objed M Mittagessen *n* **objedovati** (IM)PF Mittag essen
objesiti (**vješati**) *Wäsche* aufhängen; *j-n* hängen; ~ **se** sich erhängen
oblāčan wolkig
oblāčiti[1] **(se)** → obući se
oblāčiti[2] **⟨na-⟩ se** sich bewölken
oblągati → obložiti
oblāk M Wolke *f*
oblīk M Form *f* **oblikovati** (IM)PF formen
oblina F Rundung *f*
obližnjī nahe gelegen
oblog M MED Umschlag *m*; **hlādan ~** kalter Umschlag
obloga F TECH Belag; **podnā ~** Bodenbelag *m*; **kočnē obloge** *f/pl* Bremsbeläge *pl* **obložiti** (**oblągati**) auslegen (*I* mit); beschichten
obljetnica F Jahrestag *m*
obmānuti (**obmānjīvati**) täuschen; betrügen
obnašati *Beruf, Funktion* ausüben
obnāvljānje N Erneuerung *f*, Wiederherstellung *f* **obnāvljati** → obnoviti
obnova F Erneuerung *f* **obnoviti** (**obnāvljati**) erneuern; überholen; wiederherstellen
obogatiti (**obogaćīvati**) bereichern; ~ **se** sich bereichern
oboljeti (**obolijēvati**) erkranken (**od** *G* an *D*)
oborina F Niederschlag *m*
oboriti (**obārati**) umwerfen; niederschlagen; *Flugzeug* abschießen
obostran beid(er)seitig
obožāvati verehren **obožāvatelj** M Verehrer *m* **obožāvateljica** F Verehrerin *f*
obračūn M HANDEL, *fig* Abrechnung *f* **obračunati** (**obračunāvati**) HANDEL ab-, verrechnen; ~ **se** *fig* abrechnen (**s** *I* mit *j-m*)
obraćati (se) → obratiti (se)

ọbrada F Bearbeitung *f*; **~ tẹksta** IT Textverarbeitung *f*; **~ podạ̄tākā** Datenverarbeitung *f*
obrạ̄diti (**obrāđị̄vati**) bearbeiten
ọbradovati PF erfreuen; **~ se** → radovati se
ọbrana F Verteidigung *f*
ọbrātan umgekehrt
obrạ̄titi (**ọbraćati**) bekehren; **~ se** (*D*) sich wenden an (*A*)
ọbraz M Wange *f*; Backe *f*
obrazlạ̄gati → obrazložiti
obrazlọžiti (**obrazlạ̄gati**) begründen **obrazložẹ̄nje** N Begründung *f*
ọbrẽd M Ritual *n*
ọbrijati (se) → brijati (se)
ọbrīs M Umriss *m*
ọbrok M Mahlzeit *f*; Rate *f*
ọbronak M Abhang *m*
ọbrt M Handwerk *n* **ọbrtnī** Handwerks- **ọbrtnīk** M Handwerker *m*
obrụ̄biti (**obrūbljị̄vati**) einfassen
ọbrūč M (*Fass*-)Reifen *m*
ọbrva F Augenbraue *f*
ọbūci (**oblạ̄čiti**) anziehen; **~ se** sich anziehen
obụhvatiti (**obụhvaćati**) umfassen
obụ̄jam M Volumen *n*
obụstaviti (**obụstavljati**) einstellen
ọbuti (**obụ̄vati**) *Schuhe* anziehen
obụzdati (**obūzdạ̄vati**) zügeln, bändigen
obụzẽti (**obụzimati**) *Angst* erfassen, ergreifen
ọbveza F Verpflichtung *f*; **~ nọšenja mạske** *z. B. im Zusammenhang mit der COVID-19-Pandemie* Maskenpflicht *f* **ọbvezatan** verbindlich, verpflichtend
obvẹ̄zati (**obvēzị̄vati**) verpflichten (**na** *A* zu)
ọbveznica F Schuldverschreibung *f* **ọbveznīk** M: **porẹznī ~** Steuerpflichtige *m*; **vọ̄jnī ~** Wehrpflichtige *m*
ọbzīr M Rücksicht *f*; **s ~om na** (*A*) mit Rücksicht auf (*A*); **to ne dọlazī ụ obzīr!** das kommt nicht infrage! **ọbzīran** rücksichtsvoll
ọbzor M Horizont *m*
ọcariniti PF verzollen
ọcat M Essig *m*
ocẹān M Ozean *m*
ocijẹ̄niti (**ocjenjị̄vati**) beurteilen, abschätzen
ọcjena F (*Schul*-)Note *f*; Bewertung *f* **ocjenjị̄vati** → ocijeniti
ocr̄niti (**ocr̄njị̄vati**) anschwärzen, verleumden
ocṛtati (**ocrtạ̄vati**) umreißen; **~ se** sich abzeichnen
ọčāj M Verzweiflung *f* **ọčājan** verzweifelt
očạ̄rati (**očarạ̄vati**) verzaubern
očekị̄vānje N Erwartung *f* **očekị̄vati** erwarten
Očẹnaš M Vaterunser *n*
ọčev väterlich
ọčevīd M Tatbestandsaufnahme *f*, Augenschein *m* **očevị̄-**

dac M Augenzeuge *m* **očevītka** F Augenzeugin *f*
oči F/PL → oko¹
očīnskī väterlich **očīnstvo** N Vaterschaft *f*
očistiti PF → čistiti
očit offensichtlich **očitovati** (IM)PF offenbaren; ~ **se** sich offenbaren
očūh M Stiefvater *m*
očūvan ADJ erhalten
od PRP (*G*) (*örtlich*) von (*D*); (*zeitlich*) von (... an); (*nach comp*) als; aus (*D*) (*Material*); vor (*D*) (*Ursache*)
odabrati (**odabirati**) auswählen
odahnuti (**odisati**) aufatmen
odākle woher, von wo
odān ADJ ergeben **odānōst** F Ergebenheit *f*
odar M (*Toten-*)Bahre *f*
odašiljāč M TECH Sender *m*
odati (**odāvati**) *Geheimnis* verraten; *Ehre* erweisen; ~ **se pīću** sich dem Trunk ergeben
odātle von da **odāvde** von hier
odbāciti (**odbācīvati**) wegwerfen; *Vorschlag* verwerfen
odbījati → odbiti **odbītak** M HANDEL Abzug *m*
odbiti (**odbījati**) abschlagen; *Betrag* abziehen; *Vorschlag* ablehnen; ~ **se** abprallen **odbōjka** F Volleyball *m* **odbōjnīk** M BAHN Puffer *m*
odbor M Ausschuss *m*; Komitee *n*
odgāđati → odgoditi
odgoda F Aufschub *m* **odgoditi** (**odgāđati**) *Termin* auf-, verschieben; vertagen
odgoj M Erziehung *f*
odgojitelj M Erzieher *m* **odgojiteljica** F Erzieherin *f* **odgojiti** (**odgājati**) erziehen
odgonētka F Lösung *f* (*e-s Rätsels*) **odgonētnuti** (**odgonētati**, **odgonetāvati**) enträtseln, entziffern; *Rätsel* lösen **odgovārati** → odgovoriti **odgovōr** M Antwort *f* **odgovōran** verantwortungsvoll; verantwortlich **odgovoriti** (**odgovārati**) antworten **odgovōrnōst** F Verantwortung *f*
odgristi (**odgrīzati**) abbeißen
odgurnuti (**odgūrati**) wegstoßen, wegschieben
odigrati (**odigrāvati**) **se** sich abspielen
odijēliti (**odjeljīvati**) *Raum* abtrennen; absondern; ~ **se** sich absondern
odijēlo N (*Herren-*)Anzug *m*
odijēvati (**se**) → odjenuti (se)
odio M (*Zug-*)Abteil *n*; Abteilung *f*
odisati → odahnuti
odjava F Abmeldung *f*; TV, *Radio* Absage *f*
odjāviti (**odjāvljīvati**) abmelden; ~ **se** sich abmelden; ~ **se** *pf* IT sich ausloggen
odjeća F Kleidung *f*
odjednōm ADV auf einmal
odjēknuti (**odjēkīvati**) widerhallen
odjel M, **odjeljāk** M → odio

odjeljīvati → odijeliti
odjenuti (**odijēvati**) anziehen (**se** sich)
odjevnī: ~ **prēdmet** *m* Kleidungsstück *n*
odjūriti PF wegrennen; davonlaufen; *Fahrzeug* davonrasen
odlāgati → odložiti
odlagalīšte N Schuttabladeplatz *m*
odlazak M Abfahrt *f*, Abreise *f*; Aufbruch *m* **odlaziti** → otići
odlēditi (**odleđīvati**) *etw* auftauen; ~ **se** *Eis, a fig* auftauen
odletjeti (**odlijētati**) weg-, fortfliegen
odležati (**odležāvati**) *Wein, Holz* ablagern; *Strafe* absitzen
odlijēpiti (**odljepljīvati**) *Geklebtes* ablösen **odlijētati** → odletjeti
odličan ausgezeichnet, hervorragend
odlikovati (IM)PF *j-n* auszeichnen; ~ **se** sich auszeichnen (*I* durch)
odlomak M Bruchstück *n*, Fragment *n* **odlomiti** (**odlāmati**) *etw* abbrechen; ~ **se** *v/i* abbrechen **odložiti** (**odlāgati**) weglegen
odlučan entschlossen; entscheidend
odlūčiti (**odlūčīvati**) entscheiden, beschließen; ~ **se** sich entscheiden
odlučnōst F Entschlossenheit *f*
odluka F Entscheidung *f*; Beschluss *m*
odmāh sofort
odmaknuti (**odmicati**) *etw* wegrücken, wegschieben; ~ **se** *v/i* wegrücken **odmāmiti** (**odljīvati**) weglocken **odmārati se** → odmoriti se
odmicati (**se**) → odmaknuti (se) **odmjeriti** (**odmjerāvati**) abmessen, -wiegen; *fig* abwägen
odmor M Erholung *f*; Pause *f*; Urlaub *m*; **godišnjī** ~ Jahresurlaub *m* **odmoriti** (**odmārati**) **se** sich erholen, sich ausruhen, chillen
odmotati (**odmotāvati**) aufrollen, abwickeln
odnedāvna ADV seit Kurzem
odnekle, **odnekud(a)** irgendwoher
odnijēti (**odnositi**) wegbringen, -tragen
odnos M Beziehung *n*; Verhältnis *n*
odnositi se sich beziehen (**na** *A* auf *A*); sich verhalten (**prema** *L* gegenüber; zu)
odnosnī relativ **odnosno** ADV beziehungsweise
odobrēnje N Bewilligung *f*, Genehmigung *f*; Billigung *f*
odobriti (**odobrāvati**) bewilligen, genehmigen; billigen, gutheißen
odojak M Spanferkel *n*
odoljeti (**odolijēvati**) (*D*) widerstehen (*D*)
odostrag, **odostrāga** hinten
odozdō von unten herauf
odozgō von oben herab
odrāstao ADJ erwachsen

ọdrāsti (**odrạstati**) heranwachsen
ọdrāz M Spiegelbild *n*; Widerschein *m*
odrạziti (**odrāžạvati**) widerspiegeln; ~ **se** sich widerspiegeln
ọdreći (**odrīcati**) **se** (*G*) verzichten auf (*A*)
ọdredba F JUR Bestimmung *f* **ọdredīšte** N Bestimmungsort *m*
odrēditi (**odrēđịvati**) bestimmen, festlegen
ọdrēđen ADJ bestimmt
ọdrezak M GASTR Schnitzel *n*; Abschnitt *m*, Coupon *m* **ọdrezati** (**odrezīvati**) abschneiden
odrīcati se → ọdreći se
ọdron M Erdrutsch *m*; ~ **kạmēnja** Steinschlag *m*
odṛžati (**održạvati**) erhalten, instand halten; ~ **se** sich halten; stattfinden **održạvānje** N Wartung *f*, Instandhaltung *f*
ọdsad(a) von jetzt an
odsẹliti (**odseljạvati**) **se** wegziehen
ọdsječak M (*Zeit-*)Abschnitt *m*; MATH Segment *n* **ọdsjeći** (**ọdsjecati**) abschneiden **ọdsjēk** M Abschnitt *m*; Sektion *f* **ọdsjesti** (**odsjẹdati**) **u** (*L*) *in e-m Hotel* absteigen **odskọčiti** (**odskạkati**) abspringen; abprallen; sich abheben (**od** *G* von; *I* durch)
ọdskočnā dạska F Sprungbrett *n* (*a fig*)
odstrạniti (**odstrānjīvati**) beseitigen
odstūpiti (**odstūpati**) abtreten; zurücktreten; *etw* abtreten
ọdsutan abwesend **odsụtnōst** F Abwesenheit *f*
ọdšteta F Schadenersatz *m* **ọdštetiti** (**odštećịvati**) entschädigen
odụčiti (**odučạvati**) **se** (**od** *G*) sich *etw* abgewöhnen
odugovlạčiti hinauszögern
odụprijēti (**odụpirati**)(**o** *A*) sich abstützen (an *D*); sich auflehnen, sich widersetzen
ọdūran → ọgāvan
odušẹviti (**oduševljạvati**) begeistern (**se** sich); **odụševljen** begeistert **oduševljẹ̄nje** N Begeisterung *f*
ọduvijēk seit eh und je, seit jeher
odụzēti (**odụzimati**) wegnehmen; *etw* abziehen; *Recht* entziehen
odūžiti (**odūžịvati**) **se** sich (*zum Dank*) revanchieren (*D* bei *j-m*; **za** *A* für *etw*)
odvạjati (se) → odvọjiti (se)
ọdvāžan mutig
odvạžiti (**odvāžịvati**) **se** (**na** *A etw*) wagen, sich zu *etw* entschließen
ọdvesti[1] (*präs* **odvẹdēm**) (**ọdvoditi**) ab-, wegführen
ọdvesti[2] (*präs* **odvẹzēm**) (**odvọziti**) *Auto* wegfahren; *fahrend* wegbringen **ọdvēzati** (**odvezīvati**) losbinden **ọdvijāč** M Schraubenzieher *m* **ọdviti** (**odvījati**) abwickeln; *Schraube* lösen

odvjetnica F (*Rechts-*) Anwältin *f* **odvjetnički** Anwalts- **odvjetnik** M (*Rechts-*) Anwalt *m*
odvoditi → odvesti[1]
odvodni Abfluss-; **odvodna cijev** *f* Abflussrohr *n*
odvojak M Abzweigung *f* **odvojeno** ADV getrennt
odvojiti (**odvajati**) abtrennen; ~ **se** sich trennen (**od** *G* von)
odvoz M Abfuhr *f*, Abtransport *m*; ~ **smeća** Müllabfuhr *f*
odvoziti (se) → odvesti[2] (se)
odvratiti (**odvraćati**) entgegnen; abhalten (**od** *G* von *etw*)
odvratan widerwärtig **odvratnost** F Widerwärtigkeit *f*
odvrnuti (**odvrtati**) abschrauben **odvući** (**odvlačiti**) ab-, wegschleppen
ofsajd M *umg* SPORT Abseits *n*
ogavan ekelhaft, widerwärtig
ogladnjeti PF Hunger bekommen
oglas M Anzeige *f*, Annonce *f* **oglasiti** (**oglašavati**) bekannt geben; eine Anzeige aufgeben, annoncieren; erklären (**za** *A* für); ~ **se** sich melden
oglasna ploča F Anschlagbrett *n*, Schwarze(s) Brett *n*
oglašavati (se) → oglasiti (se)
ogledalo N Spiegel *m*
ogledati[2] **se** sich messen (**s** *I* mit *j-m*)
oglodati PF abnagen
ogorčen verbittert; (*Kampf*) erbittert; verärgert (**na** *A* über *j-n*); **ogorčenost** F Verbitterung *f*, Verärgerung *f*
ogovarati lästern, tratschen (*A* über *A*)
ograda F Umzäunung *f*; Zaun *m*; Geländer *n*; *fig* Vorbehalt *m*; **bez ograde** ohne Vorbehalt
ograditi (**ograđivati**) umzäunen
ogranak M *fig* Zweig *m*
ograničen beschränkt **ograničenje** N Beschränkung *f*
ograničiti (**ograničavati**) begrenzen, beschränken
ogrebotina F Kratzwunde *f*
ogrijati erwärmen; ~ **se** sich aufwärmen
ogriješiti se PF sich vergehen (**o** *A* an *D*)
ogrlica F (*Hals-*)Kette *f*
ogroman riesig
ogrozd M Stachelbeere *f*
ogrtač M Mantel *m*; **kišni** ~ Regenmantel *m*; **kućni** ~ Morgenmantel *m*
ohladiti (**ohlađivati**) kühlen; ~ **se** *Speise* kalt werden
ohol hochmütig, stolz
ohrabriti (**ohrabrivati**) ermutigen
okameniti (**okamenjivati**) **se** versteinern; *fig* erstarren
oklada F Wette *f*
oklijevati zaudern, zögern
okliznuti se PF ausrutschen
oklop M ZOOL (*Rüstung*) Panzer *m* **oklopno vozilo** N, **oklopnjak** M Panzerfahrzeug *n*
okno N *Bergbau* Schacht *m*; Fenster *n*

oko[1] N (PL **oči**) Auge *n*; (*pl* **oka**) Masche *f*; **kurjē ~** Hühnerauge *n*
oko[2] PRP (*G*) um (*A*) … herum; etwa, ungefähr
okolina F Umgebung *f*
okolīš M Umwelt *f*; **zāštita ~a** Umweltschutz *m* **okolīšati** ausweichen, Umschweife machen
okōlnī umliegend
okōlnōst F (*Begleit-*)Umstand *m*
okolo ADV herum, umher; **~ naokolo** rundherum
okomica F Senkrechte *f*, Vertikale *f* **okomicē** ADV, **okomit** ADJ, **okomito** ADV senkrecht
okrasti PF bestehlen
okrēnuti (**okrētati**) (um)drehen, wenden; **~ se** sich (um)drehen
okretāj M TECH Umdrehung *f*
okrētan gewandt
okrētati → okrenuti
okrīviti (**okrīvljāvati, okrīvljīvati**) beschuldigen
okrivljenica F Beschuldigte *f*
okrivljenīk M Beschuldigte *m*
okršāj M Scharmützel *n*, Gefecht *n*
okrūgao rund; **okrūglī stōl** *m* *fig* runder Tisch
okruglica F Knödel *m*
okrūtan grausam **okrūtnōst** F Grausamkeit *f*
okrūžiti (**okrūžīvati**) einkreisen, umzingeln
okulist M Augenarzt *m* **okulistica** F Augenärztin *f*
okūpati (**se**) PF → kupati (se)
okupiti (**okūpljati**) versammeln; **~ se** sich versammeln
okus M Geschmack(ssinn) *m*
okusiti PF *etw* kosten, probieren
okušati (**okušāvati**) *etw* erproben; **~ se** sich versuchen (**u** *L* in *D*)
okvīr M Rahmen *m*
olako ADV leichthin **olakotan** mildernd; **olakotnē okōlnosti** *f/pl* JUR mildernde Umstände *pl*
olakšati (**olakšāvati**) erleichtern, mildern **olakšānje** N Milderung *f*
Olimpījskē igre F/PL Olympische Spiele *pl*
olōvan Blei-, bleiern **olōvka** Bleistift *m*
olovo N Blei *n*
oltār M Altar *m*
olūja F Sturm *m*
olupina F Wrack *n*
omalovāžiti (**omalovāžāvati**) gering schätzen
omāmiti (**omāmljīvati**) betäuben
omča F Schlinge *f*
omekšati (**omekšāvati**) erweichen, weich machen; **~ se** weich werden
omesti (**omētati**) behindern, stören
omiljen beliebt; Lieblings-
omiljenōst F Beliebtheit *f*
omjer M MATH Verhältnis *n*
omogūćiti (**omogūćāvati**) ermöglichen
omorika F Fichte *f*
omot M Hülle *f*; (*Buch-*)Umschlag *m*; Packung *f*

omọtāč M Schicht *f*, Hülle *f*; **ọzōnskī** ~ Ozonschicht *f*
ọmotnica F Briefumschlag *m*
ọmršavjeti PF → mršavjeti
ọ̄n er
ọna sie
ọnāj (**ọnā** F, **ọnō** N) jene(r)
onemogụ̄ćiti (**onemogūćạ̄vati**) unmöglich machen
onesposọbiti (**onesposobljạ̄vati**, **onesposobljị̄vati**) kampfunfähig machen; funktionsuntüchtig machen
onesvijẹ̄stiti (**onesvješćị̄vati**) **se** ohnmächtig werden
ọni PERS PRON 3. PL M sie **ọno** es
online IT online; **online-ịgra** F IT Onlinespiel *n*
ọnuda ADV dorthin
ọpadānje N Rückgang *m*, Abnahme *f* **ọpadati** → opasti
ọpāk böse, bösartig
opạ̄liti (**opāljị̄vati**) *Geschütz* (ab)feuern; *Haare* versengen; **~ pljụsku** *j-n* ohrfeigen
opamẹ̄titi (**opamēćị̄vati**) zur Vernunft *od* Besinnung bringen; **~ se** zur Vernunft *od* Besinnung kommen
ọpāsan gefährlich
ọpaska F Anmerkung *f*
opạ̄snōst F Gefahr *f*
ọpasti (**ọpadati**) fallen; abfallen, zurückgehen
ọpāt M Abt *m* **opạtica** Äbtissin *f* **opạtija** Abtei *f*
opaziti (**opạ̄žati**) wahrnehmen, bemerken **opažāj** M, **opạ̄žānje** N Wahrnehmung *f*
ọpćē ADV allgemein **općẹnit** ADJ, **općẹnito** ADV allgemein
općénje N Umgang *m*, Verkehr *m* **općina** F Gemeinde *f*
općīnskī Gemeinde- **općiti** verkehren, kommunizieren
ọpeći PF: **~ rụ̄ku** sich die Hand verbrennen *od* verbrühen; **~ se** *fig* sich die Finger verbrennen
ọpeklina F Brandwunde *f*; **sụnčanā** ~ Sonnenbrand *m*
open air... Open-air-
ọpera F Oper *f*
operạ̄cija F Operation *f*
operạ̄cījskī Operations-; **~ sụ̄stav** *m* IT Betriebssystem *n*
operị̄rati (IM)PF operieren
ọpēt wieder
opị̄jati se → opiti se
ọpipati (**opipạ̄vati**) ab-, betasten; *Puls* fühlen
opịpljiv fühl-, tastbar; *Ergebnis* greifbar
ọpis M Beschreibung *f*
opị̄sati (**opīsị̄vati**) beschreiben
ọpiti (**opị̄jati**) **se** sich betrinken
oplemẹniti (**oplemenjị̄vati**) veredeln
oplọditi (**oplođị̄vati**) befruchten **oplọdnja** F Befruchtung *f*
oplọviti (**oplovljị̄vati**) (*mit dem Schiff*) umfahren, umsegeln
ọpna F Membran *f*
opṓjan Rausch-, Betäubungs- **ọpōjnō srẹ̄dstvo** N Betäubungsmittel *n*
ọpomena F Mahnung *f*, Verwarnung *f*
opomẹ̄nuti (**opọminjati**)

mahnen, verwarnen
opọnāšati nachahmen
ọpor herb
opọravak M Erholung *f*, Genesung *f* **opọraviti** (**opọravljati**) **se** sich erholen
ọpōrba F Opposition *f* **ọpōrbenī** oppositionell
opọrezovati (**oporezīvati**) besteuern
ọporuka F Testament *n*, Vermächtnis *n*
opọzvati (**opozīvati**) widerrufen; abberufen
oprạšiti (**oprāšīvati**) abstauben; bestäuben **oprạštati** (**se**) → oprostiti (se)
ọprati PF → prati
ọprāvdan gerechtfertigt **oprāvdạnje** N Rechtfertigung *f* **ọprāvdati** (**oprāvdạvati**) rechtfertigen; **~ se** sich rechtfertigen
ọprema F Ausstattung *f*, Ausrüstung *f*
oprẹ̄miti (**oprẹ̄mati**) ausstatten, ausrüsten
ọprēz M Vorsicht *f*, Umsicht *f*
ọprēzan vorsichtig, umsichtig
ọprost M Verzeihung *f*
oprọstiti (**oprạ̄štati**) (*A*) *etw* verzeihen (*D j-m*); **~ se** sich verabschieden
ọproštāj M Abschied *m* **ọproštājnī** Abschieds-
ọpruga F TECH Feder *f*
ọpsada F Belagerung *f* **ọpseg** M Umfang *m* **ọpsežan** umfangreich **opsjẹ̄dati** belagern
ọpskrba M Versorgung *f*; Verpflegung *f*; Ausstattung *f*
opskṛbiti (**opskṝbljīvati**) versorgen, verpflegen, ausstatten (*I* mit)
ọpstati bestehen
ọpšīran ausführlich
optẹrećen belastet **opterećẹ̄nje** N Belastung *f*
optẹretiti (**opterećīvati**) belasten
ọptok M Kreislauf *m*; **~ kṛvi** Blutkreislauf *m*
ọptužba F Anklage *f* **optužẹnica** F Angeklagte *f* **optužẹnīk** M Angeklagte *m* **optụžiti** (**optužīvati**) anklagen **optužnica** F Anklageschrift *f*
opunomoćẹnīk M Bevollmächtigte *m* **opunomọćiti** (**opunomoćīvati**) bevollmächtigen
ọpušak M Zigarettenstummel *m*
opụstiti (**opụ̄štati**) **se** sich entspannen
ọrāda F Goldbrasse *f*
ọrah M Nussbaum *m*; Nuss *f*
orạnica F Acker *m*
ọrao M Adler *m*
ọraščić M Muskatnuss *f*
ọrati ⟨**iz-**⟩ pflügen
organizīrati (IM)PF organisieren
ọrgulje F/PL Orgel *f*
ọrkestar M Orchester *n*
ọrmār M Schrank *m*
ọrtāk M Kompagnon *m*
ọrūđe N Werkzeug *n*
ọružān ⟨**na-**⟩ bewaffnet
orụžati ⟨**na-**⟩ bewaffnen; **~ se** sich bewaffnen
ọrūžje N Waffe *f*
ọs F Achse *f*

ọsa F Wespe *f*
ọsam acht
osamdẹsēt achtzig
ọsāmljen einsam; vereinsamt
ọsāmljenōst F Einsamkeit *f*
osạmnaēst achtzehn **osạmnaēstī** achtzehnte(r)
ọsebūjan besonder, eigentümlich **osebūjnōst** F Besonderheit, Eigentümlichkeit
ọseka F Ebbe *f*
osigụrāč M ELEK Sicherung *f* **osigurānje** N Versicherung *f*; ~ **od odgovōrnosti** Haftpflichtversicherung *f*; **pọlica** *f* ~ **ạnjā** Versicherungsschein *m* **osigụrati** (**osigurāvati**) versichern; ~ **se** sich versichern **osigurāvajūćī** Versicherungs-
ọsim PRP (*G*) außer (*D*); ~ **ạko** außer wenn; ~ **tọga** außerdem
ọsip M (*Haut-*)Ausschlag *m*
ọsjećāj M Gefühl *n* **ọsjećati** (**ọsjećati**) → osjetiti
ọsjet M Empfindung *f* **ọsjetiti** (**ọsjećati**) spüren, empfinden; ~ **se** sich fühlen
osjẹtilo N Sinn *m* **osjẹtljiv** empfindlich, sensibel
ọskoruša F Eberesche *f*
ọskudan ärmlich **ọskudica** Mangel *m*
oskvr̄nuti (**oskvr̄njīvati**) schänden
ọslabiti (**oslabljīvati**) (ab)schwächen
ọslanjati se → osloniti se
ọslić M Seehecht *m*
oslijẹ̄piti (**osljepljīvati**) blenden
oslijẹ̄pjeti PF erblinden
oslobạ̄đati → osloboditi
oslobọditi (**oslobạ̄đati**) befreien; JUR freisprechen (*G* von)
oslobođen befreit; ~ **cạrinē** zollfrei **oslobođẹ̄nje** N Befreiung *f*
ọslonac M Stütze *f* **oslọniti** (**ọslanjati**) **se na** (*A*) sich an (*A*) lehnen
oslọviti (**oslovljạ̄vati**) anreden; ~ **sạ tī (vī)** *j-n* mit Du (Sie) anreden
osluškīvati horchen, lauschen
ọsmī achte(r)
ọsmica F *Ziffer* Acht *f*
ọsmijēh M Lächeln *n*
ọsmjehnuti (**osmjehīvati**) **se** lächeln
ọsmrtnica F Todesanzeige *f*
osnịvāč M Gründer *m* **osnivạčica** F Gründerin *f* **osnīvānje** N Gründung *f* **osnīvati** → osnovati
ọsnova F Grundlage *f*, Basis *f*; GRAM Stamm *m* **osnọvati** (**osnīvati**) gründen **ọsnōvnī** Grund-
ọsoba F Person *f* **osobịna** F Eigenart *f* **ọsobit** besondere(r)
ọsobito besonders
ọsōblje N Personal *n*
ọsobnī Personen- **ọsobnō vozilo** N Personenkraftwagen *m* (*Abk* Pkw)
osọvina F TECH Achse *f*
ọspice F/PL Masern *pl*
ospos̱obiti (**osposobljạ̄vati**) instand setzen
osramọtiti PF beschämen; ~ **se** sich Schande machen

ostarjeti PF → starjeti **ostatak** M Rest *m* **ostati** (**ostajati**) bleiben **ostaviti** (**ostavljati**) zurücklassen **ostāvka** F POL Rücktritt *m* **ostāvština** F Hinterlassenschaft *f* **oštriga** F Auster *f* **ostvāriti** (**ostvārīvati**) verwirklichen **osuda** F Urteil *n* **osūditi** (**osūđīvati**) verurteilen **osūđenica** F Verurteilte *f* **osūđenīk** M Verurteilte *m* **osūjētiti** (**osūjećīvati**) vereiteln **osvājati** → osvojiti **osvećīvati** → osvetiti **osveta** F Rache *f* **osvētiti** (**osvećīvati**) rächen; ~ **se** sich rächen **osvijētliti** (**osvjetljāvati**) FOTO belichten **osvit** M Morgendämmerung *f* **osvjedočiti** (**osvjedočīvati**) bezeugen **osvjetljāvati** → osvijetliti **osvježēnje** N Erfrischung *f* **osvježiti** (**osvježīvati**) auffrischen; ~ **se** sich erfrischen **osvojiti** (**osvājati**) erobern; *Medaille* gewinnen **osvr̄nuti** (**osvrtati**) **se** sich umblicken **ošīšati se** PF sich die Haare schneiden lassen **ošit** M Zwerchfell *n* **oštar** *Messer, Kurve, Wind*, FOTO scharf; *Winter* streng **oštećen** beschädigt, schadhaft **oštetiti** (**oštećīvati**) beschädigen; schädigen **oštrica** F Schneide *f*, Klinge *f* **oštrina** F Schärfe *f* **oštriti** ⟨**na-**⟩ schärfen **oštroūman** scharfsinnig **oštroūmnōst** F Scharfsinn *m* **otac** M Vater *m* **otad(a)** seitdem, seither **otājstvo** N Sakrament *n* **oteći**[1] (**otjecati**) abfließen **oteći**[2] (**oticati**) anschwellen **oteklina** F Schwellung *f* **otēti** (**otimati**) wegnehmen, entziehen; ~ **se** (*D*) sich entziehen (*D*) **otežati** (**otežāvati**) erschweren **otīći** (**odlaziti**) fort-, weggehen; abfahren **otimati** → oteti **otirāč** M Fußabtreter *m* **otisak** M Abdruck *m*; Abzug *m* **otisnuti** (**otiskīvati**) abdrucken; ~ **se** sich abstoßen (**od** *G* von); in See stechen **otjecati** → oteći[1] **otkāz** M Kündigung *f*; Absage *f* **otkāzati** (**otkāzīvati**) kündigen (*A etw D j-m*); absagen; *Bremsen* versagen **otkaznī** Kündigungs-; → rok **otkīdati** → otkinuti **otkinuti** (**otkīdati**) *e-n Knopf* abreißen; *e-n Ast* abbrechen; ~ **se** *v/i* abreißen; abbrechen **otklon** M Abweichung *f* **otključati** (**otključāvati**) aufschließen **otkopčati** (**otkopčāvati**) abknöpfen; *Waggon* abhängen **otkrīće** N Entdeckung *f*

otkriti (otkrīvati) auf-, entdecken; *fig* entblößen **otkucati (otkucāvati)** *Turmuhr* die Stunde schlagen **otkud(a)** woher **otkup** M HANDEL Ablösung *f*
otkūpiti (otkūpljīvati) aufkaufen; abkaufen; loskaufen **otkūpnina** F Lösegeld *n*
otmica F Entführung *f* **otmičār** M Entführer *m* **otmičārka** F Entführerin *f*
otmjen vornehm
otōčje N Inselgruppe *f*, Archipel *m*
otočnī Insel-
otok M Insel *f*
otopiti (otāpati) *Metall* schmelzen; *etw* auftauen; *Kühlschrank* abtauen; CHEM (auf)lösen; ~ **se** *Schnee* schmelzen; sich auflösen
otorinolaringolog M HNO-Arzt *m* **otorinolaringologinja** F HNO-Ärztin *f*
otpad M Abfall *m*, Müll *m*; **radioaktīvnī** ~ radioaktiver Müll
otpadak M Abfall *m* **otpaci** M/PL Abfälle; **kuhinjskī** ~ Küchenabfälle *m/pl* **otpadati** → otpasti
otpasti (otpadati) abfallen; wegfallen **otpirāč** M Dietrich *m* **otpīsati (otpisīvati)** HANDEL abschreiben **otplaćīvati** → otplatiti
otplata F Abzahlung *f*
otplātiti (otplaćīvati) abzahlen **otploviti (otplovljīvati)** SCHIFF auslaufen
otpor M Widerstand *m*
otpōran widerstandsfähig **otpōrnīk** M ELEK Widerstand *m*
otpōrnōst F Widerstandskraft *f*, -fähigkeit *f*
otprēmiti (otprēmati) ab-, versenden, befördern
otpremnina F Abfindung *f*
otprīlikē ADV ungefähr, etwa
otpūstiti (otpūštati) entlassen
otputovati PF abreisen
otrēsti (otrēsati) abklopfen
otrgnuti PF *etw* ab-, ent-, losreißen; ~ **se** sich losreißen (**od** *G* von)
otrijēzniti (otrežnjāvati) se nüchtern werden, ausnüchtern
otrov M Gift *n*
otrōvan giftig
otrovānje N Vergiftung *f*
otrōvnica F Giftschlange *f*
otrti (otirati) abwischen; *Schuhe* abtreten
otuda von dort
otvarāč M (*Büchsen-, Flaschen-*)Öffner *m*
otvārati → otvoriti
otvor M Öffnung *f* **otvoren** offen (*a fig*); **otvorēnje** N Eröffnung *f*
otvoriti (otvārati) öffnen; *Ausstellung, Konto usw* eröffnen
otvrdnuti (otvrdnjīvati) sich verhärten, hart werden; unempfindlich werden (**na** *A* gegen)
ovāj (ovā F, **ovō** N**)** dieser (hier)
ovakāv ein solcher **ovako** ADV so
ovāmo hierher

ōvan M Widder *m*; Hammel *m*
ōvca F Schaf *n*
ovčār M Schäfer *m*; Schäferhund *m* **ovčarica** F Schäferin *f* **ovčetina** F Schaf-, Hammelfleisch *n*
ovdašnjī hiesig
ōvdje hier
ovisan ADJ abhängig **ovisiti** abhängen, abhängig sein (**o** *L* von); **ovisnica** F Abhängige *f* **ovisnīk** M Abhängige *m* **ovisnōst** F Abhängigkeit *f*
ovjera F → ovjerovljenje
ovjerovljen beglaubigt **ovjerovljēnje** N Beglaubigung *f*
ovlāst F Vollmacht *f*
ovlāstiti (**ovlāšćīvati**) bevollmächtigen, ermächtigen
ovratnīk M Kragen *m*
ovrha F JUR Zwangsvollstreckung *f* **ovrhovoditelj** M Gerichtsvollzieher *m* **ovrhoviteljica** F Gerichtsvollzieherin *f*
ovr̄šiti (**ovr̄šāvati**) JUR vollstrecken
ozbīljan ernst; ernsthaft **ozbīljnā glāzba** F ernste Musik **ozbīljno** ADV ernst; ernsthaft
ozdraviti (**ozdravljati**) genesen, gesund werden **ozdravljēnje** N Genesung *f*, Gesundung *f*; **br̄zō ~!** gute Besserung!
ozēbao *Körperteil* erfroren
ozeblina F Erfrierung *f*
ozlijēditi (**ozljedīvati**) verletzen
ozlijēđen verletzt
ozljeda F Verletzung *f* **ozljeđīvati** → ozlijediti
oznāčiti (**oznāčāvati**, **oznāčīvati**) bezeichnen; kennzeichnen
oznaka F Kennzeichen *n*
oznojiti se PF ins Schwitzen kommen
oznojen verschwitzt
ozōnski: **~ alarm** M Ozonalarm *m*
ozrāčiti (**ozrāčīvati**) bestrahlen
ozrāčje N Stimmung *f*, Atmosphäre *f*
ožalošćen betrübt
ožednjeti Durst bekommen, durstig werden
oženiti (se) PF → ženiti (se)
oženjen verheiratet (*Mann*)
ožiljak M Narbe *f*
ožīviti (**ožīvljāvati**) wiederbeleben
ožujak M März *m*

P

pa CJ dann; (*Partikel*) aber; **~ ipāk** dennoch
pacijent M Patient *m* **pacījentica** F Patientin *f*
pād M Fall *m*; Sturz *m*; Absturz *m*
padati → pasti[1]
pādež M GRAM Fall *m*, Kasus *m*
padobrān M Fallschirm *m* **padobrānac** M Fallschirmsprin-

ger *m* **padobrānka** F Fallschirmspringerin *f*
pahuljica F (*Schnee-*)Flocke *f*
pahuljice F/PL Flaum *m*; **kukuruznē ~** Cornflakes *pl*
pakao M Hölle *f*
pakēt M Paket *n*
pakīrati ⟨**s-**⟩ (ein-, ver)packen; *Koffer* packen
palac M Daumen *m*; große Zehe *f* **palaca** F Palast *m* **palačinka** F Eier(pfann)kuchen *m*
palica F Stock *m*; Stab *m*
pāliti ⟨**za-**⟩ anzünden; in Brand stecken ⟨**po-**⟩ niederbrennen, brandschatzen ⟨**s-**⟩ *etw* verbrennen
pālma F Palme *f*
paluba F SCHIFF Deck *n*
pāljēnje N AUTO Zündung *f*
pāmćēnje N Gedächtnis *n*; Erinnerung *f*
pamēt F Verstand *m* **pametan** klug, gescheit
pāmtiti (**zapāmtiti**) sich *etw* merken; im Gedächtnis bewahren; an (*A*) denken
pamuk M Baumwolle *f*
pāndža F Kralle *f*, Pranke *f*
pandēmija F Pandemie *f*
pansion M Pension *f*; **pūnī ~** Vollpension *f*
pānj M (*Baum-*)Stumpf *m*; (*Hack-*)Klotz *m*
pāpa M Papst *m*
pāpak M Huf *m*
papar M Pfeffer *m*
papiga F Papagei *m*
papīr M Papier *n* **papīrnī** Papier- **papīrnica** F Schreibwarengeschäft *n*
paprāt M Farn *m*
papren gepfeffert (*a fig*)
paprika F Paprika *f*
papuča F Pantoffel *m* **papučār** M Pantoffelheld *m* **papučica** F AUTO Pedal *n*
pār M Paar *n*
para F Dampf *m*
paradajz M → rajčica
paralelan parallel
paralīza F Lähmung *f*; **dječjā ~** Kinderlähmung *f*
paralizīrān gelähmt
parfēm M Parfüm *n*
pāriti se sich paaren
parkiralīšte N Parkplatz *m*
parkīrati (IM)PF parken
pārnī *Zahl* gerade
pārnica F (*Gerichts-*)Prozess *m*
pārničiti se prozessieren
parobrōd M Dampfer *m*
pas M Hund *m*; **morskī ~** *m* Hai(fisch) *m*; **~ čuvār** *m* Wachhund *m*
pasjī Hunde-
pasmina F ZOOL Rasse *f*
pasti[1] (*präs* **padnēm**) (**padati**) fallen, stürzen; *Wasserstand* sinken; **~ na ispitu** durch eine Prüfung fallen
pāsti (*präs* **pāsēm**) weiden
pastīr M Hirte *m* **pastirica** F Hirtin *f*
pastorak M Stiefsohn *m* **pastōrče** N Stiefkind *n* **pastōrka** F Stieftochter *f*
pastrva F Forelle *f*
pastūh M Hengst *m*
paša F, **pašnjāk** M Weide *f*
paštēta F Pastete *f*
pātak M Enterich *m*

pạtiti ⟨**nạ-**⟩ (er)leiden
pạtka F Ente *f*
patlịdžān M Aubergine *f*
pạtnja F Leiden *n*
patrọ̄la F Patrouille *f*, Streife *f*
patrọ̄na F Patrone *f*
patū̦ljak M Zwerg *m*
pạučina M Spinngewebe *n*; Spinnennetz *n*
pạūk M Spinne *f*; *umg* Abschleppwagen *m*
pạūn M Pfau *m*
pạzikuća M/F Hausmeister(in) *m(f)*
pạziti ⟨**prị-**⟩ aufpassen, achtgeben (**na** *A* auf *A*)
pạzuho N Achsel *f*
pạžljiv aufmerksam, zuvorkommend **pạžnja** F Zuvorkommenheit *f*
pčẹla F Biene *f* **pčẹlār** M Imker *m* **pčelạrica** F Imkerin *f* **pčelā̦rstvo** N Bienenzucht *f* **pčẹlinjāk** M Bienenstock *m*
pẹcati ⟨**ụ-**⟩ angeln **pẹcīvo** N Gebäck *n*; Backware *n*; Brötchen *n* **pẹckati** necken, gegen *j-n* sticheln
PDV (pọrez na dọdānū vrijēdnōst) → porez
pẹčat M Siegel *n*; Stempel *m* **pečatiti** ⟨**za-**⟩ versiegeln
pẹčen gebraten **pečẹnica** F Bratwurst *f* **pečēnka** F Braten *m*
pḗć F Ofen *m*
pẹći ⟨**ịs-**⟩ braten; backen; *Ton, Schnaps* brennen; *Wunde* brennen
pẹćnica F Backröhre *f*; Backofen *m*; **mịkrovālnā ~** Mikrowellenherd *m*
pedā̦la F Pedal *n*
pḗder M *vulg verächtlich* Homosexuelle *m*
pedẹsēt fünfzig
pẹkār M Bäcker *m* **pẹkārica** F Bäckerin *f* **pẹkārnica** F Bäckerei *f*
pẹkmez M Marmelade *f*; **~ od šljịvā** Pflaumenmus *n*
pẹlena F Windel *f* **pẹlin** Wermut *m* **pelị̄nkovac** M Kräuterlikör *m* **pẹlūd** M Pollen *m*
pẹljār M SCHIFF Lotse *m* **pẹljarka** F SCHIFF Lotsin *f*
pẹnāl M Strafstoß *m*; Vertragsstrafe *f*
pẹndrek M *umg* Gummiknüppel *m*
penkā̦la F *umg* Füller *m*
pḗnzija F Pension *f*, Rente *f*
pẹnjānje N Klettern *n*; **slọbodnō ~** Freiklettern *n* **pẹnjati se** → popeti se
Pepḗlnica F Aschermittwoch *m*
pepẹljara F Aschenbecher *m*
pẹpeo M Asche *f*
perā̦d F Geflügel *n*
perā̦ja F Flosse *f*
pẹrēc M Brezel *f*
pẹrika F Perücke *f*
pẹrilica F Waschmaschine *f*; **~ pọsūđa** Geschirrspülmaschine *f*
pẹrivō̦j M Gartenanlage *f*
pḗrje N Gefieder *n*
pẹro N Feder *f*
perṓn M Bahnsteig *m*
pḗršin M Petersilie *f*
pḗt fünf
pḗta F Ferse *f*; *(Schuh-)*Absatz *m*

pētak M Freitag *m*; **Vẹlikī ~** Karfreitag *m*
pētī fünfte(r)
pẹtica F *Ziffer* Fünf *f*; *Bus, Note usw* Fünfer *m*
pẹtina F Fünftel *n*
pẹtlja F Masche *f*; Schlinge *f*; (*Fluss-*)Schleife *f* **pẹtljati se ⟨za-⟩** sich einmischen (**u** *A* in *A*)
pẹtnaēst fünfzehn
petrọlej M Petroleum *n*
picẹrija F Pizzeria *f*
pīće N Getränk *n*
pidžā̦ma F Schlafanzug *m*
pijan betrunken **pījā̦nac** M Trinker *m*; Betrunkene *m* **pijanica** F Trinker *m*; Trinkerin *f*
pijānka F (*Trink-*)Gelage *n*
pījā̦nstvo N Trunkenheit *f*
pijavica F Blutegel *m*
pijēsak M Sand *m*
pijētao M, **pijēvac** Hahn *m*
pijūk M Spitzhacke *f*
pijūkati piepsen
pīla F Säge *f*
pile N Küken *n* **pilećī** Hühner-
piletina F Hühnerfleisch *n*
pilić M Küken *n*
pīliti ⟨ot-⟩ (ab)sägen **⟨pre-⟩** durchsägen
pilot M Pilot *m* **pilōtkinja** F Pilotin *f* **pilotskī** Piloten-
pilula F Pille *f*
PIN F PIN *f* (persönliche Identifikationsnummer)
pīpa Wasserhahn *m*
pipati ⟨ọ-⟩ tasten, befühlen
pipav: **~ pọsao** mühsame Kleinarbeit *f*
pīr M Festmahl *n*
pirē M Püree *n*
pịrjān geschmort; gedünstet
pịrjati ⟨is-, po-⟩ schmoren; dünsten
pīsac M Schriftsteller *m*
pisāč M IT Drucker *m* **pisāćī** Schreib-; **~ stọ̄l** *m* Schreibtisch *m*; **~ strọ̄j** *m* Schreibmaschine *f*
pisanica F bemaltes Osterei *n*
pīsati ⟨na-⟩ (auf)schreiben
piskati kreischen, quietschen; *Schlange* zischen; *Lokomotive* pfeifen **piskav** kreischend
pismen schriftlich; schriftkundig
pīsmo N Brief *m*; Schreiben *n*; Schrift *f*; **preporūčenō ~** Einschreiben *n*; **Svẹ̄tō ~** Heilige Schrift *f*
pista F SPORT, FLUG Piste *f*
pistạcija F Pistazie *f*
pišati *vulg* pinkeln
pišljiv *fig* wertlos
pištōlj M Pistole *f*
pita *Art Kuchen*
pịtak trinkbar; **pịtkā vọda** *f* Trinkwasser *n*
pītānje N Frage *f*
pịtati ⟨u-⟩ fragen
piti ⟨pọ-⟩ trinken; *Tablette* schlucken
pịtom zahm; **~ī kẹstēn** *m* Edelkastanie *f*
pīvnica F Bierkeller *m*
pịvo N Bier *n*
pivọvara F (*Bier-*)Brauerei *f*
pizza F Pizza *f* **pizzeria** F Pizzeria *f*
pjẹga F Fleck *m* **pjẹgav** fleckig
pjẹgavac M Fleckfieber *n*
pjẹna F Schaum *m* **pjẹnast**

schaumig **pjeniti se** schäumen (*a fig*); **pjenušac** M Sekt *m*
pjesma F Lied *n*; Gedicht *n*; **narodnā ~** Volkslied *n* **pjesnīk** M Dichter *m* **pjesnikinja** F Dichterin *f*
pješāčiti wandern
pješačkī Fußgänger-; **~ prijēlaz** *m* Fußgängerüberweg *m*
pješāk M Fußgänger *m*; *Schach* Bauer *m* **pješakinja** F Fußgängerin *f*
pješāštvo N Infanterie *f*
pješčan Sand-; **~ā plāža** *f* Sandstrand *m*
pješicē, pješkē ADV zu Fuß
pjevāč M Sänger *m* **pjevačica** F Sängerin *f* **pjevāčkī** Gesangs- **pjevānje** N Gesang *m* **pjevati** singen **pjevuckati** vor sich hin singen
plač M Weinen *n*; Klage *f*
plāća F Lohn *m*, Gehalt *n*
plāćati → platiti
plahta F (*Bett-*)Laken *n*
plakāt M Plakat *n*
plakati weinen
plamēn M Flamme *f*
plān M Plan *m*
planēr M: **~ rute** Routenplaner *m*
planina F Gebirge *n* **planinār** M Bergsteiger *m* **planinārka** F Bergsteigerin *f* **planināriti** bergsteigen **planinārstvo** N Bergsport *m*
planīrati (IM)PF planen; planieren
plānskī Plan- **plānski** ADV planmäßig
plastičan plastisch; Plastik- **plastičnā boca** F Plastikflasche *f* **plastičnā vrećica** F Plastikbeutel *m*
plašiti ängstigen, erschrecken; **~ se** sich ängstigen, sich fürchten (*G* vor)
plātiti (plāćati) (be)zahlen
plātno N Leinwand *f*
plāv blau; *Haar* blond
plāvac M *dalmatinischer Rotwein*
plavuša F Blondine *f*
plāža F Strand *m*
pleća N/PL Schultern *pl*
pleh M *umg* (*Back-*)Blech *n*
pleme N (*Volks-*)Stamm *m* **plemenit** edel **plemić** M Adelige(r) *m* **plemićkī** adelig **plemkinja** F Adlige *f* **plemstvo** N Adel *m*
plēs M Tanz *m*
plesāč M Tänzer *m* **plesačica** F Tänzerin *f*
plēsati ⟨za-⟩ tanzen
plēsnī Tanz-
plesti ⟨is-⟩ plesti flechten; stricken; *Spinne* spinnen **pletāćī** Strick-; **pletāćā igla** *f* Stricknadel *f* **pletenica** F Zopf *m* **pleter** M Flechtwerk *n*; Flechtzaun *m* **pletīvo** N Strickerei *f*
plićak M seichte Stelle *f*, Furt
plijēn M Beute *f* **plijēniti ⟨za-⟩** plündern, erbeuten; pfänden
plijēsan F Schimmel *m*
plima F Flut *f*
plin M Gas *n* **plinara** F Gaswerk *n* **plinomjēr** M Gaszäh-

ler *m* **plinovōd** M Gasleitung *f*
plīnskī Gas-; ~ **štędnjāk** *m* Gasherd *m*; **plīnskā bǫca** *f* Gasflasche *f*
plītak seicht (*a fig*)
plivāč M Schwimmer *m*, **plivačica** F Schwimmerin *f* **plivāčkī** Schwimm-; ~ **bazen** *m* Schwimmbecken *n* **plivalīšte** N Schwimmbad *n* **plivati** ⟨**za-**⟩ schwimmen
plǫča F Platte *f*; Tafel *f*; Brett *n*; **šahovskā** ~ *f* Schachbrett *n*; **školskā** ~ *f* Schultafel *f* **pločica** F Fliese *f*, Kachel *f*; (*Spiel-*)Stein *m* **pločnīk** M Pflaster *n*; Gehweg *m*
plǫd M Frucht *f*
plǫdan fruchtbar **plǫditi**[1] ⟨**o-**⟩ befruchten **plǫditi**[2] **se** ⟨**ras-**⟩ sich fortpflanzen, sich vermehren
plōmba F (MED, *Zoll-*)Plombe *f* **plōmbīrati** (IM)PF plombieren
plosnat flach
ploška F GASTR Scheibe *f*
plōvak M *Angel* Schwimmer *m*
plōvan schiffbar; **plōvnī pūt** *m* Fahrrinne *f*
plovidba F Schifffahrt *f*
ploviti *Schiff* fahren, schwimmen
plūća N/PL Lunge *f*
plūćnī Lungen-; **plūćnō krīlo** *n* Lungenflügel *m*
pluto N Kork *m*
pljačka F Raub *m*; Plünderung *f* **pljačkati** ⟨**o-**⟩ *j-n* aus-, berauben; plündern
pljenidba F Erbeutung *f*; Beschlagnahme *f*; Pfändung *f*
pljēsak M Beifall *m*, Applaus *m*
pljeskati (Beifall) klatschen; → pljesnuti
pljeskavica F *Hacksteak vom Grill*
pljesniv schimmelig **pljesniviti** schimmeln
pljesnuti (**pljeskati**) in die Hände klatschen
pljunuti (**pljuvati**) (aus)spucken; beschimpfen, verunglimpfen (**po** *L A*)
pljūsak M Platzregen *m*, (*Regen-*)Guss *m*
pljuska F Ohrfeige *f* **pljusnuti** (**pljuskati**) ohrfeigen
pljūštati prasseln, strömen
pljuvati → pljunuti **pljuvačka** F Spucke *f* **pljuvāčnica** F Spucknapf *m*
po *prp* (*L*) gemäß (*D*); (*örtlich*) in, auf (*D*); (*zeitlich*) (*unmittelbar*) nach (*D*); (*Zweck A*) **otići** ~ **kruh** Brot holen gehen; (*Dauer A*) ~ **cijēlī dān** den ganzen Tag (lang); (*vor Zahlen*) je
pobačāj M Abtreibung *f*; **spontānī** ~ Fehlgeburt *f*
pobāciti PF abtreiben
pobījati → pobiti[2] **pobijēditi** (**pobjeđīvati**) siegen; besiegen **pobīrati** → pobrati
pobiti[1] PF abschlachten; niedermetzeln **pobiti**[2] (**pobījati**) widerlegen (*I* durch); **pobjeći** (**bježati**) fliehen, flüchten **pobjeda** F Sieg *m* **pobjednica** F Siegerin *f* **po-**

bjednički Sieger- **pobjednīk** M Sieger *m* **pobjedonosan** siegreich **pobjeđīvati** → pobijediti
pobjesnjeti PF in Wut geraten; *Hund* tollwütig werden
pobọljšati (**poboljšāvati**) verbessern
pobōrnica F Verfechterin *f*, Vorkämpferin *f* **pobōrnīk** M Verfechter *m*, Vorkämpfer *m*
pobožan fromm, andächtig
pobrati (**pobīrati**) pflücken, (ein)sammeln
pobratim M Blutsbruder *m*
pobuda F Anregung *f*; Antrieb *m*; Beweggrund *m* **pobūditi** (**pobuđīvati**) anregen **pobuna** F Aufstand *m*, Revolte *f* **pobūniti** (**pobunjīvati**) **se** sich empören; meutern;
pocṛnjeti PF *von der Sonne* braun werden
počasnī Ehren-; **~ konzul** *m* Honorarkonsul *m*
počētak M Beginn *m*, Anfang *m*; **iz počētka** von vorne; **na počētku** am *od* zu Anfang *od* Beginn
počēti (**počinjati**) anfangen, beginnen
početnī Anfangs- **početnica** F Anfängerin *f* **početnīk** M Anfänger *m*
počinak M Ruhe *f*, Rast *f*
počinitelj M Täter *m* **počīniteljica** F Täterin *f*
počinjati → početi
pōći (**polaziti**) (los)gehen
pod[1] PRP (*wohin? A A; wo? I D*) unter
pod[2] Fußboden *m*
podāci M/PL Daten *pl* **podātak** M Angabe *f*, Information *f*
podati (**podāvati**) **se** (*D*) sich er-, hingeben (*D*)
podbradak M Doppelkinn *n*
podcijēniti (**podcjenjīvati**) unterschätzen
poderān zerlumpt **poderati** PF zerreißen, zerfetzen
podići PF → podignuti
podignuti (**podizati**) an-, aufheben; *Bauwerk* errichten; *Geld* abheben; *Anklage* erheben; **~ se** sich erheben
podjednāk fast gleich **podjednāko** ADV gleichermaßen
podjela F Teilung *f*
podlac M Schurke *m*, Schuft *m*
podlaktica F Unterarm *m*
podleći PF → podlegnuti
podlegnuti (*D*) *e-r Krankheit* erliegen; *e-m Gegner, e-r Versuchung* unterliegen
podlistak M Feuilleton *m*
podloga F GEOL Untergrund *m*; Unterlage *f*
podlōst F Niedertracht *f*
podložak M Untersetzer *m*
podmazati (**podmazīvati**) einfetten; *Motor* abschmieren
podmetāč M (*Schreib-*) Unterlage *f* **podmetak** M Keil *m* **podmetnuti** (**podmetati**) unterlegen; (*fig*) unterschieben; *Bein* stellen **podmićīvati** → podmititi **podmīriti** (**podmirīvati**) *Schulden* begleichen **podmītiti** (**podmićīvati**) bestechen, schmieren *umg* **podmitljiv** bestech-

lich **pọdmōrnica** F Unterseeboot *n* **pọdmūkao** hinterhältig
pọ̄dne N Mittag *m*
pọdnēblje N Klima *n* **pọdnēvnī** Mittags-
pọdnijēti (**podnọsiti**) ertragen; *Antrag* einreichen **podnọsitelj** M Antragsteller *m* **podnositeljica** F Antragstellerin *f*
podnọšljiv erträglich
pọdnōžje N Fuß *m* (*e-s Berges*); (*Denkmal-*)Sockel *m* **pọdoban** geeignet **pọdočnjāk** M Augenring *m* **pọdosta** ADV mehr als genug **pọdražāj** M Reiz *m*, Stimulus *m* **podrāžiti** (**podražāvati**) reizen, stimulieren **podrẹditi** (**podređīvati**) unterordnen **pọdrezati** (**podrezīvati**) stutzen
pọdrignuti (**podrigrigīvati**) (**se**) aufstoßen, rülpsen
podrijētlo N Herkunft *f*
pọdrška F Unterstützung *f*
pọdrtina F Wrack *n*
pọdrūčje N Gebiet *n*, Bereich *m*
podrugīvati se verspotten, verhöhnen (*D A*) **podrụgljiv** spöttisch
pọdrum M Keller *m*
pọdružnica F Zweigstelle *f*, Filiale *f* **podṛžati** (**podržāvati**) unterstützen
pọdsjetiti (**pọdsjećati**) erinnern; **~ se** sich erinnern (*G* an *A*)
pọdstanār M Untermieter *m* **pọdstanārka** F Untermieterin *f*
pọdstava F (*Mantel-*)Futter *n* **pọdstaviti** (**pọdstavljati**) *Mantel* füttern **pọdsvijēst** F Unterbewusstsein *n* **pọdsvjesno** ADV, **pọdsvjestan** ADJ unterbewusst **podụdariti** (**podụdarati**) **se** übereinstimmen **pọduka** F Nachhilfeunterricht *m*; (*Erfahrung*) Lehre *f*
Pọdunāvlje N Donauregion *f*
podụprijēti (**podụpirati**) (ab)stützen; unterstützen; **~ se** sich (ab)stützen
poduzẹ̄će N Unternehmen *n*, Betrieb *m*
podụzēti (**podụzimati**) unternehmen **podụzetnica** F Unternehmerin *f* **podụzetnīk** M Unternehmer *m*
podvẹ̄zati (**podvezīvati**) *Ader* abbinden
podvlāčiti → podvući
podvọstručiti (**podvostručāvati**) verdoppeln
pọdvožnjāk M Unterführung *f*
pọdvūći (**podvlāčiti**) unterstreichen **pọdzēmlje** N Unterwelt *f*
pọdzēmnī unterirdisch; Unterwelt-; **pọdzēmnā žẹljeznica** *f* U-Bahn *f*; **stạnica** *f* **pọdzēmnē žẹljeznice** U-Bahn-Station *f*
poẹ̄n M SPORT Punkt *m* **poẹnta** F Pointe *f*
pogača F Fladenbrot *n*
pogāđati → pogoditi
pọgan *fig* schmutzig **pọganin** M Heide *m* **pọgānka** F Hei-

din *f* **pogibao** F Gefahr *f*, (*See-*)Not *f*
poginuti PF → ginuti
poglavār M Oberhaupt *n*
poglavica M Häuptling *m* **poglāvlje** N Kapitel *n*
poglēd M Blick *m*; Sicht *f*; Aussicht *f*; Ansicht *f*; **u tom ~u** in dieser Hinsicht
pogodan günstig **pogodak** M Treffer *m* **pogodba** F Übereinkunft *f*, Abkommen *n*
pogoditi (**pogāđati**) treffen; erraten
pogon M Antrieb *m*; Betrieb *m*; **pustiti** (**pūštati**) **u ~** in Betrieb nehmen; **biti izvan ~a** außer Betrieb sein **pogonskō gorīvo** N Treibstoff *m*
pogoršati (**pogoršāvati**) verschlechtern, verschlimmern; **~ se** sich verschlimmern, verschlechtern
pogreb M Beerdigung *f*, Bestattung *f*, Begräbnis *n* **pogrešan** fehlerhaft **pogreška** F Fehler *m* **poguban** schädlich, verderblich **pogubiti** PF hinrichten **pogubljēnje** N Hinrichtung *f* **pohađati** *Schule* besuchen **pohlepa** F Gier *f* **pohlēpan** gierig **pohota** F Wollust *f* **pohrana** Verwahrung *f* **pohrāniti** (**pohranjīvati**) verwahren; hinterlegen; IT speichern **pohvala** F Lob *n* **poimeničan** ADJ, **poimencē** ADV namentlich
pojačalo N TECH Verstärker *m* **pojačānje** N Verstärkung *f* **pojačati** (**pojačāvati**) verstärken
pōjam M Begriff *m*; **nēmati pōjma** keine Ahnung haben
pojās M Gürtel *m*; Gurt *m* **pojava** F Erscheinung *f*
pojāviti (**pojāvljīvati**) **se** erscheinen; auftauchen
pojedīnac M Einzelne *m*, Individuum *n* **pojedinačan** einzeln, vereinzelt **pojedinačno** ADV vereinzelt
pojednostāviti (**pojednostāvljīvati**), **pojednostāvniti** (**pojednostāvnjīvati**) vereinfachen
pojeftiniti (**pojeftīnjāvati**, **pojeftīnjīvati**) *etw* verbilligen; sich verbilligen
pōjmiti (**poimati**) begreifen, verstehen
pokāzati (**pokāzīvati**) zeigen; **~ se** sich erweisen (*I* als); **pokāzivāč** M TECH Anzeiger *m*
pokćeriti PF *e-e* Tochter adoptieren **pokćērka** F Adoptivtochter *f*
poklade F/PL Fastnacht *f*, Karneval *m*
poklānjati → pokloniti
poklōn M Geschenk *n*
pokloniti (**poklānjati**) schenken; **~ se** sich verbeugen
poklopac M Deckel *m*; **~ motōra** Motorhaube *f*
poklopiti (**poklāpati**) zudecken; **~ se** (*zeitlich*) zusammenfallen
pokōjnī verstorben **pokōjnica** F Verstorbene *f* **pokōjnīk** M Verstorbene *m*

pọkolj M Massaker *n*
pọkop M → pogreb **pokọpati** (**pokopāvati**) begraben, beerdigen
pọkora F Buße *f* **pọkōran** gehorsam, ergeben **pokọriti** (**pokorāvati**) unterwerfen; ~ **se** sich unterwerfen **pọkraj** PRP (*G*) neben (*D*) **pọkrajina** F Provinz *f*
pokrḗnuti (**pokrḗtati**) *etw* bewegen, in Gang bringen; TECH antreiben; *Prozess* anstrengen; ~ **se** sich bewegen; sich in Gang setzen
pọkrēt M Bewegung **pọkrētan** beweglich
pokrẹtljiv beweglich **pokrīće** N Bedeckung *f*; HANDEL Deckung *f*
pọkriti (**pokrīvati**) be-, zudecken; ~ **se** sich bedecken, zudecken
pokrịvāč M (*Bett-*)Decke *f*; ~ **krọvōvā** Dachdecker *m* **pokrọvitelj** M Förderer *m*; Gönner *m* **pokroviteljica** F Förderin *f*; Gönnerin *f*
pọkućstvo N Möbel *n/pl*, Einrichtung *f*
pọkus M Probe *f*, Versuch *m*; Experiment *n* **pọkusnī** Versuchs-
pọkušāj M Versuch *m*
pọkušati (**pokušāvati**) versuchen
pọkvāren verdorben **pokvarẹnjāk** M verdorbene(r) *od* verkommene(r) Mensch *m* **pokvarljiv** verderblich
pōl M Pol *m*
pọla ADV halb
polạgān ADJ, **polạgāno** ADV langsam
polāgati → položiti
polạko ADV langsam
pọlazak M Abfahrt *f*, Abreise *f*, Aufbruch *m* **pọlaziti** → poći
pọledica F Glatteis *n*
pọlēt M Schwung *m* **pọlētan** schwungvoll
polẹtjeti (**polijḗtati**) FLUG abfliegen, starten
pọlica[1] F Regal *n*
pọlica[2] F Police *f*
policājac M Polizist *m*
policājka F Polizistin *f*
polịcija F Polizei *f*
pọliti (**polijēvati**) (be)gießen
polịtičār M Politiker *m* **polịtičārka** F Politikerin *f*
pọlog M Hinterlegung *f*; Pfand *n*
polọvica F Hälfte *f* **polọvičan** halb **polọvično** ADV halbwegs
pọložāj M Lage *f* **pọložen** gelegen **polọžiti** (**polāgati**) (hin)legen; *Kaution* hinterlegen; *Prüfung* ablegen; *Waffen* strecken
pọlubrat M Halbbruder *m* **pọlucipela** F Halbschuh *m*;
polūdjeti PF wahnsinnig werden; den Verstand verlieren
pọluga F Hebel *m*; **zlātnā** ~ Goldbarren *m*
polufināle N, M Halbfinale *n*
polugọdište N Halbjahr *n*
pọlukrūg M Halbkreis *m* **pọ-**

lumāstan halbfett **polumjēr** M Radius *m* **polumjesēc** M Halbmond *m* **polumrāk** M Halbdunkel *n*; Dämmerlicht *n* **polumrtav** halb tot **poluotok** M Halbinsel *f* **poluproizvod** M Halbfabrikat *n* **polusestra** F Halbschwester *f* **polutka** F Erdhalbkugel *f*; Hemisphäre *f* **polutōn** M MUS Halbton *m* **poluvrijēme** N SPORT Halbzeit *f*
Poljāk M Pole *m* **Poljakinja** F Polin *f*
poljana Flur *f*
polje N Feld *n*
poljepšati (**poljepšāvati**) verschönern
poljoprivreda F Landwirtschaft *f* **poljoprivrednī** landwirtschaftlich **poljoprivrednīk** M Landwirt *m*
Poljskā F Polen *n* **poljskī** Feld-; polnisch
poljubac M Kuss *m* **pomagāč** M Helfer *m* **pomagačica** F Helferin *f* **pomāgalo** N Hilfsmittel *n* **pomāgati** → pomoći **pomak** M Bewegung *f* **pomaknuti** (**pomicati**) verrücken, -schieben, -stellen
pomalo ADV langsam
pomicati → pomaknuti **pomičan** verstellbar
pomilovānje N Begnadigung *f*
pomilovati PF begnadigen
pomīriti (se) PF → miriti (se)
pomisao F Gedanke *m*, Einfall *m* **pomisliti** (**pomīšljati**) denken (**na** *A* an *A*)
pomlāditi (**pomlāđivati**) verjüngen; **~ se** sich verjüngen
pōmno ADV aufmerksam; sorgfältig
pomōć F Hilfe *f* **pomoći** (**pomāgati**) helfen **pomoćnī** Hilfs- **pomoćnica** F Helferin *f*; (*Handwerks-*) Gesellin *f* **pomoćnīk** M Helfer *m*; (*Handwerks-*)Geselle *m* **pomoću** ADV (*G*) mittels (*G*), mithilfe (von)
pomorac M Seemann *m* **pomōrka** F Seefrau *f*
pomorskī See-, Seefahrts-;
pomōrstvo Seefahrt *f*
pomrčina F: **~ Sūnca** Sonnenfinsternis *f*; **~ Mjesēca** Mondfinsternis *f*
ponājboljē ADV mit am besten
ponājprije ADV zuallererst
ponājviše ADV größtenteils
ponāšānje N Benehmen *n*; Verhalten *n* **ponāšati se** sich benehmen; sich verhalten
ponāvljānje N Wiederholung *f* **ponāvljati** → ponoviti
ponedjeljak M Montag *m*
ponijēti PF mitnehmen; hinbringen **ponirati** *Fluss* versickern, im Untergrund verschwinden; *fig* eintauchen (**u** *A* in *A*); **poništiti** (**poništāvati**) entwerten; für ungültig erklären, aufheben **ponīzan** demütig; unterwürfig
ponīziti (**ponīzīvati**) erniedrigen, demütigen; **~ se** sich erniedrigen
ponižēnje N Demütigung *f*,

Erniedrigung *f*
pọ̄noć F Mitternacht *f*
pọnor M Abgrund *m* (*a fig*); **pọnos** M Stolz *m* **pọnosan** stolz (*I* auf *A*); **pọnōvan** ADJ **pọnōvno, pọnovo** ADV erneut **ponọviti** (**ponāvljati**) wiederholen
pọnuda F Angebot *n* **pọnuditi** (**ponuđīvati**) anbieten
pọočim M Stiefvater *m*
pọpēti (**pẹnjati**) **se** (hinauf)-klettern, steigen (**na** *A* auf *A*); besteigen (**na** *A A*)
pọpis M Verzeichnis *n*, Liste *f*; **~ stạnovnīštva** Volkszählung *f*
pọplava F Überschwemmung *f*
pọplūn Bettdecke *f*
popọ̄dne N Nachmittag *m* **popọ̄dnēvan** Nachmittags-
pọpratnī Begleit-; Geleit **pọpratnica** F Begleitschreiben *n*
pọpravak M Reparatur *f*; Ausbesserung *f*; Verbesserung *f* **pọpraviti** (**pọpravljati**) reparieren, ausbessern; verbessern; **~ se** sich bessern
pọprečan Quer- **pọprijēko** ADV quer **pọprīšte** N Schauplatz *m*
pọpr̄sje N Büste *f*
pọpulāran populär
pọpuniti (**popunjạ̄vati**) ausfüllen; *Stelle* besetzen
pọpust M (*Preis*-)Nachlass *m*, Rabatt *m*
popụstiti (**popū̄štati**) (*D*) lockern; nachlassen; nachgeben (*D*) **popụstljiv** nachgiebig
pọpūt ADV (*G*) ähnlich (*D*)
pọraba F Gebrauch *m*
pọrāst M Wachstum *n*, Steigerung *f*; Zunahme *f*
poravnạ̄nje N JUR Ausgleich *m*
porạvnati (**poravnạ̄vati**) ausgleichen; glätten
pọrāz M Niederlage *f* **pọrāzan** niederschmetternd
pọrcija F Portion *f*
porcụlān M Porzellan *n*
pọrebrica F Rippenfell *n*
pọreći (**porīcati**) abstreiten, leugnen
pọred PRP (*G*) an (*D*), neben (*D*); trotz (*D*)
pọredak M Ordnung *f*
pọremećāj M Störung *f*
pọrez M Steuer *f*; **~ na dọdānū vrijẹdnōst** Mehrwertsteuer *f* (*Abk* MWSt.); **pọreznī** Steuer-; steuerlich **pọreznica** F Finanzbeamtin *f* **pọreznīk** M Finanzbeamte(r) *m*
porīcati → pọreći
pọriluk M Porree *m*
pọrinuti PF *Schiff* vom Stapel lassen
pọrod M Nachwuchs *m* **pọrodica** F BIOL Familie *f*
pọrodīljskī: **~ dọpust** M Mutterschaftsurlaub *m*
pọrođāj M Geburt *f*, Niederkunft *f*, Entbindung *f*
pọrok M Laster *n*
pọrota F Schwurgericht *f* **pọrotnica** F Geschworene *f* **pọrotnīk** M Geschworene *m*
pọrtīr M Portier *m* **pọrtīrka** F Portierin *f*
pọrtrēt M Porträt *n*
Pọrtugāl M Portugal *n* **Portu-**

gālac M Portugiese *m* **Portugālka** F Portugiesin *f* **portugālskī** portugiesisch
porūčiti (porūčīvati) ausrichten, bestellen
poručnica F Frau Leutnant *f*
poručnīk M Leutnant *m*
poruka F Nachricht *f*, SMS *f*; **ostaviti** *pf* **nekome poruku** j-m eine Nachricht hinterlassen
posada F Besatzung *f*
posao M Arbeit *f*; Geschäft *n*; Angelegenheit *f*; Tätigkeit *f*; **imati posla s** (*I*) mit *j-m* zu tun haben
poseban besondere; Sonder-
posebicē ADV besonders
posēgnuti (posēzati) greifen (**za** *I* nach)
posijedjeti PF ergrauen
posinak M Adoptivsohn *m* **posīniti (posinjīvati)** *Sohn* adoptieren **posipati** → posuti
posjećīvati → posjetiti
posjed M Besitz *m* **posjednica** F Besitzerin *f* **posjednīk** M Besitzer *m* **posjedovati** besitzen
posjekotina F Schnittwunde *f*
posjet M Besuch *m* **posjetitelj** M Besucher *m* **posjetiteljica** F Besucherin *f* **posjetiti (posjećīvati)** besuchen **posjetnica** F Visitenkarte *f*
posklīznuti (posklīzīvati) se ausrutschen
poskok M Sandotter *f*
poskūpiti (poskūpljīvati[1]**)** verteuern **poskūpjeti (poskūpljīvati**[2]**)** sich verteuern
poslanica F Botschaft *f*; Gesandte *f* **poslanīk** M Gesandte *m* **poslānstvo** N Gesandtschaft *f*
poslastica F Leckerbissen *m*; Spezialität *f*
poslati PF → slati
poslije PRP (*G*) nach (*D*) **poslijepodne** N Nachmittag
poslodāvac M Arbeitgeber *m* **poslodāvka** F Arbeitgeberin *f* **posloprīmac** M Arbeitnehmer *m* **posloprīmka** F Arbeitnehmerin *f*
poslovānje N Geschäftstätigkeit *f* **poslovati** Geschäfte führen *od* tätigen
poslovica F Sprichwort *n* **poslovičan** sprichwörtlich
poslovnī geschäftlich; Geschäfts-; ~ **čovjek** *m* Geschäftsmann *m*
poslovnīk M Satzung *f*, Geschäftsordnung *f*
poslovođa M Geschäftsführer *m* **poslovotkinja** F Geschäftsführerin *f*
posluga F Bedienung *f* **poslūšan** gehorsam
poslūžitelj M IT Server *m* **poslūžiti (poslūžīvati)** bedienen, servieren
posljedak M Resultat *n* **posljedica** F Folge *f* **posljednjī** letzte(r)
posmrtnī post(h)um; ~ **govōr** *m* Grabrede *f*; ~ **ostāci** *m/pl* sterbliche Überreste *pl*
posoljen gesalzen
pospān schläfrig
ősprēmiti (posprēmati) aufräumen

posrāmiti (**posrāmljīvati**) beschämen; ~ **se** sich schämen
posred PRP (G) inmitten (G), mitten; ~ **dāna** mitten am Tage **posredan** mittelbar, indirekt **posrednica** F Vermittlerin f **posrednīk** M Vermittler m; Makler m **posrednīštvo** N, **posredovānje** N Vermittlung f **posredovati** vermitteln
posrijędi ADV: ~ **je** ... es geht od handelt sich um ...
posr̄nuti (**posrtati**) stolpern; straucheln
posrtati SCHIFF stampfen; → posrnuti
pōst M Fasten n
post M IT Post m; IT **pīsati** ~ posten
postaja F Station f; Haltestelle f **postajati** → postati
postanak M Entstehung f
postati (**postajati**) werden
postaviti (**postavljati**) (hin)stellen; **postaviti pītānje** e-e Frage stellen
postelja F Bett n **posteljina** Bettzeug n
postići (**postizati**) Erfolg erzielen, erlangen, erreichen **postignūće** N Errungenschaft f
postiti fasten **postizati** → postići
postō ADV (nach Zahlen) von Hundert, Prozent
postojān beständig; standhaft **postojānje** N Existenz f, Vorhandensein n **postojati** bestehen, existieren **postojēćī** bestehend, existierend
postolār M Schuhmacher m, Schuster m
postotak M Prozent n
postupak M Vorgehen n; Behandlung f; CHEM, JUR Verfahren n **postupan** allmählich
postūpiti (**postūpati**) vorgehen, verfahren; behandeln
posuda F Gefäß n
posūditi (**posūđīvati**) leihen, aus-, verleihen **posūmnjati** PF → sumnjati
posūđe N Geschirr n **posuđīvati** → posuditi **posūti** (**posipati**) bestreuen (I mit etw)
posvājati → posvojiti
posve ADV ganz, völlig **posveta** F Widmung f
posvētiti (**posvēćīvati**) ~ weihen; ~ **se** (D) sich widmen (D)
posvjedočiti (**posvjedočīvati**) bezeugen
posvojiti (**posvājati**) adoptieren
pošāst F Seuche f
pošiljatelj M Absender m **pošiljateljica** F Absenderin f
pošīljka F (Post-)Sendung f
pošta F Post f; IT **elektronička** ~ E-Mail f **poštanskī** Post-, postalisch; ~ **sanduk** m Briefkasten m
poštār M Briefträger m **poštarica** F Briefträgerin f **poštarina** F Porto n
poštēdjeti (**poštēđīvati**) verschonen
pošten ehrlich; aufrichtig **poštēnje** N Ehrlichkeit f; Redlichkeit f **poštovati** (IM)PF ehren; Vertrag einhalten

pošto[1] CJ nachdem **pošto**[2] ADV: ~ **je**? wie viel kostet es?
poštovati (IM)PF (be)achten
potājan geheim **potaknuti** (**poticati**) anregen, Anstoß geben (**na** *A* zu); **potāpati** → potopiti
potēgnuti (**potēzati**) ziehen, schleppen; *Messer* zücken
potēz Strich *m*; (*Spiel-*)Zug *m*
pothvat M Unterfangen *n*
poticāj M Anregung *f*; PHYS Impuls *m* **poticati** → potaknuti
potisnuti (**potiskīvati**) unterdrücken; *Gegner* zurückdrängen **potīšten** bedrückt **potjecati** abstammen (**od** *G* von);
potjera F Verfolgung *f*
potkoljenica F Unterschenkel *m* **potkošulja** F Unterhemd *n* **potkova** F Hufeisen *n*
potkovati (**potkīvati**) *Pferd* beschlagen **potkožan** MED subkutan **potkrijēpiti** (**potkrepljīvati**) unterstützen; untermauern **potkrōvlje** N Dachgeschoss *n*; Mansarde *f*
potkūpiti (**potkupljīvati**) bestechen **potkupljiv** bestechlich
potočnica F Vergissmeinnicht *n*
potok M Bach *m*
potom ADV danach
potonuti PF → tonuti
potop M Überschwemmung *f*; Sintflut *f* **potopiti** (**potāpati**) *Schiff* versenken
potpāliti (**potpāljīvati**) in Brand stecken; *fig* schüren
potpāljivāč M Brandstifter *m* **potpāljivačica** F Brandstifterin *f*
potpetica F (*Schuh-*)Absatz *m*
potpis M Unterschrift *f* **potpīsati** (**potpisīvati**) unterschreiben **potplat** M (*Schuh-*) Sohle *f* **potpomoći** (**potpomāgati**) unterstützen
potpomagāč M Unterstützer *m* **potpomagačica** F Unterstützerin *f*
potpora F *fig* Stütze *f*; Unterstützung *f* **potpōranj** M Pfeiler *m*, Stütze *f* **potpōrnī** Stütz- **potpredsjednica** F Vizepräsidentin *f* **potpredsjednīk** M Vizepräsident *m*
potpun ADJ, **potpuno** ADV vollständig; völlig; vollkommen
potraga F Verfolgung *f*; Suche *f* (**za** *I* nach)
potražīvānje N HANDEL Forderung *f*; **dugovānje i** ~ Soll und Haben *n*
potrāžnja F HANDEL Nachfrage *f*
potreba F Notwendigkeit *f* **potreban** notwendig, erforderlich **potrebit** bedürftig
potrēpština F Bedarf(sartikel) *m*
potrēs M Erdbeben *n*; Erschütterung *f*; ~ **mozga** Gehirnerschütterung *f* **potrēsan** erschütternd **potresti** (**potrēsati**) schütteln; erschüttern (*a fig*)
potrgati PF (ab)pflücken, (*Blüte*) abbrechen

potrọšāč M Verbraucher *m*, Konsument *m* **potrošạčica** F Verbraucherin *f*
pọtrošak M Verbrauch *m*, Konsum *m* **pọtrošan** Verbrauchs-, Konsum-
potrọšiti PF → trošiti **potrūditi se** PF → truditi se
pọtūći (se) PF → tući (se)
pọtvrda F Bestätigung *f*; Quittung *f*; Bescheinigung *f* **pọtvrdan** bestätigend
potvṛditi (potvrđịvati) bestätigen
pọučan lehrreich
pọụčiti (poučạ̄vati) (be)lehren
pọuka F Lehre *f*
pọuzdān ADJ, **pọuzdāno** ADV zuverlässig **pọuzdanica** F Vertraute *f* **pọuzdanīk** M Vertraute *m* **pouzdạ̄nje** N Vertrauen *n*
pọuzdati (pouzdạ̄vati) se vertrauen, sich verlassen (**u** *A* auf *A*)
pouzẹ̄ćem ADV per Nachnahme
povẹćalo N Vergrößerungsglas *n* **povećạ̄nje** N Vergrößerung *f*; Erhöhung *f* **povẹćati (povećạ̄vati)** vergrößern; erhöhen
pọvelja F Urkunde *f*
pọvesti¹ (*präs* **povẹdēm**) (**-vọditi**) mitnehmen, -führen; SPORT in Führung gehen **pọvesti²** (*präs* **povẹzēm**) (**-vọziti**) *Auto* fahren; *mit dem Auto* mitnehmen
povẹ̄zati (povēzīvati) verbinden **povẹ̄znica** F IT Link *m*
povījati → poviti
pọvijēst F Geschichte *f*
pọvīk M Ruf *m*; Schrei *m*
povīsiti (povīsīvati) erhöhen; steigern **povīšẹ̄nje** N Erhöhung *f*; Steigerung *f*; Zunahme *f*
pọvišica F Gehaltserhöhung *f*
pọviti (povījati) *Baby* wickeln
povjerạ̄vati → povjeriti **povjerenica** F Beauftragte *f* **povjerẹnīk** M Beauftragte *m* **povjerẹ̄nstvo** Kommission *f* **povjerẹ̄nje** N Vertrauen *n*
pọvjeriti (povjerạ̄vati) anvertrauen (**se** sich)
povjerljiv vertraulich; *Tier* zutraulich
povjetạ̄rac M Brise *f*
povlạ̄čẹ̄nje N Rückzug *m* **povlạ̄čiti** → povući
pọvlastica F Vergünstigung *f*; Privileg *n* **pọvlāšten** privilegiert **pọvod** M Anlass *m* **pọvōljan** günstig **pọvōrka** F (*Fest-*, *Trauer-*)Zug *m* **pọvraćati** → povratiti **pọvratak** M Rückfahrt *f*, -kehr *f*; **~ kući** Heimkehr *f* **pọvratan** Rück-; GRAM reflexiv; **pọvratnā kạ̄rta** *f* Rückfahrkarte *f*; **pọvratnī lẹ̄t** *m* Rückflug *m*
povrạ̄titi (pọvraćati) brechen, sich erbrechen
pọvrće N Gemüse *n*
pọvreda F Verletzung *f*, (*Gesetzes-*)Bruch *m*
pọvrh PRP (*G*) über (*D*)
povrijẹ̄diti PF *Gesetz, Grenze*

verletzen **pọvršan** oberflächlich **pọvršina** F Oberfläche *f* **pọvršinskī kọ̄p** M Tagebau *m*
povučen *fig* zurückgezogen
pọvūći (**povlāčiti**) *Wagen* ziehen, schleppen; *Strich* ziehen; *Antrag* zurückziehen
pọzadina F Hintergrund *m*
pọzdrāv M Gruß *m*; **pụno ~ā** (*D*) viele Grüße an (*D*) **pọzdraviti** (**pọzdravljati**) grüßen; grüßen lassen
pọzitīvan positiv
pȍziv M Einladung *f*; Vorladung *f*; MIL Einberufung *f*; (*Telefon-*)Anruf *m*
pozīvati → pozvati
pọzīvnica F *schriftliche* Einladung *f*
pọzliti PF: **pọzlilo mu** (**joj**) **je** ihm (ihr) ist schlecht
pọznanica F Bekannte *f* **pọznanīk** M Bekannte *m*
poznānstvo N Bekanntschaft *f*
pọznāt bekannt
pọznati (**poznāvati**) kennen; **~ se** sich kennen **poznạvatelj** M Kenner *m* **poznavatẹljica** F Kennerin *f* **poznāvānje** N Kenntnis *f*
pọzor M Achtung *f*, Aufmerksamkeit *f*; **~!** Achtung!
pọzōran aufmerksam **pọzōrnica** F Bühne *f*
pọzvati (**pozīvati**) einladen; vorladen; MIL einberufen; **~ telefōnom** anrufen; **~ se** sich berufen (**na** *A* auf *A*)
pọžār M Brand *m* **pọžārnī** Feuer-, Brand-
pọžēljan wünschenswert, erwünscht; begehrlich **pọžrtvōvan** aufopfernd **pọžuda** F Begierde *f* **pọžūdan** begierig, lüstern; begehrlich
požūriti (**požūrīvati**) **se** eilen, sich beeilen
prạbaba F, **prạbaka** F Urgroßmutter *f* **prạčovjek** M Urmensch *m*
praćka F Steinschleuder *f*
prạdjed M Urgroßvater *m*
prąg M Schwelle *f*
prȃh M Staub *m*, Pulver *n*; **šęćer u ~u** Puderzucker *m*
prạizvedba F Uraufführung *f*, Premiere *f*
prạksa F (*Berufs-*)Praxis *f*; Praktikum *n*
prạktičan praktisch
prāmac M SCHIFF Bug *m*
prạmēn M (*Haar-*)Strähne *f*
prānje N Waschen *n*, Wäsche *f*
praōnica F Wäscherei *f*; **~ automọbilā** (*Auto-*)Waschstraße *f*
prąsak M Knall *m*
prāse N Ferkel *n*
prạskati → prasnuti
prạsnuti (**prạskati**) knallen; (zer)platzen
prāšak M MED (*Wasch-*)Pulver *n* **prāšan** staubig
prạšina F Staub *m*
prạšuma F Urwald *m*
prạti ⟨**o-**⟩ (ab)waschen; spülen; *Wunde* reinigen; *Zähne* putzen; **~ se** sich waschen
prạtilac M Begleiter *m* **prạtilja** F Begleiterin *f*
prạtiti ⟨**ot-**⟩ begleiten
prạtnja F Begleitung *f*; Geleit *n*

prạv gerade **prạvac** M MATH Gerade *f*
prȃvda F Gerechtigkeit *f*, Recht *n*
prạvedan gerecht **prạvednōst** F Gerechtigkeit *f*
prȃvī echt
prạvīlan regelmäßig **prạvīlnīk** M (*Dienst-*)Vorschriften *f/pl* **prạvilo** N Regel *f*
prạviti ⟨nạ-⟩ machen; anfertigen
prạviti se sich stellen, sich ausgeben; ~ **vȃžan** sich wichtigtun
prȃvnica F Juristin *f* **prȃvnīk** M Jurist *m* **prȃvo**[1] Recht *n*; ~ **na** (*A*) Berechtigung zu; Anspruch auf (*A*)
prạvo[2] ADV richtig **prạvodoban** ADJ, **prạvodobno** ADV rechtzeitig **prạvokūtnīk** M Rechteck *n* **prạvomoćan** rechtskräftig **prạvopis** M Rechtschreibung *f*; Orthografie *f* **prạvoslȃvan** REL orthodox
prȃzan leer **prȃznīci** M/PL Ferien *pl*
prȃzniti ⟨is-⟩ (aus)leeren (**se** sich)
prạznovjēran abergläubisch **prạznovjērje** N Aberglaube *m*
pṛčkati ⟨s-⟩ *umg* stochern; stöbern; pfuschen
pȑdjeti *vulg* furzen *vulg*
pre- *vor* ADJ *u* ADV zu
prebȃciti (**prebacīvati**) hinüber-, herüberwerfen; *Mantel* überwerfen; *mit dem Auto* übersetzen; ~ **se** *über e-n Fluss* übersetzen
prẹbiti (**prebījati**) *Forderungen* verrechnen
prẹbjeg M Überläufer *m* **preboljeti** (**prebolijēvati**) *Krankheit* überstehen; *Kummer* überwinden **prebrọjiti** (**prebrȃjati**) nachzählen **precijęniti** (**precjenjīvati**) überschätzen **prẹcrtati** (**precrtȃvati**) abzeichnen
prẹčac M Abkürzung *f* **prẹčka** F (*Leiter-*)Sprosse *f*; *Fußball* Querlatte *f*
prẹčuti PF überhören
pred PRP (*wohin? A A; wo? I D*) vor
prẹdaja F Übergabe *f*; Aufgabe *f*; Überlieferung *f* **prẹdak** M Vorfahre *m* **prẹdati** (**predȃvati**) übergeben; *Brief* aufgeben; ~ **se** sich ergeben
predạvāč Vortragende *m*
predavạčica Vortragende *f*
predȃvānje N Vorlesung *f*
predȃvati[1] → predati
predȃvati[2] Vortrag halten, referieren (**o** *L* über *A*); *Hochschule* unterrichten (*D j-n*)
predbȃciti (**predbacīvati**) vorwerfen, Vorwürfe machen
prẹdbilježba F Reservierung *f* **predbilježiti** PF reservieren
prẹdbrōjka F Abonnement *n*
prẹdgovōr M Vorwort *n*
prẹdgrāđe N Vorort *m*
prẹdigra F Vorspiel *n*
prẹdio M (*G* **prẹdjela**) Landschaft *f*
prẹdizbōrnā kampạnja F

Wahlkampf *m* **prȩdjelo** N Vorspeise *f* **predlȃgati** → predložiti **prȩdložak** M Vorlage *f* **predlọžiti** (**predlȃgati**) vorschlagen

prȇdmet M Gegenstand *m*, Objekt *n*; Thema *n*; (*Unterrichts-*)Fach *n*

prȩdnōst F Vorrang *m*; **~ prọlaska** Vorfahrt *f*; **dạti** (**dȃvati**) **~** (*D*) bevorzugen (*A*)

prednjȃčiti vorangehen, anführen

prȩdnjāk M Vordermann *m*; Vorderzahn *m* **prȩdnjī** vordere(r); **~ kọtāč** *m* Vorderrad *n*

predọčiti (**predočȃvati**) veranschaulichen; vor Augen führen; **s(ȩb)i** sich *etw* vorstellen

prȩdodžba F Vorstellung *f*

predọmisliti (**predomīšljati**) **se** sich *etw* anders überlegen

prȩdračūn M Kostenvoranschlag *m* **predrȃsuda** F Vorurteil *n* **predsezọ̄na** Vorsaison *f*

prȇdsjednica Präsidentin *f*; Vorsitzende *f* **prȇdsjednīk** M Präsident *m*; Vorsitzende *m*

prȇdsōblje N Vorzimmer *n*; Windfang *m*

prȩdstava F (*Theater-*)Vorstellung *f* **prȩdstaviti** (**prȩdstavljati**) *j-n* vorstellen; **~ se** sich vorstellen **prȩdstāvnica** F Vertreterin *f*, Repräsentantin *f* **prȩdstāvnīk** M Vertreter *m*, Repräsentant *m* **prȩdstāvništvo** N (*diplomatische, Firmen-*)Vertretung *n*

preduhitriti (**preduhitrīvati**) (*A*) *j-m* zuvorkommen; vorbeugen (*D*) **predūjam** M Vorschuss *m*; JUR Kaution *f*

predūvjet M Vorbedingung *f* **prȩdvečērje** N Vorabend *m* **prȩdvidjeti** (**predvīđati**) *etw* vorsehen; voraussehen

predvọditi anführen **prȩdvōrje** N Vorhalle *f*

prȩfrigān gerissen **prȩgača** F Schürze *f* **prȩgaziti** PF *j-n* überfahren; → gaziti

prȇgib M Knick *m* **prȇgibnuti** (**prȇgibati**) knicken; *Bein* anwinkeln **prȇgled** M MED Untersuchung *f*; Kontrolle *f*; Durchsicht *f*; Überblick *m* **prȇgledan** übersichtlich

prȩgledati[1] (**preglēdati**, **preglēdȃvati**) MED untersuchen; durchsehen, kontrollieren; *Text* überfliegen

prȩgledati[2] PF *etw* übersehen

prȇglednīk M IT Browser *m*

pregọrjeti (**pregorijȩ̄vati**) ELEK durchbrennen **pregovạrāč** M Unterhändler *m* **pregovarạčica** F Unterhändlerin *f* **pregovȃrati** verhandeln

prȩgovori M/PL Verhandlungen *f/pl* **prȩgrada** F Trennwand *f*; Barriere *f*

pregrạditi (**pregrāđīvati**) abteilen; umbauen **pregrȃdnja** F Umbau *m*

prȩgršt F Handvoll *f* **prȩhlada** F Erkältung *f* **prehlạditi** (**prehlađīvati**) **se** sich erkälten **prȩhrambenī** Ernährungs-; Lebensmittel-

prẹhrana F Ernährung *f* **prehrā̦niti** (**prehranjī̦vati**) ernähren (**se** sich); **preinā̦čiti** (**preinačī̦vati**) umgestalten, umformen **preispī̦tati** (**preispitī̦vati**) über-, nachprüfen **prẹjesti se** PF sich überessen **prẹkasno** ADV zu spät

prȇkid M Unterbrechung *f* **prēkịdāč** M Schalter *m* **prēkī̦dati** → prekinuti

prẹkinuti (**prekī̦dati**) durchtrennen; unter-, abbrechen **prekī̦pjeti** PF überkochen **prẹkjučēr** ADV vorgestern **prẹklani** ADV vor zwei Jahren **preklọpiti** (**preklā̦pati**) zusammenklappen, -falten, -legen

preko PRP (*G*) über (*A*); **~ cijēlē gọdinē** das ganze Jahr hindurch; **~ stọ̄ ọsobā** über hundert Personen

prẹkobrōjan überzählig **prẹkomjēran** übermäßig **prẹkomorskī**, **prekooceā̦nskī** überseeisch

prekọpati (**prekopā̦vati**) umgraben; *Schublade* durchwühlen **prekorā̦čiti** (**prekoračī̦vati**) überschreiten **prekọriti** (**prekorā̦vati**) tadeln **prekọsutra** ADV übermorgen **prekọvremenī rā̦d** M Überstunden *f/pl*

prẹkrāsan wunderbar **prẹkretnica** F Wendepunkt *m* **prẹkriti** (**prekrī̦vati**) überdecken, -ziehen

prekrī̦žiti (**krī̦žati**) durchstreichen; **~ se** sich bekreuzigen

prẹkršāj M Verstoß *m*, Vergehen *n*, Übertretung *f*; SPORT Foul *n*; **prọ̄metnī ~** Verkehrsübertretung *f* **prekṛšiti** (**prekršī̦vati**) JUR übertreten **prẹkupac** M Zwischenhändler *m* **prekvalificī̦rati** (IM)PF *j-n* umschulen **prekvalificī̦rati se** umschulen

prelā̦mati → prelọmiti

prẹlazak M (*Grenz-*)Übertritt *m* **prẹlaziti** → prijeći **prelẹtjeti** (**prelijẹ̄tati**) überfliegen **prẹliti** (**prelijẹ̄vati**) umgießen **prelijẹ̄vati se** schillern **prelịstati** (**prelistā̦vati**) durchblättern **prelọmiti** (**prelā̦mati**) *etw* entzwei-, durchbrechen

prȇljev M GASTR Glasur *f* **prȇljub** M Ehebruch *m*

prema *prp* (*L*) gegenüber (*D*); gemäß, nach (*D*); (*Zahlenverhältnis*) zu; **~ tọmē** demzufolge; **jẹdan ~ dvā̦** SPORT eins zu zwei

prẹmašiti (**premašī̦vati**) überbieten **prẹmaziti** (**premazī̦vati**) überstreichen **prẹmda** CJ obwohl **premị̄nuti** PF verscheiden **prẹmjeriti** (**premjerā̦vati**) aus-, vermessen **prẹmjestiti** (**premjẹ̄štati**) *j-n, etw* versetzen; umstellen **prẹmještāj** M Versetzung *f* **premjẹ̄štati** → premjestiti **prẹmōć** F Übermacht *f* **prẹmoren** übermüdet **prẹmorenōst** F Übermüdung *f*

premọstiti (**premošćī̦vati**)

überbrücken **prenāgliti** (**prenagljīvati**) (A) *etw* überstürzen **prenapūčen** übervölkert
prenijēti (**prenositi**) herüber-, hinübertragen; *Nachricht* überbringen; *Besitz* übertragen (**na** *A j-m*); **prenoćīšte** N Nachtquartier *n* **prenoćiti** (**prenoćīvati**) übernachten
prenositelj M MED Überträger *m* **prenositeljica** F Überträgerin *f* **prenosiv** tragbar
preoblāčiti (**se**) → preobući (se) **preoblīčiti** (**preobličīvati**), **preoblikovati** (IM)PF umformen, -gestalten; **~ se** sich umformen, umgestalten
preobrazba F Verwandlung *f* **preobrāziti** (**preobražāvati**) verwandeln; **~ se** sich verwandeln **preobūći** (**preoblāčiti**) umziehen; **~ se** sich umziehen **preokrēt** M Wende *f*, Umschwung *m* **preopterētiti** (**preopterećīvati**) überlasten
preostajati → preostati **preostalī** übrig; Rest- **preostati** (**preostajati**) übrig bleiben
prēpad M Überfall *m*
prepaid-kartica F TEL, IT Prepaidkarte *f*
prepasti (**prepadati**) erschrecken (**se** sich)
prepečēnac M Toastbrot *n*
prepelica F Wachtel *f* **prepirati se** sich zanken **prepīrka** F Zank *m*
prepīsati (**prepisīvati**) abschreiben; *Arznei* verschreiben; *Besitz* überschreiben
preplanuo sonnengebräunt
preplašen erschrocken **preplašiti se** PF sich erschrecken (**od** *G* vor); **preplaviti** (**preplavljīvati**) überschwemmen (*a fig*); **preplivati** (**preplivāvati**) durchschwimmen
prepoloviti (**prepolovljīvati**) halbieren
prepona F SPORT Hindernis *n*; ANAT Leiste *f* **preporōd** M Renaissance *f*, *nationale* Wiedergeburt *f*
preporūčen: **~ō pismo** N Einschreiben *n*
preporūčiti (**preporūčīvati**) empfehlen; *Brief* einschreiben
preporuka F Empfehlung *f*
prepoznati (**prepoznāvati**) (wieder)erkennen **prepečāvati** → prepriječiti
prepreden gerissen **preprijēčiti** (**prepečāvati**) versperren **prepričati** (**prepričāvati**) (nach)erzählen
preprodaja F Wiederverkauf *m* **preprodati** (**preprodāvati**) wiederverkaufen, weiterverkaufen **prepun** überfüllt
prepustiti (**prepūštati**) überlassen **preračunati** (**preračunāvati**) *Währung* umrechnen; **~ se** sich verrechnen
prerada F, **preradba** F Verarbeitung *f*; Umarbeitung *f*
prerāditi (**prerađīvati**) um-, über-, verarbeiten **prerušiti** (**prerušāvati**) **se** sich verkleiden (**u** *A* in *A*); **presādi-**

ti (**presađīvati**) um-, verpflanzen **presąhnuti** (**presahnjīvati**) versiegen **presąviti** (**presavījati**) falten **preseliti** (**preseljāvati**) **se** umziehen; übersiedeln **preseljenīk** M Übersiedler *m* **presijęcati** → presjeći **pręsipati** → presuti **pręsjeći** (**presijęcati**) durchschneiden; *Weg* abschneiden; *Spielkarten* abheben

pręsjedati → presjesti

prēsjek M Querschnitt *m*

pręsjesti (**pręsjedati**) umsteigen

prēskočiti (**prēskočiti skākati**) überspringen (*a fig*)

preslika F Ablichtung *f* **pręslikati** (**preslikāvati**) abbilden; vervielfältigen, kopieren **pręslušati** (**preslušāvati**) verhören **pre̜ pręslušāvānje** N Verhör *n* **presoliti** (**presoljāvati**) versalzen **prespāvati** PF verschlafen **pręsretan** überglücklich **pręstati** (**pręstajati**) aufhören, enden **pręstanak** M Stillstand *m*; Unterbrechung *f*; **bez pręstānka** ohne Unterlass, ununterbrochen

pręsti spinnen; *Katze* schnurren

pręstići (**pręstizati**) (*A*) überholen (*A*); zuvorkommen (*D*)

pręstrašen verängstigt **pręstrašiti** PF *j-n* erschrecken; **~ se** sich erschrecken (*G* vor); **prestrojiti** (**prestrojāvati**) **se** AUTO sich einordnen **pręsuda** F JUR Urteil(sspruch *m*) *n*

pręsudan entscheidend **presūditi** (**presuđīvati**) verurteilen

presūti (**pręsipati**) umschütten; umgießen **pręsvūći** (**presvlāčiti**) umziehen; **~ se** sich umziehen

prešutan stillschweigend **prešūtjeti** (**prešućīvati**) verschweigen **pretākati** → pretočiti

pręteći (**prętjecati**) überholen (*A*); zuvorkommen (*D*) **pretēgnuti** (**pretēzati**) überwiegen **prętega** F *fig* Übergewicht *n* **pretēzati** → pretegnuti

prētežan überwiegend

prēthodan vorangehend **prēthoditi** vorangehen

pręthodnica F Vorgängerin *f* **pręthodnīk** M Vorgänger *m*

prętinac M Fach *n*; **poštanskī ~** *m* Postfach *n* **prętio** dick **prętiskati** (**pretiskīvati**) nachdrucken **prętjecati** → preteći **prętjerān** übertrieben **prętjerati** (**pretjerīvati**) übertreiben **pretočiti** (**pretākati**) ab-, umfüllen **pretovariti** (**pretovarīvati**) umladen

pretplaćīvati → pretplatiti

prętplata F Abonnement *n* **pretplātiti** (**pretplaćīvati**) abonnieren **prętplatnīk** M Abonnent *m* **pretposljednjī** vorletzte(r) **pretpostaviti** (**pretpostavljati**) annehmen; bevorzugen **prętpostāvka** F Annahme *f*

prętraga F Durchsuchung *f*; MED Untersuchung *f* **pretrážiti** (**pretražīvati**) durchsuchen, -stöbern **pretŗčati** (**pretrčāvati**) durchrennen; hinüberrennen

prętrgnuti PF *etw* durchreißen; ~ **se** *v/i* durchreißen **pretvǫriti** (**pretvārati**) um-, verwandeln; ~ **se** sich verwandeln; sich verstellen **preuranjen** verfrüht **preurēditi** (**preuređīvati**) umgestalten, -ordnen **preustrōjstvo** N Umbau *m*, Umgestaltung *f*, Reformierung *f* **preustrǫjiti** (**preustrojāvati**) umbauen, -gestalten, reformieren **preuzēti** (**preuzimati**) übernehmen **prevaga** F Übergewicht *n* (*a fig*) **prevāgnuti** (**prevagīvati**) überwiegen **prevāliti** (**prevaljīvati**) *Strecke* zurücklegen **prevariti** (**vąrati**) betrügen

preventīva F Vorsorge *f*

pręventīvan Vorsorge-; **prę ventivnā medicīna** *f* Präventivmedizin *f*

prevesti[1] (*präs* **prevędēm**) (**prevǫditi**) überführen; übersetzen, -tragen (**s** *G* aus *D*; **na** *A* in *A*); **prevesti**[2] (*präs* **prevęzēm**) (**prevǫziti**) befördern **previdjeti** (**previđati**) übersehen **previti** (**previjati**) *Wunde* verbinden **prevlādati** (**prevladāvati**) vorherrschen **prevlaka** F Überzug *m*; Landenge *f*

prevǫditelj M Übersetzer *m*

prevoditeljica F Übersetzerin *f* **prevǫditi** → prevesti[1]

prevǫziti → prevesti[2]

prevŗnuti (**prevrtati**) umdrehen, wenden; *Wohnung* auf den Kopf stellen; ~ **se** *Stuhl* umkippen; *Boot* kentern

prezime N Nachname *m* **prezīr** M Verachtung *f* **prezīran** verächtlich **prezreti** (**prezirati**) verachten

prgav reizbar; aufbrausend

prhūt F (*Haut-*)Schuppe *f*

pri *prp* (*L*) bei (*D*)

priānjati → prionuti

pribadača F Stecknadel *f*

pribaviti (**pribavljati**) verschaffen **pribiti** (**prībījati**) annageln, -schlagen

prībližan annähernd **prībližāvānje** N Annäherung *f*

priblīžiti (**priblīžāvati**) nähern; ~ **se** sich nähern

prībor M Zubehör *n*; ~ **zą jelo** Essbesteck *n*

prīča F Erzählung *f*; Sage *f*; Märchen *n* (*a fig*) **pričaǫnica** F IT Chatroom *m* **prīčati** ⟨**is-**⟩ erzählen

prīčest F Kommunion *f*

pričljiv gesprächig

pričuva F Reserve *f* **pričuvnī** Reserve-

pričvŗstiti (**pričvŗšćīvati**) befestigen, anheften

prīći (**prilaziti**) herantreten (*D* an *j-n*)

prīdjev M Adjektiv *n*

pridǫbiti (**pridobīvati**) *j-n* gewinnen (**za** *A* für *etw*); **pridǫći** (**pridolaziti**) hinzukommen **pridodati** (**pridodavati**) hinzufügen **pridonijeti** (**pridonositi**) beitragen **pridružiti** (**pridruživati**) **se** sich anschließen (*D j-m*); **pridržati** (**pridržavati**) halten

prigoda F Gelegenheit *f* **prigodan** gelegentlich; **prigodnā poštanskā mārka** *f* Sonder(brief)marke *f* **prigodōm** (*G*) anlässlich (*G*)

prigovārati → prigovoriti

prigovōr M Einwand *m*; Einspruch *m*

prigovoriti (**prigovārati**) einwenden; Einspruch erheben

prigušiti (**prigušīvati**) dämpfen **prigušivāč** M Schalldämpfer *m*

prīhod M Einkommen *n*

prihvatiti (**prihvaćati**) annehmen, akzeptieren; *Flüchtlinge* aufnehmen

prijam M Empfang *m* **prijāmnik** M (*Radio-*)Empfänger *m*

prijašnjī vor(her)ig **prijatelj** M Freund *m* **prījateljica** F Freundin *f* **prījatēljstvo** N Freundschaft *f* **prijava** F Anmeldung *f*; Anzeige *f*; **kaznenā** ~ *f* Strafanzeige *f*

prijāviti (**prijāvljīvati**) anmelden (**se** sich); *Straftat* anzeigen; ~ **se** *pf* IT sich einloggen

prijavnī: ~ **ured** M Meldeamt *n*

prijāvnica F Anmeldeformular *n*; *Raum* Anmeldung *f*

prije PRP (*G*) (*zeitlich*) vor; ~ **godinu dāna** vor einem Jahr; ~ **svega** vor allem; **tjedan** ~ eine Woche zuvor **prije no što** CJ bevor

prijēći (**prelaziti**) überqueren; *Weg* zurücklegen; *fig* überwechseln (**u** *A* zu); übertreten, übergehen (**na** *A* zu)

prijēdlog M Vorschlag *m*; GRAM Präposition *f*

prijēkor M Tadel *m* **prijēkōran** tadelnd **prijēlaz** M Übergang *m* **prijēlom** M MED Bruch *m*; TYPO, *fig* Umbruch *m* **prijēnos** M TV, TECH, JUR Übertragung *f* **prijēpis** M Abschrift *f* **prijēpōdne** N Vormittag *m* **prijēpōran** strittig **prijēsan** roh; ungekocht **prijēstōlnica** F Hauptstadt *f* **prijēstōlje** N Thron *m* **prijēstupnā godina** F Schaltjahr *n* **prijētēćī** drohend **prijētiti** drohen **prijētnja** F Drohung *f* **prijēvara** F Betrug *m* **prijēvod** M Übersetzung *f* **prijēvoj** M (*Gebirgs-*)Pass *m* **prijēvoz** M Transport *m* **prijēvoznī** Transport- **prijēvoznīk** M Spediteur *m* **prijēvoznō sredstvo** N Transportmittel *n*

prikāzati (**prikāzīvati**) (vor)zeigen; darstellen; THEAT aufführen

prikladan geeignet; passend

prīključak M ELEK, TEL Anschluss *m*; **fiksni** ~ Festnetzanschluss *m*

priključiti (**priključīvati**) anschließen

prikolica F AUTO Anhänger *m*

prikraćīvati → prikratiti

prikrātiti (**prikrāćīvati**) *Zeit* verkürzen, vertreiben
prikriti (**prīkrīvati**) verbergen; ~ **se** sich verbergen
prilāgati → priložiti
prilagoditi (**prilagođīvati**) anpassen (*D* an *A*); ~ **se** (*D*) sich gewöhnen (an *A*)
prīlaz M Zugang *m*
prilaziti → prići
prīličan ADJ, **prīlično** ADV ziemlich
prilijēpiti (**priljepljīvati**) an-, aufkleben (**na** *A* an *A*); ~ **se** kleben, haften
prīlika F Gelegenheit *f*; **po svoj prīlici** allem Anschein nach **prīlike** F/PL Verhältnisse *pl*
prīlog M GASTR Beilage *f*; Beitrag *m*; GRAM Adverb *n*; **u ~u** anbei, beiliegend
priložiti (**prilāgati**) beifügen, -legen **priljūbiti** (**priljubljīvati**) **se** kuscheln; sich anschmiegen **primaknuti** (**primicati**) *etw* heranrücken, näher rücken; ~ **se** *v/i* heranrücken, näher rücken
primalja F Hebamme *f*
primāmiti (**primāmljīvati**) anlocken
primamljiv verlockend
prīmānje N Empfang *m*; **sāt** *m* **prīmanja** Sprechstunde *f* **prīmānja** N/PL Einkünfte *pl*
prīmati → primiti
primārijus M Oberarzt *m*
primicati → primaknuti **primijēniti** (**primjenjīvati**) anwenden **primijētiti** (**primjećīvati**) an-, bemerken
primīrje N Waffenstillstand *m*
primīsao F Hintergedanke *m*
prīmiti (**prīmati**) empfangen, entgegennehmen; *Glauben* annehmen; *in e-n Verein, im Krankenhaus* aufnehmen
primitīvan primitiv
primjećīvati → primijetiti
prīmjedba F Anmerkung *f*
primjenjiv anwendbar
prīmjer M Beispiel *n*; **na ~** zum Beispiel (*Abk* z. B.);
prīmjerak M Exemplar *n*
primjeren angemessen
prīmjericē ADV beispielsweise
primopredaja F Übergabe *f*
prīmorac M Küstenbewohner *m* **primōrka** Küstenbewohnerin *f*
primōrati (**primorāvati**) zwingen (**na** *A* zu)
prīmōrje N Küste(nland *n*) *f* **prīmorskī** Küsten-
prinijēti (**prīnositi**) heranführen
prīnos (*Ernte*-)Ertrag *m*; Beitrag *m*
prinuda F Zwang *m* **prinudan** Zwangs- **prinuditi** (**prīnuđīvati**) nötigen
prionuti (**priānjati**) kleben, haften (**na** *A* an *D*); sich an *etw* heranmachen
priopćēnje N Mitteilung *f*
priopćiti (**priopćāvati**, **priopćīvati**) mitteilen
pripadati → pripasti **pripadnica** F Angehörige *f* **pripadnīk** M Angehörige *m* **pripadnōst** F Zugehörigkeit *f* **pri-**

pājati (**se**) → pripojiti (se) **prīpāliti** (**prīpaljīvati**) (*Zigarette*) anzünden, anstecken **pripasti** (**pripadati**) (dazu)gehören (*D* zu); *Recht* gebühren, zukommen **pripaziti** PF → paziti **pripīsati** (**pripīsīvati**) zuschreiben **pripīt** angetrunken **pripitomiti** (**pripitomljīvati**) zähmen **prīpjev** M Kehrreim *m*, Refrain *m* **prīpojiti** (**prīpājati**) anschließen, einverleiben; **~ se** (*D*) sich anschließen (*D*) **prīpomāgati** → pripomoći **pripomōć** F Unterstützung *f* **prīpomoći** (**prīpomāgati**) (*D*) *j-n* unterstützen; *j-m* (aus)helfen **pripovijēst** F Erzählung *f* **prīpovijēdati** erzählen **pripovijētka** F → pripovijēst **prīpovjedāč** M Erzähler *m* **prīpovjedačica** F Erzählerin *f* **priprava** F Vorbereitung *f* **priprāvan** vorbereitet **pripraviti** (**pripravljati**) vorbereiten; **~ se** sich vorbereiten **pripravnica** F Assessorin *f* **pripravnīk** M Assessor *m* **prīprāvnōst** F Bereitschaft *f* **priprema** F Vorbereitung *f* **prīprēmati** → pripremiti **pripprēman** bereit **prīprēmiti** (**prīprēmati**) vorbereiten; **~ se** sich vorbereiten **priprost** ADJ, **priprosto** ADV schlicht **prīpustiti** (**prīpūštati**) zulassen **priraslica** F Verwachsung *f* **prīrāst** M Zuwachs *m* **prīredba** F Veranstaltung *f* **prīrēditi** (**prīređīvati**) veranstalten, ausrichten **prīređivāč** M Veranstalter *m* **prīroda** F Natur *f*; **mrtvā ~** Stillleben *n* **prīrodan** Natur- **prirodoslōvlje** N Naturkunde *f* **prirođen** angeboren **prīručnīk** M Handbuch *n* **prīseban** geistesgegenwärtig **prīsebnōst** F Geistesgegenwart *f* **prisega** F Schwur *m* **prisēgnuti** (**prisēzati**) schwören **prisila** F Zwang *m* **prisīlan** Zwangs- **prisiliti** (**prīsiljāvati**) zwingen **prisīlnō slijētānje** N Notlandung *f* **priskrbiti** (**priskrbljīvati**) verschaffen **prisloniti** (**prislānjati**) lehnen (**uz** *A* an *A*); **~ se** sich lehnen (**uz** *A* an *A*); **prisluškīvati** lauschen, horchen; *Telefon* abhören **prispjeti** (**prīspijēvati**) eintreffen; beitragen (*D* zu); **prispodoba** F Gleichnis *n* **pristajati** *Kleid* passen; → pristati **pristanak** M Zustimmung *f*, Einwilligung *f* **pristanīšte** N Anlegestelle *f* **pristaša** M Anhänger *m* **pristati** (**pristajati**) einwilligen (**na** *A* in *A*); SCHIFF anlegen **pristōjan** anständig **pristōjba** F Gebühr *f* **pristōjno** ADV anständig **prīstojnōst** F

Anstand *m*, Anständigkeit *f* **pristran** parteiisch; voreingenommen **pristranōst** F Parteilichkeit *f*
prīstup M Zugang *m*; Zutritt *m*
pristupačan zugänglich
pristūpiti (**pristūpati**) herantreten (*D* an *A*); beitreten
pristupnica F Kandidatin *f* **pristupnik** M Kandidat *m*
prisutan anwesend **prisutnōst** F Anwesenheit *f*
prisvojiti (**prisvājati**) sich *etw* aneignen
prišapnuti (**prišaptāvati**) zuflüstern
prišiti (**prīšīvati**) annähen
prīšt M Geschwür *n*
prištav pickelig
prištēdjeti (**prištēđīvati**) sparen; *j-m etw* ersparen
prištić M Pickel *m*
pritega F Ballast *m* **prītēgnuti** (**prītēzati**) *Schraube, Zügel* anziehen
pritisak M Druck *m* **pritisnuti** (**prītiskati**) (nieder)drücken
prītok M Zufluss *m*
pritužba F Beschwerde *f*, Klage *f*
prītvor M Haft *f*; **istražnī ~** Untersuchungshaft *f* **prīuštiti** PF gönnen; **~ s(eb)i** sich *etw* gönnen *od* leisten
privesti (**prīvoditi**) *dem Haftrichter* vorführen
prīvid M (An)Schein *m* **prīvidan** scheinbar
privikāvati → priviknuti
priviknuti (**prīvikāvati**) gewöhnen (**na** *A* an *A*); **~ se** (**na** *A* an *A*) sich an *etw* gewöhnen
privītak M Anhang *m*; IT Attachment *n*; **u privītku** beiliegend
prīvjesak M (*Schlüssel-*) Anhänger *m*; *fig* Anhängsel *n*
privlāčan anziehend **privlāčnā snāga** F PHYS Anziehungskraft *f*
privlāčiti → privući **privola** F Einwilligung *f* **privoljeti** (**privolijēvati**) **na** (*A*) *j-n* zu *etw* bewegen
privremen zeitweilig **privržen** anhänglich **privūći** (**prīvlāčiti**) anziehen **prizēmlje** N Erdgeschoss *n*
prīziv M JUR Einspruch *m* **prīznanica** F Quittung *f* **prīznānje** N Anerkennung *f*; Geständnis *n*
priznāt anerkannt **priznati** (**prīznāvati**) anerkennen; gestehen, zugeben, bekennen
prīzor M *fig* Schauspiel *n*; THEAT Szene *f*
prkos M Trotz *m* **prkosan** trotzig **prkositi** trotzen
prljati ⟨u-⟩ *Boden* verschmutzen; **~ se** schmutzig werden
prljav schmutzig
prljāvština F Schmutz *m*
prōba F (*Theater-*)Probe *f*; Anprobe *f*
prōbati (*Speise*) kosten; (*Kleidung*) anprobieren
probādati → probosti
probava F Verdauung *f* **probaviti** (**probavljati**) verdauen **probavljiv** verdaulich
probījati → probiti **probi-**

svijēt M Herumtreiber m **probịtačan** vorteilhaft; nutzbringend **probītak** M Vorteil m; Nutzen m; Gewinn m **prọbiti** (**probījati**) durchbrechen, -stoßen; durchdringen **problijẹ̄djeti** (**probljeđịvati**) blass werden, erbleichen **prọblēm** M Problem n **prọbōj** M MIL, *fig* Durchbruch m **prọbosti** (**probạ̄dati**) durchbohren **prọces** M Prozess m **procijẹ̄diti** (**procjeđīvati**) (durch)seihen; filtern **procijẹ̄niti** (**procjenjīvati**) (ein-, ab)schätzen **procjeđīvati** → procijediti **prọcjena** F Schätzung f **procjenjīvati** → procijeniti **prọcijēp** M Riss m **procūriti** PF *Flüssigkeit* auslaufen; *Behälter* lecken **prọcvasti** (**procvjẹtati**) aufblühen **prọcvat** M Blüte(zeit) f (*a fig*); **pročēlje** N (*Häuser*-)Front f, Fassade f **prọčistiti** (**pročišćīvati**) säubern, reinigen; *Straße* räumen **pročịtati** (**pročitạ̄vati**) durch-, vorlesen **prọčuti se** PF: **prọčulo se** es heißt, man hört

prọ̄ći (**prọlaziti**) durchgehen (**preko** *A*, **kroz** *A* durch); vorbeigehen (**pored** *G* an *D*); *fig* durchmachen (*A A*); *Zeit* vergehen, ablaufen

prọdaja F Verkauf m; **na prọdaju** zu verkaufen **prọdati** (**prodạ̄vati**) verkaufen; *Waren* vertreiben **prodavāč** M Verkäufer m **prodavačica** F Verkäuferin f **prodavaọnica** F Geschäft n, Handel m **prọdạ̄vati** → prodati **prodẹrati** PF *etw* zerreißen; ~ **se** anschreien (**na** *A j-n*); **prọdirati** → prodrijeti **prọdōran** durchdringend **prọdrijēti** (**prọdirati**) durch-, ein-, vordringen **prodūbiti** (**produbljīvati**) vertiefen **producent** M Produzent m **prodūljiti** (**produljīvati**) verlängern **prọđa** F HANDEL Absatz m

profesionạ̄lac M, **profesiọnālka** F Profi m

prọfesor M Professor m; (*Gymnasial*-)Lehrer m **profesọrica** F Professorin f; (*Gymnasial*-)Lehrerin f

profīl M Profil n; IT **kọrisnički** ~ Benutzerprofil n

progạ̄njati → progoniti **proglạ̄siti** (**proglašạ̄vati**) ausrufen, verkünden; ~ **ụmrlīm** für tot erklären

prọgnanica F Vertriebene f **prọgnanīk** M Vertriebene m **prọgnati** (**progọniti**) verbannen; vertreiben **prọgon** Verbannung f **progọnitelj** M Verfolger m **progọniti** verfolgen (*a politisch*); → prognati **progọ̄nstvo** N Verbannung f; Exil n **progovọriti** PF zu sprechen *od* reden beginnen **prọgram** M Programm n **prograṃēr** M Programmierer m **prograṃērka** F Programmiererin f **prọgristi** (**progrīzati**) *Ungeziefer*, *Säure*

durchfressen **progųrati** PF durchschieben; *fig etw* durchdrücken; ~ **se** sich durchboxen **progutati** PF → gutati **prohládan** kühl **prohodan** passierbar **prohodati** PF zu laufen beginnen
proizíći (**proizlaziti**) hervorgehen, folgen (**iz** *G* aus); **proizvesti** (**proizvoditi**) HANDEL herstellen, produzieren; erzeugen **proizvod** M Erzeugnis *n*, Produkt *n* **proizvodnī** Produktions- **proizvodnja** F Herstellung *f*, Produktion *f* **proizvođač** M Hersteller *m*, Erzeuger *m* **proizvođačica** F Herstellerin *f*, Erzeugerin *f*
prokisnuti (**prokišnjāvati**) durchregnen
prokléti (**proklinjati**) verfluchen **prokletstvo** N Fluch *m* **prokockati** (**prokockāvati**) verspielen
prokopati (**prokopāvati**) durchgraben; *Kanal* durchstechen **prokrčiti** (**prokrčīvati**) *Wald* roden; ~ **pūt** *fig* Weg bahnen
prolaz M Durchfahrt *m*; *(Öffnung, Weg)* Durchgang *m* **prolazak** M Durchfahrt *f* **prolazan** befahrbar; vorübergehend; vergänglich **prolaziti** → proći **prolaznica** F Passantin *f* **prolaznīk** M Passant *m*
prolijēvati → proliti
proliti (**prolijēvati**) verschütten **prolom** M Durchbruch; ~ **oblākā** Wolkenbruch *m* **proljeće** N Frühling *m*, -jahr *n* **proljetnī** Frühlings- **proljev** M MED Durchfall *m*
promaknuti (**promicati**) entgehen; *j-n* fördern; *j-n* befördern (**u** *A* zu)
promašāj M Fehlschuss *m*, Fehlwurf *m*; Fehlschlag *m* **promašiti** (**promašīvati**) danebenschießen; *fig* verfehlen
promatrāč M Beobachter *m* **promatračica** F Beobachterin *f*
promātrati → promotriti
promet Verkehr *m*; Umsatz *m* **prometan** verkehrsreich, belebt **prometnī** Verkehrs-; Umsatz-; **prometnā nezgoda** *f* Verkehrsunfall *m*
prometnica F Verkehrsweg *m*
prometovati BAHN, *Bus* verkehren
promicati → promaknuti
promidžba F Propaganda *f*; Reklame *f* **promijeniti** (**promjenjīvati**) (ab-, um-, ver)ändern; *Geld* wechseln **promil** M Promille *n* **promisliti** (**promīšljati**) überlegen, be-, durchdenken, erwägen **promišljen** durchdacht, überlegt; besonnen **promjena** F Veränderung *f*; Wandel *m* **promjenjiv** veränderlich; *Wetter* wechselhaft **promjenjīvati** → promijeniti
promjer M Durchmesser *m*
promočiti (**promočīvati**) durchnässen **promočiv** wasserdurchlässig; **promotriti** (**promātrati**) betrachten, be-

obachten **promūkao** heiser **promuklōst** F Heiserkeit *f* **pronāći** (**pronalaziti**) auffinden **pronalazak** M Erfindung *f* **pronalaziti** → pronaći **pronevjera** F Veruntreuung *f* **pronevjeriti** (**pronevjerāvati**) veruntreuen **pronicati** → proniknuti **pronicav** durchdringend; scharfsinnig **proniknuti** (**pronicati**) *fig* eindringen (**u** *A* in *A*), ergründen **propadānje** N Verfall *m* **propadati** → propasti **propalica** M, F gescheiterte Existenz *f*, Taugenichts *m* **propao** verkommen, heruntergekommen **propāst** F Verderben *n*, Untergang *m* **propasti** (**propadati**) durchfallen; scheitern; verkommen

propis M Vorschrift *f* **propisān**[1] vorgeschrieben

prōpisan[2] vorschriftsmäßig

propīsati (**propīsīvati**) vorschreiben

proplanak M Lichtung *f* **propovijēd** F Predigt *f* **propovijēdati** predigen **propovjedaonica** F REL Kanzel *f* **propūh** M Durchzug *m*; Zugluft *f* **propust** Versäumnis *n* **propustan** durchlässig **propustiti** (**propūštati**) durchlassen; auslassen; unterlassen, versäumen **propušiti** PF zu rauchen beginnen **proputovānje** N Durchreise *f* **proputovati** PF durchreisen (**kroz** *A* durch)

proračūn M Haushalt *m*, Budget *n* **proračunān** berechnend **proračunati** (**proračunāvati**) berechnen **proreći** (**prorīcati**) voraus-, vorhersagen, prophezeien **prored** M Zeilenabstand *m*

prōrez M Schlitz *m*

prorīcati → proreći **proročānstvo** N Weissagung *f*, Prophezeiung *n*

prōrok M Prophet *m*

prosinac M Dezember *m* **prosijati** (**prosijāvati**) (durch)-sieben **prosipati** → prosuti **prositi** ⟨za-⟩ betteln **prosjāčiti** betteln **prosjāk** M Bettler *m* **prosjakinja** F Bettlerin *f* **prosječan** Durchschnitts-; durchschnittlich

prōsjek M Durchschnitt *m*

proslava F Feier *f* **proslaviti** (**proslavljati**) feiern

proso N Hirse *f*

prospekt M Prospekt *m*

prost ordinär, roh **prostāk** M Grobian *m*, Rüpel *m* **prostāštvo** N Rohheit *f*, Vulgarität *f*

prostirāč M (*Bett-*)Vorleger *m*

prostirati → prostrijeti

prostitūtka F Prostituierte *f*

prōstor M (*Platz, Welt-*) Raum *m* **prōstorija** F Raum *m*, Räumlichkeit *f* **prōstota** F → prostaštvo

prostran geräumig **prostrijēti** (**prostirati**) *Tischdecke* ausbreiten; *Tisch* decken; **~ se** sich ausdehnen **prosudba** F Urteil *n*, Einschätzung *f*

prosȗditi (**prosȗđīvati**) urteilen; *j-n od etw* beurteilen
prosūti (**prosipati**) *Mehl, Zucker usw* verschütten **prosvijēćen** aufgeklärt
prosvjed M Protest *m* **prosvjedovati** (IM)PF protestieren
prosvjeta F Bildung *f* **prosvjetnī** Bildungs-
prošịriti (**proširīvati**) erweitern, verbreitern; verbreiten
prošlī vergangen **prošlo** ADV vorbei, vorüber **prošlōst** F Vergangenheit *f* **proteći** (**protjecati**) durchfließen; *Zeit* verfließen
protėgnuti (**protēzati**) ausstrecken; ~ **se** sich ausstrecken; *fig* sich erstrecken
protēza F Prothese *f*
protisnuti (**protiskīvati**) durchzwängen, durchdrücken; ~ **se** sich durchzwängen
protiv PRP (*G*) gegen, wider (*A*); **nėmati nịšta** ~ nichts dagegenhaben **protivan** entgegengesetzt, Gegen-
protīviti ⟨**us-**⟩ **se** sich widersetzen
protīvnīk M Gegner *m*
protjecati → proteći
protjerati (**protjerīvati**) vertreiben; ausweisen
protulijēk M Gegenmittel *n* **protuotrov** M Gegengift *n* **protuprāvnī** widerrechtlich **proturječan** widersprüchlich **protuurečiti** widersprechen **proturēčje** N Widerspruch *n* **protutėža** F Gegengewicht *n* **protuvrijēdnōst** F Gegenwert *m* **protuzākonit** gesetzwidrig
proučiti (**proūčāvati**) erforschen, studieren; durcharbeiten
prouzročiti (**prouzročīvati**), **prouzrokovati** (IM)PF verursachen, bewirken
provala F Einbruch *m*; MIL Einfall *m*; (*Vulkan-, Gefühls-*) Ausbruch *m*
provāliti (**provāljīvati**) einbrechen; *Vulkan, Gefühl* ausbrechen
provālnica F Einbrecherin *f* **provālnīk** M Einbrecher *m* **provaljīvati** → provaliti **provedba** F Durchführung *f* **provesti** (**provoditi**) durchführen; *Zeit* verbringen
provider M IT Provider *m*
provjera F, **provjerāvānje** N (Über)Prüfung *f* **provjeriti** (**provjerāvati**) (über)prüfen
provoditi ELEK leiten; → provesti
prozīran durchsichtig (*a fig*); **prozirati** → prozreti **prozīvati** → prozvati **prozor** M Fenster *n* **prozorčić** M Fensterchen *n* **prozrāčiti** (**prozračīvati**) (durch)lüften **prozreti** (**prozirati**) (hin)durchschauen; *fig* durchschauen **prozvati** (**prozīvati**) *mit Namen* aufrufen **proždrljiv** gefräßig
prožēt durchdrungen (*I* von)
prožīvjeti (**proživljāvati**) durchleben
prsi F/PL Brust *f*

pr̃skati ⟨**po-**⟩ (be)sprühen **pr̩sluk** M Weste *f*; **reflektịrajućī** ~ Warnweste *f* **pr̩snī** Brust- **pr̩st** M Finger *m*; Zehe *f* **pr̩stēn** M Ring *m* **pr̩stenast** ringförmig **prstẹnjāk** M Ringfinger *m* **pr̃štav** *fig* spritzig **pr̃šut** M Rauchschinken *m* **prtljāga** F Gepäck *n* **pr̩tljati** (*dummes Zeug*) quatschen; pfuschen **pr̩tljāžnī** Gepäck *n* **pr̩tljāžnica** F Gepäckaufbewahrung *f* **pr̩tljāžnīk** M Kofferraum *m* **prūg** M Hummer *m* **prūga** F Gleis; (*Eisenbahn, Straßenbahn*) Strecke *f* **prugast** gestreift **pružiti** (**prūžati**) reichen; *Hilfe, Widerstand* leisten; ~ **se** sich erstrecken *od* ausdehnen **pr̩vāk** M SPORT Meister *m* **prvẽnstvo** N Vorrang *m*; SPORT Meisterschaft *f* **pr̃vī** erste(r); ~ **pūt** zum ersten Mal; **pr̃vā pọmōć** *f* Erste Hilfe *f* **pr̃vo** ADV zuerst; erstens **pr̩vobitan** ursprünglich **prvorāzredan** erstklassig **prvostōlnica** F Kathedrale *f* **prvostupanskī** erstinstanzlich **pr̃žiti** ⟨**is-, po-**⟩ braten; rösten **psẹćī** Hunde-; **psẹćā ụtrka** *f* Hunderennen *n* **psić** M Hündchen *n* **psọvati** ⟨**o-**⟩ (be)schimpfen fluchen **psōvka** F Fluch *m*, Schimpfwort *n*

pšenica F Weizen *m* **ptịca** F Vogel *m*; **nọcnā** ~ *f fig* Nachtschwärmer *m*; ~ **pjẹvica** *f* Singvogel *m*; ~ **sẹlica** *f* Zugvogel *m* **ptịčār** M Vogelzüchter *m*; Vorstehhund *m* **ptịčjī** Vogel- **pụcati** → puknuti **puckẹtati** knallen; *Feuer* knistern; *Schnee* knirschen **pụcnjava** F Schießerei *f* **pụčina** F hohe See *f* **pūčkī** volkstümlich **pūčkā škōla** F Volksschule *f* **pūh** M ZOOL Siebenschläfer *m* **pūhati**[1] *Wind* wehen **pūhnuti** (**pūhati**[2]) blasen, pusten **pūk** M Volk *n* **pūkī** rein; ~ **slụčāj** *m* reiner Zufall *m* **pụknuti** (**pụcati**) platzen; schießen, feuern; *Glas* springen **pụkotina** F Sprung *m* **pukōvnica** F Frau Oberst *f* **pukọvnija** F Regiment *n* **pukōvnīk** M Oberst *m* **pūmpati** ⟨**nạ-**⟩ (auf)pumpen **pụn** voll; ~-**puncat** proppenvoll **pụnāšan** füllig **pụnica** F Schwiegermutter (*des Ehemannes*) *f* **pụniti** ⟨**nạ-**⟩ (auf)füllen; (auf)laden ⟨**ịs-**⟩ ausfüllen **pụnjāč** M ELEK Ladegerät *n*; TEL ~ **akumụlātora** Ladegerät *n* **pụno** ADV (*G*) viel **pụnoljetan** volljährig **punomāstan** vollfett **punomāsnō mlijẹ̄ko** N Vollmilch *f* **pụnomōć** F Vollmacht *f*

punomoćnica F Bevollmächtigte *f* **punomoćnīk** M Bevollmächtigte(r) *m*
pupak M Nabel *m* **pupati** ⟨**pro-**⟩ knospen **pupčanica** F Nabelschnur *f* **pupoljāk** M Knospe *f*
pura F Pute *f* **purān** M Truthahn *m*
pust[1] M Filz *m*
pūst[2] öde; (*menschen-*)leer; verlassen
pūstinja F Wüste *f* **pūstinjskī** Wüsten-
pustiti (**pūštati**) lassen; loslassen; hereinlassen; ~ **na slobodu** freilassen
pustolovina F Abenteuer *n*
pūstoš F Wildnis *f*
pustošiti ⟨**o-**⟩ verwüsten
pušāč M Raucher *m* **pušačica** F Raucherin *f* **pušēnje** N Rauchen *n* **pušiti** ⟨**po-**⟩ **pušiti** rauchen
puška F Gewehr *n*
pūštati → pustiti
pūt[1] M Weg *m*; Reise *f*, Fahrt *f*; **sretan** ~! gute Fahrt!; gute Reise! **dīšnī pūtevi** M/PL Atemwege *pl*
put[2] M Teint *m*, Haut *f*
pūt[3] ADV Mal *n*; **mnogo** ~**ā** viele Male; **ovāj** ~ diesmal; **pēt** ~**ā** fünfmal
puten sinnlich; fleischlich
pūtnī Reise-; **pūtnā tọrba** *f* Reisetasche *f* **pūtnica** F Reisende *f* **pūtničkī** Reise-; ~ **vlāk** *m* Personenzug *m* **pūtnīk** M Reisende *m*; Fahr-, Fluggast *m*, Passagier *m*; **trgovačkī** ~ *m* Handlungsreisende *m*
putokāz M Wegweiser *m* **putopis** M Reisebeschreibung *f*; Reisebericht *m*
putovānje N Reise *f*
putovati ⟨**do-**⟩ (an)reisen ⟨**ot-**⟩ (ab-, ver)reisen
putōvnica F Reisepass *m*
puzati kriechen **puzav** kriecherisch **puzavac** M Kriechtier *n* **puzavica** F Schlingpflanze *f*
pūž M Schnecke *f* **pūžev** Schnecken-

R

rabīn M Rabbiner *m*
rābiti ⟨**upo-**⟩ gebrauchen **rābljen** gebraucht
račić M Krebstier *n*
račūn M MATH, HANDEL Rechnung *f*; Konto *n*; Rechenschaft *f*; IT **e-mail korisničkī** ~ Account *m od n*; **tekūćī** ~ Kontokorrent *n*
računalo N Rechner *m*; Computer *m*; **prijēnosno** ~ Laptop *m od n* **računati** rechnen ⟨**pro-**⟩ berechnen ⟨**iz-**⟩ ausrechnen **računica** F (*Be-*)Rechnung *f*
račūnskī Rechen-; Rechnungs-
rād M Arbeit *f*; Werk *n*
radi PRP (*G*) wegen (*D*); um ... (*A*) willen
radīč M Chicorée *m*, Radicchio

m; Löwenzahn m
radijātor M Heizkörper m
rādio M Radio n **rādiodrāma** F Hörspiel n **rādioemisija** F Radiosendung f
radiọnica F Werkstatt f
radiopọstaja F Radiosender m, -station f
rạditi ⟨u-⟩ tun, machen; arbeiten; **rạdī se o** (L) es handelt sich od geht um (D)
rạdnī Arbeits-; ~ **dạn** m Arbeitstag m; ~ **stāž** m Dienstjahre n/pl; **rạdnō vrijēme** n Öffnungszeiten f/pl; Bürozeiten pl **rạdnica** F Arbeiterin f
rạdničkī Arbeiter- **rạdnīk** M Arbeiter m
rạdnja F Handlung f (e-s Films, Romans usw); Laden m, Geschäft n
rạdo ADV gerne **rạdōst** F Freude f **rạdostan** fröhlich; Nachricht erfreulich **radovati se** ⟨ọb-⟩ (D) sich freuen (auf, über A); **radọznalōst** F Neugierde f **rạdoznao** neugierig
rạđati → rọditi
rāj M Paradies n
rājčica F Tomate f
Rājna F Rhein m
rạk M ZOOL, MED, ASTRON Krebs m
rakēta F Rakete f
rạkija F Schnaps m
rạkovica F Krabbe f
rạme N Schulter f
rạna F Wunde f
rạnī früh; zeitig
rạnijē ADV, **rạnijī** ADJ früher
rạniti[1] (**ranjāvati**) verwunden
rạniti[2] ⟨u-⟩ früh aufstehen
ranoranilac M Frühaufsteher m **ranorạnilica** F Frühaufsteherin f
ranjāvati → rạniti[1]
rạnjenica F Verwundete f **rạnjenīk** M Verwundete m **rạnjiv** verwundbar
rạsa F Rasse f
rascjẹpkati PF POL spalten; ~ **se** sich spalten
rāshod M HANDEL Ausgabe f
rạsipati → rasuti **rạsjeći** (**rasijēcati**) zerschneiden **raskalāšen** zügellos **rạskinuti** (**raskīdati**) zerreißen; Vertrag, Verlobung lösen **rasklāpati** → rasklopiti **rạsklimān** wackelig **rasklọpiti** (**rasklāpati**) aufklappen; Buch aufschlagen; Motor zerlegen **raskomạdati** (**raskomadāvati**) zerstückeln, in Stücke schneiden **raskọpati** (**rạskopāvati**) aufgraben; durchwühlen, durchstöbern **raskọpčati** (**raskopčāvati**) aufknöpfen **rạskorāk** M Missklang f, Diskrepanz f; SPORT Grätsche f
rāskoš F Pracht f, Prunk m; Luxus m **rāskošan** pracht-, prunkvoll, luxuriös
rāskrīžje N AUTO Kreuzung f
rāspad M Verfall m; Zerfall m
rạspadati se → raspasti (se)
raspakīrati (**raspakirāvati**) auspacken **raspāliti** (**raspaljīvati**) entzünden, -flammen, -entfachen; ~ **se** sich entzünden **rạspasti** (**rạspadati**) zer-, auseinanderfallen

raspẹ̄lo N Kruzifix *n* **rạspēti** (**rạspinjati**) kreuzigen **raspẹtljati** (**raspetljā̦vati**) entwirren **raspīsati** (**raspisīvati**) ausschreiben; *Belohnung* aussetzen **raspītati** (**raspitīvati**) **se** (**o** *L*) sich erkundigen (nach); Nachforschungen anstellen (über *A*); **rạsplinuti** (**rasplinjā̦vati**) **se** verdampfen, verfliegen (*a fig*); **rasplịnjāč** M AUTO Vergaser *m* **raspodijẹ̄liti** (**raspodjeljīvati**) verteilen **raspolā̦gati** verfügen (*I* über *A*); **raspolọviti** (**raspolovljīvati**) halbieren **raspọložen** gut gelaunt **raspoložẹ̄nje** N Stimmung *f*; gute Laune *f* **raspolọživ** verfügbar **rạsporēd** M Einteilung *f* **rasporẹ̄diti** (**rasporēđīvati**) einteilen **raspọznati** (**raspoznā̦vati**) erkennen **rạsprava** F Debatte *f*, Diskussion *f* **rạspraviti** (**rạspravljati**) erörtern, besprechen; **~ se** *Streit* beilegen **rasprẹ̄miti** (**rasprẹ̄mati**) aufräumen; *Tisch* abdecken, abräumen; *Bett* machen **rạsprodaja** F Ausverkauf *m*; **ljẹtnjā**, **zīmskā** ~ Sommer-, Winterschlussverkauf *m* **rasprọdati** (**rasprodā̦vati**) ausverkaufen **rasprọstrijēti** (**rasprọstirati**) ausbreiten, ausdehnen; **~ se** sich ausdehnen **rasprostrā̦niti** (**rasprostranjī̦vati**) **se** sich verbreiten **rasprọstrānjen** verbreitet **rasprọstrānjenōst** F Verbreitung *f* **rạspucān** rissig **rạspuknuti se** PF (zer)platzen, bersten **raspụ̄stiti** (**raspụ̄štati**) *Organisation usw* auflösen **rā̦st** M BIOL, HANDEL Wachstum *n*; Wuchs *m* **rạstajati** → rastati **rạstanak** M Abschied *m*, Trennung *f* **rastā̦pati** (**se**) → rastopiti (se) **rạstati** (**rạstajati**) sich trennen **rạstava** F (*Ehe-*)Scheidung *f* **rạstaviti** (**rạstavvljati**) trennen (*a* GRAM); zerlegen; **~ se** sich scheiden lassen **rạstavljen** geschieden **rastẹgljiv** dehnbar **rastẹ̄gnuti** (**rastẹ̄zati**) dehnen; **~ se** sich dehnen **rastẹretiti** (**rasterećīvati**) entlasten **rastẹ̄zati** (**se**) → rastegnuti (se) **rā̦sti** ⟨**po-**⟩ wachsen **rạstjerati** (**rastjerīvati**) auseinandertreiben, -jagen **rastọpiti** (**rastā̦pati**) CHEM (auf)lösen; **~ se** sich (auf)lösen; *Eis* schmelzen **rastrẹsen** zerstreut **rạstrgnuti** PF *etw* zerreißen, -fetzen; **~ se** *v/i* zerreißen **rā̦strošan** verschwenderisch **rastvọriti** (**rastvā̦rati**) sperrangelweit öffnen **rasū̦ti** (**rạsipati**) aus-, verstreuen; verschwenden **rā̦svjeta** F Beleuchtung *f*; **jā̦vnā ~** Straßenbeleuchtung *f*

raščlāmba F Analyse *f*; Gliederung *f* **raščlāniti** (**raščlānjīvati**) (zer)gliedern **rašīriti** (**rašīrīvati**) verbreitern; verbreiten; ~ **se** sich ausdehnen; sich verbreitern **rat** M Krieg *m* **ratīšte** N Front *f* **ratnī** Kriegs-; ~ **zločin** *m* Kriegsverbrechen *n*; **ratnā mornarica** *f* Kriegsmarine *f* **ratnica** F Kriegerin *f* **ratnīk** M Krieger *m* **ratobōran** kriegerisch; kampflustig **rāvan** ADJ eben; flach; gerade **ravnalo** N Lineal *n* **ravnatelj** M Direktor *m* **ravnateljica** F Direktorin *f* **ravnateljstvo** N Direktion *f*; Leitung *f* **ravnati** leiten ⟨**iz-**, **po-**⟩ ebnen; ~ **se** sich richten (**prema** *L* nach) **ravnica** F Ebene *f* **ravnina** F MATH Ebene *f* **rāvno** ADV geradeaus **rāvnodušan** gleichgültig **ravnomjēran** gleichmäßig **ravnoprāvan** gleichberechtigt **ravnotēža** F Gleichgewicht *n* **razabrati** (**razabirati**) erkennen, wahrnehmen **razapēti** (**razapinjati**) *Schirm* aufspannen; *Zelt* aufschlagen **razārati** → razoriti **razasipati** → rasuti **razbarūšen** *Haar* wirr, zerzaust **razbijāč** M Schläger *m*, Rowdy *m* **razbijačica** F Schlägerin *f*, Rowdy *m* **razbījati** → razbiti **razbiti** (**razbījati**) zerschlagen, zertrümmern; *Fenster* einschlagen **razbjesniti** (**razbješnjāvati**) erzürnen **razbjesnjeti** (**razbješnjāvati**) **se** in Wut *od* Rage geraten **rāzbōj** M Webstuhl *m*; SPORT Barren *m* **rāzbōjnica** F Räuberin *f* **rāzbōjnīk** M Räuber *m* **rāzbōjstvo** N Raub *m* **razboljeti** (**razbolijēvati**) **se** erkranken (**od** *G* an *D*) **razdati** (**razdāvati**) austeilen **razderati** PF zerreißen **razdijēliti** (**razdjeljīvati**) aufteilen; aus-, verteilen **razdioba** F Teilung *f*; Aufteilung *f*; Verteilung *f* **rāzdjeljak** M (*Haar*-)Scheitel **rāzdjeljīvati** → razdijeliti **rāzdoblje** N Epoche *f* **rāzdor** M Zwietracht *f* **rāzdrāžiti** (**rāzdražīvati**) (*ärgern*) reizen **rāzdražljiv** reizbar **rāzdrobiti** PF → drobiti **rāzdvojiti** (**rāzdvājati**) entzweien **rāzglāsiti** (**rāzglašāvati**) kundtun, verkünden **razgledati** (**razglēdati**, **razgledāvati**) besichtigen **rāzglednica** F Ansichtskarte *f* **rāzgoliti** (**rāzgoljīvati**) entblößen (*a fig*); ~ **se** sich entblößen **rāzgovārati** ⟨**po-**⟩ sich unterhalten **rāzgovjetan** *Aussprache* deutlich **razgovōr** M Gespräch *n*, Unterhaltung *f* **razgovorljiv** gesprächig **razgrabiti** PF aufkaufen **razgrabljen** (im Nu) ausverkauft

razgrạditi (**razgrađịvati**) abbauen; zerlegen; ~ **se** sich zersetzen **rạzgranati** (**razgranạvati**) sich verzweigen **razgrạničiti** (**razgraničạvati, razgraničịvati**) abgrenzen; ~ **se** sich abgrenzen **rạzgristi** (**razgrīzati**) zerbeißen **rạzīći** (**razịlaziti**) **se** auseinandergehen **rạzina** F Höhenlage *f*; Niveau *n* **rạzjāren** erbost, erzürnt **razjạriti** (**razjarīvati**) erzürnen, in Rage bringen; ~ **se** in Wut *od* Rage geraten **rạzjạsniti** (**razjašnjạvati**) erklären, erläutern **razlạgānje** N Darlegung *f* **razlạgati** → razložiti **rạzlegnuti** (**razlijẹgati**) **se** hallen **razlīčak** M Kornblume *f* **rạzličit** ADJ, **rạznō** ADV verschieden; unterschiedlich **rāzlijẹgati se** → razlegnuti **se rāzlijẹvati** (**se**) → razliti (se) **rạzlika** F Unterschied *m*; **za rạzliku od** (*G*) im Unterschied zu **rạzlikovati** unterscheiden; ~ **se** sich unterscheiden; abweichen; sich abheben **rạzliti** (**razlijẹvati**) verschütten; ~ **se** *Farbe* zerlaufen, -fließen; *Fluss* über die Ufer treten **rạzlog** M Grund *m* **rạzlomak** M MATH Bruch *m* **rāzlọžiti** (**rāzlạgati**) darlegen **rāzlụpati** PF zerschlagen **rạzmak** M Abstand *m*; Zeitspanne *f*, Intervall *n* **rāzmạtrati** → razmotriti **rạzmazati** (**razmazīvati**) *etw* verschmieren; ~ **se** *v/i* verschmieren **razmạziti** (**razmazīvati**) verwöhnen **rạzmetati se** *fig* prahlen (*I* mit); **razmijẹniti** (**razmjenjīvati**) austauschen; *in Kleingeld* wechseln **rạzmirica** F Unstimmigkeit *f* **rạzmisliti** (**razmīšljati**) nachdenken; *etw* überlegen **rạzmjena** F Austausch *m* **razmjenjīvati** → razmijeniti **rạzmjer** M Maßstab *m*; Verhältnis *n* **rạzmjēran** ADJ, **rạzmjērno** ADV verhältnismäßig; proportional **rạzmjestiti** (**razmjẹštati**) aufstellen, verteilen; ~ **se** sich aufstellen, verteilen **razmnọžiti** (**razmnạžati**) fortpflanzen; ~ **se** sich fortpflanzen **razmọtati** (**razmotạvati**) auswickeln **razmọtriti** (**razmạtrati**) erwägen **rạznijēti** (**raznọsiti**) *Briefe* austragen **rạznō** N Verschiedenes *n* **raznọlik** verschiedenartig, mannigfaltig **raznọlikōst** F Verschiedenartigkeit *f* **raznọrodan** heterogen **razočạrānje** N Enttäuschung *f* **razočạrati** (**razočārạvati**) enttäuschen; ~ **se** enttäuscht werden **rạzonoda** F Zeitvertreib *m*, Zerstreuung *f* **razọnoditi** (**razonođīvati**) (*A*) *j-n* unterhalten, *j-m* die Zeit vertreiben; ~ **se** sich vergnügen **rāzōran** zerstörerisch **rāzọriti** (**rāzạrati**) zerstören **rāzoružạnje** N Abrüstung *f* **rāzo-**

rụžati (**rāzoružā̦vati**) entwaffnen; ~ **se** abrüsten **rā̦zred** M Klasse *f* **rā̦zrednī** Klassen- **rā̦zrednica** F Klassenlehrerin *f* **rā̦zrednīk** M Klassenlehrer *m*
rạzrezati (**razrezīvati**) zerschneiden **razrijḕditi** (**razrjeđīvati**) verdünnen **razrijḕšiti** (**razrješīvati**) *Rätsel* lösen; *j-n* entbinden (*G* von), entheben (*G G*) **razrogā̦čiti** PF: ~ **ọči** die Augen aufreißen
rạzūm M Vernunft *f*; **zdrạv** ~ gesunder Menschenverstand **rạzūman** vernünftig **razūmijḕvānje** N Verständnis *n* **razūmijḗvati** → razumjeti **razụmjeti** (IM)PF verstehen; ~ **se** sich verstehen; ~ **se u** (*A*) *etw* verstehen (von), sich verstehen (auf *A*); **razụmijē se!** selbstverständlich!
rạzuzdān zügellos **rạzuzdānōst** F Zügellosigkeit *f* **razvẹdriti** (**razvedrā̦vati**) aufheitern; ~ **se** sich aufheitern; *Wetter* sich aufklären **razveṣliti** (**razveseljā̦vati, razveseljī̦vati**) *j-n* fröhlich stimmen; ~ **se** fröhlich werden **rạzvesti** (**razvọditi**) *Besucher usw* verteilen, an ihre Plätze führen **razvḗzati** (**razvezīvati**) losbinden **razvịjāč** M FOTO Entwickler *m* **rạzviti** (**razvījati**) entwickeln (*a* FOTO), entfalten; ~ **se** sich entfalten, entwickeln **razvlā̦čiti** → razvući **razvọditi** → razvesti **razvodnica** F Platzanweiserin *f* **razvọdnīk** M Platzanweiser *m*; ELEK Verteiler *m* **razvọdniti** (**razvodnjā̦vati**) verwässern (*a fig*)
rā̦zvoj M Entwicklung *f* **rā̦zvōjnī** Entwicklungs- **rā̦zvoziti** (*transportieren*) befördern
rạzvrāt M Ausschweifung *f* **rạzvratnica** F Sittenverderberin *f* **rạzvratnīk** M Wüstling *m* **rạzvrgnuti** (**razvrgā̦vati**) widerrufen, annullieren **rạzvrstati** (**razvrstā̦vati**) sortieren **rạzvūći** (**razvlā̦čiti**) dehnen; *Tisch* ausziehen; in die Länge ziehen; *Prozess* verschleppen
rā̦ž F Roggen *m*
rạža F Rochen
ražaḷostiti (**se**) PF → žaḷostiti (se)
rā̦žanj M Bratspieß *m*; **na rā̦žnju** am Spieß
ražen Roggen-
rạžnjīći M/PL Fleischspießchen *n/pl*
rebā̦rca GASTR N/PL Rippchen *pl*
rẹbro N ANAT, TECH Rippe *f*
rẹcept M Rezept *n*
rečẹnica F GRAM Satz *m*
rẹći PF (*meist prät*) sagen
rḕd M Reihe *f* (*a* MATH); Ordnung (*a* BIOL); REL Orden *m*; **vọznī** ~ Fahrplan *m*; ~ **lẹtēnja** Flugplan *m*; **kụćnī** ~ Hausordnung *f*; **u** ~**u!** in Ordnung!
redạrstvenica F Wachfrau *f*, Schutzpolizistin *f* **redạrstvenīk** M Schutzmann *m*, Polizist *m*
redā̦rstvo N Polizei(behörde) *f*

rẹdatelj M Regisseur *m* **redatẹljica** F Regisseurin *f*
rẹ̄dnī brọ̄j M Ordnungszahl *f*
rẹdoslijẹ̄d M Reihenfolge *f*
redọvit regelmäßig; regulär; *Professor* ordentlich **redọvnica** F Ordensschwester *f* **redọvnīk** M Mönch *m* **redọvito** ADV regelmäßig
rẹflektor M Scheinwerfer *m*
rẹgistarskā: ~ **ọznaka** *f* Autokennzeichen *n*; ~ **tạblica** *f* Kennzeichenschild *n*
rẹket¹ M Tennisschläger *m*
rẹket² M *umg* Schutzgelderpressung *f*
rẹmek-djẹlo N Meisterwerk *n*
rẹmēn M Riemen *m*
renesạnsa F Renaissance *f*
rẹndgen M Röntgengerät *n* **rẹndgenskī** Röntgen-; ~ **prẹ̄glẹd** *m* Röntgenuntersuchung *f*
rẹ̄p M Schwanz *m*; *umg* (*Menschen*-)Schlange *f*
rẹpa F Rübe *f*; **šẹ̄ćernā** ~ *f* Zuckerrübe *f*
rẹpatica F: **zvijẹ̄zda** ~ *f* Komet *m*
repụblika F Republik *f*
rẹsica F ANAT Zäpfchen *n*; Öhrläppchen *n*
rẹskī → **rẹzak** **rẹsko** ADV schrill, schneidend, scharf
restọrān M Restaurant *n*
rẹšētka F Gitter *n*; Gitterstäbe *m/pl* **rešẹto** Sieb *n* **rẹ̄šō** M Kocher *m*
retroạktīvan rückwirkend
retrọvīzor M Rückspiegel *m*
rẹuma F Rheuma *n* **reumạtičan** rheumatisch
rẹ̄van eifrig
rẹ̄vija F Revue *f*; **mọ̄dnā** ~ Modenschau *f*
rẹ̄vno ADV eifrig **rẹ̄vnōst** F Eifer *m*
rẹ̄z M Schnitt *m*
rẹzak *Ton* schrill; *Wind* schneidend, scharf; *Apfel* säuerlich
rezạ̄nci M/PL Nudeln *pl*
rẹzati schneiden; (**narẹzati**) an-, aufschneiden ⟨**ọd-**⟩ abschneiden; schnitzen
rẹzbār M Holzschnitzer *m*; Kupferstecher *m* **rezbạrija** F Schnitzerei *f*, Schnitzwerk *n*
rezbạ̄rstvo N Schnitzkunst *f*
rezolụ̄cija Resolution *f*, Beschluss *m*; TECH ~ **mọnitora** Bildschirmauflösung *f*
rẹ̄žati ⟨**za-**⟩ knurren
rẹžija F Regie *f* **rẹžije** F/PL Nebenkosten *pl*
RH (**Repụblika Hṛvatskā**) Republik Kroatien
rịba F Fisch *m* **rịbār** M Fischerin *f*, Fischer *m* **ribạrica** F Fischerboot *n* **ribạ̄rnica** F Fischmarkt *m* **ribạ̄riti** fischen
ribạ̄rstvo N Fischfang *m*
rịbati ⟨**iz-**⟩ scheuern, schrubben; GASTR ⟨**na-**⟩ reiben
rịbe F/PL ASTRON Fische *pl*
rịbež M GASTR Reibe *f*
rịbiz F Johannisbeere *f*
rịbljī Fisch-; **rịbljā jụ̄ha** *f* Fischsuppe *f* **rịbnjāk** M Fischteich *m* **rịbolōv** M Fischfang *m*
rịđōvka F Kreuzotter *f*
rịgati ⟨**ịz-**⟩ (er)brechen, (aus)kotzen *umg*; *Rauch, Lava etc* speien

riječ F Wort *n*; Rede *f*
riječnī Fluss-; **riječnā plovidba** *f* Flussschifffahrt *f*
rijedak selten, rar; *Haar* schütter; *Kaffee* dünn
rijeka F Fluss *m*
riješiti (**rješāvati**) *Aufgabe, Rätsel* lösen; ~ **se** (*G*) sich entledigen (*G*)
rijetko ADV selten **rijetkōst** F Seltenheit *f*
Rīm M Rom *n* **rīmskī** römisch
ring M (*Box-*) Ring *m*
ris M Luchs *m*
riskantan riskant
riskīrati (IM)PF riskieren
rit M *vulg* Arsch *m vulg*
ritam M Rhythmus *m*
rizičan riskant **rizik** M Risiko *n*
riznica F Schatzkammer *f*
rīža F Reis *m*
rižōt M Risotto *n*
rječnīk M Wörterbuch *n*; Wortschatz *m*
rješāvati → riješiti **rješenje** N Lösung *f*; Bescheid *m*
roaming M TEL Roaming *n*; **naknada** *f* **za** ~ Roaminggebühren *f/pl*
rob M Sklave *m*
roba F Ware *f*, Artikel *m*
robija F Zuchthaus *n*
robinja F Sklavin *f*
robnī Waren-; **robnā kuća** *f* Kauf-, Warenhaus *n*
robot M Roboter *m*
ročīšte N Gerichtstermin *m*
ročnica F Wehrdienstleistende *f* **ročnīk** M Wehrdienstleistende(r) *m*
rōd M Sippe *f*; Geschlecht *n* (*a* GRAM); BIOL Gattung *f*
rōda F Storch *m*
rodan fruchtbar
rodbina F Verwandtschaft *f* **rodbinskī** Verwandtschafts-; verwandtschaftlich
roditelj M Elternteil *n* **roditelji** M/PL Eltern *pl* **roditi** (**rađati**) gebären, zur Welt bringen; ~ **se** geboren werden
rodnī Geburts-; Gattungs-; ~ **līst** *m* Geburtsurkunde *f*
rodoljūb M Patriot *m* **rodoljūban**, **rodoljubiv** patriotisch
rodoljūblje N Patriotismus *m*
rodoljūpka F Patriotin *f*
rodom ADV gebürtig (**iz** *G* aus)
rođak Verwandte(r) *m* **rođakinja** F Verwandte *f* **rođendān** M Geburtstag *m*; **svē najbōlje za** ~! alles Gute zum Geburtstag! **rođenī** leiblich; geboren (*a fig* **za** *A* zu)
rođenje N Geburt *f*
rōg M MUS, ZOOL Horn *n*
rōj M (*Bienen-*)Schwarm *m*
rōk M Frist *f*; **otkaznī** ~ Kündigungsfrist *f*; ~ **trajanjā** Mindesthaltbarkeitsdatum *n*; **vōjnī** ~ Wehrdienst *m*
Rōm *Angehöriger eines Volksstammes* M Rom *m*
romān M Roman *m*
Rōmkinja F Romni *f*
ronilac M Taucher *m* **ronilāštvo** N Tauchsport *m* **roniteljica** F Taucherin *f* **roniti** ⟨**za-**⟩ tauchen
ropskī sklavisch **ropstvo** N Sklaverei *f*
rosa F Tau *m*

rọ̄ščić M Hörnchen *n* **rọ̄štīlj** M GASTR Rost *n*, Grill *m* **rọtkva** F Rettich *m* **rọtkvica** F Radieschen *n*
r(o)uter M TECH Router *m*
rọ̄žnica F ANAT Hornhaut *f*
r̄t M Kap *n*
rūb M Rand *m*; Saum *m*
rūbac M Kopf-, Taschentuch *n*; **džẹpnī ~** Taschentuch *n*
rūblje N Wäsche *f*
rūčak M Mittagessen *n* **rūčati** (IM)PF zu Mittag essen
ruče F/PL SPORT Barren *m* **rụčica** F, **rụčka** F Griff *m*, Henkel *m*; IT **kọmandnā ~** Joystick *m* **rụčnī** Hand-; **~ rād** *m* Handarbeit *f*; **rụčnā prtljāga** *f* Handgepäck *n* **rụčnīk** M Handtuch *n*
rūda F Erz *n*
rụdār M Bergarbeiter *m* **rụdarka** F Bergarbeiterin *f* **rụdārskī** Bergbau-, Bergarbeiter-
rūdnīk M Bergwerk *n*, Grube *f*
rūdo N Deichsel *f*
rūgati se spotten (*D* über *A*); **rūglo** N Spott *m*
rugọba F Hässlichkeit *f*; Scheusal *n*
rūjan M September *m*
rūka F Arm *m*; Hand *f*; **u najmanjū rūku** wenigstens, zumindest
rụkāv M Ärmel *m* **rukạvica** F Handschuh *m*; **~ za jednọkratnu ụpotrebu** Einweghandschuh *m* **rụkohvāt** M Geländer *n* **rụkoljūb** M Handkuss *m* **rụkomēt** M Handball *m* **rụkopis** M Handschrift *f* **rụkopisnī** handschriftlich **rukotvọrina** F Handarbeit *f* **rụkovēt** M Büschel *n*; Handvoll *f*
rụmen[1] *Wange, Himmel* rot
rumēn[2] F: **jụtarnjā ~** Morgenröte *f*
rumẹnilo N (*Wangen-*)Rouge *n*
Rụmūnj M Rumäne *m* **Rụmūnjka** F Rumänin *f* **Rụmūnjskā** Rumänien *n* **rụmūnjskī** rumänisch
rupa F Loch *n*; Leck *n* **rụpčić** M Taschentuch *n*
Rụs M Russe *m* **Rụsija** F Russland *f* **rụskī** russisch **Rụskinja** F Russin *f*
rụšēnje N Abriss *m* **rụšēvan** baufällig **rụšiti** ⟨s-⟩ umwerfen, -stürzen; *Baum* fällen; *Flugzeug* abschießen; *Haus* abreißen, einreißen; **~ se** einstürzen; *Flugzeug* abstürzen **rụševine** F/PL Ruine *f*, Trümmer *n/pl*
rūža F Rose *f* **rūžan** hässlich, garstig
rụžičast rosa
rụžmarin M Rosmarin *n*

s, sa PRP (*G*) (*herunter*) von (*D*); (*Grund*) aus; (*I*) mit (*D*)
sạbor M REL Konzil *n* **Sạbor** M *kroatisches Parlament*
sạbrān gefasst; **~ā djela** *n/pl* gesammelte Werke *pl*

sačūvati PF erhalten, bewahren
sad(a) ADV jetzt, nun
SAD (Sjedīnjenē države F/PL Amerikē) → sjedīnjenī
sadašnjī gegenwärtig **sadašnjica** F, **sadašnjōst** F Gegenwart *f*
sāditi ⟨**za-**⟩ (an)pflanzen, anbauen **sādnica** F Setzling *m*
sadržāj M Inhalt *m*; Inhaltsverzeichnis *n*
sadržati (**sadržāvati**) enthalten
sāg M Teppich *m*
sagnuti (**saginjati**) beugen, krümmen; **~ se** sich bücken
sagrāditi (**sagrāđīvati**) (er)bauen
sājam M HANDEL Messe *f*; Jahrmarkt *m*
sajmīšte N Rummelplatz *m* (*a fig*)
sakat verkrüppelt **sakatiti** ⟨**o-**⟩ verstümmeln (*a fig*), verkrüppeln
sakō N Sakko *n*
sakriti (**sakrīvati**) verstecken, verbergen; **~ se** sich verstecken, verbergen
sakupiti (**sakūpljati**) sammeln
salāta F Salat *m*
salo N Fett *n*
sām[1] allein(e); PL lauter; **~ sebe** (*A*), **sebi** (*D*) sich selbst
sam[2] *enkl* → jesam
sāmac M Alleinstehende(r) *m*, Single *m*
samica F Einzelzelle *f*; Alleinstehende *f*, Single *m*
samo ADV nur
samoća F Einsamkeit *f*
samoglasnīk M GRAM Selbstlaut *m*, Vokal *m*
samohranā mājka F alleinerziehende Mutter *f* **samohrani otac** M alleinerziehender Vater *m*
samokrēs M Revolver *m*
samokritičkī selbstkritisch
samoobmana F Selbstbetrug *m* **samoobrana** F Selbstverteidigung *f* **samoodređēnje** N Selbstbestimmung *f* **samoposlužīvānje** N Selbstbedienung *f* **samoposluživaonica** F Selbstbedienungsladen, -restaurant *n*
samopouzdānje N Selbstvertrauen *n* **samostālan** selbstständig **samostān** M Kloster *n* **samosvjestan** selbstbewusst **samotan** einsam **samoubojica** M/F Selbstmörder(in) *m(f)* **samoubōjstvo** N Selbstmord *m*
samouk M Autodidakt *m*
samovolja F Willkür *f*
san M Schlaf *m*; Traum *m*
sanduk M Truhe *f*; **poštanskī ~** Briefkasten *m*
sānjati träumen
sānjkati se Schlitten fahren
sānjke F/PL Schlitten *m*
sapūn M Seife *f*
sapunica F Seifenschaum *m*; Seifenoper *f*
sardīna F Ölsardine *f*
sarma F Kohlroulade *f*
Saskā F Sachsen *n*
saslušati (**saslušāvati**) *Zeugen etc* anhören

sạstajalīšte N Treffpunkt *m* **sạstajati se** → sastati se **sạstanak** M Treffen *n* **sạstati (sạstajati) se** sich treffen
sậstav M Zusammensetzung *f* **sậstojak** M Bestandteil *m* **sậstojati se** bestehen, sich zusammensetzen (**iz** *G* aus)
sạsvīm ADV ganz, völlig
sật M (PL **sạtovi**) Uhr *f*; (*pl* **sạti**) Stunde *f* **sậtnica** F Stundenplan *m*; Stundenlohn *m*
sạv (**svạ** F **svẹ** N) ganz; → svị
Sậva F Save *f*
sậvez M Bund *m*; Verband *m* **sậveznī** Bundes-; **sậveznā republika** *f* Bundesrepublik *f* **sậveznīčkī** alliiert **sậveznīk** M Alliierte(r) *m*
savịjača F GASTR Strudel *m*
sạviti (savījati) (ver)biegen; **~ se** sich (ver)biegen **savịtljiv** biegsam
sậvjest F Gewissen *n* **sậvjestan** gewissenhaft
sậvjet M Rat(schlag) *m* **sậvjetnica** F Beraterin *f* **sậvjetnīk** M Berater *m*; Ratgeber *m* **sậvjetovalīšte** N Beratungsstelle *f* **sậvjetovati** ⟨**po-**⟩ (*A*) *j-n* beraten; (*D*) *j-m e-n* Rat geben; **~ se** (**s** *I*) *j-n* konsultieren; sich mit *j-m* beratschlagen
sạvr̄šen vollkommen, -endet **sạvr̄šenōst** F Vollkommenheit *f*, Perfektion *f* **sazīvati** → sazvati **sạzreti (sazrijẹ̄vati)** reif werden **sạzvati (sazīvati)** zusammenrufen; *Parlament* einberufen
sažẹ̄tak M Zusammenfassung *f* **sažẽti (sạžimati)** zusammenfassen
se *enkl refl pron* (*A*) sich
sẹbi (*enkl* **si**) REFL PRON (*D*) sich **sẹbičan** selbstsüchtig, egoistisch **sẹbičnjāk** M Egoist *m*
sẹdam sieben
sedạmnaēst siebzehn
sedamdẹsēt siebzig
sẹ̄dmī siebte(r), siebente(r)
sedmịna F Siebtel *n*
sẹksuālan sexuell
sẹlidba F Umzug *m* **sẹliti** ⟨**pre-**⟩ **se** umziehen **sẹlo** N Dorf *n*; **na sẹlu** auf dem Land(e)
sẹljāčkī bäuerlich; Bauern- **sẹljāk** M Bauer *m* **seljạkinja** F Bäuerin *f*
sẹmafōr M Verkehrsampel *f*
sẹndvič M belegtes Brot *n*; Sandwich *n*
sẹoskī Dorf-, dörflich; ländlich
sẹ̄rija F Serie *f*, Reihe *f* **sẹ̄rījskī** Serien-
servīs M Service *m*; Kundendienst *m*; *Tennis* Aufschlag *m*; (*Tafel-*)Service *n*
sẹstra F Schwester *f*; **čậsnā ~** Nonne *f*
server M IT Server *m*
sezọ̄na F Saison *f*
shvạćānje N Auffassung *f*, Verständnis *n* **shvạtiti (shvạ-čati)** begreifen **shvạtljiv** begreiflich
si[1] *enkl* → jesi
si[2] *enkl* → sebi
sīći (silaziti) herab-, hinab-heruntersteigen

sīda F AIDS *n*
sidriti se ⟨u-⟩ ankern **sidro** N Anker *m*
siga F Eiszapfen *m*; Tropfstein *m*
sigūran sicher; gewiss **sigūrno** ADV sicher, gewiss
sigurnosnī Sicherheits-
sigūrnōst F Sicherheit *f*
sijati[1] ⟨za-⟩ *Sonne* strahlen
sijati[2] ⟨po-⟩ säen
sijati[3] ⟨pro-⟩ (durch)sieben
siječanj M Januar *m*
sijēd grau(haarig)
sijēno N Heu *n*
sijēvati blitzen **sijēvnuti** PF aufblitzen, aufleuchten
sila F Gewalt *f*; Macht *f*; PHYS Kraft *f*
sīlan mächtig, gewaltig
silaz M, **silazak** M Abstieg *m*
silaziti → sīći
siliti ⟨pri-⟩ zwingen
silōm ADV gewaltsam
silovānje N Vergewaltigung *f*
silovati (IM)PF vergewaltigen
simboličan symbolisch
simpatičan sympathisch
sīn M Sohn *m*
sindikat Gewerkschaft *f*
sindrōm M Syndrom *n*; MED **~ izgāranjā** Burn-out-Syndrom *n*
sinōć ADV gestern Abend
sinōvac M (*Sohn des Bruders*) Neffe *m*
sipa F Sepia *f*, Gemeiner Tintenfisch *m*
sipati ⟨po-⟩ schütten
sir M Käse *m*
siroče N Waise *f*, Waisenkind *n*
sirōmāh Arme(r) *m* **siromašan** arm, bedürftig **siromašica** F Arme *f* **siromāštvo** N Armut *f* **sirota** F Waise *f*
sirov roh; Roh- **sirovina** F Rohstoff *m*
sisa F ZOOL Zitze *f* **sisāljka** F Pumpe *f* **sisati** ⟨u-⟩ saugen
sisavac M Säugetier *n*
sit satt
sitan klein; winzig; *Zucker* fein; **~ novac** *m* Kleingeld *n*
sititi ⟨za-⟩ sättigen **sitnīš** M Kleingeld *n*
sitnica F Kleinigkeit *f*
sito N Sieb *n*
sīv grau
sjāj M Glanz *m* **sjājan** glänzend; blank **sjājiti** glänzen **sjājno** ADV: **~!** ausgezeichnet!
sječīšte N Schnittpunkt *m*
sjeckati *Zwiebeln* hacken **sjećānje** N Erinnerung *f*; Andenken *n* **sjećati se** → sjetiti se
sjeći schneiden [**posjeći**] *Baum* fällen; *Holz* schlagen
sjedalo N Sitz *m*; **dječjē ~** Kindersitz *m*
sjedati → sjesti **sjedīniti** (**sjedinjāvati**) vereinigen; **~ se** vereinigen
sjedīnjenī: **Sjedīnjenē dṛžave** F/PL **Amerikē** Vereinigte Staaten *pl* von Amerika (*Abk* USA)
sjedīšte N Sitz (*a fig*); **sjediti** sitzen **sjednica** F Sitzung *f*
sjekira F Axt *f*; Beil *n* **sjekutić** M Schneidezahn *m*
sjeme N Samen *m* **sjemenī** Samen- **sjemenīšte** N (*Priester-*)Seminar *n* **sjemēnka** F Samenkorn *n*
sjena F Schatten *m*

sjȩnica[1] F (*Garten-*)Laube *f*
sjȩnica[2] F Meise *f*
sjȩsti (**sjȩdati**) sich setzen
sjȩtiti (**sjȩćati**) **se** sich erinnern (*G an A*)
sjȩver M Norden *m* **sjȩvernī** Nord-; nördlich
Sjevȩrnjāča F Nordstern *m*
sjevȩrnjāk M Nordwind *m*; Nordländer *m*
sjeveroịstok M Nordosten *m*
sjeverozāpad M Nordwesten *m*
skākati → skočiti
skạkavac M Heuschrecke *f*
skakụtati hüpfen **skạmeniti** (**skamenjịvati**) **se** versteinern; erstarren **skạpati** (**skapāvati**) verenden, zugrunde gehen
skẹn M TECH Scan *m*; **skẹner** M TECH Scanner *m*; **skenịrati** TECH scannen
skīdati → skinuti
skịja F Ski *m* **skijānje** N Skisport *m*; Skilaufen *n* **skijāš** M Skiläufer *m* **skījạšica** F Skiläuferin *f* **skịjati** (**se**) Ski laufen *od* fahren
skịnuti (**skīdati**) herunternehmen; *Mantel, Schuhe* abstreifen, ausziehen; *Rinde* abziehen; ~ **se** sich ausziehen
skītnica F Landstreicher *m*
sklạd Einklang *m*, Harmonie *f*
sklạdan harmonisch **skladatelj** M Komponist *m* **skladatẹljica** F Komponistin *f* **sklạdati** komponieren **sklạdba** F Komposition *f* **sklạdištār** M Lagerarbeiter *m* **sklạdīšte** N Lager *n*; **sklạdišna rādnica** Lagerarbeiterin *f* **sklạdištiti** lagern
sklāpati → sklopiti
sklịzak glatt; schlüpfrig **sklịznuti** (**sklīzati**) abrutschen, -gleiten
sklọn: **bịti** ~ (*D*) *j-m* geneigt, wohlgesonnen sein; zu *etw* neigen **sklọnīšte** N Zuflucht(sort *m*) *f* **sklọnōst** F Neigung *f*
sklọp M Gefüge *f* **sklọpiti** (**sklāpati**) *Vertrag* (ab)schließen; *Bund, Ehe* eingehen; *Augen* schließen
skọčiti (**skākati**) springen
skọk M Sprung *m*
skọro ADV bald **skọrojević** M Emporkömmling *m*
skrātiti (**skrāćīvati**) (ver)kürzen
skr̄b F Fürsorge *f* **skr̄biti se** sich sorgen (**o** *L* um)
skrbnica F Vormundin *f* **skrbnīk** M Vormund *m* **skrbnīštvo** N Vormundschaft *f*
skrēnuti (**skrētati**) *vom Weg* abweichen, abbiegen **skrētnica** F BAHN Weiche *f*
skrịti (**skrīvati**) verbergen, verstecken; ~ **se** sich verstecken, verbergen
skrīvati → skriti
skrọlati IT scrollen
skrọman bescheiden **skrọmnōst** F Bescheidenheit *f*
skrọvīšte N Versteck *n*
skrōz ADV durch(weg); ~**-nạskrōz** durch und durch
skūp[1] teuer
skụp[2] M Versammlung *f*; MATH

Menge *f* **skupa** ADV zusammen **skupina** F Gruppe *f* **skupiti (skūpljati)** sammeln; **~ se** sich versammeln; *Textilien* einlaufen **skupljač** M Sammler *m* **skupljačica** F Sammlerin *f*
skūpljati (se) → skupiti (se)
skupocjen kostbar **skupoća** F Teuerung *f*
skupština F POL Versammlung *f*
skuša F Makrele *f*
skvoš F SPORT Squash *n*
Skype® M IT Skype®; IT **koristiti ~** skypen
slab schwach; schlecht **slabāšan** schwächlich **slabīć** Schwächling *m* **slabina** F ANAT Leiste *f* **slabiti ⟨o-⟩** *j-n od etw* schwächen; schwächer werden **slabo** ADV schlecht; **~ mi je** mir ist schlecht **slabōst** F Schwäche *f* **slaboūman** schwachsinnig
sladak süß
slāditi ⟨za-⟩ süßen **slādokūsac** M Feinschmecker *m*
sladolēd M (*Speise-*)Eis *n* **sladunjav** süßlich
slagati¹ PF → lagati
slāgati² → složiti
slama F Stroh *n*
slāmati → slomiti
slāmka F Strohhalm *m*; Trinkhalm *m*
slān salzig; gesalzen
slanina F Speck *m*
slāp M Wasserfall *m*
slāst F Genuss *m*; Wonne *f*; **u slāst!** guten Appetit!
slastica F Süßigkeit *f* **slastičār** M Konditor *m* **slastičarka** F Konditorin *f* **slastičārnica** F Konditorei *f*; Eisdiele *f*
slati ⟨po-⟩ (ab-, ver)schicken; (ver)senden
slatkovodnī Süßwasser-
slava F Ruhm *m*
slāvan berühmt
Slavēn M Slawe *m* **Slavēnka** F Slawin *f* **slavēnskī** slawisch
slavina F (*Wasser-*)Hahn *m*
slaviti ⟨pro-⟩ feiern **slavljenica** F Jubilarin *f* **slavljenīk** M Jubilar *m* **slavohlepan** ruhmsüchtig
slavūj M Nachtigal *f*
sleđ M Hering *m*
slegnuti (slijēgati): **~ ramenima** mit den Achseln zucken
sletjeti (slijētati) abfliegen
slezena F Milz *f*
sličan ähnlich **sličiti** ähneln (*D j-m*); **sličnōst** F Ähnlichkeit *f*
slijēd M Spur *f*; Reihe *f*; Reihenfolge *f* **slijēditi** (*A*) folgen (*D*)
slijēgati → slegnuti
slijēp blind; **~ā ulica** *f* Sackgasse *f* **slijēpac** M Blinde(r) *m*
slijēpiti (sljepljīvati) zusammenkleben
slijēpo ADV blind(lings)
slijētānje N FLUG Landung *f*
slijētati → sletjeti
slijēva ADV von links
slijēvati (se) → sliti (se)
slika F Bild *n*; Gemälde *n*; Foto *n* **slikār** M Maler *m* **slikarica** F Malerin *f* **slīkārstvo** N Malerei *f* **slikati ⟨na-⟩** malen; *umg* fotografieren **slīkovit** malerisch **slīkōvnica** F Bil-

derbuch *n*
slina F Speichel *m* **slinav** vollgesabbert **sliniti** sabbern
sliti (slijevati) abgießen; zusammenschütten; ~ **se** zusammenfließen
slīvnīk M Ausguss *m*
sloboda F Freiheit *f*
slobodan frei; **slobodnō vrijēme** *n* Freizeit *f*
slog M Silbe *f*; TYPO Satz *m* **sloga** F Einigkeit *f*; Eintracht *m*
slōj M Schicht *f* **slōjevit** vielschichtig
slom M Zusammenbruch *m*
slomiti (slāmati) *etw* zerbrechen; ~ **nogu** sich ein Bein brechen
slon M Elefant *m* **slonovā kost** F Elfenbein *n*
Slovāčkā F Slowakei *f* **slovāčkī** slowakisch; **Slovāčkā Republika** Slowakische Republik *f* **Slovāk** M Slowake *m* **Slovakinja** F Slowakin *f*
Slovēnac M Slowene *m*
Slovēnija F Slowenien *n* **Slovēnka** F Slowenin *f* **slovēnskī** slowenisch
slovo N Buchstabe *m*
složan einig; einträchtig **složiti (slāgati)** *Dinge* ordnen, zurechtlegen; TYPO setzen
slučaj M Fall *m*; Vorfall *m*; Zufall *m*; **osiguranī** ~ Versicherungsfall *m*; **u slučaju osiguranog ~ā** im Versicherungsfall
slučājan zufällig
slūga F Diener *m*
sluh M Gehör *n*
slušāč M Hörer *m*, Student *m*
slušačica F Hörerin *f*, Studentin *f*
slušalica F (*Kopf-, Telefon-*) Hörer *m* **slušaonica** F Hörsaal *m* **slušatelj** M Hörer *m* **slušateljica** F Hörerin *f*
slušati ⟨po-⟩ (zu)hören; gehorchen (*D*)
slūšnī Hör-; Gehör-; ~ **aparāt** *m* Hörgerät *n*
slūtiti ⟨na-⟩ ahnen **slūtnja** F Ahnung *f*
slūz F Schleim *m*
slūznī Schleim- **slūznica** F Schleimhaut *f*
služāvka F Dienstmädchen *n*
služba Dienst *m*; Behörde *f*; Amt *n* **služben** dienstlich; offiziell; **službī pūt** *m*, **službō putovānje** *n* Dienstreise *f* **službenica** F Bedienstete *f*, Angestellte *f* **službenīk** M Bedienstete(r) *m*, Angestellte(r) *m*
slūžiti dienen (**za** *A* als; *D* zu); **⟨od-⟩** *Wehrdienst* ableisten
slūžiti se ⟨po-⟩ (*I*) sich bedienen (*G*)
sljēdēćī nächste(r), folgende(r)
sljeme N Dachfirst *m*; (*Berg-*) Grat *m*
sljepić M Blindschleiche *f*
sljepilo N Blindheit *f* **sljepoočnica** F Schläfe *f* **sljepoća** F Blindheit *f*
sljez M Malve *f*
smaknūće N Hinrichtung *f*
smaknuti (smicati) hinrichten
smānjiti (smānjīvati) verringern; ~ **se** sich verringern
smartphone M TEL Smartphone *n*

smātrati (*I*) halten (für); **~ se** sich halten (*I* für)
smęće N Müll *m*
smęđ braun
smękšati (**smekšāvati**) erweichen
smētati (*D*) stören, belästigen (*A*)
smetīšte N Mülldeponie *f*
smętnuti PF: **~ s ūma** vergessen
smicati → smaknuti
smētnja F Störung *f* (*a* MED)
smicalica F Trick *m*, Kniff *m*
smijati se ⟨**za-**⟩ (*D*) lachen (über *A*); **~ u brk** *fig* sich ins Fäustchen lachen
smijēh M Lachen *n*; Gelächter *n* **smiješak** M Lächeln *n* **smiješan** lächerlich **smiješiti se** lächeln
smilovati se PF Erbarmen haben (*D* mit)
smion kühn **smionōst** F Kühnheit *f*
smīren ruhig, gesetzt **smīriti** (**smīrīvati**) **se** ruhiger werden
smīsao M Sinn *m*
smislen sinnvoll
smisliti (**smīšljati**) ausdenken, ersinnen; **ne mogu ga smisliti** ich kann ihn nicht ausstehen
smjena F Schicht *f*
smjēr M Richtung *f*
smjesa F Gemisch *n*
smjesta ADV auf der Stelle
smjestiti (**smjēštati**) unterbringen; **~ se** unterkommen
smještaj M Unterkunft *f*
smjeti dürfen
smo *enkl* → jesi
smočiti PF nass machen **smočiti se** nass werden
smočnica F Speisekammer *f*
smokva F Feige *f*; Feigenbaum *m*
smola F Harz *n*; Pech *n*; **imati smolu** Pech haben
smotati (**smotāvati**) zusammenrollen; *fig j-n* einwickeln
smotra F Parade *f*, Schau *f*
smrād M Gestank *m*
smrdjeti stinken **smrdljiv** stinkend
smreka F Fichte *f*
smrknuti (**smrkāvati**) **se** dämmern, dunkel werden
smrskati (**smrskāvati**) zermalmen, zerkleinern
smršavjeti PF → mršavjeti
smrt F Tod *m* **smrtan** sterblich **smrtnī** Todes-; **~ līst** *m* Totenschein *m*; **smrtnā kazna** *f* Todesstrafe *f* **smrtonosan** tödlich **smrtōvnica** F Totenschein *m*
smrznuti (**smrzāvati**) **se** gefrieren
smūđ M Zander *m*
smukulja F Glattnatter *f*
smūšen verwirrt
snāći (**snalaziti**) **se** sich zurechtfinden
snaga F Kraft *f*, Stärke *f*; PHYS Leistung *f*
snaha F Schwiegertochter *f* (*Frau des Sohnes*); Schwägerin *f* (*Frau des Bruders*)
snalaziti se → snaći se
snalažljiv findig
snāžan stark

snijȩg M Schnee *m*; **bȩz ~ a** schneefrei
snijȩ̄ti PF heruntertragen; *Eier* legen
snịmatelj M Kameramann *m* **snimatȩljica** F Kamerafrau *f*
snīmiti (snīmati) aufnehmen; *Film* drehen
snīmka F Fotografie *f*, Aufnahme *f*
snīziti (snīzīvati, snižā̧vati) herabsetzen, senken
snižā̧vati → sniziti **snižȩ̄nje** N Senkung *f*
snọsiti *j-n* ertragen; *Kosten, Verantwortung* tragen
snọšāj Beischlaf *m* **snọšljiv** erträglich
snụžden betrübt
snjȩ̄gović M Schneemann *m*
Snjegụljica F Schneewittchen *n*
snjȩžan Schnee-
sọb M Rentier *n*
sọba F Zimmer *n*; **dnȩ̄vnā ~** Wohnzimmer *n* **sobạrica** F Zimmermädchen *n* **sọbnī** Zimmer-; **sọbnā bīljka** *f* Zimmerpflanze *f*
sọboslikār M Maler *m*, Anstreicher *m* **soboslịkarica** F Malerin *f*, Anstreicherin *f*
sọcijālan sozial
sọcijālan sozial
sọčan saftig; üppig
sọftvēr M Software *f*
sọ̄k M Saft *m*
sọkna F Socke *f*
sọkol M Falke *m*
sọ̄l F Salz *n* **sōlạna** F Saline *f*
sọlārīj M Sonnenstudio *n*
sọliti ⟨po-⟩ salzen
sọljēnka F Salzfass *n*
sọm Wels *m*
sọva F Eule *f*
spạdati gehören (**u** *A* zu); → spasti
spājalica Büroklammer *f*; Hefter *m*
spājati → spojiti
spāliti (spāljīvati) verbrennen
spāran schwül **spārịna** F Schwüle *f*
spās M Rettung *f* **spāsā̧vati** → spasiti
spasitelj M Retter *m* **Spạsi** REL Erlöser *m* **spạsiteljica** F Retterin *f*
spāsiti (spā̧āvati, spā̧šāvati) retten; **~ se** sich retten
spasti (spạdati) herunterfallen
spašā̧vati → spasiti
spavaọ̄nica F Schlafzimmer *n*
spā̧vati schlafen
spis M Schriftstück *n*; (*Publikation*) Schrift *f*
spisatȩljica F Schriftstellerin *f*
splā̧v F Floß *n*
spọ̄j M Verbindung *f* (*a* CHEM); **krā̧tkī ~** Kurzschluss *m*; **krịvī ~!** TEL falsch verbunden!
spọjiti (spā̧jati) verbinden; koppeln
spōjka F AUTO Kupplung *f*; *Fußball* **lijȩ̄vā (dȩsnā) ~** Linksaußen *m* (Rechtsaußen *m*);
spōjnica F AUTO Kupplung
spọ̄l M BIOL Geschlecht *n*
spōlnī Geschlechts-, geschlechtlich **spolọvilo** N Geschlechtsteil *n*
spọmen M Gedenken *n* **spọ-**

menīk M Denkmal *n* **spomen-ploča** F Gedenktafel *f*
spomęnuti (spọminjati) erwähnen
spọr[1] langsam
spọr[2] M Streit *m*; Rechtsstreit *m*
spọrazūm M Abkommen *n* **sporazụmjeti (sporazumijẹ̄vati) se** sich verständigen, übereinkommen
spọredan Neben-; nebensächlich
spọrt M Sport *m*
spọrtskī Sport-; **spọrtskā ọzljeda** *f* Sportunfall *m*; **spọrtskā prịredba** *f* Sportveranstaltung *f*
spọsoban fähig, geeignet (**za** *A* zu); **sposọ̄bnōst** F Fähigkeit *f*; Eignung *f*
spotạknuti (spọticati) se stolpern
spọznaja F Erkenntnis *f*
sprạva F Gerät *n*
sprečạ̄vati → sprij̣ečiti
sprẹman bereit
sprẹ̄miti (sprẹ̄mati) vorbereiten; herrichten; aufräumen; *Speise* zubereiten; **~ se** sich fertig machen
sprẹmnīk M Behälter *m*; AUTO Tank *n* **sprẹmnōst** F Bereitschaft *f*
sprẹtan geschickt **sprẹtnōst** F Geschicklichkeit *f*
sprijatẹljiti (sprijateljīvati) se sich anfreunden
spriję̄citi (sprečạ̄vati) verhindern; hemmen
sprijẹ̄da ADV von vorne
sprọvod M letztes Geleit *n* **sprọvesti (sprovọditi)** geleiten
spụ̄st M SPORT Abfahrtslauf *m*
spụstiti (spụ̄štati) herunterlassen; senken; **~ se** sinken, niedergehen; landen; *Nacht* hereinbrechen
spụ̄štati (se) → spụstiti (se)
spụžva F Schwamm *m* **spụžvast** schwammig
squash M → skvọš
srạm M Scham *f* **srāmẹžljiv** schüchtern **srạmiti ⟨po-⟩ se** sich schämen **srāmọta** F Schande *f*
srạmotan schändlich
srạnje N *vulg*: **~!** Scheiße! *vulg*
srạti ⟨pọ-⟩ *vulg* scheißen *vulg*
srạ̄vniti (srāvnjīvati) einebnen; **~ sa zẹmljōm** dem Erdboden gleichmachen
srạz M PHYS, *fig* Zusammenstoß *m*, Kollision *f*
Sṛbija F Serbien *n* **Srbijạ̄nac** Serbe (*aus Serbien*) **Srbijạ̄nka** F Serbin *f* (*aus Serbien*) **srbịjānskī** serbisch (*zu Serbien gehörig*) **Sṛbin** M Serbe *m*
sṛce N Herz *n*
sṛčan beherzt; Herz-
sṛdāčan herzlich **sṛdāčnōst** F Herzlichkeit *f*
sṛdela F Sardine *f*
sṛdit verärgert
srẹbrn Silber- **srẹbrnast** silbrig
srẹbro N Silber *n*
srẹća F Glück *n*; **ịgra** *f* **nạ sreću** Glücksspiel *n* **srẹćka** F (*Lotterie-*)Los *n* **srẹćōm** ADV glücklicherweise
sredịna F Mitte *f*; Innere *n*

srẹdišnjī zentral **srẹdišnjica** F Zentrale *f*
srẹdīšte N Zentrum *n*; Mittelpunkt *m*
srēditi (srēđīvati) ordnen, in Ordnung bringen; *Angelegenheiten* regeln
srẹdnjāk M Mittelfinger *m*
srẹdnjī mittlere(r); Mittel-; **~ vijēk** *m* Mittelalter *n*; **srẹdnjā škōla** *f* weiterführende Schule *f* **srednjoškōlac** M *Schüler an e-r weiterführenden Schule* **srednjoškōlka** F *Schülerin an e-r weiterführenden Schule*
srednjoročan mittelfristig
srednjovjẹkōvnī mittelalterlich
sredọvječan *Person* mittleren Alters
Srẹdozēmnō mọre N Mittelmeer *n*
srẹdstvo N Mittel *n*
sređīvati → srediti
srẹsti (srẹtati) *(A) j-m* begegnen; **~ se** sich begegnen
srẹtan glücklich **srẹtati se** → srẹsti se
srijẹda F Mittwoch *m*
sȑkati schlürfen
sȑna F Reh *n*
sṛndāć M Rehbock *m*
sṛnetina F Wildbret *n*
SRNj (Sāveznā Republika Njẹmačkā) Bundesrepublik Deutschland *f*
srọdan verwandt **srọdnōst** F Verwandtschaft *f*
sṛp M Sichel *f*
sṛpanj M Juli *m*
Sṛpkinja Serbin *f*
sṛpskī serbisch
srušiti (se) PF → rušiti (se)
sȑž F Mark *n*; *fig* Kern *m*
stạblo N *(Baum-)*Stamm *m*
stạbljika F BIOL Stängel *m*
stạdiōn M Stadion *n*
stạdo N Herde *f*
stạja F Stall *m* **stạjāćī** stehend; **stạjāćā vọ̄jska** *f* stehendes Heer; **stạjāćē vọde** *f/pl* stehendes Gewässer **stạjalīšte** N Haltestelle *f*; Standpunkt *m*
stạjati[1] *(präs* **stọjīm)** stehen; kosten; *Kleidung* stehen *(D j-m)*; **stạjati**[2] *(präs* **stạjēm)** → stạti
stạklār M Glaser *m* **stạklast** gläsern **stạklen** Glas- **staklẹnīk** M Gewächshaus *n* **stạklēnka** F *(Glas-)*Flasche *f* **stạklo** N Glas *n*
stạlak M Gestell *n*
stạlan (be)ständig, stetig; stabil **stạlno** ADV ständig **stạlọžen** gesetzt **stạložiti se** PF ausfallen; *(Zorn)* sich legen
stạmbenī Wohn-
stạn M Wohnung *f*
stạnār M Mieter *m* **stạnārka** Mieterin *f* **stanārịna** F *(Wohnungs-)*Miete *f*
stạndārdan Standard-
stạnica F BIOL Zelle *f*; **~ za pụnjēnje** E-Ladestation *f*
stạnka F Pause *f*
stanodạvac M *(Wohnungs-)* Vermieter *m* **stanọdāvka** G *(Wohnungs-)*Vermieterin *f*
stanọvati wohnen **stanọvnica** F Bewohnerin *f*, Einwohnerin *f* **stanọvnīk** M Bewoh-

ner *m*, Einwohner *m* **stanovnīštvo** N Bevölkerung *f*
stạ̄nje N Zustand *m*; **izvạnrednō ~** Ausnahmezustand *m*; **bịti u drụgōm stạ̄nju** in anderen Umständen sein
stạ̄pati → stopiti
stạr alt **stạrac** M Alte(r) *m* **stạračkī** Alten-; Alters-
stạ̄rī SU Alte(r) *m*; → star
stạrica F Alte *f* **starịna** F Altertum *n* **starịnār** M Antiquitätenhändler *m* **starịnskī** altertümlich **stạrješina** F (*Kloster*-)Vorsteher *m* **stạrjeti** ⟨o-⟩ altern **stạrmālī** altklug **stạromōdan** altmodisch **stạrōst** F Alter *n*
stạrtati (IM)PF starten
stạ̄s M Körperbau *m*, Figur *f*
stạsit (*Körperbau*) stattlich
stạti (stạjati) stehen bleiben, (an)halten; (*nur pf*: *in ein Gefäß*) hineingehen (**u** *A in A*)
statīva F SPORT Pfosten *m*
stạv M (*Körper*-)Haltung *f* **stạvak** M JUR Absatz *m*; MUS Satz *m* **stạviti (stạvljati)** (hin)stellen, setzen, auflegen
stạ̄vka F HANDEL Posten *m*
stạvljati → staviti
staza F Pfad *m*; SPORT Bahn *f*; **biciklịstičkā ~** *f* Fahrradweg *m*
stạ̄ž M: **rạ̄dnī ~** Dienstzeit *f*; Beschäftigungszeit *f*; **liječničkī ~** Famulatur *f* **stāžīrati** famulieren, Famulatur ableisten
stečāj M Bankrott *m* **stečevina** F Erwerbung *f*; Errungenschaft *f*
stẹći (stjẹcati) erwerben
stẹga F Disziplin *f*; Schraubzwinge *f* **stẹgno** N Schenkel *m*
stẹ̄gnuti (stẹ̄zati) zusammenziehen, zuschnüren
stẹnjati stöhnen
stẹ̄zati → stegnuti **stẹznīk** M Mieder *n*
stick M TECH Stick *m*; TECH **mẹmōrijskī ~** Memorystick *m*
stịći (stịzati) ankommen, eintreffen (**u** *A* in *A*); erreichen (**do** *G A*)
stīd M Scham *f* **stīdnā kọst** F ANAT Schambein *n* **stịdjeti se** sich schämen
stịdljiv verschämt; schüchtern
stịh M Vers *m*
stijẹ̄na F (*Fels*-)Wand *f*
stīsak M: **~ rụ̄kē** Händedruck *m*
stịska F Gedränge *n*; *fig* Klemme *f*, Bedrängnis *m*
stịsnuti (stīskati) zusammendrücken, -pressen; *Hand* drücken
stizati → stići
stjẹcāj M Zusammentreffen (*von Umständen*); JUR Tateinheit *f* **stjẹcati** → steći
stjẹnica F Wanze *f*
stjụard M Steward *m*, Flugbegleiter *m* **stjuardẹsa** F Stewardess *f*, Flugbegleiterin *f*
stọ̄ hundert
stọga ADV daher, deshalb
stọ̄j M: **~ na glạ̄vi** Kopfstand *m*
stọjẹ̄ćī Steh-; **stọjẹ̄ćā svjẹtīljka** *f* Stehlampe *f*
stọka F Vieh *n*
stọ̄l M Tisch *m*
stọlac Stuhl *m* **stọlār** M Tischler *m* **stọlarica** F Tischlerin *f*

stolica F Stuhl *m* (*a* MED); **Svētā ~** Heilige Stuhl *m*
stōlnī Tisch-; **~ tēnis** *m* Tischtennis *n*; **stōlnō vīno** *n* Tafelwein *m*;
stōlnjāk M Tischdecke *f*, Tischtuch *n*
stoljeće N Jahrhundert *n*
stonoga F Tausendfüßler *m*
stopa F (*Vers-*)Fuß *m*; **~ rāsta** HANDEL Wachstumsrate *f*; **kamatnā ~** Zinsfuß *m* **stopalo** N Fuß *m*; **spuštenō ~** Plattfuß *m*
stopīrati (IM)PF *ein Auto* anhalten, stoppen; per Anhalter fahren
stopiti (stāpati) *etw* schmelzen; *fig etw* verschmelzen; **~ se** *v/i* verschmelzen
stopostotno ADV hundertprozentig
stōtī hundertste(r)
stotina F Hundert *n* **stotīnka** F Hundertstel *n*
stožac M MATH Kegel *m*; **kr̄njī ~** Kegelstumpf *m*
strādati ⟨na-⟩ verunglücken
strāga ADV von hinten
strāh M Angst *f*, Furcht *f*
strahopoštovānje N Ehrfurcht *f*
strahota F Entsetzen *n*; Schrecken *m* **strahovānje** N Befürchtung *f* **strahovati** befürchten **strahovit** furchtbar
strān fremd; ausländisch
strāna F Seite *f*; **s jednē strānē … s drugē strānē** einerseits … andererseits **strānac** M Fremde(r) *m*; Ausländer *m*
stranačkī Partei(en)- **stranica** F (*Buch-*)Seite *f*; IT **kućna ~** Homepage *f*
strānka F POL, JUR Partei *f*
strankinja F Fremde *f*; Ausländerin *f*
strāst F Leidenschaft *f*
strastven leidenschaftlich
strāšan furchtbar
strašilo N Vogelscheuche *f*
strašljiv ängstlich
stratīšte N Schafott *n*; Richtplatz *m*
strāva Grauen *n*; Horror *m*; **film** *m* **strāvē** Horrorfilm *m*
stravičan grauenhaft
strāža F Wache *f*
stražār M Wächter *m* **stražarica** F Wächterin *f* **stražāriti** Wache stehen
stražnjī hintere(r); **stražnjē sjedalo** *n* AUTO Rücksitz *m*
stražnjica F Hintern *m*
stream M IT Stream *m*; IT **~ uživo** Livestream *m*, Echtzeitübertragung *f*
strēpnja F Bangen *n*, Angst *f*
strēsti (strēsati) abschütteln
strīc M Onkel *m* (*väterlicherseits*)
strīčak M Distel *f*
strijēla F Pfeil *m* **strijēlac** M Schütze *m* (*a* ASTRON); **strijēljati** (IM)PF (er)schießen
strijež M Zaunkönig *m*
strīna F Tante *f* (*Frau des Bruders väterlicherseits*)
strip M Comics *pl*
strka F (*Menschen-*)Auflauf *m*
strm steil **strmina** F Steilhang *m*
strmoglavcē ADV kopfüber
strmoglāviti (strmo-

glavljīvati) **se** kopfüber hinunterstürzen
strọg streng **strọgōst** F Strenge *f*
strōj M Maschine *f*; **pịsāćī ~** Schreibmaschine *f*
strọjārnica F Maschinenraum *m* **strojārstvo** N Maschinenbau *m* **strọjnica** F Maschinenpistole *f*
strọjobravār M Maschinenschlosser *m* **strọjobrạvarka** F Maschinenschlosserin *f*
strojogrā̦dnja F Maschinenbau *m*
strọp M (*Zimmer-*)Decke *f*
str̄pjeti se PF sich gedulden **str̄pljẹnje** N Geduld *f*
strpljiv geduldig **strpljivōst** F Geduld *f*
str̀šiti hervorragen; emporragen; *Haare* abstehen
str̀šljēn M Hornisse *f*
strùčan sachkundig; Fach- **strụčnjāk** M Fachmann *m* **strụčnjạkinja** F Fachfrau *f* **strụčnjāčkī** fachmännisch
strūgati ⟨**o-**⟩ schaben, kratzen
strūja F ELEK Strom *m*; (*Meeres-*) Strömung *f*; **ịzmjeničnā ~** ELEK Wechselstrom *m*; **ịstosmjērnā ~** Gleichstrom *m*
strūk M Taille *f*
strụka F Fach *n*
strụna F Saite *f*
strụnjača F SPORT Matte *f*
strvina F Aas *n*
stụba F Treppenstufe *f* **stube** F/PL Treppe *f*; **pọmičnē ~** *f/pl* Rolltreppe *f*
stubīšte N Treppenhaus *n*
stūći PF verschwenden
stụdēn¹ M Kälte *f*
stụden² kalt **stụdenī** November *m*
stụdent M Student *m* **studẹntica** F Studentin *f*
stūdīj M Studium *n* **stūdija** F Studie *f* **stūdīrati** (IM)PF studieren
stūp Pfeiler *m*; (*Strom-*)Mast *m*
stūpanj M Stufe *f*, Grad *m*
stūpa M (*Zeitungs-*)Spalte *f*
stūpati marschieren; → stupiti
stupica F Falle *f*
stūpiti (**stūpati**) (ein)treten; schreiten
stvār F Sache *f*; Ding *n*; Angelegenheit *f* **stvāran** real, tatsächlich **stvaralac** M, **stvạratelj** M Schöpfer *m* **stvaratẹljica** F Schöpferin *f* **stvārati** → stvoriti **stvārnōst** F Wirklichkeit *f* **stvvọr** M Geschöpf *n* **Stvọritelj** M REL Schöpfer *m* **stvọriti** (**stvạrati**) schöpfen; schaffen
su- *vor su und Verben* Mit-, mit-
sụbota F Sonnabend *m*, Samstag *m*
sụćūt F Beileid *n*, Mitgefühl *n*
sūd M Urteil *n*; JUR Gericht *n*
sūdac M Richter *m*; SPORT Schiedsrichter *m*
sụdār M Zusammenstoß *m* **sụdariti** (**sụdarati**) **se** zusammenstoßen **sụdbenī** Gerichts-; **~ pọstupak** *m* Gerichtsverfahren *n* **sụdbina** F Schicksal *n* **sudbọnosan**

schicksalhaft; verhängnisvoll **sụdbinskī** Schicksals-
sụdionica F Teilnehmerin *f*; Mittäterin *f* **sụdionīk** M Teilnehmer *m*; Mittäter *m* **sụdionīštvo** N Teilnahme *f*; JUR Mittäterschaft *f*
sūditi urteilen (**o** *L* über *A*); ⟨**o-**⟩ verurteilen
sụdjelovānje N Teilnahme *f* **sụdjelovati** teilnehmen (**u** *L* an *D*)
sūdnica F Gerichtsgebäude *n*
sūdnjī dạn M der Jüngste Tag *m*
sụdoper M Spülmaschine *f*
sụdskī gerichtlich, Gerichts-; **~vjẹštāk** *m* Gerichtsgutachter *m*
sụglasan einverstanden **sụglāsje** N Einklang *m* **sụglasnīk** M Konsonant *m*, Mitlaut *m* **sụglasnōst** F Einverständnis *n*
sūh trocken; dürr; hager
sụjedica F MED Mitesser *m*
sụknja F Rock *m*
sūkob M Auseinandersetzung *f*, Konflikt *m*
sụkobiti (sukobljāvati) se **s** (*I*) mit *j-m* in *e-e* Auseinandersetzung *od e-n* Konflikt geraten, mit *j-m* aneinandergeraten
sulūd verrückt, irre
sūmnja F Argwohn *m*, Verdacht *m* **sūmnjati** ⟨**po-**⟩ argwöhnen
sụmnjičav argwöhnisch
sụmnjičiti ⟨**o-**⟩ verdächtigen (**za** *A G*); **sụmnjiv** verdächtig
sūmpor M Schwefel *m*
sụmrāk M (*Abend-*) Dämmerung *f*
sunārodnjāk M Landsmann *m* **sunārodnjạkinja** F Landsmännin *f*
Sūnce N Sonne *f*
suncobrān M Sonnenschirm *m*
suncokrēt M Sonnenblume *f*
sụnčan sonnig; **~i šẹšīr** *m* Sonnenhut *m* **sụnčanī** Sonnen- **sunčạnica** F Sonnenstich *m* **sụnčati se** sich sonnen
sụnovrāt M Narzisse *f*
suọčiti (suočāvati) konfrontieren; JUR gegenüberstellen (**s** *I* mit); **suočẹ̄nje** N Gegenüberstellung *f*
suọsjećati mitfühlen **suọsjećānje** N Mitgefühl *n*
sụpotpis M Gegenzeichnung *f*
sụprotan entgegengesetzt
sụprotnōst F Gegensatz *m*
suprọtstaviti (suprọtstavljati) se sich widersetzen **sụprug** M Gatte *m* **sụpruga** F Gattin *f* **sụputnica** F Mitreisende *f* **sụputnīk** M Mitreisende(r) *m* **sụradnica** F Mitarbeiterin *f* **sụradnīk** M Mitarbeiter *m* **surādnja** F Zusammenarbeit *f* **surađīvati** zusammenarbeiten
surfati SPORT surfen; IT **~ na ịnternetu** im Internet surfen
sūrla F Rüssel *m*
sụrutka F Molke *f*
sūsjed M Nachbar *m* **sūsjeda** Nachbarin *f* **sūsjednī** Nachbar- **sūsjedstvo** N Nachbarschaft *f*

susresti (**susretati**) begegnen (*A D*); ~ **se** sich treffen **susret** M Treffen *n*
sustav M System *n*; **navigacijski** ~ Navigationssystem *n*
sustavan systematisch
suša F Trockenheit *f*, Dürre *f*
sušiti ⟨**o-**, **po-**⟩ *etw* trocknen; ~ **se** *v/i* trocknen
sutkinja F Richterin *f*
suton M (*Abend-*)Dämmerung *f*
sutra ADV morgen **sutrašnji** morgig
suvozač M Beifahrer *m* **suvozačica** F Beifahrerin *f*
suvremen zeitgenössisch, modern **suvremenica** F Zeitgenossin *f* **suvremenik** M Zeitgenosse *m*
suza F Träne *f* **suzavac** M Tränengas *n*
suzbiti (**suzbijati**) *Seuche* bekämpfen; *Angriff* abwehren
suzdržan zurückhaltend
suzdržljivost F Zurückhaltung *f*
suziti[1] (**sužavati**) verengen; *Vollmacht* einengen; *Kleid* enger machen; eingehen
suziti[2] ⟨**za-**⟩ tränen
uživjeti (**uživljavati**) **se** sich eingewöhnen (**s novim poslom** am neuen Arbeitsplatz)
svačiji jedermanns
svadba F Hochzeit *f* **svadben** Hochzeits- **svadbovanje** N Hochzeitsfeier *n* **svadbovati** Hochzeit feiern
svadljiv streitsüchtig
svađa F Streit *m*; Zank *m* **svađati se** sich streiten
svagda stets **svagdanji**, **svagdašnji** alltäglich **svagdašnjica** F Alltag *m* **svagdje** überall **svakako** ADV auf jeden Fall; jedenfalls **svaki** jeder **svakidašnji** alltäglich **svakidašnjica** F Alltag *m*
svaliti (**svaljivati**) *Schuld* abwälzen (**na** *A* auf *j-n*)
svanuće N (*Morgen-*) Dämmerung *f*, Tagesanbruch *m*
svanuti (**svitati**) *Tag* anbrechen, dämmern
svast F Schwägerin *f* (*Schwester der Ehefrau*)
svastika[1] F → svast
svastika[2] F Hakenkreuz *n*
svat M Hochzeitsgast *m*; **čudan** ~ komischer Kauz *m*
svatko jedermann
sve alles; *mit comp* immer; ~ **više** immer mehr
svečan feierlich **svečanost** F Feier *f*
svećenica F Priesterin *f* **svećenik** M Priester *m*
svejedno ADV egal; in jedem Fall
svekar M Schwiegervater (*der Ehefrau*) **svekrva** F Schwiegermutter (*der Ehefrau*)
svemir M Weltall *n*, Weltraum *m* **svemirski** Weltraum-
svet heilig **svetac** M Heilige(r) *m*; **Svi** ~**i** Allerheiligen *n*
svetak M Feiertag *m*
svetica F Heilige *f*
svetinja F Heiligtum *n*
sveučilište N Universität *f*
sveza F Verbindung *f*; ANAT

Band *n* **svẹzak** M (*Buch*) Band *m*
svẽzati (**svēzīvati**) verbinden, verknüpfen
svẹžanj M Bündel *n*; Bund *m*
svị M/PL (F/PL **svẹ**, N/PL **svạ**) alle
svȋbanj M Mai *m*
svịdjeti (**svīđati**) **se** gefallen (*D j-m*)
svijḗća F Kerze *f* **svijḗćnjāk** M (*Kerzen-*)Leuchter *m*
svijḗst F Bewusstsein *n*
svijẹt M Welt *f* **svijẹtao** hell
svijẹtliti leuchten, scheinen
svȋla F Seide *f*
svịlen Seiden-, seidig
svȉnja F Schwein *n* **svȉnjac** M Schweinestall *m* **svīnjạrija** F Schweinerei *f*
svịnjetina F Schweinefleisch *n* **svịnjskī** Schweine-, Schweins-
svȋrati MUS spielen
svịtati → svanuti
svȋzac M Murmeltier *n*
svjẹćica F Zündkerze *f*
svjedọčiti ⟨**po-**⟩ bezeugen
svjẹdodžba F Zeugnis *n*; **mạturālnā** ~ Abiturzeugnis *n*
svjẹdok M Zeuge *m* **svjedọkinja** F Zeugin *f*
svjesno ADV, **svjestan** ADJ bewusst
svjẹtīljka F Lampe *f*, Leuchte *f*; **džẹpnā** ~ Taschenlampe *f*
svjẹtina F Pöbel *m* **svjetiọnīk** M Leuchtturm *m* **svjẹtlēćī** Leucht-; **svjẹtlēćā reklạma** *f* Leuchtreklame *f* **svjẹtlo** N Licht *n* **svjẹtlōst** F Helligkeit *f* **svjetlụcati** funkeln **svjetovnī** weltlich **svjẹtskī** Welt-; ~ **rạt** *m* Weltkrieg *m*; **svjẹtskō prvẹ̄nstvo** *n* Weltmeisterschaft *f*
svjẹ̄ž frisch **svježȉna** F Frische *f*
svlạ̄čiti (**se**) → svući (se)
svlạ̄dati (**svlādạ̄vati**) überwältigen; überwinden, bezwingen; ~ **se** sich beherrschen
svọ̄j POSS PRON sein, mein, dein, *usw*
svọjedobno ADV seinerzeit
svọjevōljan eigenwillig
svọjstven eigentümlich
svọ̄jstvo N Eigenschaft *f*
svọ̄jta F Verwandtschaft *f*
svọta F Summe *f*
svrạ̄b M Krätze *f*
svrạka F Elster *f*
svrbjeti ⟨**za-**⟩ jucken
svrdlo N Bohrer *m*
svrgnuti PF (*Herrscher*) absetzen, stürzen
svrha F Zweck *n*, Ziel *m*
svrsishodan zweckmäßig
svrstati (**svrstạ̄vati**) sortieren
svršạ̄vati → svršiti
svršẹ̄tak M Ende *n*, Schluss *m*
svȑšiti (**svršạ̄vati**) abschließen, beenden
svụ̄ći (**svlạ̄čiti**) ausziehen; ~ **se** sich ausziehen
svụda ADV überall

Š

šah M Schach(spiel) *n* **šahist** M Schachspieler *m* **šahistica** F Schachspielerin *f* **šahovnica** F Schachbrett *n*; Schachbrettmuster *n*

šaka F Faust *f*; Handvoll *f* **šakač** M Boxer *m*

šal M Schal *m*

šala F Scherz *m*, Spaß *m*

šalica F Tasse *f*

šaliti ⟨na-⟩ **se** scherzen

šalter M Schalter *m*

šaljiv scherzhaft **šaljivac** M, **šaljivčina** M Spaßmacher *m* **šaljivica** F, **šaljivčina** F Spaßmacherin *f*

šampanjac M Champagner *m*

šampinjon M Champignon *m*

šampion M SPORT Meister *m* **šampionka** F SPORT Meisterin *f*

šampon M Shampoo *n*, Haarwaschmittel *n*

šank M *umg* Tresen *m*

šapa F Pfote *f*

šapnuti (**šaptati**) flüstern

šaptač M Souffleur *m* **šaptačica** F Souffleuse *f* **šaptati** → šapnuti

šaputati flüstern

šaraf M *umg* Schraube *f*

šaran M Karpfen *m*

šaren bunt, farbig **šarenilo** N Buntheit *f*

šarlah M MED Scharlach

šašav *umg* überspannt, verrückt

šator M Zelt *n*

šatra F Jargon *m*

šav M Naht *f*

ščepati PF ergreifen, packen

šećer M Zucker *m*; **niski ~** Unterzucker *m*; **imati niski ~** Unterzucker haben **šećeriti** ⟨**po-, za-**⟩ zuckern **šećerni** Zucker-; **šećerna bolest** *f* Zuckerkrankheit *f*

šef M Chef *m* **šefica** F Chefin *f*

šegrt M, **šègrtica** F *umg* Lehrling *m/f* **šegrtovati** *umg* eine Lehre machen, Lehrling sein

šepati humpeln, hinken **šepav** lahm

šesnaest sechzehn

šest sechs **šest stotina** sechshundert **šesti** sechste(r)

šestar M Zirkel *m* **šestica** F Ziffer Sechs *f* **šestina** F Sechstel *n*

šešir M Hut *m*

šetač M Spaziergänger *m* **šetačica** F Spaziergängerin *f*

šetalište N Promenade *f* **šetati** ⟨**pro-**⟩ (**se**) spazieren gehen

šetnja F Spaziergang *m*

ševa F Lerche *f*

šezdeset sechzig

šiba F Rute *f*, Gerte *f* **šibica** F Streich-, Zündholz *n*

šija F Nacken *m*

šiljast spitz

šiljiti ⟨**za-**⟩ anspitzen

šimšir M Buchsbaum *m*

šipak M Hagebutte *f*; Granat(apfel)baum *m*

šipka F Stange *f*, Stab *m*
širina F Breite *f*
šīriti ⟨**pro-, ra-**⟩ verbreitern; aus-, erweitern; verbreiten; **~ se** sich ausbreiten; sich verbreitern
širok breit; weit
širom ADV weit; PRP (G) → dīljem
šīšati ⟨**o-**⟩ Haare schneiden; *Schaf* scheren
šiške F/PL Pony(frisur *f*) *n*
šišmiš M Fledermaus *f*
šiti ⟨**sa-**⟩ nähen
šivāćī Näh-; **~ strōj** *m* Nähmaschine *f*
šīvati → šiti
škakljati kitzeln **škakljiv** kitzelig; *fig* heikel
škamp M Kaiserhummer *m*
škānjac M Mäusebussard *m*
škare F/PL Schere *f*
škīljiti schielen
škodljiv schädlich
škōla F Schule *f*
školovān geschult, ausgebildet **školovati** schulen, ausbilden **školskī** Schul-; schulisch
škōljka F Muschel *f*; Toilettenschüssel *f*
škōpac M Hammel *m*
škopiti ⟨**u-**⟩ kastrieren
škotskī schottisch **škotskā** F Schottland *n*
škrga F Kieme *f*
škrgutati *mit den Zähnen* knirschen
škrinja F Kasten *m*; Truhe *f*
škripa F (*Reifen-*, *Tür-*)Gequietsche *n*
škrīpac M Schraubstock *m*; *fig* Klemme *f* **škrīpati** ⟨**za-**⟩ quietschen; knirschen
škrob M Stärke *f*
škrt geizig **škrtac** M Geizhals *m* **škrtāriti** geizen **škrtica** F Geizige *f* **škrtōst** F Geiz *m*
šlāg M *umg* Schlagsahne *f*
šlāger M MUS Schlager *m*
šlepati *Fahrzeug usw* schleppen
Šleskā F Schlesien *n*
šljiva F Pflaume *f* **šljivovica** F Sliwowitz *m*
šljuka F Schnepfe *f*
šljūnak M Kies *m*
šmīnka F Schminke *f* **šmīnkati** ⟨**na-**⟩ schminken
šmrcnuti (**šmrcati**) schnupfen, schniefen *umg*
šmr̄knuti (**šmr̄kati**) (*Tabak, Kokain etc*) schnupfen
šōgor M Schwager *m* **šōgorica** F Schwägerin *f*
šōjka F Eichelhäher *m*
šok M Schock *m*
Španjōlac M Spanier *m*
Španjōlka F Spanierin *f* **Španjōlskā** F Spanien *n* **španjōlskī** spanisch
šparoga F Spargel *m*
špekulācija F HANDEL Spekulation *f*
špica F *umg* Stoßverkehr *m*
špijūn M Spion *m* **špījūnāža** F Spionage *f* **špījūnirati** spionieren; *j-n* ausspionieren **špijūnka** F Spionin *f*; Türspion *m*
špilja F Höhle *f*
špināt M Spinat *m*
špirit M Brennspiritus *m*
šport M → sport M **športāš** M Sportler *m* **športašica** F

Sportlerin *f* **športskī** Sport-; sportlich
špricer M *umg* Weinschorle *f*
štaka F Krücke *f*
štakor M Ratte *f*
štala F Stall *m*
štāp M Stab *m*
štediōnica F Sparkasse *f*
štēdjeti ⟨**pri-, za-**⟩ sparen
štedljiv sparsam
štēdnī Spar-
štēdnjāk M (*Küchen-*)Herd *m*
štemer M *umg* Rowdy *m*, Rüpel *m*
štene N Welpe *m*
šteta F Schaden *m*; **~!** schade! **štetan** schädlich; **~ po zdrāvlje** gesundheitsschädlich **štetiti** schaden **štetnīk** M, **štetočina** F Schädling *m*
štīćenīk M Schützling *m*
štipāljka F (*Wäsche-*)Klammer *f*; Krebsschere *f*
štīpnuti (**štīpati**) kneifen, zwicken
štīt M Schild *m* **štītiti** ⟨**za-**⟩ (be)schützen
štītnjača F Schilddrüse *f*
što was; CJ dass; *mit comp* so … wie möglich; **~ bržē** so schnell wie möglich
štogod irgendetwas
štopati SPORT *Zeit* stoppen **štoperica** F Stoppuhr *f*
štošta allerlei
štovatelj M Verehrer *m* **štovateljica** F Verehrerin *f* **štovati** ehren
štrajk M Streik *m* **štrajkāš** M Streikende(r) *m* **štrajkašica** F Streikende *f* **štrajkati** streiken **štrajkolōmac** M Streikbrecher *m*
štucati *e-n* Schluckauf haben; **štucā mi se** ich habe einen Schluckauf **štucavica** F Schluckauf *m*
štuka F Hecht *m*
šubara F Pelzmütze *f*
šūljati se schleichen
šuljevi M/PL Hämorrhoiden *pl*
šūm M Geräusch *n*
šuma F Wald *m*, Forst *m* **šumār** M Förster *m* **šumarija** F Försterei *f*
šūmiti *Wind, Wasser* rauschen
šumskī Wald-; **šumskā jagoda** *f* Walderdbeere *f*
šund M Schund *m*
šūnka F Schinken *m*
šūpalj hohl; *Nuss* taub
šupljina F Hohlraum *m*; MED Höhle *f*; **trbušnā ~** Bauchhöhle *f*
šurjāk M Schwager *m* (*Bruder der Ehefrau*) **šurjakinja** F Schwägerin *f* (*Schwester der Ehefrau*)
šūtjeti schweigen
šutkē ADV schweigend
šūtnja F Schweigen *n*
šuškati *Laub, Papier* rascheln
šušnuti (**šūštati**) rascheln
Švābo M *umg verächtlich* Deutsche(r) *m*
Švedskā F Schweden *n*
Švеđanin M Schwede *m* **Švеđānka** F Schwedin *f*
Švicārac M Schweizer *m*
Švicārka F Schweizerin *f* **Švicārskā** F Schweiz *f*
švrljati sich herumtreiben; he-

rumlungern; IT ~ **po internetu** im Internet surfen

T

tạ *Partikel* aber; doch
tạban M Fußsohle *f*
tạblet M TECH Tablet *n*
tablẹta F Tablette *f*
tạblica F Tabelle *f*
tạd(ā) damals **tạdašnjī** damalig
tāj (**tā** F, **tō** N) der da
tājna F Geheimnis *n* **tājnī** geheim; ~ **brọj** *m* Geheimnummer *f*, Geheimzahl *f* **tājnica** F Sekretärin *f* **tājnīk** M Sekretär *m* **tājnīštvo** N Sekretariat *n*
tạkav solch
tạknuti (**tīcati**) berühren
tạkō so **tạkō da** CJ sodass
takọđer auch, ebenfalls
tạkozvānī sogenannt (*Abk* sog.)
tạksi M Taxi *n* **tạksist** M Taxifahrer *m* **taksịstica** F Taxifahrerin *f*
tạktičan taktvoll **tạktičkī** taktisch
tạlac M Geisel *f*
Talijān M Italiener *m* **Talijānka** F Italienerin *f* **talijānskī** italienisch
tālog M (*Boden-*)Satz *m*
talọžiti ⟨**na-**⟩ **se** ausfällen, sich setzen
tāma F Dunkelheit *f*
tāman[1] dunkel, finster
tạman[2] ADV *umg* gerade, genau
tạmjan M Weihrauch *m*
tạmnica F Kerker *m*
tāmniti ⟨**po-**⟩ ab-, verdunkeln **tāmno** ADV dunkel **tāmnjeti** ⟨**po-**⟩ dunkel werden
tạmo ADV dorthin; ~-**āmo** hin und her
tạnak dünn
tạnjūr M Teller *m*
tanjụrić M Untertasse *f*
tapḗta F Tapete *f*
tapẹtār M Polsterer *m*; Tapezierer *m* **tapẹtārka** F Polsterin *f*; Tapeziererin *f* **tapetīrati** (IM)PF (*Möbel*) polstern; (*Wand*) tapezieren
tarīfa F Tarif *m*
tạrtuf M Trüffel *m*
tạst M Schwiegervater (*des Ehemannes*) *m*
tạšt eitel **taštịna** F Eitelkeit *f*
tāt M Dieb *m*
tạta M *zärtlich* Papa *m*
tạtica F Diebin *f*
tāva F Pfanne *f*
tạvan M Dachboden *m*
tāžiti ⟨**u-**⟩ (*Hunger, Schmerz*) stillen; (*Durst*) löschen
te CJ und
tẹbi (*enkl* **ti**) dir
tẹčāj M (*Sprach-, Wechsel-*)Kurs *m* **tẹčājnī** Kurs-
tẹčan schmackhaft
tẹći fließen
tẹgliti ziehen, schleppen
tegọba F Mühsal *f* **tegọbe** F/PL MED Beschwerden *pl*

tẹhničār M Techniker *m* **tẹhničārka** F Technikerin *f* **tẹhnika** F Technik *f*
tẹk CJ kaum; erst
tẹ̄k M Appetit *m*; **dọbar ~!** guten Appetit!
tẹkūćī flüssig; (*Monat*) laufend; **tẹkūćā vṛpca** *f* Fließband *n*
tekụćina F Flüssigkeit *f*
tẹle N Kalb *n*
telẹfōn M Telefon *n*; **fịksni ~** Festnetztelefon *n*; **mọbīlni ~** Mobiltelefon *n* **telefōnīrati** (IM)PF telefonieren **telẹfōnskī** Telefon-; Fernsprech-, telefonisch; **telẹfōnskā kạrtica** *f* Telefonkarte *f*
tẹletina F Kalbfleisch *n*
televīzija F Fernsehen *n* **televīzījskī** Fernseh-
telẹvīzor M Fernsehgerät *n*, Fernseher *m*
tẹ̄ma F Thema *n*
tẹmelj M ARCH Fundament *n*; *fig* Grundlage *f*; **na ~u** (*G*) aufgrund von, kraft (*G*)
temẹljit gründlich **temẹljiti se** sich gründen (**na** *L* auf *D*);
temẹljitōst F Gründlichkeit *f*
temperạment M Temperament *n* **temperatụ̄ra** F Temperatur *f*
tẹ̄n M Teint *m*
tẹnis M Tennis *n* **tenịsāč** M Tennisspieler *m* **tenisạčica** F Tennisspielerin *f*
teọretskī theoretisch
tẹōrija F Theorie *f*
tẹpati (*D*) (*zu e-m Kind*) zärtlich sprechen
tẹpsija *umg* F *flache Backform*
terạpija F Therapie *f*
tẹrēn M Gelände *n* **tẹrēnskī** Gelände-; **tẹrēnskō istražīvānje** *n* Feldforschung *f*
tẹret M Last *f*; Fracht(gut *n*) *f*; **na ~** (*G*) zulasten von **tẹretiti** belasten (*a* JUR) **tẹretnī** Last-, Güter-; **~ vlạ̄k** *m* Güterzug *m*; **~ brọ̄d** *m* Frachtschiff *n*
terẹtnjāk M Laster *m*; Frachter *m*; Güterzug *m*
tẹritorijālnī Territorial-; **tẹritorijālnē vọde** *f/pl* Hoheitsgewässer *f/pl*
termọfōr M Wärmflasche *f*
tẹrmos-bọca F, **tẹrmosica** F Thermosflasche® *f*, Warmhalteflasche *f*
terọrist M Terrorist *m* **terorịstica** F Terroristin *f*
tẹ̄ško ADV schwer; mühsam; kaum **tẹ̄škọća** F Schwierigkeit *f*
tẹtak M Onkel *m* **tẹtka** F Tante *f*
tẹtiva F Sehne *f*; MATH Sekante *f*
tẹtrijēb M Auerhahn *m*
tetụrati ⟨za-⟩ taumeln
tẹza F These *f*; Dissertation *f*
tẹ̄ža F: **sịla** *f* **tẹ̄žē** Schwerkraft *f*
tẹ̄žak[1] schwer; schwierig
tẹžāk[2] M Tagelöhner *m* **težạkinja** F Tagelöhnerin *f*
težịna F Gewicht *n*
težīšte N Schwerpunkt *m*
tẹ̄žiti wiegen; streben (**za** *I* nach *D*); **tẹ̄žnja** F Streben *n*
tī[1] du
ti[2] *enkl* → **tebi**

ticalo N ZOOL Fühler *m*
tīcati → taknuti; ~ **se** betreffen (*G A*); **što se … tīčē** was … betrifft
tifus M Typhus *m*
tigar M Tiger *m* **tigrica** F Tigerin *f*
tih ADJ, **tiho** ADV still; leise; ruhig; **Tihoī ocēān** *m* Stille Ozean *m*
tijēk M Lauf *m*; Verlauf *m* **tijēkom** ADV (*G*) im Laufe (*G*)
tijēlo N Körper *m*; Körperschaft *f* **Tijēlovo** N Fronleichnam *m*
tijesan eng, knapp
tijēsto N Teig *m*
tik ADV: ~ **uz** (*A*), **do** (*G*) dicht an (*D*), bei (*D*)
tīkati duzen
tikva F Kürbis *m* **tikvica** F Zucchini *f*
tīm M Team *n*
tinejdžer M Teenager *m* **tinejdžerica** F weiblicher Teenager *m*
tīnta F Tinte *f*
tīp M Typ *m*
tipičan typisch
tipka F Taste *f* **tipkati** ⟨o-⟩ *Maschine* schreiben; (ab)tippen **tipkovnica** IT Tastatur *f*
tisak M Druck *m*; Presse *f*
tiskāč M TECH Drucker; TECH **laserskī** ~ Laserdrucker
tiskanica F Drucksache *f*; Formular *n*
tiskati *Schuhe* drücken ⟨o-⟩ TYPO (ab)drucken
tiskati se drängeln, sich drängen
tisuća tausend **tisućī** tausendste(r) **tisućina** F Tausendstel *n*
tišina F Stille *f*
tīštati bedrücken
tj. (**tō jest**) → tō
tjedan M Woche *f* **tjednī** Wochen- **tjednīk** M Wochenblatt *n*
tjelesnī Körper-; körperlich; ~ **čuvār** *m* Leibwächter *m*; **tjelesnā ozljeda** *f* Körperverletzung *f*
tjeme N Scheitel *m*
tjeralica F Steckbrief *m* **tjerati** treiben, scheuchen; *Prozess* anstrengen ⟨o-⟩ vertreiben, verjagen
tjesnac M (*Meer-*)Enge *f*; *fig* Klemme *f*
tjestenina F Teigware *f*
tješiti ⟨u-⟩ trösten
tkanina F Gewebe *n*, Stoff *m*
tkati weben
tkīvo N ANAT Gewebe *n*
tko wer; ~**god** irgendwer
tlačenica F Presskopf *m* **tlačiti** ⟨po-⟩ unterdrücken
tlāk M PHYS Druck *m*
tlakomjēr M Manometer *n*
tlo N Grund *m*
tmūran finster, düster
tō das (→ tāj); *vor comp* umso, desto; ~ **boljē** umso besser; ~ **jest** das heißt (*Abk* d. h.)
toalet M Toilette *f*; **gdje je ~?** wo ist die Toilette?
tobogān M Rutsche *f*
tobože ADV, **tobožnjī** ADJ angeblich
točan genau; pünktlich

tọčiti zapfen; *Getränke* ausschenken **točka** F Punkt *m* **tọčnōst** F Genauigkeit *f*; Pünktlichkeit *f*
tọ̄k M → tijẹ̄k
tolịkī so groß **tolịko** ADV so viel; so lange
tō̩n M PHYS, MUS (*Farb-*)Ton *m*
tọ̄na F (*Maßeinheit*) Tonne *f*
tọnuti ⟨**po-**⟩ *Schiff* (ver)sinken
tọp Kanone *f*; *Schach* Turm *m*
tọpao warm
tọpiti ⟨**ras-**⟩ *Butter* zerlassen; **~ se** *Eis* schmelzen **toplạna** F Heizkraftwerk *n* **tọplice** F/PL Thermalbad *n* **toplịna** F Wärme *f* **tọplīnskī** Wärme-
tọplo ADV warm **tọplomjēr** M Thermometer *n*
tọpnīk M Kanonier *m*
topọla F Pappel *f*
tọranj Turm *m*
tọ̄rba F Tasche *f* **tō̩rbāriti** hausieren
tọrbica F Handtasche *f*
tọ̄rta F Torte *f*
tọ̄v M (*Vieh-*)Mast *f*
tọvariti ⟨**na-**⟩ beladen
tọviti ⟨**u-**⟩ mästen
trạč Tratsch *m*, Klatsch *m* **trạčati** tratschen, klatschen; lästern
trạčnica F Schiene *f*
trạfika F Tabakladen *m*
trạ̄g M Spur *f*
trạgati fahnden (**za** / nach *D*)
trạ̄jan dauerhaft; haltbar; anhaltend; bleibend
trajạ̄nje N Dauer *f* **trạjati** ⟨**pọ-**⟩ (an)dauern; (aus)reichen
trạjekt M Fähre *f*
trạ̄k M Band *n*; (*Licht-*)Strahl *m*; (*Fahr-*)Spur *f*
trạkavica F Bandwurm *m*
trạmvāj M Straßenbahn *f*
trạperice F/PL Jeans *pl*
trạper jạkna F Jeansjacke *f*
trạtīnčica F Gänseblümchen *n*
trạtiti ⟨**pọ-**⟩ vergeuden, verschwenden
trạ̄va F Gras *n* **trạ̄vanj** M April *m*
trạvār M Kräuterheiler *m* **travạrica**[1] F Kräuterheilerin *f* **travạrica**[2] F Kräuterschnaps *m*
trạ̄vnjāk M Rasen *m*
trạžilica F IT Suchmaschine *f*
trạ̄žiti ⟨**po-**⟩ suchen ⟨**za-**⟩ fordern, verlangen
trbuh M Bauch *m* **trbušnī** Bauch-; **~ plẹ̄s** *m* Bauchtanz *m*
trčati ⟨**po-**⟩ rennen, laufen
trẹbati ⟨**za-**⟩ brauchen, benötigen; sollen; müssen; **trẹbā** es ist nötig
trẹćī dritte(r) **trećịna** F Drittel *n*
trẹn M Augenblick *m*
trẹnd M Trend *m*
trẹner M Trainer *m* **trẹnerica** F Trainerin *f* **trenị̄rati** (IM)PF trainieren **trenīrka** F Trainingsanzug *m*
trẹnutačan augenblicklich
trenụ̄tak M Augenblick *m*, Moment *m*
trẹpavica F Wimper *f*
trepẹriti flackern, flimmern; zittern, vibrieren

trȩpnuti (**trȩptati**) zwinkern
trȩptati → trepnuti
trȩsnuti PF knallen, krachen
trȩ̄sti ⟨**za-**⟩ schütteln **trȩ̄sti se** *Hände* zittern; *Erde* beben
trȩ̄šnja F Kirschbaum *m*; Kirsche *f*
tretmān M Behandlung *f*
tr̄g M Markt(platz) *m*
trgati ab-, ausreißen; (*Beeren*) pflücken
trgnuti PF zerren (*A* an *D*); (*Waffe*) ziehen, zücken; **~ izą sna** *j-n* aus dem Schlaf reißen; **~ se** *pf* zusammenzucken
tr̄govac M Händler *m* Kaufmann *m* **tr̄govačkī** Handels-; **~ cȩntar** *m* Einkaufszentrum *n* **trgọvati** Handel treiben, handeln **trgovina** F Handel *m*; Geschäft *n* **trgovīnskī** Handels-; **trgovīnskā kọmora** *f* Handelskammer *f* **trgōvkinja** F Händlerin *f*
trī drei **trī stọtinē** dreihundert
trica F *Ziffer* Drei *f*, Dreier *m*
tricikl M Dreirad *n*
trīdeset M dreißig **trīdesetī** dreißigste(r)
trijȩ̄m M (*Haus*-)Flur *m*
trijȩzan nüchtern
trik M Trick *m*
trikotāža F Strickwaren *pl*
trīnaest dreizehn
tristo dreihundert
tripice F/PL Kuttelflecke *m/pl*
tr̄ka F Lauf *m*
trkāč M Läufer *m* **trkạčica** F Läuferin *f* **tr̄kāćī** Renn-; **~ kọnj** *m* Rennpferd *n* **tr̄kalīšte** N Rennbahn *f*
tr̄ljati ⟨**na-**⟩ *Hände, Augen* reiben ⟨**is-**⟩ abreiben
tr̄n M Dorn *m* **tr̄nci** M/PL Gänsehaut *f*
tr̄nje N Dornengestrüpp *n*
trobōjnica F Trikolore *f*
trojāk dreierlei
trọ̄jstvo N: **Svȩ̄tō Trọ̄jstvo** Heilige Dreifaltigkeit *f*
trokūt M Dreieck *n* **trokūtnī** dreieckig
trokolica F Dreirad *n*
trolejbus M Trolleybus *m*
trom träge
trostruk dreifach
trošak M → troškovi **trošan** abgenutzt; baufällig
trošiti ⟨**po-**⟩ verbrauchen; *Vorräte* aufbrauchen; *Geld* ausgeben **troškovi** M/PL Ausgaben *f/pl*; Spesen *pl*; (*Un-*) Kosten *pl*; **proizvodnī ~** *m/pl* Herstellungskosten *pl*
trovati ⟨**o-**⟩ vergiften; **~ se** sich vergiften
trotoār M Bürgersteig *m*
trp M Seegurke *f*
trpak herb
trpati ⟨**na-**⟩ vollstopfen
tr̄pjeti ⟨**pre-**⟩ (er)leiden
trska F Schilfrohr *n*
Tr̄st M Triest *n*
trūba F Trompete *f*; AUTO Hupe *f* **trūbiti** ⟨**po-, za-**⟩ hupen
trūblja F Trompete *f*
trūd M Mühe *f* **trūditi** ⟨**po-**⟩ **se** sich bemühen (**oko** *G* um *A*); **trūdnā** schwanger
trūdnica F Schwangere *f*
trūdnoća F Schwangerschaft *f* **trūdovi** M/PL Wehen *f/pl*

trūlež M Fäulnis *f*
trụliti ⟨is-⟩ (ver)faulen **trụo** faul, morsch
trūp M (*Schiffs-*)Rumpf *m*; *menschlicher* Torso *m*
trūsnī: **trūsnō pọdrūčje** N Erdbebengebiet *n*
trụt M Drohne *f*
tṛzāj M Ruck *m*; Zuckung *f* **tṛzati** zerren, reißen (*A* an *D*); *Saite* zupfen; **~ se** zucken
tṛžīšte N HANDEL Markt *m* **tṛžnica** F Markthalle *f*
tū hier
tụcet M Dutzend *n*
tụča F Hagel *m*
tụčak M Stößel *m* **tụčnjava** F Schlägerei *f*
tūći ⟨is-⟩ schlagen, (ver)prügeln **⟨pọ-⟩** *Gegner* schlagen **tūći se [pọ-]** sich prügeln, sich schlagen
tūđ fremd
tụđica F Fremdwort *n* **tụđịna** F Fremde *f*, Ausland *n* **tụđīnac** M Fremde(r) *m*; Ausländer *m* **tụđīnka** F Fremde *f*; Ausländerin *f*
tūga F Trauer *f* **tūgọvati** trauern
tulịpān M Tulpe *f*
tūljac M Röhre *f*; (*Eis-*)Tüte *f*;
tụljan M Seehund *m*
tụlum M *umg* Party *f*
tụmāč M Dolmetscher *m* **tụmačica** F Dolmetscherin *f* **tụmāčēnje** N Deutung *f*
tụmačiti dolmetschen **⟨pro-⟩** deuten, auslegen
tụnēl M Tunnel *m*
tụna F Thunfisch *m* **tụnovina** F Thunfisch(fleisch *n*) *m*
tụnj M → tuna **tụnjevina** F → tunovina
tūp stumpf
tūr¹ M *umg* Hosenboden *m*
tūr² M Auerochse *m*
tūra F Tour *f*
Tụrčin M Türke *m*
tụrist M Tourist *m* **turịstica** F Touristin *f*
turịstičkī touristisch; Reise-
turịzam M Tourismus *m*
Tụrkinja F Türkin *f*
tụrpija F Feile *f*; Raspel *f*
Tụrskā F Türkei *f*
tụš M Dusche *f* **tušịrati ⟨is-⟩ se** duschen
tūžan traurig; kläglich
tụžba F Klage *f* (*a* JUR); **tụžitelj** M Kläger *m*
tūžiti¹ JUR *j-n* verklagen; **~ se** sich beklagen (**na** *A* über *A*)
tūžiti² trauern
tvār F Stoff *m*, Materie *f*
tvōj POSS PRON dein
tvōrac → stvạralac
tvọrba F Bildung *f*, Schöpfung *f* **tvọrevina** F Gebilde *n*
tvōrnica F Fabrik *f*, Werk *n* **tvōrničkī** Fabrik-
tvṛd hart; steif; *Beweis* sicher **tvṛditi** behaupten **tvṛdnja** F Behauptung *f*
tvrdọća F Härte *f* **tvrdọglav** dickköpfig **tvrdọkōran** hartnäckig; halsstarrig
tvṛđava F Festung *f*
tvṛtka F Firma *f*
Twitter® IT Twitter®; IT **pịsati na Twitteru** twittern
tzv. → tạkozvānī

U

u PRP (*wohin? A*) in (*A*); zu, nach (*D*); (*wo? L*) in (*D*); (*G*) bei (*D*); ~ **četiri oka** unter vier Augen; ~ **dvą sąta** um zwei Uhr

ubąciti (**ubācīvati**) (hin)einwerfen

ubądati → ubosti

ubirati → ubrati

ubiti (**ubījati**) töten, umbringen

ubląžiti (**ublāžąvati**) (ab)mildern, lindern

ubod M (*Insekten-, Messer-*) Stich *m*

ubog arm

ubojica M Mörder *m*

ubōjstvo N Mord *m*; ~ **na māh** Totschlag *m*

ubosti (**ubądati**) stechen

ubrati (**ubirati**) pflücken; ernten; einsammeln; kassieren; ~ **aplauze** Beifall ernten

ubrojiti (**ubrąjati**) einrechnen, mitzählen

ubrus M Serviette *f*

ubrzati (**ubrząvati**) *etw* beschleunigen

ubrzo bald

ubudūće ADV (zu)künftig, weiterhin

ucijęniti (**ucjenjīvati**) erpressen

ucjena Erpressung *f* **ucjenjivāč** M Erpresser *m* **ucjenjīvati** → ucijęniti

učen gelehrt **učenica** F Schülerin *f* **učenīk** M Schüler *m*

učęnjāk M Gelehrte(r) *m* **učenjąkinja** F Gelehrte *f*

učestalōst F Häufigkeit *f*

učęstao häufig, wiederholt

učilīšte N Lehranstalt *f*

učinak M Wirkung *f*, Effekt *m*

učiniti (**se**) PF → činiti (se)

učinkovit wirksam, effektiv

učinkovitōst F Wirksamkeit *f*

učiōnica F Klassenraum *m*, Klassenzimmer *n*

učitati IT laden

učitelj M Lehrer *m* **učiteljica** F Lehrerin *f* **učiti** ⟨**na-**⟩ lehren (*A j-n*), *etw* beibringen (*j-m*); lernen (*a* ~ **se**)

učvrstiti (**učvršćīvati**) befestigen; *fig* festigen; ~ **se** sich festigen

ūći (**ulaziti**) hineingehen, hereinkommen, eintreten; einsteigen; *fig* eindringen

ūd M (*Körper-*)Glied *n*

udąhnuti (**udisati**) einatmen

udaja F Heirat (*der Frau*)

udālj ADV: **skok** ~ SPORT Weitsprung *m* **udāljąvati** (**se**) → udaljiti (se) **udāljen** entfernt

udāljenōst F Entfernung *f*

udąljiti (**udāljąvati**, **udāljīvati**) entfernen; ~ **se** sich entfernen

udār (*Strom-, Takt-*)Schlag *m*; **državnī** ~ Staatsstreich *m*; **moždanī** ~ Hirnschlag *m*

udarac (*Faust-*)Schlag *m* **udariti** (**udarati**) schlagen; *Weg* einschlagen

ụdāta verheiratet (*Frau*)
ụdati (udāvati) se heiraten (*Frau*) (**za** *A j-n*)
udāviti (se) PF → daviti (se)
udẹbljati se PF → debljati se
ụdica F Angel *f*
udijẹliti (udjeljīvati) verteilen
ụdio M → udjel
ụdisati → udahnuti
ụdjel M Anteil *m*
ụdoban bequem **ụdobnōst** F Bequemlichkeit *f*
udomạ́ćiti (udomaćīvati) se heimisch werden
udọmiti (udomljīvati) Obdach gewähren, unterbringen; ~ **se** untergebracht werden
udostọjiti (udostojāvati) würdigen
udọvac M Witwer *m* **udọvica** Witwe *f*
udovọljiti (udovoljāvati) befriedigen
ụdruga F Verein *m*
ụdubina F Vertiefung *f*; AUTO Beule *f*
udūbiti (udūbljīvati) eindrücken, einbeulen; ~ **se** sich einbeulen; *fig* sich vertiefen (**u** *A* in *A*); **udūbljẹnje** N → ụdubina
udvạrāč Verehrer *m*, Freier *m* **udvarạčica** F Verehrerin *f* **udvārati se** den Hof machen (*D j-m*)
ụdvoje ADV zu zweit
udvọstručiti (udvostručīvati) verdoppeln
ụdžbenīk M Schulbuch *n*
ugāđati → ugoditi
uganūće N Verstauchung *f*
ugạnuti PF verstauchen
ụgao M (*Straßen-*)Ecke *f*
ugāsiti (se) → gasiti (se)
ụgaziti PF hineintreten (**u** *A* in *A*)
ugībati → uginuti
ụginuti (ugībati) verenden
ụglās ADV zugleich
uglạvnōm ADV hauptsächlich
ụglēd M Ansehen *n* **ụglēdan** angesehen
ụgledati PF erblicken
ụgljēn M Kohle *f*; **smeđī ~** Braunkohle *f*; **kạmenī ~** Steinkohle *f*
ugljičnī CHEM Kohlen(stoff)-; **ugljičnā kiselịna** *f* Kohlensäure *f*
ụgljīk M Kohlenstoff *m* **ugljīkovọdīk** M Kohlenwasserstoff *m*
ụgodan angenehm; bequem; gemütlich **ụgodnōst** F Annehmlichkeit *f*; Behaglichkeit *f*
ugọditi (ugāđati) *j-m* recht machen; *Klavier* stimmen **ugođāj** M (*Atmosphäre*) Stimmung *f* **ugor** M Meeraal *m* **ugọstiteljskī** Gaststätten- **ugostitẹljstvo** N Gaststättengewerbe *n* **ugovārati** → ugovoriti
ụgovōr M Vertrag *m*; ~ **o līzingu** Leasingvertrag *m* **ugovọriti (ugovārati)** vereinbaren, verabreden
ụgrabiti PF ergreifen **ugrāditi (ugrađīvati)** einbauen
ụgrijati (ugrijāvati) erwärmen; ~ **se** sich erwärmen
ụgristi (ugrīzati) beißen
ụgriz M Biss *m*

ugrǫziti (**ugrōžāvati**) bedrohen, gefährden
ugūšiti (**ugūšīvati**) erwürgen; ~ **se** (*an etw*) ersticken
uhićęnje N Verhaftung *f*, Festnahme *f*
ųhidbenī: ~ **nālog** M Haftbefehl *m* **ųhititi** (**uhićīvati**) verhaften, festnehmen **uhićęnica** F Verhaftete *f*, Festgenommene *f* **uhićęnīk** M Verhaftete(r) *m*, Festgenommene(r) *m*
ųho N (PL **ųši**) Ohr *n*; (*pl* **ųha**) Henkel *m*
ųhoda M Spion *m*; Spitzel *m*
ųhvatiti (**hvątati**) packen; (er)greifen; ertappen; ~ **se** (*G*) *e-e Sache* anpacken
ųistinu ADV wirklich, tatsächlich
ųjāk M Onkel *m* (*Bruder der Mutter*)
ųjed M Biss *m*
ujędati → ujesti
ujedīniti (**ujedīnjāvati**) vereinigen; ~ **se** sich vereinigen
Ujędīnjenī nārodi M/PL Vereinte Nationen *pl*
ujedinjęnje N Vereinigung *f*
ujednāčiti (**ujednāčīvati**) vereinheitlichen, angleichen
ųjedno ADV zugleich
ųjesti (**ujędati**) beißen
ūjna Tante *f* (*Ehefrau des Onkels*)
ųjutro ADV morgens, am Morgen
ukamatiti (**ukamaćīvati**) verzinsen
ukīdati → ukinuti
ųkinuti (**ukīdati**) aufheben, abschaffen **ųkiseliti** (**ukiseljīvati**) säuern; ~ **se** sauer werden
uklijęštiti (**uklješćīvati**, **uklještąvati**) (*Nerv, Finger*) einklemmen; ~ **se** sich einklemmen
uklǫniti (**ųklanjati**) beseitigen, entfernen; ~ **se** ausweichen (**od** *G D*)
uklǫpiti (**uklāpati**) einfügen; ~ **se** sich einfügen
ukljūčiti (**ukljūčīvati**) einschließen, -beziehen; ELEK einschalten
uključivo, **uključujūći** ADV einschließlich
ųknjižiti (**uknjižīvati**) verbuchen
ųkōčen steif, starr
ukǫčiti se PF erstarren
ūkor M Tadel *m*, Rüge *f*
ukǫriti (**ukorąvati**) tadeln, rügen
ųkrasti PF stehlen
ųkrātko ADV kurz
ųkrcati (**ukrcąvati**) einladen; ~ **se** an Bord gehen, sich einschiffen
ųkrīž ADV gekreuzt, Kreuz-
ukrǫtiti PF → krotiti
ųkućānin Hausbewohner *m* **ųkućānka** F Hausbewohnerin *f* **ųkuhati** (**ukuhąvati**) einmachen, -kochen **ųkupan** gesamt; vereint **ųkupno** ADV insgesamt **ųkupnōst** F Gesamtheit *f*
ųkūs M Geschmack *m*
ųkusan schmackhaft, lecker; geschmackvoll

ulāgati → uložiti
ulagāč M HANDEL Anleger *m* **ulagàčica** F Anlegerin *f*
ulagati (ulagīvati) se (*D*) sich anbiedern (*D*)
ulāz M Eingang *m*; Einfahrt *f* **ulazak** M Eintritt *m*; Einreise *f* **ulaziti** → ući **ulāznī** Einreise-; **ulāznā vīza** *f* Einreisevisum *n* **ulaznica** F Eintrittskarte *f* **ulaznina** F Eintritt(sgeld *n*) *m*
ulica F Straße *f* **ulični** Straßen-
ulijēvo ADV nach links
ulog M (*Spiel*-)Einsatz *m*; (*Spar*-)Einlage *f*
uloga F Rolle *f*; **sporednā ~** Nebenrolle *f*
uloviti PF → loviti
uložak (*Schuh*-)Einlage *f*; **dnevnī ~** Slipeinlage *f*; **higijēnskī ~** Damenbinde *f*
uložiti (ulāgati) hineinlegen; *Geld* anlegen; *Beschwerde* einlegen
ultrazvūk M Ultraschall *m*
ūlje N AUTO, GASTR Öl *n*; **jestivō ~** Speiseöl *n*
uljepšati (uljepšāvati) verschönern; schönen
uljez M Eindringling *m*, Störenfried *m*
uljudan höflich
uljudba F Zivilisation *f*
uljudnōst F Höflichkeit *f*
ūm M Verstand *m*; Geist *m*; Vernunft *f*
umak M Soße *f*
umākati → umočiti
umaknuti PF entwischen (*D j-m*)
umalo ADV beinahe, fast
ūman klug; Verstandes-, Geistes-
umānjiti (umānjīvati) verringern, vermindern (**se** sich)
umārati (se) → umoriti (se)
umetak M MUS Einlage *f*
umetnuti (umetati) *Batterie* einsetzen, einlegen; einwerfen
umiješati (umješīvati) se sich einmischen (**u** *A* in *A*);
umiljat lieblich; einschmeichelnd **umirati** → umrijeti
umirēnje N Beruhigung *f*
umīriti (umirīvati) beruhigen
umīroviti (umīrovljīvati) pensionieren, verabschieden
umīrovljenica F Pensionärin *f*, Rentnerin *f* **umīrovljenīk** M Pensionär *m*, Rentner *m* **umīrovljēnje** N Pensionierung *f*
umisliti (umīšljati) (*A*) (*sich vorstellen*) sich einbilden (*A*)
umisliti se eingebildet sein
umišljen eingebildet
umiti (umīvati) se sich (*das Gesicht*) waschen
umivaōnica F Waschraum *m*
umivaōnīk M Waschbecken *n*
umjeren maßvoll, gemäßigt
umjesto PRP (*G*) statt (*G*); **~ da** *cj* statt zu…
umjetan künstlich **umjeti** können, vermögen **umjetnički** künstlerisch, Kunst-
umjetnica F Künstlerin *f*
umjetnīk Künstler *m* **umjetnina** F Kunstgegenstand *m*
umjetnōst F Kunst *f*
umnožiti (umnožāvati) ver-

mehren; vervielfältigen
ȗmnjāk M Weisheitszahn *m*
ụmobōlan psychisch krank
umọčiti (umạ̄kati) *Brot* eintauchen (**u** *A* in *A*)
ȗmor M Müdigkeit *f*, Erschöpfung *f*
ụmōran müde, erschöpft
umọriti¹ **(umạ̄rati)** *j-n* erschöpfen **umọriti se** müde werden, erschöpfen
umọriti² PF ermorden
umọ̄rstvo N Mord *m*
ụmrijēti (ụmirati) sterben
ụmrlī verstorben; SU Verstorbene(r) *m*
umūknuti PF verstummen
unạ̄jmiti (unājmljīvati) mieten, pachten
unapređīvati → unaprijediti
ụnaprijēd ADV im Voraus
ụnaprijẹ̄diti (unapređīvati) fördern
unạ̄toč PRP (*D*) trotz (*G*)
ụnatrāg ADV im Nachhinein; rückwirkend
ụnatraškē ADV rückwärts
ụnazād → unatrāg
unẹsrećiti (unesrećīvati) se verunglücken
ụnijēti (unọsiti) hineintragen; eintragen; IT eingeben **uništẹ̄nje** N Vernichtung *f* **uništiti (uništạ̄vati)** vernichten
univerzitēt M Universität *f*
ụnos M IT Eingabe *f* **ụnosan** einträglich
unọsiti → unijeti
ụnuk M Enkel *m* **ụnuka** F Enkelin *f*
unutar PRP (*G*) innerhalb (*G*)
ụnutrašnjī innere(r); **Ministạ̄rstvo** *n* **ụnutrašnjīh pọslovā** Innenministerium *n* (*Abk* **MUP**)
uobičājen üblich
uočạ̄vati → uočiti
uoči PRP (*G*) *fig* am Vortag (*G*)
uọčiti (uočạ̄vati) erblicken; bemerken
ụopće ADV überhaupt
uọstālom ADV im Übrigen
ụpadica F Einwurf *m*
ụpala F MED Entzündung *f*
upạ̄liti (upāljīvati) an-, entzünden; **~ se** sich entzünden (*a* MED)
upạljāč M Feuerzeug *n*; Zünder *m* **upạljiv** entzündlich
upaljīvati → upaliti
ụpasti (ụpadati) hineinfallen; hineingeraten
upījati → upiti
upirati se → uprijeti se
upịsati (upīsīvati) eintragen; immatrikulieren (**se** sich)
ụpit M Anfrage *f*
upītati PF → pitati
upiti (upījati) aufsaugen
ụpitnīk M Fragezeichen *n*; Fragebogen *m*
uplaćīvati → uplatiti
ụplašiti PF erschrecken; **~ se** sich erschrecken (**od** *G* vor)
ụplata F Einzahlung *f*
uplạ̄titi (uplāćīvati) einzahlen
ụplatnica F Zahlschein *m*
ụplesti (ụpletati) einflechten
uplọviti (uplovljīvati) SCHIFF einlaufen
ụporaba F Gebrauch *m*

upoṛābiti PF gebrauchen, benutzen
ụpōran hartnäckig **ụporīšte** N Stützpunkt *m*
ụpotreba F Gebrauch *m* **upotrẹbljiv** brauchbar **upotrijẹ̄biti** (**upotrebljā̦vati**) gebrauchen, benutzen, verwenden
upọznati (**upoznā̦vati**) kennenlernen; ~ **se** sich kennenlernen; sich vertraut machen (**s** *I* mit)
upozorā̦vati → upozoriti
upozorẹ̄nje N Warnung *f*
upozọriti (**upozorā̦vati**) aufmerksam machen, warnen
ụprava F Verwaltung *f* **ụpraviti** (**ụpravljati**)(*I*) *Fahrzeug* lenken, steuern (*A*)
uprạvljāč M Lenkrad *n*
ụpravljati → upraviti
ụprāvnī Verwaltungs-; ~ **sụ̄d** *m* Verwaltungsgericht *n*
ụprāvo ADV gerade, eben
ụprijēti (**ụpirati**) **se** sich stemmen (**o** *A* gegen)
upṛljān verschmutzt
upṛljati PF → prljati
upropā̦stiti (**upropāšćī̦vati**, **upropāštā̦vati**) zugrunde richten; ~ **se** zugrunde gehen
upūćen eingeweiht
upućī̦vati → uputiti
upụstiti (**upūšt̄ati**) **se** sich einlassen (**u** *A* auf *A*)
ụputa F Anweisung *f*, -leitung *f*; Hinweis *m*
upūtiti (**upūćī̦vati**) hin-, verweisen (**na** *A* auf *A*); einweihen (**u** *A* in *A*); *Patienten* überweisen; ~ **se** sich begeben
ụputnica F: **lijẹ̄čničkā** ~ Überweisungsschein *m*
ūra *umg* Stunde *f*; Uhr *f*
uračụnati (**uračunā̦vati**) an-, einrechnen **uračụnljiv** zurechnungsfähig
ụrār Uhrmacher *m*
urazụ̄miti (**urazūmljī̦vati**) zur Vernunft bringen; ~ **se** zur Vernunft kommen
ụred M Amt *n* **ụredan** ordentlich; (*Befund*) unauffällig
ụredba F Verordnung *f*
urẹditi (**uređī̦vati**) regeln; ordnen; *fig* einrichten
ụrednica F Redakteurin *f*
ụrednīk M Redakteur *m*
ụrednīštvo N Redaktion
ụredskī Büro-
ụređaj M Apparat *m*, Gerät *n*; ~ **za navigā̦ciju** Navigationsgerät *n*; TECH **pọgonskī** ~ Laufwerk *n* **uređẹ̄nje** N Regulierung *f*; **prọstornō** ~ ARCH Raumordnung *f* **uređī̦vati** → urediti
ụrezati (**urezī̦vati**) einritzen, einkerben
ụrlati, **urlī̦kati** *Wind* heulen; johlen
ụrođen angeboren *m*
ụrok M *böser* Zauber *m*
ụrota F Verschwörung *f*
urụ̄čiti (**urūčī̦vati**) aushändigen
ụsāmljen einsam
USB stick M IT USB-Stick *m*
usẹliti (**useljā̦vati**) **se** einziehen, *Wohnung* beziehen
useljẹ̄nje N Einzug *m*

usidjelica F alte Jungfer *f*
usisati (usīsāvati) aufsaugen, absorbieren
usisivāč M: ~ **prašinē** Staubsauger *m*
uskladištiti (uskladištāvati) lagern
uskličnīk M Ausrufezeichen *n*
uskoro ADV bald
uskraćīvati → uskratiti
uskrātiti (uskrāćīvati) vorenthalten; entziehen
Uskrs M Ostern *n*; **sretan ~!** frohe Ostern! **Uskrsnī** Oster-
Uskrsnūće N Auferstehung *f* **uskrsnuti** PF auferstehen
usluga F Gefallen *m*; Dienst *m*
uslužan gefällig, hilfsbereit; **uslužnē djelatnosti** *f/pl* Dienstleistungen *f/pl*
usmenī mündlich
usmjeriti (usmjerāvati, usmjerīvati) richten (**prema** *D* auf *A*)
usna F Lippe *f* **usnī** Mund-
usnuti PF einschlafen
usoljen gepökelt
uspāvati (uspāvljīvati) einschläfern (*a Tiere*)
uspjelica F Bestseller *m*
uspēti (uspinjati) se hinaufsteigen; (*Berg*) besteigen; *fig* aufsteigen
uspijēvati → uspjeti
uspinjača F Drahtseilbahn *f*
uspinjati se → uspeti se
uspjeh M Erfolg *m* **uspješan** erfolgreich **uspjeti (uspijēvati)** Erfolg haben, erfolgreich sein; **uspjelo mi je** es gelang mir
uspomena F Erinnerung *f*; Andenken *n*; **za uspomenu** zum Andenken (**na** *A* an *A*)
ūspon M Aufstieg *m* (*a fig*)
usporedan ADJ parallel
usporedba F Vergleich *m*
usporēditi (usporēđīvati) vergleichen
usporen verlangsamt
uspostaviti (uspostavljati) wiederherstellen
usprāvan aufrecht; vertikal
uspraviti (uspravljati) aufrichten; ~ **se** sich aufrichten
usprkos PRP (*D*) trotz (*G*)
usprotīviti se PF → protiviti se
uspūt ADV nebenbei **uspūtan** beiläufig
usrećiti (usrećīvati) glücklich machen
usred PRP (*G*) inmitten (*G*)
ūsta N/PL Mund *m*
ustajati → ustati
ustanak M Aufstand *m* **ustanīk** M Aufständische(r) *m* **ustanova** F Einrichtung *f*, Anstalt *f*, Institution *f* **ustanoviti (ustanovljīvati)** gründen; ermitteln
ustanovljēnje N Gründung *f*; Ermittlung *f* **ustati (ustajati)** aufstehen
ustāv M Verfassung *f*
ustrajati ausharren **ustrājnōst** F Ausdauer *f*, Beharrlichkeit *f* **ustrijēliti (ustreljīvati)** er-, niederschießen; *Wild* schießen, erlegen **ustručāvati se** sich genieren
ustupak M Zugeständnis *n*
ustūpiti (ustūpati) abtreten
usūditi (usūđīvati) se wa-

gen, sich trauen
ūš F Laus *f*; **lịsnā ~** Blattlaus *f*
ụšara F Uhu *m*
ụši F/PL → uho
ūšće M Mündung *f*
ụšica F (*Nadel-*)Öhr *n* **ụšnī** Ohr-
ụšteda F Ersparnis *f*
uštẹdjeti (**uštēđịvati**) ersparen
uštịnuti PF zwicken, kneifen
ụštipak M Krapfen *m*
uštịpnuti PF zwicken, kneifen
ušụljati (**ušuljạvati**) **se** sich einschleichen
ụšutkati (**ušutkịvati**) zum Schweigen bringen
utājiti (**utājīvati**) JUR unterschlagen
ụtakmica F Wettkampf *m*; HANDEL Wettbewerb *m*
ụteći PF fliehen, flüchten (*D* vor *j-m*); **~ se** Zuflucht suchen (*D* bei *j-m*)
ụtēg M Gewicht *n*
utemẹljitelj M Gründer *m* **utemeljitẹljica** F Gründerin *f* **utemẹljiti** (**utemeljījvati**) gründen
utịkāč M ELEK Stecker *m*
ụtiskati, **utiskīvati** → utisnuti
ụtisnuti (**ụtiskati**, **utiskīvati**) eindrücken; hineinpressen; *Stempel* aufdrücken
ụtjecāj M Einfluss *m* **ụtjecati** beeinflussen (**na** *A A*); *Fluss* münden (**u** *A* in *A*)
ụtjeha F Trost *m*
utjelọviti (**utjelovljīvati**) verkörpern
ụtjerati (**utjerịvati**) hineintreiben; *Geld* eintreiben; **~ strạh** Angst einjagen
ụtō ADV mittlerweile
ụtočīšte N Zuflucht *f*
utọpiti (**utạpati**) **se** ertrinken
ūtorak M Dienstag *m*
utọvariti (**utovarịvati**) einladen
ụtrka F (*Wett-*)Rennen *n*; **štafẹtnā ~** SPORT Staffellauf **utrkīvati se** um die Wette laufen (rudern, schießen *etc*)
utr̄nuti PF *Gliedmaßen* taub werden, einschlafen; **~ se** erlöschen
ụtroba F Eingeweide *n*
utrọšiti PF → trọšiti
utụviti (**utūvljịvati**) *j-m etw* einschärfen
ụtva F: **mọrskā ~** Brandgans *m*, **~ zlatọkrilā** Rostgans *f*
ụtvrda F Bollwerk *n*, Befestigung *f*
utvr̄diti (**utvr̄địvati**) (*Tatsache*) feststellen; (*Termin*) festlegen
ụvala F Bucht *f*
ụvečēr ADV abends, am Abend
ụvenuti PF → venuti
ụvesti[1] (**uvọziti**) *Waren* einführen; **~ se** (hin)einfahren
ụvesti[2] (**uvọditi**) einführen
ụvez M (*Buch-*)Einband *m*
uvẹzati (**uvēzịvati**) *Buch* binden
ụvid: **ịmati ~a** Einblick haben (**u** *A* in *A*)
ụvidjeti (**uvīđati**) einsehen; verstehen
ụvijēk immer; **jọš ~** immer noch

uvjerāvati → uvjeriti
uvjeren überzeugt **uvjerēnje** N Überzeugung *f* **uvjeriti** (**uvjerāvati**) überzeugen (**u** *A* von *etw*); ~ **se** sich von *etw* überzeugen
uvjerljiv glaubwürdig, überzeugend
uvjet M Bedingung *f* **uvjetan** bedingt; JUR Bewährungs-
uvjetno ADV JUR auf Bewährung **uvjetovati** bedingen
uvježbati (**uvježbāvati**) trainieren
uvlāčiti → uvući
uvod M Einführung *f*
uvoditi → uvesti²
uvodnī einführend **uvodnīk** M Leitartikel *m*
uvojak M Locke *f*
uvoz M Einfuhr *f*, Import *m*
uvoziti (**se**) → uvesti¹ (se)
uvoznī Einfuhr-, Import- **uvoznica** F Importeurin *f* **uvoznīk** M Importeur *m*
uvreda F Beleidigung *f*
uvredljiv beleidigend
uvrijēditi (**uvrijēđati**) beleidigen, kränken; ~ **se** beleidigt sein
uvūći (**uvlāčiti**) *fig* hineinziehen (**u** *A* in *A*)
UV zrake F/PL UV-Strahlen *pl*
uz(a) PRP (*A*) neben (*D*)
uzajāman ADJ, **uzajāmno** ADV gegenseitig
uzak eng
uzalūd ADV, **uzalūdan** ADJ, **uzalūdno** ADV vergeblich
uzao M Knoten *m*
uzastopan aufeinanderfolgend
Uzašāšće N REL Himmelfahrt *f*
uzbūditi (**uzbūđīvati**) erregen, aufregen; ~ **se** sich aufregen, erregen
uzbudljiv aufregend
uzbūđen aufgeregt **uzbūđenōst** F Aufgeregtheit *f*
uzbuna F Alarm *m*
uzbūniti (**uzbūnjīvati**) alarmieren; aufrühren
uzburkān *See* bewegt, stürmisch
uzdāh M Seufzer *m*
uzdahnuti (**uzdisati**) seufzen
uzdati se vertrauen (**u** *A D*)
uzdignuti (**uzdizati**) erheben; ~ **se** sich erheben **uzdisati** → uzdahnuti **uzdizati** (**se**) → uzdignuti (se)
uzdrmati PF → drmati
uzdūž ADV längs, entlang; PRP → duž
uzemljēnje N ELEK Erdung *f*
uzēt gelähmt
uzēti (**uzimati**) nehmen; einnehmen
uzētōst F Lähmung *f*
uzgājati → uzgojiti
uzgoj M Zucht *f*
uzgojiti (**uzgājati**) züchten
uzgrēd ADV nebenbei **uzgrēdan** beiläufig
uzica F Schnur *f*, Leine *f*
uzimati → uzeti
uzletīšte N FLUG Piste *f*
uzletjeti (**uzlijētati**) FLUG aufsteigen, starten
uzmak M Zurückweichen *n*; MIL Rückzug *m* **uzmaknuti** (**uzmicati**) zurückweichen,

ausweichen
uzmicati → uzmaknuti
uznemiriti (**uznemirávati**, **uznemirivati**) beunruhigen
uzor M Vorbild *n* **uzorak** M Muster *f*
uzoran beispielhaft, vorbildlich, mustergültig
uzročnica F Verursacherin *f*
uzročnik M Verursacher *m*; (*Krankheits-*)Erreger *m*
uzrok M Ursache *f* **uzrokovati** IMPF verursachen
uzrujan aufgeregt, erregt
uzrujanost F Erregung *f*
uzrujati (**uzrujávati**) aufregen, erregen; ~ **se** sich aufregen, erregen
uzvik M Aufschrei *m*
uzvisina F Anhöhe *f*
uzvišen erhaben **uzvišenost** F Erhabenheit *f*
uzvrátiti (**uzvraćati**) erwidern
uzvratni: ~ **susret** M SPORT Rückspiel *n*
užaren glühend
užas M Schrecken *m*, Grauen *n*
užasan schrecklich, grauenhaft
užasávati (se) → užasnuti (se)
užasnut entsetzt
užasnuti (**užasávati**) entsetzen; ~ **se** sich entsetzen
uže N Seil *n*, Strick *m*
užina F Zwischenmahlzeit *f*, *öster* Jause *f*
užitak M Genuss *m* **uživati** genießen (**u** *L A*)
uživjeti (**uživljávati**) **se** sich einfühlen (**u** *A* in *A*)
uživo ADV live; **prijenos** *m* ~ Live-, Direktübertragung *f*
užurban eilig, hastig

V

v. (vidi) siehe (*Abk* s.)
vadičep M Korkenzieher *m*
vaditi ⟨**iz-**⟩ herausziehen; *Zahn* ziehen; *Kohle* fördern, gewinnen
vaga F Waage *f*
vagon M Waggon *f*, Eisenbahnwagen *m*
val M Welle *f* **valni** Wellen-
valovit wellig
valjak M Zylinder *m*; Walze *f*
valjan tüchtig, brav; gültig
valjanost F Gültigkeit *f* **valjati**[1] wert sein, taugen; **valja** es muss
valjati[2] ⟨**iz-**⟩ *etw* rollen, wälzen; (*Stahl, Teig*) walzen; ~ **se** *v/i* rollen; sich wälzen
valjda ADV vielleicht, wohl
valjkast zylindrisch, walzenförmig **valjušak** M Kloß *m*
vama (*enkl* **vam**) (*D, I, L pl*) euch **Vama** Ihnen
van nach draußen **vani** draußen
vanjski äußerlich; auswärtig, äußere; **vanjska politika** *f* Außenpolitik *f* **vanjština** F Äußere(s)
vapiti ⟨**za-**⟩ schreien (**za** / nach)
vapno N Kalk *m*

vạralica F Betrüger *m* **vạrati** → prevariti **vạrav** trügerisch
varīvo N *gekochtes* Gemüse *n*
vȃrka M Täuschung *f*, Trug *m*
vạš POSS PRON euer **Vạš** Ihr
vạta F Watte *f*
vạterpolo M Wasserball *m* **vaterpọlist** M Wasserballspieler *m* **vaterpọlistica** F Wasserballspielerin *f*
vạtra F Feuer *n* **vạtren** feurig **vatrogȃsac** M Feuerwehrmann *m* **vatrogȃsci** M/PL Feuerwehr *f* **vatrogaskinja** F Feuerwehrfrau *f* **vatrọgȃsnī** Feuerwehr-; **vạtrogȃsnō drȗštvo** *n* freiwillige Feuerwehr *f*
vạtromēt M Feuerwerk *n* **vạtrostālan** feuerfest, hitzebeständig
vȃza F Vase *f*
Vạzam M Ostern *n*
vȃžan wichtig **vȃžnōst** F Wichtigkeit *f*, Bedeutung *f*
večēr F Abend *m*; **dọbrā ~!** guten Abend!
večera F Abendessen *n* **večẹras** heute Abend **večerati** (IM)PF zu Abend essen **večērnjī** Abend-; **~ lịst** *m* Abendzeitung *f*, -blatt *n* **večērnjica** F Abendgottesdienst *m*
već ADV schon, bereits; CJ sondern
većī größer (*comp* → velik)
većina F Mehrheit *f* **većịnōm** ADV größtenteils
vẹdar heiter **vẹdriti ⟨raz-⟩ se** sich aufheitern
vẹdro N Eimer *m*
vegȃnskī vegan
vegetarijȃnskī vegetarisch
vele- *vor* SU Groß-
vẹlegrād M Großstadt *f* **veleịzdaja** F Hochverrat *f*; **veleposlạnstvo** N POL Botschaft *f* **velesȃjam** M HANDEL Messe *f* **veletṛgovina** F Großhandel *m*
veličạnstven großartig, majestätisch **veličạnstvo** N Majestät *f*
veličina F Größe *f* (*a fig*)
vẹlik groß
velịkān M bedeutende Persönlichkeit *f*, Gigant *m*
velikọdušan großmütig, großzügig
velīm (IM)PF ich sage
vẹljača F Februar *m*
vẹ̄na F Vene *f*
venẹričnā bọlēst F Geschlechtskrankheit *f*
vẹnuti ⟨ụ-⟩ (ver)welken
ventīl M Ventil *n*; **sigụrnosnī ~** Sicherheitsventil *n*
vẹo M Schleier *m*
vẹoma ADV ziemlich, höchst
vẹpar M Eber *m*
vesẹliti ⟨raz-⟩ se sich freuen (*D* auf *A*; *D od* **zbog** *G* über *A*)
vesẹljāk M lustiger Vogel *m*
vesẹ̄lje N Freude *f*, Fröhlichkeit *f*; **nȃrodnō ~** Volksfest *n*
vẹseo fröhlich, lustig, vergnügt
vẹslāč M Ruderer *m* **veslạčica** F Ruderin *f* **vẹslānje** N Rudern *n* **vẹslati ⟨za-⟩** rudern **vẹslo** N Ruder *n*
vẹza F Band *n*; Verbindung *f*
vẹze F/PL Beziehungen *pl*

vẹ̄zati ⟨s-⟩ (fest)binden; fesseln; ~ **se** sich verbinden
vẹzica F Schnürsenkel *m*
vezīvo N Stickerei *f*; TECH Bindemittel *n*
vẹ̄znīk M GRAM Konjunktion *f*
vẹ̄ža F Haustor *n*
vī ihr **Vī** Sie, Ihr
vịc M Witz *m*
vịd M Sehvermögen *n*; Augenlicht *n*; GRAM Aspekt *m*
vịdīk M Aussicht *f*; Horizont *m*
vịdjelo: **ịzīći na** ~ zum Vorschein kommen; **ịznijēti na** ~ zutage bringen *od* fördern
vịdjeti (IM)PF sehen
vịdljiv sichtbar **vịdljivōst** F Sicht *f*
vidọvnjāk M Hellseher *m* **vidovnjạkinja** F Hellseherin *f*
vịdra F Fischotter *m*
vīđati öfters sehen; ~ **se** sich öfters sehen
vịđēnje N: **do skọra vịđēnja!** bis bald!; **po vịđēnju** vom Sehen; **do vịđēnja!** auf Wiedersehen!
vịhōr M Wirbelwind *m*
vījak M Schraube *f*
vijẹ̄ćati *e-n* Rat abhalten
vijẹ̄će N Rat *m*
vijẹ̄ćnica F Rathaus *n*
vijẹ̄k M Lebensalter *n*; Zeitalter *n*; **stạ̄rī** ~ Altertum *n*; **srẹdnjī** ~ Mittelalter *n*; **nọvī** ~ Neuzeit *f*
vijẹ̄nac M Kranz *m*
vijẹ̄st F Nachricht *f*; ~**i** *f/pl* (*Fernseh-*)Nachrichten *pl*
vijụga F (*Gehirn-*)Windung *f*; (*Fluss-*)Biegung *f* **vijụgati se** sich schlängeln
vịka F Geschrei *n*
vịkati → viknuti
vịkend M Wochenende *n*; **ụgodan** ~! schönes Wochenende! **vịkendica** F Wochenendhaus *n*
vịknuti (**vịkati**) schreien; (**na** *A*) *j-n* anschreien
vịla[1] F Fee *f*
vịla[2] F Villa *f*
vịle F/PL Heugabel *f*
vịlica F (*Ess-*)Gabel *f* **vịličār** M Gabelstapler *m*
vīlin kọnjīc M Libelle *f*
vịme N Euter *m*
vịnār M Weinhändler *m* **vịnara** F Weinhandlung *f* **vīnạrija** F Weinkeller *m*
vinjẹta F (*Autobahn-*) Vignette *f*
vīno N Wein *m*; **bijẹ̄lō** ~ Weißwein *m*; **cṛnō** ~ Rotwein *m*
vịnogōrje N Weinberge *m/pl*
vịnogrād M Weinberg *m* **vịnogradnjāk** M Weinbergschnecke *f* **vịnogrạdār** M Winzer *m* **vịnogrạ̄darstvo** N Weinbau *m* **vịnova lọza** F Weinrebe *f*
vịnskī Wein-; **vịnskā kạ̄rta** *f* Weinkarte *f*
vịnjāk M Weinbrand *m*
vịr M (*Wasser-*)Strudel *m*
vịriti hervorschauen, hervorragen
visẹ̄ćī Hänge-; ~ **mọ̄st** *m* Hängebrücke *f*
vịsibaba F Schneeglöckchen *n*
visịna F Höhe *f*
visjeti V/I hängen
vịsok ADJ, **vīsọko** ADV hoch

visokokvalificīrān hoch qualifiziert **visokorazvijen** hoch entwickelt
vīšak M Überschuss *m*
više[1] ADV *komp* mehr; höher; **~ od** (G) *od* **nego** ... mehr als ...; **sve ~** immer mehr; **~ ne** ... nicht mehr ...; **jedan ~ dvā** eins und (*od* plus) drei
više[2] PRP (G) über (D)
višekratan mehrmalig
višestruk mehrfach
višeznačan mehrdeutig
viši höher
višnja F Weichselkirsche *f*
vitak schlank
vitēškī ritterlich
vitēz M Ritter *m*
viti winden; **~ se** sich ranken
vīza F Visum *n*
vječan ewig
vječnōst F Ewigkeit *f*
vjeđa F Augenlid *n*
vjenčān verheiratet **vjenčānī** Heirats-; **~ līst** *m* Heiratsurkunde *f*, Trauschein *m*; **~ prstēn** *m* Trauring *m*
vjenčanica F Brautkleid *n*; Trauschein *m*
vjenčānje N Heirat *f*, Trauung *f*
vjenčati se (IM)PF heiraten
vjera F Glaube(n) *m*; Glaubensbekenntnis *n*;
vjeran treu **vjērnica** F Gläubige *f* **vjērnīk** M Gläubige(r) *m* **vjērnōst** F Treue *f*
vjerojātan ADJ, **vjerojātno** ADV wahrscheinlich
vjerojātnōst F Wahrscheinlichkeit *f*
vjerolōman wortbrüchig **vjeronauk** M Religionsunterricht *m* **vjerovati** glauben (**u** *A* an *A*)
vjēsnica F Botin *f* **vjēsnīk** M Bote *m*, Kurier *m*
vješalica F Kleiderbügel *m*; Kleiderhaken *m*
vješati (se) → objesiti (se)
vješt geschickt, bewandert; sachkundig **vještāčēnje** N Gutachten *n* **vještāčiti** begutachten **vještāk** M Gutachter *m* **vještakinja** F Gutachterin *f*
vještica F Hexe *f*
vještina F Geschicklichkeit *f*, Fertigkeit *f*
vjetar M Wind *m* **vjetrenjača** F Windmühle *f* **vjetrobrān** M Windschutzscheibe *f* **vjetrōvka** F Windjacke *f* **vjetrulja** F Wetterfahne *f*
vjeverica F Eichhörnchen *n*
vježba F Übung *f* **vježbalīšte** N Übungsplatz *m* **vježbaonica** F Übungsraum *m* **vježbati (se)** üben; turnen
vlāda F Regierung *f* **vlādānje** N Benehmen *n* **vlādār** M Herrscher *m* **vlādarica** F Herrscherin *f*
vlādati herrschen (*I* über *A*); **~ se** sich betragen, verhalten
vladavina F Herrschaft *f*
vlaga F Feuchtigkeit *f*
vlāk M BAHN Zug *m*
vlākno N Faser *f*
vlakovođa M Zugführer *m*
vlās M *einzelnes* Haar *m* **vlāsac** M Schnittlauch *m*
vlāsnica F Besitzerin *f*, Eigentümerin *f* **vlāsnīk** M Besitzer

m, Eigentümer *m* **vlȃsništvo** N Besitz *m*
vlȃst F (*Staats-*)Macht *f*; (*Staats-*)Gewalt *f*; Behörde *f*
vlastit eigen; Eigen-; **~ō ime** *n* Eigenname *m*
vlastodȑžac M Machthaber *m*
vlastoljubiv herrschsüchtig
vlasulja F Perücke *f* **vlasuljār** M Perückenmacher *m* **vlasuljārka** F Perückenmacherin *f*
vlažan feucht **vlážiti** ⟨**na-**⟩ **vlážiti** an-, befeuchten
voćār M Obstbauer *m* **voćarica** F Obstbäuerin *f* **voćārstvo** N Obstanbau *m* **voće** N Obst *n* **voćka** F Obstbaum *m* **voćnī** Obst- **voćnjāk** M Obstgarten *m*
voda F Wasser *n*
vodēćī führend
voden Wasser- **vodenast** wässerig
vodenjāk M Wassermann *m* (*a* ASTRON); Wassermolch *m*
vodīč M ELEK (*Reise-*)Leiter *m*; (*Handbuch*) Führer *m* **vodīčica** F (*Reise-*)Leiterin *f* **vodik** M Wasserstoff *m* **voditi** führen **vodorāvan** waagerecht, horizontal
vodostāj M Wasserstand *m*
vodovōd M Wasserleitung *f*
vodoskok M Springbrunnen *m* **vodstvo** N Leitung *f*
vođa M (*An-*)Führer *m*; **~ nȃvalē** Mittelstürmer *m*
vojārna F Kaserne *f*
vȍjnī Kriegs-, Militär-; **vȍjnā služba** *f* Wehrdienst *m*
vojnīčkī Soldaten- **vojnīk** M Soldat *m* **vojnīkinja** F Soldatin *f*
vȍjska F Armee *f*, Heer *n*
vojskovođa M Feldherr *m*
vojvoda Herzog *m* **vojvodstvo** N Herzogtum *n*
vojvotkinja F Herzogin *f*
vȏl M Ochse *m*
voluharica F Feldmaus *f*
volja F Wille(n) *m* **voljan** gewillt, willig **voljeti** lieben, mögen, gernhaben
vonjati ⟨**za-**⟩ (*unangenehm*) riechen
vosak M Wachs *m*
vozȃč M Fahrer *m* **vozȃčica** F Fahrerin *f* **vozāčkā dozvola** F Führerschein *m*
vozilo N Fahrzeug *n* **voziti** fahren, transportieren; **~ se** *Auto etc* fahren **voznī** Fahr-; **~ rēd** *m* Fahrplan *m*
vȍžnja F Fahrt *f*
vrȃbac M Spatz *m*
vračar(a) F Wahrsager(in) *m*(*f*)
vrȃčati wahrsagen
vraćati (se) → vratiti (se)
vrȃg M Teufel *m*
vragolast schelmisch **vragolija** F (*Kinder-*)Streich *m*
vrana F Krähe *f*
vrȃnac M Rappe *m*; **velikī ~** *m* Kormoran *m*
vrȃt M Hals *m* **vrȃta** N/PL Tür *f*; Tor *n*
vratār M Pförtner *m*; SPORT Torwart *m* **vratārka** F Pförtnerin *f*
vratārnica F Pförtnerhaus *n*
vrātiti (vraćati) zurückgeben; *j-n* zurückschicken; **~ se** zurückkehren, zurückkommen, wiederkommen

vrạtolōman halsbrecherisch
vrạžica F Teufelin *f*
vrạžjī teuflisch
vȑba F Weide *f*
vṛbov Weiden- **vṛbovati** ⟨**zạ-**⟩ *j-n* anwerben
vṛč M Krug *m*
vrēbati (auf)lauern (*A j-m*)
vrẹća F Sack *m* **vrẹćica** F Tüte *f*; **plạstičnā ~** *f* Plastiktüte *f*
vrẹlīšte N Siedepunkt *m* **vrẹlo** Quelle *f*
vrẹmenskī zeitlich; Zeit-; Wetter- **vrẹmēšan** betagt
vretēnce N ZOOL Libelle *f*
vretẹno N Spindel *f*
vrẹti gären
vrẹva F Gedränge *f*, Gewühl *n*
vṛgānj M Steinpilz *m*
vṛh[1] M Gipfel *m*; Spitze *f*
vṛh[2] PRP (*G*) über (*D*)
vṛhōvnī oberste(r); Ober-; **~ sūd** *m* Oberster Gerichtshof *m* **vṛhōvnīk** M Oberbefehlshaber *m* (*der kroatischen Armee*)
vṛhnje N Sahne *f*; **slạtkō ~** süße Sahne *f*
vrhūnac M Gipfel *m*; Höhepunkt *m*
vṛhūnskī Spitzen-
vrijēdan wertvoll; **bịti ~** (*G*) *e-r Sache* wert sein; **~ī!** abgemacht! **vrijēditi** wert sein; gelten; taugen **vrijēdnosnī**: **pạpīr** M Wertpapier *n* **vrijēdnōst** F Wert *m* (*a* PHYS, MATH, CHEM)
vrijēđati → uvrijediti
vrijēme N (*G* **vrẹmena**) Zeit *f*; Wetter *n*
vrīsak M Schrei *m*
vrịsnuti (**vrịskati**) (auf)schreien, kreischen
vrīštati schreien, kreischen
vrlịna F Tugend *f*
vṛlo ADV sehr
vṛpca F Band *n*
vṛsta F Art *f* (*a* BIOL); Sorte *f* **vṛstan** fähig, tüchtig
vṛšnjāk M Altersgenosse *m* **vršnjạkinja** F Altersgenossin *f*
vṛt M Garten *m* **vṛtić** M: **dječjī ~** *m* Kindergarten *m*
vṛtjeti ⟨**za-**⟩ drehen (**se** sich)
vṛtlār M Gärtner *m* **vrtlạrstvo** N Gartenbau *m*
vṛtlog M PHYS Wirbel *m*; *fig* Strudel *m* (*von Ereignissen*)
vṛtnī Garten-
vrtọglavica F Schwindel (-gefühl *n*) *m*
vrtūljak M Karussell *n*
vrūć heiß
vrụćica F Fieber *n* **vrućịna** F Hitze *f*
vụča F Ziehen *n*, Schleppen *n*
vụčac M Wundbrand *m*; Bocksdorn *m* **vụčica** F Wölfin *f* **vụčnica** F Schlepplift *m*
vūći ziehen, schleppen
vūk M Wolf *m*
vụna F Wolle *f* **vụnen** wollen

W

web M IT Web *n* **web strạnica** F Website *f*
wellness hotẹl M Wellnesshotel *n* **wellness zọna** F

Wellnessbereich *m*
Wi-Fi IT WLAN *n*; **Wi-Fi-hotspot** M IT WLAN-Hotspot *m*

Z

za PRP (*A*) für (*A*); (*G*) während (*G*); (*A*) (*Zweck*) um (*A*); (*I*) hinter (*D*)
zabāčen abgelegen **zabādati** → zabosti **zabadava** ADV *umg* umsonst, gratis; vergebens **zabasati** PF sich verirren *od* verlaufen **zabašūriti (zabašurīvati)** vertuschen
zābava F Vergnügen *n*; Zeitvertreib *m* **zābāvan** unterhaltsam, vergnüglich
zabaviti (zabavljati) unterhalten, vergnügen; **~ se** sich unterhalten, vergnügen
zabezēknūt verdutzt, verblüfft **zabezēknuti** PF verblüffen
zabījati → zabiti
zabilježiti (zabīlježāvati) notieren, vermerken
zabitān abgelegen **zabiti (zabījati)** einschlagen, -rammen
zābluda F Irrtum *m*
zaborāv M Vergessen *n* **zaborāvan** vergesslich **zaboraviti (zaboravljati)** vergessen
zaboravljiv vergesslich **zabosti (zabādati)** (hinein)stechen, (hinein)bohren (**u** *A* in *A*); **~ nōs u** (*A*) seine Nase in *etw* stecken **zabrājati se** → zabrojiti se
zābrana F Verbot *n*
zabrāniti (zabrānjīvati) verbieten, untersagen; sperren
zabrānjen verboten **zabrinūt** besorgt **zabrinjāvajūćī** besorgniserregend **zabrojiti (zabrājati) se** sich verzählen (**za** um)
zābuna F Versehen *n* **zābunōm** ADV aus Versehen
zabūniti (zabūnjīvati) se sich irren
zacijēliti (zacjeljīvati) *Wunde* (ver)heilen
zacijēlo ADV gewiss, sicher, sicherlich **začārati (začarāvati)** verzaubern **začas** ADV sogleich, augenblicklich **začēće** N Empfängnis *f* **začepiti (začepljīvati)** verstopfen
začepljenōst F MED Verstopfung *f* **začētak** Beginn *m*
začēti PF *Kind* empfangen; (**začinjati**) *etw* beginnen, begründen, initiieren **začetnica** F Begründerin *f*, Initiatorin *f*
začetnīk M Begründer *m*, Initiator *m*
zāčin M Gewürz *n* **zāčiniti (zāčīnjati)** würzen
začuditi (začuđīvati) verwundern, in Erstaunen versetzen; **~ se** sich wundern **začudo** ADV erstaunlicherweise
zāći (zalaziti) (**za** *A*) hinter (*A*) gehen; *Sonne* untergehen
zadaća F (*Schul-*)Aufgabe *f*
zadāh M Gestank *m*; **~ iz ūstā** Mundgeruch *m*

zadāhtati (zadāhtạvati) se keuchen, außer Atem sein **zadạtak** M Aufgabe *f* **zạdati (zadạvati)** *Aufgabe* aufgeben; *Wort* erteilen; *Schmerzen* zufügen **zạdīhān** atemlos **zadirkīvati** necken **zadịviti (zadivljịvati)** (*A*) bei *j-m* Begeisterung *od* Bewunderung hervorrufen

zạdnjī letzte(r) **zạdnjica** F Hintern *m*

zạdovōljan zufrieden **zadovoljạvajūćī** befriedigend **zadovoljạvati** → zadovoljiti **zadovoljẹnje** N Befriedigung *f* **zadovọljiti (zadovoljạvati)** befriedigen; **~ se** sich begnügen (*I* mit); **zadovọljstvo** N Zufriedenheit *f* **zadovọljština** F Genugtuung *f*

zādruga F Genossenschaft *f* **zādružnī** genossenschaftlich

zadṛžati (zadržạvati) an-, auf-, zurückhalten **s(ẹb)i** sich *etw* vorbehalten; **~ se** sich aufhalten

zadụbiti (zadūbljịvati) se sich vertiefen (**u** *A* in *A*)

zadūžen verschuldet **zadụžiti (zadužịvati) se** sich verschulden

zādužnica F Schuldschein *m*

zāfrkạvati (*A*) *umg j-n* veralbern, sich über *j-n* lustig machen

zagaditi (zagađịvati) verschmutzen **zạgađenōst** F, **zagađẹnje** N Verschmutzung *f* **zaglạviti (zaglavljịvati) se** *Schloss* klemmen **zagledati**[1] **(zaglẹdati)** *e-n* Blick (hinein)werfen (**u** *A* in *A*); **zagledati**[2] **(zagledạvati) se** (**u** *A*) anstarren (*A*); sich in *j-n* verlieben **zaglịbiti (zaglibljịvati) se** *im Schlamm* stecken bleiben (**u** *A* in *D*); *fig* in *etw* versinken

zạgonētan rätselhaft **zạgonētka** F Rätsel *n*

zagọrjeti (zagorijẹvati) *Speise* anbrennen

zagovạrati befürworten

zāgrada F Klammer *f*

zagrāditi (zagrāđịvati) einzäunen; abgrenzen

zạgrcnuti (zạgrcạvati) se sich verschlucken

zạgrijati (zagrijạvati) aufwärmen; **~ se** sich aufwärmen

zạgrisṭi (zagrīzati) anbeißen; (**u** *A*) *fig* sich in *etw* verbeißen

zagrljāj M Umarmung *f*

zāhod M Abort *m*, Toilette *f*; **gdje je ~?** wo ist die Toilette?

zāhtijẹvati verlangen, fordern, beanspruchen **zāhtjev** M Forderung *f*; Anspruch *m* **zāhtjēvan** anspruchsvoll

zạhvaćati → zahvatiti

zạhvala F Dankbarkeit *f* **zahvālan** dankbar **zahvạliti (zahvaljịvati) se** sich bedanken (**na** *L* für); **zahvạljujūćī** (*G*) dank (*D*)

zāhvat M MED Eingriff *m*

zạhvatiti (zạhvaćati) greifen

zainteresịrān interessiert

zājam M Darlehen *n*

zajednica F Gemeinschaft *f* **zajedničkī** ADJ, **zajednički**

ADV gemeinsam
zajedno ADV zusammen
zajutrak M Frühstück *n*
zakasniti (zakašnjávati) sich verspäten **zakašnjávānje** N Verspätung *f*
zāklada F Stiftung *f*
zaklēti (zaklinjati) se schwören
zākletva F Schwur *m*
zaklanjati → zakloniti
zāklon M Obdach *n*; Zuflucht *f*; MIL Deckung *f*
zaklōniti (zaklanjati) abschirmen
zaklopiti (zaklāpati) (*Buch*) zuklappen; (*Augen*) schließen
zāključak M Schluss (-folgerung *f*) *m* **zāključnī** abschließend, Schluss-
zaključati (zaključávati) ver-, zuschließen
zaključiti (zaključívati) schließen, schlussfolgern; *Vertrag* schließen
zākon M Gesetz *n* **zākonīk** M Gesetzbuch *n* **zākonit** gesetzlich; gesetzmäßig; *Kind* ehelich **zākonodávac** M Gesetzgeber *m*
zakopati (zakopávati) begraben
zakopčān *fig* zugeknöpft
zakopčati (zakopčávati) zuknöpfen
zākrpa F Flicken *m*
zakržljati (zakržljávati) verkümmern
zākup M Pacht *f* **zākupiti (zākupljívati)** pachten **zākupnī** Pacht-; ~ **ugovōr** *m* Pachtvertrag *m* **zākupnina** F Pachtzins *m*
zākuska F Imbiss *m*
zakvačiti PF einhaken **zalagaonica** F Pfandhaus *n* **zalāgati** → založiti
zālaz M: ~ **Sūnca** Sonnenuntergang *m*
zalazak M → zalaz **zalaziti** → zaći
zalediti (zaleđívati) *etw* einfrieren; ~ **se** *See* zufrieren; *Scheibe* vereisen
zālēđe N Hinterland *n*; *fig* Rückendeckung *f*; SPORT Abseits *n* **zāleđívati (se)** → zalediti (se) **zālemiti (zālemljívati)** (ver)löten
zāliha F Vorrat *m*, Reserve *f* **zālihe** F/PL **naftē** Ölreserven *f/pl*
zalijepiti (zaljepljívati) zukleben **zalijévati** → zaliti
zālistak M (*Herz-*)Klappe *f*
zaliti (zaslijévati) begießen (*a fig*), bespritzen; *Blumen* gießen
zālog M Pfand *n*
zalogāj M Bissen *m* **zalogājnica** F Imbissstube *f* **založiti (zalāgati)** verpfänden, -setzen
zāložnica F Pfandschein *m*
zaljepljívati → zalijepiti
zāljev M Bucht *f*, Meerbusen *m*
zaljūbiti se (zaljubljívati) sich verlieben (**u** *A* in *A*)
zaljūbljen verliebt
zāmah M Schwung *m*
zāmāhnuti (zāmahívati) ausholen; schwingen

zạmalo ADV beinah(e), fast **zạmāman** verlockend
zạmazati (**zamazīvati**) verschmieren **zạmetak** M Embryo *n*; *fig* Keim(zelle *f*) *m* **zạmetnuti** (**zạmetati**) *Gegenstand* verlegen; *Streit* anzetteln
zamijḛniti (**zamjenjīvati**) *etw* tauschen (**za** *A* gegen); *Ware* umtauschen; *Teile* austauschen; *etw* vertauschen; *j-n* verwechseln (**s** *I* mit); *j-n* vertreten; ~ **se** miteinander tauschen
zạmīsao F Gedanke *m*; Plan *m* **zạmišljen** nachdenklich
zā̧mjena F Tausch *m*; Verwechslung *f*; Vertretung *f*; Ersatz *m* **zā̧mjenica**[1] F GRAM Fürwort *n*, Pronomen *n*
zạmjenica[2] F Stellvertreterin *f*
zạmjenīk M Stellvertreter *m*
zamjẹnjiv ersetzlich **zamjenjīvati** → zamijeniti **zamjenjīvati se** sich abwechseln
zạmjeriti (**zamjḛrati**) missbilligen; übel nehmen
zā̧mjerka F Einwand *m*, Vorwurf *m*
zā̧mka F Falle *f*
zā̧mor M Ermüdung *f* (*a* TECH)
zā̧morac M Meerschweinchen *n*
zamotū̧ljak M Päckchen *n* **zamotati** (**zamotā̧vati**) einwickeln, -packen, verpacken **zamrā̧čiti** (**zamračīvati**) verdunkeln **zamr̄siti** (**zamršīvati**) verwickeln; verwirren **zạmr̄šen** verwickelt; kompliziert
zamrzịvāč M Tiefkühlschrank *m*
zạmrznuti (**zamrzā̧vati**) *etw* einfrieren; ~ **se** gefrieren
zạnāt M Handwerk *n*
zanemā̧riti (**zanemārịvati**) vernachlässigen
zanẹsen hingerissen; schwärmerisch **zanijḛkati** PF → nijekati
zạnijēti (**zanọsiti**) begeistern, hinreißen; ~ **se** schwärmen (*I* für)
zanī̧mānje N Beruf *m*; Interesse *n* **zanī̧mati** interessieren; ~ **se** sich interessieren (*I* für)
zanịmljiv interessant
zā̧nos M Begeisterung *f*, Schwärmerei *f* **zā̧nosan** hinreißend, entzückend
zanọsiti (**se**) → zanijeti (se)
zạo (**zlạ** F, **zlọ** N, ADV) böse; schlimm; übel
zaọbīći (**zaobịlaziti**) umgehen, umfahren **zaobịlazak** M Umleitung *f*
zaọbīlāznī pū̧t M Umweg *m*
zaọbliti (**zaobljīvati**) (ab)runden
zaokrḛnuti (**zaokrḛtati**) V/I (ab)drehen, abbiegen; wenden; *ein Fahrzeug* wenden; *etw* umdrehen
zaọkrēt M Wende *f*, Wendung *f*, Wendepunkt *m* **zaokrū̧žiti** (**zaokružīvati**) *Summe* auf-, abrunden
zaọstalōst F Rückständigkeit *f*
zaọstao rückständig **zao-**

stātak M Rückstand *m* **zaoštriti** (**zaoštrąvati**) **se** sich verschärfen
zaova F Schwägerin (*Schwester des Ehemannes*)
zāpad M Westen *m*
zapadati → zapasti
zāpadnī West-, westlich **zāpadnjāk** M Westwind *m*; Westler *m*
zapāliti (**zapāljīvati**) an-, entzünden; anstecken, in Brand stecken; ~ **se** sich entzünden
zapaljiv entflammbar, entzündlich
zapāmtiti PF → pamtiti
zapasti (**zapadati**) *Sonne* untergehen; (hinein)geraten (**u** *A* in *A*); **zapēti** (**zapinjati**) stocken **zapīsati** (**zapisīvati**) aufschreiben, notieren
zāpisnīk M Protokoll *n*
zaplesti (**zapletati**) verwickeln, -wirren; *j-n* verstricken (**u** *A* in *A*); ~ **se** verstrickt *od* verwickelt werden (**u** *A* in *A*)
zāplet M Verwicklung *f*, Komplikation *f*
zapletati → zaplesti **zaplijēniti** (**zapljenjīvati**) erbeuten; beschlagnahmen; pfänden **započēti** (**započinjati**) *etw* beginnen; initiieren **zapomāgati** um Hilfe schreien
zapōrka F Geheimzahl *f*; IT Passwort *n*, Kennwort *n*
zaposjednuti (**zaposjedati**) besetzen
zaposlen beschäftigt, angestellt **zaposlenōst** F Beschäftigung **zaposlēnje** N Anstellung **zaposliti** (**zapošljāvati**) *Mitarbeiter* an-, einstellen; ~ **se** an-, eingestellt werden
zapostaviti (**zapostavljati**) zurücksetzen
zapovijēd F Befehl *m*; REL Gebot *n* **zapovjediti** (**zapovijēdati**) (*I*) befehlen; befehligen (*A*) **zapovjednīk** M Kommandant *m* **zapovjednīštvo** N Kommando *n* **zaprāšiti** (**zaprašīvati**) (ein)stauben; ~ **se** verstauben
zapravo ADV eigentlich
zāpreka F SPORT, *fig* Hindernis *n*
zaprepāstiti (**zaprepāšćīvati**) *j-n* erschrecken; erschüttern, bestürzen; ~ **se** *v/i* erschrecken; erschüttert, bestürzt sein
zaprepāšten erschüttert, bestürzt **zaprepāštēnje** N Erschütterung *f*, Bestürzung *f*
zaprisēgnuti (**zaprisēzati**) vereidigen
zāpučak M Knopfloch *n* **zāpuh** M Bö(e) *f*; Schneewehe *f* **zāpūhati se** PF aus der Puste kommen **zāpustiti** (**zāpūštati**) vernachlässigen; ~ **se** sich gehen lassen, verwahrlosen
zapušten verwahrlost
zār: ~? etwa?; **zār ne?** nicht wahr?
zaračunati (**zaračunāvati**) anrechnen; ~ **se** sich verrechnen
zarada F Verdienst *m* **zarādi-**

ti (zarađīvati) verdienen **zarāsti (zarāstati)** verheilen, vernarben; bedeckt *od* überwuchert werden (*I* von)
zaraza F Ansteckung *f* **zarāzan** ansteckend
zarāziti (zaražāvati) anstecken, infizieren; **~ se** sich anstecken, infizieren
zārez M Kerbe *f*; Komma *n*
zarezati (zarezīvati) einkerben
zarobiti (zarobljāvati) gefangen nehmen **zarobljenica** F Gefangene *f* **zarobljenīk** M Gefangene(r) *m* **zarobljenīštvo** N Gefangenschaft *f*
zaroniti (zaronjīvati) V/I ein-, abtauchen; *j-n* untertauchen **zarūbiti (zarubljīvati)** (ein)säumen, mit *e-m* Saum versehen **zarūčiti (zaručīvati) se** sich verloben
zāručnica F Verlobte *f* **zāručnīk** M Verlobte(r) *m* **zāruke** F/PL Verlobung *f*
zasad(a) vorläufig
zāseban ADJ, **zāsebno** ADV getrennt **zāselak** M Weiler *m*, Gehöft *n*
zasićen gesättigt **zasipati** → zasuti **zasigūrno** ADV bestimmt, gewiss
zāsjeda F Hinterhalt *m*
zāsjēdānje N Tagung *f*, Sitzung *f*
zasjedati tagen **zaslāditi (zaslađīvati)** süßen; *fig* versüßen **zaslijēpiti (zasljepljīvati)** *j-n* blenden **zaslijēpljen** verblendet
zāslon M (*Lampen-, Mützen-*) Schirm *m*; FOTO Blende *f*; TECH **dodirnī ~** Touchscreen *m*
zāsluga F Verdienst *n* **zāslužan** verdient **zāslūžiti (zāslužīvati)** verdienen
zasnovati (zasnīvati) (be)gründen
zaspati PF einschlafen **zastajati** → zastati
zāstara F JUR Verjährung *f*
zastati (zastajati) stocken, innehalten **zastario** veraltet **zastarjeti (zastarijēvati)** veralten; JUR verjähren
zāstava F Fahne *f* **zāstavica** F Wimpel *m*
zāstoj M Stillstand *m* **zāstor** M Vorhang *m* **zāstrāniti (zāstranjīvati)** abschweifen
zastrašen eingeschüchtert, verängstigt **zastrašiti (zastrašīvati)** einschüchtern; abschrecken **zastrijēti (zastirati)** verdecken, -hüllen, -schleiern **zastūpiti (zastūpati)** vertreten
zāstupnica F HANDEL, POL Vertreterin *f* **zāstupnīk** M HANDEL, POL Vertreter *m*
zāstupnīštvo N HANDEL Vertretung *f*
zasūkati (zasūkīvati) *Ärmel* hochkrempeln
zasūti (zasipati) *Grube* zuschütten; *Sand* verschütten
zašīljiti (zašiljīvati) anspitzen **zašiti (zašīvati)** (zu)nähen **zaštićīvati** → zaštītiti
zāštita F Schutz *m*
zaštītiti (zaštićīvati) (be)-

schützen
zaštitnī Schutz-; ~ **znāk** *m* Schutzmarke *f* **zaštitnica** F Beschützerin *f* **zaštitnīk** M Beschützer *m*; **svētac** ~ *m* Schutzpatron *m*
zašto warum?, weshalb?
zatājiti (zatājīvati) verheimlichen, verbergen; *Gerät, Waffe* versagen
zataknuti (zaticati) hineinstecken
zataškati (zataškāvati) vertuschen **zateći (zatjecati)** antreffen; ertappen (**na** *L* bei); **zatēgnuti (zatēzati)** *Schraube* anziehen
zāteznā kamata F Verzugszinsen *pl*
zaticati → zataknuti
zātiljak M Nacken *m*; Genick *n*
zatīm dann, darauf
zātīšje N Windstille *f*
zatjecati → zateći
zato darum, deshalb; ~ **što** weil
zatrpati (zatrpāvati) ver-, zuschütten **zatvarāč** M Verschluss *m*; **patentnī** ~ *öster* Zippverschluss *m* **zatvārati** → zatvoriti
zātvor M Gefängnis *n*
zatvoren geschlossen **zatvorenīk** M Häftling *m* **zatvoriti (zatvārati)** schließen; *Hahn* zudrehen; *Radio* ausstellen; *j-n* einsperren **zaudarati** (*unangenehm*) riechen, stinken **zaustaviti (zaustavljati)** an-, aufhalten; *Blutung* stillen; ~ **se** stehen bleiben **zaušnica** F Ohrfeige *f* **zaušnjāci** M/PL Mumps *f* **zauzdati (zauzdāvati)** *Pferd* zäumen; *fig* in Zaum halten; ~ **se** sich im Zaum halten
zauvijēk für immer
zauzēti (zauzimati) (ein)nehmen; ~ **se** sich einsetzen **zavāriti (zavarīvati)** (ver)schweißen **zavarivāč** M Schweißer *m* **zavarivačica** F Schweißerin *f*
zavesti (*präs* **zavedēm**) (**zavoditi**) verführen; irreführen **zavēzati (zavezīvati)** festbinden **zavičāj** M Heimat *f*
zāvidan neidisch; beneidenswert **zāvidjeti** (*D*) *j-n* beneiden (**na** *L* um) **zāvījati** (*Wolf, Sirene*) heulen; → zaviti **zāvisan** abhängig **zāvisiti** abhängen (**od** *G* von); **zāvist** F Neid *m*
zaviti (zavījati) *etw* einwickeln (**u** *A* in *A*); *Wunde* verbinden
zāvjera F Verschwörung *f* **zavjerenica** F Verschwörerin *f* **zāvjerenīk** M Verschwörer *m* **zāvjesa** F Vorhang *m*
zāvjet M: **Novī (Stārī)** ~ Neues (Altes) Testament *n* **zāvjetovati se** (IM)PF geloben
zavlāčiti → zavući
zāvod M Anstalt *f*, Institut *n*
zāvoditi → zavesti **zāvodljiv** verführerisch **zāvodnica** F Verführerin *f* **zāvodnīk** M Verführer *m* **zāvodskī** Instituts- **zāvoj** M Kurve *f*; (*Fluss-*) Biegung *f*; MED Verband *m*
zāvojit kurvig; spiralförmig

zȃvōjnī: ~ **materijȃl** M Verbandszeug *n* **zȃvōjnica** F Spirale *f* **zàvr̄nuti** (**zavrtati**) zuschrauben; festschrauben; *Hahn* zudrehen; *Ärmel* umkrempeln **zȃvršētak** M Schluss *m* **zàvr̄šiti** (**zàvršȃvati**) be-, vollenden; ~ **se** enden
završnica F Finale *n*
zavrtati → zavrnuti **zàvūći** (**zavlȃčiti**) hinauszögern; ~ **se** sich verkriechen **zazīdati** (**zaziđīvati**) zumauern **zazirati** zurückscheuen (**od** *G* vor *D*)
zbījati → zbiti
zbìjen dicht gedrängt, kompakt
zbìlja F Wirklichkeit *f*; ADV wirklich
zbīrka F Sammlung *f*
zbìti (**zbījati**) verdichten, komprimieren; ~ **se** geschehen, sich ereignen
zbog PRP (*G*) wegen (*D*)
zbògom! lebe wohl!
zbor M Versammlung *f*; Chor *m* **zborište** N Sammelplatz *m*, Sammelstelle *f*
zbȍrnī Sammel-; Chor- **zbȍrnīk** M Sammelband *m*
zbrȃjati → zbrojiti
zbr̀ka F Wirrwarr *n*, Durcheinander *n*
zbrȏj M MATH Summe *f*
zbròjiti (**zbrȃjati**) zusammenzählen, addieren
zbȕniti (**zbūnjīvati**) verwirren; ~ **se** verlegen werden
zbȕnjen verlegen **zbȕnjenōst** F Verlegenheit *f*
zdènac M *gebohrter* Brunnen *m*
zdèpast untersetzt
zdjèla F Schüssel *f* **zdjèlica** F Schale *f*, Napf *m*; ANAT Becken *n*
zdrav gesund **zdràvica** F Trinkspruch *m*, Toast *m* **zdràvo!** hallo!
zdrȃvlje N Gesundheit *f*; **u zdrȃvlje!** Prosit!, zum Wohl!
zdràvstvenī Gesundheits-; (**prìvātno**) **zdràvstvenō osigurȃnje** *n* (private) Krankenversicherung *f*
zdrȕžiti (**zdrūžīvati**) vereinigen, zusammenschließen; ~ **se** sich vereinigen, zusammenschließen
zēba F Buchfink *m*
zêc M Hase *m*
zèčjī Hasen-
zèlēn[1] F → zelenje
zèlen[2] grün; **~a strūja** Ökostrom *m* **zelènāš** M Wucherer *m* **zelènilo** N Grün *n* **zèlēnje** N Grünzeug *n*, Gemüse *n*; ~ **za jȗhu** Suppengrün *n*
zȇlje N Kraut *n*, Kohl *m*
zemàljskī Erd-; Landes-
zèmlja F Erde *f*; Land *n* **Zèmlj** *Planet* Erde *f* **zèmljāk** M Landsmann *m* **zemljàkinja** F Landsmännin *f* **zèmljīšnī** Grund-; **zèmljīšnā knjìga** *f* Grundbuch *n* **zèmljīšte** N Grundstück *n* **zèmljopis** M Erdkunde *f*, Geografie *f* **zemljovīd** M Landkarte *f*
zèmnī Erd-; ~ **plìn** *m* Erdgas *n*

zȇpsti ⟨o-⟩ frieren
zȇt M Schwiegersohn *m* (*Mann der Tochter*); Schwager *m* (*Mann der Schwester*)
zȇzati *umg j-n* veralbern; **~ se** sich lustig machen **zȇznuti** PF *umg j-n* veräppeln *umg*
zgàziti PF zertreten
zglȍb M ANAT Gelenk *n* **zglȍbnī** Gelenk-
zgȍda F Ereignis *n*; Gelegenheit *f* **zgȍdan** passend; nett, hübsch **zgodītak** M (*Lotto-*) Gewinn *m*; SPORT Treffer *m*
zgràbiti PF packen, zugreifen **zgràda** F Gebäude *n*, Bau *m*
zgrā̀nūt bestürzt **zgrā̀žati (se)** → zgroziti (se)
zgȑčiti se PF → grčiti se
zgrìjati (zgrījā̀vati) wärmen; **~ se** sich wärmen
zgrȍziti (zgrā̀žati) entsetzen, entrüsten; **~ se** entrüstet *od* entsetzt sein (**nad** / über *A*)
zgrùšati (zgrušā̀vati) se gerinnen
zgùsnūt kurz, knapp, prägnant **zgùsnuti (zgušnjā̀vati)** verdichten, kondensieren; **~ se** sich verdichten
zgùžvati PF → gužvati
zīd M Mauer *f*, Wand *f*
zìdār M Maurer *m*; **slȍbodnī ~** Freimaurer *m* **zidàrica** F Maurerin *f*
zīdati mauern
zìdine F/PL Ruine *f*, Mauerreste *pl*
zīdnī Wand-
zijȇv M *fig* Lücke *f* **zijȇvnuti (zijȇvati)** gähnen
zīma F Winter *m*; Kälte *f*; **~ mi je** mir ist kalt **zīmȍvati** überwintern
zìmskī Winter-; winterlich; **~ kàpūt** *m* Wintermantel *m*
zìnuti PF den Mund aufsperren, -reißen
zjā̀piti klaffen; **~ prā̀zan** gähnend leer sein
zjȅnica F Pupille *f*
zlȁ (F SG → zȁo): **~ srȅća** F Unglück *n*
zlā̀tan golden, Gold-; *Kind* goldig; **zlā̀tnī fàzān** *m* Goldfasan *m*; **zlā̀tnī pȉr** *m* goldene Hochzeit *f* **zlā̀tār** M Goldschmied *m*
zlā̀tica F Butterblume *f*; Blattkäfer *m*; **kūna ~** *f* Baummarder *m* **zlā̀tnīk** M Goldstück *n*
zlā̀to N Gold *n*
zlȉkovac M Bösewicht *m*
zlȍ N Böse *n*; Übel *n*; ADV → zȁo
zlȍba F Bosheit *f* **zlȍban** boshaft, bösartig **zlȍčest** böse, schlimm, schlecht **zlȍčin** M Verbrechen *n* **zlȍčinac** M Verbrecher *m* **zlȍčīnka** F Verbrecherin *f* **zlȍća** F Schlechtigkeit *f* **zlȍćudan** bösartig (*a* MED); **zlȍglasan** berüchtigt **zlȍkoban** unheilvoll **zlonā̀mjēran** böswillig **zlȍporaba** F Missbrauch *m*; **~ drȍgā** Drogenmissbrauch *m* **zlorā̀biti** missbrauchen **zlȍstaviti (zlȍstavljati)** misshandeln; **sȅksuālno ~** sexuell missbrauchen **zlouporā̀biti** PF missbrauchen **zlȍupotreba** F Missbrauch *m* **zloupotrijȇbiti (zloupotrebljā̀vati)** missbrauchen

zlụrad schadenfroh **zlụradōst** F Schadenfreude *f*
zmạj M Drache *m*; (*Papier-*) Drachen *m* **zmajārstvo** N SPORT Drachenfliegen *n*
zmịja F Schlange *f*
znạčāj M Charakter *m* **znạčājan** bedeutsam
znāčēnje N Bedeutung *f*
znāčiti bedeuten
znạčka F Abzeichen
znāk M Zeichen *n*; Merkmal *n*
znamẹnitōst F Sehenswürdigkeit *f*
znạmēnka F Ziffer *f*; Mal *n*
znān bekannt **znānac** M Bekannte(r) *m*
znạnica F Bekannte *f* **znạnōst** F Wissenschaft *f* **znạnstven** wissenschaftlich **znạnstvenica** F Wissenschaftlerin *f* **znạnstvenīk** M Wissenschaftler *m* **znanstvenofantạstičan** Science-Fiction-
znānje N Wissen *n*, Kenntnis *f*
znạtan bedeutend; beträchtlich
znạti wissen; kennen; können **znạtiželja** F Neugierde *f* **znạtižēljan** neugierig
znōj M Schweiß *m* **znōjan** verschwitzt
znọjiti ⟨o-⟩ **se** schwitzen
zōb M Hafer *m*
zōna F Zone *f*
zoọloškī zoologisch; ~ **vṛt** *m* zoologischer Garten *m*, Zoo *m*
zọra F Morgenröte *f*
zōv M Ruf *m*
zrāčan Luft-; **zrāčnī jạstuk** *m* KFZ Airbag *m*; **zrāčnī prōstor** *m* Luftraum *m* **zrāčēnje** N Strahlung *f* **zrāčiti** strahlen
zrāčnica F (*Reifen-*)Schlauch *m*; *umg* Luftgewehr *n*
zrāk M Luft *f*
zrạka F Strahl *m* **zrạkoplōv** M Flugzeug *n*; **~na lịnija** *f* Fluglinie *f* **zrakoplọvstvo** N Luftfahrt *f*
zrạkoprāzan luftleer
zṛcalo N Spiegel *m*
zrẹlōst F Reife *f* **zrẹo** reif **zrẹti** ⟨sa-⟩ reifen
zṛnat körnig **zṛno** N (*Getreide-, Staub-*)Korn *n*; (*Kaffee-*) Bohne *f*; (*Gewehr-*)Kugel *f*
zūb Zahn *m*; ~ **mụdrosti** Weisheitszahn *m* **zūbac** M Zacke *f*, Zinke *f*
zụbalo N Gebiss *n* **zụbār** Zahnarzt *m* **zụbạrica** F Zahnärztin *f* **zụbatac** Zahnbrasse *f*
zūbnī Zahn-; ~ **kọnac** *m*, **zụbnā svịla** *f* Zahnseide *f*; **zūbnō mẹso** *n* Zahnfleisch *n*
zubọbolja F Zahnschmerzen *pl* **zubotẹhničār** M Zahntechniker *m* **zubotẹhničārka** F Zahntechnikerin *f*
zūjati ⟨za-⟩ summen
zụmbul M Hyazinthe *f*
zupčạnīk M Zahnrad *n*
zụpčast gezahnt; Zahn-
zūriti gaffen; anstarren (**u** *A* *A*)
zvānje N Beruf *m*
zvạti ⟨nạ-⟩ rufen; nennen; (**telefōnom**) anrufen
zvạti se heißen
zvẹcnuti (**zvẹckati**) klirren
zvēčati ⟨za-⟩ (*Münzen*) klimpern, klirren
zvijẹr F Raubtier *n*

zvijȩzda F Stern *m*; (*Film-*) Star *m* **mọrskā ~** Seestern *m*
zvịždāljka F Pfeife *f* **zvịždati** pfeifen **zvịžduk** M Pfiff *m*
zvjȩrka F: **vẹlikā ~** (*scherzhaft*) hohes Tier *n*
zvjẹrskī bestialisch
zvjẹzdača F Seestern *m*
zvjẹzdan[1] Sternen-
zvjẹzdan[2] M Aster *f*
zvjẹzdārnica F Sternwarte *f*
zvjẹzdica F Stern (*als grafisches Zeichen*)
zvọnce N Klingel *f*
zvọniti ⟨**po-**⟩ klingeln **zvọnīk** M Glockenturm *m* **zvọno** N Glocke *f* **zvọnjava** F Klingeln *n*, Geläut(e) *n*
zvṛcnuti (**zvṛcati**) klingeln, schellen
zvṝk M (*Brumm-*)Kreisel *m*
zvȗčan klingend, tönend; Schall-, Ton-; **zvȗčnī zịd** *m* Schallmauer *f* **zvȗčati** klingen, tönen **zvȗčnīk** M Lautsprecher *m*
zvȗk M Schall *m*, Klang *m*, Ton *m*

Ž

žạba F Frosch *m* **žạbljī** Frosch-
žȃl M Ufer *n*
žȃlac M Stachel *m*
žạlba F Beschwerde *f*
žạlēđe N SPORT Abseits *n*
žạliti bedauern; beklagen; trauern (**za** / um); **~ se** sich beklagen; sich beschweren
žạlōst F Trauer *f*; Bedauern *n*
žạlostan traurig; bedauerlich
žạlọstiti ⟨**o-, ra-**⟩ betrüben; **~ se** sich grämen, betrübt sein
žȃmor M Stimmengewirr *n*; Gemurmel *n*
žạo ADV: **~ mi je** es tut mir leid
žȃr M Glut *f*; Eifer *m*
žạra F Urne *f* **žạrīšte** N Brennpunkt *m*; *fig* Herd *m*
žȃriti erhitzen; *Sonne* brennen; **~ se** glühen **žȃrkī** glühend heiß; *fig* feurig
žạrulja F Glühbirne *f*; **štẹ̄dnā ~** Energiesparlampe *f*
žbịca F Speiche *f*
žbīr M Spitzel *m*
žbụka F Mörtel *m*; Putz *m*
žbụkati ⟨**ọ-**⟩ verputzen
žđẹrati ⟨**po-**⟩ (auf)fressen
ždrȃl M Kranich *m*
ždrijēb M (*Lotterie-*)Los *n*
ždrijȩ̄bac M Hengstfohlen *n*
ždrijȩ̄bati (ver)losen **ždrijȩ̄be** N Fohlen *n*
ždrijȩ̄lo N Rachen *m*; Schlund *m*
žȩ̄đan durstig
žȩ̄đa, žȩ̄đaa F Durst *m*
žȩga F Hitze *f*
želatīna F Gelatine *f*
žẹlē N Gelee *m*
žẹlučanī Magen- **žẹludac** M Magen *m*
žẹlja F Wunsch *m* **žẹljeti** ⟨**za-**⟩ wünschen
željẹzara F Eisenhütte *f* **že-**

ljeznarija F Eisenwarenhandlung *f*
željeznī eisern; Eisen- **željeznica** F Eisenbahn *f* **željezničār** M Eisenbahner *m* **željezničārka** F Eisenbahnerin *f* **željeznički** Eisenbahn-; **željeznička prūga** *f* Eisenbahnstrecke *f*
željezo N Eisen *n*
žemička F, **žemlja** F Semmel *f*
žena F Frau *f* **ženidba** F Heirat *e-s Mannes* **ženiti** ⟨**o-**⟩ *Mann* verheiraten; ~ **se** *Mann* heiraten (**za** *A A*)
ženka F ZOOL Weibchen *n*
ženskā F SU Frauenzimmer *n*, Weibsbild *n* **ženskī** weiblich; Frauen-; Damen- **ženstven** weiblich, fraulich
žeravica F Glut *f*
žestina F Heftigkeit *f*
žestok heftig, hitzig
žeti ⟨**po-**⟩ ernten **žetva** F Ernte *f*
žgānci M/PL Maisbrei *m*
žgaravica F Sodbrennen *n*
žica F Draht *m*
žičan Draht-; **žičanā ograda** *f* Drahtzaun *m* **žičara** F Seilbahn *f*
Židov M Jude *m* **Židōvka** F Jüdin *f* **židovskī** jüdisch
žīg M Stempel *m*; *fig* Mal *n*; **vodenī** ~ Wasserzeichen *n*; **udariti** ~ (ab)stempeln **žīgosati** *fig* abstempeln, brandmarken
žila F Ader *f*; Sehne *f*; ~ **kukavica** Schlagader *f* **žilav** zäh **žilica** F Äderchen *n*; Wurzelfaser *f*
žīr M BOT Eichel *f*
žirāfa F Giraffe *f*
žiri M Jury *f*
žirō-račūn M Girokonto *n*
žitarice F/PL Getreide *n*
žitnica F Kornspeicher *m*; *fig* Kornkammer *f* **žito** N Getreide *n*, Korn *n*
žīv lebendig; lebhaft; **~ō bīće** *n* Lebewesen *n*
živa F Quecksilber *n*
živac M Nerv *m*; **slom** *m* **~ā** Nervenzusammenbruch *m*
živāhan lebhaft **živāhnōst** F Lebhaftigkeit *f*
živcīrati ⟨**i-**⟩ *umg j-n* nerven; ~ **se** *umg* sich verrückt machen
živčan nervös **živčanī** nervlich, Nerven-
živēžnē nāmirnice F/PL Lebensmittel *pl*
živica F Hecke *f*
žīvjeti leben
živnuti PF munter werden; aufleben
žīvo ADV lebhaft
život Leben *n* **žīvotāriti** (dahin)vegetieren
životinja F Tier *n* **životīnjskī** tierisch, Tier-
životan lebhaft; Lebens-; vital; **životnī standard** *m* Lebensstandard *m* **životno** ADV lebhaft **žīvotopis** M Biografie *f*; Lebenslauf *m*
žlica F Löffel *m* **žličica** F Löffelchen *n* **žličnjāk** M Knödel *m*, Kloß *m*; Löffelkraut *n*
žlijēb M (*Boden-*)Rille *f*; (*Dach-*) Rinne *f*; **kamenī** ~ *m* Rinnstein *m*

žlijȩzda F Drüse *f*
žmigati → žmignuti **žmigavac** M AUTO Blinker *m* **žmignuti (žmigati)** zwinkern
žmīkati ⟨i-⟩ (aus)wringen
žmiriti ⟨za-⟩ die Augen zukneifen
žmirkati blinzeln
žohār M Schabe *f*, Kakerlak *m*
žrtva F Opfer *n* **žrtvovati** (IM)PF opfern **~ se** sich aufopfern (**za** *A* für)
žūč F Galle *f* **žūčan** gallig **žūčnī** Gallen-
žūdjeti sich sehnen, verlangen (**za** *I* nach); **žūdnja** F Sehnsucht *f*; Verlangen *n*
žūlj M Schwiele *f*
žuljati drücken, reiben
žumānjak F Eigelb *n*
žūna F Specht *m*
žūpa F Kirchengemeinde *f*
žūpanija F (*Land-*)Kreis *m*
žūpnīk M Gemeindepfarrer *m*
žūran eilig, dringend, dringlich
žurba F Eile *f*, Hast *f*
žūriti ⟨po-⟩ drängen, zur Eile mahnen; **~ se** sich beeilen, es eilig haben
žustar flink
žūt gelb
žutica F Gelbsucht *f*
žūtjeti ⟨po-⟩ gelb werden; vergilben **žūtokljūnac** M Grünschnabel *m*
žvākānje N Kauen *n*; **guma** *f* **za ~** Kaugummi **žvākati** kauen

Anrede

In Kroatien ist unter Unbekannten die Anrede mit Sie (**Vi**) üblich. Nur Bekannte und junge Leute sprechen sich untereinander mit Du (**ti**) an. Wenn Sie eine fremde Person ansprechen wollen, beginnen Sie am besten mit **Oprostite gospođo** (Entschuldigung, Frau ...), oder **Oprostite gospodine** (Entschuldigung, Herr ...).

Apotheken

Apotheken (**ljekarne**) sind in Kroatien leicht am grünen Kreuz erkennbar. Hier bekommt man alles für leichtere Beschwerden oder einen ersten Ratschlag. Die Öffnungszeiten sind üblicherweise von 7.00–20.00 Uhr unter der Woche und von 7.30–15.00 Uhr am Samstag. An den Türen der Apotheken steht, welche Notfallapotheken während der Nacht und an Wochenenden geöffnet sind.

Ärztliche Hilfe

In Städten und touristischen Regionen ist die medizinische Versorgung sehr gut. Häufig kann man sich mit den Ärzten und Ärztinnen auf Deutsch oder Englisch verständigen. Bei Bedarf wendet man sich entweder an die Ambulanzen der Polikliniken (**domovi zdravlja**) oder in Notfällen an die Notaufnahme (**hitni prijem**) der Krankenhäuser (**bolnice**).
Wer aus der EU stammt, kann auch in Kroatien die Krankenversicherung des eigenen Heimatlandes nutzen. Die Vorlage der Europäischen Krankenversicherungskarte genügt, um sich medizinisch behandeln zu lassen. Es kann jedoch sein, dass Sie die Behandlung vor Ort bezahlen müssen und den Betrag nach Ihrer Rückkehr einfordern müssen. Zusätzlich ist der Abschluss einer Auslandsreiseversicherung zu empfehlen.

Autobahn

Die meisten Autobahnen (**autoceste**) in Kroatien sind in den letzten Jahren neu gebaut worden und in sehr gutem Zustand. Um sie befahren zu dürfen, bezahlt man an den Mautstellen (**naplatne kućice**) einen gewissen Betrag, wobei manche Teile der Autobahn um die größeren Städte meist gebührenfrei sind. Bezahlen kann man mit Bargeld oder Kreditkarte. Vor der Mautstelle sollte man aufpassen und sich nicht auf die Spuren mit den Hinweisschildern **ENC** (**elektronička naplata cestarine**) einordnen, denn diese sind denjenigen vorbehalten, die die Maut über eine elektronische Ablesung bezahlen.

Bank

Größere Bankfilialen haben unter der Woche ganztags und an Samstagen vormittags geöffnet. Bei kleineren Filialen sind die Öffnungszeiten angeschrieben. Geld kann man jedoch immer mit der EC- oder Kreditkarte an den Geldautomaten (**bankomati**) abheben.

Begrüßung

Je nach Tageszeit begrüßt man sich in offiziellen Situationen mit **dobro jutro** (Guten Morgen), **dobar dan** (Guten Tag) oder **dobra večer** (Guten Abend). Beim Abschied sagt man **doviđenja** (Auf Wiedersehen). Unter Bekannten sagt man sowohl zur Begrüßung als auch zum Abschied **bok** (Hallo, Tschüss). Das Händeschütteln ist bei offiziellen Anlässen und beim Kennenlernen üblich. Ein Küsschen bzw. eine Umarmung sind nur dann üblich, wenn man sich länger nicht gesehen hat.

Bus

In der Regel reist man in Kroatien zwischen Städten und kleineren Orten am schnellsten und günstigsten mit dem Bus. Fahrpläne kann man im Internet auf den jeweiligen Seiten der Busbahnhöfe (**autobusni kolod-**

vori) oder direkt am Busbahnhof einsehen, wo man auch die Karten kaufen kann.

Camping

In Kroatien gibt es vor allem entlang der Küste und auf den Inseln viele Campingplätze für jeden Geschmack und in jeder Preislage. Die meisten liegen in nächster Nähe zum Strand oder in der Umgebung von Flüssen und Seen und nicht weit von Einkaufsgelegenheiten, Restaurants und Cafés entfernt. Die sanitären Anlagen entsprechen in der Regel europäischen Standards. Warmwasser ist jeweils im Preis inbegriffen. Eine Reservierung ist nicht unbedingt notwendig, aber während der Hochsaison empfehlenswert.

Einkaufen

Obst (**voće**) und Gemüse (**povrće**) kauft man am besten frisch auf dem Markt (**tržnica**), der in vielen größeren Städten täglich stattfindet. Hier werden auch Produkte von Bauernhöfen wie Käse (**sir**), Olivenöl (**maslinovo ulje**), getrocknete Feigen (**suhe smokve**) und viele andere lokale Spezialitäten verkauft. In größeren Städten gibt es große Märkte oder Markthallen, wo man auch frisches Fleisch (**svježe meso**), Fleischprodukte (**mesni proizvodi**), Milchprodukte (**mliječni proizvodi**), frischen Fisch (**svježa riba**) und Gewürze (**začini**) kaufen kann. Meistens lohnt es sich, sich zunächst einen Überblick über das Angebot zu machen und erst dann auszuwählen, da es Preisunterschiede geben kann. In den Städten gibt es nur noch wenige kleine Geschäfte, die großen Supermarktketten dominieren. Es gibt allerdings viele Bäckereien (**pekarnice**) und Konditoreien (**slastičarnice**), die mit ihren frischen Brotsorten (**kruh**) und verschiedenen Kuchen (**kolači**) zu einem Besuch einladen.

Große Supermärkte und Einkaufszentren liegen meistens außerhalb der Stadtzentren oder sogar am Stadtrand.

Essen

Fast wichtiger als ein Frühstück zu Hause ist der Kaffee vor der Arbeit, den man in Kroatien gerne unterwegs oder in einem Café zu sich nimmt. Da nur die wenigsten Cafés etwas zu essen anbieten, darf man zuvor gekaufte Backwaren ins Café mitbringen und zum Kaffee genießen.

Das Mittagessen wird in den Restaurants zwischen 12.00 und 14.00 Uhr serviert. Es ist traditionell die üppigste Mahlzeit mit Vor- und Nachspeise. Zu Abend isst man ab etwa 19.00 Uhr und meist etwas Leichtes oder Kaltes.

Feiertage

Neben den internationalen Feiertagen wie Neujahr oder dem Tag der Arbeit werden in Kroatien die üblichen katholischen Feiertage eingehalten. Hinzu kommen ein paar landesspezifische: Am 30. Mai ist Nationalfeiertag (**Dan državnosti**), am 22. Juni ist der Tag des antifaschistischen Kampfes (**Dan antifašističke borbe**), am 5. August der Tag des Sieges und der heimatlichen Dankbarkeit und Tag der kroatischen Verteidiger (**Dan pobjede i domovinske zahvalnosti i Dan hrvatskih branitelja**) und am 18. November ist der Gedenktag für die Opfer des Heimatkrieges und Gedenktag für die Opfer von Vukovar und Škabrnja (**Dan sjećanja na žrtve Domovinskog rata i Dan sjećanja na žrtvu Vukovara i Škabrnje**). Weitere Feiertage sind hinten im Buch aufgelistet.

Gastronomie

Die kroatische Küche kann grob in die kontinentale und mediterrane Küche unterteilt werden. Die kontinentale Küche hat uralte slawische Wurzeln, vermischt mit neueren Einflüssen aus der ungarischen, türkischen und Wiener Küche. Hier dominieren Fleischprodukte, Süßwasserfische und Gemüse. Die mediterrane Küche verbindet ihr römisches, illyrisches und griechisches Erbe mit Einflüssen späterer mediterraner Kulturen wie der italienischen und französischen. Bekannt ist sie für ihre Fischspezialitäten.

Geldautomat

Am einfachsten ist es, mit der EC- oder Kreditkarte an einem der zahlreichen Geldautomaten (**bankomati**) Geld abzuheben. Sie können sich in verschiedenen Sprachen, darunter auch Deutsch, durch den Vorgang führen lassen. Informieren Sie sich am besten vor der Abreise bei Ihrer Bank, wie hoch die Gebühren pro Abhebung sind.

Geld/Währung

In Kroatien gilt seit dem 1. Januar 2023 offiziell der Euro als Landeswährung. In Hotels und vielen Geschäften kann auch mit Kreditkarte bezahlt werden.

Haustiere

Die Einreise von Haustieren ist mit EU-Heimtierausweis und gültiger Tollwutimpfung erlaubt. Die Impfung muss im internationalen Impfpass des Tieres eingetragen und mindestens 21 Tage alt sein. Welpen unter 15 Wochen dürfen nicht nach Kroatien eingeführt werden. Maulkorb und Leine sollten am besten immer mitgeführt werden. In der Öffentlichkeit besteht Leinenpflicht, in öffentlichen Verkehrsmittel und auf Fähren ist der Maulkorb für alle Hunde verpflichtend.

Jugendherbergen

In Kroatien sind einige Jugendherbergen in der nationalen Organisation **Hrvatski ferijalni i hostelski savez** zusammengeschlossen, die ihrerseits Mitglied im Hostelling International ist. Mit einer Mitgliedskarte zahlt man etwas weniger als ohne. Außerdem gibt es noch eine Vielzahl anderer Hostels und günstige Appartements, die man leicht im Internet finden und buchen kann. Für die Hauptsaison (ca. Mai bis September) empfiehlt es sich, frühzeitig zu reservieren.

Kaffee

In Kroatien ist das Kaffeetrinken weit mehr als bloßer Kaffeegenuss, es ist auch ein Lebensstil. Zu jeder Tageszeit sind die Cafés gut besucht, man sieht Menschen gemütlich zusammensitzen und plaudern. Bestellt man einen Kaffee (**kava**), bekommt man einen Espresso. Möchte man einen Kaffee mit Milch, gibt es zwei Möglichkeiten: Entweder man bestellt **kava s mlijekom** (Espresso mit wenig Milch) oder **bijela kava** (Kaffee mit viel Milch). Daneben ist auch Kaffee mit Schlagsahne (**kava sa šlagom**) beliebt. In moderneren Cafés gibt es auch Kaffeespezialitäten wie Cappuccino oder Latte Macchiato. Viele Cafés bieten auch koffeinfreien Kaffee (**kava bez kofeina**) an.

Klapa

Zu besonderen Anlässen treten in Dalmatien **Klapa**-Gruppen auf, die meist unbegleitete Volksmusik darbieten. **Klapa** bedeutet „Gruppe" oder „Clique". Dieser Musikstil hat seinen Ursprung im liturgischen Kirchengesang. Meistens geht es um Liebe, die Weinlese, die Heimat und das Meer. Anfangs gab es nur Männerformationen bestehend aus bis zu 12 Sängern, heute gibt es auch reine Frauen-**Klapa** und vereinzelt auch gemischte **Klapa**. Traditionell bestand die **Klapa** aus einem ersten und einem zweiten Tenor, einem Bariton und einem Bass, wobei alle

Stimmen außer dem ersten Tenor geteilt werden konnten. Manchmal dient die Gitarre oder **tamburica** (eine Art Mandoline) als zurückhaltende Begleitung. Die **Klapa**-Tradition ist in Kroatien und vor allem in Dalmatien immer noch sehr beliebt und lebendig. Neue Stücke entstehen und Wettbewerbe werden abgehalten.

Klima

Entlang der Küste herrscht mediterranes Klima mit heißen, trockenen Sommern und milden, regnerischen Wintern. Das Landesinnere ist hingegen vom kontinentalen, zentraleuropäischen Klima geprägt. Hier gibt es relativ wenige Niederschläge, kalte Winter und warme Sommer.

Krawatte

Die Krawatte oder ursprünglich ein längliches Stück Stoff, welches um den Hals gebunden wurde, war seit jeher ein Bestandteil der kroatischen Soldatenuniform. Die Mode begann sich in der Zeit des Dreißigjährigen Krieges (1618–1648) zu verbreiten, als eine Truppe kroatischer Soldaten in französischem Dienst stand. Auch das Wort „Krawatte" geht auf die französische Bezeichnung „à la croate" zurück. Eine original kroatische Krawatte kann ein hübsches Mitbringsel sein.

Mietwagen

Mittlerweile sind viele internationale Autovermietungen in Kroatien vertreten. Daneben gibt es auch nationale und kleine lokale Anbieter. Um ein Auto mieten zu können, muss man mindestens 18 Jahre alt sein und einen gültigen Führerschein aus dem Heimatland besitzen.
Bei einigen Vermietungen muss man mindestens 21 Jahre alt sein, um fahren zu dürfen oder zwischen 18 und 22 einen Aufschlag für junge Fahrende zahlen. Es ist sinnvoll, sich vorab im Internet über die ver-

schiedenen Konditionen zu informieren und auch online zu reservieren, da die Preise vor Ort oft etwas höher sein können.

Nationalparks

Für Naturfans bietet Kroatien acht Nationalparks, zwölf Naturparks sowie zahlreiche kleinere Schutzgebiete. Hier können Sie einzigartige Landschaften mit Wasserfällen, Karstflüssen, Seen, dichten Wäldern, tiefen Schluchten und interessanten Felsformationen bewundern. Außerdem können Sie das vielfältige Angebot an Wanderungen, Mountainbiking, Klettern, Bootfahren oder Rafting nutzen. Am besten informieren Sie sich vor Ort in Ihrem Hotel oder in der Touristikinformation. Dort werden oft organisierte Ausflüge angeboten.

Notfall/Notruf

In Notfällen begeben Sie sich am besten in die nächste Notaufnahme (**hitni prijem**) eines Krankenhauses (**bolnica**). Am Empfang wird Ihnen jemand beim Ausfüllen von Formularen behilflich sein und Sie über den Ablauf und die Kosten informieren.

Die Notrufnummer der Polizei ist 192, der Feuerwehr 193, der ärztlichen ersten Hilfe 194 und die allgemeine Notrufnummer ist 112. Die Telefonnummer der Pannenhilfe des kroatischen Automobilclubs lautet 1987.

Öffentlicher Verkehr

In den Städten kann es praktisch sein, längere Strecken mit öffentlichen Verkehrsmitteln zurückzulegen. Vor allem in Zagreb gibt es eine Tageskarte lohnen. Einzelfahrscheine und Tageskarten gibt es an jedem Kiosk. In Autobussen und älteren Straßenbahnen sind sie auch direkt beim Fahrpersonal erhältlich. Die Fahrkarten können an Automaten in den Bussen und Straßenbahnen entwertet werden. In Zagreb können Fahrkarten auch per SMS gekauft werden.

Öffnungszeiten

Die meisten Geschäfte haben durchgehend von 8.00 bis 20.00 Uhr geöffnet, Mittagspausen gibt es äußerst selten. Samstags schließen kleinere Läden schon um 18.00 Uhr. Sonntags haben nur einzelne Supermärkte und einige Lebensmittelgeschäfte geöffnet.

Post

Die Postämter haben unterschiedliche Öffnungszeiten, je nach Ort und Größe des Postamts. Die Hauptpost in Zagreb hat an allen Wochentagen von 7.00 bis 24.00 Uhr geöffnet, andere große Ämter sind werktags von 7.00 bis 20.00 Uhr und samstags von 8.00 bis 13.00 Uhr offen. An den kleineren Postämtern sind die Öffnungszeiten angeschrieben. Briefmarken für Postkarten kann man auch am Kiosk kaufen.

Rechnung

Wenn Sie in einem Restaurant oder Café bezahlen möchten, fragen Sie nach der Rechnung (**račun, molim!**). In Kroatien ist es üblich, dass nur eine Person für alle Anwesenden bezahlt. Erst in Gruppen ab 4–5 Personen bezahlt jeder für sich, aber man legt das Geld für die Rechnung zusammen, d. h. jeder gibt ungefähr so viel, wie er getrunken bzw. gegessen hat.

Schifffahrt

Der Schiffsverkehr entlang der Küste, zu den Inseln und nach Italien ist sehr gut ausgebaut. Es gibt Fähren, Passagierschiffe und Katamarane, die regelmäßig verkehren. Über die Fahrpläne informieren Sie sich im Voraus am besten im Internet oder direkt in den Häfen. Auch Hotels und Touristikinformationen geben hierzu Auskunft.

Schlösser

In ganz Kroatien gibt es eine Vielzahl von Schlössern, Herrenhäusern, Burgen und Burgruinen. Sehr viele von ihnen wurden restauriert und öffentlich zugänglich gemacht. Die meisten Schlösser befinden sich in der Region **Hrvatsko Zagorje**, unweit der Hauptstadt Zagreb. Die Besichtigung dieser Schlösser führt Sie durch malerische Landschaften und in die lebendige Geschichte Kroatiens und seiner Staatsoberhäupter zurück.

Souvenirs

Souvenirs kann man entweder in speziellen Souvenirläden oder entlang der Küste an einem der vielen Souvenirstände kaufen. Ansonsten gibt es auf den Märkten lokale Spezialitäten, Gewürze, Olivenöl oder verschiedene Schnäpse. Besonders originell sind Souvenirs wie Kleider, Taschen oder andere Accessoires und Schmuck mit der alten kroatischen glagolitischen Schrift. Interessant sind auch Naturkosmetikprodukte wie Seifen, Duschgel, Körperbutter und vieles mehr, die in Kroatien aus lokalen Zutaten wie Olivenöl, Seegras, Rosmarin, Lavendel und anderen typischen Gewürzen hergestellt werden.

Sprache

In Kroatien kann man sich gut auf Englisch oder sogar Deutsch verständigen. Vor allem die jüngere Generation spricht fast ausnahmslos Englisch, während die Älteren noch häufig Deutsch können. In Dalmatien sprechen die Menschen, vor allem Angestellte im Tourismusbereich, neben Englisch und Deutsch auch Italienisch.

Strände

Die Vielfalt der kroatischen Strände (**plaže**) reicht von exklusiven Hotelstränden bis hin zu einsamen Buchten, in denen man für sich alleine sein kann. Viele Stadt- und Ortsstrände sind mit der Blauen Flagge ausgezeichnet, ein Umweltzeichen, das für einen hohen Standard bei Badewasserqualität, Sicherheit, Service und Umweltauflagen steht. An schwer zugänglichen Stellen oder auf kleinen Inseln gibt es oft FKK-Strände.

Straßenverkehrsordnung

In Kroatien müssen die Scheinwerfer vom 1. November bis 31. März rund um die Uhr eingeschaltet sein, für den Rest des Jahres wird es auch tagsüber empfohlen. Bei Motorrädern müssen Lichter ganzjährig auch tagsüber eingeschaltet sein. Alle Mitfahrenden müssen sich anschnallen. Für die Person, die fährt, gilt: Die Promillegrenze liegt bei 0,5 und das Telefonieren mit dem Handy ist verboten.
Innerhalb geschlossener Ortschaften – sofern nicht anders ausgeschildert – darf man maximal 50 km/h, außerhalb bis zu 90 km/h fahren. Auf Schnellstraßen darf mit 110 km/h und auf Autobahnen mit 130 km/h gefahren werden. Für Wohnwagen und Anhänger beträgt die Geschwindigkeitsbegrenzung 80 km/h.

Tanken

Größere Tankstellen sind in der Regel bis 24.00 Uhr geöffnet, kleinere oder abgelegene schließen etwas früher. Die Benzinsorten heißen **Eurosuper BS 95, Eurosuper BS 98, Eurodiesel BS** usw. und entsprechen den europäischen Normen. Diesel/**Dizel** ist nur für LKWs geeignet. An den meisten Tankstellen können Sie problemlos mit EC- oder Kreditkarte bezahlen. Selbstbedienung ist üblich, die Angestellten werden Ihnen aber gerne behilflich sein, sollten Sie Hilfe benötigen. Teilweise gibt es kostenlose Ladestationen für E-Autos, auch an manchen Hotels kann aufgeladen werden. Insbesondere im Norden und rund um größere Städte ist das Netz an Ladestationen gut ausgebaut, im Süden und

Osten des Landes ist es weniger dicht. Es ist ratsam, sich vor Reiseantritt online über Ladepunkte entlang der Route zu informieren.

Taxis

Da die Taxipreise in Kroatien im Allgemeinen nicht sehr niedrig sind, ist es besser öffentliche Verkehrsmittel zu nutzen. Bei längeren Strecken wie zwischen Flughafen und Hotel und mit Gepäck kann es sich aber lohnen, ein Taxi zu nehmen. Freie Taxis (**taksiji**) stehen zum Beispiel vor Flughäfen, Bahnhöfen, Hotels und an ähnlichen öffentlichen Stellen in Städten. Ansonsten hält man freie Taxis (erkennbar an dem leuchtenden gelben Licht auf dem Autodach) mit ausgestreckter Hand an. Alle Taxis verfügen über ein Taxameter und Zuschläge sind bei Gepäck und in der Nacht fällig. Trinkgeld ist nicht obligatorisch, aber man kann den Fahrpreis aufrunden.

Telefonieren

Die Vorwahl für Kroatien ist 00385, für Deutschland 0049, für Österreich 0043, und für die Schweiz 0041.

Es gibt mehrere Netzbetreiber, die Roamingabkommen mit den deutschen Anbieterfirmen haben.

Toiletten

Nach der Toilette fragen Sie mit **Gdje je toalet?** oder folgen den Aufschriften **toalet** oder **WC**. Damentoiletten können mit **ženski** bzw. **dame** und Herrentoiletten mit **muški** oder **gospoda** angeschrieben sein. Toiletten in Cafés, Restaurants und Einkaufszentren sind gratis, kostenpflichtig sind manchmal öffentliche Toiletten.

Touristikinformation

Im **Turistički informativni centar** bekommen Sie Informationen aller Art zu Ihrem Aufenthalt. Dort können Sie erfahren, wann die nächsten Stadtführungen (**razgledavanja grada**) stattfinden, an welchen Ausflügen (**izleti**) Sie teilnehmen könnten und bekommen nützliches Informationsmaterial wie einen Stadtplan (**plan grada**), einen Veranstaltungskalender (**kalendar priredbi**) und Hotelverzeichnisse (**popis hotela**).

Trinkgeld

In Kroatien sind Sie nicht verpflichtet, Trinkgeld zu geben, aber wenn Sie mit dem Service zufrieden waren, können Sie den Rechnungsbetrag um bis zu 10 % aufrunden. Am einfachsten ist es, wenn Sie es gerade passend haben und **U redu** (Stimmt so) sagen. Ansonsten können Sie das Trinkgeld auch auf dem Tisch liegen lassen.

Unterkunft

Das Angebot an Unterkünften in Kroatien ist sehr vielfältig, sodass in jeder Preislage und für jeden Geschmack etwas zu finden ist. Von Spitzenhotels bekannter Hotelketten bis hin zu kleinen, privaten Herbergen ist alles dabei. Neben Hotels (**hoteli**) gibt es auch Motels (**moteli**), Pensionen (**pansioni**), Herbergen (**hosteli**), Campingplätze (**kampovi**) oder Ferienwohnungen (**apartmani**).
In der Hochsaison empfiehlt es sich, die Unterkunft rechtzeitig zu buchen. Am einfachsten geht das im Internet oder in einem Reisebüro. Vor allem entlang der Küste bieten private Vermieterinnen und Vermieter ihre Unterkünfte (Ferienwohnungen oder Zimmer) an Bahnhöfen oder in Häfen an. Dort kann man sich dann direkt über die Preise informieren. Man kann sich auch an Touristikinformationen wenden, die Listen aller privaten Vermietungen führen.

Unfall

Sollten Sie in einen Unfall geraten, rufen Sie am besten die Polizei (192). Fotografieren Sie mit Ihrer Kamera oder Ihrem Handy die Unfallstelle und die beschädigten Fahrzeuge. Erstellen Sie ein Unfallprotokoll, am besten anhand des Europäischen Unfallberichts. Bei Komplikationen kontaktieren Sie das Konsulat Ihres Landes. Benachrichtigen Sie Ihre Kfz-Haftpflichtversicherung.

Wein

In den kontinentalen Gebieten gedeihen eher leichtere, klare und wohlschmeckende Weißweine wie der **Graševina** oder **Žlahtina**. In den südlichen, mediterranen Gebieten werden vor allem schwerere und aromatischere Rotweine hergestellt. Die wohl bekannteste Rebsorte ist der **Plavac mali**. Andere Rotweine sind **Pelješac, Postup, Dingač, Babić** oder **Kaštelet**. Nicht zu vergessen die Likörweinspezialität **Prošek Dioklecijan**, die zum Dessert getrunken wird.

Zug

Kroatien kann man auch mit dem Zug bereisen, obwohl die kroatische Bahn (**Hrvatske željeznice**) dringend modernisiert werden müsste. Lange Zeit wurde nur wenig in das Schienennetz investiert. Empfehlenswert ist die Strecke Zagreb – Split, auf der moderne Neigezüge verkehren. Von Stuttgart und München reisen Sie bequem und ganzjährig mit dem Nachtzug in klimatisierten Sitz-, Liege- oder Schlafwagen in die kroatische Hauptstadt Zagreb oder in die Adriametropole Rijeka.

Deutsch – Kroatisch

A

A MUS a *m*
Aal M jęgulja *f*
ab *zeitlich, räumlich* od (*G*); *abgegangen* (*Knopf*) otrgnūt, otkinūt; **auf und ~** gore-dolje; **~ und zu** ponekad; **~ heute** od danas; **~ Berlin** iz Berlīna; **~ 8 Uhr** od 8 sātī; **Berlin ~ 9.30** polazak iz Berlīna u 9.30
Abbau M *Gerüst* rastavljānje *n*; *Kohleabbau* kopānje *n*, vađēnje *n* (ugljēna); *Preise* snižēnje *n*; *Verringerung* smānjēnje *n*; BIOL razgrādnja *f* **abbauen** *verringern* smānjiti (-njīvati); *Gerüst* rastaviti (-vljati), demontīrati (*im*)*pf*; *Erz usw* kopati, vaditi
abbeißen odgristi (-grīzati);
abbekommen dobiti (-bīvati); *lösen* skinuti (skīdati); **abbestellen** *Zeitung, Zimmer* otkāz(īv)ati **abbiegen** skrēnuti (-ētati) (**nach rechts** udesno)
Abbildung F snimka *f*
abblenden AUTO zasloniti (-lānjati)
Abblendlicht N kratkō svjetlo *n*
abbrechen *unterbrechen* prekinuti (-kīdati); *Haus usw* [s-]rušiti; *Ast usw* odlomiti (-lāmati); *v/i* odlomiti (-lāmati) se **abbremsen** [pri-]kōčiti **abbringen** odvrātiti (odvraćati), odgovoriti *pf* (**j-n** *A* **von etw** od *G*)
Abbruch M *Niederreißen* rušēnje *n*; *Unterbrechung* prēkid *m*
abbuchen: **vom Konto ~** teretiti na račūn
Abc N abecēda *f*
abdrehen *Wasser usw* zatvoriti (-vārati); SCHIFF okrēnuti (-ētati) se
Abdruck M otisak *m*
Abend M večēr *f*; **morgen ~** sutra navečēr; **guten ~!** dobrā večēr!; **zu ~ essen** večerati (*im*)*pf*
Abendbrot N, **Abendessen** N večera *f* **Abendkleid** N večērnjā haljina *f* **Abendkurs** M večērnjī tečāj *m*
abends navečēr
Abenteuer N pustolōv *m*
abenteuerlich pustolōvan
aber no, a, ali
Aberglaube M praznovjērje *n*
abergläubisch praznovjēran
abfahren *Zug* pōći (polaziti) (**von** *Gleis* s *G*; **nach** za *A*); *abreisen* otputovati *pf*; *Reifen* istrošiti *pf*

Abfahrt F polazak *m*
Abfahrtszeit F vrijẹ̄me *n* pọlaska *f*
Abfall M, **Abfälle** PL ọtpad *m*; ọtpaci *m/pl*
Abfallbeseitigung F zbrinjā̩vānje *n* ọtpada
Abfalleimer M kā̩nta *f* za smẹ̄će
abfallen ọtpasti (-padati); *Gelände* pạdati
abfällig pọgr̄dan
abfangen *Person*, MIL prẹsresti (-sretati) **abfärben** *fig* ụtjecati (**auf** *A* na *A*); **abfertigen** otprẹ̄miti (-mati)
abfinden: **sich ~ mit** pomīriti (-rīvati) se s (*I*) **Abfindung** F *von Gläubigern* nạmirēnje *n*; *Betrag* otpremnịna *f*
abfliegen polẹtjeti (-lijētati) (**nach** za *A*); **abfließen** ịsteći (-tjecati)
Abflug M polijẹ̄tānje *n*
Abfluss M ọdvod *m* **Abflussrohr** N ọdvodnā cijẹ̄v *f*
Abführmittel N srẹdstvo *n* za čišćēnje crijẹ̄va
Abgabe F prẹdaja *f*; *Steuer* prīstō̩jba *f*
Abgase N/PL ịspušnī plịnovi *m/pl*
abgeben prẹd(ā̩v)ati; **sich ~ mit etw** bạviti se (*I*); **sich mit j-m ~** *umg* drū̩žiti se s (*I*)
abgehen *von der Schule* napụstīti (-pū̩štati) (*A*); *sich lösen* odlijẹ̄piti (-ljepljīvati) se (*Tapete*); ọtkinuti (-kī̩dati) se (*Knopf*)
abgelaufen *Pass* ịsteći (-tjecati) **abgelegen** zạbītan **abgemacht!** vā̩žī! **abgenutzt** ịstrošen, ịzlīzān
Abgeordnete M, F zạstupnik *m* (-nica *f*)
abgeschlossen zạključān; *beendet* zạvr̄šen
abgesehen: **~ von** bẹz obzīra na (*A*); **davon ~** bẹz obzīra nạ tō
abgewöhnen ọdviknuti (-kā̩vati) (**j-m** *A* **etw** *G*)
Abgrund M provạlija *f*, pọnor *m*
abhaken *auf Liste* označ̄iti (-čā̩vati) kvạčicōm
abhalten *Sitzung* odr̄ž(ā̩v)ati; **j-n von etw ~** odvrạ̄titi (ọdvraćati) (*A*) od (*G*)
abhandenkommen nẹst(aj)ati
Abhang M pạdina *f*
abhängen *Bild* skịnuti (skī̩dati); *Waggon* otkọpč(ā̩v)ati; **~ von** ọvisiti o (*L*)
Abhängigkeit F ọvisnōst *f*
abhauen ọdsjeći (-sijẹ̄cati); *fig umg* kịdnuti (-dati) *umg*, zbrịsati *pf umg*
abheben *Geld*, TEL pọdignuti (-dizati); TEL *a* dịgnuti (dịzati); *Kartenspiel* prẹsjeći (-sijẹ̄cati); FLUG uzlẹtjeti (-lijẹ̄tati)
abhetzen: **sich ~** [po-]žū̩riti se
abholen ọtići (ọdlaziti) po (*A*); *kommen* dọ̄ći (dọlaziti) (po *A*)
abhören *Schüler* ispit(ī̩v)ati; *Gespräch* prisluškī̩vati
Abitur N matū̩ra *f*
abkaufen otkū̩piti (-pljī̩vati) (**j-m** *D* **etw** *A*)

abkochen *Wasser* prokuh(āv)-ati
abkühlen: **sich ~** rashlāditi (-adīvati) se
abkürzen *Weg* ići prečacem *od* prečicōm **Abkürzung** F *Wort* kratica *f*; *Weg* prečac
abladen iskrc(āv)ati, istovariti (-rīvati)
Ablauf M tijēk *m*; **nach ~ von** ... po isteku (*G*)
ablaufen *abfließen* oteći (otjecati); *Pass, Frist* isteći (-tjecati); *Angelegenheit* odvījati se
ablegen *Mantel* skinuti (skīdati); *Prüfung* položiti (-lāgati); *Schiff* otploviti (-vljīvati), otisnuti se *pf*
ablehnen odbiti (-bījati); **ableiten** izvesti (-voditi); **ablenken** odvrātiti (odvraćati); *zerstreuen* (**sich** se) razonoditi (-nođīvati); **ablesen** *e-e Rede* [pro-]čītati; *Zähler* očīt(āv)ati
abliefern urūčiti (-čīvati), pred(āv)ati **ablösen** *etw* odlijēpiti (-ljepljīvati); *j-n* riјēšiti (rješāvati) (**von** s *G*); **sich ~** *sich lösen* odlijēpiti (-ljepljīvati) se; *sich abwechseln* smijēniti (smjenjīvati) se
abmachen skinuti (skīdati); *vereinbaren* dogovoriti (-vārati) se o (*L*) **Abmachung** F dogovōr *m*
Abmagerungskur F kūra *f* mršāvljēnja
abmelden: **sich ~** *polizeilich* odjāviti (-vljīvati) se
abmessen [od-]mjeriti
abmontieren skinuti (skīdati)
Abnahme F *Verminderung* smanjīvānje *n*, opadānje *n*; *Kauf* kūpnja *f*
abnehmen *Hut* skinuti (skīdati); *Hörer* podignuti (-dizati); *Geld* uzēti (uzimati); *Führerschein* oduzēti (-imati); (*sich vermindern*) smānjiti (-njīvati) se; *an Gewicht* [s-]mršavjeti
Abnehmer(in) M(F) *Käufer(in)* kūpac *m*; *Verbraucher(in)* potrošāč(ica) *m(f)*
Abneigung F nenaklonjenōst *f*
abnutzen: **sich ~** [is-]trošiti se, izlīzati se *pf*
Abonnement N prētplata *f*
abonnieren pretplātiti (-aćīvati) (se)
abprallen odbiti (-bījati) se
abraten odgovoriti (-vārati) (**j-m** *D* **von etw** od *G*); **abräumen** *Tisch* rasprēmiti (-mati)
abrechnen obračun(āv)ati (*a fig*); **Abrechnung** F obračun *m*
Abreise F odlazak *m* **abreisen** otputovati *pf* (**nach** u *A*)
abreißen *Blatt* otrgnuti *pf*, otkinuti (-kīdati) (*v/i* se); *Haus* [s-]rušiti
Abrüstung F razoružānje *n*
Abs. → Absatz, Absender
ABS N (Antiblockiersystem) kōčnī protublokīrajūćī sūstav *m*
Absage F otkāz *m* **absagen** otkāz(īv)ati (**etw** *A*; **j-m** *D*)
Absatz M *Schuh* potpetica *f*; *im Text* odlomak; JUR stavak *m*; *Verkauf* prođa *f*

abschaffen ụkinuti (ukīdati); **abschalten** *Strom, Gerät* isključ̄iti (-čīvati); *Motor, Gerät* [u-]gāsiti **abschicken** odaslati (-ašiljati)

Abschied M oproštāj *m*; **zum ~** na oproštāju; **~ nehmen** oprostiti (-rāštati) se (**von** od *G*)

Abschlagszahlung F obrok *m* na plāću

Abschleppdienst M vučnā služba *f* **abschleppen** odvūći (-vlāčiti), tegliti **Abschleppseil** N uže *n* za vuču

abschließen zaključ(āv)ati; *beenden* zaključiti (-čīvati); *Vertrag* zaključiti (-čīvati)

abschließend zāključnī; ADV na završētku

Abschluss M završētak *m*

abschneiden [od-]rezati; *Weg* presjeći (-sijecati); **gut (schlecht) ~** dobro (lōše) prōći (prolaziti)

Abschnitt M *Autobahnabschnitt* dionica *f*; *Buch* odlomak *m*; *Zeitabschnitt* odsječak *m*; *Kontrollabschnitt* odrezak *m*

abschreiben prepīs(īv)ati (**von** od *G*); **Abschrift** F prijēpis *m*

abschüssig strm

absehen *Folgen* predvidjeti (-vīđati); **~ von** odust(aj)ati od (*G*)

abseits PRP daleko od (*G*)

Abseits N SPORT *umg* ofsājd *m*, zālēđe *n*

absenden [po-]slati

Absender(in) M(F) pošiljatelj (-ica) *m(f)*

absetzen *von der Steuer* odbiti (-bījati); *Herrscher* svrgnuti (-gāvati); *Fahrgast* iskrc(āv)ati; *Ware* prod(āv)ati

Absicht F nāmjera *f*, nākana *f*; **mit ~** nāmjērno, hotimicē

absichtlich nāmjēran; ADV → mit Absicht

absolut apsolutan

absperren *Tür* zaključ(āv)ati; *Straße* zatvoriti (-vārati)

abspielen *Band* [od-]svīrati; **sich ~** odigr(āv)ati se

Absprache F dogovōr *m*

abspringen SPORT odrāziti (-ražāvati) se, odskočiti (-kākati); *aus dem Flugzeug* iskočiti (-kākati)

abspülen *Geschirr* [o-]prati

abstammen potjecati (**von** od *G*)

Abstand M rāzmak *m*; **~ halten** držati rāzmak

Abstecher M: **einen ~ machen** skoknuti *pf*, svrātiti *pf* (**nach** u *A*)

absteigen *vom Pferd* sjahati (-hīvati); *im Hotel* odsjesti (-sjedati) u (*L*)

abstellen odložiti (-lāgati); *Auto* ostaviti (-vljati), parkīrati (*im*)*pf*; *Heizung usw* isključiti (-čīvati); *Radio, Motor* [u-]gāsiti

abstempeln udariti (-rati) pečat

Abstieg M silazak *m*; SPORT ispadānje *n*

abstimmen glasovati (**über** *A* o *L*); **aufeinander ~** uskladiti (-ađīvati)

abstoßen *Schmutz, Wasser usw* ọdbiti (-bījati)
abstoßend ọdbōjan
abstrakt ạpstraktan
abstreiten pọreći (-ricati)
Absturz M pạd *m*
abstürzen [s-]rụšiti se; IT pạsti (pạdati)
absurd ạpsurdan
Abszess M ạpsces *m*
Abteil N BAHN kupē *m*
Abteilung F *Kaufhaus, Krankenhaus* ọdjel *m*, ọdio *m*
Abteilungsleiter M, **Abteilungsleiterin** F šẹf(ica) *m(f)* ọdjela
abtreiben MED pobạciti (-cīvati) **Abtreibung** F pọbačāj *m*
abtrennen odvọjiti (-vājati); *abreißen* ọtrgnuti *pf*
abtreten *ausscheiden* odstụpiti (-pati); **j-m** (*D*) **etw** (*A*) ~ ustụpiti (-pati)
abtrocknen [ọ-]brisati
abwarten [pri-]čẹkati
abwärts nạdolje, nịzbrdo, nạnižē
abwaschen [ọ-]prạti; *Geschirr* [ọ-]prạti pọsūđe
Abwasser N ọtpadnā vọda *f*
abwechseln: **sich** (*od* **einander**) ~ zamjenjịvati se s (*I*) **abwechselnd** ADV naizmjẹncē
Abwechslung F prọmjena *f*
abwehren ọdbiti (-bījati); **abweichen** *vom Weg* skrẹ̄nuti (-ẹtati) se (**von** s *G*); *fig* odstụpiti (-pati) (**von** od *G*); **abweisen** ọdbiti (-bījati); **abwenden** otklọniti (ọtklanjati); **Abwertung** F devalvạcija *f* **abwesend** ọdsutan **abwickeln** *Draht* odmọt(ạv)ati; HANDEL likvidịrati (*im*)*pf* **abwischen** [ọ-]brịsati
abzahlen otplạtiti (-aćīvati);
abzählen prebrọjiti (-jạvati);
Abzahlung F: **auf ~** na ọtplatu **Abzeichen** N *Parteiabzeichen* značka *f*; *Rangabzeichen* ọznaka *f*
abziehen MATH oduzēti (-zimati), ọdbiti (-bījati); *Schlüssel* [iz-]vạditi; *Bett* skịnuti (skịdati); *Armee* pọvūći (-vlạčiti) se; *Rauch* ịzići (ịzlaziti); **zieh ab!** *umg* gụbi se! *umg*
Abzug M FOTO kọpija *f*; HANDEL odbịtak *m*
abzüglich po odbịtku (**der Kosten** trọškovā)
abzweigen *Straße* odvọjiti (-vājati) se **Abzweigung** F ọdvojak *m*
Achse F *Erdachse* ọs *f*; AUTO osọvina *f*
Achsel F rạme *n*; *Achselhöhle* pạzuho *n*
acht ọsam; **in ~ Tagen** za ọsam dạnā; **heute in ~ Tagen** za ọsam dạnā
Acht F: **außer ~ lassen** ne ụzēti (ụzimati) ụ obzīr; **sich in ~ nehmen** čụvati se (**vor** od *G*)
Achte M: **der (die, das) ~** osmī
Achtel N ọsmina *f*
achten [prị-]pạziti (**auf** *A* na *A*); *j-n* cijẹ̄niti (*A*)
Achterbahn F tọbogān *m* smṛti

achtgeben [prị-]pạziti (**auf** *A* na *A*); **gib acht!** pạzi! **achtlos** nẹmāran
Achtung F poštovạ̄nje *n*; **~!** pọzor!
achtzehn osạmnaēst **achtzig** osamdẹsēt
Acker M orạnica *f*, njiva *f*
Adapter M TECH adạpter *m*
addieren zbrọjiti (zbrȃjati)
Add-On N IT add-on *m*, dodạ̄tak *m*
Adel M plẹmstvo *n*
Ader F žila *f*
Adjektiv N prīdjev *m*, ạdjektīv *m*
Adler M ọrao *m*
Adressat(in) M(F) prịmatelj(ica) *m(f)* **Adresse** F adrẹ̄sa *f*, nạ̄slov *m* **adressieren** adresịrati *(im)pf*, naslọviti (-vljịvati) (**an** *A* na *A*)
Adria F Jạdrān *m*
Advent M došạ̄šće *n*, ạdvent *m*
Adverb N prịlog *m*, ạdverb *m*
Affäre F afẹ̄ra *f*
Affe M mạjmun *m*
Afrika N Ạfrika *f* **Afrikaner** M Afrikạ̄nac *m* **Afrikanerin** F Afrịkānka *f* **afrikanisch** ạfrički
Aftershave N losịōn *m* pọslije brijānja
AG → Aktiengesellschaft
Ägäis F Ẹgējskō mọ̄re *n*
Agent M ạgent *m* **Agentin** F agẹntica *f* **Agentur** F agẹncija *f*
aggressiv ạgresīvan
Agrar... ạgrārnī
Ägypten N Ẹgipat *m*
ahnen [na-]slụ̄titi
ähnlich slịčan; **j-m ~ sehen, ~ sein** slịčiti (*D*), nạ̄likovati (na *A*)
Ahnung F slụ̄tnja *f*; **keine ~!** nẹ̄mām pọ̄jma!
ahnungslos nịšta ne slụ̄tēći
Ahorn M jạvor *m*
Ähre F klạ̄s *m*
Aids N AIDS *m*, sịda *f*
Airbag M zrạ̄čnī jạstuk *m*
Akademie F akadẹmija *f*
Akademiker(in) M(F) akadẹmičar(ka) *m(f)*
akademisch akạdemskī
Akazie F bạgrem *m*
akklimatisieren: **sich ~** aklimatizịrati se *(im)pf*
Akkord M MUS sụzvūk *m*, ạkord *m* **Akkordarbeit** F rạ̄d *m* na ạkord
Akku M TECH bạtērija *f*
Akku(lader) M *umg* TECH pụnjāč akumụlātora
Akkumulator M akumụlātor
Akkusativ M ạkuzatīv *m*
Akne F ạkna *f*
Akt M THEAT čịn *m*; *Malerei* ạkt *m*
Akte F ạkt *m*
Aktentasche F ạktōvka *f* **Aktenzeichen** N ọznaka *f* spịsa
Aktie F dịonica *f*
Aktiengesellschaft F (AG) dioničkō drụ̄štvo *n*
Aktion F ạkcija *f*
aktiv ạktīvan **Aktivität** F aktịvnōst *f* **Aktivurlaub** M ạktīvnī odmor *m*
aktuell ạktuālan
Akustik F akụstika *f*

akut MED, *Gefahr* ạkūtan
Akzent M ạkcent *m*, nāglasak *m*
akzeptieren prịhvatiti (-vaćati), akceptīrati *(im)pf*
Alarm M ụzbuna *f*, ạlarm *m* **Alarmanlage** F alarmnī ụređāj *m* **alarmieren** uzbų̄niti (-njịvati), alarmịrati *(im)pf*
Albaner M Albạ̄nac *m* **Albanerin** F Ạlbānka *f* **Albanien** N Albạ̄nija *f* **Albanisch** ạlbānskī
Album N ạlbūm *m*
Alge F ậlga *f*
Algebra F ạlgēbra *f*
Algerien N Ạlžīr *m*
Alibi N ạlībi *m*
Alkohol M ạlkohol *m* **alkoholfrei** bẹzalkohōlnī **Alkoholiker** M alkohọličār *m* **Alkoholikerin** F alkohọličārka *f* **alkoholisch** ạlkohōlnī **Alkoholtest** M ạlkotest *m*
All N svẹmīr *m*
alle svị; **~ zwei Stunden** svạkīh dvạ̄ sạ̄ta; **… ist ~** *umg* nẹ̄mā više (G)
Allee F alẹ̄ja *f*
allein sạ̄m; *einsam* ọsāmljen; **~ stehend** *Haus* samostọjẹ̄ćī **alleinerziehend** samọhran **alleinstehend** *Person (Frau)* nẹudāta; *(Mann)* neọženjen
allerdings dodų̄šē; *in der Tat* ịstina
Allergie F alẹrgija *f* **Allergiker** M alẹrgičar **Allergikerin** F alẹrgičarka *f* **allergisch** alẹrgičan (**gegen** na *A*)
allerletzt zạ̄dnjī, pọsljednjī
alles svẹ̄
allgemein ọpći; **im Allgemeinen** općẹ̄nito **Allgemeinbildung** F ọpćā nạobrazba *f*
allmählich ADV polạgāno, pọstupno
Allradantrieb M pọgon na svạ četiri kotạ̄ča
Alltag M svakịdašnjica *f*
alltäglich svakịdašnjī
allzu: **~ sehr** prẹvišē, sụvišē
Alm F plạnīnskī pạšnjāk *m*
Alpen PL Ạlpe *f/pl*
Alphabet N abecẹ̄da *f* **alphabetisch** abecẹdni
alpin ạlpskī
als *in der Eigenschaft* kạo; *nach Komparativ* nẹgo; *zeitlich* kạd(a); **~ ob** kạo da
also dạklē
alt stạr; *antik* starịnskī; **wie ~ bist du?** kọliko gọdinā ịmaš?; *umg* kọliko ti je gọdinā?; **ich bin … Jahre ~** mẹni je … gọdinā *od* ịmām … gọdinā
Altar M ọltār *m*
Altbau M stạrā stạmbenā zgrạda *f*
Alte M, F stạrac *m*, stạrica *f*
Altenheim N stạračkī dọm *m*
Alter N dọ̄b *f*; **im ~ von** u dọbi od
älter stạrijī
alternativ ạlternatīvan
altmodisch stạromōdan
Altpapier N stạri pạpīr *m*
Altstadt F starī grạ̄d *m*
Alufolie F alụminījskā fọ̄lija *f*
am → an; **~ 2. März** 2. ọžūjka; **~**

Rhein na Rājni
Amateur M amatēr *m* **Amateurin** F amatērka
ambulant: MED **~e Behandlung** ambulantnō liječēnje *n*
Ambulanz F ambulanta *f*
Ameise F mrāv *m*
Amerika N Amerika *f* **Amerikaner** M Amerikānac *m* **Amerikanerin** F Amerikānka *f* **amerikanisch** američki
Ampel F semafōr *m*
amputieren amputīrati *(im)pf*
Amsel F kōs *m*
Amt N služba *f*; *Dienststelle* ured **amtlich** služben
amüsant zābavan
amüsieren zabaviti (-vljati); **sich ~** zabaviti (-vljati) se
an *wo?* na (*L*) (*neben*) uz (*A*); (*bei*) pri (*L*); *wohin?* na (*A*); uz (*A*); **~ e-m Werktag** u rādnī dān; **von heute ~** od danas; *Fahrplan* **~ Rom …** dolazak u Rīm u …; *Radio, Licht* **~ sein** biti upāljen; → *a* am
analog analogan; TECH analoškī
Analphabet(in) M(F) analfabet (-kinja) *m(f)*
Analyse F analīza *f*
Ananas F ananas *m*
Anbau M AGR uzgoj; ARCH dogrādnja *f* **anbauen** AGR sāditi
anbei u prīlogu
anbieten [po-]nuditi
Anblick M prīzor *m*
anbrechen *Packung* načēti (-činjati)
anbrennen *Essen* zagorjeti (-rijēvati)
Anchovis F → Sardelle
andauern [po-]trajati **andauernd** stalan, neprestān; ADV stalno, neprestāno
Andenken N uspomena *f*; *Souvenir* suvenīr; **zum ~ an** za uspomenu
andere drugī; **etwas ~s** nešto drugō; **ein ~s Mal** drugī pūt
andererseits s drugē strānē
ändern (**sich** se) promijēniti (mijēnjati)
andernfalls ināče, u protivnōm (slučāju)
anders drukčijī; ADV drugačijē; **jemand ~** netko drugī **anderswo** drugdje
anderthalb jedan i pōl
Änderung F izmjena *f*, promjena *f*
andeuten nagovijēstiti (-vješćivati, -vještāvati)
Andrang M nāvala *f*
aneinander: **~ denken** misliti jedan na drugōg **aneinandergeraten** sukobiti (-bljīvati) se **aneinanderreihen** [na-]nīzati
anekeln: **das ekelt mich an** gadī mi se tō
Anerkennung F priznāvānje *n*
anfahren naletjeti *pf* (**j-n** *A* na *A*); *Auto* krēnuti (-ētati)
Anfall M MED napadāj *m*
anfällig: **~ für** sklon (*D*)
Anfang M počētak *m* **am ~** na *od* u počētku; **~ Mai** počētkom svībnja
anfangen počēti (-činjati)

Anfänger M početnīk *m* **Anfängerin** F početnica *f*
Anfängerkurs M tęčāj *m* za počętnīke
anfassen dodīrnuti (-rīvati), dīrnuti (-rati), dotąknuti (dotícati); **anfertigen** *machen* [na-]praviti; *herstellen* izrąditi (-ađīvati); **anfeuchten** ovlažiti (-žīvati); **anfeuern** navījati za (*A*)
anfordern [po-, za-]trąžiti
Anforderung F ząhtjev *m*
Anfrage F ụpit *m*
anfreunden: **sich ~ mit** sprijatẹljiti (-ljīvati) se s (*I*)
anfühlen: **es fühlt sich kalt an** čīnī se hlądnīm
Anführungszeichen N nąvodnīk *m*
Angabe F podątak *m*
angeben nąvesti (-vọditi); *prahlen* hvąlisati se
Angeber M hvalịsavac *m* **Angeberin** F hvalịsavica *f*
angeblich nąvodnī, tọbožnjī
angeboren MED prịrođen, ụrođen
Angebot N pọnuda *f*
angeheitert: **~ sein** bịti dọbrē vọljē
angehen *betreffen* tịcati se; *Licht* [u-, za-]pąliti se
angehend bụdūćī
Angehörige M, F prịpadnīk *m* (-nica) *f*; **meine ~n** mọji rọđāci *m/pl*
Angeklagte M, F optužęnīk *m* (-ęnica *f*)
Angel F *Türangel* šąrka *f*; → Angelrute
Angelegenheit F stvąr *f*
angeln [ụ-]pẹcati
Angelrute F štąp *m* za pęcānje
angenehm ụgodan **angenommen** pretpọstavīmo da … **angesehen** ụglēdan
Angestellte M, F namještęnīk *m* (-nica) *f*, djẹlatnīk *m* (-nica) *f*
angewiesen: **~ sein auf** bịti ụpūćen na (*A*)
angewöhnen: **sich etw ~** nąviknuti *od* prịviknuti (-kāvati) se na (*A*)
Angina F angīna *f*
Angler(in) M(F) pecač(ica) *m(f)*
angreifen nąpasti (-padati); *tätlich a* nasr̄nuti (nąsrtati)
Angreifer M napądāč *m* **Angreiferin** F napadąčica *f*
Angriff M nąpad *m*; *tätlicher* nąsrtāj *m*; **etw in ~ nehmen** lątiti (lаćati) se (*G*)
Angst F strąh *m*; (**vor** *D* od *G*; **um** za *A*)
ängstlich pląšljiv
angurten: **sich ~** → anschnallen
anhaben *Kleidung* ịmati ną sebi
anhalten *j-n od etw* zaụstaviti (-vljati); *stehen bleiben* zaụstaviti (-vljati) se
anhaltend dugotrājan
Anhalter M autostọpist *m*; **per ~ fahren** putọvati ąutostopom **Anhalterin** F autostọpistica *f*
Anhaltspunkt M ịndīcija *m*
Anhang M *in e-m Buch* do-

dạtak *m*; *Begleitung* svịta *f*
anhängen *Zettel* prịvjesiti (vję-šati) (**an** *A* na *A*); *Waggon, Anhänger* prịkvačiti (-čīvati)
Anhänger M *Person* prịstaša *m*; *Wagen* prịkolica *f*; *Schmuck* prīvjesak *m* **Anhängerin** F prịstalica *f*
anhänglich prịvržen
anheben *Last* prịdignuti (-dizati); *Preise* povịsiti (-sịvati); **anhören** *Zeugen* sạsluš(ạv)ati; **sich etw ~** [pọ-]slụšati
Ankauf M kụpnja *f*
Anker M sidro *n*
Anklage F ọptužba *f* **anklagen** optụžiti (-žịvati) (**wegen** za *A od* zbog *G*)
anklicken IT klịknuti **anklopfen** [pọ-, zạ-]kucati **anknipsen** *Licht* [u-]pạliti **ankommen** stịći (stịzati) (**pünktlich** na vrijẹ̄me); *abhängen* ọvisiti (**auf das Wetter** o vrẹmenu);
ankreuzen oznạčiti (-čạvati) krịžićem **ankündigen** najạviti (-vljịvati)
Ankunft F dọlazak *m* **Ankunftszeit** F vrijẹ̄me *n* dọlaska
Anlage F *Fabrikanlage* postrojẹ̄nje *n*; *zu e-m Brief* prīlog *m*; *Grünanlage* pẹrivōj *m*
Anlass M *Gelegenheit* pọvod *m*; *Grund* rạ̄zlog *m*
anlassen *Motor* [u-]pạliti; *Mantel* ne skịnuti (skịdati)
anlässlich prịlikōm
anlaufen *Hafen* plọviti prema lụci; *sich beschlagen* orọsiti (orošạ̄vati) se, zamạgliti (-ljịvati) se
anlegen *anziehen* ọbūći (oblạ̄čiti); *Garten* [za-]sạ̄diti; *Straße* [sa-]grạ̄diti; *Geld* uložiti (ulạ̄gati); *Verband* stạviti (-vljati); *Schiff* prịsta(ja)ti (**an** *D* uz *A*)
anlehnen prislọniti (prịslanjati) (**an** *A* na *A*); *Tür* odškrīnuti *pf*; **sich ~ an** (*A*) prislọniti (prịslanjati) se na (*A*)
Anleitung F nạ̄putak *m*
Anliegen N mọlba *f*
anmachen *Licht, Radio, TV* [u-]pạliti; *Salat* začịniti (-čịnjati); *umg j-n* upucạ̄vati se (*D*) *umg*
anmelden najạ̄viti (-vljịvati); *beim Zoll* prijạ̄viti (-vljịvati); **sich ~** *zur Teilnahme* prijạ̄viti (-vljịvati) se **Anmeldung** F prijava *f*
anmerken: **sich nichts ~ lassen** ponạ̄šati se kạo da se nịšta nịje dogọdilo
Anmerkung F prīmjedba *f*
annähernd prībližan; ADV prībližno
Annahme F prijam *m*; *Vermutung* prẹtpostāvka *f*
annehmbar prihvạtljiv
annehmen *Angebot* prịhvatiti (-vaćati); *voraussetzen* pretpọstaviti (-vljati) **Annehmlichkeit** F ụgodnōst *f*
Annonce F ọglas *m*
annullieren pọništiti (-štạ̄vati), anulīrati (*im*)*pf*
anonym ạnonīman
Anorak M vjẹtrōvka *f*
anordnen narẹ̄diti (-eđịvati)

anpacken *eine Sache* lạtiti (lạćati) se (*G*)
anpassen: **sich ~** prilagọditi (-gođīvati) se (**an** *A D*)
anprobieren prọ̄bati
anreden oslọviti (-vljạ̄vati) (**j-n** *A*; **mit du** sa tị̄)
anregen *Appetit* otvọriti (-vạ̄rati); *vorschlagen* potạknuti (pọticati)
Anreise F dọlazak *m*
anrichten *Speisen* prirẹ̄diti (-eđị̄vati); *Unheil* (pro)ụzrokovati; nạnijēti (-nọsiti)
Anruf M (telẹfōnskī) pọ̄ziv *m*
Anrufbeantworter M telẹfōnskā sekretạrica *f* **anrufen** nạz(ị̄)vati (**j-n** *A*)
ansagen najạ̄viti (-vljīvati)
anschaffen nạbaviti (-vljati)
anschauen [pọ-]glẹdati; *betrachten* rạzgledati (-glẹ̄dati, -gledạ̄vati)
anschaulich zọ̄ran
Anschein M prị̄vid *m* **anscheinend** prị̄vidan
Anschlag M *Plakat* ọglās *m*; *Attentat* atẹntāt *m*
anschließen ELEK priključ̣̄iti (-čị̄vati) (**an** *A* na *A*); **sich ~** priklj̣ūčiti (-čị̄vati) se, pridrụ̄žiti (-žị̄vati) se (**j-m** *D*)
anschließend ADV zạtīm, pọtom
Anschluss M *Zug* vẹza *f* (**nach** za *A*); TEL prị̄ključak *m*
anschnallen: **sich ~** vẹ̄zati se (sigụrnosnīm) pojāsom
anschneiden *Torte, Thema* nạčēti (-činjati)
anschreien [za-]dẹrati se (**j-n** na *A*)
Anschrift F nạ̄slov *m*, adrẹ̄sa *f*
anschwellen *Hand* ọteći (ọticati); *Fluss* [na-]bụjati
ansehen [pọ-]glẹdati; **sich etw ~** *Film* vịdjeti, [pọ-]glẹdati; *Sehenswürdigkeit* rạzgledati (-glẹ̄dati, -gledạ̄vati)
ansehnlich nạočit
Ansicht F vịdīk *m*; *fig* mịšljēnje *n*; **meiner ~ nach** po mọ̄m(e) mịšljēnju
Ansichtskarte F rạ̄zglednica *f*
Ansichtssache F: **das ist ~** tọ̄ je stvạ̄r mịšljēnja
Anspielung F ạlūzija *f* (**auf** *A* na *A*)
anspornen potạknuti (pọticati) (**zu** na *A*)
ansprechen *j-n* oslọviti (-vljạ̄vati) (*A*); *sich wenden an* obrạ̄titi (ọbraćati) se (*D*) (**wegen** zbog *G*)
ansprechend prịvlačan
anspringen *Motor* upạ̄liti se *pf*
Anspruch m *Recht* prạ̄vo (**auf** *A* na *A*); **in ~ nehmen** *Leistungen usw* kọristiti se (*I*); *j-n, Zeit* zahtijẹ̄vati
anspruchsvoll zạ̄htjēvan
Anstalt F zạ̄vod *m*; *psychiatrische* umọbōlnica *f*
Anstand M pristọ̄jnōst *f*
anständig *ehrlich, genügend* prịstōjan
anstarren bụ̄ljiti u (*A*)
anstatt ụmjesto da
anstecken *Brosche* prịbosti (-bạ̄dati); *Zigarette* [pri-, za-]

pą̄liti; MED zarą̄ziti (-zīvati); **sich bei j-m ~** zarą̄ziti (-zīvati) se od (*G*)
ansteckend zarāzan
anstehen *Schlange stehen* stąjati u rẹdu *od* u rẹpu
ansteigen *Straße* ụspinjati se
anstellen *Arbeitskräfte* zapọsliti (-pošlją̄vati); *Heizung, Radio* uključiti (-čīvati); *Motor* [u-]pą̄liti; **sich ~** stati ụ rēd *od* rēp
Anstieg M pọrāst *m*
anstiften potąknuti (pọticati) (**zu** na *A*)
Anstoß M *zu etw* pọticāj; **~ nehmen an** (*D*) nẹgodovati zbog (*G*) **anstoßen** ụdariti (-rati) (**an** *A* u *A*); *mit Gläsern* kụcnuti (-cati) se
anstößig sablą̄žnjiv **anstreichen** [o-]lịčiti; *markieren* obịlježiti (-žą̄vati)
anstrengen umọriti (umą̄rati); *Prozess* pokrẹ̄nuti (-ẹtati); **sich ~** naprẹ̄gnuti (-ẹzati) se
anstrengend nạ̄pōran
Anteil M ụdio *m*; **~ nehmen an** zanịmati se, interesịrati se za (*A*); *mitfühlen* suọsjećati **Anteilnahme** F suọsjećānje *n*
Antenne F antẹ̄na *f*
Antibabypille F kontracẹpcījskā pịlula *f* **Antibiotikum** N antibiọtik *m*
antik ạntiknī
Antike F antịka *f*
Antiquariat N antikvarịjāt *m*
Antiquität F antikvịtēt *m*
Antrag M zą̄htjev *m*, mọlba *f*; *Parlament* prijẹdlog *m*; *Formular* formụlār *m* zą̄htjeva **Antragsteller** M podnọsitelj zą̄htjeva *od* mọlbē **Antragstellerin** F podnọsitẹljica zą̄htjeva *od* mọlbē
antreffen nạ̄ći (naịlaziti); **antreten** *Reise* krẹ̄nuti (krẹ̄tati) na (*A*); *Stellung* stụ̄piti (-pati) u, na (*A*)
Antwort F ọdgovōr *m* **antworten** odgovọriti (-vą̄rati)
Anwalt M ọdvjetnīk *m* **Anwältin** F ọdvjetnica *f*
anweisen *anordnen* narẹ̄diti (-eđịvati); *Geld* doznạ̄čiti (-čịvati)
anwenden primijẹ̄niti (-mjenjịvati); **Anwendung** F prịmjena *f*
anwesend nạzočan **Anwesenheit** F nạzočnōst *f*
Anzahl F brọ̄j *m*
anzahlen dạti (dą̄vati) predụ̄jam, [za-]kạpariti **Anzahlung** F kạpara *f*, predụ̄jam *m*
Anzeichen N nạ̄znaka *f*; MED sịmptōm *m*
Anzeige F *bei der Polizei* prijava *f*; *Annonce* ọglās *m*
anzeigen TECH pokạ̄z(īv)ati; *bei der Polizei* priją̄viti (-vljịvati) (**wegen** zbog *G*)
anziehen *Kleidung* ọbūći (oblą̄čiti); *Handbremse* zatẹ̄gnuti (-ẹzati); *Schraube* pritẹ̄gnuti (-ẹzati); *anlocken* prịvūći (privlą̄čiti); **sich ~** ọbūći (oblą̄čiti) se; ọdjenuti (odijẹ̄vati) se
anziehend prịvlą̄čan
Anzug M odijẹ̄lo *n*

anzünden [u-, za-]pā̦liti; *Zigarette* [pri-, u-]pā̦liti; *in Brand stecken* [za-]pā̦liti
Apartment N stā̦n *m*; *Hotelapartment* apa̦rtmān *m*
Aperitif M aperi̦tīv *m*
Apfel M ja̦buka *f* **Apfelbaum** M ja̦buka *f* **Apfelkuchen** M ko̦lāč *m* od ja̦bukā **Apfelsaft** M jabučnī sō̦k *m*
Apfelsine F na̦rānča *f*
Apostroph M apo̦strof *m*, izostavnīk *m*
Apotheke F lje̦kārna *f*, apotē̦ka *f*
Apotheker M lje̦kārnīk *m*, apote̦kār *m* **Apothekerin** F lje̦kārnica *f*, apoteka̦rica *f*
App F IT apliká̦cija *f*
Apparat M apa̦rāt *m*; TEL **wer ist am ~?** tko̦ je na telefō̦nu?
Appartement N → **Apartment**
Appetit M tē̦k *m*, ape̦tīt *m*; **guten ~!** do̦bar tē̦k!
appetitlich u̦kusan
Applaus M pljē̦sak *m*
Aprikose F mare̦lica *f*
April M trā̦vanj *m*
Aquaplaning N klizānje *n* vo̦zila po mo̦krōm kō̦lnīku
Aquarium N a̦kvārij *m*
Äquator M e̦kvātor *m*
Araber(in) M(F) A̦rapin *m*, *f* A̦rapkinja *f*
arabisch a̦rapskī
Arbeit F rā̦d *m* **arbeiten** rā̦diti **Arbeiter** M rā̦dnīk *m* **Arbeiterin** F rā̦dnica *f* **Arbeitgeber(in)** M(F) poslodā̦vac *m*, poslo̦dāvka *f* **Arbeitnehmer(in)** M(F) poslopri̦mac *m*, poslo̦primate̦ljica *f*
Arbeitsamt N zā̦vod *m* za zapošljā̦vanje **arbeitslos** neza̦poslen **Arbeitslose** M, F neza̦poslenī *m* (-nā *f*); **Arbeitslosenunterstützung** F po̦mōć *f* neza̦poslenīma **Arbeitsplatz** M rā̦dnō mje̦sto *n* **Arbeitstag** M rā̦dnī dā̦n *m* **arbeitsunfähig** ne̦sposoban za rā̦d **Arbeitszeit** F rā̦dnō vrijē̦me *n*
Archäologie F arheolo̦gija *f*
Architekt M arhi̦tekt *m* **Architektin** F arhi̦tektica *f*
Architektur F arhitektū̦ra *f*
Archiv N arhi̦va *f*
Ärger M ljū̦tnja *f* **ärgerlich** *verärgert* lju̦tit; *unerfreulich* ne̦ugodan, ne̦mio **ärgern** (**sich** se) [na-]ljū̦titi
Argument N argu̦ment *m*
Arie F ā̦rija *f*
arm siro̦mašan
Arm M rū̦ka *f*
Armaturenbrett N plo̦ča *f* s instru̦mentima *f*
Armband N na̦rukvica *f* **Armbanduhr** F ručnī sā̦t *m*
Armee F vō̦jska *f*
Ärmel M ru̦kāv *m*
Armut F siromā̦štvo *n*
Aroma N arō̦ma *f*
arrogant aroga̦ntan
Arsch M *vulg* gu̦zica *f*, du̦pe *n* *vulg*
Art F *Weise* nā̦čin *m*; *Sorte*, BIOL vr̦sta *f*; **aller ~** svako̦vrstan
Arterie F a̦rtērija *f*

artig dobar
Artikel M Zeitungsartikel, JUR članak m; HANDEL artikl m
Artischocke F artičoka f
Artist M artist m **Artistin** F artistkinja f
Arznei F, **Arzneimittel** N lijek m
Arzt M liječnik m
Ärztin F liječnica f
ärztlich: **in ~er Behandlung sein** liječiti se
Asche F pepeo m **Aschenbecher** M pepeljara f **Aschermittwoch** M Pepelnica f
Asiat M Azijac m **Asiatin** F Azijka f
asiatisch azijski
Asien N Azija f
Asphalt M asfalt m
Aspirin® N aspirin m
Ass N as m (a fig)
Assistent M asistent m **Assistentin** F asistentica f
Ast M grana f
Asthma N astma f
Astrologie F astrologija f **Astronaut** M astronaut m **Astronautin** F astronautica f **Astronomie** F astronomija f
Asyl N azil m **Asylantenheim** N oft neg! dom m za azilante **Asylbewerber(in)** M(F) azilant(ica) m(f)
Atelier N atelje m
Atem M dah; **außer ~** bez daha; **~ holen** udahnuti (udisati)
atemlos zadihan
Äther M eter m
Athlet M atletičar m **Athletin** F atletičarka f
Atlantik M Atlantik m
Atlas M atlas m
atmen disati
Atmosphäre F atmosfera f
Atom N atom m **atomar** atomski **Atombombe** F atomska bomba f **Atomgegner(in)** M(F) protivnik m (-nica f) nuklearne energije
Attentat N atentat m
Attest N svjedodžba f
attraktiv privlačan, atraktivan
Attribut N GRAM atribut m
ätzend CHEM nagrizajući; *Spott* jedak
au! INT jao! joj! m
Aubergine F patlidžan m
auch i, također; *sogar* čak
auf *wohin?* (A) na (A); *wo?* (D) na (L); **~ Sizilien** na Siciliji; **~ sein** *Geschäft* biti otvoren; *Person* biti na nogama
aufatmen odahnuti pf
aufbauen sagraditi (-ađivati); TECH podignuti (-dizati)
aufbekommen *Tür* otvoriti (-varati); **aufbereiten** pripremiti (-mati) **aufbewahren** [sa-]čuvati
aufbleiben *nicht schlafen* ost(aj)ati budan; *offen bleiben* ost(aj)ati otvoren **aufblenden** AUTO upaliti (-ljivati) dugo svjetla **aufbrechen** *Tür* razvaliti (-ljivati), *Auto* provaliti (-ljivati) u (A); *fortgehen* krenuti (kretati); **aufdecken** *enthüllen* otkriti (-ivati) *Tischtuch* prostrijeti (-stirati) **aufdrängen**:

sich ~ nạmetnuti (-tati) se **aufdrehen** *Hahn usw* otvọriti (-vārati); **aufdringlich** namẹtljiv

aufeinanderfolgend ụzastopan **aufeinanderliegen** lẹžati jẹdan na drụgōm(e) **aufeinanderprallen** sụdariti (-rati) se

Aufenthalt M bọravak *m*; BAHN zadržāvānje *n*

Aufenthaltserlaubnis F dọzvola *f* bọrāvka **Aufenthaltsort** M bọravīšte *n*

aufessen ịzjesti (-jēdati)

auffahren nalẹtjeti (-lijētati) (**auf** *A* na *A*); **Auffahrt** F kōlnī prīlaz *m*; *zur Autobahn* prịključak *m* **Auffahrunfall** M prōmetnā nẹsreća *f* nāletom vọzila na prẹdnjē vọzilo

auffallen ụpadati ụ oči **auffallend** nạpadan; → auffällig

auffällig upạdljiv

auffangen ụhvatiti (hvạtati)

auffassen shvạtiti (shvaćati); **Auffassung** F shvạćānje *n*

auffordern poz(ī)vati (**zu** na *A*); **Aufforderung** F pōziv *m*

auffrischen ọsvježiti (-žāvati)

aufführen THEAT, MUS ịzvesti (-vọditi); **sich ~** ponāšati se **Aufführung** F MUS ịzvedba *f*

Aufgabe F zạdaća *f*; MATH zadātak *m*; *Hausaufgabe* (dọmāćā) zạdaća *f*

aufgeben *Gepäck, Post* prẹd(āv)ati; *Hausaufgabe* zạd(āv)ati; *Annonce* dạti (dāvati) u (*A*); *verzichten* odụsta(ja)ti od (*G*); **das Rauchen ~** prẹst(aj)ati pụšiti

aufgehen *Gestirn* ịzīći (ịzlaziti); *sich öffnen* otvọriti (-vārati) se; *Knoten* razvēz(īv)ati se; *Naht* [is-]pārati se

aufgeregt ụzbūđen

aufgrund (G) na ọsnovi *od* tẹmelju (*G*); *wegen* zbog (*G*)

aufhaben *Hut* ịmati nạ glāvi; *Geschäft* bịti ọtvoren

aufhalten *anhalten* zaụstaviti (-vljati); *j-n* zadṛž(āv)ati; *offen halten* dṛžati ọtvorenīm; **sich ~** [pro-]bọraviti

aufhängen ọbjesiti (vjẹšati); *Wäsche a* ịzvjesiti (vjẹšati)

aufheben *vom Boden* pọdignuti (-dizati); *aufbewahren* [sa-]čūvati

aufheitern *j-n* razvẹdriti (-rāvati) (**sich** se)

aufholen *Verspätung* nadọknaditi (-ađīvati); **aufhören** prẹsta(ja)ti (**zu** *inf*)

aufklären *Verbrechen* rijēšiti (rješāvati); **j-n über etw ~** upūtiti (-ućīvati) (*A*) u (*A*); **sich ~** razjāsniti (-jašnjāvati) se; *Wetter* rạzbistriti (-rīvati, -rāvati) se

Aufkleber M nāljepnica *f*

aufladen natọvariti (-rīvati); *Batterie* [nạ-]pụniti

Auflage F *Buchauflage* nāklada *f*; *Bedingung* ụvjet *m*

auflassen *Tür* ọstaviti (-vljati) ọtvorenīm

Auflauf M GASTR nạbujak *m*; *Menschenauflauf* nạvala *f*

auflaufen *Schiff* nasūkati se *pf*; *Kosten* nạrāsti (-rāstati)

aufleben ožīvjeti (-vljāvati) **auflegen** stạviti (-vljati), polọžiti (-lāgati) (**auf** *A* na *A*); *Hörer* spụstiti (spūštati) **aufleuchten** *Lampe, Mond* zasvijẹ̄tliti se *pf*; *Augen* zablịstati *pf* **auflösen** *in Wasser* otọpiti (otạ̄pati); *Knoten* razvẹ̄z(ịv)ati; *Geschäft* likvidīrati *(im)pf*; **sich ~** otọpiti (otạ̄pati) se; *Nebel* nest(aj)ati **Auflösung** F *e-s Rätsels* rješẹ̄nje *n* **aufmachen** otvọriti (-vạ̄rati) **aufmerksam** pọzōran; *höflich* pažljiv (*a höflich*); **auf etw ~ machen** upozọriti (-rạ̄vati) na (*A*) **Aufmerksamkeit** F pozọ̄rnōst *f*; *kleines Geschenk* znạ̄k *m* pažnjē **aufmuntern** [o-]hrạ̄briti **Aufnahme** F FOTO, *Tonaufnahme* snịmka *f* **Aufnahmeprüfung** F prijāmnī ịspit *m* **aufnehmen** *Gast* prịhvatiti (-vaćati); FOTO, *auf Band* snịmiti (-mati); *Protokoll* sạstaviti (-vljati) **aufpassen** [prị-]pạziti (**auf** *A* na *A*); *auf Kinder* [pri-]čūvati (*A*) **Aufprall** M nạ̄let *m* **Aufpreis** M dọplata *f* **aufräumen** rąščistiti (-čišćạ̄vati) **aufrecht** ụsprāvan **aufregen** uzbūditi (-uđīvati), ụzruj(āv)ati; **sich ~** ụzruj(āv)ati se, uzbūditi (-uđīvati) se (**über** *A* zbog *G*); **aufregend** uzbụdljiv **Aufregung** F uzbuđẹ̄nje *n* **aufreißen** *Tür* nạglo otvọriti (-vạ̄rati); *Straße* raskọp(ạ̄v)ati; *Packung usw* rąskinuti (-kīdati); **aufrichtig** ịskren **aufrollen** *zu e-r Rolle* namọt(ạ̄v)ati; *entrollen* odmọt(ạ̄v)ati **Aufruf** M pọzīv *m* (**an** *A D*); *der Fluggäste* pọzīv *m* **aufrufen** pọz(ī)vati; *Namen* prọz(ī)vati **Aufrüstung** F naoružạ̄vānje *n* **Aufsatz** M člạ̄nak *m*; *Schule* sạ̄stavak *m* **aufschieben** odgọditi (-gạ̄đati) **Aufschlag** M *an Kleidung* rẹvēr *m*; *Preisaufschlag* (nạ)dọplata *f*; *Tennis* sẹrvīs *m*, počẹtnī ụdarac *m* **aufschlagen** *Buch* otvọriti (-vạ̄rati); *Zelt* razạpēti (-pinjati); *aufprallen* ụdariti (-rati), lụpiti (lūpati) (**auf** *D* o *A*); *Tennis* servīrati *(im)pf* **aufschließen** ọtključ(ạ̄v)ati **aufschneiden** *Brot, Wurst* [nạ-]rẹzati; *prahlen* hvạlisati se **Aufschnitt** M GASTR nạrezak *m* **aufschreiben** [na-]pīsati, zapịs(īv)ati **Aufschrift** F nạ̄tpis *m* **Aufschub** M ọdgoda *f* **Aufschwung** M pọlēt *m*; *wirtschaftlicher* zạ̄mah *m* **Aufsehen** N: **~ erregen** izaz(ī)vati pozọ̄rnōst **aufsetzen** *Brille, Hut* stạviti (-vljati); *Schreiben* sạstaviti (-vljati); FLUG prịst(aj)ati **Aufsicht** F nạ̄dzor *m* **Aufsichtsrat** M nạ̄dzōrnī ọdbor *m*

aufspringen *auf ein Fahrzeug* skočiti (skākati) (**auf** *A* na *A*); *sich erheben* skočiti na noge; *sich öffnen* otvoriti (-vārati) se; *Haut* [is-, po-]pucati
Aufstand M ustanak *m*
aufstehen ust(aj)ati; *Tür* biti otvoren
aufsteigen popēti (penjati) se, uspēti (uspinjati) se (**auf** *A* na *A*); FLUG uzletjeti (-lijētati); *fig im Beruf* uspēti (-pinjati) se
aufstellen *hinstellen* postaviti (-vljati); *aufbauen* podignuti (-dizati); *Programm, Liste* sastaviti (-vljati); *Rekord* postići (-izati), postaviti (-vljati)
Aufstieg M penjānje *n*; *fig* ūspon *m*; *im Beruf* napredak *m*; *Bergsport* ūspon *m*
auftanken [na-]puniti gorīvom **auftauchen** izroniti (-rānjati); *fig* iskrsnuti (-sāvati);
auftauen *Eis* otopiti (otāpati) se; *Tiefkühlkost* odmrznuti (-zāvati); **aufteilen** [po-]dijēliti, razdijēliti (-djeljīvati) (**in** *A* u *A*; **unter** *D* između *G*)
Auftrag M nālog *m*; HANDEL nārudžba *f* **Auftraggeber(in)** M(F) nalogodāvac *m* (-godāvka *f*)
auftreten THEAT, *Schwierigkeiten, vorkommen* nastūpiti (-pati); *sich benehmen* ponāšati se
Auftritt M THEAT nāstup *m*; *Szene* scēna *f*
aufwachen [pro-]būditi se **aufwachsen** odrāsti (-rāstati)
Aufwand M utrošak *m* (**an** *D* *G*); *Prunk* rāskoš *m*
aufwärmen podgrij(āv)ati; **sich ~** zagrij(āv)ati se
aufwärts nagore **aufwärtsgehen** ići nabolje
aufweisen pokāz(īv)ati
aufwenden *Zeit, Geld* [u-]trošiti **aufwendig** *teuer* skūp; *prunkvoll* rāskošan
aufwerten *Währung* revalvīrati *(im)pf* **Aufwertung** F HANDEL revalvācija *f*
aufwischen [o-]brisati
aufzählen nabrojati (-brājati)
aufzeichnen [na-]crtati; *schriftlich* zapīs(īv)ati; *auf Band* snīmiti (-mati) **Aufzeichnung** F *auf Band* snīmka *f*
aufziehen *Vorhang* razmaknuti (razmicati); *Uhr* naviti (-vījati); *Veranstaltung* organizīrati *(im)pf*; *necken* zadirkīvati
Aufzug M dizalo *n*; THEAT čīn *m*
Auge N oko *n*
Augenarzt M oftalmolog *m*, okulist *m* **Augenärztin** F oftalmologinja *f*, okulistica *f*
Augenblick M trenūtak *m*; **e-n ~!** momen(a)t molīm! **augenblicklich** *vorübergehend, sofortig* trenutačan, časoviti; ADV trenutačno
Augenbraue F obrva *f* **Augenfarbe** F bōja *f* očijū **Augentropfen** M/PL kapljice *f/pl* za oči **Augenzeuge** M, **Augenzeugin** F očevīdac *m*, očevītkinja *f*
August M *Monat* kolovōz *m*
Auktion F dražba *f*

aus *Herkunft, Grund* iz (*G*); *Stoff* od (*G*); **~ der Mode kommen** izíći (izlaziti) iz mọ̄dē; **~ sein** *Vorstellung* završiti (-šạ̄vati); *Vorrat* bịti pọtrošen; *Licht, Heizung* ne rạ̄diti; **von mir ~** štọ se mẹne tíčē
Aus N SPORT ạut *m*; *fig* krạ̄j *m*
ausarbeiten izrạ̄diti (-ađīvati); **ausatmen** izdạhnuti (izdisati); **ausbessern** pọpraviti (-vljati) **ausbeuten** izrạ̄biti (-bljīvati)
ausbilden izobrạ̄ziti (-ražạ̄vati) (**in** *D* u *L*); **zu** (*D*) **~** škọlovati za (*A*) **Ausbildung** F izobrazba *f*; *Schulausbildung* škọlovānje *n*
Ausblick M izglēd *m*
ausbrechen *Krieg, Krankheit, Vulkan* izbiti (-bījati); *Feuer a* bụ̄knuti *pf* **ausbreiten** *Decke* prọstrijēti (-stirati); **sich ~** [pro-]šíriti se **Ausbruch** M izbījānje *n*; *Flucht* bijēg *m* **ausbrüten** izlēći (-lijēgati)
Ausdauer F izdṛžljivōst *f*
ausdauernd izdṛžljiv
ausdehnen [pro-]šíriti; **sich ~** PHYS rastẹ̄gnuti (-ẹzati) se; *räumlich* protẹ̄gnuti (-ẹzati) se; *zeitlich* prodụ̄ljiti (-ljīvati) se **Ausdehnung** F protẹ̄zānje *n*; MATH dimẹnzija *f*
ausdenken: **sich etw ~** izmisliti (-mīšljati)
Ausdruck M izrāz *m*; **zum ~ bringen** izrạ̄ziti (-ražạ̄vati)
ausdrücken iscijẹ̄diti (-cjeđīvati); *Zigarette* [u-]gạ̄siti **ausdrücklich** izričit; ADV izričito
Ausdünstung F isparạ̄vānje *n*
auseinander ADV ọdvojeno **auseinandergehen** *Menschen, Meinungen* rạzíći (razilaziti) se **auseinandernehmen** rạstaviti (-vljati) **auseinandersetzen** *darlegen* izlọžiti (-lạ̄gati); **Auseinandersetzung** F *bewaffnete* sụ̄kob *m*
Ausfahrt F izlāz *m*
ausfallen *Haare usw* ọpasti, ispasti (-padati); *Veranstaltung* ne odṛž(ạ̄v)ati se; TECH zatājiti (-jīvati); **Ausfallstraße** F glạvnā cẹsta *f* kọjā vodī iz grāda *f*
ausfindig: **~ machen** prọnāći (-nạlaziti)
Ausflug M izlet *m*
Ausfuhr F izvoz *m*
ausführen *Befehl* prọvesti (-vọditi); HANDEL izvesti (-vọziti); *j-n* izvesti (-vọditi); **ausführlich** pọdroban **Ausführung** F prōvedba *f*; *Modell* izvedba *f*
ausfüllen *Platz, Lücke* pọpuniti (-njạ̄vati); *Formular* ispuniti (-njạ̄vati)
Ausgabe F *Geldausgabe* rạ̄shod *m*; *Buchausgabe, e-r Zeitung* izdạ̄nje *n*; *Verteilung* izdạ̄vānje *n*
Ausgang M izlāz *m*; *Ergebnis* ishod *m*
ausgeben *Geld* [po-]trọšiti; *aushändigen* izd(ạ̄v)ati; **e-e Runde ~** plạ̄titi rụndu
ausgebucht rạsprodān **ausgedehnt** ọpsežan **ausgefallen** ekstravagạntan **ausge-**

glichen *Mensch, Haushalt* uravnotēžen
ausgehen izíći (izlaziti); *Licht, Feuer* [u-]gāsiti se; *Geld* ponèst(aj)ati (*G*); *enden* zavŕšiti (-šāvati); **~ von** póći (pòlaziti) od (*G*)
ausgenommen izuzēv(ši)
ausgerechnet bàš **ausgeschlossen** isključen **ausgesprochen** ADV izrazito **ausgewogen** uravnotēžen **ausgezeichnet** òdličan, izvrstan
ausgiebig izdāšan; *Mahlzeit* òbīlan
Ausgleich M izjednačénje *n*, poravnánje *n* (*a* SPORT); **ausgleichen** izjednáčiti (-čívati, -čávati), poravn(āv)ati
ausgraben iskop(āv)ati
Ausguss M slívnīk *m*
aushalten izdŕž(āv)ati **aushändigen** urúčiti (-čívati);
Aushang M òglās *m* **aushelfen** pomoći (-màgati) (**j-m** *D* **mit etw** *I*)
Aushilfe F *Aushelfen, Aushilfskraft* ispomōć *f*
auskennen: **sich ~** razumjeti se (*im*)*pf* (**in** *A* u *A*); **sich in der Stadt ~** snáći (snàlaziti) se u gràdu
auskommen: **mit j-m ~** slágati se s (*I*); **mit etw ~** izíći (izlaziti) nà krāj s (*I*); **ohne etw ~** snáći (snàlaziti) se bez (*G*)
Auskunft F òbavijēst *f*; *Auskunftsstelle* infòrmācije *f/pl*; TEL òbavijēsti *f/pl* o bròjevima prètplatničkīh telefónā; **~ geben** dati (dávati) òbavijēst (**j-m** *D*
über *A* o *L*)
auslachen ismij(āv)ati
ausladen iskŕc(āv)ati; *Gäste* pòvúći (-vláčiti) pòzīv
Auslage F ìzlog *m*
Ausland N inozémstvo *n*; **im ~** u inozémstvu
Ausländer M strànac *m* **ausländerfeindlich** netrpèljiv prema strāncima **Ausländerin** F strànkinja *f*
ausländisch ìnozēmnī
Auslandsgespräch N TEL međunārodnī ràzgovōr *m* **Auslandsreise** F pūt *m od* putovánje *n* u inozémstvo
auslassen *Wort usw* ispùstiti (-púštati); **auslaufen** *Flüssigkeit* ìsteći (-tjecati); iscúriti *pf*; *Schiff* isplòviti (-vljívati); **auslegen** *deuten* [pro-]tumáčiti
ausleihen posúditi (-uđívati) (**j-m** *D* **etw** *A*); **sich etw von j-m ~** posúditi (-uđívati) (*A* od *G*); **ausliefern** dòstaviti (-vljati); *Gefangene* izrúčiti (-čívati);
ausloggen IT: **sich ~** òdjāviti se *pf*
auslosen ždrijèbati **auslösen** *hervorrufen* izaz(ī)vati; TECH aktivírati (*im*)*pf*; *Pfand* otkúpiti (-pljívati)
Auslöser M FOTO okìdāč *m*
ausmachen *Licht, Radio,* TV [u-] gàsiti; *Termin* zakáz(īv)ati; *Kosten betragen* iznòsiti; **macht es Ihnen etwas aus, wenn ...?** smètā li Vam àko ...?
Ausmaß N veličina *f*; *e-r Katastrophe* rázmjer *m*

ausmessen [iz-]mjeriti
Ausnahme F: **mit ~ von** s iznīmkōm (G)
ausnahmslos bez iznīmkē
ausnahmsweise iznīmno
ausnutzen *j-n* iskoristiti (-rišćīvati, -ríštāvati); **auspacken** *Koffer* raspakīr(āv)ati **ausprobieren** isprōb(āv)ati
Auspuff M ispuh
ausradieren [iz-, z-]brisati
ausrauben [o-]pljačkati **ausräumen** *Missverständnis* izgladiti (-ađīvati); **ausrechnen** izračun(āv)ati
Ausrede F izgovōr *m*
ausreichen dost(aj)ati
ausreichend dostatan
Ausreise F izlazak *m*; **bei der ~** pri izlasku
ausreisen [ot-]putovati preko granicē
ausreißen istrgnuti *pf*; *davonlaufen* pobjeći (bježati), zbrisati *pf umg*
ausrenken: **sich den Arm ~** iščašiti (-šīvati) s(eb)i rūku
ausrichten *erreichen* postići (-stizati); *Veranstaltung* organizīrati (*im*)*pf*; **j-m Grüße von j-m ~** prenijēti (-nositi) pozdrāve od (G)
ausrufen oglasiti (-sīvati, -šāvati); *Stationen* najāviti (-vljīvati)
Ausrufezeichen N uskličnīk *m*
ausruhen (*a* **sich ~**) odmoriti (-mārati) se
ausrüsten oprēmiti (-mati) (**mit** *I*); **Ausrüstung** F oprema *f*
ausrutschen poskliznuti (-zīvati) se
Aussage F JUR iskaz *m*
aussagen JUR izjāviti (-vljīvati);
ausschalten *Strom* isključiti (-čīvati); *Licht, Radio usw* [u-]gāsiti; *Fehler* isključiti (-čīvati); *Gegner* eliminīrati (*im*)*pf*
Ausschank M točēnje *n*
ausscheiden *etw* izlučiti (-čīvati); *aus e-m Amt* biti umirovljen; *aus e-r Firma* napustiti (-pūštati); SPORT ispasti (-padati) **ausschlafen** naspāvati se *pf*
Ausschlag M MED osip *m*; **das gibt den ~** tō je prēsudno **ausschlagen** *Zahn* izbiti (-bījati); *fig ablehnen* odbiti (-bījati); *Pferd* ritnuti (-tati) se; *Bäume* razlist(āv)ati se **ausschlaggebend** odlučujūći
ausschließen isključiti (-čīvati); (**von** iz G); **ausschließlich** isključiv; ADV isključivo
ausschmücken ukrāsiti (-ašāvati) (**mit** *I*); **ausschneiden** izrez(īv)ati **Ausschnitt** M *Teil* odlomak *m Zeitungsausschnitt* izrezak *m*; *Kleiderausschnitt* izrez *m* **ausschreiben** *Zahl* ispīs(īv)ati slovima; *Scheck* ispīs(īv)ati; **eine Stelle ~** raspīs(īv)ati natječāj za rādnō mjesto
Ausschreitungen F/PL izgrēdi *m/pl*
Ausschuss *m* POL odbor *m*; *defekte Ware* škart *m*
ausschütten *Flüssigkeit* izliti

(-lijẹvati); *Gefäß* ịstrēsti (-ẹsati); *verschütten* prọliti (-lijẹvati); *Gewinn* isplạtiti (-aćịvati)
aussehen *wirken* izglẹdati (**wie** kạo); **es sieht nach Regen aus** ịzgledā da pạdati će kịša
Aussehen N ịzglēd *m*
außen vạni; **nach ~** vān; **von ~** izvạna
Außenbordmotor M ịzvanbrodskī mọtōr *m* **Außendienst** M vạnjskā slụžba *f* **Außenhandel** M vạnjskā trgọvina *f* **Außenministerium** N ministạrstvo *n* vạnjskīh pọslōvā **Außenpolitik** F vạnjskā polịtika *f* **Außenseite** F vạnjskā strạna *f* **Außenseiter(in)** M(F) SPORT, *fig* ạutsajder (-ica) *m(f)* **Außenspiegel** M AUTO vạnjskī retrọvīzor *m*
außer ịzvan (*G*); *ausgenommen, neben* ọsim; **~ dass** ọsim štọ; **~ der Reihe** prẹko rēda; → Betrieb, Dienst
außerdem ọsim tọga
äußere vạnjskī
Äußere N vạnjština *f*
außergewöhnlich nẹobičan
außerhalb ịzvan (*G*); **~ der Stadt** ịzvan grāda **außerirdisch** izvanzemạljskī
äußerlich vạnjskī; MED **~ anzuwenden** za vạnjskū ụpotrebu *od* ụporabu
äußern ọčitovati (*im*)*pf*; izrạziti (-ažạvati); **sich ~** ọčitovati se (*im*)*pf*; izrạziti (-ažạvati) se (**zu etw** o *L*; **in** *D* u *L*)
außerordentlich izvạnredan
außerplanmäßig izvạnredan
äußerst *sehr* krạjnjē
aussetzen *Belohnung* raspịs(ịv)ati; *der Sonne, Gefahr usw* izlọžiti (-lạgati); *Motor* zatạjiti (-jịvati); **etw auszusetzen haben an** (*D*) ịmati prigovōr na (*A*)
Aussicht F ịzglēd *m*, vịdīk *m* (**auf** *A* na *A*); *fig* ịzglēd *m*
aussichtslos bẹzizglēdan **aussichtsreich** pẹrspektīvan
ausspannen *sich erholen* odmọriti (-mạrati) se
Aussprache F ịzgovōr *m*; *Meinungsaustausch* rạzgovōr *m*
aussprechen ịzreći (-ricati)
Ausspruch M ịzreka *f*
ausspucken ịspljunuti (pljụvati); **ausspülen** ịsp(i)rati
ausstatten oprẹmiti (-mati) (**mit** *I*)
ausstehen *erdulden* [pre-] tṛpjeti; *Antwort, Zahlung* nẹmati (*G*); **sie kann ihn nicht ~** nẹ može ga smịsliti *od* pọdnijēti
aussteigen ịzīći (ịzlaziti), sịći (sịlaziti) (**aus** iz *G*)
ausstellen *Ware* izlọžiti (-lạgati); *Pass, Rechnung* ispọstaviti (-vljati); *Quittung* ịzd(ạv)ati; *Scheck* ispịs(ịv)ati **Ausstellung** F ịzložba *f*
aussterben izụmrijēti (-mirati)
Ausstieg M ịzlaz *m*
Ausstrahlung F *fig* zrạčēnje *n*; TV, *Radio* emitịrānje *n*
ausstrecken ịspružiti (-žịvati); **aussuchen** izạbrati, odạbrati (-birati); **austauschen** raz-

miję̄niti (-mjenjīvati); **austeilen** razdiję̄liti (-djeljīvati), rạzd(ạ̄v)ati
Auster F kạmenica *f*, ọstriga *f*
austragen *Briefe, Zeitungen* rạznijēti (-nọsiti); *Kampf, Spiel* odigr(ạ̄v)ati
Australien N Aụstrālija *f* **Australier** M Austrạ̄lac **Australierin** F Aụstrālka *f* **australisch** aụstrālskī
austreten *aus e-r Partei usw* istūpiti (-pati) (**aus** iz *G*); *die Toilette aufsuchen* ịći na WC **austrinken** ịspiti (-pījati); **austrocknen** isūšiti (-šīvati)
ausüben: **Einfluss ~** djẹlovati, ụtjecati (**auf** *A* na *A*); **den Beruf des … ~** biti … po zanịmānju
Ausverkauf M rạsprodaja *f*
ausverkauft rạsprodān
Auswahl F ịzbor *m* **auswählen** izạbrati, odạbrati (-birati)
Auswanderer M, iseljẹnīk *m* **Auswanderin** F iseljẹnica *f* **auswandern** isẹliti (-ljīvati, -ljāvati) se **Auswanderung** F iselję̄nje *n*
auswärtig vạnjskī
auswärts vạni, izvạna
auswechseln zamiję̄niti (-mjenjīvati) (**gegen** *I*) (*a* SPORT)
Ausweg M ịzlāz *m*
ausweichen ịzbjeći (-bjegāvati) (**j-m** *A*)
Ausweis M ịskaznica *f* **ausweisen** prọtjerati (-rīvati); **sich ~** legitimīrati se (*im*)*pf* **Ausweispapiere** N/PL ọsobnē ịsprave *f/pl* **Ausweisung** F ịzgon *m*
ausweiten [pro-]šīriti **auswendig** nạpamēt **auswerten** iskoristiti (-rišćīvati, -ištạ̄vati); **auswirken**: **sich ~ auf** (*A*) ụtjecati na (*A*)
auszahlen isplạ̄titi (-aćīvati); *fig* **sich ~** isplạ̄titi (-aćīvati) se
Auszahlung F ịsplata *f*
auszeichnen *Waren* oznạ̄čiti (-čīvati, -čạ̄vati) etikẹ̄tōm; *j-n* ọdlikovati (*im*)*pf* **Auszeichnung** F odlikovạ̄nje *n*
ausziehen *Tisch* rạzvūći (-vlạ̄čiti); *Kleid* svūći (svlạ̄čiti), razọdjenuti (-dijẹ̄vati); *aus e-m Haus* isẹliti (-ljāvati) se (**aus** iz *G*); **sich ~** svūći (svlạ̄čiti) se, razọdjenuti (-dijẹ̄vati) se
Auszubildende M, F nạučnīk *m* (-nica) *f*
Auto N automọbil *m*, ạuto *m* *umg*; **mit dem ~ fahren** vọziti se ạutom
Autobahn F autocẹsta *f* **Autobahnauffahrt** F prịključak *m* na autocẹstu **Autobahnausfahrt** F ịzlaz *m* s autocẹstē
Autobahngebühr F cestạrina *f* **Autobahnkreuz** N čvọr *m* *od* čvọrīšte *n* (autocẹstē); **Autobahnraststätte** F ọdmorīšte *n*
Autobatterie F automọbilskī akumụlātor *m*
Autobus M autọ̄bus *m*
Autofähre F trạjekt *m*
Autofahrer(in) M(F), vọzāč(ica) *m*(*f*) automobịla

Autogramm N autọgram *m* **Automat** M autọmāt **Automatik** F AUTO autọmatskī mjẹnjāč *m* **automatisch** autọmatskī **Automechaniker(in)** M(F) automehaničār(ka) *m(f)* **Automobilklub** M ạuto-klūb *m* **Autonummer** F rẹgistarskī brọj *m* **Autor** M ạutor *m* **Autoradio** N ạuto-rạdio *m* **Autorin** F ạutorica *f* **Autounfall** M automọbilskā nẹsreća *f* **Autovermietung** F agẽncija *od* tvṛtka za iznajmljịvānje automọbilā **Autowaschanlage** F praõnica *f* automọbilā **Autowerkstatt** F automehạničārskā radiọnica *f* **Axt** F sjẹkira *f* **Azubi** → Auszubildende

B

B MUS bẹ̄ **Baby** N bẹba *f* **Babynahrung** F hrạna *f* za bẹbe **Babysitter(in)** M(F) muška dạdilja *m*, dạdilja *f*, baby-sịter(ica) *m(f) umg* **Bach** M pọtok *m* **Backbord** N lijẹvā strạna *f* brọda **Backe** F ọbraz *m* **backen** [ịs-]pẹći **Backenzahn** M kūtnjāk *m* **Bäcker** M pẹkār *m* **Bäckerei** F pẹkārnica *f* **Bäckerin** F pẹkārica *f* **Backhähnchen** N pọhānō pịle *n* **Backofen** M pẹćnica *f* **Backpflaumen** F/PL sūhē šljịve *f/pl* **Backpulver** N prạ̄šak *m* za pẹcīvo **Bad** N kụpka *f*, kūpelj *f*; *Heilbad* tọplice *f/pl*; → Badezimmer **Badeanzug** M kụpāćī kọstīm *m* **Badehose** F kụpāćē gạćice *f/pl* **Badekappe** F kạpa *f* za kụpānje **Bademantel** M ogṛtāč *m* za kụpānje **Bademeister(in)** M(F) nạdzōrnīk *m* (-nīca *f*) plịvāčkog bazẽna **baden** *Baby* [o-]kūpati; *im Meer* [o-]kūpati se **Badestrand** M plāža *f* **Badetuch** N rụčnīk *m* za plāžu **Badewanne** F kạda *f* **Badezimmer** N kupaọnica *f* **Bagger** M bạger *m*, jarụžalo *n* **baggern** bagerīrati *(im)pf*, jarụžati **Bahn** F *Eisenbahn* žẹljeznica *f*; **mit der ~ fahren** [ot-]putọvati vlạkom **Bahnbeamte** M žẹljeznịčkī čin̄ọvnīk *m* **Bahnbeamtin** F žẹljeznịčkī činọvnica *f* **Bahndamm** M žẹljezničkī nạsip *m* **bahnen**: **sich e-n Weg ~** prokṛčiti (-čịvati) s(ẹb)i pūt **Bahnfahrt** F vọ̄žnja *f* vlạkom **Bahnhof** M kọlodvōr *m* **Bahnhofshalle** F kọlodvōr *m* **Bahnlinie** F žẹljezničkā lịnija *f*, relacija *f*

Bahnsteig M pe̜rōn *m*
Bahre F *Totenbahre* o̜dar *m*
Bakterie F ba̜ktērija *f*
bald u̜skoro; **~ darauf** u̜skoro po̜tom; **so ~ wie möglich** što̜ prije
Balken M grȇda *f*
Balkon M ba̜lkōn *m* (*a* THEAT)
Ball M *Fußball, Tennisball* lo̜pta *f*; *Tanzfest* bȃl
Ballast M ba̜last *m* (*a fig*), pri̜tega *f* **Ballaststoffe** M/PL pre̜hrambenā vlȃkna *n/pl*
Ballen M *Stoffballen* ba̜la *f*; *Handballen* di̜o *m* dla̜na ispod pȃlca
Ballett N ba̜lēt *m*
Ballon M FLUG ba̜lōn *m*
Ballungsraum M gra̜dskā aglomerȁcija *f*
Banane F banȃna *f*
Band[1] N vr̜pca *f*; **auf ~ aufnehmen** sni̜miti (-mati) na magneto̜fōnskū vr̜pcu
Band[2] M *Buchband* sve̜zak *m*
Band[3] F MUS be̜nd *m*
Bandage F zȃvoj *m* **bandagieren** bandažȉrati (*im*)*pf*
Bande F bȃnda *f*
Bänderriss M pu̜cānje *n* liga̜mentā
bändigen [u-]kro̜titi
Bandnudeln F/PL rezȁnci *m/pl*
Bandscheibe F (interve̜rtebrālnī) di̜sk *m* **Bandwurm** M tra̜kavica *f*
Bank F *Sitzbank* klȗpa *f*; *Geldinstitut* bȃnka *f* **Bankangestellte** M, F ba̜nkōvnī slu̜žbenīk *m*, ba̜nkōvnā slu̜žbenica *f* **Banker(in)** M(F) ba̜nkār *m*, banka̜rica *f* **Bankkonto** N ba̜nkōvnī ra̜čūn *m* **Bankleitzahl** F ma̜tičnī brȏj *m* bȃnkē **Banknote** F bankno̜ta *f*, novča̜nica *f*
bankrott bankro̜tīrān
bar: (in *od* **gegen**) **~** u goto̜vini
Bar F *Theke* ša̜nk *m*; *Nachtbar* bȃr *m*
Bär M me̜dvjed *m*
barfuß bȍs
Bargeld N gotovi̜na *f*, go̜tov no̜vac *m* **bargeldlos** bezgoto̜vīnskī
Barhocker M bȃrskā sto̜lica *f*
Bariton M ba̜ritōn *m*
barmherzig mi̜losrdan
Barmixer(in) M(F) bȃrmen *m*, bȃrme̜nka *f umg*
barock ba̜roknī
Barometer N ba̜rometar *m*
Barriere F barijȇra *f*
Barrikade F barikȃda *f*
Barsch M gr̜geč *m*
Bart M brȁda *f*
bärtig bra̜dat
Barzahlung F goto̜vinskō plȁćānje *n*
Basar M ba̜zār *m*
basieren: **~ auf** bazi̜rati se (*im*)*pf* na (*L*)
Basilikum N bo̜siljak *m*
Basis F bȃza *f*
Baskenmütze F be̜retka *f*, fra̜ncūskā kȁpa *f*
Basketball M ko̜šārka *f*
Bass M ba̜s *m*
basteln *Gegenstände* iz hobija izrȃditi (-ađi̜vati); *herumbasteln* pr̜čkati (**an** *D* po *L*)

Batterie F bątērija *f* **Batterieladegerät** N pụnjāč *m* bątērijā
Bau M izgrạdnja *f*; *Gebäude* grạđevina *f*; *Tierbau* jạzbina *f*
Bauarbeiten F/PL građevīnskī rạdovi *m/pl*; *Straßenschild* rạdovi *m/pl* na cẹsti **Bauarbeiter(in)** M(F) građevīnskī rạdnīk *m*, građevīnska rạdnīca *f*
Bauch M tṛbuh *m* **Bauchschmerzen** M/PL bọlovi *m/pl* u tṛbuhu **Bauchtanz** M tṛbušnī plẹ̄s *m*
bauen [iz-, sa-]grạditi
Bauer M sẹljāk *m*; *Schach* pjẹ̄šāk *m*
Bäuerin F seljạkinja *f*
bäuerlich sẹljāčkī
Bauernhaus N sẹoskā kụća *f*
Bauernhof M sẹoskō gospodārstvo *n*
baufällig rušēvan
Baufirma F građevīnskā tvṛtka *f* **Baugerüst** N skẹle *f/pl* **Bauherr(in)** M(F) grạditelj *m*, graditẹljica *f* **Baujahr** N gọdina *f* proizvọ̄dnjē
Baum M dṛvo *n*
Baumaterial N građevīnskī *od* grạđēvnī materijāl *m*
baumeln [za-]njịhati se
Baumschule F rāsadnīk *m*
Baumstamm M stạblo *n*
Baumwolle F pạmuk *m*
Bausparen N stạmbenā štẹ̄dnja *f* **Baustein** M ELEK elektrọnički elẹment *m* **Baustelle** F grạdilīšte *n*; *auf e-r Straße* rạdovi *m/pl* na cẹsti **Baustil** M stịl *m* grạdnjē **Bauunternehmen** N građevīnskō poduzẹ̄će *n* **Bauunternehmer(in)** M(F) građevīnskī podụzetnīk *m*, građevīnska pọduzetnīca *f* **Bauwerk** N grạđevina *f*
Bayer(in) M(F) Bavạ̄rac *m*, Bạvārka *f* **bayerisch** bạvarskī
Bayern N Bạvarskā *f*
Bazillus M bạcil *m*
beabsichtigen namjerạ̄vati **(etw zu tun** *inf*)
Beachball M lọptanje na plạ̄ži
beachten osvṝnuti (ọsvrtati) se na (*A*); *Vorschrift, Vorfahrt* pọštovati (*im*)*pf*, poštịvati
beachtlich znạtan
Beamer M TECH prọjektor *m*
Beamte M činọvnīk *m* **Beamtin** F činọvnica *f*
beängstigend zastrạšujūćī
beanspruchen *Recht*, zahtijẹ̄vati; *Platz, Zeit* zahtijẹ̄vati; TECH naprẹ̄gnuti (-ẹzati)
beanstanden prigovọriti (-vārati); HANDEL reklamịrati (*im*)*pf*
Beanstandung F reklamạ̄cija *f*
beantragen *Parlament* JUR zahtijẹ̄vati
beantworten odgovọriti (-vạ̄rati) na (*A*)
bearbeiten *Land, Antrag* obrạ̄diti (-ađịvati)
Beatmung F dịsānje *n*
beaufsichtigen nadzirati **beauftragen** nalọžiti (-lạ̄gati) **(j-n** *D* **mit** *A*)
bebauen izgrạ̄diti (-ađịvati); *Land* obrạ̄diti (-ađịvati)

beben potresti (-tresati) se **Becher** M pehār *m* **Becken** N *Waschbecken* umivaōnīk *m*, lavabō *m*; ANAT zdjelica *f*; GEOL bazēn *m*; MUS činele *f/pl* **bedanken**: **sich ~** zahvāliti (-ljīvati) (**für** na *I*) **Bedarf** M potreba *f* **Bedarfshaltestelle** F postaja *f* po potrebi **bedauerlich** žalostan **bedauern** [za-]žaliti; **ich bedaure** žalīm *od* žao mi je (**dass** što); **mit Bedauern** sa žaljēnjem **bedauernswert** žalostan, jadan **bedeckt** zastrt (*I*); *Himmel* oblāčan **bedenken** razmisliti (-mīšljati); *berücksichtigen* imati na ūmu **Bedenken** PL *Einwand* prigovōr *m*; *Zweifel* dvojba *f* **bedenklich** *beunruhigend* uznemīrujūćī; *fragwürdig* dvojben **bedeuten** znāčiti **bedeutend** znatan **Bedeutung** F *Sinn, Wichtigkeit* znāčēnje *n* **bedeutungslos** beznačājan **bedienen** poslūžiti (-žīvati); **sich ~** poslūžiti (-žīvati) se (*I*) **Bedienung** F posluživānje *n*, posluga *f*, podvōrba *f*; *Kellner(in)* konobār *m* (-arica *f*); **Bedienungsanleitung** F uputa *f* za korištēnje **Bedingung** F uvjet *m*; **unter der ~, dass** pod uvjetom da **bedingungslos** bespogovōran **bedrängen** pritisnuti (-tīskati) **bedrohen** [za-]prijētiti **bedrohlich** prijētēćī **Bedürfnis** N potreba *f* (**nach** za *I*); **bedürftig** potrebit, oskudan **Beefsteak** N biftek *m* **beeilen**: **sich ~** [po-]žūriti (**etw zu tun** *inf*) **beeindrucken** impresionīrati (*im*)*pf*, ostaviti (-vljati) dojam (na *A*); **beeinflussen** utjecati na (*A*) **beeinträchtigen** *behindern* omesti (omētati); *Gesundheit* oštetiti (-ećīvati) **beenden** završiti (-šāvati) **Beerdigung** F pogreb *m*, ukop *m* **Beere** F bobica *f*; *Weinbeere* zrno *n* **Beet** N lijēha *f*, gredica *f* **befahrbar** prohodan **befahren** voziti se na (*L*); **stark ~** *Straße* vrlo promētan **befallen** *Ungeziefer* napasti (-padati); *Furcht* spopasti (-padati) **befassen**: **sich ~ mit** baviti se (*I*) **Befehl** M zapovijēd *f* **befehlen** zapovijēditi (-vijēdati) (**j-m** *D* **etw** *A*) **befestigen** pričvrstiti (-ršćīvati) (**an** *D* na *A*) **befinden**: **sich ~** nalaziti se **befolgen** [po-]slušati **befördern** *Passagiere* prevesti (-voziti); *Post* otprēmiti (-mati); *zum Direktor* promaknuti (promicati); **Beförderung** F *Personenbeförderung* prijēvoz *m*; *fig* promaknūće *n*

befragen *Zeugen* ispīt(īv)ati; *konsultieren* [po-]sāvjetovati se s (*l*)
befreien oslobọditi (-bāđati) (*a freistellen*) (**von** *G*)
befreundet: **ich bin mit ihm ~** mī smo prijatelji
befriedigen zadovọljiti (-ljāvati); **Befriedigung** F zadovoljēnje *n*
befristet na ọdrēđenō vrijẹme
befruchten oplọditi (-ođīvati)
Befund M MED nạlaz *m*; **ohne ~** nẹgatīvan nạlaz *m*
befürchten strahọvati **Befürchtung** F strahọvānje *n*
befürworten zagovārati
begabt darọvit; **~ für** nạdāren za (*A*) **Begabung** F dār *m*
begegnen srẹsti (srẹtati) (**j-m** *A*); **Begegnung** F sụsret *m*
begehen *Verbrechen* [po-]čịniti
begehrt trāžen
begeistern oduševiti (-vljāvati); **sich ~ für** oduševiti (-vljāvati) se za (*A*) **Begeisterung** F oduševljēnje *n*
Beginn M počētak *m*; **zu ~** na počētku **beginnen** pọčēti (-činjati) (**zu** *inf*)
Beglaubigung F ovjerovljēnje *n*
begleichen *Rechnung* podmīriti (-rīvati)
begleiten [is-]prạtiti (*a* MUS)
beglückwünschen čestītati (*im*)*pf* (**j-n** *D* **zu** na *L*)
begnadigen pọmilovati *pf* **Begnadigung** F pomilovānje *n*
begnügen: **sich ~ mit** zadovọljiti (-ljāvati) se (*l*)
begraben pokọpati (-kāpati); **~ liegen** lẹžati pọkopān
Begräbnis N pọgreb *m*, ụkop *m*
begreifen shvạtiti (shvạćati); **begreiflich** shvạtljiv
Begriff M pōjam *m*; **im ~ sein zu** ụpravo namjerāvati *inf*
begründen obrazložiti (-lāgati) (**mit** *l*); **Begründung** F obrazložēnje *n*
begrüßen pọzdraviti (-vljati) **Begrüßung** F *Empfang* pọzdravljānje *n*
begünstigen *fördern* pọspješiti (-šīvati); *bevorzugen* povlāstiti (-ašćīvati)
begutachten ocijẹniti (ocjenjīvati); *fachmännisch begutachten* vještāčiti
behaglich ụdoban, ụgodan
behalten zadr̄ž(āv)ati
Behälter M sprẹmnīk *m*
behandeln MED [iz-]liječiti; **j-n schlecht ~** postūpiti (-pati) lòše s (*l*) **Behandlung** F pọstupak *m*, trẹtmān *m*; MED liječēnje *n*
beharren ụstrajati (**auf** *D* u *L*); **beharrlich** ụstrājan
behaupten tvr̄diti; **sich ~** odr̄ž(āv)ati se **Behauptung** F tvr̄dnja *f*
behelfen: **sich ~ mit** pomoći (-māgati) se (*l*) **behelfsmäßig** pomoćnī
beherbergen smjẹstiti (smjēštati) (pọd krov) (*a fig*)
beherrschen *Land, Sprache*

vlādati (*I*); **sich ~** suzdŗž(āv)ati se
behilflich: **~ sein** → **helfen**
behindern [s-]priječiti; *Verkehr* ọmesti (ọmētati)
behindert invạlīdan
Behinderte M, F *neg!* invalīd *m*
Behinderung F omẹtānje *n*; *körperliche, geistige* invalidịtēt *m*
Behörde F vlạst *f*
bei kod (*G*); **~ j-m** *zu Hause* kod (*G*); **~ e-m Unfall** u slụčāju nẹzgodē; **etw ~ sich haben** → **haben**
beibehalten zadŗž(āv)ati
beibringen *Attest* dọnijēti (-nọsiti); **j-m** (*A*) **etw** (*D*) **~** [na-]ụčiti
Beichte F ịspovijēd *f* **beichten** ispọvjediti (-vijēdati); **Beichtstuhl** M ispovjedaọ̄nica *f*
beide *Männer* ọba(dvā), obọjica *f*; *Frauen* ọb(advi)je *f*; *gemischt* ọboje; **eins von ~n** jẹdno ili drụgō
beieinander *zusammen* skụpa; *nebeneinander* jẹdan uz drụgōg
Beifahrer M *Pkw, Lkw* suvọzāč *m* **Beifahrerin** F suvozạčica *f*
Beifall M pljẹ̄sak *m*
beifügen prilọžiti (-lạgati)
beige bẹž *indeklinabel*
Beigeschmack M: **e-n unangenehmer ~** nẹugodan ọkus *m*
Beil N sjẹkira *f*
Beilage F GASTR, *zur Zeitung* prịlog
beilegen → **beifügen**
Beileid N sụćūt *f*; **j-m sein ~ aussprechen** izrạziti sụćūt
beiliegend: **~ senden wir Ihnen** … u prịlogu Vam dọstavljāmo …
Bein N nọga *f*
beinah(e) ụmalo
Beinbruch M prijẹlom nọgē; **Hals- und ~!** Srẹtno!
beisammen skụpa **Beisammensein** N sạstanak *m*
beiseitelegen stạviti (-vljati) na strạnu
beisetzen pokọpati (-kāpati);
Beisetzung F pọgreb *m*, ụkop *m*
Beispiel N prịmjer *m*; **zum ~** naprịmjer **beispielhaft** prịmjēran **beispiellos** besprịmjeran **beispielsweise** prịmjericē
beißen [ụ-, zạ-]grịsti; *Qualm* štịpati
beißend *Spott* zajẹdljiv
Beistand M pọmōć *f*
beistehen pọmoći (-māgati) (**j-m** *D*)
beisteuern prilọžiti (-lạgati)
Beitrag M prịlog *m*; *Rentenbeitrag* dọprinos *m*; *Mitgliedsbeitrag* članạrina *f*
beitragen pridọnijēti (-nọsiti) (**zu** *D*)
Beitritt M prịstup *m* (**zu** *D*)
Beiwagen M *Motorrad* prịkolica *f*
beizeiten nạ vrijēme
bejahen potvŗditi (-rđịvati)
bekämpfen *Seuchen* sụzbiti (-bījati); *Gegner* bọriti se (protiv *G*)
bekannt pọznāt (**für** po *L*); **etw ~ geben** objạviti (-vljịvati), ob-

jelodāniti (-njīvati); ~ **machen** upozn(āv)ati (**mit j-m** s *I*)
Bekannte M, F znānac *m*, znānica *f*
bekanntlich kao što se znā
Bekanntmachung F objava *f*; *Anschlag* oglās *m* **Bekanntschaft** F poznānstvo *n*
bekennen prizn(āv)ati
beklagen oplakati (-kīvati); **sich ~** [po-]žaliti se (**über** *A* na *A*)
Bekleidung F odjeća *f*
bekommen dobiti (-bīvati); *Bus* **nicht mehr ~** propustiti (-pūštati), zakasniti (-ašnjāvati) na (*A*); **wo bekommt man ...?** gdje se može dobiti?; **was ~ Sie?** *an Geld* koliko sam dūžan (-žna *f*)? *im Geschäft* izvolite? **das Klima bekommt ihr nicht** podnēblje joj škodī
beladen natovariti (-rīvati), nakrc(āv)ati (**mit** *I*)
Belag M *Zahnbelag* nāslage *f/pl*; *auf Kuchen, Bremse* oblog *m*
belanglos neznātan
belasten opteretiti (-rećīvati) (**mit** *I*); *Konto* zaračun(āv)ati (*D*); JUR teretiti
belästigen dosāditi (-sađīvati), dodij(āv)ati (**j-n** *D*)
belebend osvježāvajūćī
belebt živ; *Straße* prōmetan
Beleg M dōkaz *m*; *Zahlungsbeleg* potvrda *f*
belegen *Platz* zauzēti (-zimati); *Kurs* upīs(īv)ati; *beweisen* dokāz(īv)ati, utemeljiti (-ljīvati); → Brot
Belegschaft F osōblje *n*
belegt *Hotel* zauzēt; *Zunge* obložen; **~es Brötchen mit Schinken** sendvič *m* sa šūnkōm
beleidigen uvrijēditi (vrijēđati); **beleidigend** uvredljiv
beleidigt uvrijēđen **Beleidigung** F uvreda *f*
beleuchten osvijētliti, rasvijētliti (-vjetljāvati, -vjetljīvati); **Beleuchtung** F osvjetljēnje *n*; *Licht* rāsvjeta *f*
Belgien N Bēlgija *f* **Belgier** M Belgijānac *m* **Belgierin** F Belgijānka *f* **belgisch** bēlgijskī
belichten FOTO osvijētliti (-ljāvati, -ljīvati); **Belichtung** F osvjetljāvānje **Belichtungsmesser** M svjetlomjēr *m*
beliebig bilo kojī
beliebt omiljen
beliefern opskrbiti (-bljīvati) (**j-n** *A* **mit etw** *I*)
bellen [za-]lajati
belohnen nagrāditi (-ađīvati) (**für** za *A*); **Belohnung** F nāgrada *f*
Belüftung F prozračīvānje *n*, ventilācija *f*
belügen [s-]lāgati (**j-n** *D*)
bemalen [o-]līčiti; *verzieren* oslik(āv)ati
bemängeln [po-]kuditi
bemerkbar uočljiv, vidljiv; **sich ~ machen** svrātiti (svraćati) na sebe pozōrnōst **bemerken** primijētiti (-mjećīvati); *wahrnehmen* opaziti (opāžati), uočiti (-čāvati); **bemerkenswert** neobičan **Bemerkung** F opaska *f*, prīmjedba *f*

bemühen: **sich ~** [po-]trūditi se; **~ Sie sich nicht!** nẹmōjte se trūditi! **benachbart** sūsjednī **benachrichtigen**: **j-n von etw ~** obavijẹ̄stiti (-vještā̦vati) (*A*) o (*L*) **Benachrichtigung** F ọbavijēst *f* **benachteiligen** zapọstaviti (-vljati) **benehmen**: **sich ~** ponā̦šati se, vlā̦dati se **Benehmen** N ponā̦šānje *n* **beneiden** zā̦vidjeti (**j-n** *D* **um etw** na *L*) **benennen** ịmenovati (*im*)*pf* **benötigen** [za-]trẹbati **benutzen** [upo-]rā̦biti, upotrijẹ̄biti (-trebljā̦vati), kọristiti se (*I*) **Benutzer** M kọrisnīk *m* **Benutzerin** F kọrisnica *f* **Benutzername** M IT kọrisničkō ịme; **Benutzerprofil** N IT kọrisničkī prọfīl **Benzin** N bẹnzīn *m* **Benzingutschein** M bẹnzīnskī bọ̄n *m* **Benzinkanister** M kạnistar *m* za bẹnzīn **Benzintank** M sprẹmnīk *m* benzī̦na **Benzinuhr** F pokazịvāč *m* gọrīva **Benzinverbrauch** M potrọšnja *f* benzī̦na *f* **beobachten** mọtriti, promọtriti (-mā̦trati); **Beobachter** M promạtrāč *m* **Beobachterin** F promatrạčica *f* **Beobachtung** F mọtrēnje *n*; *Feststellung* zapā̦žānje *n* **bepflanzen** zasā̦diti (-ađī̦vati)

bequem ụdoban, kọmōtan; *träge* kọmōtan; ADV *mühelos* lạko; **es sich ~ machen** raskomọ̄titi se *pf* **Bequemlichkeit** F ụdọ̄bnōst *f*; *Trägheit* kọmọ̄tnōst *f* **beraten** [po-]sā̦vjetovati se (**über** *A* o *L*); **Berater** M sā̦vjetnīk *m* **Beraterin** F sā̦vjetnica *f* **Beratung** F sā̦vjetovānje *n* **berauben** [ọ-]pljạčkati; *fig e-r Sache* lị̄šiti (lišā̦vati) (*G*) **berauscht** ọpijēn, ọmāljen **berechnen** proračụn(ā̦v)ati; **j-m** (*D*) **etw ~** zaračụn(ā̦v)ati (*A*) **berechnend** prọračunāt **berechtigen** dạti (dā̦vati) prā̦vo (**zu** na *A*); **berechtigt** *begründet* ọprāvdān; **~ sein zu** ịmati prā̦vo na (*A*) **Berechtigung** F prā̦vo *n* (**zu** na *A*); *Rechtmäßigkeit* zā̦konitōst *f* **Bereich** M pọdrūčje *n*, djẹlokrūg *m* **Bereifung** F gụme *f/pl* **bereisen** ọbīći (obịlazati) **bereiten** pripṝmiti (-mati) (*a* GASTR), spṝmiti (-mati) **bereithalten** ịmati (**sich** bịti) u priprā̦vnosti **bereits** već **Bereitschaft** F sprẹmnōst *f*, priprā̦vnōst *f* **Bereitschaftsdienst** M MED dežụrstvo *n* **bereitstellen** stā̦viti (-vljati) na raspolā̦gānje (**für j-n** *D*) **bereitwillig** vọljan; ADV dọbrovōljno **bereuen** [pọ-]kajati se, [pọ-,

za-]žaliti (**etw** zbog *G*)
Berg M brdo *n*, gora *f* **bergab** nizbrdo **Bergarbeiter(in)** M(F) rudār *m*, žena rudār *f* **bergauf** uzbrdo **Bergbahn** F uspinjača *f* **Bergbau** M rudārstvo *n*
bergen spāsiti (spašāvati); *Wrack, Tote* izvūći (-vlāčiti)
bergig brdovit
Bergrutsch M odron *m* brijēga *f*
Bergsteigen N planinārēnje *n* **Bergsteiger** M planinār *m* **Bergsteigerin** F planinārka *f*
Bergung F spašāvānje *n*
Bergwerk N rūdnīk *m*
Bericht M izvjēšće *n* **berichten** izvijēstiti (-vještāvati, -vješćivati) (**über** *A* o *L*); **Berichterstatter(in)** M(F) izvjestitelj *m*, izvjestiteljica *f*
berichtigen ispraviti (-vljati)
Berlin N Berlīn *m*
Bernstein M jantār *m*
bersten prasnuti (-skati)
berüchtigt zloglasan
berücksichtigen uzēti (uzimati) u obzīr
Beruf M pōziv *m*, zanīmānje *n*; **von ~** po pōzivu
berufen imenovati (*im*)*pf* (**zu** za *A*); **sich ~ auf** (*A*) poz(ī)vati se na (*A*)
beruflich profesionālan
Berufsausbildung F stručnā izobrazba *f* **Berufsberatung** F sāvjetovalīšte *n* za izbor zanīmānja **Berufskleidung** F rādnā odjeća *f* **Berufsschule** F strukōvnā škōla *f* **berufstätig** zaposlen **Berufsverkehr** M vrijēme *n* nājgušćēg prōmeta, špica *f umg*
Berufung F zvānje *n*; *in ein Amt* imenovānje *n*; JUR **~ einlegen** uložiti (ulāgati) žalbu (**gegen** na *A*)
beruhen temeljiti se, zasnīvati se (**auf** *D* na *L*); **etw auf sich ~ lassen** ostaviti (-vljati) kako jest
beruhigen smīriti (-rīvati) **sich ~** smīriti (-rīvati) se **Beruhigungsmittel** N srēdstvo *n* za smirēnje
berühmt slāvan
berühren dodīrnuti (-rīvati), dīrnuti (-rati), dotaknuti (doticati); **sich ~** dodīrnuti (-rīvati) se **Berührung** F dodīr *m*; *fig a* doticāj *m*
Besatzung F SCHIFF, FLUG posada *f*
beschädigen oštetiti (-ećīvati); **Beschädigung** F oštećēnje *n*; *Schaden* šteta *f*
beschäftigen *j-n innerlich* zaokupiti (-pljati); *arbeiten lassen* zaposliti (-ošljāvati); **sich ~ mit** baviti se (*I*)
beschäftigt zauzēt; *angestellt* zaposlen **Beschäftigung** F bavljēnje *n* (**mit** *I*); *Anstellung* zaposlēnje *n*
Bescheid M *Antwort* obavijēst *f*; **~ wissen** *unterrichtet sein* biti upūćen (**über** *A* o *L*); razumjeti se (**mit etw** u *A*); **j-m ~ sagen** *od* **geben** obavijestiti (-vješćīvati, -vještāvati) o (*L*)
bescheiden skroman

bescheinigen potvr̄diti (-rđīvati); **Bescheinigung** F potvrda *f*
beschenken obdāriti (-rīvati);
beschimpfen [po-, na-]gr̄diti, [is-]psovati **beschlagen** *Scheibe* orositi (orošāvati) se, zamagliti (-ljīvati) se **beschlagnahmen** zaplijēniti (-pljenjīvati); **beschleunigen** ubrzati (-zāvati); **beschließen** odlūčiti (-čīvati) (**zu** *inf*); *beenden* završiti (-šāvati); **beschmutzen** [u-, za-]pr̄ljati (*a fig*); **beschränken** ograničiti (-čāvati); **sich ~ auf** (*A*) ograničiti (-čāvati) se na (*A*) **beschränkt** ograničen (**auf** *A* na *A*)
beschreiben opīs(īv)ati; *Papier* ispīs(īv)ati **Beschreibung** F opis *m*
beschriften obilježiti (-žīvati, -žāvati); **Beschriftung** F nātpis *m*
beschuldigen (**j-n e-r Sache**) okrīviti (-vljīvati) (*A*) za (*A*) **Beschuldigung** F okrivljāvānje *n*
beschützen zaštītiti (-štićīvati)
Beschwerde F žalba *f*
Beschwerden PL MED tegobe *f/pl*
beschweren: **sich ~ über** (*A*) [po-]žaliti se, [po-]tūžiti se na (*A*) (**bei j-m** *D*)
beschwichtigen smīriti (-rīvati); **beschwipst** pripīt
beschwören *anflehen* umoliti (-ljāvati), zaklinjati
beseitigen odstrāniti (-njīvati); *umbringen* likvidīrati (*im*)*pf*
Besen M mętla *f*
besessen opsjednūt
besetzen *Platz* zauzēti (-zimati); MIL zaposjednuti (-sijēdati); *Stelle* popuniti (-njāvati)
besetzt *Platz usw* zauzēt
Besetztzeichen N TEL signāl „zauzēto"
besichtigen razgledati (-ēdati, -dāvāti); **Besichtigung** F razgledāvānje *n*
besiegen pobijēditi (-bjeđīvati)
Besinnung F: **die ~ verlieren** onesvijēstiti (-vještāvati, -vješćīvati) se; **wieder zur ~ kommen** osvijēstiti (-vještāvati, -vješćīvati) se; *fig* urazumiti (-mljivati) se
Besitz M vlasnīštvo *n* **besitzen** posjedovati **Besitzer** M vlasnīk *m* **Besitzerin** F vlasnica *f*
besoffen *umg* nalokān, oblokān
besondere poseban
Besonderheit F posebnōst *f*
besonders *vor allem* osobito; posebicē; *sehr* nāročito
besonnen rāzborit
Besorgnis F: **~ erregend** zabrinjāvajūćī
besorgt zabrinūt; **~ sein um** biti zabrinūt za (*A*)
Besorgung F: **~en machen** → Einkauf
besprechen raspraviti (-vljati) (**etw o** *L*); *rezensieren* recenzīrati (*im*)*pf* **Besprechung** F ra-

sprava *f*; *Kritik* recenzija *f*
besser bolji; *adv* bolje; ~ **werden** poboljš(av)ati se; **es geht ihr** ~ bolje joj je; **umso** ~ tim bolje
bessern: **sich** ~ popraviti (-vljati) se (*a Wetter*)
Besserung F poboljšanje *n*; **gute** ~! brzo ozdravljenje!
beständig otporan; *Wetter* nepromjenjiv; *andauernd* stalan
Bestandteil M sastojak *m*
bestätigen potvrditi (-rđivati); **Bestätigung** F potvrda *f*; *Bescheinigung a* priznanica *f*
bestatten pokopati (pokapati), ukopati (ukapati); **Bestattung** F pogreb *m*, ukop *m* **Bestattungsinstitut** N pogrebno poduzeće *n*
beste najbolji; **am** ~**n** najbolje; **sein** ~**r Freund** njegov najbolji prijatelj
bestechen podmititi (-mićivati), potkupiti (-pljivati); **bestechlich** potkupljiv, podmitljiv **Bestechung** F podmićivanje *n*, potkupljivanje *n*
Besteck N *Essbesteck, Spritzbesteck usw* pribor *m*
bestehen *Prüfung* položiti *pf*; *existieren* postojati; ~ **auf** (*D*) ustrajati u (*L*); ~ **aus** sastojati od (*G*)
bestehlen okrasti *pf*
besteigen *Berg* popeti (penjati) se, uspeti (-pinjati) se; *Pferd* uzjahati *pf*
bestellen *Ware, im Restaurant* naručiti (-čivati); *Zimmer, Tisch* rezervirati (*im*)*pf*; *j-n* poz(i)vati
Bestellung F narudžba *f*
bester, **bestes** → beste
bestimmen *festlegen, entscheiden* odrediti (-eđivati)
bestimmt *sicherlich* sigurno
Bestimmtheit F sigurnost *f*
Bestimmung F *Vorschrift* odredba *f* **Bestimmungsort** M odredište *n*
bestrafen kazniti (kažnjavati); **Bestrafung** F kažnjavanje *n*
bestrahlen MED zračiti **Bestrahlung** F MED zračenje *n*
bestreichen [na-]mazati (**mit** *I*)
bestreiten *verneinen* poreći (-ricati); *Kosten* snositi
bestreuen posuti (-sipati) (**mit** *I*)
bestürzt prenerażen, zaprepašten
Besuch M posjet *m*; **zu** ~ **sein** biti u posjetu (**bei j-m** kod *G*);
besuchen *j-n, Museum, Stadt* posjetiti (-sjećivati); *Schule* pohađati **Besucher** M posjetitelj *m* **Besucherin** F posjetiteljica *f*
betagt postariji
betätigen TECH aktivirati (*im*)*pf*; **sich** ~ baviti se (*I*)
betäuben MED anestezirati (*im*)*pf* **Betäubung** F narkoza *f*; **örtliche** ~ lokalna anestezija *f*
beteiligen: **sich** ~ **an** (*D*) sudjelovati u (*L*); **beteiligt sein an** (*D*) sudjelovati u (*L*) (**an e-m Unfall** u nezgodi)
Beteiligung F sudjelovanje *n*; JUR sudioništvo *n*
beten [po-]moliti se (**zu** *D*)

Beton M betōn *m*
betonen *Wort, fig* naglạsiti (-ašạvati); **Betonung** F naglašạvānje *n*; *Akzent* nạglasak *m*
betrachten promọtriti (-mạtrati); ~ **als** smạtrati (*I*)
beträchtlich znạtan
Betrag M įznos *m*
betragen *Summe* iznọsiti; **sich** ~ ponạšati se, vlạdati se
betreffen tịcati se (**j-n** *G*)
betreiben vọditi
betreten ųći (ųlaziti) u (*A*); *Rasen* stųpiti (-pati) na (*A*); **Betreten verboten!** zạbranjen prịstup!
betreuen brịnuti se o (*L*)
Betrieb M *Unternehmen* pọgon *m*; *Verkehr* prọmet *m*; **außer** ~ įzvan pọgona; **in** ~ **sein** bịti u pọgonu
Betriebsleitung F ųprava *f* pọgona **Betriebsrat** M zaposlẹničkō vijẹće *n* **Betriebssystem** N IT operatīvnī sųstav *m*
Betriebsunfall M nẹsreća *f* na pọslu **Betriebswirtschaft** F ekonọmika *f* poduzẹ́ća
betrinken: **sich** ~ ọpiti, nạpiti (-pījati) se
betroffen zaprẹpāšten; *in Mitleidenschaft gezogen* pọgođen (**von** *I*)
Betrug M prẹvara *f*, prijẹvara *f*
betrügen prẹvarati (vạrati) (**j-n** *A* **um etw** za *A*)
Betrüger M vạralica *m* **Betrügerin** F vạralica *f*
betrunken pijān
Bett N krẹvet *m*, pọstelja *f*; **zu** ~ **gehen** ịći spạvati **Bettbezug** M prẹsvlaka *f* **Bettcouch** F kauč *m* na razvlạčēnje **Bettdecke** F pọplūn
betteln prosjạčiti; **um etw** ~ mọljakati (*A*)
bettlägerig: ~ **sein** lẹžati bọlestan u krẹvetu
Bettler M prọsjāk *m* **Bettlerin** F prosjạkinja *f*
Bettruhe F mirọvānje *n* u krẹvetu **Betttuch** N plạhta *f*
Bettwäsche F posteljina *f*
beugen nạgnuti (-ginjati)
Beule F kvrga *f*, čvọruga *f*; *im Auto* ųdubina *f*
beunruhigen uznemịriti (-rīvati); **sich** ~ uznemịriti (-rīvati) se
beurlauben dạti (dạvati) dọpust
beurteilen ocijẹ́niti (ocjenjīvati)
Beute F plijẹn *m*
Beutel M vrẹ́ćica *f*
Bevölkerung F stanovnịštvo *n*
bevollmächtigen ovlạstiti (-lašćịvati); JUR opunomọ́ćiti (-ćīvati); **Bevollmächtigte** M, F opunomoćẹnīk *m* (-nica *f*)
bevor prije no štọ **bevorstehen** predstọjati **bevorzugen** pretpọstaviti (-vljati) (**vor** *D D*), preferịrati (*im*)*pf*
bewachen čųvati
bewaffnen naorųž(ạv)ati; **sich** ~ naorųž(ạv)ati se
bewahren [za-]štịtiti (**vor** *D* od *G*)
bewährt prọkūšan, ịspitān **Be-**

während F JUR: **auf, mit ~** uvjetno
bewältigen *Arbeit, Schwierigkeit* svlad(av)ati
bewässern navodnjavati **Bewässerung** F navodnjavanje *n*
bewegen krenuti (kretati), pokrenuti (-kretati); *Glieder* maknuti (micati); **sich ~** *sich rühren* maknuti (micati) se; *sich fortbewegen* krenuti (kretati) se, pokrenuti (-kretati) se; **j-n zu etw** (*A*) **~** potaknuti (poticati) (*A*) na (*A*)
beweglich pokrētan, pomičan; *fig* okrētan
bewegt *ergriffen* dirnūt; *See* uzbūrkān
Bewegung F pokrēt *m* (*a* POL), krētnja *f*; **sich in ~ setzen** krenuti (krētati) se, pokrenuti (-ētati) se
Beweis M dokaz *m* (**für etw** za *A*); **beweisen** dokāz(iv)ati
bewerben: **sich ~ um** natjecati se za (*A*)
Bewerber M natjecatelj *m* **Bewerberin** F natjecateljica *f*
Bewerbung F natječāj *m*
bewerten ocijeniti (ocjenjīvati)
bewilligen odobriti (-rāvati)
bewirken prouzročiti (-čāvati), prouzrokovati *pf*; *erreichen* isposlovati *pf*
bewirten [po-]gostiti, [po-]častiti (**mit** *I*)
bewirtschaften voditi, upravljati (*I*)
Bewirtung F gošćēnje *n*
bewohnen stanovati u (*L*)
Bewohner M stanovnīk *m* **Bewohnerin** F stanovnica *f*
bewölkt naoblāčen **Bewölkung** F naoblaka *f*, oblāčnōst *f*
Bewunderer M obožavatelj *m* **Bewunderin** F obožavateljica *f* **bewundern** dīviti se (*D*) **Bewunderung** F divljēnje *n*
bewusst *absichtlich* smišljen; ADV smišljeno; **sich e-r Sache ~ sein** biti svjestan (*G*)
bewusstlos nesvjestan; **~ werden** onesvijēstiti (-vještāvati, -vješćīvati) se **Bewusstlosigkeit** F nesvijēst *f*
Bewusstsein N: **das ~ verlieren** onesvijēstiti (-vještāvati, -vješćīvati) se; **wieder zu ~ kommen** osvijēstiti (-vještāvati, -vješćīvati) se
bezahlen plātiti (plāćati); **Bezahlung** F plāća *f*
bezaubernd očarāvajūćī
bezeichnen obilježiti (-žāvati), označiti (-čāvati, -čīvati); *benennen* naz(ī)vati (**als** *I*); *angeben* opīs(iv)ati **Bezeichnung** F obilježje *n*, oznaka *f*; *Name* nāziv *m*
beziehen *Haus* useliti (-ljāvati) se; *Ware* dobaviti (-vljati); *Rente, Gehalt* primiti (-mati), dobiti (-bīvati); *Bett* **frisch ~** presvūći (-vlāčiti); **sich ~ auf** (*A*) odnositi se na (*A*)
Beziehung F odnos *m*; **in dieser ~** u tōm pogledu
beziehungsweise odnosno
Bezirk M kotār *m*

Bezug M *Überzug, Bettbezug* presvlaka *f*; **Bezüge** *pl Einkommen* dohodak *m*
bezwecken namjeravati **bezweifeln** [po-]sumnjati u (*A*)
BH M (Büstenhalter) grudnjak *m*
Bibel F Biblija *f*
Biber M dabar *m*
Bibliothek F knjižnica *f*, biblioteka *f* **Bibliothekar(in)** M(F) knjižničar(ka) *m(f)*, bibliotekar *m*, bibliotekarica *f*
biblisch biblijski
biegen sagnuti (-gibati), saviti (-vijati); **um die Ecke ~** skrenuti (-etati) iza ugla **Biegung** F zavoj *m*
Biene F pčela *f*
Bienenstock M košnica *f* **Bienenwachs** N pčelinji vosak *m*
Bier N pivo *n*; **helles (dunkles) ~** svijetlo (tamno) pivo *n*; **~ vom Fass** točeno pivo *n* **Bierkrug** M krigla *f*
Biest N zvijer *f*
bieten *anbieten* [po-]nuditi; *Möglichkeit* pružiti (pružati); **sich ~** pružiti (pružati) se; **sich etw nicht ~ lassen** ne dopustiti (-puštati)
Bikini M bikini *m*
Bilanz F bilanca *f*
Bild N slika *f* (*a* FOTO)
bilden stvoriti (stvarati); *formen* oblikovati (*im*)*pf*
Bilderbuch N slikovnica *f*
Bildhauer M kipar *m* **Bildhauerin** F kiparica *f*
bildlich slikovit
Bildröhre F katodna cijev *f*
Bildschirm M ekran *m*; **Bildschirmauflösung** F IT, TV rezolucija monitora
Bildung F *Schaffung* stvaranje *n*; *Schulbildung* naobrazba *f*
Billard N biljar *m*
billig jeftin
billigen odobriti (-bravati)
Binde F MED zavoj *m*; *Monatsbinde* higijenski uložak *m* **Bindehautentzündung** F upala *f* spojnice, konjunktivitis *m*
binden [s-]vezati, vezivati (*a Krawatte*); *festbinden* [s-, za-]vezati (**an** *A* za *A*); *Buch* uvez(iv)ati, ukoričiti (-čivati, -čavati)
Bindestrich M spojnica *f*
Bindfaden M špaga *f*, uzica *f*
Bindung F veza *f*; *Skibindung* vezovi *m/pl*
Binnenmarkt M unutarnje tržište *n*
Bioanbau M biološki uzgoj
Biografie F životopis *m*, biografija *f* **Biologe** M biolog *m*
Biologie F biologija *f* **biologisch** biološki **Biologin** F biologica *f* **Biomüll** M biološki otpad *m*
Birke F breza *f*
Birnbaum M kruška *f* **Birne** F kruška *f*; ELEK žarulja *f*
bis *örtlich u zeitlich* do (*G*); **von … ~** od (*G*) … do (*G*); **~ jetzt** dosad(a); **~ bald!** do skorog viđenja! **~ auf** osim (*G*); **~ wann?** dokle?
Bischof M, **Bischöfin** F biskup *m*
bisher dosad(a)

Biskuit M/N bịskvit *m*
Biss M ụjed *m*
bisschen: **ein ~** mạlo, mậlčice
Bissen M zạlogāj *m*
bissig *fig* zagrịžljiv, zajẹdljiv; **Vorsicht, ~er Hund!** pạzi, ọštar pạs!
Bitcoin M IT bitcoin *m*
bitte mọlīm; *Aufforderung* izvọli(te); *auf Dank* mọlīm; **wie ~?** mọlīm?; **~ sehr!** mọlīm lijẹ̄po!; **ja, ~?** da, izvọlite?
Bitte F mọlba *f* (**um** za *A*)
bitten [za-]mọliti; **j-n** (*A*) **um etw ~** [za-]mọliti za (*A*)
bitter gọ̄rak
Blähungen F/PL vjẹtrovi *m/pl*
blamieren [iz-]blamịrati, [ọ-]brụkati; **sich ~** [iz-]blamịrati se, [ọ-]brụkati se
blank *blank geputzt* sjậjan; *rein* čịst; *fig* **~ sein** *umg* bịti švọrc *umg*
Bläschen N mjehụrić *m*
Blase F mjehụrić *m*; ANAT mjẹhūr *m*
blasen pụ̄hnuti (-hati); *Trompete usw* svịrati
Blaskapelle F pụhačkī ọrkestar *m*
blass blijẹ̄d
Blatt N BOT, *Papierblatt, Zeitung* lịst *m*
blättern lịstati (**in** *D A*)
Blätterteig M lịsnatō tijẹsto *n*
blau plậv, mọdar; *betrunken* pịjān; **~er Fleck** mọdrica *f*
Blaubeere F borộvnica *f*
bläulich plạvičast
blaumachen zabušậvati
Blech N lịm *m*
blechen *umg* plậtiti (plạćati)
Blechschaden M mạnjā materijālnā štẹta *f* na vọzilu
Blei N ọlovo *n*
bleiben ọst(aj)ati; TEL **~ Sie am Apparat** ọstanite na lịniji; **es bleibt dabei!** ọstajē pri tọmē!; **~ lassen** ọstaviti (-vljati)
bleich blijẹ̄d
bleifrei *Benzin* bẹzolōvnī
Bleistift M ọlōvka *f* **Bleistiftspitzer** M šịljilo *n*
Blende F FOTO zậslon *m*
blenden zaslijẹ̄piti (-pljīvati)
blendend *fig* sjậjan
Blick M pọglēd *m*; *Aussicht* vịdīk *m* (**auf** *A* na *A*); **auf den ersten ~** nạ pr̄vī pọglēd; **e-n ~ auf etw werfen** bạ̄citi (bạcati) pọglēd na (*A*)
blicken [pọ-]glẹdati (**auf** *A* na *A*); **sich ~ lassen** pojậviti (-vljīvati) se
blind slijẹ̄p; **~er Passagier** slijẹ̄pī pụ̄tnīk *m*
Blinddarm M slijẹ̄pō crijẹvo **Blinddarmentzündung** F ụpala *f* crvụ̄ljka, apendicịtis *m*
Blinde M, F slijẹ̄pac *m*
blinken svjetlụcati; AUTO žmịgnuti (-gati)
Blinker M AUTO žmịgavac *m*
blinzeln žmịgnuti (-gati)
Blitz M mụ̄nja *f*; FOTO → Blitzlicht **Blitzableiter** M grọmobrān *m* **blitzen** sijẹ̄vnuti (-vati); **es blitzt** sijẹ̄vā **Blitzlicht** N bljẹskalica *f*, blịc *umg*, fleš *umg* **Blitzschlag** M ụdār *m*

grọ̄ma *od* mụ̄njē **blitzschnell** munjẹvit **Block** M *Papierblock,* POL; *Häuserblock* blọk *m* **Blockade** F blokạ̄da *f* **Blockflöte** F blọk-flauta *f* **blockieren** blokīrati *(im)pf* **Blockschrift** F tịskānā slọva *n/pl* **blöd, blöde** glū̦p **Blödsinn** M glụ̄pōst *f* **Blog** M *od* N IT blọg *m*; **Blogeintrag** M IT blọg člạ̄nak, blọg post; **bloggen** IT blọgati; **Blogger(in)** M(F) IT blọger(ica) *m(f)* **blöken** [za-]blẹ̄jati **blond** plạ̄v, blọnd **Blondine** F plạvuša *f* **bloß** ADJ *unbedeckt* gọ̄l, nạ̄g; *nichts als* sạ̄m; ADV *nur* sạ̄mo **bloßstellen** razgọliti (-ljīvati) **Blouson** M blụzon *m* **Bluetooth** M *od* N IT bluetooth *m* **Bluff** M blẹf *m* **blühen** [prọ-]cvạsti **Blume** F cvijẹ̄t *m*; *v Bier* pjẹna *f*; *v Wein* arọ̄ma *f* **Blumengeschäft** N cvjećārnica *f* **Blumenkohl** M cvjẹtača *f*, karfịōl *m* **Blumenstrauß** M bụkēt *m od* kịta *f* cvijẹ̄ća **Blumentopf** M lọnac *m* za cvijẹ̄će **Blumenvase** F vạ̄za *f* za cvijẹ̄će **Blu-Ray** M *od* N blu-ray **Bluse** F blụ̄za *f* **Blut** N kr̄v *f* **Blutabnahme** F ụzimānje *n od* vạđēnje *n* kṛvi **Blutalkohol** M ạlkohol *m* u kṛvi **Blutbad** N krvoprolịće *n* **Blutbild** N kṛvnā slịka *f* **Blutdruck** M kṛvnī tlạ̄k *m* **Blüte** F cvạ̄t; *fig Blütezeit* prọcvat *m* **bluten** [is-, za-]krvạ̄riti **Blütenblatt** N lạtica *f* **Bluterguss** M ịzljev *m* kṛvi **Blutgefäß** N kṛvnā žịla *f* **Blutgruppe** F kṛvnā grụpa *f* **Bluthochdruck** M vịsok kṛvnī tlạ̄k *m* **blutig** kṛvāv **Blutprobe** F ụzorak *m* kṛvi **Blutspender(in)** M(F) darọvatelj *m* (-tẹljica *f*) kṛvi **blutstillend** kọjī zaụstavljā krvạ̄rēnje **Bluttransfusion** F transfụ̄zija *f* kṛvi **Blutung** F krvạ̄rēnje *n* **Blutvergiftung** F otrọvānje *n* kṛvi **Blutverlust** M gubịtak *m* kṛvi **Blutwurst** F krvạvica *f* **BLZ** → Bankleitzahl **Bö** F zạ̄puh *m*, nạ̄let *m* vjẹtra *f* **Bob** M bọb *m* **Bock** M *Ziegenbock* jạrac *m*; *Schafsbock* ọ̄van *m*; *Gestell* nogạ̄ri *m/pl* **bockig** jọgunast **Boden** M *Erdboden* pọdloga *f*; *Fußboden* pọd *m*; *Dachboden* tạvan *m*, pọtkrōvlje *n*; *Gefäßboden* dnọ **Bodenschätze** M/PL rụ̄dnō blạgo *n* **Bodensee** M Bọ̄denskō jẹzero *n* **Bodybuilding** N bịldānje *n* **Bogen** M MATH, ARCH, *Waffe* lụ̄k *m*; *Biegung* zạ̄voj *m*; *Papierbogen* ạrak *m*; MUS gụdalo *n* **Bogenschießen** N strẹličārstvo *n*

Bohle F daska *f*
Bohne F grah *m*; *Saubohne* bob *m*; *Kaffeebohne* zrno *n*; **grüne ~n** *pl* mahune *f/pl*
bohnern [iz-, u-]laštiti pod
Bohnerwachs N laštilo *n* za pod
bohren *Loch* [pro-]būšiti; *nach Erdöl* būšiti **Bohrer** M svrdlo *n* **Bohrmaschine** F bušilica *f*
Boiler M bojler *m*
Boje F plutača *f*, bōva *f*
Bolzen M svōrnjāk *m*
bombardieren bombardīrati (*im*)*pf*
Bombe F bōmba *f*
Bombenanschlag M bombāškī nāpad *m*
Bomber M bombardēr *m*
Bon M *Gutschein, Kassenbon* bōn *m*
Bonbon M/N bombōn *m*
Bookmark M *od* N IT favorīti
Boot N brodica *f*, čāmac *m*
Bord[1] N polica *f*
Bord[2] M SCHIFF paluba *f*; **an ~** *Schiff* na brodu; *Flugzeug* u zrakoplōvu
Bordell N bordel *m*, jāvnā kuća *f*
Bordstein M pločnik *m*
borgen: **(sich) etw bei** *od* **von j-m ~** posūditi (-suđīvati) (*A*) od (*G*); **j-m** (*D*) **etw ~** posūditi (-suđīvati) (*A*)
Borke F *Rinde* kora *f*; *auf Wunde* krasta *f*
Börse F HANDEL būrza *f*; *Geldbörse* novčanīk *m*
Borste F čekinja *f*
Borte F bordūra *f*
bösartig zloćudan (*a* MED)
Böschung F kosina *f*
böse zao, opāk; *schlimm* opāk; *zornig* ljūt, gnjēvan; **j-m** *od* **auf j-n ~ sein** ljūtiti se na (*A*)
boshaft zloban
Bosnien N Bosna *f* **Bosnier(in)** M(F) Bosānac *m*, Bosānka *f* **bosnisch** bosanskī
Botanik F botanika *f*
botanisch: **~er Garten** botaničkī vrt *m*
Bote M vjēsnīk *m* **Botin** F vijēsnica *f*
Botschaft F veleposlānstvo *n*, ambasāda *f*; *Nachricht* vijest *f*
Botschafter(in) M(F) veleposlānīk *m* (-nica *f*), ambasādor *m*, ambasadorica *f*
Bouillon F bujōn *m*
Boulevardpresse F bulevārskī *od* žūtī tisak *m*
Bowle F bōla *f*
Box F *Pferdebox* boks *m*; *Lautsprecherbox* zvūčnā kutija *f*
boxen boksati **Boxer** M boksāč *m*, šakāč *m*; ZOOL boks **Boxerin** F boksāčica *f* **Boxkampf** M boksāčkī meč *m*
Boykott M bojkōt *m* **boykottieren** bojkotīrati (*im*)*pf*
brachliegen osta(ja)ti neobrāđen
Branche F brānša *f*
Branchenverzeichnis N TEL poslōvnī (telefōnskī) imenīk *m*
Brand M požār *m*; **in ~ geraten** zapāliti se *pf*; **in ~ stecken** zapāliti *pf* **Brandblase** F mjehūr od opeklinē **Brandsalbe** F

mạst *f* za ọpekline **Brandstiftung** F pọdmetānje *n* pọžāra **Brandung** F ụdarānje *n* vạlovā ọ obalu **Brandwunde** F ọpeklina *f* **Branntwein** M vịnjāk *m* **Brasilianer** M Brazilijānac *m* **Brasilianerin** F -ijānka *f* **brasilianisch** brazilijānskī **Brasilien** N Brạzīl *m* **braten** [is-]prīžiti, [is-]pẹći **Braten** M pečẹ̄nje *n* **Brathähnchen** N pẹčenō pịle *n* **Bratkartoffeln** F/PL prženī krụmpīr *m* **Bratpfanne** F tạ̄va *f* **Bratrost** M rọštīlj **Bratsche** F vịōla *f* **Bratwurst** F pečẹnica *f* **Brauch** M ọbičāj *m* **brauchbar** upotrẹbljiv **brauchen** *Hilfe, Zeit usw* [za-]trẹbati **brauen** vạriti pịvo **Brauerei** F pivọvara *f* **braun** smẹđ; **~ gebrannt** preplạnuo; **~ werden** pocr̄njeti (-njịvati), potạ̄mnjeti (-njịvati) **Bräune** F preplạnulōst *f* **bräunen**: **sich ~ lassen** sụnčati se **Braunkohle** F smẹđī ụgljēn *m* **Brause** F *Dusche* tuš *m*; *Limonade* limunạ̄da *f* **brausen** *Wind* hụčati, bụčiti **Braut** F mlạ̄da *f*, mlạdēnka *f* **Bräutigam** M mladọženja *m* **Brautpaar** N mlạdēnci *m/pl* **brav** *Kind* pọslūšan **BRD** F (Bundesrepublik Deutschland) Sạvezna Repụblika *f* Njẹmačkā **Brechdurchfall** M pọvraćānje i prọljev **brechen** [s-]lọmiti; *Licht, Widerstand* prelọmiti (-lāmati); *kaputtgehen* [s-]lọmiti se; *umg sich übergeben* povrạtiti (pọvraćati); **sich den Arm ~** slọmiti (slạ̄mati) rụku **Brechreiz** M gạđēnje *n* **Brei** M kạša *f* **breit** širok; **3 m ~** širok 3 m **Breitengrad** M gẹografskā širịna *f* **Bremse** F kọčnica *f*; ZOOL ọbād *m* **bremsen** [za-]kọčiti **Bremsflüssigkeit** F kočiōnā tekụćina *f* **Bremslicht** N stọp-svjẹtlo *n* **Bremspedal** N pạpučica *f* kọčnicē **Bremsspur** F trạg *m* kọčēnja **Bremsweg** M pụt *m* kọčēnja **brennbar** gọriv **brennen** [iz-]gọrjeti; *Wunde, Augen* pẹći; *Zigarette, Licht* bịti ụpāljen; *Sonne* pẹći, pạliti; **es brennt!** vạtra! **Brennholz** N ọgrjēvnō drvo *n* **Brennnessel** F kopriva *f* **Brennpunkt** M *fig* žarīšte *n* **Brennstoff** M gọrīvo *n* **brenzlig** ọpāsan **Brett** N dạska *f*; **Schwarzes ~** ọglāsnā plọča *f* **Brezel** F perẹc *m* **Brief** M pịsmo *n* **Briefbogen** M ạrak *m* lịstōvnōg papịra **Briefkasten** M poštanskī sạndučić *m* **Briefmarke** F pọštanskā mạrka *f* **Brieföffner** M ot-

varāč *m* pīsāmā **Briefpapier** N lịstōvnī pạpīr *m* **Brieftasche** F lịsnica *f* **Briefträger(in)** M(F) pọštār(ica) *m(f)*, listọnoša *m*, pismọnoša *m* **Briefumschlag** M ọmotnica *f*, kụvērta *f* **Briefwechsel** M dopisīvānje *n*, korespondẹ̄ncija *f*
Brikett N brịkēt *m*
Brillant M brịljant *m*
Brille F nạočāle *f/pl*
Brillenetui N futrọ̄la *f od* etụi *m* za nạočāle **Brillenfassung** F ọkvīr *m* za nạočāle
bringen *hertragen* dọnijēti (-nọsiti); *herfahren* dọvesti (-vọziti); **j-n nach Hause (ins Krankenhaus) ~** ọdvesti (-vọziti) kụ́ći (u bọ̄lnicu); *veröffentlichen* izvijẹ̄stiti (-vještạ̄vati, -vješćīvati) o (*L*); *senden* emitịrati (*im*)*pf*; **j-n dazu ~, etw zu tun** nạvesti (-vọditi) (*A*) da …; **mit sich ~** pọvūći (-vlạ̄čiti) zạ sobōm
Brise F povjetạ̄rac *m*
Brite M Britạ̄nac *m* **Britin** F Brịtānka *f* **britisch** brịtānskī
bröckeln mṛviti se, drọbiti se
Brocken M kọmād *m*; *Bissen* zạlogāj *m*; **ein paar ~ Englisch können** natụ̄ćati ẹnglēskī
brodeln [pro-]kljụčati
Brokkoli PL brọkula *f*
Brombeere F kụpina *f*
Bronchitis F brọnhītis *m*
Bronze F brọ̄nca *f*
Brosche F brọš *m*
Broschüre F brošụ̄ra *f*
Brot N krụh; **belegtes ~** sẹndvič *m*
Brotaufstrich M nạ̄maz *m*
Brötchen N pẹcīvo *n*, žẹmička *f*
Browser M IT prẹ̄glednīk *m*
Bruch M lộm *m* (*a fig*); MED prijẹ̄lom *m*; MATH rạ̄zlomak *m*
brüchig kṛhak, lọmljiv
Bruchlandung F prịsīlnō slijẹ̄tānje *n* **Bruchrechnung** F operạ̄cije *f/pl* rạ̄zlomcima
Bruchteil M djẹlić *m*
Brücke F *a* SCHIFF, *Zahnersatz* mộst *m*; *Teppich* sạ̄g *m*
Bruder M brạt *m*
Brühe F jụ̄ha *f* **Brühwürfel** M kọcka *f* za jụ̄hu
brüllen *Tier* [za-]rịkati, *fig* [za-]ụrlati
brummen brụ̄ndati
brünett brịnēt
Brunnen M *gebohrter* zdẹ̄nac *m*, bụnār *m*; *Trinkbrunnen* čẹsma *f*; *Springbrunnen* vọdoskok *m*; *Mineralwasser* mịnerālnā vọda *f*
brüsk nạbusit, ọsōran
Brüssel N Bruxelles
Brust F pṛsa *n/pl*; *Busen* dọ̄jka *f* **Brustkorb** M pṛsnī kọš *m* **Brustkrebs** M rạk dọ̄jkē **Brustschwimmen** N pṛsnō plịvānje *n*
Brustwarze F pṛsnā brạdavica *f*
brutal brụtālan, ọkrūtan
brüten sjẹditi na jạ̄jima; → grübeln; **~d heiß** vrụ̄ć
brutto brụto **Bruttoeinkommen** N brụto-dọhodak *m*
Bube M *Junge* mọmak *m*; *Spielkarte* dẹčko *m*
Buch N knjịga *f*

Buche F bụkva *f*
buchen FLUG *usw* bukīrati (*im*)*pf*; HANDEL knjịžiti (*im*)*pf*
Bücherei F knjīžnica *f* **Bücherregal** N pọlica *f* za knjịge **Bücherschrank** M ọrmār *m* za knjige
Buchhalter(in) M(F) knjigovođa *m*, knjigovọtkinja *f*
Buchhaltung F knjigovọdstvo *n*
Buchhändler(in) M(F) knjịžār *m*, knjižạrica *f*
Buchhandlung F knjịžara *f*
Buchprüfer(in) M(F) rẹvīzor (-ica) *m*(*f*)
Büchse F kụtija *f*; *Blechbüchse* lịmēnka *f*; *Flinte* pụška *f*
Büchsen... → Dosen...
Buchstabe M slọvo *n*
buchstabieren rẹći (govọriti) slọvo pọ slovo; *entziffern* srịcati
Bucht F zạ̄ljev *m*
Buchung F *Reise* bụking *m*; HANDEL knjịžēnje *n*
Buckel M grba *f*
bücken: **sich ~** nạgnuti (-ginjati) se
Bude F *Verkaufsbude* kịosk *m*; *Hütte* strạ́ćara *f*
Büfett N *Möbel* bifē *m*, krẹdenc; *Schanktisch* šạnk *m*; **kaltes ~** hlạ̄dnī bifē *m*
büffeln bụ̄bati, bịflati
Bug M prạ̄mac *m*
Bügel M *Kleiderbügel* vjẹšalica *f*; *Brillenbügel* krạ̄k *m od* krịlce *m* okvịra **Bügelbrett** N dạska *f* za glạčānje **Bügeleisen** N glạčalo *n*, pēgla *f umg* **bügelfrei** kọjī se nẹ mōrā glạčati
bügeln [iz-]glạčati, [iz-]pẹglati *umg*
Bühne F pọzōrnica *f*
Bulgare M Bụgarin *m* **Bulgarien** N Bụgarskā **Bulgarin** F Bụgārka *f* **bulgarisch** bụgarskī
Bulle M bịk *m*
Bummel M šẹ̄tnja *f* **bummeln** *schlendern* [pro-]šẹ̄tati (se) (**durch die Stadt** grạ̄dom)
bumsen trẹsnuti *pf*, ljọsnuti *pf*; *vulg* jebati (*im*)*pf vulg*
Bund[1] N *Schlüsselbund* svẹžanj *m*; **~ Petersilie** vẹzica *f* peršịna
Bund[2] M sạ̄vez *m*; *Hosenbund* pọjās *m*
Bündel N snọp *m*, svẹžanj *m*
Bundeskanzler(in) M(F) sạ̄veznī kạncelār *m*, sạ̄vezna kạncelārka *f* **Bundesland** N sạ̄veznā zẹmlja *f od* pọkrajina *f* **Bundesliga** F Bụndeslīga (Sạ̄veznā līga) *f* **Bundesrepublik** F sạ̄veznā repụblika *f*
Bundestag M sạ̄veznī parlạment *m* **Bundeswehr** F ọrụžānē snạ̄ge *f*/*pl* Sạ̄veznē Repụblikē Njẹmačkē
Bündnis N sạ̄vez *m*
Bungalow M bụngalov *m*
bunt šạren; *fig abwechslungsreich* raznọlik **Buntstift** M ọlōvka *f* u bọ̄ji, bọjica *f* **Buntwäsche** F šạrenō rụ̄blje *n*
Burg F zạ̄mak *m*, grạ̄d *m*
Bürge M jạ̄mac *m* **bürgen** [zạ-]jạmčiti (**für** za *A*) **Bürgin** F žẹna jạ̄mac *f*
Bürger(in) M(F) grạđanin *m*,

građanka *f* **Bürgerkrieg** M građanskī rāt *m* **bürgerlich** građanskī
Bürgermeister(in) M(F) gradonāčelnīk *m* (-nica *f*)
Bürgersteig M nogostūp *m*, pločnīk *m*
Bürgschaft F jamstvo *n*
Burn-out N PSYCH burnout *m*, sindrōm izgārānjā
Büro N ured **Büroangestellte** M, F uredskī službenīk *m*, uredskā službenica *f* **Büroklammer** F spājalica *f*
Bürste F četka *f*
bürsten [o-]četkati
Bus M autōbus *m*
Busbahnhof M autōbusnī kolodvōr
Busch M grm *m*
Büschel N *Haarbüschel* čupērak *m*, pramēn *m*
Busen M grūdi *f/pl*
Bushaltestelle F autōbusnā postaja *f* **Buslinie** F autōbusnā līnija *f*
Bussard M škānjac *m*
büßen ispāštati
Bußgeld N novčanā kazna *f*
Büste F poprsje *n*, bista *f*
Büstenhalter M → BH
Butter F maslac *m* **Butterbrot** N kruh *m* s maslacem **Buttermilch** F mlaćenica *f*
bzw. → beziehungsweise

C

C MUS cē; **hohes ~** visokō cē *n*
Cabriolet N kabriolet *m*
Café N kavana *f*, kafić *m*
campen kampīrati *(im)pf* **Camper(in)** M(F) kamper(ica) *m(f)*, kampist *m*
Camping N kamping *m* **Campingbus** M kamp-vozilo *n*
Campingplatz M prōstor *m* za kampīrānje, kamp *m*
Cappuccino M kapučino *m*
CD (Compact Disc) F CD (kompaktnī disk) *m* **CD-ROM** F CD-ROM *m* **CD-Spieler** M CD-plejer *m*
Cello N violončelo *m*, čelo *m*
Cent M *Eurocent* cent *m*
Champagner M šampānjac *m*
Champignon M šampinjōn *m*
Chance F šānsa *f* **Chancengleichheit** F jednākōst *f* šānsī
Chaos N kaos *m*
chaotisch kaotičan
Charakter M karakter *m* **charakteristisch** karakterističan
charmant šarmantan
Charterflug M čarter-lēt *m*
Chartermaschine F čarter-zrakoplōv *m*
Chat M IT chat *m*; **Chatroom** M IT pričaonica *f* **chatten** IT čavrljati
Chauffeur(in) M(F) šofer *m*, vozāč *m*, vozačica *f umg*

Chef M šef *m* **Chefarzt** M, **Chefärztin** F primārijus *m* **Chefin** F šefica *f*
Chemie F kẹmija *f*
Chemikalien F/PL kemịkālije *f/pl*
Chemiker(in) M(F) kẹmičār(ka) *m(f)*
chemisch kẹmījskī
Chemotherapie F kemoterạpija *f*
Chicorée M/F bẹlgijska ẹndīvija *f*
Chiffre F šifra *f*
Chile N Čīle *m*
chillen odmạ̄rati se
China N Kīna *f*
Chinese M Kịnēz *m* **Chinesin** F Kinēskinja *f* **chinesisch** kịnēskī
Chip M *Spielmarke* žẹtōn *m*; IT čip *m* **Chips** PL čips *m*
Chirurg M kirūrg *m* **Chirurgie** F kirurgij *m* **Chirurgin** F kirurgica *f* **chirurgisch** kịrurškī
Chlor N klọ̄r *m*
Cholera F kọlera *f*
Cholesterin N kolestẹrōl *m*
Chor M MUS kọ̄r *m*, zbọr *m*; ARCH kọ̄r *m*
Choreografie F koreogrạfija *f*
Christ M krṣćanin *m* **Christbaum** M božićnō drīvce *n*
Christentum N krṣćānstvo *n*
Christin F krṣćānka *f* **Christkind** N Dijẹ̄te *n* Isus **christlich** krṣćānskī
Chrom N krọm *m*
chronisch krọničan
circa cịrka, otprịlikē
Clementine F klementịna *f*
Clipart F OD N IT clipart *m*
Clique F klạpa *f*, klịka *f*
Cloud F IT cloud *m*, podạci u oblaku
Clown(in) M(F) klạun(ica) *m(f)*
Cockpit N pilotskā kabịna *f*
Cocktail M kọktel *m*
codieren kodīrati *(im)pf*
Comic(s PL**)** strịp *m*
Computer M račụnalo *n*, kompjụtor *m*
Container M kontẹjner *m*
Cookie M *od* N IT kolačići
Copilot(in) M(F) kopịlōt(kinja) *m(f)*
Cordhose F hlače *f/pl* od rẹbrastōg sạmta, sạmterice *f/pl umg*
Cornflakes PL kukụruzne pahụljice *f/pl*
Corona N COVID-19; *Virus* korọ̄na *f*
Coronakrise F korọ̄nakrīza *f*
Coronapandemie F COVID-19 pandẹmija *f*
Coronavirus N korọ̄navīrus *m*; **sich vor dem ~ schützen** zaštịti se od zāraze korọ̄navīrusom
Couch F kạuč *m*
Countdown M *u* N odbrojāvānje *n*
Coupon M kụpōn *m*
couragiert kụrāžan
Cousin M brạtić **Cousine** F sẹstrična *f*
Creme F krẹ̄ma *f*
Croissant N kroasạ̄n *m*
Cup M SPORT kụ̄p *m*
Cursor M IT kụrsōr *m*, pokazịvāč *m*

D

D MUS dē̦

da **1** ADV *örtlich* ta̧mo; *zeitlich* ta̧d(ā); ~ **drin** ta̧mo u̧nūtra; ~ **ist,** ~ **sind** e̦to (*G*); **wer ist** ~? tko̧ je?; **2** CJ *weil* je̦r

dabei *örtlich* pri̧ tomē; *zeitlich* pri̧tōm; *bei sich* u̧za se *od* sa̧ so̧bōm; ~ **sein** bi̧ti pri̧sutan *od* nā̧zočan; *teilnehmen* su̧djelova̧ti u (*L*); → gerade

dableiben o̧sta(ja)ti

Dach N krō̧v *m* **Dachboden** M ta̧van *m*, po̧tkrōvlje *n* **Dachgepäckträger** M AUTO krō̧vnī no̧sāč *m* **Dachgeschoss** N, *öster* **Dachgeschoß** N po̧tkrōvlje *n* **Dachrinne** F žli̧jē̦b *m*

Dachs M ja̧zavac *m*

Dachziegel M crijē̦p *m*

Dackel M ja̧zavčār *m*

dadurch *örtlich* kro̧z tō; *auf diese Weise* tī̧m; *Grund* zbo̧g togā

dafür za̧ tō; *als Ersatz* u̧mjesto to̧gā; *zum Ausgleich* za̧tō; ~ **sein** bi̧ti za̧ tō **dafürkönnen**: **ich kann nichts dafür** jā̧ nī̧sam ni̧šta krī̧v(a *f*)

dagegen pro̧tiv togā; *im Vergleich dazu* na̧protīv; ~ **sein** bi̧ti pro̧tiv togā; **wenn Sie nichts** ~ **haben** a̧ko nē̦māte ni̧šta pro̧tiv

daheim ko̧d kuće, do̧ma

daher *von dort* o̧dātle; *deshalb* sto̧ga; *folglich* da̧klē

dahin *örtlich* ta̧mo; *zeitlich* **bis** ~ do̧tad(a)

dahinten ta̧mo strā̧ga *od* otrā̧ga

dahinter i̧za togā **dahinterkommen** ū̧ći *pf* u̧ trāg **dahinterstecken** sta̧jati *od* kri̧ti se iza (*G*)

damals ta̧da

Dame F dā̧ma *f* (*a Spielkarte, Schach*)

Damenbinde F higi̧jēnskī u̧lo̧žak *m*

Damenfriseur(in) M(F) fri̧zē̄r(ka) *m*(*f*) za že̦ne

damit (s) tī̧m; *auf dass* ka̧ko bi

Damm M na̧sip *m*

dämmerig sumrā̧čan **dämmern** *morgens* sva̧nuti (-njī̧vati); *abends* smŗknuti (-kā̧vati) se

Dämmerung F *Morgendämmerung* o̧svit *m*; *Abenddämmerung* sū̧ton *m*, su̧mrāk *m*

Dampf M pa̧ra *f* **Dampfbügeleisen** N glā̧čalo *n* na pa̧ru

dampfen pa̧riti se, pu̧šiti se

dämpfen *Stimme, Licht* prigū̧ši̧ti (-šī̧vati); *Freude a* zato̧miti (-mljī̧vati)

Dampfer M pa̧robrōd *m*

danach *zeitlich* po̧tom, za̧tīm, po̧slije togā; *Reihenfolge* po̧tom, za̧tīm, na̧kon *od* i̧za togā; *demgemäß* pre̦ma tomē

Däne M Dā̧nac *m*

daneben u̧sto; *außerdem* o̧sim to̧gā

Dänemark N Dā̧nska *f* **Dänin** F Dā̧nkinja *f* **dänisch** dā̧nskī

dank PRP zahvạljujūći (*D*)
Dank M hvạla *f*; **vielen ~** hvạla lijẹ̄pā
dankbar zạhvālan (**für** na *L*)
danke hvạla; **~ schön** (*od* **sehr**) hvạla lijẹ̄pā
danken zahvạliti (-ljịvati) (**für** na *L*)
dann ọnda; **~ und wann** kạtkada; **bis ~!** zbọgom!
daran nạ tomē; **mir liegt viel ~** stạlo mi je dọ togā
darauf na tọmē; **das kommt ~ an** tọ̄ ọvisī **daraufhin** zạčas, pọtom
daraus ịz togā; **ich mache mir nichts ~** ne mārīm zạ tō
darin ụ tomē
Darlehen N zājam *m*
Darm M crijẹ̄vo *n* **Darmkatarrh** M crijẹ̄vnī kạtar *m*
darstellen prikāz(īv)ati; *beschreiben* izlọžiti (-lāgati); THEAT prikāz(īv)ati
Darsteller M prikazịvāč *m*
Darstellerin F prikazivạčica *f*
darüber ọ tomē; *mehr* ịznad tọgā; **ich freue mich ~** rạdujēm se *od* vesẹlīm se tọmē; **~ hinaus** pọvrh togā
darum ọko togā; *deshalb* stọga; **es geht ~, dass** rādī se ọ tomē da …
darunter ịspod togā; *dazwischen* među tịme; *weniger* ịspod togā
das PRON tọ̄; **was ist ~?** štọ je tọ̄?
dass da, štọ
dasselbe ịstō
Datei F datotẹ̄ka *f*
Daten N/PL podạ̄ci *m/pl* **Datenbank** F bạ̄nka *f* pọ̄dātākā **Datenschutz** M zạ̄štita *f* pọ̄dātākā **Datenverarbeitung** F → EDV
datieren datịrati (*im*)*pf*
Dativ M dạtīv *m*
Datum N dạ̄tum *m*, nạ̄dnevak *m*; **welches ~ haben wir heute?** kọjī je dạnas dạ̄tum?
Dauer F trạjānje *n* **Dauerauftrag** M trạ̄jnī nạlog *m* **Dauerlauf** M trčānje *n*
dauern [pọ-]trạjati; **wie lange dauert es noch?** kọliko jọš trạjē? **dauernd** trạjan
Dauerwelle F trạ̄jnō kovṛčānje *n*, trạ̄jna *f umg*
Daumen M pạlac *m*
Daunen PL pạpērje *n* **Daunendecke** F pẹrina *f*
davon ọd togā; *darüber* ọ tomē **davonlaufen** pọbjeći (bjẹ̄žati)
davor ịspred togā; *zeitlich* prije togā
dazu k tọme; *zu diesem Zweck* nạ tō **dazugehören** spạdati ụ tō, prịpadati tọmē **dazukommen** prịdōći (-dọlaziti)
dazwischen ịzmeđu togā **dazwischenkommen**: **wenn nichts dazwischenkommt** ạko svẹ ịdē glạtko
Debatte F debạta *f*, rạsprava *f*
Deck N pạluba *f*
Decke F *Zimmerdecke* strọp *m*, plafōn *m*; *Bettdecke* pọplūn *m*
Deckel M pọklopac *m*

decken *Tisch* prostrijēti (-stirati); *Bedarf* pokriti (-rīvati)
Deckenlampe F stropnā svjetīljka *f*
defekt pokvāren
Defibrilator M MED defibrilātor *m*
definieren definīrati (*im*)*pf*
Defizit N deficit *m*
dehnbar rastezljiv **dehnen** rastēgnuti (-tēzati); **sich ~** razvūći (-vlāčiti) se
Deich M nasip *m*
dein tvōj
deinetwegen rādi *od* zbog tebe
Deklination F GRAM deklinācija *f*, sklonidba *f* **deklinieren** deklinīrati, sklanjati
Dekolleté N dekolte *m*
Dekoration F dekorācija *f*; THEAT dekōr *m*
Delegation F delegācija *f*
Delegierte M, F delegāt *m* (-kinja *f*), izaslanīk *m* (-nica *f*)
Delfin M dupin *m*
delikat *heikel* škakljiv; *lecker* ukusan
Delikatesse F delikatesa *f*
Delikatessengeschäft N delikatesnā trgovina *f*
Delikt N delikt *m*
dementieren demantīrati (*im*)*pf*
demnach daklē, prema tomē
demnächst uskoro
Demokratie F demokracija *f* **demokratisch** demokrātičan
demolieren demolīrati (*im*)*pf*, razoriti (razārati)
Demonstration F demonstrācija *f* **demonstrieren** demonstrīrati (*im*)*pf* (**gegen** protiv *G*; **für** za *A*)
demütigen ponīziti (-nizīvati, -nižāvati)
denken [po-]misliti (**an** *A* na *A*; **über** *A* o *L*); **sich etw ~** zamisliti (-mīšljati)
Denkmal N spomenīk *m*
denn *begründend* jer; **wo ist er ~?** pa gdje je?; **es sei ~, dass** osim ako ne
dennoch ipāk
Deodorant N dezodorans *m*
Deponie F odlāgalīšte *n*, depōnij *m*
Depression F depresija *f*
depressiv depresīvan
deprimiert deprimīran
der PRON tāj
derb *kräftig* jāk; *grob* grūb
deren → dessen
derjenige onāj (**welcher** kojī)
dermaßen takō, tolikō
derselbe istī
deshalb zatō, stoga; **nur ~** samo zatō
Design N dizajn *m* **Designer** M dizajner *m* **Designerin** F dizajnerica *f* **Designermode** F dizajnerskā mōda *f*
Desinfektionsmittel N sredstvo *n* za dezinfekciju
desinfizieren dezinficīrati (*im*)*pf*
dessen čijī
Dessert N desert *m*
destilliert: **~es Wasser** destilīrānā voda *f*

desto tō; ~ **besser** tō boljē
deswegen zbog togā
Detail N detālj *m*
Detektiv M, **Detektivin** F detektīv *m*
deuten [pro-]tumāčiti; **auf** (*A*) ~ pokāz(īv)ati na (*A*)
deutlich jasan
deutsch njemāčkī; **in, auf Deutsch** na njemāčkōm(e)
Deutsche M, F Nijēmac *m*, Njemica *f* **Deutschland** N Njemāčkā *f*
Devisen PL devīze *f/pl*
Dezember M prosinac *m*
Dezimalzahl F decimālnī broj *m*
Dia N dijapozitīv *m*
Diabetes M dijabetes *m*
Diabetiker M dijabetičār *m* **Diabetikerin** F dijabetičārka *f*
Diagnose F dijagnōza *f*
diagonal dijagonālan
Dialekt M dijalekt *m*, nārječje *n*
Dialog M dijalog *m*
Diamant M dijamant *m*
Diät F dijēta *f*; ~ **halten** držati dijētu
dich tebe *enkl* te; **für** ~ za tebe
dicht gūst; *wasserdicht* nepropustan
dichten [s-]pjevati; *abdichten* [za-] brtviti
Dichter M pjesnīk *m* **Dichterin** F pjesnikinja *f*
Dichtung F *Poesie* pjesnīštvo *n*; TECH brtvilo *n*
dick debeo; *geschwollen* otečen
Dickdarm M debelō crijēvo *n*
Dickmilch F kiselō mlijēko *n*
die PRON tā
Dieb M kradljivac *m* **Diebin** F kradljivica *f*
Diebstahl M krađa *f* **Diebstahlversicherung** F osigurānje *n* od krađē
Diele F *Brett* podnā daska *f*; *Vorraum* predsōblje *n*
dienen [po-]slūžiti (**zu** za *A*; **als** kao)
Dienst M *Beruf, Amt* služba *f*; *Gefälligkeit* usluga *f*; **außer** ~ biti u mirovini; ~ **haben, im** ~ **sein** biti u službi
Dienstag M ūtorak *m*; **am** ~ u ūtorak **dienstags** ūtorkom
Dienstleistung F uslužnā djelatnōst *f* **dienstlich** služben
Dienstreise F službenī pūt *m* **Dienststelle** F ured *m*
Dienstvorschrift F propis *m*
diese ovāj
Diesel(motor) M dizelāš *m*
Dieselöl N dizel-gorīvo *n*
dieser, dieses → diese
diesmal ovāj pūt **diesseits** s ovē strānē, s ōvū strānu
Differenz F diferencija *f*, rāzlika *f*
Differenzial(getriebe) N diferencijāl *m*
digital digitālnī **Digitalkamera** F digitalnā kamera *f*
Diktat N diktāt *m* **Diktatur** F diktatūra *f*
diktieren [iz-]diktīrati **Diktiergerät** N diktafōn *m*
Dill M kopar *m*

Ding N stvār *f*; **vor allen ~en** prije svęga
Dioptrie F dioptrija *f*
Diplom N diplōma *f*
Diplomat(in) M(F) diplomat(kinja) *m(f)* **diplomatisch** diplomatskī
dir tębi *enkl* ti
direkt izrāvan, direktan **Direktflug** M izrāvnī lēt *m*
Direktion F ravnatēljstvo *n*, dirękcija *f*
Direktor M ravnatelj *m*, direktor *m* **Direktorin** F ravnateljica *f*, direktorica *f*
Direktübertragung F izrāvnī prijēnos *m*
Dirigent(in) M(F) dirigent *m*, dirigentica *f* **dirigieren** MUS dirigirati *(im)pf*
Discjockey M disk-džokēj *m*
Diskothek F diskotęka *f*
diskret diskretan
diskriminieren diskriminīrati *(im)pf*
Diskussion F diskūsija *f*
Diskuswerfen N bacānje *n* diska
diskutieren [pro-]diskutīrati, raspraviti (-vljati) (**über etw** o *L*)
Display N monitor *m*, ekrān *m*
Distanz F distanca *f* **distanzieren**: **sich ~** distancīrati se *(im)pf*; (**von** od *G*)
Distel F strīčak *m*
Disziplin F stega *f*; *Fach* disciplīna *f* **diszipliniert** disciplinīrān
Dividende F dividęnda *f*
dividieren [po-]dijēliti (**durch** s *I*)
Division F MATH divīzija *f*, dijēljēnje *n*; MIL divīzija *f*
DJ M DJ *m*
DJane F ženski DJ *f*
doch no; *dennoch* ipāk
Docht M stijēnj *m*
Dock N dok *m*
Dogge F doga *f*
Doktor(in) M(F) *Arzt* doktor(ica) *m(f)*
Dokument N dokument *m*, isprava *f*
Dokumentarfilm M dokumentārnī film *m*
Dolch M bōdež *m*
dolmetschen V/T (usmeno) prevesti (-voditi); *v/i* tumāčiti
Dolmetscher M tumāč *m* **Dolmetscherin** F tumačica *f*
Dom M katedrāla *f*
Donau F Dunav *m*
Donner M grmljavina *f*, grōm *m*
donnern: **es donnert** grmī
Donnerstag M četvrtak *m*; → *a* Dienstag
doof *umg* glūp
dopen SPORT dopingīrati *(im)pf*
Doping N dōpīng *m* **Dopingkontrolle** F dōpīng-kontrōla *f*
Doppel N *Tennis* igra parovā *f* **Doppelbett** N dvostrukī *od* brāčnī krevet *m* **Doppelfenster** N dvostrukī prōzor *m* **Doppelpunkt** M dvotočka *f*, dvotōčje *n*
doppelt dvostruk; **~ so viel** dvāput toliko

Doppelzimmer N dvokrevetnā soba *f*
Dorf N sȩlo *n*
Dorn M trn *m* **dornig** trnovit
Dorsch M bakalār *m*
dort ondje; *sehr weit* tamo; **~ ist** ȩno (*G*) **dorthin** onamo
Dose F kutija *f*; *Konservendose* limēnka *f*
Dosenmilch F konzervīrānō mlijēko *n* **Dosenöffner** M otvarāč *m* za limēnke
dosieren dozīrati (*im*)*pf*
Dosis F dōza *f*
Dotter M/N žumānjak *m*
Download M IT download *m*, preuzimanje *n*, skidanje *n*; **downloaden** IT preuzimati, skīdati
Dozent(in) M(F) docent(ica) *m*(*f*)
Drachen M *Papierdrachen* (papirnatī) zmaj *m*; SPORT zmaj *m* **Drachenfliegen** N SPORT zmajārstvo *n*
Draht M žica *f* **drahtlos** bežičan **Drahtseilbahn** F žičara *f*
Drama N drama *f*
dramatisch dramatičan
dran → daran; **jetzt bin ich ~** sad(a) sam jā na rēdu
drängeln [na-]gūrati se
drängen gurnuti (gūrati); *antreiben* tjerati (**zu** na *A*); **die Zeit drängt** vrijēme nas tjērā; **sich ~** gurnuti (gūrati) se
draußen vani
Dreck M prljāvština *f* **dreckig** prljav
drehbar okretljiv
drehen obrnuti (obrtati); *Film* snīmiti (-mati); *Kopf* okrēnuti (-ētati); **sich ~** [za-]vrtjeti se (**um** oko *G*)
Drehzahlmesser M mjerāč *m* brōja okretājā
drei trī; **~ viertel** trī četvrt
Dreieck N trokūt *m* **dreieckig** trokutast
dreifach trostruk **dreihundert** tristo, trī stotine **dreimal** trī pūta **Dreirad** N *für Kinder* tricikl *m*, trokolica *f*
dreißig trīdesēt **dreißigste** trīdesētī
dreist drzak
Dreisternehotel N hotel *m* s trī zvjezdicē **dreistöckig** trokatan **dreizehn** trīnaest **dreizehnte** trīnaestī
dressieren dresīrati (*im*)*pf*
Dressur F dresūra *f*
dringen: **durch** (*od* **in** *A*) **etw ~** prodrijēti (-dirati) kroz (u) (*A*)
dringend hitan; **es ist ~** hitno je; **in ~en Fällen** u hitnīm slučājevima
drinnen unūtra
dritte trēćī; **als Dritter** trēćī
Drittel N trećina *f*
drittens (kao) treće
Droge F drōga *f*
drogenabhängig ovisan o drōgi **Drogenabhängige** M, F narkomān *m* (-ka *f*); **Drogenhandel** M trgovina *f* drōgōm
drogensüchtig → drogenabhängig
Drogerie F drogerija *f*
drohen [za-]prijētiti

drohend prijȩ̄tēćī
Drohnenangriff M MIL nạpad drọnom *m*
dröhnen *Motor* tụtnjiti; *Kopf* brȕjati u glȃvi
Drohung F prijȇtnja *f*
Drossel F drọzd *m*
drüben tạmo
drüber → darüber; **drunter und ~** zbṛda-zdọla
Druck M tlȃk *m*; *Buchdruck* tị̏sak *m*
drucken ọtisnuti (tị̏skati)
drücken prịtisnuti (-tī̏skati); *Hand* stị̏snuti (stī̏skati); *stoßen* gụrnuti (gū̏rati); *Schuh* žụljati; **sich vor etw ~** izmotȃvati se
Drucker M IT tị̏skāč *m*
Druckerei F tị̏skara *f*
Druckfehler M tị̏skārskā pọgreška *f* **Druckknopf** M drụker *m*; TECH elȅktričnō dụgme *n* **Drucksache** F tị̏skanica *f* **Druckschrift** F: **in ~** tị̏skānīm slọvima
Drüse F žlijȇzda *f*
Dschungel M džụngla *f*
du tī
Dübel M tipla *f*
ducken: **sich ~** sạgnuti, pọgnuti (-ginjati) se
Duft M mị̏rīs *m* **duften** mirịsati (**nach** po *L*)
dulden *erlauben* podnọsiti, tṛpjeti
dumm glȗp **Dummheit** F glȗpōst *f* **Dummkopf** M glụpan *m*
dumpf *Laut* pọtmuo; *Schmerz* tȗp
Düne F dīna *f*
düngen [za-]gnọjiti **Dünger** M gnọjīvo *n*
dunkel tạman; **es wird ~** spȗštā se mrȃk, smṛkāvā se; **im Dunkeln** u mrȃku **Dunkelheit** F tȃma *f*
dünn tạnak; *Mensch* mṛšav; *Kaffee, Luft, Haar* rijȇdak **Dünndarm** M tạnkō crijȇvo *n*
Dunst M ịzmaglica *f*; *Dampf* ispar̄īvānje *n*
dünsten [is-]pịrjati, dịnstati
dunstig mạgličast
Dur N dur *m*; **C-Dur** c-dūr
durch krọz (*A*); *Mittel, Ursache* pọmoću; **~ und ~** skrȏz nạskrōz
durchblättern prolịst(ȃv)ati
Durchblick M ụvid *m*
durchbohren prọbosti (-bȃdati); **durchbrechen** *Brot* prȅlomiti (-lȃmati); *Brett unter Last* prȅlomiti (-lȃmati) se
durchbrennen *Sicherung, Birne* pregọrjeti (-gȃrati);
Durchbruch M prȍdor *m*
durchdrehen *Fleisch* [sạ-]mljẹti; *Räder* [zạ-]vṛtjeti se na mjẹstu; *Nerven verlieren* [po-]šī̏ziti *umg*
durcheinander ADV zbṛdazdọla; **~ sein** bịti zbȑkān *od* smẹten
Durcheinander N *Verwirrung* zbṛka *f*
durcheinanderbringen [po-]bȑkati
Durchfahrt F prọlaz *m*; **~ verboten!** zạbrānjen prọlaz!; **auf**

der ~ sein bịti u prọlazu
Durchfall M prọ̄ljev *m*
durchfallen prọpasti (-padati); *in e-r Prüfung* pạsti *pf* na ịspitu
durchführen prọvesti (-vọditi)
Durchgang M prọlaz *m*
Durchgangs... prọlazan
durchgeben priọpćiti (-ćạ̄vati); **durchgebraten** ịspečen
durchgehen V/I prọ̄ći (prọlaziti) (**durch** krọz *A*); **durchgehend** *Zug* ịzrāvan, dịrektan; **~ geöffnet** ọtvoren bez prẹ̄kida *od* nọn-stọp *umg*
durchhalten izdṛž(ạ̄v)ati
durchkommen prọ̄ći (prọlaziti) (**durch** krọz *A*); *fig gesund werden* ọzdraviti (-vljati); *bei Prüfung* prọ̄ći (prọlaziti);
durchkreuzen *Pläne* osụjetiti (-ećịvati); **durchlassen** propụstiti (-pụ̄štati); **durchlässig** prọpustan
durchlaufen *Strecke* protṛč(ạ̄v)ati; *Ausbildung* prọ̄ći (prọlaziti)
Durchlauferhitzer M prọtočnī bọjler *m*
durchlesen pročịt(ạ̄v)ati
durchmachen *erdulden* preživjeti (-vljạ̄vati), pretṝpjeti *pf*; *Nacht* prọbānčiti (-čịvati)
Durchmesser M prọ̄mjer *m*
durchnässt prọkisao
Durchreise F proputovạ̄nje *n*; **auf der ~** → Durchfahrt
durchreißen V/T prekinuti (-kịdati), prẹtṛgnuti *pf* (*v/i* se)
Durchsage F priopćẹ̄nje *n*
durchschauen prọzreti (-zirati)
durchschneiden prẹrez(ịv)ati
Durchschnitt M prọ̄sjek *m*; **im ~** u prọ̄sjeku **durchschnittlich** prọsječan
Durchschrift F kọ̄pija *f*
durchsehen *prüfend* prẹgledati (-glẹ̄dati, -dạ̄vati)
durchsetzen *erreichen* isposlọvati *pf*; *Willen* prọvesti (-vọditi); **sich ~** afirmịrati se (*im*)*pf*
Durchsicht F prẹ̄gled *m*
durchsichtig prozīran (*a fig*)
durchstreichen prẹcrt(ạ̄v)ati
durchsuchen pretrạ̄žiti (-žịvati), prẹmetnuti (-ẹtati)
durchwählen TEL dịrektno bịrati **Durchwahlnummer** F TEL dịrektnī *od* ịzrāvnī brọ̄j *m*
durchwühlen *Schwein* prerọvati *pf*; *Schublade* prekọp(ạ̄v)ati
dürfen smjẹti; **darf ich ...?** smijẹ̄m li ...?; **man darf nicht** nẹ smijẹ̄ se; **was darf es sein?** izvọlite!
dürftig *unzureichend* nẹdostātan; *spärlich* ọskudan
dürr *trocken* sụ̄h; *Land* sụ̄šan; *mager* mṛšav
Dürre F sụ̄ša *f*
Durst M žẹ̄đ *f*; **ich habe ~** žẹ̄dan sam **durstig** žẹ̄dan
Dusche F tụš *m* **duschen**: **sich ~** [is-, o-]tušịrati se
Düse F mlạ̄znica *f*
Düsenflugzeug N mlạ̄žnjāk *m*
Düsenjäger M mlạ̄znī lọvac *m*
düster mrạ̄čan, tmụ̄ran (*a fig*)
Dutzend N tụce *n*
duzen: **j-n ~** tịkati (*A*)

DVD-Brenner M DVD snịmāč *m*
dynamisch dinạmičan
Dynamit N dinạmīt *m*
Dynamo M dịnamo *n*

E

Ebbe F ọseka *f*; **~ und Flut** ọseka i plịma
eben[1] *flach* rạvan
eben[2] baš, ụpravo
Ebene F ravnịna *f*
ebenfalls takọđer
ebenso ịstō tạkō; **~ viel** ịstō tolịkō (**wie** kạo *od* kolịkō)
Eber M nẹrāst *m*; (*Wildschweineber*) vẹpar *m*
E-Bike N elẹktričnī bicịkl *f*
E-Book N elektrọnička knjịga *f*, e-knjịga *f*
Echo N ọdjēk *m* (*a fig*)
echt ịstinskī
Eckball M kọrner *m*
Ecke F ụgao *m* **eckig** ụglat
Economyklasse F ekọnomskī rạzred *m*
edel plemẹnit **Edelstein** M drạgūlj *m*, drāgī kạmen *m*
EDV F (*Elektronische Datenverarbeitung*) elektrọnička ọbrada *f* pọdātākā
Efeu M bṛšljan *m*
Effekt M ẹfekt *m*, ụčinak *m*
egal jẹdnāk; **das ist mir ganz ~** → gleich
Egoist(in) M(F), egọist *m*, sẹbičnjāk *m*, sebičnjạkinja *f* **egoistisch** sẹbičan
Ehe F brạk *m* **Ehefrau** F žẹna *f*
ehelich brạ̄čnī
ehemalig bịvšī
Ehemann M mūž **Ehepaar** N brạ̄čnī pạ̄r *m*
eher *früher* prije; *vielmehr* štọviše; **je ~, desto besser** štọ prije, tọ̄ bọljē
Ehering M vjẹnčanī pṛstēn *m*
Ehre F čạ̄st *f*
Ehrengast M pọčāsnī gọst *m*
Ehrenwort N čạsnā rijẹ̄č *f*
Ehrfurcht F strahopoštovạ̄nje *n* (**vor** *D* prema *D*)
Ehrgeiz M ạmbīcija *f* **ehrgeizig** ạmbiciōzan
ehrlich čẹstit, pọšten
Ehrung F *Ehrerweisung* pọčāst *m*
Ei N jạ̄je *n*
Eiche F hrạ̄st *m*
Eichel F ANAT glạvīć *m*; BOT žīr *m*
Eichhörnchen N vjẹverica *f*
Eid M prịsega *f*, zạklētva *f*
Eidechse F gụšter *m*
eidesstattlich: **~e Erklärung** ịzjava *f* sa snạgōm prịsegē
Eidotter M/N žumạ̄njak *m*
Eierbecher M čạšica *f* za jạ̄je
Eierkuchen M palačịnka *f* **Eierschale** F ljụska *f* (od) jājeta *f* **Eierstock** M ANAT jạ̄jnīk *m*
Eifer M rẹ̄vnōst *f* **Eifersucht** F ljubọmora *f* **eifersüchtig** ljubomōran
eifrig rẹ̄van, rẹ̄vnostan

Eigelb N žumȃnjak *m*
eigen vlastit **Eigenart** F osobina *f* **eigenartig** čudan **Eigenname** M vlȃstitō ime *n*
Eigenschaft F osobina *f* **eigensinnig** svojeglav
eigentlich *wirklich* istinskī; ADV zapravo
Eigentum N vlȃsništvo *n*
Eigentümer(in) M(F) vlȃsnīk *m* (-nica *f*)
Eigentumswohnung F stȃn *m* u vlȃsništvu
eignen: **sich ~ für** *od* **zu etw** biti prikladan *od* sposoban za (*A*)
Eilbote M kurīr *m*; **durch ~n** kurīrom **Eilbotin** F kurīrka *f*
Eilbrief M žūrnō pismo *n*
Eile F žurba *f*, hītnja *f*; **ich bin in ~** žūrī mi se
eilen jūriti; **die Sache eilt** stvȃr je hitna; **es eilt nicht** nije hitno
eilig žūran, hitan; **ich habe es ~** žūrī mi se
Eilzug M ekspresnī vlȃk *m*
Eimer M vjedro *n*, kabao *m*
ein jedan; **~er** *jemand* nekī **was für ~ ...?** kakav ...?; **~ und derselbe** jedan te istī; **~ für alle Mal** jednom zauvijēk
einander (*D*) jedan drugōme; (*A*) jedan drugōg(a)
einatmen udahnuti (udisati)
Einbahnstraße F jednosmjērnā ulica *f*
einbauen ugrȃditi (-ađīvati);
Einbauküche F ugrȃđenā kuhinja *f* **Einbauschrank** M ugrȃđenī ormār *m*
einberufen *Sitzung* sȃz(ī)vati; *Rekrut* poz(ī)vati
einbiegen *in e-e Straße* skrenuti (-ētati)
einbilden: **sich etw ~** uobrȃziti (-ražȃvati) se (*A*) **Einbildung** F uobrazīlja *f*; *Anmaßung* uobrãženōst *f*
einbrechen: **bei mir ist eingebrochen worden** kod mene su provȃlili
Einbrecher M provȃlnīk *m*
Einbrecherin F provȃlnica *f*
Einbruch M provala *f*; **bei ~ der Nacht** prije mrȃka
einbürgern prīmiti (-mati) u (hrvātskō, njemāčkō *usw*) državljȃnstvo
eindeutig jednoznačan
eindringen prodrijēti (-dirati) (**in** *A* u *A*)
eindringlich izričit
Eindruck M dōjam *m* **eindrucksvoll** dojmljiv
eine jedna *f*
eineinhalb jedan i pōl
einerlei: **das ist ~** tō je svejedno
einerseits s jednē strȃnē, u jednu rūku
einfach *schlicht, nicht schwierig* jednostāvan, prost; *Fahrkarte* u jednōm smjēru; *Mahlzeit* jednostāvan; ADV naprosto
einfädeln *Faden* udjenuti (udijēvati); *Autofahrer* **sich ~** prestrojiti (-jāvati) se
einfahren ūći (ulaziti); (**in** u *A*)
Einfahrt F ulazak *m*; *Tor* kōlnī ulaz *m*

Einfall M *Idee* dosjetka *f* **einfallen** *einstürzen* [s-]rušiti, urušiti (-šavati) se; **fällt mir nicht ein** ne padā mi na pamēt ...
Einfamilienhaus N jednoobītelјskā kuća *f*
einfarbig jednobōjan
einfetten [na-]mazati mȃšću
Einfluss M utjecāj *m* **einflussreich** utjecājan
einförmig jednoličan **einfrieren** *Lebensmittel* zamrznuti (-zāvati), zalediti (-eđīvati);
einfügen umetnuti (umetati)
Einfuhr F uvoz *m*
einführen uvesti (uvoditi); (**in** *A* u *A*); *Waren* uvesti (uvoziti); **Einführung** F uvod *m* **Einführungspreis** M promotīvnā cijēna *f*
Einfuhrverbot N zābrana *f* uvoza
Eingabe F *Bitte* molba *f*; IT unos *m*
Eingang M ulāz *m*; *e-r Sendung* primītak *m*
eingeben *Daten* unijēti (unositi); *Medizin* dati (dāvati)
eingebildet uobrāžen; *dünkelhaft* umišljen
eingehen *Brief* stići (stizati); *Tier, Pflanze* uginuti (ugībati); *Stoff* → einlaufen; **auf etw ~** prist(aj)ati na (*A*); **eine Wette ~** [o-]kladiti se
Eingemachte N ukuhānō voće *n*, zimnica *f*
Eingeweide N utroba *f*, drōb *m*
eingewöhnen: **sich ~** naviknuti (-kāvati) se (**in** *A* na *A*)
eingießen uliti (ulijēvati);
eingreifen [u-]mijēšati se, intervenīrati (*im*)*pf* **Eingriff** M MED zāhvat *m*; JUR zadiranje *n*
einhalten *Versprechen, Vertrag* poštovati (*im*)*pf*; *Termin* pridržāvati se (*G*)
einheimisch domāćī
Einheimische M, F starosjedilac
Einheit F jedīnstvo *n*; *Maßeinheit* jedinica *f*; MIL postrōjba *f*
einheitlich jedinstven
einholen *erreichen* sustići (-stizati); *Zeit, Versäumtes* nadoknaditi (-ađīvati); *Segel* spustiti (spūštati)
einig složan; **sich ~ werden (sein)** složiti (slāgati) se
einige nekoliko (*G*); *manche* nekī; **es wird ~ Zeit dauern** potrajat će nekō vrijēme
einigen: **sich ~** sporazumjeti (-mijēvati) se (**auf** *A* o *L*)
einigermaßen doneklē; *ziemlich* prīlično
Einigkeit F sloga *f* **Einigung** F *Vereinigung* ujedinjēnje *n*; *Vergleich* nāgodba *f*
einjährig jednogodišnjī
Einkauf M kupovina *f*; **Einkäufe machen**, **einkaufen** kūpiti (kupovati); **~ gehen** ići u kūpnju *od* kupovinu
Einkaufsbummel M obilazak *m* trgovinā; šoping *m umg* **Einkaufswagen** M kolīca *f* za kupovinu **Einkaufszentrum** N

tr̥govački cẹntar *m*
einkehren svrạtiti (svrạćati) (**in e-m Gasthaus** u gostiọnicu)
einklemmen *Finger* uklijḗštiti (ukljẹšćīvati)
Einkommen N dọhodak *m*
Einkommenssteuer F pọrez *m* na dọhodak
Einkünfte PL prīmānja *n/pl*
einladen *j-n* pọz(ị)vati; *Waren* utọvariti (-rīvati); **einladend** zạmāman **Einladung** F pȍziv *m*
Einlass M ụlazak *m* **einlassen** *Wasser* pụstiti (pȕštati) (**in** *A A*); **sich auf etw ~** upụstiti (upȕštati) se u (*A*)
einlaufen *Zug* ȕći (ụlaziti) (**auf Gleis 3** na trẹćī kọlosijēk); *Schiff* uplọviti (-vljīvati); *Stoff* skụpiti (skȕpljati) se
einleben: **sich ~** nạviknuti (-kāvati) se (**in** *D* na *A*)
einlegen *in Essig* ụkiseliti (-ljīvati); AUTO *Gang* ukljȕčiti (-čịvati); *Film* ụmetnuti (umẹtati); *Pause* nạpraviti *pf*; *Widerspruch* ulọžiti (ulāgati)
Einlegesohle F ụložak *m*
Einleitung F ụvod *m*
einliefern: **ins Krankenhaus ~** otprẹ̄miti (-mati), doprẹ̄miti (-mati) u bȍlnicu
einloggen IT: **sich ~** prijạviti se *pf*
einlösen *Scheck* ụnōvčiti (-čīvati); *Versprechen* odr̥ž(āv)ati
einmal jedạnpūt; *einst, künftig* jẹdnōm; **auf ~** *gleichzeitig* najedạnpūt, najẹdnōm; *plötzlich* iznenáda; **noch ~** jọš jẹdnōm
Einmaleins N tạblica *f* mnọžēnja **einmalig** jednọkratan; *einzigartig* jedịnstven, nepọnovljiv
einmischen: **sich ~** [u-]mijẹ̄šati se, ụplesti (-pletati) se (**in** *A* u *A*)
einmünden *Straße, Fluss* ulijẹ̄vati se, ụtjecati (**in** *A* u *A*)
Einnahme F HANDEL prịhod *m*
einnehmen *Geld* ụb(i)rati; *Mahlzeit, Arznei* ụzēti (ụzimati); *Platz, Stellung* zaụzēti (-zimati)
einordnen: AUTO **sich ~** prestrọjiti (-jāvati) se
einpacken [s-]pakịrati; *in Papier* umọtati, zamọtati (-mātati); *in den Koffer* [s-]pakịrati
einparken uparkịrati se *pf*
einprägen: **sich etw ~** utȗviti (-vljīvati) s(ẹb)i u glāvu
einrahmen uokvịriti (-rīvati)
einreden nagovọriti (-vārati);
einreiben utr̥lj(āv)ati **einreichen** pọdnijēti (-nọsiti)
Einreise F ụlazak *m* (u zẹmlju);
Einreisevisum N ụlāznā vịza *f*
einreißen *Mauer* [s-]rụšiti
einrenken MED uzglọbiti (-bljīvati)
einrichten *Zimmer* nạmjestiti (-mještati); **es so ~, dass** urẹ̄diti tako da **Einrichtung** F nạmještāj *m*; *Institution* ụstanova *f*
eins jẹdan
einsam *Person* ọsāmljen; *Ort*

samotan **Einsamkeit** F osām-ljenōst *f*
einsammeln prikupiti (-pljati)
Einsatz M *v Maschinen* rād *m*; *im Spiel* ulog *m*; MIL akcija *f*; **im ~ sein** biti u akciji
einschalten *Licht, Radio,* TV uključiti (-čīvati), ukopč(āv)ati; *Polizei* poz(ī)vati; **sich ~** [u-] miješati se (**in** *A* u *A*)
einschätzen procijēniti (-cjenjīvati)
einschenken → eingießen
einschiffen: **sich ~** ukrc(āv)ati se
einschlafen zaspati *pf*
einschlagen *Nagel* zabiti (-bījati); *Weg* krēnuti (krētati) (*l*); *Glasscheibe* razbiti (-bījati); *Tür* provāliti (-ljīvati); *Zähne* izbiti (-bījati); *Blitz* udariti (-rati) (**in** *A* u *A*); → einpacken
einschließen *enthalten* uključiti (-čīvati), obuhvatiti (-aćati); *umgeben* okrūžiti (-žīvati); **einschließlich** uključivši, uključivo
einschneidend *fig* prijēlomnī, presudan
Einschnitt M urez *m*, zārez *m*; *fig* prijēlomnī trenūtak *m*
einschränken ograničiti (-čāvati); **sich ~** stēgnuti (stēzati) remēn **Einschränkung** F ograničēnje *n*
einschreiben: **sich ~** upīs(īv)ati (**für** *A*); *Brief* **~ lassen** [po-] slati pīsmo preporūčeno; **per Einschreiben** preporūčenīm pīsmom
einschüchtern zastrašiti (-šīvati)
einsehen *verstehen, Fehler* uvidjeti (uvīđati)
einseitig jednostran; *parteiisch* prīstran
einsenden poslati (pošiljati)
Einsender M pošiljatelj *m*
Einsenderin F pošiljateljica *f*
einsetzen umetnuti (umetati); *Pflanzen* posāditi (-ađīvati); *anwenden* primijēniti (-mjenjīvati); *beginnen* počēti (-činjati); **sich ~ für** zauzēti (-zimati) se za (*A*)
Einsicht F *Erkenntnis* spoznaja *f*
einsparen uštēdjeti (-eđīvati)
einsperren zatvoriti (-vārati)
einspringen uskočiti (uskākati) (**für j-n** za *A*)
Einspritzmotor M motōr *m* s izrāvnīm ubrizgāvānjem
Einspruch M prigovōr *m*; **~ erheben** prigovoriti (-vārati)
einspurig jednotračan
einstecken *in die Tasche* metnuti (-tati) u džep; *Brief* ubāciti (-cīvati) u poštanskī sandučić
einsteigen ūći (ulaziti) (**in** *A* u *A*); BAHN **Einsteigen!** polazak!
einstellen TECH podesiti (-ešāvati); FOTO izoštriti (-rāvati); *Personal* zaposliti (-šljāvati); *Auto* parkīrati (*im*)*pf* u garāži; JUR obustaviti (-vljati); **sich auf etw ~** prilagoditi (-eđīvati) se (*D*) **Einstellung** F *Haltung* stav *m* (**zu** prema *D* **od** o *L*)
einstimmig jednoglasan
einstöckig jednokatan
einstündig jednosatan

Einsturz M rušēnje *n*
einstürzen [s-]rụšiti se, ụrušiti (urušāvati) se
einstweilen zạsad(a)
eintauchen (VT u VI) urọniti, zarọniti (-njāvati)
eintauschen zamijệniti (-mjenjīvati) (**gegen** za *A*)
einteilen razdijệliti (-djeljīvati); *Zeit* rasporệditi (-eđịvati);
Einteilung F rạsporēd *m*
eintönig mọnotōn, jednọličan
Eintopf M vạrīvo *n*
einträchtig slọžan
Eintrag M ụnošēnje *n*; *Tadel* ūkor *m*
eintragen upị̄s(ịv)ati
einträglich ụnosan
Eintragung F *amtliche* ụpis *m*
eintreffen *ankommen* stịći (stịzati) (**in** *D* u *A*)
eintreten ūći (ụlaziti) (**in** *A* u *A*); *sich ereignen* dogọditi (-gāđati) se; **für j-n,etw ~** zaụzēti (-zimati) se za (*A*)
Eintritt M ụlazak *m*; **~ frei** ụlāz bẹsplatan; **~ verboten** ụlāz zạbrānjen
Eintrittskarte F ụlaznica *f*
Eintrittspreis M ulaznịna *f*
einverstanden: **~ sein** slọžiti (slāgati) se (**mit j-m, etw** s *I*); **Einverstanden!** slāžēm se!
Einwand M prịgovōr *m* (**gegen** *D*)
Einwanderer M doseljẹnīk *m*
Einwanderin F doseljẹnica *f*
einwandern dọseliti (-seljāvati) se **Einwanderung** F doseljệnje *n*
einwandfrei besprijẹkōran
Einwegflasche F nẹpovrātnā bọca *f* **Einweghandschuh** M rukạvica *f* za jednọkratnu ụpotrebu **Einwegspritze** F štrcāljka *f* za jednọkratnū ụporabu
einweisen *ins Krankenhaus* upūtiti (-ućịvati); *in e-e Arbeit* ụvesti (uvọditi); **einwenden** primijệtiti (-mjećịvati); **einwerfen** *Brief, Münze* ubạciti (-cịvati); **einwickeln** *in Papier* → einpacken
einwilligen prịst(aj)ati (**in** *A* na *A*); **Einwilligung** F prịstanak *m*
einwirken ụtjecati (**auf** *A* na *A*)
Einwohner(in) M(F) stanọvnīk *m* (-nica *f*) **Einwohnermeldeamt** N prijavnī ụred *m*
Einwurf M *Schlitz* prọrez *m*; SPORT ubacịvānje *n* loptē
Einzahl F jednịna *f*
einzahlen uplạ̄titi (-aćịvati);
Einzahlung F ụplata *f* **Einzahlungsschein** M ụplatnica *f*
Einzel N *Tennis* pojedịnačnī sụsret *m* **Einzelhandel** M trgọvina *f* nạ malo **Einzelhändler(in)** M(F) trgovac *m* (-kinja *f*) nạ malo **Einzelheit** F pojedịnōst *f*
einzeln pojedịnačan; **der Einzelne** pojedịnac *m*; **im Einzelnen** u tančịne
Einzelzimmer N jednokrẹvetnā sọba *f*
einziehen *Fahrgestell, Kopf,*

Bauch uvūći (uvlāčiti); *in e-e Wohnung* usėliti (-ljāvati) se (**in** *A* u *A*)
einzig: **der Einzige** jėdīnī; **als Einziger** jėdīnī
einzigartig jedīnstven
Einzug M useljėnje *n*
Eis N lȇd *m*; *Speiseeis* slȁdolēd *m*; **~ am Stiel** slȁdolēd *m* na štapiću **Eisbär** M bijēlī *od* sjėvernī mėdvjed *m* **Eisbecher** M slȁdolēd *m* u čȁši **Eisberg** M lėdenī brijēg *m* **Eisdiele** F slȁstičārnica *f*
Eisen N žėljezo *n*
Eisenbahn F žėljeznica *f* **Eisenbahnwagen** M žėljezničkī vȁgōn *m*
eisern žėljeznī; *fig* čvȓst
eisgekühlt lėden **Eishockey** N hȍkēj *m* na lȇdu **eisig** lėden **Eiskaffee** M lėdenā kȁva *f* **eiskalt** lėden **Eiskunstlauf** M ùmjetničkō klīzānje *n* **eislaufen** klīzati na lȇdu
Eisläufer M klìzāč *m* **Eisläuferin** F klizȁčica *f*
Eisschnelllauf M bȓzō klīzānje *n* **Eistee** M lėdeni čȁj *m* **Eiswürfel** M kȍck(ic)a *f* lȇda **Eiszapfen** M sìga *f*
eitel tȁšt **Eitelkeit** F tȁštīna *f*
Eiter M gnȍj *m*
eitern [za-]gnȍjiti
eitrig gnōjan
Eiweiß N bjelȁnjak *m*; BIOL bjelȁnčevine *f/pl*
Ekel M gȁđēnje *n* (**vor** *D* prema *D*); **ekelerregend**, **ekelhaft** gȁdan

ekeln: **ich ekle mich** *od* **es ekelt mich davor** gȁdī mi se tō
EKG N (Elektrokardiogramm) (elektro)kardiogram *m*
Ekzem N ėkcēm *m*
E-Ladestation F stȁnica za pùnjēnje *f*
elastisch elȁstičan
Elefant M slȍn *m*
elegant elegȁntan
Elektriker(in) M(F) elėktričār *m*
elektrisch elėktričnī; **~er Schlag** elėktričnī ùdār *m*
Elektrizität F elektricìtet *m*
Elektroauto N elėktrično vozilo *f*
Elektrogerät N elėktričnī ùređaj *m* **Elektrogeschäft** N trgovina *f* elėktričnīm ùređājima **Elektroherd** M elėktričnī štēdnjāk *m* **Elektronik** F elektrȍnika *f* **elektronisch** elektrȍnički **Elektrotechnik** F elektrotėhnika *f*
Element N elėment *m*, počėlo *n*
elementar ėlementāran
Elend N bijėda *f* **Elendsviertel** N sirotìnjskā četvrt *f*
elf jedȁnaest
Elfenbein N bjėlōkost *f*
Elfmeter M jedanaestėrac
elfte jedȁnaestī
Ellbogen M lȁkat *m*
Elster F svrȁka *f*
Eltern PL rȍditelji *m/pl* **Elternteil** M rȍditelj *m*
E-Mail F IT elektrȍničkā pȍšta *f*, e-mail *m*, e-pȍšta *f*; **per ~** e-mailom; **j-m eine ~ schicken** pȍslati nėkome e-mail

E-Mail-Account M IT e-mail kọrisnički rạčūn **E-Mail-Adresse** F IT e-mail adrẹsa **E-Mail-Konto** N IT e-mail kọrisnički rạčūn
Emanzipation F emancipācija *f*
Embargo N ẹmbārgo *n*
Empfang M *Person* dọček *m*; *Radio*, TV prịmānje *n*; *im Hotel* recẹpcija *f*; **in ~ nehmen** *j-n* dọčekati (-kịvati); *Gegenstand* prịmiti (-mati) **empfangen** *Person* dọčekati (-kịvati); *Radio*, TV prịmiti (-mati)
Empfänger M *v Post* prịmatelj *m*; *Radio*, TV prijamnīk *m* **Empfängerin** F prịmatẹljica *f*
Empfängnisverhütung F → Verhütung
Empfangsbestätigung F pọtvrda *f* o primịtku
empfehlen preporụ̄čiti (-čịvati); **empfehlenswert** prepọrụčljiv **Empfehlung** F prẹporuka *f*
empfinden ọsjetiti (ọsjećati); **empfindlich** osjẹtljiv (**gegen** na *A*); **Empfindung** F ọsjećāj *m*
empört ozlọjēđen (**über** *A I*); **Empörung** F ozlọjēđenōst *f*
Ende N krāj *m*, svršētak *m*; *räumlich* krāj *m*; **~ April** krājem trāvnja; **am ~** na krāju (krajevā); **zu ~ sein** biti svṝšen; **zu ~ gehen** primạknuti (prịmicati) krāju
enden završiti (-šāvati) se
Endergebnis N kọnačnī rezụltāt *m*
endgültig kọnačan
Endivie F endīvija *f*
endlich kọnačan; ADV nạpokōn
endlos bẹskonačan, *räumlich* bẹskrajan
Endspiel N SPORT finạle *n od m* **Endstation** F pọsljednjā pọstaja *f*
Endung F GRAM nạstavak *m*
Energie F enẹrgija *f*; **Energiesparlampe** F štẹ̄dnā žạrulja *f* **Energieversorgung** F ọpskrba *f* elẹktričnōm enẹrgijōm
energisch enẹrgičan
eng tijẹsan; *Freundschaft* prịsan; **~er machen** sụ̄ziti (-zịvati); **~ anliegend** *Kleid* pripijen uz tijẹlo
Engel M ạnđeo *m*
England N Ẹnglēskā *f*
Engländer(in) M(F) Ẹnglēz *m*, Ẹngleskinja *f*
englisch ẹnglēskī
Englisch N *Sprache* ẹnglēskī
Engpass M klạnac *m*; *fig* tjẹsnac *m*
Enkel(in) M(F) ụnuk(a) *m(f)*
enorm ẹnorman
Ensemble N THEAT, MUS ansạmbl *m*
entbehren *Mangel leiden* oskudijẹvati u (*L*); *auskommen ohne* izići (izlaziti) nạ krāj bez (*G*)
Entbindung F pọrođaj *m*
entdecken ọtkriti (-krịvati); **Entdeckung** F otkrịće *n*
Ente F pạtka *f*
entfallen *wegfallen* ọtpasti (-padati); **das ist mir ~** tō sam zabọravio (-ila *f*)

entfalten razviti (-vijati); **sich ~** razviti (-vijati) se
entfernen odstrāniti (-njīvati); *Fleck* ukloniti (uklanjati); **sich ~** udāljiti (-ljāvati) se (**von** od *G*); **entfernt** *Verwandter* dalji **Entfernung** F udāljenōst *f*; *Beseitigung* odstranjīvānje *n*
entfrosten odlediti (-leđīvati)
entführen otēti (otimati); **Entführer(in)** M(F) otmičār(ka) *m(f)* **Entführung** F otmica *f*
entgegen PRP protīvno (*D*) **entgegengehen** ići u sūsret (**j-m** *D*); **entgegengesetzt** protīvan, suprotan **entgegenkommen** prīći (prilaziti) (**j-m** *D*); *fig* udovoljiti (-ljīvati) (*D*) **entgegenkommend** uslužan **entgegennehmen** prīmiti (-mati)
entgehen izmaknuti (izmicati); **e-r Gefahr ~** izbjeći (-bjegāvati) opāsnōst; **sich etw nicht ~ lassen** ne propustiti (-pūštati); **das ist mir entgangen** tō mi je promaklo
Entgelt N nāknada *f*
entgleisen iskliznuti (-zāvati)
enthalten: **sich ~** uzdrž(āv)ati se **enthaltsam** uzdržljiv
enthüllen *Denkmal* otkriti (-krīvati)
entkalken ukloniti (uklanjati) vapnēnac
entkommen umaknuti (umicati)
entkräften *Behauptung* pobiti (-bījati)
entladen iskrc(āv)ati
entlang: **die Straße ~** cestōm
entlassen *Arbeiter, Häftling, aus dem Krankenhaus* otpūstiti (-pūštati); **Entlassung** F otpūštānje *n*
entlasten rasteretiti (-rećīvati) (**von** *G*)
entlaufen pobjeći (bježati)
entledigen: **sich ~** riješiti (rješāvati) se (**e-r Sache** *G*)
entlüften odzrāčiti (-čīvati)
entmutigen obeshrābriti (-brīvati)
entnehmen uzēti (uzimati); (**aus** iz *G*); *ersehen* razab(i)rati
entrahmt obrān
entreißen istrgnuti *pf* **entrinnen** izmaknuti (izmicati) (**e-r Gefahr** pogībelji)
entrüstet ozlojēđen **Entrüstung** F ozlojēđenōst *f*
Entsafter M sokovnīk *m*
entschädigen obeštetiti (-štećīvati) (**für** za *A*); **Entschädigung** F obeštećēnje *n*
entscheiden odlūčiti (-čīvati); **sich ~** odlūčiti (-čīvati) se **entscheidend** prēsudan, odlučujūćī **Entscheidung** F odluka *f*
entschließen: **sich ~** odlūčiti (-čīvati) se (**etw zu tun** *inf*)
entschlossen odlučan
Entschluss M odluka *f*
entschuldigen isprīč(āv)ati; **sich ~** isprīč(āv)ati se (**wegen etw** zbog *G*); **~ Sie!** oprostite! **Entschuldigung** F isprika *f*; **~!** oprosti(te)!
Entsetzen N užās *m* **entsetzlich** užāsan **entsetzt** užasnūt

Entsorgung F *Abfallentsorgung* zbrinjāvānje *n* otpada **entspannen**: **sich ~** opustiti (opūštati) se **Entspannung** F opūštānje *n*; POL popūštānje *n* napētosti **entsprechen** odgovārati **entsprechend** odgovārajūćī **entstehen** nasta(ja)ti (**aus** iz *G*); **Entstehung** F nastajānje *n*; *Ursprung* postanak *m* **entstellen** unakāz(īv)ati (*a fig*) **enttäuschen** razočār(āv)ati; **enttäuscht sein von** biti razočāran (*I*) **Enttäuschung** F razočārānje *n* **Entwässerung** F odvodnjāvānje *n* **entweder**: **~ … oder** ili … ili **entwerfen** skicīrati (*im*)*pf*; *Kleider usw.* dizajnīrati (*im*)*pf* **entwerten** poništiti (-štāvati) **Entwerter** M *für Fahrscheine* automat *m* **entwickeln** razviti (-vījati) (*a* FOTO); **sich ~** razviti (-vījati) se **Entwicklung** F rāzvoj *m* **entwirren** razmŕsiti (-sīvati) **Entwurf** M nācrt *m* **entziehen** līšiti (-šāvati) (*G*), oduzēti (-zimati); **sich ~** *der Verantwortung, e-r Strafe* izbjeći (-begāvati) (*A*) **Entziehungskur** F liječčēnje *n* ovisnosti **entziffern** odgonētnuti (-tati), dešifrīrati (*im*)*pf* **entzückend** dražestan **entzückt** ushićen **Entzug** M *des Führerscheins* oduzimānje; *v Drogen* odvikāvānje *n* **Entzugserscheinungen** F/PL apstinencījskā krīza *f*, apstinencījskī simptōmi *m/pl* **entzünden** zapāliti, upāliti (-ljīvati); **sich ~** MED upāliti (-ljīvati) se **Entzündung** F MED upala *f* **entzwei** nadvoje **Enzym** N encīm *m* **Epidemie** F epidemija *f* **Epilepsie** F epilepsija *f* **Episode** F epizōda *f* **Epoche** F epōha *f* **er** ōn **erbärmlich** bijēdan, jadan; *gemein* podao **erbarmungslos** nesmīljen **erbauen** sagrāditi (-građīvati); **Erbauer(in)** M(F) graditelj *m*, graditeljica *f* **Erbe**[1] N nāslijēđe *n*, nasljedstvo *n*; *fig* baština *f* **Erbe**[2] M nāsljednīk *m* **erben** naslijēditi (-ljeđīvati) **erbeuten** zaplijēniti (-ljenjīvati) **Erbin** F nāsljednica *f* **erbittert** ogōrčen **erblicken** ugledati *pf* **erblinden** oslijēpiti (osljepljīvati) **erbrechen** povrātiti (povraćati) (*A*); **sich ~** povrātiti (povraćati) **Erbschaft** F nāslijēđe *n*, nasljedstvo *n* **Erbse** F grāšak *m* **Erdbeben** N potrēs *m* **Erdbeere** F jagoda *f* **Erdboden** M tlo *n* **Erde** F zemlja *f*

erden ELEK uzemljiti (-ljivati)
Erdgas N zemni plin *m*
Erdgeschoss, *öster* **Erdgeschoß** N prizemlje *n* **Erdkunde** F zemljopis *m* **Erdnuss** F kikiriki *m* **Erdöl** N nafta *f*
erdrosseln [u-, za-]daviti
erdrücken [z-]gnječiti
Erdrutsch M klizište *n*
Erdteil M kontinent *m*
ereignen: **sich ~** dogoditi (-gađati) se
Ereignis N događaj
Erektion F erekcija *f*
erfahren dozn(av)ati; **~ in etw sein** biti iskusan u (*L*), imati iskustva u (*L*)
Erfahrung F iskustvo *n*; **in ~ bringen** dozn(av)ati, sazn(av)ati
erfassen obuzeti (-zimati); *einbeziehen* obuhvatiti (-hvaćati)
erfinden izumiti (-mljivati); *fig* izmisliti (-mišljati)
Erfinder M izumitelj *m* **Erfinderin** F izumiteljica *f*
Erfindung F izum *m*; *fig* izmišljotina *f*
Erfolg M uspjeh *m*; **~ versprechend** obećavajući, perspektivan **erfolglos** ADV neuspješan **erfolgreich** ADV uspio
erforderlich potreban, nužan
erfordern zahtijevati
erforschen proučiti (-čavati); *Land* istražiti (-živati)
erfreulich ugodan
erfreut: **~ sein** [raz-]veseliti se (**über** *A D*)
erfrieren smrznuti (-zavati) se
erfrischen osvježiti (-žavati);
erfrischend osvježavajući
Erfrischung F osvježavanje
Erfrischungstuch N osvježavajući rupčić *m*
erfüllen *Bitte, Pflicht, Aufgabe; Bedingung* ispuniti (-njavati); **sich ~** ispuniti (-njavati) se
ergänzen dopuniti (-njavati)
ergeben *erbringen* iznositi; **sich ~** *folgen* proizići (proizlaziti) (**aus** iz *G*); *aufgeben* pred(av)ati se
Ergebnis N ishod *m*; rezultat *m* **ergebnislos** bez rezultata
ergiebig izdašan
ergreifen [z-]grabiti; *Maßnahme* poduzeti (-zimati); *Täter* uhvatiti (hvatati); *Gelegenheit* iskoristiti (-rišćivati, -ištavati); *Beruf* izab(i)rati; *rühren* dirnuti (-rati); **die Flucht ~** dati se *pf* u bijeg; **das Wort ~** uzeti (uzimati) riječ
erhalten primiti (-mati); *bewahren* očuvati *pf*; **gut ~** dobro očuvan
erhältlich nabavljiv
erhängen: **sich ~** objesiti (vješati) se
erheben *Zoll, Gebühr* naplatiti (-aćivati); *Klage* podignuti (-dizati); **sich ~** *aufstehen* dignuti (dizati) se; *emporragen* uzdizati se; *revoltieren* [po-]buniti se
erheblich znatan
erhitzen ugrij(av)ati
erhöhen povisiti (-sivati); *steigern* poveć(av)ati
erholen: **sich ~** oporaviti (-vljati) se (**von** od *G*); *im Urlaub* odmoriti (-marati) se **Erho-**

lung F ọdmor *m*
erinnern: **j-n an etw ~** pọdsjetiti (-sjećati) *(A)* na *(A)*; **sich ~** sjẹtiti (sjẹćati) se, prịsjetiti (-sjećati) se (**an** *A G*)
Erinnerung F sjẹćānje *n*
erkälten: **sich ~** prehlạditi (-ađīvati) se; **erkältet sein** bịti prẹhlāđen **Erkältung** F prẹhlada *f*
erkennen prepọzn(āv)ati (**an** *D* po *L*)
Erkenntnis F spọznaja *f*; *Einsicht* uvīđānje *n*
Erker M dọksat *m*
erklären *erläutern* objạsniti (-jašnjạvati); **Erklärung** F objašnjẹnje *n*; *Deklaration* ịzjava *f*
erkranken obọljeti (-lijẹvati) (**an** *D* od *G*); **Erkrankung** F oboljẹnje *n*
erkundigen: **sich nach etw ~** raspịt(īv)ati se o *(L)* (**bei j-m** kod *G*)
erlassen *Strafe* oprọstiti (oprạštati); *Verordnung* ịzd(āv)ati
erlauben dopụstiti (-pūštati)
Erlaubnis F dọzvola *f*
erläutern [pro-]tumạčiti
erleben doživjeti (-življạvati)
Erlebnis N doživljāj *m*
erledigen ọbaviti (-vljati) **erledigt** ọbavljen; *erschöpft* ịscrpljen
erleichtern olạkš(āv)ati
erleichtert: **wir sind ~** odlạnulo nam je
erleiden pretṛpjeti *pf*
Erlös M ụtržak *m*
erlösen ịzbaviti (-vljati) (**von** od *G*) (*a* REL); **Erlösung** F REL izbavljẹnje *n*
ermahnen opomẹnuti (opọminjati)
ermäßigen smạnjiti (-njīvati); **Ermäßigung** F pọpust *m*
ermessen *beurteilen* prosụditi (-uđīvati)
ermitteln *feststellen* ustanọviti (-vljịvati); JUR vọditi ịstragu (**gegen j-n** prọtiv *G*) **Ermittlung** F ịstraga *f*
ermöglichen omogụ̄ćiti (-ćīvati, -ćạvati)
ermorden umọriti *pf*, ụbiti (ubījati), ụsmrtiti (-rćịvati); **Ermordung** F umọrstvo *n*, ubọ̄jstvo *n*
ermüden *j-n* umọriti (umạ̄rati); *müde werden* umọriti (umạ̄rati) se
ermüdend zạmōran
ermuntern potạknuti (pọticati) (**zu** na *A*)
ermutigen ohrạbriti (-brịvati); **ermutigend** ohrạbrujūćī
ernähren hrạniti **Ernährung** F *Nahrung* prẹhrana *f*
ernennen ịmenovati *(im)pf* (**j-n zum Direktor** za dịrektora)
erneuern obnọviti (-nạvljati)
erneut pọnovo, pọnōvno
ernst *Absicht, Krankheit* ọzbīljan; **~ gemeint** ọzbīljan
Ernst M ọzbīljnōst *f*; **im ~** ọzbīljno **Ernstfall** M slučāj pọtrebē; **im ~** u slụčāju pọtrebē
ernsthaft ọzbīljan
Ernte F žẹtva *f*; *Ertrag* ljẹtina *f*
ernten [pọ-]žẹti

Eroberer(in) M(F) osvạjāč(ica) *m(f)*
erobern osvọjiti (-vạjati); **Eroberung** F osvạjānje *n*
eröffnen otvọriti (-vạrati); **Eröffnung** F otvorẹnje *n*
erörtern rạspraviti (-vljati) o (*L*)
Erotik F erọtika *f* **erotisch** ẹrotskī
erpressen *j-n* ucijẹniti (-njīvati)
Erpresser M ucjenjivāč *m* **Erpresserin** F ucjenjivạčica *f*
Erpressung F ụcjena *f*
erraten pogọditi (-gạđati)
erregen *Neugier usw* pobūditi (-uđīvati); *erzürnen* uzbūditi (-buđīvati), ụzrujati (-jạvati); *sexuell* uzbūditi (-buđīvati); **Erreger** M MED ụzročnīk *m*
erregt ụzbūđen
Erregung F uzbuđẹnje *n*
erreichbar *Person* dohvạtljiv, dọstupan; *Ort* prịstupačan; *Ziel* dọstižan **erreichen** *Ziel* pọstići (-stizati); *Alter* dočẹkati (-kīvati); *Ort* stịći (stịzati) do (*G*); *telefonisch* dọbiti (-bīvati); *Zug, Bus* stịći (stịzati) na (*A*)
errichten pọdići (-dizati)
erröten pocrvẹnjeti *pf*, porumẹnjeti (-njīvati)
Ersatz M nadọmjestak *m*; *Schadenersatz* nạdoknada *f* **Ersatzrad** N rezērvnī kọtāč *m* **Ersatzspieler(in)** M(F) pričūvnī ịgrāč *m*, pričūvna ịgrāčica *f* **Ersatzteil** N rẹzērvnī diọ *m*
erscheinen pojạviti (-vljīvati) se; *Zeitung* ịzīći (ịzlaziti); **das erscheint mir merkwürdig** tọ mi se čịnī čụdnīm
erschießen strijẹljati (*im*)*pf*, ustrijẹliti (-relįīvati)
erschlagen umlạtiti *pf*, ụbiti (ubījati)
erschließen *Sinn* ịzvesti (-vọditi); *Bauland* priprẹmiti (-mati)
erschöpft ịscrpljen; *Vorräte* pọtrošen **Erschöpfung** F ịscrpljenōst *f*
erschrecken *j-n* prẹ-, ụplašiti *pf*, prẹstrašiti *pf*; *e-n Schreck bekommen* prẹ-, ụplašiti se *pf*, prẹstrašiti se *pf*
erschrocken prẹplašen, prẹstrašen
erschüttern pọtresti (-ẹsati); *fig a* ụzdrmati **erschütternd** pọtrēsan **Erschütterung** F pọtrēs *m* (*a fig*)
erschweren otẹžati (-žạvati)
erschwinglich prịstupačan
ersetzen nadọmjestiti (-mještati); *Schaden, Unkosten* nadọknaditi (-ađīvati)
ersparen uštẹdjeti (-eđīvati); *fig* **j-m** (*D*) **etw** prištẹdjeti (-eđīvati) (*A*)
Ersparnis F ụšteda *f* (**an** *D* na *L*); **Ersparnisse** F/PL uštẹđẹvina *f*
erst *zuerst* nạjprije; *nicht früher als* ịstom; *nicht mehr als* tẹk; **~ gestern** ụpravo jụčēr; **~ recht** pogọtovo
erstarren *vor Angst* ukọčiti se *pf*, ukrūtiti (-rućīvati) se
erstatten *Auslagen* nadọknaditi (-ađīvati); *Bericht* pọdnijēti (-nọsiti); *Anzeige* pọdnijēti (-nọ-

siti) (wegen zbog *G*)
erstaunlich *verwunderlich* začuđujūćī; *Leistung usw* zapanjujūćī
erstaunt: ~ **sein** [za-]čuditi se (**über etw** *D*)
erste prvī; **am ~n Juni** prvōg līpnja; **~r Klasse** prvōm klasōm; **Erste Hilfe** prvā pomōć *f*; **fürs Erste** zasad(a); **als Erster** prvī
erstechen probosti (-bādati)
erstens (kao) pȓvo
erster, **erstes** → erste
ersticken *j-n* [u-]gūšiti, [u-]dāviti; VI [u-, za-]gūšiti se
erstklassig prvorāzredan
erstrecken: **sich ~** prostrijēti (-stirati) (**bis zu** *od* **an** *A* do *G*)
ertappen zateći *pf*
Ertrag M prihod *m*
ertragen podnijēti (-nositi); **nicht zu ~** ne dā se podnijēti
erträglich podnošljiv
ertrinken utopiti (utāpati) se
erübrigen *Zeit* nāći (nalaziti); **es erübrigt sich** suvišno je (**zu** *inf*)
erwachen [pro-]būditi se
erwachsen odrāstao (-la *f*)
Erwachsene M, F odrāslī *m* (-lā *f*)
erwähnen napomēnuti (-pominjati)
erwärmen zagrij(āv)ati
erwarten očekīvati (*a Baby*)
Erwartung F očekīvānje *n*
erwecken *Verdacht, Vertrauen, Eindruck* [po-]būditi
erweitern proširiti (-širīvati)
Erwerb M *v Gütern, Fähigkeiten* stjecānje **erwerben** steći (stjecati)
erwidern uzvrātiti (uzvraćati) (*a Gruß, Besuch*)
erwischen *Zug* uhvatiti (hvatati); *ertappen* zateći *pf*
erwünscht požēljan
erwürgen [u-, za-]gūšiti, [u-, za-]dāviti
Erz N rūda *f*
erzählen isprīčati (-čāvati); **Erzähler(in)** M(F) pripovjedāč (-ica) *m(f)* **Erzählung** F pripovijētka *f*
erzeugen *herstellen, hervorrufen* proizvesti (-voditi); **Erzeuger(in)** M(F) HANDEL proizvođāč(ica) *m(f)* **Erzeugnis** N proizvod *m*
erziehen odgojiti (-gājiti)
Erzieher M odgojitelj *m* **Erzieherin** F odgojiteljica *f*
Erziehung F odgoj *m*
erzielen postići (-stizati)
erzwingen iznuditi (-uđīvati)
es onō; **ich bin ~** jā sam; **~ ist spät** kasno je
Esel M magarac *m*
Espresso M espres(s)o *n*
essbar jestiv
Essbesteck N pribor *m* za jelo
essen [po-]jesti
Essen N jelo *n*; *Mahlzeit* obrok *m*
Essig M ocat *m*; *reg* kvasina *f* **Essiggurke** F kiselī krastavac *m*
Esslöffel M žlica *f* **Esstisch** M blagovaonički *od* jedāćī stol *m*
Esszimmer N blagovaonica *f*, jedāćā soba *f*
Etage F kat *m* **Etagenbett** N

krẹvet nạ kat
Etappe F etạ̄pa *f*
Etikett N etikẹ̄ta *f*
etliche nẹkoliko (*G*)
Etui N futrọ̄la *f*, etụi *m*
etwa *ungefähr* otprị̄likē; *womöglich* zar
etwas nẹšto; *ein wenig* pọmalo
EU F (Europäische Union) Eụropskā ū̄nija *f*
euch (*D*) vạma, *enkl* vam; (*A*) vā̤s, *enkl* vas
euer vạš
Eule F sọ̄va *f*
eure vạša **euretwegen** rạdi *od* zbọg vās
Euro M (*Währung*) eụro *m*
Europa N Eụrōpa *f*
Europäer M Eurọ̄pljanin *m* **Europäerin** F Eurọ̄pljānka *f*
europäisch eụropskī
evakuieren evakuị̄rati (*im*)*pf*
evangelisch evangẹlički
eventuell ẹventuālan; ADV ẹventuālno
ewig vjẹčan **Ewigkeit** F vjẹčnōst *f*
exakt tọčan, ẹgzaktan
Examen N ịspit *m*
Exemplar N prịmjerak *m*
Exil N egzīl *m*, progọ̄nstvo *n*
Existenz F egzistẹncija *f* **Existenzminimum** N ẹgzistencijālnī mịnimum *m*
existieren egzistị̄rati (*im*)*pf*, pọstojati
exotisch egzọtičan
Expedition F ekspedị̄cija *f*
Experiment N eksperịment *m*
experimentieren eksperimentị̄rati (*im*)*pf*
Experte M ẹkspert *m* **Expertin** F ẹkspertica *f*
explodieren eksplodị̄rati (*im*)*pf*
Explosion F eksplọ̄zija *f*
explosiv ẹksplozīvan
Export M ịzvoz *m* **exportieren** ịzvesti (-vọziti)
extra *getrennt* zā̤seban, ọdvojen; *eigens* nā̤ročito; *zusätzlich* dọdātan
Extras N/PL pọsebnī dodạci *m/pl*
extrem ẹkstrēman, krạ̄jnjī
E-Zigarette F ē-cigarẹta (elẹktrična cigarẹta) *f*

F MUS F
Fa. → Firma
Fabel F bạsna *f* **fabelhaft** bạsnoslōvan
Fabrik F tvọ̄rnica *f*
Fabrikat N fabrịkāt *m*
Facebook® N *meist ohne Artikel* IT Facebook®
Fach N *Schublade* prẹtinac *m*; *Unterrichtsfach* prẹ̄dmet *m*
Facharzt M, **Fachärztin** F liječnīk *m* (-nica *f*) specijạlist
Fachausdruck M strụčnī izraz *m* **Fachfrau** F strụčnjakinja *f* **Fachgebiet** N strụka *f*
Fachgeschäft N specijalizị̄rānā tr̄govina *f* **Fachhoch-**

schule F veleučilište *n* **Fachkenntnis** F stručnō znānje *n* **fachlich** stručan **Fachmann** M stručnjāk *m*

Fackel F bąklja *f*

fad(e) bljutav; *fig* dosādan

Faden M nīt *f*

fähig sposoban (**zu** za *A*) **Fähigkeit** F sposōbnōst *f*

Fahndung F policījskā potraga *f* (**nach** za *I*)

Fahne F zāstava *f*

Fahrbahn F kōlnīk *m*

Fähre F trajekt *m*

fahren voziti se (**mit dem Auto** autom); *verkehren Zug, Bus* voziti, ići; *Schiff* ploviti; *abfahren* pōći (polaziti); *reisen* otići (odlaziti) (**nach** u *A*); *lenken* voziti; *befördern* voziti, odvesti (-voziti) (**nach** u *A*); **~ Sie mich bitte nach ...** vozite me molīm u ...

Fahrer M vozāč *m* **Fahrerflucht** F bijēg *m* vozāča s mjesta nesreće **Fahrerin** F vozačica *f*

Fahrgast M pūtnīk *m* (-nica *f*) **Fahrkarte** F voznā kārta *f*

Fahrkartenautomat M automāt *m* za prodaju karātā **Fahrkartenschalter** M pūtničkā blagājna *f*

fahrlässig nemāran

Fahrlehrer(in) M(F) instruktor (-ica) *m(f)* vōžnjē

Fahrplan M voznī rēd *m* **fahrplanmäßig** po voznōm rēdu

Fahrpreis M vozarina *f*, vōznā pristojba

Fahrrad N bicikl *m*

Fahrschein M → Fahrkarte **Fahrscheinentwerter** M aparāt *m* za poništāvānje voznīh karātā

Fahrschule F autoškōla *f* **Fahrspur** F vōznī trak *m* **Fahrstuhl** M dizalo *n*

Fahrt F vōžnja *f*; *mit dem Schiff* plovidba *f*

Fährte F trāg *m*

Fahrtrichtung F smjēr *m* vōžnjē

Fahrzeug N vozilo *n* **Fahrzeughalter** M vlāsnīk *m* vozila

fair fēr

Faktor čimbenīk *m*

Falke M sokol *m*

Fall M *Sturz, Untergang* pād *m*; *Angelegenheit* slučāj *m*; GRAM pādež *m*; **auf jeden ~** svakāko; **auf keinen ~** ni u kojēm slučāju

Falle F klopka *f*, zāmka *f*

fallen *hinfallen, Temperatur, Preis* pasti (padati); **es fällt mir schwer** tēško mi padā; **~ lassen** ispustiti (-pūštati);

fällen *Bäume* oboriti (obārati), [po-]sjeći; *Urteil* izreći (-ricati)

fällig *Zinsen* dospjelī; **längst ~** *Zug* zakasnio

falls ako

Fallschirm M; padobrān *m*

falsch *gefälscht, unaufrichtig* lažan; *unrichtig* pogrešan, krīv; *Zähne* umjetan; **~ verbunden!** krīvī spōj!; *Uhr* **~ gehen** ne ići dobro; **etw ~ machen** pogriješiti *pf*

fälschen krivotvọriti, falsificīrati *(im)pf*
Falschgeld N krivotvọrenī nọvac *m* **Falschparken** N krīvō parkīrānje *n*
Fälschung F krivotvọrina *f*
Falte F nābor; *Runzel* bōra *f*
falten *Hände* sklọpiti (sklāpati); *Wäsche* sloẓiti (slāgati)
Falter M lẹptīr *m*
familiär obīteljski; *ungezwungen* fạmilijāran
Familie F obītelj *f*; BIOL pọrodica *f*
Familienangehörige M, F člān *m* obītelji **Familienname** M prẹzime *n* **Familienstand** M brāčnō stānje *n*
Fan M navijāč *m* (-ạčica *f*)
Fanatiker(in) M(F) fanạtik *m/f*
fanatisch fanạtičan
Fang M ulov *m* **fangen** [u-] lọviti; *Ball* ụhvatiti (hvạtati)
Fantasie F māšta *f*
fantastisch fantạstičan
Farbe F bọja *f*
färben [o-]bọjiti
farbenblind slijẹ̄p za bọje
Farbfernseher M televīzor *m* u bōji **Farbfilm** M fịlm *m* u bōji **farbig** u bōji; *bunt* šaren **farblos** bẹzbōjan **Farbstift** M ọlōvka u bōji, bọjica *f*
Färbung F bojēnje *n*
Farn(kraut N) M pạprāt *m*
Fasan M fạzān *m*
Fasching M fạšnik *m*, karnẹvāl *m*, pọklade *f/pl*
Faschismus M faṣīzam *m*
Faser F vlạkno *n*
Fass N bạčva *f*; **vom ~** tọčen
Fassade F prọčēlje *n*, fasāda *f (a fig)*
Fassbier N tọčenō pīvo *n*
fassen *Dieb* ụhvatiti (hvạtati); *begreifen* shvạtiti (shvạćati); *aufnehmen können* obụhvatiti (-hvaćati)
Fassung F *Brillenfassung, Edelsteinfassung* ọkvīr *m*; *Glühbirnenfassung* gṛlo *n*; *Version* vẹrzija *f*; *fig* prịsebnōst *f*; **aus der ~ bringen** izbạciti *od* ịzvesti *pf* ịz takta
fassungslos zạpānjen
fast ụmalo; gọtovo
fasten pọstiti **Fastenzeit** F REL pōst *m*
Fast Food N bṛza hrạna *f*
Fastnacht F pọkladnā nọ̄ć *f*
faszinierend fascinạntan
fauchen fṛktati
faul *träge* lijẹ̄n; *verfault* trụo
faulenzen ljenčāriti **Faulenzer(in)** M(F) lijẹ̄nčina *m, f*
Faulheit F lijẹ̄nōst *f*
Faust F šạka *f*; **auf eigene ~** na svọ̄ju rụ̄ku **Fausthandschuh** M rukạvica bez pṛstījū **Faustschlag** M ụdarac šạkōm
Favorit(in) M(F) SPORT favọrīt *m*, favọritkinja *f*
Fax N fạks; **per ~** fạksom **faxen** [pọ-]slạti fạksom **Faxgerät** N fạks-ụređāj *m*
Fazit N sažētak *m*, zạključak *m*
Feature N feature
Februar M vẹljača *f*
fechten mạčevati
Feder F *Vogelfeder, Schreibfeder*

pęro *n*; TECH ǫpruga *f* **Federbett** N pęrina *f* **Federhalter** M → **Füllfederhalter**
federn *Sprungbrett* biti gibljiv
Fee F vīla *f*
Feedback N pǫvratnā informācija *f*
fegen [pǫ-]męsti
fehlen nedǫstajati; *Person* izǫsta(ja)ti; **was fehlt Ihnen?** štǫ Vam je?
Fehler M pogreška *f*; *Mangel* mąna *f* **fehlerfrei** bez pogreškē **fehlerhaft** pogrešan
Feier F prǫslava *f* **Feierabend** M krāj *m* rādnōg dąna **feierlich** svečān
feiern [prǫ-]slaviti
Feiertag M blągdan *m*
feig(e) kukavičkī
Feige F smǫkva *f*
Feigling M kukavica *m, f*
Feile F tųrpija *f*
feilen turpijati
feilschen cjenkati se
fein sitan, fīn; *zart* nježan; *vornehm* fīn, ǫtmjen; *erlesen* fīn; *ausgeprägt* istančān; **~ gemahlen** sitno mljeven
Feind(in) M(F) neprijatelj *m*, neprijatēljica *f* **feindlich** neprijatęljskī **Feindschaft** F neprijatęljstvo *n* **feindselig** neprijatęljski raspǫložen
feinfühlig tankoćutan
Feinheit F finoća *f*
Feinkostgeschäft N delikatęsnā tgovina *f* **Feinschmecker(in)** M(F) sladokūsac *m/f*, gųrman *m/f*
Feld N *Acker*, PHYS pǫlje *n*
Feldweg M pǫljskī pūt *m*
Felge F nāplatak *m*
Fell N kǫža *f*
Fels(en) M stijęna *f*, hrīd *m*
feminin GRAM žęnskōg rǫda
Feminist(in) M(F) feminist(ica) *m(f)*
Fenchel M korǫmāč *m*
Fenster N prǫzor *m* **Fensterbrett** N prǫzorskā dąska *f*
Fensterladen M prǫzorskī kāpak *m* **Fensterplatz** M sjędalo *n* do prǫzora **Fensterrahmen** F prǫzorskī ǫkvīr *m*
Fensterscheibe F prǫzorskō stąklo *n*
Ferien PL prāznīci *m/pl*, fērije *f/pl* **Ferienhaus** N kųća *f* za ǫdmor, vįkendica *f* **Ferienkurs** M tęčāj *m* strānōg jęzika tijękom prāznīkā **Ferienwohnung** F apąrtmān (za ǫdmor)
Ferkel N ǫdojak *m*, prąse *n*
fern dąlek; ADV dalęko
Fernbedienung F dąljīnskī upravljāč *m*
Fernbus M međugradski autobus
Ferne F: **aus der ~** iz daljinē, izdalęka *f*; **in der ~** u daljini
ferner nądaljē
ferngesteuert dąljīnski upravljān
Fernglas N dalekǫzor *m* **Fernlicht** N dugō svjętlo *n* **Fernrohr** N tęleskop *m*
fernsehen ględati televīziju
Fernsehen N televīzija *f*
Fernseher M tełevīzor **Fern-**

sehprogramm N televīzījskī program **Fernsehsendung** F televīzījskā emīsija *f* **Fernsehzuschauer(in)** M(F) televīzījskī glẹdatelj *m*, televīzījska glẹdatẹljica *f*
Fernsicht F vịdīk *m* **Fernsteuerung** F dạljīnskō uprạvljānje *n* **Fernstudium** N dọpisnī tẹčāj *m* **Fernverkehr** M prọmet *m* na vẹlikē daljịne
Ferse F pẹta *f*
fertig *beendet, bereit* gọtov **fertig machen** *Arbeit* dovṛšiti (-šạvati); **sich ~ machen** *bereitmachen* sprẹmiti (-mati) se **fertigbringen** ụspjeti (-pijẹvati)
Fertiggericht N gọtovō jẹlo *n* **Fertighaus** N mọntāžnā kụća *f* **Fertigkeit** F vješṭina *f* **fertigstellen** → fertig machen
Fessel[1] F *(meist pl)* ọkovi *m/pl*
Fessel[2] F ANAT glẹžanj *m*; ZOOL pụtica *f*
fesseln spụt(ạv)ati, vẹzati (-zīvati); *fig* fascinīrati *(im)pf*
fest *nicht flüssig* krụt, čvṛst; *Preis, Wohnsitz* stạlan; *stabil* stạlan; *Schlaf* dụbok; *adv* čvṛsto
Fest N svẹčanōst *f*
festbinden [za-]vẹzati
Festessen N gọzba *f*
festhalten zadṛž(ạv)ati; **an etw** *(D)* **~** dṛžati se *(G)*; **sich ~** pridṛž(ạv)ati se (**an** *D G*)
Festiger M učvršćịvāč *m*
Festland N kọpno *n*; *Kontinent* kontịnent *m*
festlich svẹčan
festmachen SCHIFF privẹz(īv)ati
Festnahme F uhićẹnje *n*
festnehmen ụhititi (uhićīvati)
Festnetz N TEL fịksna telẹfōnska mrẹža *f* **Festnetzanschluss** M fịksni prịključak *m*; **Festnetznummer** TEL fịksni brọj; **Festnetztelefon** N TEL fịksni telẹfōn *m*
Festplatte F IT tvṛdī dịsk *m*
festsetzen *Termin, Preis* utvṛditi (-rđīvati)
Festspiele N/PL festịvāl
feststehen *Termin* bịti ụtvṛđen
feststellen *bemerken* ustanọviti (-vljīvati); *Personalien* utvṛditi (-rđīvati)
Festtag M blạgdān *m*
Festzug M svẹčanā pọvōrka *f*
fett mạstan
Fett N mạst *f* **fettarm** *Milch* polumạstan **fettig** mạstan
Fetzen M kṛpa *f*, drọnjak *m*; *Papierfetzen* komạdić *m*
feucht vlạžan **Feuchtigkeit** F vlạžnōst *f*
Feuer N vạtra *f*; *Brand* pọžār; *Artilleriefeuer* pạljba *f* **Feueralarm** M pọžārnī ạlarm *m* **Feuerbestattung** F kremạcija *f* **feuerfest** vạtrostālan **Feuerleiter** F vatrọgāsnē ljẹstve *f/pl* **Feuerlöscher** M vatrọgāsnī aparāt **Feuermelder** M vatrodọjavnī ụređāj *m*
feuern *heizen* [na-]lọžiti; *schießen* [o-]pạliti, [u-]pụcati
Feuerwehr F vạtrogāsnā slụžba *f* **Feuerwehrfrau** F vatrogạskịnja *f* **Feuerwehr-**

mann M vatrogậsac *m* **Feuerwerk** N vạtromēt *m* **Feuerwerkskörper** M pẹtārda *f* **Feuerzeug** N upąljāč *m*
Fichte F smręka *f*
ficken *vulg* jębati *(im)pf vulg*
Fieber N grǫznica *f*; **~ haben** ịmati grǫznicu **fieberfrei** bez pǫvīšenē temperatūre **fieberhaft** grǫzničav **Fieberthermometer** N tǫplomjēr *m*
fiebrig grǫzničav
fies gądan
Figur F figūra *f*
Filet N fịlē *m*
Filiale F pǫdružnica *f*, filijāla *f*
Film M *Kinofilm*, FOTO fịlm *m*
filmen snịmiti (-mati) kąmerōm
Filmkamera F fịlmskā kąmera *f* **Filmregisseur(in)** M(F) fịlmskī redžisēr *m*, fịlmska redžisērka *f*
Filmschauspieler(in) M(F) fịlmskī glūmac *m*, fịlmskā glumica *f*
Filmstar M fịlmskā zvijězda *f*
Filter M fịlter *m* **Filterkaffee** M fịlter-kava *f*
filtern filtrịrati *(im)pf*
Filterpapier N fịlter-papīr *m* **Filtertüte** F fịlter-vrećica *f* **Filterzigarette** F cigarẹta *f* s fịlterom
Filzstift M flomaster *m*
Finale N finąle *n od m*
Finanzamt N ųred *m* pǫreznē ųpravē **Finanzen** F/PL finąncije *f/pl* **finanziell** finąncījskī
finanzieren financịrati *(im)pf*
finden nąći (nạlaziti); **wie ~ Sie das?** štọ mịslīte ọ tomē? kąko Vam se tọ svịdā?
Finger M pṛst *m*; **kleiner ~** mąlī pṛst *m* **Fingerabdruck** M ọtisak *m* pṛsta **Fingernagel** M nọkat *m* **Fingerspitze** F vṛh *m* pṛsta
Fink M zěba *f*
Finne M Fịnac *m* **Finnin** F Fịnkinja *f* **finnisch** fịnskī
Finnland N Fịnskā *f*
finster mrąčan, tmūran *(a fig)*
Firma F tvṛtka *f*
Firmung F krịzma *f*
Fisch M rịba *f* **Fische** M/PL ASTRON rịbe *f/pl* **fischen** [u-] lọviti rịbu, rịbati **Fischer(in)** M(F) rịbār(ica) *m(f)* **Fischerei** F ribąrstvo *n* **Fischfang** M ribolōv *m* **Fischfilet** N rịbljī fịlē *m* **Fischstäbchen** N rịbljī štąpić *m*
fit fịt
Fitnesscenter N fịtnes cẹntar *m*
fix *Kosten* fịksnī; **~ und fertig** pọtpuno gọtov *od* sprẹman; *erschöpft* pọtpuno iscṛpljen
Fixer M narkọmān *m* **Fixerin** F narkọmānka *f*
flach plịtak, plọsnat; *eben* rąvan; *Wasser* plịtak *m*
Fläche F pọvršina *f*, plọha *f*
Flachland N ravnịca *f*
Flachs M lạn *m*
flackern trepẹriti
Flagge F zāstava *f*
flambiert flạmbīrān
Flamme F plạmen *m*
Flanell N flạnel *m*
Flanke F bọk *m*

Flasche F boca *f*
Flaschenbier N pivo *n* u boci **Flaschenöffner** M otvarač *m* bocā **Flaschenpfand** n kaūcija *f*
Flatrate TEL, IT F flat *m*
flattern treperiti
flau *Wind* slab, mlitav; **ihm ist ~** slabo mu je
Flaum M papērje *n*
Flechte F BOT, MED lišāj *m*
flechten [is-, s-]plesti
Fleck M mrlja *f* **Fleckentferner** M sredstvo *n* za uklānjānje mrlja **fleckig** umrljān
Fledermaus F šišmiš *m*, netopir *m*
Flegel M klipan *m*
flehen zaklinjati
Fleisch N mēso **Fleischbrühe** F mēsnā jūha *f* **Fleischer(in)** M(F) mesār *m*, mesarica *f* **Fleischerei** F mesnica *f* **fleischig** mesnat **Fleischkloß** M mesnā okruglica *f*
Fleiß M mār *m* **fleißig** marljiv
flicken [po-, za-]krpati
Flieder M jorgovān
Fliege F muha *f*
fliegen letjeti (**nach Rio** u Rio)
Flieger M *umg* letjelica *f*; *Person* letāč **Fliegerin** F letāčica *f*
fliehen pobjeći (bježati)
Fliese keramičkā pločica *f*
Fließband N tekūćā vrpca *f*
fließen [po-]teći
fließend: **~es Wasser** tekūćā voda *f*; **~ Deutsch sprechen** tečno govoriti njemāčkī
flimmern trepnuti (-ptati)
flink hitar
Flipchart M *od* N flipchart *m*
Flirt M flert *m*
flirten flertovati *umg*, udvārati se
Flitterwochen F/PL medenī mjesēc *m*
Flocke F pahulja *f*
Floh M buha *f* **Flohmarkt** M buvljā pijaca *f*, buvljāk *m umg*
Floß N splāv *f*
Flosse F *Fischflosse, Schwimmflosse* perāja *f*
Flöte F flauta *f*
flott polētan; *schick* elegantan
Flotte F flota *f*
Fluch M psōvka *f*; *Verwünschung* proklētstvo **fluchen** psovati
Flucht F bijēg *m*
flüchten pobjeći (bježati); **flüchtig** *entflohen* u bijēgu; *oberflächlich* letimičan **Flüchtling** M izbjeglica *m, f* **Flüchtlingslager** N izbjeglički lōgor *m*
Flug M lēt *m*
Flugbegleiter(in) M(F) stjuārd *m*, stjuardesa *f*
Flugblatt N letak *m*
Flügel M krīlo *n*; MUS koncertnī glasovīr *od* klavīr *m*
Fluggast M aviōnskī pūtnīk *m*, aviōnskā pūtnica *f* **Fluggesellschaft** F zrakoplōvnā tvrtka *f*
Flughafen M zrāčnā lūka *f*, aerodrom *m* **Fluglinie** F zrakoplōvnā līnija *f* **Fluglotse** M **Fluglotsin** F kontrolōr(ka) *m(f)* zrāčnōg prōmeta **Flug-**

plan M rẹd *m* lẹtēnja **Flugplatz** M ụzletīšte *n* **Flugreise** F putovạ̄nje *n* aviọ̄nom *od* zrạkoplōvom **Flugschein** M avịōnskā *od* zrạkoplọvnā kạ̄rta *f*
Flugschreiber M cr̄nā kụtija *f*
Flugzeug N zrạkoplōv *m*, avịōn *m* **Flugzeugentführung** F ọtmica *f* zrạkoplōva
Fluor N flụor
Flur M *Hausflur* prẹdvōrje *n*; *Gang* họdnīk *m*
Fluss M rijḕka *f* **flussabwärts** nịzvodno **flussaufwärts** ụzvodno
flüssig tekūćī; *Verkehr* protọčan **Flüssigkeit** F tekụćina *f*
flüstern [pro-]šạptati
Flut F *Gezeiten* plịma *f* **Flutlicht** N rẹflektor *m*
Flyer M lẹtak *m*
Fohlen N ždrijḕbe *n*; *Hengstfohlen* ždrijḕbac *m*
Föhn M sụšilo *n*, fḕn *m*
föhnen [po-]sūšiti sụšilom *od* fḕnom
Folge F pọsljedica *f*; TV, *Radio* nạ̄stavak *m*; **zur ~ haben** ịmati za pọsljedicu
folgen slijḕditi (**j-m** *A*) *zeitlich* **auf** (*A*) nạkon (*G*); *gehorchen* [pọ-]slụšati; **daraus folgt** ịz togā proịstječē *od* slijḕdī; **wie folgt** na slјẹdēćī nạ̄čin
folgend slјẹdēćī, ịdūćī
folgern zaključ̄iti (-čīvati) (**aus** iz *G*)
Folie F fōlija *f*
Folklore F fọlklōr *m*
Folter F mụčēnje *n*, tortūra *f*
foltern [nạ-]mụčiti
fordern [za-]trạ̄žiti
fördern *j-n* unaprijḕditi (-ređīvati); *Erz* vạditi (rūdu)
Forelle F pạstrva *f*
Form F ọblīk *m*, fọrma *f*; **in ~ sein** biti u fọrmi
formal fọrmālan **Formalität** F formạlnōst *f*
Format N fọrmāt *m* **formatieren** IT formatīrati (*im*)*pf*
Formel F fọrmula *f*
formen ọblikovati (*im*)*pf*
förmlich fọrmālan; *steif a* ụkōčen
formlos *zwanglos* neụsiljen
Formular N tịskanica *f*, formụlār *m*
formulieren formulīrati (*im*)*pf*
forsch smịon
forschen istrạ̄žiti (-žīvati), ispīt(īv)ati (**nach etw** *A*)
Forscher M istražịvāč *m* **Forscherin** F istraživạčica *f*
Forschung F istražīvānje *n*
Forst M šụma *f*
Förster(in) M(F) šụmār *m*, šumạrica *f*
fort → weg
fortbewegen: **sich ~** pomạknuti (pọmicati) se
fortbilden: **sich ~** usavr̄šiti (-šạ̄vati) se **Fortbildung** F stručnō usavršạ̄vānje *n*
fortfahren *mit etw* nạstaviti (-vljati) (*A*)
fortgehen ọtīći (ọdlaziti)
fortgeschritten *Alter* poodmakao; MED uznapredovao; *Kurs* nạpredan

fortlaufend tękūćī
fortpflanzen: **sich ~** rasplọditi (-plođīvati) se
Fortschritt M nạpredak *m* **fortschrittlich** nạpredan
fortsetzen nạstaviti (-vljati)
Fortsetzung F nậstavak *m*
Foto N slịka *f*; **Fotoalbum** N fotoạlbum *m* **Fotoapparat** M fotoapạrāt *m*
Fotograf M fotọgraf *m* **Fotografie** F fotogrạfija *f* **fotografieren** fotografīrati *(im)pf*, [ụ-]slịkati **Fotografin** F fotọgrafkinja *f*
Fotokopie F fotokọpija *f* **fotokopieren** fotokopịrati *(im)pf*
Fotomodell N fotomọdēl *m*
Foyer N foạjē *m*
Fr. → Frau
Fracht F tẹret *m* **Frachter** M, **Frachtschiff** N tẹretni brọd *m*, terẹtnjāk *m*
Frage F pịtānje *n*; **eine ~ stellen** pọstaviti pịtānje **Fragebogen** M ụpitnīk *m*
fragen [u-]pịtati (**j-n** *A* **nach etw** za *A*)
Fragezeichen N ụpitnīk *m*
fraglich spọran
Fraktion F frạkcija *f*
frankieren frankịrati *(im)pf*
Frankreich N Frạncūskā *f*
Franse F rẹsa *f*
Franzose M Frạncūz *m*
Französin F Frạncūskinja *f* **französisch** frạncūskī **Französisch** N *Sprache* frạncūskī
fräsen glọdati
Fratze F fạca *f*
Frau F žẹna *f*; *Anrede* gọspođa *f*; *Ehefrau* žẹna *f*
Frauenarzt M **-ärztin** F ginekọlog(inja) *m(f)*
Fräulein N gọspođica *f*
frech drzak **Frechheit** F drskōst *f*
frei slọbodan; *kostenlos* bẹsplatan; *Stelle* slọbodan; **im Freien** pọd vedrīm nẹbom, na ọtvorenōm; **ins Freie** nạ zrāk; **haben Sie noch ein Zimmer ~?** ịmāte li slọbodnīh sọbā?; **~ geben** *Straße* otvọriti (-vạ̄rati); **~ halten** *Platz* [sa-]čụ̄vati; **Ausfahrt ~ halten!** ne pạrkirāj -kọlnī ụlaz!; **sich ~ machen** *fig* ụzēti si slọbodno; *beim Arzt* svụ̄ći (svlạ̄čiti) se
Freibad N bazēn *m* na ọtvorenōm, ọtvorenī bạzēn *m*
freiberuflich: **~ tätig sein** bạviti se slọbodnīm zanịmānjem
freigeben *Akten* stạviti (-vljati) na raspolạ̄gānje
freihaben ịmati slọbodan dạ̄n
Freiheit F slobọda *f*
Freikarte F besplatnā ụlaznica *f*
freilassen oslobọditi (-bạ̄đati)
freilich *allerdings* dodụ̄še
Freilichtbühne F pozọ̄rnica *f* na ọtvorenōm
freimachen *Brief* → frankieren
g(inja) **freisprechen** JUR oslobọditi (-bạ̄đati) (**von** *G*); **Freispruch** M oslobạ̄đajūćā prẹsuda *f* **Freistoß** M slọbodnī ụdarac *m*
Freitag M pẹtak *m*; → a Dienstag

freiwillig dobrovoljan
Freizeit F slobodno vrijeme n
fremd *unbekannt* nepoznat; *ausländisch, auswärtig* stran; *Eigentum* tuđ; **ich bin hier ~** nisam odavde
Fremde M, F *Ausländer(in)* stranac m, strankinja f, tuđinac m, tuđinka f; *Auswärtige* stranac m, strankinja f
Fremdenführer(in) M(F) turistički vodič m, turistička vodičica f **Fremdenverkehr** M turizam m **Fremdenverkehrsamt** N ured m za turizam **Fremdenzimmer** N soba f za iznajmljivanje
Fremdsprache F strani jezik m **Fremdsprachensekretärin** F inokorespondentica f
Fremdwort N strana riječ f, tuđica f
Frequenz F čestoća f; PHYS frekvencija f
Fresko N freska f
fressen [po-]žderati, [po-]jesti
Freude F radost f, veselje n; **j-m e-e ~ machen** obradovati pf, razveseliti pf (A)
freudig radostan
freuen: **sich** [ob-]radovati se, [raz-]veseliti se (**über** *A D*; **auf** *A D*)
Freund M prijatelj m **Freundin** F prijateljica f
freundlich ljubazan; **das ist sehr ~ von Ihnen** vrlo ste ljubazni
Freundschaft F prijateljstvo n
Friede(n) M mir m
Friedhof M groblje n
friedlich miran; *ruhig* tih
frieren smrznuti (smrzavati) se; **ich friere** zima mi je; **es friert** smrzava se
Frikadelle F mesni valjušak m
Frikassee N frikase m
frisch svjež; *Wäsche* čist **frischgebacken** *fig* novopečeni
Friseur(in) M(F) frizer(ka) m(f) **Friseursalon** M češljaonica f, frizerski salon m
frisieren urediti (-eđivati) frizuru, frizirati (*im*)*pf*
Frist F rok m **fristlos**: **~e Kündigung** F momentalni otkaz m
Frisur F frizura f
frittieren fritirati (*im*)*pf*, [is-]pržiti
froh *glücklich, erfreulich* radostan; *zufrieden* zadovoljan (**über** *A I*); **ich bin ~, dass ...** drago mi je da ...; **~e Ostern!** sretan Uskrs!
fröhlich veseo
fromm pobožan
frontal frontalan
Frosch M žaba f
Frost M mraz m
frösteln: **mich fröstelt** ježim se od zime
frostig hladan
Frostschutzmittel N antifriz m
Frottee N frotir m **frottieren** [is-]frotirati
Frucht F plod m (*a fig*)
fruchtbar plodan **Fruchtbarkeit** F plodnost f

Fruchteis N voćnī slạdolēd *m* **Fruchtfleisch** N ụsplōđe *n* **Fruchtsaft** M voćnī sōk *m*
früh rạn; **zu ~** *adv* prẹrano; **heute ~** jụtrōs
früher *eher* rạnijē; *einst* nẹkoć
frühestens nājranijē
Frühgeburt F prijevremenī pọrod *m*; *Kind* nedọnošće *n*
Frühjahr N, **Frühling** M prọljeće *n*
Frühstück N dọručak *m*, zạjutrak *m* **frühstücken** dọručkovati (*im*)*pf*
Fruktose F fruktọza *f*
frustriert (is)frụstrīrān
Fuchs M līsac *m*, lịsica *f*
Fuge F MUS fūga *f*; TECH rēška *f*, spōj *m*
fügen: **sich ~** pokọriti (-rāvati) se (**in** *A D*)
fühlbar osjẹtljiv **fühlen** ọsjetiti (-ećati); *Puls* [ọ-]pịpati
Fühler M tịcalo *n*
führen *herumführen, leiten* vọditi; *Ware* ịmati u asortimānu; **zu etw ~** dọvesti (-vọditi) do (*G*)
Führer M *Reiseführer* vodič (*a Buch*) **Führerin** F vodịčica *f* **Führerschein** M vọzačkā dọzvola *f*
Führung F *Museum usw* razgledāvānje *n*; *Leitung* vọdstvo *n*, vọđēnje *n*; *Betragen* ponāšānje *n*; SPORT vọdstvo *n*
Führungskraft F rukovọditelj (-ica) *m*(*f*) **Führungszeugnis** N pọtvrda *f* o nekažnjāvānju
Fülle F ọbīlje *n*
füllen [nạ-, pọ-]puniti; GASTR nạdjenuti (-dijēvati) (**mit** *I*)
Füller M, **Füllfederhalter** M nālivpero *n* **Füllung** F GASTR nādjev *m*; *Zahnfüllung* plōmba *f*
fummeln *umg* prčkati (**an** *D* po *L*); *Fußball* pịmplati; *liebkosen* ljubạkati se
Fund M *Gegenstand, archäologischer Fund* nālaz
Fundament N tẹmelj
Fundbüro N ụred za ịzgubljenē stvāri **Fundsache** F nāđenā stvār *f*
fünf pēt **Fünfer** M pẹtica *f*
fünfhundert pētstō, pēt stọtīnā **Fünfsternehotel** N hotel *m* s pēt zvjẹzdicā **fünfte** pētī **Fünftel** N pẹtina *f* **fünfzehn** pẹtnaest **fünfzig** pedẹsēt
Funk M rādio; **über ~** preko rādija
Funke M ịskra *f*
funkeln svjẹtlucati; *Augen* sijẹvati
funken jāviti (-vljati) radiovẹzōm
Funker(in) M(F) radiooperātēr *m* **Funkgerät** N rādioụređāj *m* **Funksignal** N rādiosignāl *m* **Funksprechgerät** N radiotelẹfōn *m* **Funktaxi** N radiotạksi *m*
Funktion F fụnkcija *f* **Funktionär(in)** M(F) funkciọnār(ka) *f* **funktionieren** funkcionīrati (*im*)*pf*
für za (*A*)
Furche F *Ackerfurche* brāzda *f*; *Falte* bōra *f*

Furcht F strąh *m* (**vor** *D* od *G*); **furchtbar** strahǫvit
fürchten: **sich ~** bǫjati se (**vor** *D G*); **ich fürchte, dass ...** bojīm se da ...
furchtlos neustrąšiv
Fürsorge F brįga *f*; *öffentliche* skȓb *f*
Fürst M knȇz *m* **Fürstentum** N knėževina *f* **Fürstin** F knęginja *f*
Furunkel M pǫtkožnjāk *m*, fųrunkul *m*
Furz M pȑdež *m vulg* **furzen** pr̥dnuti (-djeti) *vulg*
Fuß M stǫpalo *n*, nǫga *f*; *e-s Berges* pǫdnōžje *n*; **zu ~** pjęšicē
Fußball M nǫgometnā lǫpta *f*; *Spiel* nǫgomēt *m* **Fußballplatz** M nǫgometnō įgralīšte *n* **Fußballspiel** N nǫgometnā ųtakmica *f* **Fußballspieler(in)** M(F) nogomętāš *m*, nogometāšica *f*
Fußboden M pǫd *m* **Fußbremse** F nǫžnā kǫčnica *f*
Fussel F dlącica *f*, vlakąnce *n*
Fußgänger(in) M(F) pjęšāk *m* **Fußgängerübergang** M pješāčkī prijēlaz *m* **Fußgängerzone** F pjęšāčkā zǫna *f*
Fußmatte F otįrāč *m* **Fußnote** F bįlješka *f*, fusnǫta *f* **Fußsohle** F tąban *m* **Fußspitze** F vȓh *m* stǫpala **Fußtritt** M ųdarac *m* nǫgōm **Fußweg** M nǫgostūp *m*
Futteral N kǫrice *f/pl*, futrǫla *f*
füttern *Kind, Tier* [na-]hrąniti; *Kleidung* pǫdstaviti (-vljati)
Fütterung F hrąnjēnje *n*
Futur N bųdūćē vrijęme *n*, fųtūr *m*

G

G MUS gȇ
Gabel F vįlica *f* (*a Fahrrad*)
gackern [za-]kokodąkati
gaffen bųljiti
Gage F gąža *f*
gähnen zijēvnuti (-vati)
Galerie F gąlērija *f*
Galle F žȗč *f*
Gallenblase F žȗčnī mjęhūr *m* **Gallenkolik** F žȗčnā kǫlika *f* **Gallenstein** M žȗčnī kamęnac *m*
Galopp M gąlop *m* **galoppieren** galopįrati (*im*)*pf*
gammeln skītati (se)
Gammler(in) M(F) skįtnica *m*(*f*), bęsposličār(ka) *m*(*f*)
Gang M hȍd *m*; *fig der Ereignisse* tijęk *m*; GASTR jęlo; AUTO brzįna *f*; *Korridor* hodnīk *m*; **den 3. ~ einlegen, in den 3. ~ schalten** ubąciti (ubacīvati) u tręćū brzinu; **in ~ bringen** *od* **setzen** pokręnuti (-ętati)
gängig uobįčājen
Gangschaltung F AUTO, *Fahrrad* mjęnjāč *m* brzįnē
Gangster M gąngster *m*
Gans F gųska *f*
Gänseblümchen N krasųljak

m, tratīnčica f **Gänsebraten** M guščjē pečēnje n **Gänsehaut** F tr̄nci m/pl
ganz cio, cijēl; *vollständig* cio, čitav, sav; *heil* cio, cijēl **ganz gut** prīlično dobar; **nicht ~** ne sasvīm
ganzjährig ADV cijēlē gọdinē
Ganztagsbeschäftigung cjelodnēvnī posao m
gar *Speise* skuhān; *gebraten* pečen; ADV **~ keiner** nijedan; **~ nicht** nimalo
Garage F garāža f
Garantie F jamstvo n, garancija f **garantieren** [za-]jamčiti, [za-] garantīrati (**für** za *A*)
Garderobe F garderōba f
Gardine F zāstor m
gären vreti
Garn N konac m
Garnele F kozica f
garnieren ukrāsiti (-rašāvati), garnīrati (*im*)*pf* (**mit** *I*)
Garnitur F garnitūra f; *Wäschegarnitur* komplet m
Garten M vrt m
Gärtner M vrtlār m **Gärtnerei** F vrtlarstvo n **Gärtnerin** F vrtlarica f
Gas N plīn m; AUTO gās m; **~ geben** dati (dāvati) gās **Gasanschluss** M plīnskī prīključak m **gasförmig** plinovit **Gasheizung** F plīnskō grijānje n **Gasherd** M plīnskī štēdnjāk m **Gasleitung** F plinovōd m **Gasmaske** F plīnskā maska f **Gaspedal** N papučica f za gās
Gasse F uličica f
Gast M gost m, gošća f; **bei j-m zu ~ sein** biti u gostima kod (*G*)
Gastarbeiter(in) M(F) rādnīk m (-nīca f) na privremenōm rādu u inozēmstvu; gastarbajter (-ica) m(f) *umg*
Gästebuch N knjiga f gostījū
Gästezimmer N gostinskā soba f
Gastfreundschaft F gostoprīmstvo n
Gastgeber M gostoprīmac m, domaćin m **Gastgeberin** F gostoprīmka f, domaćica f
Gasthaus N gostiōnica f
Gastronomie F gastronomija f
Gaststätte F gostiōnica f
Gastwirt(in) M(F) gostiōničār(ka) m(f) **Gastwirtschaft** F gostiōnica f
Gatte M suprug m **Gattin** F supruga f
Gattung F rōd
Gaumen M nepce n
Gauner(in) M(F) varalica m/f
Gebäck N čājnō pecīvo n
gebacken pečen
gebären roditi (rāđati); **Gebärmutter** F matērnica f
Gebäude N zgrada f
geben dati (dāvati); **~ Sie mir bitte ...** dājte mi molīm ...; **es gibt** imā (*G*); **was gibt es?** što je? **wo gibt es ...?** gdjē imā ...(*G*)?
Gebet N molitva f
Gebiet N područje n
gebildet naobražen
Gebirge N planina f, gōrje n
Gebiss N zubalo n (*a künstliches*)

Gebläse F pūhalo *n*
geboren rọđen
Gebot N zạpovijēd *f*
gebraten pẹčen
Gebrauch M ụporaba *f*, ụpotreba *f*; **~ machen von etw** kọristiti se (*I*)
gebrauchen [upo-]rạbiti, upotrijębiti (-bljạvati); **das könnte ich gut ~** tọ bi mi dọbro poslūžilo
Gebrauchsanweisung F ụputa *f* za kọrištēnje
gebraucht rạbljen
gebrechlich orọnulī
Gebrüll N rịka *f*
Gebühr F prịstōjba *f*; *Straßenbenutzungsgebühr* cestạrina *f*
gebührenfrei bẹsplatan **gebührenpflichtig** kọjī se naplaćujē; **~e Verwarnung** *f* ọpomena *f* uz nạplatu prịstōjbē
Geburt F pọrod *m*, rođẹ̄nje *n*; *Entbindung* pọrođāj *m*
Geburtsdatum N dạtum *m* rođẹ̄nja **Geburtsjahr** N gọdina *f* rođẹ̄nja *f* **Geburtsort** M rọdnō mjẹsto *n* **Geburtstag** M rọđendān *m*;; **alles Gute zum ~tag!** svẹ nạjbōlje za rọđendān! **Geburtsurkunde** F rọdnī lịst *m*
Gebüsch N gr̄mlje *n*
Gedächtnis N pạmćenje *n*; **aus dem ~** nạpamēt
Gedanke M mīsao *f*; **sich ~n über etw machen** bịti zạbrinūt zbog (*G*)
gedankenlos neprọmišljen
Gedankenstrich M cṛtica *f*
Gedeck N prịbor *m* za jẹlo; *Menü* menī *m*
gedeihen nạpredovati (*im*)*pf*, uspijẹ̄vati
Gedenkfeier F komemorạcija *f* **Gedenktafel** F spọmēn-plọča *f*
Gedicht N pjẹsma *f*
Gedränge N stịska *f*, gužva *f*
Geduld F str̄pljivōst *f* **gedulden**: **sich ~** str̄pjeti se *pf* **geduldig** str̄pljiv
geeignet prịkladan (**für** za *A*)
Gefahr F opạsnōst *f*; **auf eigene ~** na vlạstitī rịzik
gefährden ugrọ̄ziti (-ožạ̄vati)
gefährlich ọpāsan
Gefälle N *Straße* nịzbrdica *f*
gefallen svịdjeti (svịđati) se; **es gefällt mir (nicht)** (ne) svịđā mi se; **sich etw ~ lassen** pọdnijēti (-nọsiti)
Gefallen M ụsluga *f*; **würden Sie mir e-n ~ tun?** bịste li mi učinili ụslugu?
Gefälligkeit F ụslužnōst *f*; **j-m e-e ~ erweisen** učịniti ụslugu (*D*)
gefangen zạrobljen; **~ nehmen** zarọbiti (-blјīvati)
Gefangene M, F zarobljẹnīk *m* (-nica *f*)
Gefangenschaft F zarobljenịštvo *n*
Gefängnis N zạtvor *m*; **3 Jahre ~** trị gọdinē zạtvora
Gefäß N pọsuda *f*; *Blutgefäß* kr̄vnā žịla *f*
gefasst sạbrān; **auf etw ~ sein** bịti priprẽmljen na (*A*)

Gefieder N pẹ̄rje *n*
Geflügel N pẹrād *f*
gefragt trạžen
gefräßig proždṛljiv
gefrieren slẹditi (sleđīvati) se, smṛznuti (-zạ̄vati) se
Gefrierfach N prẹtinac *m* za dụbokō zamrzạ̄vānje **Gefrierpunkt** M lẹdīšte *n* **Gefrierschrank** M zamrzịvāč *m* **Gefriertruhe** F škrịnja *f* za dụbokō zamrzạ̄vānje
Gefühl N *Empfindung, Gespür* ọsjećāj *m* (**für** za *A*); **gefühllos** neosjẹtljiv **gefühlvoll** ọsjećājan
gegen prọtiv (*G*); *Richtung* prema (*D*); *zeitlich, annähernd* oko; **~ Quittung** uz prịznanicu
Gegend F krạ̄j *m*; *Umgebung* ọkolica *f*
gegeneinander jẹdan prọtiv drụgōg
Gegenfahrbahn F kọ̄lničkī trạ̄k *m* sụprotnōg smjẹra *f* **Gegengewicht** N protutẹ̄ža *f* **Gegenmittel** N prọtulijēk *m* (**gegen** prọtiv *G*); **Gegenrichtung** F prọtīvnī smjẹ̄r *m* **Gegensatz** M ọpreka *f*, sụprotnōst *f* **Gegenseite** F sụprotnā strạ̄na *f* **gegenseitig** ụzajāman, međụsoban **Gegenstand** M prẹ̄dmet *m* **Gegenteil** N sụprotnōst *f* (**von** od *G*); **Gegenverkehr** M prọ̄met *m* iz sụprotnōg smjẹra **Gegenwart** F sạdašnjica *f*; *Anwesenheit* nạzočnōst *f* **gegenwärtig** sạdašnjī **Gegenwehr** F ọtpor *m* **Gegenwind** M prọtīvan vjẹtar *m*
Gegner M prọtīvnīk *m* **Gegnerin** F prọtīvnica *f*
gegrillt pẹčen na roštịlju
Gehalt[1] M sạdržāj *m*
Gehalt[2] N plạ̄ća *f*
Gehaltsabrechnung F ọbračūn *m* plạ̄ćē **Gehaltserhöhung** F pọvišica *f* plạ̄ćē
Gehäuse N TECH, *Uhrgehäuse* kụćīšte *n*
geheim tạ̄jnī; **~ halten** čūvati u tạ̄jnu
Geheimdienst M tạ̄jnā slụ̄žba *f*
Geheimnis N tạ̄jna *f* **geheimnisvoll** tajạnstven
Geheimnummer F tajnī brọj *m*
Geheimzahl F tạ̄jnī brọ̄j *m*
gehen *Fähigkeit* họ̄dati; *zu Fuß* ịći pjẹ̄škē; *weggehen* ọtići (ọdlaziti); *Uhr* ịći; *Zug* ịći, pọ̄ći (pọlaziti); TECH rạ̄dit; *passen* stạti *pf* (**in** *A* u *A*); **zu j-m ~** ọtići (ịći) k (*D*); **es geht um** rijẹ̄č je o (*L*), rạ̄dī se o (*L*); **das geht nicht** tọ̄ nẹ možē; **geht es morgen?** mọ̄žē sụtra?; **wie geht es dir?** kạko si?
Gehirn N mọzak *m* **Gehirnerschütterung** F pọtrēs *m* mọzga
Gehör N slụ̄h *m*
gehorchen [po-]slušati
gehören: **~ zu** prịpadati (*D*), spạdati u (*A*); **das gehört mir** tọ̄ je mọje; **wem gehört ...?** čijī je ...?
gehörlos glụ̄h
gehorsam pọslūšan

Gehsteig M, **Gehweg** M nọgostū̦p *m* **Geier** M sụp *m* **Geige** F violīna *f*; **~ spielen** svīrati violīnu **Geiger** M violinist *m* **Geigerin** F violinịstica *f* **geil** *umg* pọhotan **geimpft** cijẹ̄pljen **Geisel** F tạlac *m*, tạ̄okinja *f* **Geiselnahme** F ụzimānje *n* tạlācā **Geist** M dụh *m*; *Verstand* ū̦m *m*; *Gespenst* dụh *m* **geistesabwesend** rastrẹsen **geistesgegenwärtig** prīseban **geisteskrank** *neg!* dụšēvno bọlestan **geistig** dụšēvan; **~ behindert** dụšēvno ọštećen **geistlich** dụhōvnī **Geistliche** M, F dụhōvnīk *m* (-nica *f*), svẹćenīk *m*; *protestantisch* pạstor *m* **geistreich** duhọvit **Geiz** M škṛtōst *f* **geizig** škṛt **Gelächter** N smijẹ̄h *m* **gelähmt** ụzēt **Gelände** N tẹrēn *m* **Geländefahrzeug** M tẹrēnskō vọzilo *n* **Geländer** N rụkohvāt *m* **gelassen** mīran **geläufig** pọznāt **gelaunt**: **gut (schlecht) ~ sein** bịti dọbrē (lọšē) vọljē **gelb** žū̦t **Gelbsucht** F žụtica *f* **Geld** N nọvac *m* **Geldanlage** F ulạ̄gānje *n* nōvca **Geldautomat** M bankọmāt *m* **Geldbeutel** M novčạnīk *m* **Geldbuße** F nọvčanā kạzna *f* **Geldschein** M novčạnica *f* **Geldstück** N kovạnica *f* **Geldwechsel** M mijẹ̄njānje *n* nọ̄vca **Gelee** N žẹlē *m* **gelegen** smjẹšten; **das kommt mir sehr ~** tọ̄ mi je dọbro dọšlo, tọ̄ mi odgọvārā **Gelegenheit** F prigoda *f*, prịlika *f* **Gelegenheitskauf** M pọvōljnā kū̦pnja *f* **gelegentlich** prigodan; ADV prigodicē **Gelenk** N zglọb *m* **gelenkig** gibak **gelernt** *ausgebildet* ịzučen, kvalificīrān **Geliebte** M, F ljụbāvnīk *m* (-nica *f*) **gelingen** ụspjeti (-pijẹ̄vati), pọ̄ći (pọlaziti) za rū̦kōm; **es gelang ihr, ihn zu überzeugen** ụspjela ga je ụvjeriti **geloben** zạ̄vjetovati se (*im*)*pf* **gelten** slọviti (**als** kạo); *gültig sein* vrijẹ̄diti, vạ̄ljati; **das gilt nicht** tọ̄ se ne račụnā; **~ lassen** prizn(ạ̄v)ati **Geltung** F: **zur ~ kommen** istạknuti (ịsticati) se; **zur ~ bringen** istạknuti (ịsticati) **gelungen** → gelingen **gemächlich** mīran **Gemälde** N slịka *f* **Gemäldegalerie** F gạlērija *f* slịkā **gemäßigt** ụmjeren **gemein** *niederträchtig* nịzak, pọdao **Gemeinde** F ọpćina *f*; REL žū̦pa *f* **Gemeinderat** M ọp-

ćinskō vijęće *n*
Gemeinheit F pǫdlōst *f*
gemeinnützig *Organisation* neprǫfitnī
gemeinsam zajednički, skupnī; ADV zajednički
Gemeinschaft F zajednica *f*
Gemeinschaftsantenne F skupnā antēna *f*
gemischt mješǫvit
Gemurmel N mrmōr *m*
Gemüse N pǫvrće *n* **Gemüsehändler(in)** M(F) prodavāč(ica) *m(f)* pǫvrća **Gemüsesuppe** F jūha *f* od pǫvrća *f*
gemütlich ụdoban, ụgodan
Gen N gēn *m*
genau tǫčan; **es ist ~ drei Uhr** tǫčno je trī sāta; **~ gehen** *Uhr* ići tǫčno; **~ genommen** strǫgo ụzēvši **Genauigkeit** F tǫčnōst *f*
genauso istō tạkō; **~ gut** istō tạkō dǫbar
genehmigen odǫbriti (-rāvati); **Genehmigung** F odobrę̄nje *n*
General(in) M(F) generāl *m*, generalica *f* **Generalprobe** F gęnerālnā prōba *f* **Generalstreik** M gęnerālnī *od* ǫpćī štrajk *m*
Generation F generācija *f*, naraštāj *m*
Generator M genęrātor *m*
generell gęnerālan, općęnit; ADV gęnerālno, općęnito
Genesung F opǫravak *m*, ozdravljęnje *n*
genetisch gęnetskī
Genf N Žeņēva *f*; **der ~er See** Žęnēvskō jęzero *n*
genial gęnijālan
Genick N zātiljāk *m*, šija *f*
Genie N gēnīj *m*
genieren: **sich ~** ustručāvati se, lībiti se, ženīrati se
genießbar *essbar* jęstiv; *trinkbar* pitak **genießen** užīvati u *(L)*
Genitiv M gęnitīv
Gentechnik F gęnetskā tehnolǫgija *f*
gentechnisch ADV gęnetskī; **~verändert** gęnetskī izmjęnjeno
genug dǫsta
genügen dǫst(aj)ati; **das genügt!** dǫsta!
genügend dǫvōljan
genügsam skrǫman
Genus N rǫd *m*
Genuss M *Vergnügen* užītak *m*; *v Speisen, Tabak, Alkohol* užīvānje *n* **Genussmittel** N srędstvo *n* za užīvānje
Geografie F geografija *f*, zęmljopis *m* **Geologie** F geolǫgija *f* **Geometrie** F geomętrija *f*
Gepäck N prtljāga *f* **Gepäckabfertigung** F otprema *f* prtljāgē **Gepäckannahme** F prīmānje *n* prtljāgē **Gepäckaufbewahrung** F prtljāžnica *f*, garderǫba *f* **Gepäckausgabe** F izdāvānje *n* prtljāgē **Gepäckkontrolle** F pręgled *m* prtljāgē **Gepäcknetz** N mręža *f* za prtljāgu **Gepäckschein** M pǫtvrda *f* o prīmā-

nju prtljāgē **Gepäckträger** M *Person* nọsāč *m*; *am Fahrrad* nọsāč *m* prtljāgē **Gepäckträgerin** F nosačica *f*
gepflegt njẹgovān; *Restaurant* bīrān
gerade rāvan; *Haltung* ụsprāvan; *Zahl* pāran; ADV *soeben* ụpravo; *ausgerechnet* bāš; **ich bin ~ dabei** ụpravo *od* bāš se sprẹ̄mām (**zu** *inf*); **~ stehen** preụzēti (-zimati) odgovọ̄rnōst
Gerade F MATH prạvac *m*; *Boxkampf* dịrekt *m*
geradeaus rāvno
Geranie F iglica *f*
Gerät N *Werkzeug* ạlāt *m*; *Apparat* ụređāj *m*
geraten *gelangen* dọspjeti (-pijẹ̄vati) (**in** *A*, **nach** u *A*); **gut** (**schlecht**) **~** dọbro (ne) ụspjeti (-pijẹ̄vati)
geräuchert dịmljen
geräumig prọstōran
Geräusch N šūm *m* **geräuschlos** bẹšūman **geräuschvoll** šūman, bučan
gerecht prạvedan **gerechtfertigt** oprāvdan **Gerechtigkeit** F prạvednōst *f*, prāvda *f*
gereizt rạzdrāžen
Gericht N GASTR jẹlo *n*; JUR *Behörde, Gebäude* sūd *m*; **vor ~** prẹd sūdom
Gerichtsverhandlung F sụdskā rạsprava *f* **Gerichtsvollzieher(in)** M(F) ovrhovọditelj *m*, ovrhoviteljica *f*
gering *Summe* nẹznatan; *Kosten, Wert* mālī; **nicht im Geringsten** ni nạjmanjē
gerinnen *Blut, Milch* zgrụš(āv)ati se
Gerippe N kọstūr *m*
gerissen *fig* prepṛẹden, pṛefrigān
Germanistik F germanịstika *f*
gern rạdo; **sehr ~** vṛlo rạdo; **~ geschehen!** nẹ̄mā na čẹmu!; **ich möchte ~ ...** htịo (htjẹla *f*) bih ...; **ich schwimme ~** vọlīm plịvati **gernhaben**: **j-n ~** vọljeti (*A*)
geröstet pṛžen
Gerste F jẹčam *m*
Gerstenkorn N MED jẹčmẹ̄nac *m*
Geruch M mịrīs *m* **geruchlos** bez mịrīsa **Geruchssinn** M osjẹ̄tilo *n* mịrīsa
Gerücht N glạsina *f*
gerührt gạnūt
Gerümpel N starụdije *f/pl*
Gerüst N skẹle *f/pl*
gesalzen zạ-, pọsoljen
gesamt ụkupan
Gesang M pjẹvānje *n*
Gesäß N strạžnjica *f*
gesättigt zạsićen
Geschäft N *Laden* trgovina *f*; *Handel* pọsao **geschäftlich** pọslōvan
Geschäftsbrief M pọslōvnō pīsmo *n* **Geschäftsfrau** F pọslōvnā žẹna *f* **Geschäftsführer(in)** M(F) pọslovođa *m*, pọslọvotkinja *f* **Geschäftsmann** M pọslōvnī čọvjek *m* **Geschäftspartner(in)** M(F) pọslōvnī pạrtner *m*, pọslōvna

partnerica *f* **Geschäftsschluss** M krāj *m* rādnōg vremena **Geschäftszeit** F rādnō vrijēme *n*
geschehen dogoditi (-gāđati) se
gescheit pametan
Geschenk N dār *m*, poklon *m* **Geschenkpapier** N ukrāsnī pāpīr *m* za zamātānje poklonā
Geschichte F povijēst *f*; *Erzählung* pripovijētka *f*, pripovijēst *f*
Geschicklichkeit F sprętnōst *f*
geschickt spretan
geschieden rastavljen
Geschirr N posūđe *n*; *Pferdegeschirr* hām *m* **Geschirrspüler** M perilica *f* posūđa **Geschirrtuch** N kuhinjskā krpa *f*
Geschlecht N *natürliches* spōl *m*; GRAM rōd *m* **geschlechtlich** spōlnī
Geschlechtskrankheit F spōlnā bolēst *f* **Geschlechtsorgan** N spōlnī organ *m* **Geschlechtsverkehr** M spōlnō općēnje *n*
geschliffen brūšen
geschlossen zatvoren
Geschmack M ukus *m*; *e-r Speise* okus *m* **geschmacklos** neukusan (*a fig*); **geschmackvoll** ukusan
geschmeidig gibak *m*
Geschöpf N stvōr *f*, stvorēnje *n*
Geschoss, *öster* **Geschoß** N metak *m*; *Stockwerk* kat *m*
Geschrei N vika *f*
Geschwätz N brbljānje *n*
Geschwindigkeit F brzina *f* **Geschwindigkeitsbegrenzung** F ograničēnje *n* brzinē **Geschwindigkeitsüberschreitung** F prekoračēnje *n* brzinē
Geschwister PL braća i sestre
geschwollen na-, otekao
Geschworene M, F porotnīk *m* (-nica *f*)
Geschwulst F izraslina *f*, tumor *m*
Geschwür N čir *m*
Geselle M pomoćnīk *m* **Gesellin** F pomoćnica *f*
gesellig druževan
Gesellschaft F drūštvo *n*
Gesetz N zākon *m* **Gesetzgeber** M zakonodāvac *m* **gesetzlich** zākonskī
Gesicht N līce *n*; **zu ~ bekommen** dobiti (-bīvati) na uvid
Gesichtsausdruck M izrāz *m* līca **Gesichtsfarbe** F bōja *f* līca **Gesichtspunkt** M glēdīšte *n*
Gesinnung F stav *m*
gespannt napēt; *neugierig* znatižēljan (**auf** *A*)
Gespenst N sablāst *f* **gespenstisch** sablāstan
gesperrt *Straße* zatvoren; *Konto* blokīrān
Gespräch N razgovōr *m* **gesprächig** prīčljiv
Gestalt F oblīk *m*; *Person* līk *m*; *Wuchs* stās *m*
gestalten oblikovati (*im*)*pf*; *Freizeit* provesti (-voditi); **Ge-**

staltung F oblikovānje *n*
Geständnis N priznānje *n*
Gestank M smrād *m*
gestatten dopustiti (-pūštati) (**j-m etw**); **~ Sie?** dopustīte *od* dopuštāte?
Geste F gesta *f*
gestehen prizn(āv)ati
Gestein N kamēnje *n*; *Fels* stijēna *f*
Gestell N *Brillengestell* okvīr *m*; *Regal* stālak *m*
gestern jučēr; **~ Abend** sinōć; **seit ~** od jučēr
gestorben umrō
gestreift prugast
gesund *Mensch, Klima* zdrav; **~ werden** ozdraviti (-vljati)
Gesundheit F zdrāvlje *n*; **(zur) ~!** nazdrāvlje
Gesundheitsamt N zāvod *m* za javnō zdravstvo **gesundheitsschädlich** štetan po zdrāvlje **Gesundheitszustand** M stānje *n* zdrāvlja
Getränk N pīće *n*, nāpitak *m*; **alkoholische ~e** alkohōlnā pīća *n/pl*
Getränkeautomat M autōmāt *m* za nāpitke
Getreide N žitarica *f*
Getriebe N AUTO mjenjāč *m*
getrocknet sūšen
Gewächshaus N staklenīk *m*
gewagt smion, riskantan
Gewähr F: **ohne ~** bez jamstva
Gewalt F sila *f*; **mit ~** silōm
gewaltig sīlan, golem
gewaltsam nāsilan, silovit **gewalttätig** nāsilan, silovit
gewandt vješt
Gewässer N vode *f/pl*
Gewebe N ANAT tkīvo *n*
Gewehr N puška *f*
Geweih N rogovi *m/pl*, rogōvlje *n*
Gewerbe N obrt *m*
Gewerkschaft F sindikāt *m* **Gewerkschafter** M sindikalist *m* **Gewerkschafterin** F sindikalistica *f*
Gewicht N težina *f* **Gewichtheben** N dizānje *n* utēgā
Gewichtsabnahme F gubītak *m* težinē **Gewichtszunahme** F debljānje *n*
Gewimmel N vreva *f*
Gewinde N TECH nāvoj *m*
Gewinn M HANDEL, *Spielgewinn* dobītak *m*
gewinnen *Preis* dobiti (-bīvati), osvojiti (-vājati); *Prozess* dobiti (-bīvati); *Schlacht* pobijēditi (-bjeđīvati) u (*L*); *Erz* vaditi (rudu)
Gewinner M dobitnīk *m* **Gewinnerin** F dobitnica *f*
Gewinnzahl F dobitnī broj *m*
Gewirr N *v Straßen* zbrka *f*
gewiss ADJ nekī; *sicher* sigūran; ADV sigūrno; **~!** svakāko!
Gewissen N sāvjest *f* **gewissenhaft** sāvjestan **gewissenlos** nesāvjestan
gewissermaßen u nekū rūku
Gewissheit F sigūrnōst *f*; **sich ~ verschaffen** uvjeriti (uvjerāvati) se (**über** *A* u *A*)
Gewitter N olūja *f* **gewittrig** olūjnī

gewöhnen nạviknuti (-kạ̄vati); **sich ~** nạviknuti (-kạ̄vati) se (**an** *A* na *A*)
Gewohnheit F nạ̄vika *f*
gewöhnlich ọbičan; **wie ~** kạo i ọbično
gewohnt: **ich bin es ~** nạviknūt(a *f*) sam
Gewölbe N svọd *m*
Gewühl N vrẹva *f*
Gewürz N zạ̄čin *m* **Gewürzgurke** F kịselī krạstavac *m* **Gewürznelke** F klịnčić *m*
Gezeiten PL mọrskē mijệne *f/pl*
Gicht F ụ̄lozi *m/pl*, pọdagra *f*, giht *m*
Giebel M zạbat *m*
gierig pọhlēpan
gießen lijệvati, lịti (*a* TECH); *Blumen* pọ-, zạliti (-lijệvati); **es gießt** lijệvā
Gift N ọtrov *m* **giftig** ọtrōvan **Giftmüll** M ọtrōvnī ọtpad *m* **Giftpilz** M ọtrōvnā gljịva *f* **Giftschlange** F zmija ọtrovnica *f*
gigantisch gigantskī
Gipfel M vṛh *m*; *fig* vrhụ̄nac *m* **Gipfelkonferenz** F sạstanak na vṛhu
Gips M sạdra *f*, gips *m* **Gipsverband** M sạdrenī pọvoj *m*
Giraffe F žirạfa *f*
Girlande F girlạnda *f*
Girokonto N žirorạčūn *m*
Gitarre F gitạra *f*
Gitter N rẹšētka *f*
Glanz M sjạ̄j *m* (*a fig*)
glänzen [za-]blịstati, [zạ-]sjạti; *brillieren* [za-]blịstati
glänzend *Oberfläche, fig* sjạ̄jan, blịstav
Glas N stạklo *n*; *Fernglas* dalekọzor *m*; *Brillenglas* stạklo *n*; **ein ~ Wein** čạ̄ša *f* vị̄na **Glascontainer** M sprẹmnīk *m* za ambalạ̄žnō stạklo
Glaser(in) M(F) stạklār *m*, stạklarica *f*
gläsern stạklen
Glasscheibe F stạklo *n* **Glasscherbe** F kṛhotina *f* stạkla *f*
Glastür F stạklenā vrạ̄ta *f*
Glasur F cạklina *f*, glazụ̄ra *f*; GASTR prẹljev *m*
glatt glạdak; *Straße* sklịzak; **es ging alles ~** svẹ je prọ̄šlo glạtko
Glätte F glạtkōst *f*, glatkọ́ća *f*; *auf der Straße* sklịskōst *f*
Glatteis N pọledica *f* **Glatteisgefahr** F opạ̄snōst *f* od pọledicē
glätten [zạ-]glạditi
Glatze F ćẹla *f*; **e-e ~ haben** bịti ćẹlav
Glaube M vjẹra *f* (**an** *A* u *A*)
glauben [pọ-]vjẹrovati (**j-m** *D*; **an** *A* u *A*); *annehmen* [pọ-]mịsliti
glaubhaft uvjẹrljiv
gläubig rẹligiōzan; **die Gläubigen** *pl* vjẹ̄rnici *m/pl*
Gläubiger M vjerọvnīk *m* **Gläubigerin** F vjerọvnica *f*
glaubwürdig vjerdọ̄stōjan
gleich jẹdnāk; *derselbe* ịstī; ADV jẹdnāko; **das ist mir (ganz) ~** tọ̄ mi je svejẹdno; **bis ~!** vịdīmo se!; **zu ~er Zeit** u ịstō vrijệme
gleichaltrig jẹdnākē dọ̄bi

gleichberechtigt ravnoprävan **Gleichberechtigung** F ravnoprävnöst *f*
gleichbleibend nepromjenljiv
gleichfalls: **danke, ~!** hvåla, takōđer!
Gleichgewicht N ravnotēža *f*
gleichgültig ravnodušan
gleichmäßig ravnomjēran
Gleichstrom M istosmjērnā strūja *f* **Gleichung** F jednadžba *f* **gleichzeitig** istodoban, istovremen; ADV istodobno, istovremeno
Gleis N kolosijēk *m*
gleiten klīzati **gleitend** klīznī
Gleitzeit F klīznō rādnō vrijēme *n*
Gletscher M glečer *m*, ledenjāk *m*
Glied N *Körperglied* ūd *m*; *männliches* ūdo *n*; *Kettenglied* karika *f*
gliedern raščlāniti (-njīvati)
glimmen tinjati
glitschig sklīzak
glitzern svjetlucati
global globālan
Globus M glōbus *m*
Glocke F *Kirchenglocke, Klingel* zvono *n*
Glockenturm M zvonīk *m*
glotzen būljiti, pīljiti (**auf** *A* u *A*)
Glück N sreća *f*; **zum ~** na (svu) sreću; **viel ~!** sretno!
glücklich sretan **glücklicherweise** srećōm
Glücksspiel N igra *f* na sreću
Glückwunsch M čestītka *f*; **herzlichen ~!** svē nājboljē!
Glühbirne F žarulja *f*
glühen žāriti se; *fig* gorjeti (**vor** od *G*)
glühend užāren; *fig* strastven; **~ heiß** užāren
Glühwein M kuhānō vīno *n*
Glühwürmchen N krijēsnica *f*
Glut F žār *m*, žeravica *f*; *sengende Hitze* žega *f*
Gluten N glutēn *m*
glutenfrei *Lebensmittel* bez glutēna
GmbH F (Gesellschaft mit beschränkter Haftung) drūštvo *n* s ograničenōm odgovōrnošću
Gnade F milōst *f*
gnadenlos nemilosrdan
Gold N zlāto *n* **golden** zlātan
Goldfisch M zlātnā ribica *f*
goldig zlātan **Goldmedaille** F zlātnā medalja *f*
Golf¹ M GEOG zāljev *m*
Golf² N *Spiel* golf *m* **Golfplatz** M igralīšte *n* za golf **Golfschläger** M palica *f* za golf
Golfspieler(in) M(F) golfāš(ica) *m(f)*
gönnen priūštiti *pf* (**j-m** *D* **etw** *A*)
googeln IT googlati
Gorilla M gorila *f*
gotisch gotskī
Gott M Bōg *m*; *Gottheit* bōg *m*; **~ sei Dank!** hvāla Bogu!; **um ~es willen!** za Boga (milōga)! **Gottesdienst** M bogoslūžje *n*
Göttin F boginja *f*
Grab N grōb *m*
graben kopati

Graben M jārak *m*; *Schützengraben* rōv *m*
Grabinschrift F nādgrobnī nātpis *m* **Grabmal** N nādgrobnī spomenīk *m* **Grabstein** M nādgrobnā ploča *f*
Grad M stūpanj *m*; **zwei ~ über (unter) Null** dvā stūpnja iznad (ispod) ništicē
Graf M grof *m*
Grafik F grafika *f*
Grafiker M grafičār *m* **Grafikerin** F grafičārka *f*
Gräfin F grofica *f*
grafisch grafičkī
Gramm N gram *m*
Grammatik F gramatika *f*
Granate F granāta *f*
Grapefruit F grejpfrut *m*
Gras N trāva *f*
grasen pāsti trāvu
grässlich užāsan
Grat M *Berg* sljeme *n*
Gräte F ribljā kōst *f*
gratis besplatno, grātis *umg*
gratulieren čestītati (*im*)*pf* **j-m** (*D*) (**zum Geburtstag** rođendān; **zu e-m Erfolg** na uspjehu)
grau sīv; *Haar* sijēd
Grauen N groza *f*
grauhaarig sjedokos, sjedoglav
Graupel(schauer) M solika *f*
grausam okrūtan **Grausamkeit** F okrutnōst *f*
greifen uhvatiti (hvatati); [po-] sēgnuti (**nach etw** za *I*); **zu etw ~** poslūžiti se *pf* (*I*)
grell *Licht* jārkī; *Farbe* kričav; *Ton* oštar
Grenzbahnhof M graničnī kolodvōr *m*
Grenze F granica *f* (*a fig*)
grenzen graničiti (**an** *A* s *I*)
Grenzübergang M graničnī prijēlaz *m*
Grieche M Grk *m* **Griechenland** N Grčkā *f* **Griechin** F Grkinja *f* **griechisch** grčkī
Grieß M krupica *f*
Griff M *Koffergriff* ručica *f*; *Messergriff* držak *m*; *Türgriff* kvaka *f*
griffbereit pri rūci
Grill M roštīlj *m*; **vom ~** s roštīlja *od* sa žāra
Grille F ZOOL zrīkavac *m*
grillen [is-]peći na roštīlju
Grimasse F grimasa *f*
grinsen [is-]kēsiti se, [is-]cēriti se, cerekati se
Grippe F gripa *f*
grob grūb; **~ gemahlen** krūpno mljeven
grölen [za-]galāmiti
grollen biti kīvan (**j-m** na *A*); *Donner* tutnjiti
groß velik; *hoch* visok; **wie ~ sind Sie?** koliko ste visokī?
großartig veličanstven
Großaufnahme F slika *f* velikōg formāta **Großbritannien** N Velikā Britānija *f* **Großbuchstabe** M velikō slovo *n*
Größe F, *Körpergröße*, *Schuhgröße*, *fig* veličina *f*
Großeltern PL djed i bāka
Großhandel M veletrgovina *f*
Großhändler(in) M(F) veletrgovac *m*, veletrgōvkinja *f*
Großmacht F velesila *f*

Großmutter F bȁka *f*
Großstadt F vȅlegrād *m*
größtenteils većinōm
Großvater M djȅd *m*
großzügig velikodušan
Grotte F špìlja *f*
Grübchen N jȁmica *f*
Grube F jȁma *f*; *Bergwerk* rȕdnīk *m*
grübeln mȍzgati (**über** *A* o *L*)
grün zȅlen; POL **die Grünen** Zȅlenī *m/pl*; **die Ampel steht auf Grün** sèmafōr pokazuje zȅleno
Grünanlage F pèrivōj *m*
Grund M *Boden* dnȍ *n*; *Erdboden* tlȍ *n*; *Ursache* rȃzlog *m*; **von ~ auf** iz tȅmelja; **ohne ~** bez tȅmelja; **aus diesem ~** ȉz tōg rȃzloga
Grundbesitz M zemljíšnī pȍsjed *m* **Grundbesitzer(in)** M(F) zemljopòsjednik *m*, zemljopòsjednica *f*
gründen osnòvati (-nívati)
Grundgesetz N *BRD* ȕstāv *m*
Grundlage F tȅmelj *m*
gründlich temèljit; ADV temèljito
Grundriss M ARCH tlȍcrt *m*
Grundsatz M nàčēlo *n*, prìncīp *m* **grundsätzlich** ADV nȃčēlan, principijélan **Grundschule** F ȍsnōvnā škȍla *f*
Grundstück N zèmljīšte *n*
Gründung F osnívānje *n*
Grundwasser N pȍdzēmnā vȍda *f*
Grünfläche F trȁvnjāk *m*
Grünstreifen M *Autobahn* zȅlenī pòjās *m*

Gruppe F skȕpina *f*, grȕpa *f*
Gruppenreise F grȕpnō putòvānje *n*
gruselig jȅziv
Gruß M pȍzdrāv *m*; **e-n ~ bestellen** *od* **ausrichten** izrúčiti, prènijēti pȍzdrāv; **viele Grüße an** pȕno pȍzdrāvā (*D*) ; **mit freundlichen Grüßen** sa sȑdāčnīm pȍzdrāvima *od* uz sȑdāčnē pȍzdrāve
grüßen pȍzdraviti (-vljati); **j-n ~ lassen** pȍzdraviti (-vljati) (*A*)
Gulasch N/M gùlāš *m*
gültig vȁljan
Gummi N/M gùma *f* **Gummiband** N gùmena vȑpca *f* **Gummistiefel** M/PL gùmenē čìzme *f/pl*
günstig pȍvōljan
gurgeln gȑgljati
Gurke F kràstavac *m*
Gurt M pòjās *m*
Gürtel M pòjās *m*
Guss M *Regenguss* pljȕsak *m*; *Zuckerguss* prȅljev *m*
gut dȍbar; ADV dȍbro; **schon ~!** nȉšta zȁ tō!; **es geht mir ~** dȍbro sam; **mir ist nicht ~** nȉje mi dȍbro; **also ~!** dȍbro!, u rédu! **~ aussehen** dȍbro izglȅdati; **~ gemeint** dobronàmjēran; **~es Wetter** dȍbrō *od* vȅdrō vrijème
Gut N dȍbro *n*
Gutachten N vjȅštāčēnje *n* ekspertíza *f*
Gutachter(in) M(F) vjȅštāk *m*, vjȅštakinja *f*
gutartig MED dobròćudan, bènīgnī

Gute N: **alles ~!** svẹ nājboljē!
Güte F dobrọta *f*; *Qualität* kakvọća *f*
Güter N/PL *Waren* rọba *f* **Güterwagen** M tẹretnī vagōn **Güterzug** M tẹretnī vlāk *m*
gutgläubig lạkovjēran
Guthaben N *Sparguthaben* uštеđẹvina *f*; *Buchführung* potražīvānje *n*, trạžbina *f*
gütig dobrọstiv
gutmütig dobrọćudan
Gutschein M bōn *m*
guttun: **j-m ~** gọditi (*D*)
Gymnasium N gimnāzija *f*
Gymnastik F gimnạstika *f*
Gynäkologie F ginekolọgija *f*

H

H MUS hā
Haar N vlās *f*; kọsa *f*; **um ein ~** zạ dlaku **Haarausfall** F ispadānje *n* kọsē **Haarbürste** F četka *f* za kọsu **Haarfestiger** M učvršćịvāč *m* za kọsu
Haarnadel F ụkosnica *f* **Haarnadelkurve** F oštar zavōj *m*
Haarschnitt M šīšānje *n* kọsē; *Frisur* frizūra *f* **Haarspray** N lạk *m* za kọsu **haarsträubend** jẹziv **Haartrockner** M sušilo *n* za kọsu **Haarwaschmittel** N šampōn *m* **Haarwasser** N losiōn *m* za kọsu
haben ịmati; **was ~ Sie?** štọ je Vạma? **bei sich ~** ịmati ụza se
Hackbraten M pẹčēnka *f* od mljẹvenōg mẹsa
Hacke F mọtika *f*
hacken GASTR [na-]sjẹckati
Hacker(in) M(F) IT hạker *m* (-ica *f*)
Hackfleisch N mljẹvenō mẹso *n*
Hafen M lūka *f* **Hafenstadt** F lūčkī grād *m* **Hafenviertel** N lūčkā četvȑt *f*
Hafer M zōb *m* **Haferbrei** M zọbenā kạša *f* **Haferflocken** F/PL zọbenē pahụljice *f/pl*
Haft F zātvor *m* **haftbar** odgovōran (**für etw** za *A*); **Haftbefehl** M uhidbenī nālog *m* **haften** [zạ-]jạmčiti (**für** za *A*); *kleben* priọnuti (-ānjati)
Häftling M zatvorẹnīk *m* (-nica *f*)
Haftpflicht F ọbveza *f* nạknadē štẹtē **Haftpflichtversicherung** F ọbveznō osigurānje *n*; AUTO osigurānje *n* od automọbilskē odgovọrnosti
Haftung F priānjānje *n*; JUR odgovọrnōst *f*, jạmstvo *n* (**für** za *A*)
Hagebutte F šīpak *m*
Hagel M tụča *f*, grạd *m* **hageln**: **es hagelt** pạdā tụča **Hagelschauer** M tụča *f*
hager mȑšav, sūh
Hahn M pijētao *m*; TECH slạvina *f*
Hähnchen N GASTR pịlić *m*
Hai(fisch) M mọrskī pạs *m*
häkeln kukịćati

Haken M kụka *f*
halb pȏl, pȍla; *unvollständig* polovičan; ADV nȁpola; **~ leer (voll)** pọluprazan (nȁpola pụn); **~ zwölf** pọla dvānaest; **e-e ~e Stunde** pọla sāta; **zum ~en Preis** u pọla cijēnē
Halbfinale N polufinȃle *m*
halbieren prepolọviti (-vljīvati, -lȁvljati); **Halbinsel** F polụotok *m* **Halbjahr** N polugọdīšte *n* **Halbkreis** M pọlukrūg *m* **Halbkugel** F polukūgla *f*
halblaut ịspod glasa **Halbmond** M pọlumjesēc *m* **Halbpension** F polupansiōn *m*
Halbschuh M polucịpela *f*
Halbtagsarbeit F pọludnēvnī rȃd *m*
Halbzeit F: **erste ~** pȓvō poluvrijẹ̄me *n*; **zweite ~** drụgō poluvrijẹ̄me *n*
Hälfte F polọvica *f*, polọvina *f*; **zur ~** nạpola
Halle F *Hotelhalle* prẹdvōrje *n*; *Bahnhofshalle* kọlodvōr *m*; *Turnhalle* dvorạna *f*; *Fabrikhalle* hạla *f*
Hallenbad N zạtvorenī bazẹn *m*
hallo! hạlō!; *Begrüßung* bọg!
Halm M vlȃt *m*
Halogenlampe hạlogēnā svjẹtīljka *f* **Halogenscheinwerfer** M hạlogēnī rẹflektor *m*
Hals M vrȃt *m*; *Kehle* gṛlo *n*; **ich habe e-n steifen ~** vrȃt mi je ụkočen; **~ über Kopf** nạvrāt-nạnōs **Halsband** N ọgrlica *f* **Halsentzündung** F ụpala *f* gṛla **Halskette** F ọgrlica *f*
Hals-Nasen-Ohren-Arzt M, **-Ärztin** F lijẹ̄čnīk *m* (-nīca *f*) za bọlesti uha, gṛla i nȍsa **Halsschlagader** F vrȃtnā artẹrija *f* **Halsschmerzen** M/PL grlọbolja *f* **Halstuch** N vrȃtnī rụbac *m*, šạl *m*
Halt M *Anhalten* zȃstoj *m*; **ohne ~** nẹprekīdno
haltbar trȃjan; *Lebensmittel* **~ bis** upotrẹbljivo *od* uporạbljivo do
halten *Buch usw* [pri-]dṛžati; *Zug, Auto* zaụstaviti (-vljati) se; **eine Rede ~** [o-]dṛžati gọvōr; **was ~ Sie davon?** štọ mislīte ọ tomē?; **sich ~** *Lebensmittel* ne kvariti se; **Halten verboten!** zạbranjeno zaụstavljānje!
Haltestelle F pọstaja *f* **Halteverbot** N zạbrana *f* zaụstavljānja
haltmachen zaụstaviti (-vljati) se
Haltung F *Körperhaltung* dṛžānje *n*; *Einstellung* stạv *m*
Hamburger M GASTR hạmburger *m*
hämisch zlọban
Hammel M ȍvan *m* **Hammelfleisch** N ọvčetina *f*
Hammer M čekić *m*, *Sport* klạdīvo *n*
hämmern ụdariti (-rati) čekićem; *Schmuck* [is-]kovati; *heftig klopfen* ụdariti (-rati) (**an** *A* na *A* *od* po *L*); *Puls* kụcati
Hämorrhoiden PL šụ̄ljevi *m/pl*, hemoroịdi *m/pl*
Hamster M hȑčak *m*

Hamsterkauf M *Ware* panična kupovina *f*
Hand F rūka *f*; **zu Händen von** na rūke (*G*)
Handarbeit F rukotvorina *f*; ručnī rād *m* **Handball** M rukomēt *m* **Handbremse** F ručnā kōčnica *f*
Händedruck M stīsak *m* rūkē
Handel M trgovina *f*, trgovānje *n* (**mit** *I*)
handeln *feilschen* cjenkati se; **mit etw ~** trgovati (*I*); **es handelt sich um …** rādī se o (*L*), riječ je o (*L*)
Handelsabkommen N trgovīnskī sporazūm *m* **Handelskammer** F trgovačkā komora *f* **Handelsschule** F trgovačkā škōla *f*
Handelsvertreter(in) M(F) trgovačkī zāstupnīk *m*, trgovačka zāstupnīca *f*
Handfeger M metlica *f*
Handfläche F dlan *m* **Handgelenk** N ručnī zglob *m*
handgemacht ručno izrāđen
Handgepäck N ručnā prtljāga *f* **Handkoffer** M kovčeg *m*
Händler M trgovac *m* **Händlerin** F trgōvkinja *f*
handlich prīručan
Handlung F postupak *m*; *e-s Films usw* rādnja *f*
Handschellen F/PL lisice *f/pl*
Handschrift F rukopis *m*
handschriftlich rukopisnī
Handschuh M rukavica *f*
Handschuhfach N *Auto* pretinac *m* za rukavice **Handstand** M stōj *m* na rukama
Handtasche F ručnā torbica *f* **Handtuch** N ručnīk *m*
Handvoll F: **e-e ~** šaka; *wenige* šačica *f*
Handwerk N obrt *m*
Handwerker(in) M(F) obrtnīk *m* (-nica *f*)
Handwerkszeug N alāt *m*
Handy N mobitel *m*, mobīlnī telefōn *m* **Handyhülle** F zāštita za mobilne telefone **Handynummer** F broj *m* mobitela
Hanf M konoplja *f*
Hang M obronak *m*; *Neigung* sklonōst *f* (**zu** *D*)
Hängebrücke F visēćī mōst *m*
Hängematte F visēćā mreža *f*
hängen *Kette usw* visiti, visjeti; *j-n od etw* objesiti (vješati) (**an** *A* na *A*)
Hantel F bučica *f*
Happen M zalogāj *m*
Hardware F hārdver *m*
Harfe F hārfa *f*
Harke F grāblje *f/pl*
harmlos *ungefährlich* bezazlen
Harmonie F sklad *m*; MUS harmōnija **harmonieren** složiti (slāgati) se **harmonisch** harmoničan, skladan
Harn M mokraća *f* **Harnblase** F mokraćnī mjehūr *m*
hart tvrd; *Strafe* strog; *Winter* oštar, ljūt; **~ gekocht** tvrdo kuhān; **~ werden** stvrdnuti (-njīvati) se
Härte F tvrdoća *f*; *fig* strogōst *f*
Hartgeld N kovān novac *m*
hartnäckig upōran

Harz N smọla *f*
Haschisch N hašiš *m*
Hase M zẹ̄c *m*
Haselnuss F lješnjāk *m*
Hass M mr̄žnja *f* **hassen** [za-]mr̄ziti
Hasskriminalität F zločin iz mr̄žnje *m*
hässlich rūžan
hastig ụžurbān
Haube F *Trockenhaube* hạuba *f*; AUTO kạpa *f*, hạuba *f*
Hauch M dạh *m*; *Windhauch* dāšak *m*
hauen ụdariti (-rati); **übers Ohr ~** → Ohr
Haufen M hrpa *f*; *v Menschen* gomila *f*
häufen [na-]gomịlati; **sich ~** [na-]gomịlati se
häufig čẹ̄st; ADV čẹ̄sto
Haupt N glāva *f* **Hauptbahnhof** M glạvnī kolodvōr *m* **Hauptdarsteller(in)** M(F) glạvnī glūmac *m*, glạvnā glụmica *f* **Haupteingang** M glạvnī ụlāz *m* **Hauptgericht** N GASTR glạvnō jẹlo *n* **Hauptgewinn** M glạvnī zgodịtak *m*
Hauptquartier N glāvnī stān *m* **Hauptrolle** F glạvnā ụloga *f* **Hauptsache** F glāvnā stvār *f* **hauptsächlich** ADV uglạvnōm **Hauptsaison** F glāvnā sezọ̄na *f* **Hauptsatz** M glāvnā rečẹ̄nica *f* **Hauptschule** F ọsnōvnā škọ̄la *f* **Hauptstadt** F glạvnī grād *m* **Hauptstraße** F glāvnā ụlica *f* **Hauptverkehrszeit** F vrijẹ̄me *n* nājvećeg prọ̄meta, špịca *umg*
Haus N kụća *f*; **nach ~e** kụći, dọma; **zu ~e** kod kućē, dọma
Hausangestellte M, F kụ́ćnī pomọćnīk *m*, kụćnā pomọćnica *f* **Hausarbeit** F kụ́ćnī pọsao *m* **Hausarzt** M **-ärztin** F kụ́ćnī lijẹ̄čnīk *m*, kụ́ćna lijẹ̄čnica *f* **Hausaufgabe** F dọmāćā zạdaća *f*
Hausbesitzer(in) M(F) kućevlạ̄snīk *m* (-nīca *f*)
Hausbewohner(in) M(F) ụkućānin *m*, ụkućānka *f*
Häuserblock M stạmbenī blọk *m*
Hausflur M họdnīk *m* **Hausfrau** F kụćanica *f* **Haushalt** M kućạ̄nstvo *n*; HANDEL prọračūn *m* **Haushälter(in)** M(F) domaćin *m*, domạćica *f*
häuslich kụ́ćnī, domāćī
Hausmann M mụška kućạnica *m*
Hausmeister(in) M(F) pạzikuća *m/f*
Hausmittel N dọmāćī lijẹ̄k *m* **Hausschlüssel** M kljūč *m* ọd kućē **Hausschuh** M pạpuča *f* **Haustier** N kụćnī ljubịmac *m* **Haustür** F kućnā vrạta *n/pl*
Haut F kọža *f* **Hautausschlag** M ọsip *m* **Hautcreme** F krẹ̄ma *f* za kọžu
häuten [o-]gūliti, [o-]dẹrati
hauteng prịpijen uz tijẹlo
Hautfarbe F bọja *f* kožē
Hautpflege F njẹga *f* kožē
Hebamme F prịmalja *f*, bạbica *f*

Hebel M TECH, PHYS poluga *f*
heben dići (dizati)
hebräisch hebrējskī
Hecht M štuka *f*
Heck N SCHIFF krma *f*; AUTO stražnjī krāj *m*
Hecke F žīvā ograda *f*
Heckklappe F poklopac *m* prtljāžnōg prōstora **Heckscheibe** F stražnjē staklo *n* **Heckscheibenwischer** M brisāč *m* stražnjēg stakla
Heer N vōjska *f*
Hefe F kvās(ac) *m*, gērma *f pop*
Heft N bilježnica *f*, tēka *f*; *e-r Zeitschrift* brōj *m*
heften *befestigen* pričvŕstiti (-ršćīvati) (**an** *A* na *A*); *nähen* [za-]šiti, šīvati
Hefter M spājalica *f*; *Mappe* fascikl *m*
heftig nāgao
Heftklammer F spājalica *f* **Heftpflaster** N flaster *m* **Heftzwecke** F čavljić *m*
Hehler(in) M(F) utajivāč *m*, utajivačica *f*
Heide[1] M *Person* poganin *m*
Heide[2] F *Heideland* pustara *f* **Heide(kraut** N) vrijēs(ak) *m*
Heidelbeere F borōvnica *f*
Heidin pogānka *f*
heidnisch pogānskī
heikel škakljiv
heilbar izlječiv
heilen [iz-]liječiti
heilig svēt **Heiligabend** M Badnjāk *m*, Badnjā večēr *f*
Heilige M, F svētac *m*, svetica *f*
Heiligtum N svētinja *f*
Heilmittel N lijēk *m* **Heilpflanze** F ljekovitā bīljka *f*
heilsam ljekovit
Heilung F liječēnje *n*; *Wundheilung* zacjeljīvānje *n*
heim kući, doma
Heim N *Zuhause, Einrichtung* dom *m* **Heimarbeit** F kućnā radinōst *f*
Heimat F domovina *f* **Heimatort** M rodnō mjesto *n*
Heimfahrt F povratak *m od* pūt *m* kući **heimisch** domāćī
Heimkehr F povratak *m* kući
heimkehren vrātiti (vraćati) se kući
heimlich potājan; ADV potajicē
Heimreise F povratak *m od* pūt *m* kući **heimtückisch** podmukao **Heimweg** M pūt *m* kući **Heimweh** N nostalgija *f* **Heimwerker** M sām svōj mājstor *m* u kući
Heirat F vjenčānje *n*; *e-r Frau* udaja *f*; *e-s Mannes* ženidba *f*
heiraten *sich verheiraten* vjenčati se (*im*)*pf*; *Frau* ud(āv)ati se; *Mann* [o-]ženiti se; *e-n Mann* ud(āv)ati se za (*A*); *e-e Frau* [o-] ženiti se (*I*)
Heiratsurkunde F vjenčanī līst *m*
heiser promūkao
heiß vrūć; **es ist ~** vrućina je; **mir ist ~** vrūće mi je
heißen zvati se; *bedeuten* znāčiti; **ich heiße ...** zovēm se ...; **wie heißt das auf ...?** kako se tō kāžē na (*L*)?
heiter *Stimmung, Himmel* vedar

Heiterkeit F vedrina f; *fig a* veselōst f; *Gelächter* smijēh m **heizen** [za-]grījati **Heizkissen** N električni jastuk m **Heizkörper** M radijātor m **Heizmaterial** N ogrjev m **Heizöl** N loživō ūlje n, lož-ūlje n *umg* **Heizung** F grijānje n **Hektar** M hektār m **hektisch** grozničav **Held** M junāk **Heldin** F junakinja f **helfen** pomoći (-māgati) (**j-m** *D*); **können Sie mir ~?** možēte li mi pomoći?; **sich zu ~ wissen** dobro se snāći (snalaziti) **Helfer** M pomagāč m **Helferin** F pomagačica f **hell** svijētao; **es wird ~** svićē **Helligkeit** F svjetlōst f **Helm** M kaciga f **Hemd** N košulja f; *Unterhemd* potkošulja f **Hemdbluse** F blūza f **Hemmung** F *fig* prepreka f **hemmungslos** neobuzdān **Hengst** M pastūh m **Henkel** M *Korb* ručica f; *Topf, Tasse* uho n **Henne** F kokōš f **Hepatitis** F hepatitis m **her** ovāmo; **es ist eine Woche ~** bilo je prije tjedan dānā **herab** nadolje, nanižē; **von oben ~** s visinē **herablassend** bahat, ohol **herabsetzen** *Preis* sniziti (snižāvati) **heran** ovāmo **herankommen** prići (prilaziti); **heranwachsen** odrāsti (-rāstati)

herauf navišē **heraufbeschwören** izaz(ī)vati; *Unglück* [pro-] uzrokovati **heraufsetzen** *Preis* povīsiti (-višāvati) **heraus** vān **herausbekommen** *Fleck* ukloniti (uklanjati); *Geld* dobiti (-bīvati) natrāg; *fig erfahren* sazn(āv)ati **herausbringen** iznijēti (-nositi); *Fabrikat* izbāciti (-cīvati) na tržište; *Buch* izd(āv)ati **herausfordern** izaz(ī)vati (*a* SPORT); **Herausforderung** F izazōv m **herausgeben** *Geld* uzvrātiti (uzvraćati); *Buch* izd(āv)ati **Herausgeber** M izdavāč m **Herausgeberin** F izdavačica f **herausholen** [iz-]vaditi **herauskommen** izīći (izlaziti); **herauslassen** pustiti (pūštati) vān **herausnehmen** [iz-]vaditi **herb** opor; *Wein* trpak **herbei** ovāmo **herbringen** donijēti (-nositi) **Herbst** M jesēn f **herbstlich** jesēnskī **Herd** M štēdnjāk m; *fig*, MED žarīšte n **Herde** F stado n **herein** unūtra; **~!** slobodno! **hereinfallen** *fig* nasjesti (-sjedati) **hereinkommen** ūći (ulaziti); **hereinlassen** pustiti (pūštati); **hereinlegen** *fig* nasamāriti (-rīvati) **Herfahrt** F vōžnja ovāmo **hergeben** dati (dāvati); *zurück-*

geben vr̨ātiti (vr̨aćati)
Hering M sl̨eđ *m*
herkommen dǭći (dǫlaziti); **wo kommen Sie her?** ǫdākle ste?
Herkunft F podrijȩ̄tlo *n*
Heroin N herǫīn *m*
Herr M gospǫdin *m*; *Gebieter* gospǫdār *m*; *Gott* Gǫspod *m*; **~ X** gospǫdin X; **sehr geehrter ~ ...!** cijȩ̄njenī gospǫdine ...!
Herren... *in Zssgn* mųškī
Herrenfriseur M mųškī frịzēr *m* **herrenlos** *Tier* bez gospodā̧ra
herrichten prịpraviti (-vljati)
Herrin F gospodą̄rica *f*
herrlich dị̄van
Herrschaft F vl̨adavina *f*
herrschen *überwiegen* vl̨ādati, cą̄revati; *regieren* vl̨ādati (**über** *A I*)
Herrscher M vl̨adār *m* **Herrscherin** F vladą̄rica *f*
herstellen proịzvesti (-vǫditi); **Hersteller(in)** M(F) proizvǫđāč *m*, proizvođačica *f* **Herstellung** F proizvǭdnja *f*
herüber ǫvāmo
herum: **um ... ~** *örtlich, zeitlich, bei Zahlenangaben* oko (*G*) **herumführen** *Besucher* vǫditi (**in** *D* po *L*)
herumtreiben: **sich ~** skị̄tati se
herunter nąnižē, nądolje **herunterfallen** pąsti (pądati); **herunterkommen** sị̄ći (sịlaziti), spųstiti (spǖštati) se; *verkommen* prǫpasti (-padati) **herunternehmen** skịnuti (skị̄dati)
hervor *von hinten hervor* odǫstrag; *unter ... hervor* ịspod (*G*) vą̄n **hervorbringen** stvǫriti (stvā̧rati); **hervorheben** *betonen* istą̄knuti (ịsticati); **hervorragend** *fig* ịzvrstan
Herz N sr̨ce *n*; *Karte* sr̨ce *n*, hȩrc *m* *umg*; **von ganzem ~en** ǫd svega sr̨ca **Herzanfall** M sr̨čanī nąpād *m* **Herzfehler** M sr̨čanā mą̄na *f*
herzhaft *Essen* krȩpak
Herzinfarkt M ịnfarkt *m* sr̨ca
Herzklopfen N lų̄pānje *n* sr̨ca
herzkrank bǫlestan nạ srcu
herzlich sr̨dāčan; **~ gern** vr̨lo rądo
herzlos bȩzdušan
Herzog M vǫjvoda *m* **Herzogin** F vǫjvotkinja *f*
Herzschlag M ǫtkucāj *m* sr̨ca; *als Todesursache* sr̨čanī ųdār *m*
Herzschrittmacher M stimųlātor *m* sr̨ca
Herzspezialist M kardiǫlog *m*
Herzspezialistin F kardiǫlogica *f*
Herztransplantation F transplantą̄cija *f* *od* presađịvānje *n* sr̨ca **Herzversagen** N prȩstanak *m* rāda sr̨ca
Hetze F hājka *f* (**gegen** na *A*); *Eile* žųrba *f*
hetzen *sich hetzen* [po-]žų̄riti se
Heu N sijȩ̄no *n*
Heuchelei F licȩmjērje *n*
Heuchler M lịcemjēr *m*
Heuchlerin F lịcemjȩ̄rka *f*
heulen *weinen* tų̄liti; *Wind*

hūjati
Heuschnupfen M pẹlūdnā hụnjavica *f* **Heuschrecke** F skạkavac *m*
heute dạnas; ~ **Morgen** jụtros; ~ **Abend** večẹras; ~ **Nachmittag** dạnas poslijepọdne
heutig dạnašnjī
Hexe(r) F(M) vještica *f*, vjẹštac *m*
Hexenschuss M lụmbāgo *m*
Hieb M ụdarac *m*
hier ọ̄vdje, tū̦; ~ **ist,** ~ **sind** ẹvo (*G*); **von** ~ ọdāvde
hierauf *danach* zatīm **hieraus** ịz togā **hierbleiben** ọst(aj)ati ọ̄vdje **hierfür** zạ tō, nạ tō
hierher: **bis** ~ dọvdē **hierhin** ọvāmo **hierüber** ọ tomē
hierzu *hierfür* zạ tō, nạ tō; *diesbezüglich* ọ tomē
Hi-Fi-Anlage F hi-fi-ụređāj *m*
Highlight N najbọlji ịsječak
Hightech N TECH vịsoka tehnologija *f*
Hilfe F pọmōć *f*; ~! ụ pomōć!; ~ **suchend** kọjī trạ̄žī pọmōć; ADV trạ̄žēći pọmōć; **Erste** ~ pr̥vā pọmōć *f*; **j-n zu** ~ **rufen** pọz(ī)vati (*A*) ụ pomōć
Hilferuf M pọzīv *m* ụ pomōć, zapomạ̄gānje *n*
hilflos bẹspomoćan
Hilfsarbeiter(in) M(F) pọmoćnī rạ̄dnīk *m*, pọmoćna rạ̄dnīca *f*
hilfsbedürftig pọtrebit pọmoći; *Not leidend* kọjī tr̥pī ọskudicu **hilfsbereit** susrẹtljiv
Hilfsmittel N pọmoćnō srẹdstvo *n*
Himbeere F mạlina *f*
Himmel M nẹbo *n* **himmelblau** nebẹsko-plāv **Himmelfahrt** F Uzašạ̄šće *n* **Himmelsrichtung** F strạ̄na *f* svijẹ̄ta *f*
hin tạmo; ~ **und her** ạ̄mo-tạmo; ~ **und zurück** tạmo i nạtrag;
hinab nạnižē, nạdolje
hinauf nạvišē, nạgore **hinaufgehen**, **hinaufsteigen** ụspēti (-pinjati) se, pọpēti (pẹnjati) se
hinaus vạ̄n **hinausgehen** ịzīći (ịzlaziti) vạ̄n; *Fenster* bịti ọkrēnut (**auf** *A*, **nach** prema *D*); **hinauslaufen** istr̥č(āv)ati; **auf etw** ~ svẹsti (svọditi) se na (*A*) **hinauslehnen**: **sich** ~ nạgnuti (-ginjati) se vạ̄n **hinauswerfen** izbạ̄citi (-cīvati); **hinauszögern** odugovlạ̄čiti
hinbringen dọnijēti (-nọsiti)
hinderlich: ~ **sein** ọmesti (omẹ̄tati) (*A*)
hindern **j-n** (*A*) sprijẹ̄čiti (sprečạ̄vati), ọmesti (omẹ̄tati) (**an** *D* pri *L*)
Hindernis N zạ̄preka *f*
hindurch *örtlich, zeitlich* krọz; **die ganze Nacht** ~ cijẹ̄lē nọ̄ći
hinein unutar **hineingehen** ụ̄ći (ụlaziti)
hinfahren *j-n* ọdvesti (-vọziti); *hinreisen* ọtīći (odlaziti), ọdvesti (-vọziti) se, [ot-]putọvati
Hinfahrt F ọdlazak *m*; **auf der** ~ na pụ̄tu tạmo *od* ọnamo
hinfallen pạsti (pạdati); **Hinflug** M lẹ̄t *m* tạmo *od* onamo

hinführen vọditi tạmo **Hingabe** F prẹdānōst *f* **hingehen** ịći, ọtīći (ọdlaziti)
hinken hrāmati, šẹpati
hinlegen polọžiti (-lāgati), stạviti (-vljati); **sich ~** lẹći (lijẹgati)
Hinreise F → Hinweg
hinreißend zānosan, očarāvajūćī
hinrichten pogụbiti *pf*, smạknuti *pf* **Hinrichtung** F pogubljẹnje *n*
hinsetzen: **sich ~** sjẹsti (sjẹdati)
Hinspiel N SPORT pȓvā ụtakmica *f*
hinstellen pọstaviti (-vljati)
hinten strāga, otrāga; **von ~** odostrāga
hinter *wohin?* (*A*) iza (*G*); *wo?* (*D*) za (*I*), iza (*G*)
Hinterachse F strạžnjā osọvina *f*
Hinterbliebene M, F prežīvjelī člạn *m* obītelji
hintereinander jẹdan za drụgīm; **dreimal ~** trị pūta ụzastopcē
hintergehen prẹvariti (vạrati)
Hintergrund M pọzadina *f*
Hinterhalt M zāsjeda *f* **hinterhältig** pọdmūkao
hinterher *zeitlich* zạtīm; *räumlich* iza (*G*)
hinterlassen ọstaviti (-vljati) u nāsljedstvo
hinterlistig pọdmūkao
Hintern M *umg* strạžnjica *f*
Hinterradantrieb M pọgon *m* na strạžnjē kotāče **Hinterreifen** M strạžnjā gụma *f* **Hintertür** F strạžnjā vrāta *n/pl*
hinüber prijẹko
hinunterschlucken [pro-]gụtati
Hinweg M ọdlazak *m*; **auf dem ~** na ọdlasku
hinwegsetzen: **sich ~ über** ne osvȓnuti (ọsvrtati) se na (*A*)
Hinweis M ụputa *f* **hinweisen** upozọriti (-rāvati) (**auf** *A* na *A*)
hinziehen: **sich ~** *zeitlich* rạzvūći (-vlāčiti) se, odugovlāčiti se
hinzu k tọmē **hinzufügen** dọdati (-dāvati); **hinzukommen** prịdōći (-dọlaziti); **hinzuziehen** *Arzt* konzultīrati (*im*)*pf*
Hirn N mọzak *m*
Hirsch M jẹlēn *m* **Hirschkuh** F košuta *f*
Hirse F prọso *n*
Hirt(e) M, **Hirtin** F pạstīr *m*, pastịrica *f*
hissen *Segel* dịgnuti (dịzati); *Fahne a* istạknuti (ịsticati)
Historiker M pọvjesničār *m*, histọričār *m* **Historikerin** F pọvjesničārka *f*, histọričārka *f*
historisch pọvijẹsnī, histọrījskī
Hitze F vrućịna *f* **hitzebeständig** ọtpōran na vrućịnu
Hitzewelle F toplīnskī vāl *m*
hitzig ụsijān **Hitzschlag** M toplotnī ụdār *m*
HIV-negativ HIV nẹgatīvan
HIV-positiv HIV pọzitīvan
HNO-Arzt M otorinolaringọlog *m* **HNO-Ärztin** F otorinolaringolọginja *f*
Hobby N họbi *m*, zanimācija *f*

umg
Hobel M blạnja *f*
hobeln blạnjati
hoch vịsok; *nach oben* ụvīs
Hoch N → Hochdruckgebiet
hochachtungsvoll s poštovā̙njem **hochbegabt** vṛlo nạdāren *od* darọvit
Hochbetrieb M *Gedränge* vrẹva *f*; *auf den Straßen* vẹlikī prọ̄met *m* **Hochdeutsch** N visokonjẹmā̆čkī
Hochdruck M vịsokī tlā̙k *m*
Hochdruckgebiet N pọdrūčje *n* vịsokōg tlā̙ka
hochempfindlich vṛlo osjẹtljiv
Hochgebirge N vịsokō gọ̄rje *n*
Hochgeschwindigkeitszug M visokobṛzīnskī vlā̙k *m*
Hochhaus N nẹbodēr *m*
Hochkonjunktur F bū̙m *m*
hochmütig ọhol **hochprozentig** visokopọstotnī; *Getränk* žẹstok *m* **Hochsaison** F → Hauptsaison **Hochschule** F vịsokā škọ̄la *f* **Hochspannung** F TECH vịsokī nā̙pon *m*
Hochsprung M skọk *m* ụvīs
höchst najvịšī; *fig* krā̙jnjī; ADV krā̙jnjē; **~ selten** krā̙jnjē rijẹ̄dak
Hochstapler(in) M(F) họhštapler *m umg*; vạralica *m/f*
höchstens nạjvišē
Höchstgeschwindigkeit F nạjvećā brzịna *f* **Höchstleistung** F TECH nạjvećā snā̙ga *f*; SPORT nạjvišī ụspjeh *m*
höchstwahrscheinlich ADV nạjvjerojātnije

Hochwasser N vịsok vọdostaj *m*; *Überschwemmung* pọplava *f*
hochwertig visokovrijẹ̄dan
Hochzeit F svạdba *f*
Hochzeitsreise F brā̙čnō putovā̙nje *n* **Hochzeitstag** M svạdbenī dā̙n *m*
hocken čū̙čati
Hocker M stọlica *f* bez nā̙slona
Höcker M gṛba *f*
Hoden M mū̙do *n*
Hof M dvọrište *n*; *Bauernhof* sẹoskō gospodā̙rstvo *n*; *Fürstenhof* dvọ̄r *m*
hoffen [po-]nạdati se (**auf** *A* u *A*); **hoffentlich** nạdām(o) se
Hoffnung F nā̙da *f* **hoffnungslos** bẹznadan **hoffnungsvoll** pụn nā̙dē
höflich ụljudan **Höflichkeit** F ụljudnōst *f*
Höhe F visịna *f*; **in ~ von ...** u visịni (od *G*)
Hoheitsgebiet N dṛžāvnī terịtōrij *m*
Höhenmesser M vịsinomjēr *m*
Höhensonne F MED ụmjetnō visịnskō sū̙nce *n* **höhenverstellbar** podẹsiv po visịni
Höhepunkt M vrhū̙nac *m*
höher vịšī
hohl šū̙palj
Höhle F špịlja *f*; *Bärenhöhle* brlọg *m*
Hohlmaß N prọstōrnā mjẹra *f*
Hohlraum M šupljina *f*
Hohn M prẹzīr *m*
höhnisch podrụgljiv
holen *etw* pọ̄ći *pf*, ịći po (*A*); *bringen* dọnijēti (-nositi); **~ Sie**

e-n Arzt! pozovite liječnika!
Holland N Holandija *f*
holländisch holandskī
Hölle F pakao *m*
holprig nerāvan
Holunder M bāzga *f*
Holz N drvo *n*
Homepage F wēb strānica *f*
Homöopath(in) M(F) homeopat *m*, homeopātkinja *f* **Homöopathie** F homeopatija *f*
Homosexuelle M, F homoseksuālac *m* (-uālka *f*)
Honig M mēd *m*
Honorar N honorār *m*
Hopfen M hmelj *m*
horchen *zuhören* [po-]slušati; *auf ein Geräusch* osluhnuti (osluškīvati) (*A*); *heimlich* prisluškīvati
hören čuti (*im*)*pf*; *anhören, zuhören* [po-]slušati; **schwer ~** biti naglūh; **ich lasse von mir ~** *umg* jāvit ću se
Hörer[1] M TEL slušalica *f*
Hörer[2] M slušatelj *m* **Hörerin** F slušateljica *f*
Hörgerät N slūšnī apārāt *m*
Horizont M horizont *m* **horizontal** horizontālan
Hormon N hormōn *m*
Horn N rōg **Hornhaut** F ANAT rōžnica *f*; *Schwiele* rožnatī slōj *m*
Hornisse F stršljēn *m*
Horoskop N horoskop *m*
Hörsaal M predavaōnica *f*
Hose F hlače *f/pl*
Hosenanzug M komplet *m* s hlačama **Hosenrock** M suknja-hlače *f/pl* **Hosentasche** F džep *m* (od) hlačā **Hosenträger** M/PL naramenice *f/pl*
Hostess F hostesa *f*
Hostie F hostija *f*
Hotel N hotel *m* **Hoteldirektion** F uprava *f* hotela **Hotelhalle** F predvōrje *n od* foajē *n* hotela **Hotelzimmer** N hotelskā soba *f*
Hotspot M IT hotspot *m*
Hubraum M AUTO rādnī obūjam *m* motōra
hübsch lijepuškast, zgodan
Hubschrauber M helikopter
Hubschrauberlandeplatz M helidrom *m*
Huf M kopito *n* **Hufeisen** N potkova *f*
Hüfte F kuk *m*, bok *m* **Hüftgelenk** N zglob *m* kuka
Hügel M brijēg *m*, brežūljak *m*
hügelig bregovit
Huhn N kokōš *f* (*a* GASTR)
Hühnchen N pile *n*
Hühnerauge N kurjē oko *n*
Hühnerbrühe F kokōšjā jūha *f* **Hühnerstall** M kokošinjac *m*
Hülle F omot *m*; *Buchhülle* korice *f/pl*
Hülse F BOT mahuna *f*; *Patronenhülse* čahura *f* **Hülsenfrucht** F mahunārka *f*
human humān, čovječan
humanitär humanitāran
Hummel F bumbar *m*
Hummer M hlap *m*, rarog *m*
Humor M humor *m* **humorvoll** humorističan
humpeln hrāmati, šepati

Hund M pạs *m* **Hundefutter** N psęćā hrạ̄na *f*
hundert stọ̄
Hundertstel N stọtīnka *f*
Hündin F kụja *f*
Hunger M glạ̄d *f*; **~ haben** bịti glạ̄dan **hungern** gladọvati
hungrig glạ̄dan; **~ sein** bịti glạ̄dan
Hupe F trụ̄ba *f*
hupen [po-, za-]trụbiti
hüpfen skakụtati
Hürde F SPORT prẹpona *f*; *fig* prẹpreka *f*
Hürdenlauf M → Hindernislauf
Hure F *meist neg!* kụ̄rva *f*
husten [za-]kạšljati
Husten M kašalj *m* **Hustensaft** M sịrup *m* prọtiv kạšlja
Hut M šẹ̄šīr *m*
hüten [sa-]čụ̄vati; **das Bett ~** pạsti *pf* u krẹvet; **sich ~ vor** čụ̄vati se *(G)*
Hütte F kọliba *f*
Hydrant M hịdrant *m*
hydraulisch hidraụličan
Hygiene F higijẹ̄na *f* **hygienisch** higịjēnskī
Hymne F hịmna *f*
Hypnose F hipnọ̄za *f*
Hypothek F hipotẹ̄ka *f*
Hypothese F hipotẹ̄za *f*
hysterisch hìsteričan

I

IC → Intercityzug
ich jạ̄; **~ auch** i jạ̄; **~ bin's** jạ̄ sam
ideal ịdeālan
Ideal N idẹ̄ąl *m*
Idee F idẹ̄ja *f*; *Einfall a* zạmīsao *f*
identifizieren *Person* identifịcīrati *(im)pf*; *gleichsetzen* poistọvjetiti (-vjećịvati) (**mit j-m** s *I*); **identisch** idẹntičan, istọvjetan **Identität** F identịtēt *m*
Ideologie F ideolọgija *f*
Idiot(in) M(F) idịot(kinja) *m(f)*
idiotisch idịotskī
idyllisch idịličan
Igel M jẹ̄ž *m*
ignorieren ignorịrati *(im)pf*
ihm njẹmu, *enkl* mu
ihn njẹga, *enkl* ga
ihnen njịma, *enkl* im
Ihnen SG, PL Vạma, *enkl* Vam
ihr SG njọ̄j, *enkl* joj; PL vị̄; *besitzanzeigend sg* njẹ̄zin, njẹ̄n; PL njịhov
Ihr SG, PL Vạš
ihretwegen zbọg njẹ̄ *od* njīh
illegal ịlegālan, nezạ̄konit
Illusion F ịlūzija *f*
Illustrierte F ilụstrīrānī čạsopīs *m*
Image N ịmidž *m*
Imbiss M zạ̄kuska *f* **Imbissstube** F zalogạ̄jnica *f*
Imitation F imitạ̄cija *f*
Imker(in) M(F) pčẹ̄lār *m*, pčelạ-

rica *f*
immer uvijēk; ~ **besser** svę bǫljē; ~ **noch** još uvijēk; ~ **wieder** nęprestāno; **für** ~ zauvijēk
Immobilie F nekretnina *f* **Immobilienmakler(in)** M(F), pǫsrednīk *m* (-nīca *f*) nekretnịnama
immun imūn (**gegen** na *A*)
Imperativ M imperatīv *m*, zapovijēdnī nāčin *m*
Imperfekt N imperfekt *m*
impfen cijēpiti (*im*)*pf*
Impfpass M iskaznica *f* imunizacije **Impfstoff** M cjępīvo *n*
Impfung F cijepljēnje *n*
imponieren imponịrati (*im*)*pf*
Import M uvoz *m* **importieren** uvesti (uvǫziti)
impotent impotęntan
imprägnieren impregnịrati (*im*)*pf*
impulsiv impulzīvan
imstande: ~ **sein zu** bịti kądar *inf*
in *wohin?* (*A*) u (*A*); *wo?* (*D*) u (*L*); *binnen* za (*A*); ~ **der Stadt** u grądu; ~ **die Berge** u planịne; **ins Kino** u kịno; **im März** u ǫžūjku; **im Sommer** ljęti; ~ **diesem Jahr** ovē gǫdinē
inbegriffen: **im Preis ist ...** ~ u cijęnu je uključen ...
indem *während* dǫk; *dadurch, dass* tịm(e) štǫ, da
Inder M Indījac *m* **Inderin** F Indījka *f*
Indianer M *neg!* Indijānac *m* **Indianerin** F *neg!* Indijānka *f*
indianisch *neg!* indijānskī
Indien N Indīja *f*
indirekt indirektan, pǫsredan, nęizrāvan
indisch indījskī
individuell individuālan
Indiz N indīcij *m*
Industrie F indųstrija *f* **Industriegebiet** N indųstrījskō pǫdrūčje *n*
ineinander jędan u drugōg
Infarkt M MED infarkt *m*
Infektion F infękcija *f*, zāraza *f*
Infinitiv M infinitīv *m*
infizieren inficịrati (*im*)*pf*, zarāziti (-razīvati) (**sich** se)
Inflation F inflącija *f*
infolge zbog **infolgedessen** zbǫg togā
Informatiker M informatičār *m* **Informatikerin** F informatičārka *f*
Information F infǫrmącija *f* **Informationszentrum** N cęntar *m* za informącije
informieren informịrati (*im*)*pf*, obavijēstiti (-vješćīvati, -vještāvati); **sich** ~ informịrati se (**über** o *L*)
infrage: ~ **kommen** dǫći (dǫlaziti) u obzīr
Infrastruktur F infrastruktūra *f*
Ingenieur M inženjēr *m* **Ingenieurin** F inženjērka *f*
Inhaber M vlāsnīk *m* **Inhaberin** F vlāsnica *f*
inhalieren inhalịrati (*im*)*pf*
Inhalt M sadržāj *m* **Inhaltsverzeichnis** N kązalo *n*
Initiative F inicijatīva *f*

Injektion F injękcija *f*
inklusive uključivo
Inland N tuzęmstvo *n*
Inlandsflüge M/PL domāćī lętovi *m/pl*
Inlineskates PL rǫle *f/pl*, kotųrāljke *f/pl*
inmitten usred (*G*)
innen ųnūtra; **von ~** iznūtra
Innenstadt F sredīšte *n* grāda
innere ųnutrašnjī
innerhalb ųnūtar (*G*); *zeitlich* tijękom (*G*); *binnen* u roku od (*G*)
innerlich ųnutrašnjī
innig prisan
inoffiziell neslužben
Insasse M, **Insassin** F *Passagier(in)* pūtnīk *m* (-nica *f*); *Häftling* zatvorenīk *m* (-nica *f*)
insbesondere osobito
Inschrift F nātpis *m*
Insekt N insekt *m*, kūkac *m* **Insektenstich** M ubod *m* insekta
Insel F otok *m*
Inserat N oglās *m* **inserieren** oglāsiti (-lašāvati)
insgesamt ukupno, sveukupno
Inspektion F AUTO servīsnī prēgled *m*
Installateur(in) M(F) instalatēr *m*, instalatērka *f* **installieren** instalīrati (*im*)*pf*
instand: **~ halten** odr̄ž(āv)ati; **~ setzen** *reparieren* popraviti (-vljati); *renovieren* obnoviti (-nāvljati)
Instinkt M instinkt *m*, nāgon *m*
Institut N institūt *m*, zāvod *m*
Institution F ustanova *f*, institūcija *f*
Instrument N instrųment
Insulin N inzulīn *m*
Inszenierung F inscenācija *f*
intakt intaktan
Intellektuelle M, F intelektuālac *m* (-uālka *f*)
intelligent inteligentan
Intelligenz F inteligēncija *f*
intensiv intenzīvan **Intensivkurs** M intenzīvnī tečāj *m* **Intensivstation** F odio *m* intenzīvnē njęgē
interaktiv ADJ interaktīvan
Intercityzug M međugradskī vlāk *m*
interessant interesantan, zanimljiv **Interesse** N zanīmānje *n*, interes *m* **interessieren** [za-]interesīrati, zanīmati, **ich interessiere mich für ...** interesīram se, zanīmām se za (*A*)
Internat N internat *m*
international međunārodnī, internacionālan
Internet N internet *m*; **Zugang zum ~ haben** imati pristup internetu **Internetadresse** F internetskā adresa *f* **Internetanschluss** M iprikljućak *m* za internet; **Internetbanking** N IT internetskō bankārstvo *n* **Internetcafé** N internet kafē *m* **Internetprovider** M internet ponuđāč *m* **Internetzugang** M pristup *m* internetu
Internist M internist *m* **Internistin** F internistica *f*

Interpret M interpretātor *m* **Interpretin** F interpretātorica *f*
Interview N intervjū *m* **interviewen** intervjuīrati *(im)pf*
intim intīman
intolerant netrpeljiv, netolerantan
Intrige F intrīga *f*
Invalide M, **Invalidin** F invalīd *m/f*
Inventur F inventūra *f*
investieren uložiti (ulāgati), investīrati *(im)pf*
inzwischen u međuvremenu
iPad® N IT iPad®; **iPhone®** N IT iPhone®
Ire M Irac *m*
irgendein nekī; *ein beliebiger* bilo kojī **irgendetwas** štogod; *was auch immer* bilo što **irgendwann** nekad(a); *jemals* ikad(ā), bilo kad(a) **irgendwie** nekāko **irgendwo** negdje; *wo auch immer* igdje **irgendwohin** nekamo, nekud(a); *wohin auch immer* bilo kuda
Irin F Īrkinja *f*
Iris F ANAT šarenica *f*; BOT perunika *f*
irisch īrskī
Irland Īrskā *f*
Ironie F ironija *f* **ironisch** ironičan
irre *fig Idee, Tempo* sulūd; *adv* lūdo *umg*; **wie ein Irrer** kao lūd
irren prevariti (varati) se; **sich in der Straße ~** zabūniti se u ulici
irritieren iritīrati *(im)pf*
irrsinnig lūd
Irrtum M zābluda *f*
Ischias M/N išijās *m*
Islam M islām *m* **islamisch** islāmskī
Isolierband N izolācījskā vrpca *f* **isolieren** TECH izolīrati *(im)pf*
Israel N Izrael *m* **Israeli(n)** M(F) Izraēlac *m*, Izraēlka *f* **israelisch** izraelskī
IT (Informationstechnologie) informatičkā tehnologija *f*, *Abk.* IT *f*
Italien N Itālija *f* **Italiener** M Talijān *m* **Italienerin** F Talijānka *f* **italienisch** talijānskī

J

ja da
Jacht F jahta *f*
Jacke F jakna *f*; *Windjacke* vjetrōvka *f*; *Strickjacke* vesta *f*, džemper *m*
Jackett N sakō *m*, žaket *m*
Jagd F lōv *m* **Jagdgewehr** N lovačkā puška *f* **Jagdhund** M lovačkī pas *m* **Jagdrevier** N lovīšte *n* **Jagdschein** M lovačkā dozvola *f*
jagen [u-]loviti
Jäger(in) M(F) lovac *m*, lovkinja *f*
Jahr N godina *f*; **ein halbes ~** pola godinē; **im ~ 2000** 2000. godinē; **seit ~en** godinama

jahrelang ADV godinama
Jahrestag M godišnjica *f* **Jahreszahl** F broj *m* godina **Jahreszeit** F godišnje doba *n*
Jahrgang M godište *n* (*a v Wein*); **Jahrhundert** N stoljeće *n*
jährlich godišnji; ADV godišnje
Jahrmarkt M godišnji sajam *m*
Jahrzehnt N desetljeće *n*
jähzornig naprasit
Jalousie F žaluzine *f/pl*
Jammer M: **ein ~!** šteta!; koja grehota!
jämmerlich tričav
jammern jaukati
Jänner *öster*, **Januar** M siječanj *m*
Japan N Japan *m* **Japaner** M Japanac *m* **Japanerin** F Japanka *f* **japanisch** japanski
jäten [o-]pliјeviti
jaulen vijati
je *jemals* ikad(a), bilo kad(a); *vor Zahlen* po; **~ … desto** što … to
Jeans PL traperice *f/pl* **Jeansjacke** F traper jakna *f*
jede ADJ svaki *m*, svaka *f*, svako *n*; *substantivisch* svatko; **das weiß ~r** to svatko zna
jedenfalls svakako
jeder, **jedes** → jede
jederzeit u svako doba
jemals ikad(a)
jemand netko
jene onaj *m*, ona *f*, ono *n*
jener, **jenes** → jene
jenseits N s one strane, s onu stranu
jetzt sad(a)
jeweils: **~ um fünf Uhr** uvijek u pet sati
Jod N jod *m*
joggen trčati, džogirati (*im*)*pf umg*
Joghurt M/N jogurt *m*
Johannisbeere F ribiz *m*
Journalist M novinar *m* **Journalistin** F novinarka *f*
jubeln klicati
Jubiläum N: **zehnjähriges ~** deseta obljetnica *f*
jucken: **es juckt** svrbi; **sich ~** *umg* [po-]češati se
Juckreiz M svrbež *m*
Jude M Židov *m*
Jüdin F Židovka *f* **jüdisch** židovski
Jugend F mladost *f*; **die ~** *junge Leute* mladež *m* **Jugendamt** N ured *m* za mlade **jugendfrei** podoban za mlade
Jugendherberge F hostel *m* **jugendlich** mladenački; *Aussehen* mladolik *m*
Jugendliche M, F mladić *m*, djevojka *f*
Juli M srpanj *m*
jung mlad
Junge[1] N mladunče *n*
Junge[2] M dječak *m*
jungenhaft mladenački
Jungfrau F djevica *f* (*a* ASTRON)
Junggeselle M neženja *m*
Junggesellin F neudata djevojka *f*
jüngste najmlađi
Juni M lipanj *m*
Jura N/PL: **~ studieren** studirati

(*im*)*pf* prȁvo
Jurist M jùrist *m*, prȁvnīk *m* **Juristin** F jùrist *f*, prȁvnica *f*
juristisch prȁvnī
Jury F žȉri *m*
Justiz F prȁvosūđe *m*
Juwel N drȁgūlj *m*
Juwelier M dragùljār *m* **Juwelierin** F dragùljārka *f*

K

Kabarett N kabàrē *m*
Kabel N žȉca *f*, kȁbel *m* **Kabelfernsehen** N kȁbelskā televȉzija *f*
Kabeljau M bakàlār *m*
kabellos ADJ bèžični
Kabine F kabȉna *f*
Kabinenlift M žȉčara *f* s kabȉnōm
Kabinett N kabìnēt *m*
Kachel F kèramičkā plȍčica *f*; *Ofenkachel* kȃlj *m*
Kacke F *umg* gȍvno *n*, srȁnje *n*
Käfer M kòrnjāš *m*, kùkac *m* *pop*, bùba *f umg*
Kaffee M kȁva *f* **Kaffeekanne** F; kȁntica *f* za kȁvu **Kaffeemaschine** F apàrāt *m* za kȁvu
Käfig M *Vogelkäfig* krlētka *f*; *Raubtierkäfig* kȁvez *m*
kahl *Baum, Wand* gȍl; *Landschaft* pȗst; *Kopf* ćȅlav
Kahn M čȕn *m*, čȁmac *m*
Kai M kȇj *m*, prìstanīšte *n*
Kaiser M cȁr *m* **Kaiserin** F cȁrica *f* **Kaiserschnitt** M cȃrskī rȇz *m*
Kajak M kàjak *m*; ~ **fahren** vȍziti kàjak
Kajüte F kajìta *f*
Kakao M kàkao *m*; *Getränk* kàkao *m*; *Pflanze* kàkaovac *m*
Kakerlak M žòhār *m*
Kaktus M kàktus *m*
Kalb N tȅle *n* **Kalbfleisch** N tèlećē mȇso *n* **Kalbsbraten** M tèlećē pečȅnje *n*
Kalender M kalèndār *m*
Kalk M vȃpno *n* **kalkhaltig** vapnènast
kalkulieren kalkulȋrati (*im*)*pf*
Kalorie F kalòrija *f*
kalorienarm niskokalòričnī
kalt hlȃdan; **es ist mir** ~ hlȃdno mi je; ~ **werden** *Wetter* pòst(aj)ati hlȃdno; *Speise* ohlȃditi (ohlađȉvati) se **kaltblütig** hlàdnokrȋvan
Kälte F hladnòća *f*, zȋma *f*; **3 Grad** ~ trȋ stȗpnja ìspod nìšticē
Kältewelle F hlȃdnī vȃl *m*
Kalzium N kàlcīj *m*
Kamel N dȇva *f*
Kamera F kàmera *f*
Kamerad(in) M(F) drȗg *m*, drùgarica *f* **Kameradschaft** F drugȃrstvo *n*
Kamille F kamìlica *f*
Kamin M dìmnjāk *m*
Kamm M čȅšalj *m*; *Bergkamm* sljȅme *n*
kämmen: **sich** ~ [o-, po-]čȅšljati se

Kammer F kọmora *f*
Kampf M bọrba *f*
kämpfen bọriti se (**für**, **um** za *A*; **gegen** prọtiv *G*)
Kanadier M Kanậđanin *m* **Kanadierin** F Kanậđanka *f* **kanadisch** kạnādskī
Kanal M *Wasserstraße*, TV, *Abwasserkanal*, *fig* kạnāl *m* **Kanalisation** F kanalizậcija *f*
Kanarienvogel M kanarịnac *m*
Kandidat M kandịdāt *m* **Kandidatin** F kandịdātkinja *f*
kandidieren kandidịrati se (*im*)*pf*
Känguru N klọkan *m*
Kaninchen N kụnīć *m*
Kanister M kạnistar *m*
Kanne F kạntica *f*
Kanone F tọp *m*
Kante F MATH brịd *m*; *Rand* rūb *m*
Kantine F kantīna *f*
Kanton M *schweiz* kạntōn *m*
Kanu N kạnu *m*
Kanzel F propovjedaọnica *f*
Kanzler(in) M(F) kạncelār(ka) *m*(*f*)
Kap N ṛt *m*
Kapazität F PHYS, *Experte* kapacịtēt *m*
Kapelle F ARCH, MUS kapēla *f*
kapieren shvạtiti (shvạćati), [s-] kọpčati *umg*
Kapital N kapịtāl *m* **kapitalistisch** kapitalịstičkī
Kapitän(in) M(F) kapẹtān *m*, kapetạnica *f*
Kappe F kạpa *f* (*a* TECH)
Kapsel F *Medikament* kạpsula *f*
kaputt pọkvāren; *müde* iscr̄pljen; **~ machen** [po-]kvậriti, rạzbiti (-bījati)
Kapuze F kukụljica *f*
Karambolage F sụdār, karạmbōl *m*
Karat N kạrat *m*
Karawane F karavậna *f*
Kardinal M kardịnāl *m*
Karfreitag M Vẹlikī pētak *m*
kariert kọckast
Karies F kạrijes *m*
Karikatur F karikatūra *f*
Karneval M kạrnevāl *m*, pọklade *f*/*pl*
Karo N kạro *m* (*a Karte*)
Karosserie F karosẹrija *f*
Karotte F mṛkva *f*
Karpfen M šạran *m*
Karre(n M) F tačke *f*/*pl*
Karriere F karijẹ̄ra *f*
Karst M kṛš *m*
Karte F *Speisekarte* jelọvnīk *m*; → Land-, Eintritts-, Fahr-, Kredit-, Postkarte; **nach der ~** (**essen**) prema jelọvnīku; **~n spielen** kậrtati se, ịgrati nạ kārte
Kartei F kartotẹ̄ka *f*
Kartenspiel N kạrtāškā ịgra *f*; *Spielen* kậrtānje *n*; *Satz Karten* snọp *m* kạrātā, špịl *m*
Kartoffel F krụmpīr *m* **Kartoffelbrei** M, **Kartoffelpüree** N pirē *m* od krumpịra
Kartoffelsalat M salậta *f* od krumpịra **Kartoffelsuppe** F jūha *f* od krumpịra *f*
Karton M kạrtōn *m*
Karussell N vrtūljak *m*

Käse M sir *m*
Kaserne F vojārna *f*
Kasino N kasīno *n*
Kaskoversicherung F kasko--osigurānje *n*
Kasse F blagājna *f*
Kassenarzt M, **-ärztin** F liječnīk *m* (-nica *f*) primarne zdravstvene zaštite
Kassenzettel M bōn *m*
Kassette F kaseta *f*
kassieren naplātiti (-ćīvati)
Kassierer M blagājnīk *m* **Kassiererin** F blagājnica *f*
Kastanie F *Frucht, Baum* kestēn *m*
Kästchen N sanducić *m*; *Rechteck* četvorina *f*, kvadratić *m*
Kasten M škrinja *f*
Katalog M katalog *m*
Katalysator M AUTO katalizātor *m*
Katarrh M katar *m*
katastrophal katastrofālan
Katastrophe F katastrōfa *f*
Kategorie F kategorija *f*
Kater M mačak *m*; *fig* mamurluk *m*
Kathedrale F katedrāla *f*, stōlnā cṛkva *f*, stōlnica *f*
Katholik M katolik *m* **Katholikin** F katolkinja *f*
katholisch katolički
Katze F mačka *f*
kauen žvākati
Kauf M kūpnja *f*, kupovina *f*
kaufen kūpiti (kupovati)
Käufer M, **Käuferin** F kūpac *m*
Kauffrau F trgōvkinja *f* **Kaufhaus** N robnā kuća *f* **Kaufmann** M trgovac *m* **Kaufvertrag** M kupoprodājnī ugovōr *m*
Kaugummi M guma *f* za žvākānje, žvāka *f umg*
kaum *schwerlich* jedva *f*
Kaution F kaucija *f*, jamčevina *f*
Kegel M SPORT čūnj *m*; MATH stožac *m* **Kegelbahn** F kuglana *f*
kegeln kuglati se
Kehle F grlo *n* **Kehlkopf** M grkljan *m*
kehren [po-]mesti
Keil M klin *m*
Keilriemen M klinastī remēn *m*
Keim M klica *f* **keimen** [pro-]klijati **keimfrei** bez klicā
kein nijedan; **ich habe ~ Geld** nēmam nōvca
keine nijedna **keiner** nijedan; *niemand* nitko
kein(e)s nijedno
keinesfalls nikāko, ni na kojī način
Keks M keks *m*
Kelch M kālež *m*; BOT čaška *f*
Kelle F *Schöpfkelle* kutlača *f*; *Maurerkelle* zidārskā žlica *f*; *Signalkelle* signālnā palica *f*
Keller M podrum *m* **Kellergeschoss** N suterēn *m*
Kellner M konobār *m* **Kellnerin** F konobarica *f*
kennen *j-n* pozn(āv)ati; *etw* znati; **sich ~** znati se **kennenlernen** upozn(āv)ati
Kenner M poznavatelj *m* **Ken-**

nerin F poznavatẹljica *f*
Kenntnisse PL znạnja *n/pl*
Kennwort N zạpōrka *f*, lọzīnka *f*
Kennzeichen N znạk *m*; AUTO rẹgistarskā plọčica *f*
kentern prevr̄nuti (prẹvrtati) se
Keramik F kerạmika *f*
Kerbe F zạrez *m*, ụrez *m*
Kerl M mọmak *m*, frạjer *m umg*
Kern M *Zellkern, Atomkern, fig* jẹzgra *f*; *v Steinobst* koštica *f* **Kernenergie** F ạtōmskā enẹrgija *f* **Kernkraftwerk** N nụkleārnā elektrạna *f*, nuklẹārka *f* **Kernwaffen** F/PL nụkleārnō ọrūžje *n*
Kerze F svijẹ̄ća *f*
Kerzenhalter M, **Kerzenständer** M svijẹ̄ćnjāk *m*
Kessel M *Wasserkessel* kọtlić *m*; TECH kọtao *m*
Ketchup N/M kẹčap *m*
Kette F lạnac *m*; *Halskette* ọgrlica *f*, lạnčić *m*
keuchen hrīpnuti (-pati), dạhtati
Keule F GASTR bụt *m*
KFZ N → Kraftfahrzeug
kichern [za-]hihọtati
Kiefer[1] M čẹljūst *f*
Kiefer[2] F bȏr *m*
Kiel M SCHIFF kọbilica *f*
Kieme F škrga *f*
Kies M šljụ̄nak *m*
Kilo(gramm) N kịlo(gram) *m*
Kilometer M kịlometar *m*; **mit 60 ~n in der Stunde** sa 60 kilometarā nạ sāt **Kilometerzähler** M brọjāč *m* kịlometarā
Kilowatt kịlovāt *m*
Kind N dijẹ̄te *n*; **für ~er** za djẹcu
Kinderarzt M pedijạ̄tar *m* **Kinderärztin** F pedijạ̄trica *f* **Kinderbett** N dječjī krẹvetić **Kindergarten** M dječjī vṛtić **Kindergeld** N dječjī dọplatak *m* **Kinderhort** M ọbdanište *n* **Kinderkrippe** F (dječjē) jạslice *f/pl* **Kinderlähmung** F dječjā paralīza *f* **Kindermädchen** N dạdilja *f* **Kindersicherung** F osigụrạnje *n* za djẹcu **Kindersitz** M AUTO dječjē sjẹdalo *n*; *Fahrrad* bicịkl *m* **Kinderwagen** M dječjā kolīca *f*
Kindheit F djẹtīnstvo *n* **kindisch** djẹtinjast **kindlich** djẹtīnskī
Kinn N brạda *f* **Kinnhaken** M ạperkat *m*
Kino N kịno *m*; **ins~ gehen** ịći u kịno
Kiosk M kịosk *m*
Kippe F *Zigarettenkippe* ọpušak *m*, čịk *m umg*
kippen *etw umkippen* prevr̄nuti (prẹvrtati); *v/i* prevr̄nuti (prẹvrtati) se
Kirche F cr̄kva *f* **Kirchturm** M crkvenī tọ̄ranj *m*
Kirschbaum M trešnja *f*
Kirsche F trẹšnja *f*
Kissen N *Sofakissen, Kopfkissen* jạstuk *m* **Kissenbezug** M jạstučnica *f*
Kiste F sạnduk *m*; *umg Auto* kṛntija *f*

Kitsch M kič *m* **kitschig** kičast
Kitt M kit *m*
kitten *Fenster* [za-]kitati; *fig* popraviti (-vljati)
kitz(e)lig škakljiv, golicav
kitzeln škakljati, golicati
Klage F tužba *f*; JUR optužba *f*
klagen [po-]tūžiti se, [po-]žaliti se (**über** *A* na *A*); JUR tūžiti
Kläger M tužitelj *m* **Klägerin** F tužiteljica *f*
Klammer F *Wäscheklammer* kvačica *f*, štīpāljka *f*; *Büroklammer* spājalica *f*
klammern: **sich ~ an** (*A*) držati se za *od* uz (*A*), hvatati se za (*A*)
Klang M zvūk *m*
Klappbett N sklopivī krevet *m*
klappen preklopiti (-klāpati); *fig* **es klappt (nicht)** idē (ne idē) glatko
klappern *mit den Zähnen* cvokotati
Klapprad N sklopivī bicikl *m* **Klappstuhl** M sklopivā stolica *f* **Klapptisch** M sklopivī stōl *m*
Klaps M: **j-m e-n ~ auf die Schulter geben** pljesnuti (*A*) po ramenu
klar *Wasser, Himmel* bistar; *verständlich* jasan; **sich ~ werden über etw** shvatiti (shvaćati) (*A*)
klären razjāsniti (-jašnjāvati)
Klarinette F klarinet
klarmachen razjasniti (-jašnjīvati) (**j-m** *D* **etw** *A*)
Klasse F rāzred *m*; *Kategorie* vrsta *f*; **klasse!** izvrsno! **Klassenzimmer** N učiōnica *f*
klassisch klasičan
Klatsch M trač *m*
klatschen: **in die Hände ~** pljesnuti (pljeskati); **Beifall ~** pljeskati, aplaudīrati (*im*)*pf*
Klaue F pāpak *m*; *Vogelklaue* kāndža *f*; *Pfote* pāndža *f*
klauen [u-]krasti, maznuti *pf umg* drpnuti (-pati) *umg*
Klausel F klauzula *f*
Klavier N glasovīr *m*, klavīr *m*
Klebeband N ljepljivā vrpca *f*
kleben *Papier usw* [pri-, s-, za-] lijēpiti; *haften* prionuti (priānjati)
klebrig ljepljiv
Klebstoff M ljepilo *n*
kleckern [za-]mrljati
Klecks M mrlja *f*
Klee M djetelina *f*
Kleid N haljina *f*
Kleiderbügel M vješalica *f* **Kleiderbürste** F četka *f* za odjeću **Kleiderschrank** M ormār *m*, garderōba *f*
Kleidung F odjeća *f*
Kleidungsstück N odjēvnī prēdmet *m*
klein mālī, malen
Kleinbus M minibus *m* **Kleingeld** N sitnina *f*, sitnīš *m* **Kleinigkeit** F sitnica *f* **Kleinkind** N mālō dijēte *n* **kleinlich** sitničav, **Kleinstadt** F gradīć *m*
Klemme F stezāljka *f*, hvatāljka *f*; *fig* **in der ~ sitzen** biti *od* nāći (nalaziti) se u škripcu
klemmen zaglāviti (-vljīvati) se
Klempner(in) M(F) limār *m*, limarica *f*

Klette F čičak *m*
klettern pọpēti (pẹnjati) se (**auf** *A* na *A*)
Klettverschluss M čičak-trạka *f*
klicken klịkati
Klima N pọdnēblje *n*, klīma *f* (*a fig*); **Klimaanlage** F klịma-ụređāj *m*
Klinge F ọštrica *f*; *Rasierklinge* brịtva *f*
Klingel F zvọ̄nce *n*
klingeln [po-, za-]zvọniti; *Telefon a* zvṛcnuti (-cati); **es klingelt** zvọnī
Klingelton M TEL mẹlōdija za mọbīlni telẹ̄fōn
klingen zvǖčiti
Klinik F klịnika *f*
Klinke F kvạka *f*
Klippe F stijẹ̄na *f*, hrīd *m*
klirren [za-]zvẹ̄čati
Klo N *umg* zạ̄hod *m*, klọzet *m umg*
klonen klonīrati (*im*)*pf*
klopfen *Herz* kụcati, lūpati; *Motor* lūpati; **es klopft** nẹtko kụcā
Klops M okrụglica *f*
Kloß M vạljušak *m*, okrụglica *f*
Kloster N sạmostān
Klotz M *Hackklotz* pạ̄nj; *Bauklotz* kọcka *f*
Klub M klūb *m*
klug pạmetan
Klumpen M *Goldklumpen* grụmēn *m*; *Erdklumpen* grụda *f*
knabbern grịskati (**an** *D A*)
knacken *Nüsse* krckati; *Auto* provạ̄liti (-ljīvati) (u *A*); *mit den Fingern* puckẹtati
Knall M pūcanj *m* **knallen** prạsnuti (prạskati), [po-]pụcati; *prallen* lụpiti (lūpati) (**gegen** o *A*); *platzen* raspụknuti se *pf*
knapp ọskudan; *eng* tijẹsan; **~ bei Kasse sein** nẹ biti pri nọ̄vcu
knarren [za-]škrīpati
Knäuel M/N klụpko *n*
kneifen *j-n* štīpnuti (-pati); *fig* zabušạ̄vati
Kneipe F kṛčma *f*, bịrtija *f*
kneten [u-]mijẹ̄siti
knicken presạviti (-vījati)
Knie N kọljeno *n*
knien klẹ̄čati; **sich ~** klẹknuti *pf*
Kniescheibe F čạšica *f* **Kniestrümpfe** M/PL dọkoljenice *f/pl*, dọkoljẽnke *f/pl*
Kniff M *Falte* nạbor *m*; *fig* smịcalica *f*, štọ̄s *m umg*
knifflig *schwierig* zạkučast; *heikel* škạkljiv
knipsen škljọcnuti (-cati)
knirschen [za-]škrīpati; *Schnee* pṛštati, hṛskati; **mit den Zähnen ~** škrgụtati zūbima
knistern [za-]puckẹtati
knitterfrei kọjī se nẹ gužvā
knittern V/T [z-]gụžvati (*v/i* se)
Knoblauch M čẹ̄šnjāk *m*, bijẹ̄lī lụk *m*
Knöchel M *Fußknöchel* glẹ̄žanj *m*; *Fingerknöchel* člạ̄nak *m*
Knochen M kọ̄st *f* **Knochenbruch** M prijẹ̄lom *m* kọ̄sti
Knödel M vạljušak *m*, okrụglica *f*
Knolle F BOT gọmolj *m*
Knopf M dụgme *n*, gụmb *m*

knöpfen [za-]kopčati
Knopfloch N zāpučak *m*
Knorpel M hrskavica *f*
Knospe F pupoljak *m*
Knoten M čvor *m*
Knüller *umg* M hit *m umg*
knüpfen *Teppich* [za-]uzlati
Knüppel M bątina *f*; *Schaltknüppel* ručica *f* mjenjāča
Knüppelschaltung F AUTO ručica *f* mjenjāča *f*
knurren [za-]rēžati
knusprig hrskav
knutschen cmākati se
Koalition F koalīcija *f*
Koch M kuhār *m* **Kochbuch** N kuharica *f*
kochen *Essen* [s-]kuhati; **Kaffee ~** [na-]praviti, [s-]kuhati kavu; V/I [s-]kuhati se; → **sieden**; **~d heiß** kīpūćī **Kocher** M kuhalo *n*
Köchin F kuharica *f*
Kochnische F kuhinjskā nīša *f*
Kochsalz N kuhinjskā sōl *f*
Kochtopf M lonac *m*
Köder M māmac *m*
koffeinfrei bez kofeīna
Koffer M kovčeg *m* **Kofferraum** M AUTO prtljāžnī prōstor *m*
Kognak M konjāk *m*
Kohl M kelj *m*
Kohle F ugljēn *m*
Kohle(n)hydrat N ugljikohidrat *m*
Kohlensäure F ugljičnā kiselina *f*
Kohlrabi M korabica *f*
Koje F brodskī krevet *m od* ležāj *m*
Kokain N kokaīn *m*
Koks M koks *m*
Kolben M TECH, *Maiskolben* klīp *m*
Kolik F kolika *f*
Kollaps M kolaps *m*
Kollege M kolēga *f* **Kollegin** F kolēgica *f*
Kollision F kolizīja *f*
Kolonie F kolōnija *f*
Kolonne F kolona *f*; **~ fahren** voziti u koloni
kombinieren kombinīrati (*im*)*pf*
Kombi(wagen) M kombi *m*
Komfort M komfōr *m* **komfortabel** komfōran
komisch komičan, smiješan
Komitee N komitēt *m*
Komma N zārez *m*
Kommando N zapovijēd *f*; *Dienststelle* zapovjednīštvo *n*
kommen dōći (dolaziti); **~ lassen** *Arzt* poz(i)vati; **wie komme ich nach ...?** kako mogu dōći do ...?
Kommentar M komentār *m*
Kommissar(in) M(F) komesār *m*, komesarica *f*
Kommode F komōda *f*
kommunal komunālan, općinskī
kommunistisch komunističkī
Komödie F komēdija *f*
kompakt kompaktan
Kompass M kompas *m*, busola *f*
kompatibel kompatibīlan
kompetent kompetentan
komplett cjelovit, kompletan

Komplikation F komplikạcija *f*
Kompliment N komplịment *m*
Komplize M sudiọnīk *m*
kompliziert komplịcīran, složen
Komplizin F sụdionica *f*
komponieren sklạdati, komponīrati *(im)pf* **Komponist** M sklạdatelj *m*, kompọzītor *m*
Komponistin F skladatẹlica *f*, kompọzitorica *f*
Kompott N kọmpōt *m*
Kompromiss M komprọmis *m*
Kondition F SPORT kọndīcija *f*; HANDEL ụvjet *m*
Konditorei F slastičạ̄rnica *f*
kondolieren izrạ̄ziti (-ražạ̄vati) sụćūt, kondolīrati *(im)pf*
Kondom N kọndōm *m*, prezervạtīv *m*
Konfekt N kọnfekt *m*, slạstica *f*
Konfektion F konfẹkcija *f*
Konferenz F konferḗncija *f*, vijḗćānje *n*
Konfession F konfẹsija *f*, vjeroịspovijēd *f*
konfigurieren IT konfigurīrati
Konfirmation F konfirmạ̄cija *f*
Konfitüre F džẹm *m*
Konflikt M sūkob *m*, kọnflikt *m*
konfus zbȓkān, kọnfūzan
Kongress M kọngres *m*
König M krạ̄lj *m* **Königin** F krạljica *f* **königlich** krạ̄ljevskī
Königreich N krạ̄ljevina *f*
Konjugation F sprẹ̄zānje *n*, konjugạ̄cija *f* **konjugieren** sprẹ̄zati, konjugīrati
Konjunktion F vẹ̄znīk *m*
Konjunktur F konjunktūra *f*
konkret kọnkretan
Konkurrent M sụpārnīk *m*, konkụrent *m* **Konkurrentin** F sụpārnica *f*, konkurẹntica *f*
Konkurrenz F konkurḗncija *f* **konkurrieren** konkurīrati *(im)pf*
Konkurs M stẹčāj *m*
können mọći; **schwimmen ~** znạti plịvati; **(es) kann sein** mọžē bịti
konsequent konzekvẹnten, dọsljedan
konservativ kọnzervatīvan
Konserve F kọnzērva *f* **konservieren** konzervīrati *(im)pf*
Konservierungsmittel N kọnzervans *m*
konstant konstạntan
konstruieren [is-]konstruīrati
Konstruktion F konstrụkcija *f*
Konsulat N konzụlāt *m*
konsultieren konzultīrati *(im)pf*; [po-]sạ̄vjetovati se (s *I*)
Konsument M potrọšāč *m*
Konsumentin F potrošạ̄čica *f*
Kontakt M kọntakt *m* **Kontaktlinsen** F/PL kọntaktnē lḗće *f/pl*
Kontinent M kontịnent *m*; *Festland* kọpno *n*
kontinuierlich kontinụīran
Konto N rạčūn *m*, kọ̄nto *m*
Kontoauszug M ịzvod *m*

računa **Kontoinhaber(in)** M(F) vlasnik *m* (-nica *f*) računa **Kontonummer** F broj *m* računa **Kontostand** M stanje *n* računa
Kontrolle F kontrola *f* **kontrollieren** kontrolirati (*im*)*pf*
konvertieren IT konvertirati (*im*)*pf*
Konzentration F koncentracija *f*
konzentrieren: **sich ~** koncentrirati se (*im*)*pf*, usredotočiti (-čivati) se (**auf** *A* na *A*)
Konzept N koncepcija *f*
Konzern M koncern *m*
Konzert N koncert *m*
Kooperation F kooperacija *f*
koordinieren koordinirati (*im*)*pf*
Kopf M glava *f*; **pro ~** po glavi stanovnika **Kopfhörer** M slušalice *f/pl* **Kopfkissen** N jastuk *m* **Kopfsalat** M (salata) glavatica *f* **Kopfschmerz** M glavobolja *f* **kopfstehen** stajati na glavi **Kopfstütze** F AUTO naslon *m* za glavu **Kopftuch** N rubac *m* za glavu
kopfüber naglavce
Kopie F kopija *f* **kopieren** kopirati (*im*)*pf* **Kopiergerät** N aparat *m* za (foto)kopiranje
koppeln spojiti (spajati), povez(iv)ati
Koralle F koralj *m*
Korb M košara *f*
Korken M čep *m* **Korkenzieher** M vadičep *m*
Korn N žito *n*
körnig zrnast
Körper M tijelo *n* **Körperbau** M stas *m* **körperbehindert** invalidan
Körperbehinderte M, F invalid *m*
körperlich tjelesni **Körperpflege** F njega *f* tijela *f*
korrekt korektan **Korrektur** F korekcija *f*
Korrespondenz F korespondencija *f* **korrespondieren** korespondirati (*im*)*pf*
Korridor M hodnik *m*; *Luftkorridor* koridor *m*
korrigieren ispraviti (-vljati), korigirati (*im*)*pf*
Korruption F korupcija *f*
Kosmetik F kozmetika *f* **Kosmetikerin** F kozmetičarka *f* **Kosmetiksalon** M kozmetički salon *m*
kostbar dragocjen
kosten *probieren* kušati; *wert sein* stajati; **was kostet ...?** koliko stoji...?
Kosten PL troškovi *m/pl*; **auf ~ von** na račun *od* na trošak (*G*)
kostenlos besplatan
köstlich ukusan; *amüsant* zabavan
Kostprobe F kušanje *n*; *eines Könnens* primjer *m*
Kostüm N THEAT, *Damenkostüm* kostim *m*
Kot M izmet *m*
Kotelett N kotlet *m*
Kotflügel M blatobran *m*
kotzen *umg* [po-]bljuvati *umg*
Krabbe F račić *m*

krabbeln pųzati
Krach M *Lärm* bųka *f*; *Streit* kāvga *f* **krachen** prąsnuti (-skati), puckętati
krächzen kr(ij)ęštati
Kraft F PHYS sįla *f* **Kraftbrühe** F krępkā jūha *f*
Kraftfahrer(in) M(F) vǫzāč *m* voząčica *f* mǫtōrnōg vǫzila
Kraftfahrzeug N mǫtōrnō vǫzilo *n* **Kraftfahrzeugpapiere** PL knjižica *f* vǫzila **Kraftfahrzeugsteuer** F pǫrez *m* na automǫbil **Kraftfahrzeugversicherung** F ǫbveznō osigurānje *n* vǫzila
kräftig jāk, snāžan; *Brühe* krępak *m*
kraftlos iznęmogao **Kraftstoff** M pǫgonskō gǫrīvo *n* **Kraftwerk** N elektrąna *f*, ełęktrična centrąla *f*
Kragen M ǫvratnīk *m*, krāgna *f*
Krähe F vrąna *f*
krähen [za-]kukurīkati
Kralle F kāndža *f*
Kram M krąma *f*, starųdija *f*
Krampf M gṛč *m* **Krampfader** F prǫširenā žįla *f*
Kran M dįzalica *f*
krank bǫlestan
Kranke M, F bolęsnīk *m* (-nica *f*)
kränken uvrijęditi (vrijeđati)
Krankenhaus N bǭlnica *f* **Krankenkasse** F bolęsnīčkā blągājna *f* **Krankenpfleger** M bǭlničār *m* **Krankenschwester** F bǭlničārka *f* **Krankenversicherung** F zdrąvstvenō osigurānje *n*; **privat ~versicherung** prįvātno zdrąvstvenō osigurąnje *n* **Krankenwagen** M vǫzilo *n* hįtnē pǫmoći
krankhaft patǫloškī, bǫlestan
Krankheit F bǫlēst *f*
krankschreiben dąti (dāvati) bǫlovānje
Kranz M vijęnac *m*
Krater M krāter *m*
kratzen [po-]čęšati; **sich ~** [po-] čęšati se; *zerkratzen* [ǫ-, rąz-] grępsti; *schaben* strūgati
Kratzer M *Hautkratzer* ogrebǫtina *f*
kraulen *liebkosen* [pǫ-]mįlovati; SPORT plįvati kraulom, kraulati
kraus kųdrav; *wirr* lųckast
Kraut N trąva *f*; *Kohl* kųpus *m*
Krawall M *Aufruhr* nerēd *m*, izgrēd *m*; *Lärm* bųka *f*
Krawatte F kravąta *f*
Krebs MED, ZOOL, ASTRON rąk *m* **krebserregend** kąncerogēn
Kredit M krędīt *m* **Kreditkarte** F krędītnā kārtica *f*
Kreide F krēda *f*
Kreis M krūg *m*; *Verwaltungskreis* župąnija *f*
kreischen vrīštati, vrįsnuti (-skati)
kreisen krūžiti (**um** oko G)
kreisförmig krūžnī
Kreislauf M MED ǫptok *m* krvi **Kreislaufstörungen** F/PL smętnje *f/pl* u ǫptoku krvi
Kreisverkehr M krūžnī tǫk *m*
Kresse F BOT gṛbica *f*

Kreuz N krīž *m*; ANAT krīža *n/pl*; *Karte* trẹf *m*; **kreuz und quer** ụzdūž i pọprijēko **kreuzen** BIOL krīžati; SCHIFF krstāriti; **sich ~** prekrīžiti (krīžati) se **Kreuzfahrt** F SCHIFF krstārēnje *n* **Kreuzschmerzen** M/PL bōlovi *m/pl* u krīžima **Kreuzung** F rāskrīžje *n* **Kreuzworträtsel** N krīžāljka *f*

kriechen pụzati, plạziti, gmịzati **Kriechspur** F *Autobahn* prōmetnī trāk *m* za spọrā vọzila

Krieg M rạt *m*

kriegen dọbiti (-bīvati)

Kriegsschauplatz M rạtīšte *n* **Kriegsverbrechen** N rạtnī zlọčin *m*

Krimi M *Film, Roman* krịmić *m* **Kriminalität** F krimịnāl *m* **Kriminalpolizei** F kriminalịstičkā polịcija *f* **kriminell** krịminālan

Krippe F jạsle *f/pl*

Krise F krīza *f*

Kristall[1] N krịstāl *m*

Kristall[2] M krịstāl *m*

Kritik F krịtika *f* **Kritiker** M krịtičār *m* **Kritikerin** F krịtičārka *f* **kritisch** krịtičan **kritisieren** kritizīrati *(im)pf*

kritzeln šārati, škrābati, [na-] čṛčkati

Kroate M Hṛvāt *m* **Kroatien** N Hṛvatskā *f* **Kroatin** F Hrvạtica *f* **kroatisch** hṛvatskī

Kroketten F/PL krokẹ̄ti *m/pl*

Krokodil N krokọdīl *m*

Krone F krụna *f* (*a* MED); *Baumkrone* krọšnja *f*

Kropf M gụša *f*

Kröte F krạstača *f*

Krücke F štạka *f*

Krug M vṛč *m*

Krümel M mṛvica *f* **krümeln** mṛviti (*v/i* se)

krumm krīv, ịskrīvljen

Kruste F *Brotkruste, Erdkruste* kọra *f*; *Wunde* krạsta *f*

Kruzifix N raspẹ̄lo *n*

Kübel M kạbao *n*

Kubikmeter M kụbičnī mẹtar *m*

Küche F kụhinja *f*

Kuchen M kọlāč *m*

Kuckuck M kụkavica *f*

Kugel F MATH, *Erdkugel* kūgla *f*; *Gewehrkugel* (pụščanō) zṛno *n*; *Billardkugel* kūgla *f* **Kugellager** N kụglịčnī lẹ̄žāj *m* **Kugelschreiber** M kẹmījskā ọlōvka *f*

Kuh F krāva *f*

kühl prọhlādan **kühlen** [za-] hlāditi **Kühler** M hlādnjāk *m* **Kühlerhaube** F hạuba *f od* pọklopac *m* motōra **Kühlflüssigkeit** F rạshladnā tekụćina *f* **Kühlschrank** M hlādnjāk *m*, frižịdēr *m umg* **Kühltruhe** F škrịnja *f* za zamrzāvānje

kühn smịon

Küken N pịle *n*

Kulisse F kulịsa *f*

Kult M kụlt *m*

Kultur F kultūra *f*

Kulturbeutel M nesẹsēr *m*

kulturell kụltūran

Kümmel M kụmīn *m*
Kummer M jạd *m*
kümmern: **sich ~ um** [pọ-]brịnuti se za (*A*); *Aufmerksamkeit schenken* obạzreti (-zirati) se na (*A*)
Kumpel M drūg *m*; pajdāš *m umg*; → Bergarbeiter
Kunde M mušterija *m*, kūpac *m*
Kundendienst M servisịrānje *n*
Kundgebung F manifestạcija *f*, mịting *m*
kündigen otkāz(īv)ati (**j-m** *D*); **Kündigung** F otkāz *m*
Kundin F mušterija *f* **Kundschaft** F klijentẹla *f*
künftig bụdūćī; ADV ubụdūće
Kunst F ụmjetnōst *f* **Kunstausstellung** F ụmjetnīčkā izložba *f* **Kunstdünger** M ụmjetnō gnojivo *n* **Kunstfaser** F ụmjetnō vlākno *n* **Kunstgalerie** F ụmjetnīčkā gạlērija *f*
Kunsthändler M, **Kunsthändlerin** F trgovac *m* (-ōvkinja *f*) ụmjetninama
Künstler M ụmjetnīk **Künstlerin** F ụmjetnica *f*
künstlerisch ụmjetnīčkī
künstlich ụmjetan
Kunstsammlung F ụmjetnīčkā zbīrka *f* **Kunstseide** F ụmjetnā svīla *f* **Kunststoff** M plạstika *f* **Kunststück** N majstọrija *f* **Kunstwerk** N umjetnịna *f*
Kupfer N bạkar *m*
Kuppel F kụpola *f*
kuppeln AUTO spọjiti (spājati); **Kupplung** F *Anhängerkupplung* spōjka *f*, AUTO kvạčilo *n*, kụplung *m umg*
Kur F kūra *f*
Kurbel F ručica *f*
Kürbis M bụndeva *f*, tịkva *f*
kurieren [iz-]liječiti **Kurort** M ljẹčilīšte *n*
Kurs M tẹčāj *m*; SCHIFF kụrs *m*; HANDEL tẹčāj *m*
Kursbuch N vọznī rẹd *m*
Kurve F zāvoj *m*, ọkuka *f*
kurvenreich zāvojit
kurz *räumlich, zeitlich* krạtak; **~ vor Köln** nẹdaleko od Kölna; **vor Kurzem** nẹdāvno **Kurzarbeit** F skrạ́ćenō rādnō vrijẹ̄me *n* **kurzärmelig** s krạtkīm rukāvima
kürzen skrātiti (-aćīvati); **kürzertreten** stẹgnuti (stẹzati) remēn; *sich schonen* [po-]štẹdjeti se, čūvati se
kurzfassen: **sich ~** bịti krạtak
kurzfristig kratkọročan
Kurzgeschichte F krạtkā prịča *f*
kürzlich nẹdāvno
Kurzparkzone F zọna *f* ogrạničenīm trạjānjem parkīrānja
Kurzschluss M ELEK krạtkī spọj *m* **kurzsichtig** kratkọvidan (*a fig*)
Kürzung F skraćīvānje *n*
kuscheln priljūbiti (-bljīvati) se
Kuss M pọljubac *m*
küssen [po-]ljūbiti
Küste F mọrskā ọbala *f*

Kutsche F kọčija *f*
kyrillisch: **~e Schrift** ćịrilica *f*

L

labil lạbīlan
Labor N laborạtōrīj *m*
Laborant M labọrant *m* **Laborantin** F labọrantica *f*
lächeln ọsmjehnuti (-hīvati) se, [na-]smijẹ̄šiti se, smijụckati se
Lächeln N ọsmijēh
lachen [na-]smijati se (**über** *A D*)
Lachen N smijẹ̄h *m*
lächerlich smijẹ̄šan
Lachs M lọsos *m*
Lack M *a* AUTO, *Nagellack* lạk *m*
lackieren lakịrati (*im*)*pf*
Ladegerät N pụnjāč *m* **laden** *Waffe* [nạ-]pụniti, nạbiti (-bījati); IT učịt(āv)ati
Laden M trgovina *f*; *Fensterladen* kāpak *m* **Ladenschluss** M vrijẹ̄me *n* zatvạ̄rānja trgovinē
Ladung F tẹret *m*; ELEK nạboj *m*
Lage F pọložāj *m*; *Schicht* slọ̄j *m*; **nicht in der ~ sein** nẹ biti kạ̄dar (**zu** *inf*)
Lager N *Flüchtlingslager*, *Zeltlager* lọ̄gor *m*; POL tābor *m*; HANDEL sklạdīšte *n*, sprẹmīšte *n*; TECH lẹžāj *m*
lagern lọ̄gorovati, tābọrovati; HANDEL sklạdištiti
lahm hrọm
lähmen paralizīrati (*im*)*pf* (*a fig*)
lahmlegen onemogụ̄ćiti (-ćīvati), paralizīrati (*im*)*pf*
Lähmung F ụzētōst *f*, paralịza *f*
Laie M lạik *m*
Laken N plạhta *f*
Lakritze F lạkric *m*
Laktose F laktọ̄za *f* **laktosefrei** ADJ bẹz laktọze; **Laktoseintoleranz** F netolerạncija na laktọ̄zu
Lamm N jạnje *n*; *Lammfleisch* jạnjetina *f*
Lampe F svjẹtīljka *f*
Land N zẹmlja *f*; *im Ggs zu Wasser* kọpno *n*; *Staat* zẹmlja *f*; *im Ggs zu Stadt* sẹlo; **auf dem ~** na sẹlu **Landebahn** F slẹtnā stạza *f* **landen** SCHIFF iskrc(ạ̄v)ati se; FLUG slẹtjeti (slijẹ̄tati)
Länderspiel N međunạ̄rodnā ụtakmica *f*
Landesgrenze F grạnica *f* zẹmljē **Landesregierung** F zẹmāljskā vlạ̄da *f*
Landhaus N ljẹtnikovac *m*
Landkarte F zẹmljovīd *m*
ländlich sẹoskī
Landschaft F krạjolik *m*; krạjobraz *m*
Landsmann M sunạ̄rodnjāk *m*
Landsmännin F sunarodnjạkinja *f*
Landstraße F cẹsta *f*
Landung F SCHIFF, MIL iskr-

cạvānje *n*; FLUG slijẹ̄tānje *n*
Landungssteg M gạ̄t *m*
Landwirt(in) M(F) poljoprịvrednīk *m* (-nica *f*) **Landwirtschaft** F poljoprịvreda *f* **landwirtschaftlich** poljoprịvrednī
lang dụg; **zwei Wochen ~** dvạ̄ tjẹdna **lange** ADV dụgo; **seit Langem** ọdāvna
Länge F *zeitlich, räumlich* duljịna *f*
Langeweile F dọsada *f*
langjährig dugogọdišnjī
Langlauf M skijāškō tṛčānje *n*
länglich duguljast
längs ADV ụzdūž; PREP duž, ụzdūž (*G*); **~ der Straße** ụzdūž cẹstē
langsam polạgān, spọr; ADV polạ̄ko, lạgāno; **~er fahren** smạ̄njiti (-njīvati) brzịnu, vọziti polagạ̄nije
längst dạ̄vno
Languste F jạstog *m*
langweilen dosạ̄diti (-ađīvati) **j-n** (*D*); **sich ~** dosạ̄diti (-ađīvati) se
langweilig dọsādan
Lappen M kṛpa *f*
Laptop M IT prijẹ̄nosnō račụnalo *n*; **Laptoptasche** F tọ̄rba za lạptop
Lärm M bụka *f*
Larve F lịčinka *f*
Laser M lạser *m* **Laserdrucker** IT M lạserskī pìsāč *m*, lạserskī prìnter *m* **Lasershow** F lạserskī show *m*
lassen *zulassen* dopụstiti (-pū̀štati); *veranlassen* dạti (dạ̄vati); *aufhören* pụstiti (pū̀štati), prẹst(aj)ati; *zurücklassen* ọstaviti (-vljati)
lässig nonšalạntan, ọpušten
Last F tẹret *m*
Laster M → Lkw
lästern [o-]klevẹtati; *spotten* podrụ̄g(īv)ati se (**über** *A D*)
lästig dọsādan, zạ̄moran
Last-Minute-Angebot N last minute pọnuda *f*
Lastwagen M → LKW
lateinamerikanisch latinskoamẹrički
Latein(isch) lạtīnskī
Laterne F fẹnjer *m*, ferāl *m*
Latte F lẹtva *f*; *Hochsprung* lẹtvica *f*; *Fußball* prẹčka *f*
Lätzchen N pọdbradnīk *m*
lau *Flüssigkeit* mlạ̄k; *mild* blạ̄g
Laub N lìšće *n* **Laubbaum** M bjelogọrica *f*
Lauch M pọriluk
lauern vrẹ̄bati
Lauf M tṝk *m*, tṛčānje *n*; *Verlauf* tijẹ̄k *m*; *Gewehrlauf* cijẹ̄v *f*; **im ~e** (*G*) u tijẹ̄ku (*G*), tijẹ̄kom (*G*)
laufen *rennen* [po-]tṛčati; *zu Fuß gehen* họdati; *Maschine* rạ̄diti; **über etw auf dem Laufenden halten** izvještạ̄vati o tijẹ̄ku (*G*) **laufend** tẹkūćī
Läufer SPORT tṛkāč *m*; *Schach* lọvac *m*; *Teppich* prostìrāč *m*
Läuferin F trkạčica *f*
Laune F *Stimmung* raspoložẹ̄nje *n*, vọlja *f*; *Grille* hīr *m*; **gute (schlechte) ~ haben** bìti dọbrē (lọšē) vọljē **launisch** ćụdljiv, hìrọvit

Laus F ūš *f*
lauschen prisluškīvati; *Musik* slušati
laut *Stimme* glasan; *lärmend* būčan; ADV *sprechen* glasno; PRP po (*L*), prema (*D*)
Laut M zvūk *m*
lauten glāsiti
läuten [po-]zvoniti
lautlos nečūjan
Lautsprecher M zvūčnīk *m*
Lautstärke F glasnoća *f*; PHYS jākōst *f* zvūka
lauwarm mlāk, mlāčan
Lava F lāva *f*
Lawine F lavina *f*, usov *m*
Lawinengefahr F opāsnōst *f* od lavinā
Leasing N leasing *m* **Leasingvertrag** M ugovōr *m* o līzingu
leben žīvjeti; ~ **Sie wohl!** zbogom!
Leben N život *m*
lebendig žīv
Lebensgefahr F žīvotnā opāsnōst *f* **Lebensgefährte** M žīvotnī suputnīk *m* **Lebensgefährtin** F životnā suputnica *f*
Lebenshaltungskosten PL troškovi *m/pl* života **Lebenslauf** M životopis
Lebensmittel N/PL žīvēžnē nāmirnice *f/pl* **Lebensmittelgeschäft** N trgovina *f* žīvēžnīm nāmirnicama **Lebensmittelvergiftung** F trovānje *n* hrānōm
Lebensstandard M žīvotnī standard *m* **Lebensunterhalt** M životnē potrebe *f/pl*
Lebensversicherung F žīvotnō osigurānje *n*
Leber F ANAT jetra *n/pl*; GASTR jetrica *f* **Leberwurst** F jetrenica *f*
Lebewesen N žīvō bīće *n*
lebhaft žīvāhan
Lebkuchen M medenjāk *m*
leblos beživotan
leck: ~ **sein, ein Leck haben** imati rupu
lecken *mit der Zunge* [po-]lizati
lecker ukusan **Leckerbissen** M poslastica *f*
Leder N koža *f* **Lederwaren** F/PL kožnā roba *f*
ledig *Mann* neoženjen; *Frau* neudāta
lediglich ADV sāmo
leer prāzan **Leere** F praznina *f*
leeren [is-]prāzniti **Leerlauf** M *Motor, fig* prāzan hōd *m*
Leerung F *des Briefkastens* prāžnjēnje *n*
legal legālan, zākonit
legen položiti (-lāgati), staviti (-vljati); *Eier* snijēti (snositi); **sich** ~ *sich hinlegen* lēći (lijēgati); *Wind* stiš(āv)ati se
Lehm M ilovača *f*
Lehne F nāslon *m* **lehnen** prisloniti (prislanjati) (**an** *A* na *A*); **sich** ~ nasloniti (naslanjati) se, osloniti (oslanjati) se (**an** *A* na *od* o *A*); *sich hinauslehnen* nagnuti (-ginjati) se (**aus** kroz *A*)
Lehrbuch N udžbenīk *m*
Lehre F *Lehrsätze* nauk *m*; *Ausbildung* naukovānje *n*
lehren poučiti (-čāvati)

Lehrer M *Schullehrer* ụčitelj *m*, nạstāvnīk *m* **Lehrerin** F učitẹljica *f*, nạstāvnica *f*
Lehrgang M tẹ̄čāj *m* **Lehrling** M nạučnīk *m* (-nica *f*); **lehrreich** pọučan
Leib M tijẹ̄lo *n* **Leibgericht** N ọmiljenō jẹlo *n* **Leibwächter** M tjelohrạnitelj *m*, tjẹlesnī čụvār *m*
Leiche F lẹš *m*
leicht lạgan; *sanft* blạ̄g; ~ **entzündlich** lạko upạljiv **Leichtathletik** F lạkā atlẹtika *f* **leichtfallen** lạko pạsti (pạdati) *(D)* **leichtgläubig** lạkovjēran **Leichtmetall** N lạkī mẹtāl *m*
Leichtsinn M lạkoūmnōst *f* **leichtsinnig** lạkoūman
leiden pạtiti, trpjeti; **an etw** *(D)* ~ bolọvati od *(G)*; **nicht ~ können** nẹ moći smịsliti
Leiden N pạtnja *f*; MED bọlēst *f*
Leidenschaft F strạst *f* **leidenschaftlich** strạstven
leider nažalōst
leidtun: **es tut mir leid** žạo mi je; **er tut mir leid** žạlīm ga, žạo mi ga je
leihen posūditi (-uđīvati) (**j-m** *D* **etw** *A*); **sich etw ~** posūditi (-uđīvati) *(A)* (**bei j-m** od *G*); **Leihgebühr** F prịstōjba *f* za pọsudbu; *für e-n Leihwagen* nājam *m* **Leihwagen** M automọbil *m* za iznajmljīvānje **leihweise** na pọsudbu
Leim M ljẹ̄pilo *n* **leimen** [za-]lijẹ̄piti
Leine F *Wäscheleine* ūže *n*, ụzica *f*; *Hundeleine* ụzica *f* **Leinen** N lạn *m* **Leinwand** F *Film* (projẹkcījskō) plātno *n*
leise tịh; ADV *sprechen* tịho; **~r stellen** stịš(āv)ati
Leiste F lẹtva *f*; ANAT prẹpona *f*
leisten *vollbringen* [u-]čịniti, ostvāriti (-rīvati); *Hilfe, Widerstand* prụžiti (prūžati); **sich etw ~** priụštiti *pf* s(ẹb)i *(A)*
Leistung F ostvarẹ̄nje *n*; *Arbeitsleistung* ụčinak *m*; *Ergebnis* ụspjeh *m*; TECH snāga *f* **leistungsfähig** spọsoban
leiten *Betrieb* vọditi *(A)*, upravljati *(I)*; *Versammlung* vọditi
Leiter[1] F ljẹstvica *f*
Leiter[2] M vọditelj *m*; PHYS vọdīč *m* **Leiterin** F voditẹljica *f*
Leitplanke F zāštitnā ọgrada *f*
Leitung F *Führung* vọdstvo *n*; TEL, ELEK vọ̄d *m*; *Wasserleitung* vọdovōd *m* **Leitungswasser** N vọda *f* iz vọdovōda *f*
Lektion F lẹkcija *(a fig)*; **Lektüre** F štịvo *n*, lektīra *f*
Lende F slạbine *f/pl*
lenken ụpravljati *(I)*, vọditi **Lenkrad** N uprạvljāč *m*, vọlān *m* **Lenkstange** F uprạvljāč *m* **Lenkung** F AUTO uprạvljāčkī mehanịzam *m*
Lerche F šẹ̄va *f*
lernen [na-]ụčiti
Lesbe F *umg* lẹzbījka *f* **Lesbierin** F lẹzbījka *f* **lesbisch** lẹzbījskī

lesen [pro-]čitati
Leser M čitatelj *m* **Leserin** F čitateljica *f*
leserlich čitljiv
letzte, **letzter**, **letztes** posljednjī
leuchten svijētliti; *glänzen* sjājiti
Leuchter M svijēćnjāk *m*
Leuchtreklame F nēōnskā *od* svjetlēća reklāma *f* **Leuchtturm** M svjetionīk *m*
leugnen poreći (-rīcati)
Leute PL ljūdi *m/pl*
Leutnant M poručnīk *m*
Lexikon N leksikōn *m*; *Wörterbuch* rjēčnīk *m*
Libelle F vilīnskī konjīc *m*; TECH libela *f*, razulja *f*
liberal liberālan
Libero M čistāč *m*, korektor *m* obranē
Licht N svjetlo *n* **Lichtbild** N → Dia
Lichthupe F AUTO svjetlōsnī znāk *m* **Lichtmaschine** F rāsvjetnī generator *m* **Lichtschalter** M prekidāč *m*
Lichtung F čistina *f*
Lid N vjeđa *f*, kapak *m* **Lidschatten** M sjenilo *n* za oči
lieb mio; **am ~sten** nājradije
Liebe F ljūbav *f*
lieben [za-]voljeti
liebenswürdig ljubazan
lieber ADV radije; **~ haben** višē voljeti
Liebespaar N ljubāvnī pār *m*
liebevoll nježan
Liebhaber M ljubitelj *m*; *Geliebte* ljubāvnīk *m* **Liebhaberin** F ljubiteljica *f*; ljubāvnica *f*
lieblich *Wein* ljubak
Lieblings... omiljen
lieblos bez ljūbavi; *ohne Sorgfalt* nemāran
Lied N pjesma *f*
Lieferant(in) M(F) dobavljāč (-ica) *m(f)* **lieferbar** isporučiv
Lieferbedingungen F/PL ūvjeti *m/pl* isporukē
liefern dostaviti (-vljati), isporūčiti (-čivati)
Lieferschein M dostāvnica *f*
Lieferung F dostava *f*, isporuka *f* **Lieferwagen** M dostavnō vozilo *n*
Liege F ležāj *m*
liegen ležati; *sich befinden* ležati; *fig* **an j-m ~** ovisiti o (*L*); **mir liegt viel daran** stalo mi je do togā
Liegesitz M AUTO sjedalo *n* s preklopivīm naslonom **Liegestuhl** M ležāljka *f* **Liegewagen** M kušet-kola *n/pl*
Lift M lift *m*; *Skilift* skijāškē žičare *f/pl*
liken IT lajkati
Likör M likēr *m*
lila lila, ljubičast
Lilie F ljiljan *m*
Limonade F limunāda *f*
Limousine F limuzina *f*
Linde F lipa *f*
lindern ublāžiti (-žīvati)
Lineal N ravnalo *n*
Linie F crta *f*, līnija *f*
Linienbus M linījskī autōbus *m* **Linienflug** M linījskī lēt *m*

Link M IT lịnk *m*, pọveznica *f*
linke, linker, linkes lijēv
links lijēvo **Linksabbieger** M kojī skrẹ̄ćē ụlijēvo
Linkshänder M ljẹvāk *m* **Linkshänderin** F ljevạkinja *f*
Linse F BOT, GASTR, *Optik* lẹ̄ća *f*
Lippe F ụsna *f*
Lippenbalsam M bạlzam *m* za ụsne **Lippenstift** M crvẹnilo *n* za ụsne
lispeln šụškati
Liste F pọpis *m*, lịsta *f*
Liter M lịtra *f*
literarisch knjižẹ̄vnī
Literatur F knjižẹ̄vnōst *f*, literatūra *f*
Livesendung F TV ụžīvo prijẹ̄nos *m*; **Livestream** M IT stream ụžīvo
Lizenz F licẹncija *f*
Lkw M (Lastkraftwagen) tẹretnī automọbil *m*, kamịōn *m*, terẹtnjāk *m* **Lkw-Fahrer(in)** M(F) vọzāč *m* / vozạčica *f* kamiọ̄na
Lob N pọhvala *f*
loben [po-]hvạliti
Loch N rụpa *f*
Locke F kọvrča *f* **locken** [pri-]mạ̄miti; *Tiere a* vạ̄biti **Lockenwickler** M uvijạ̄č *m*
locker *Schraube* lạbav, klịmav
lockern rạsklim(ạ̄v)ati; *Vorschrift* popụstiti (-pụ̄štati); **sich ~** rạsklim(ạ̄v)ati se
lockig kọvrčav
Löffel M *Esslöffel* žlịca *f*; *Teelöffel* žlịčica *f*
Logik F lọgika *f*
Log-in M *oder* N IT prijava *f*
logisch lọgičan
Logo N logọtīp *m*
Lohn M plạ̄ća *f*; *Belohnung* nạ̄grada *f* **lohnen**: **es lohnt sich (nicht)** (nẹ) ịsplatī se
Lohnerhöhung F povećạ̄nje *n od* pọvišica *f* plạ̄ćē **Lohnsteuer** F pọrez *m* na plạ̄ću
Loipe F stạza *f* za skijạ̄škō tṛčạ̄nje
Lok F → Lokomotive
Lokal N lọkāl *m*
Lokomotive F lokomotịva *f* **Lokomotivführer(in)** M(F) strọjovođa *m*, strọjovotkinja *f*
London N Lọndōn *m*
Lorbeer M lọvōr *m*
los *abgegangen* ọtrgnūt, ọtkinūt; **~!** hạjde!; **was ist ~?** što̩ je?
Los N *Lotterie* srẹćka *f*; *Schicksal* ụdes
losbinden razvẹ̄z(ịv)ati
löschen *Feuer, Licht* [u-]gạ̄siti, *Daten* [iz-]brịsati; **den Durst ~** utạ̄žiti (-žīvati) žẹ̄đu
lose *Schraube* lạbav
losen ždrijẹ̄bati (**um** *A* za *A*)
lösen *Knoten* razvẹ̄z(īv)ati, razrijẹ̄šiti (-rješạ̄vati); *abtrennen* skịnuti (skịdati); *Fahrkarte* kụ̄piti (kupọvati); *Rätsel* rijẹ̄šiti (rješạ̄vati); **sich ~** *in Wasser* otọpiti (otạ̄pati) se; → sich lockern
losfahren krẹ̄nuti (krẹtati);
losgehen pọ̄ći (pọlaziti); *anfangen* pọčēti (pọčinjati); **loslassen** pụstiti (pụ̄štati)
löslich tọpiv
Lösung F rješẹ̄nje *n*; CHEM ọtopina *f* **Lösungsmittel** N

otạ̄palo *n*
loswerden: **j-n ~** rijẹ̄šiti (rješạ̄vati) se (*G*)
löten [za-]lẹmiti
Lotse M, **Lotsin** F SCHIFF pẹljār *m*, pẹljarka *f*, pịlot(kinja) *m*(*f*) **lotsen** peljạ̄riti, pilotị̄rati (*im*)*pf*
Lotterie F lụtrija *f*
Lotto N lọto *m*
Löwe M ZOOL, ASTRON lạv *m* **Löwenzahn** M BOT maslạ̄čak *m* **Löwin** F lạvica *f*
Luchs M rịs *m*
Lücke F praznịna *f*, rụpa *f* **lückenhaft** nẹpotpun
Luft F zrạ̄k *m* **Luftballon** M bạlōn *m* **Luftblase** F mjẹhūr *m* **luftdicht** nẹpropustan zạ zrāk **Luftdruck** M atmọsfērskī tlạ̄k *m*
lüften *Zimmer* prozrạ̄čiti (-čịvati)
Luftfahrt F zrakoplọvstvo *n* **Luftkissenboot** N lẹbdjelica *f* **Luftkurort** M klịmatskō ljẹčilīšte *n* **Luftmatratze** F zrạ̄čnī mạdrac *m* **Luftpost** F zrạ̄čnā pọšta *f* **Luftpumpe** F pụ̄mpa *f* za bicịkl **Luftröhre** F dušnīk *m*
Lüftung F prozračị̄vānje *n*
Luftverkehr M zrạkoplovnī prọmet *m* **Luftverschmutzung** F zagađị̄vānje *n* zrạ̄ka **Luftwaffe** F rạtnō zrakoplọvsto *n* **Luftzug** M prọpūh *m*
Lüge F lạ̄ž *f*
lügen [s-]lạ̄gati
Lügner M lạžljivac *m* **Lügnerin** F lạžljivica *f*
Luke F *Dachluke* krọ̄vnī prọ̄zor *m*; SCHIFF grọtlo *n*
Lumpen M krpa *f*
Lunge F plụ̄ća *n*/*pl*
Lungenentzündung F ụpala *f* plụ̄ćā
Lupe F povẹćalo *n*
Lust F: **(keine) ~ haben zu** ịmati (nẹ̄mati) vọlju
lustig zạ̄bavan; **sich ~ machen über** (*A*) narụ̄g(ị̄v)ati se (*D*)
Lustspiel N kọmēdija *f*
lutschen cụclati
Lutscher M lịzalica *f*
luxuriös lụksuzan
Luxus M lụksuz *m* **Luxusartikel** M lụksuznā rọba *f* **Luxushotel** N lụksuznī họtel *m*

M

machbar ostvạ̄riv
machen [u-, na-]čịniti, [nạ-]prạviti, [u-]rạ̄diti; **~ lassen** dạti nạpraviti; **wie viel macht es?** kọliko stọjī? **das macht nichts** nịšta zạ tō
Macht F mọ̄ć *f*; *Staatsmacht* vlạ̄st *f*; *Staat* sịla *f*
mächtig mọćan; ADV *umg fig* jạ̄ko
machtlos nẹmoćan
Mädchen N djẹvōjka *f*; *kleines* djevọjčica *f* **Mädchenname** M djẹvojačkō prẹzime *n*

Made F lịčinka *f*; *im Obst* cȓv *f* **madig** cȓvljiv **Magazin** N sklạdīšte *n*; *Zeitschrift* čạsopis *m* **Magen** M žẹludac *m*; **sich den ~ verderben** pọkvariti s(ẹb)i žẹludac **Magenbitter** M gȍrkī bȉljnī lịkēr *m* **Magenschmerzen** M/PL bȍlovi *m/pl* u žẹlucu **Magenverstimmung** F pọkvāren žẹludac *m* **mager** mr̀šav **Magermilch** F ọbrānō mlijẹ̄ko *n* **magersüchtig** anorẹksičan **Magie** F mạgija, čarọlija *f* **magisch** magičan **Magnet** M mạgnēt *m* **magnetisch** mạgnētskī (*a fig*) **mähen** [po-]kọsiti **Mahl** N ọbrok *m* **mahlen** [sạ-]mljẹti **Mahlzeit** F ọbrok *m* **Mähne** F grịva *f* **mahnen** opomẹ̄nuti (opọminjati); **Mahnung** F ọpomena *f* (*a* HANDEL) **Mai** M svȋbanj *m* **Maiglöckchen** N đurđica *f* **Maikäfer** M hrȗšt *m* **Mail** F IT e-mail *m*, elektrọnička pọšta *f* **Mailbox** F IT poštanskī sạndučić *m*; **j-m auf die ~ sprechen** nẹkome ọstaviti pọruku na sekretạrici; **mailen** IT dopisịvati se **Mais** M kukụruz *m* **Maiskolben** M kukụruznī klȋp *m* **Majoran** M mažụrān *m* **Makel** M nedostạ̄tak *m*, mȃna *f* **makellos** besprijẹ̄koran

Make-up N šmȋnka *f* **Makkaroni** F/PL makarọ̄ni *m/pl* **Makler** M pọsrednīk *m*, mešẹtār *m* **Maklerin** F pọsrednica *f*, mešetạrica *f* **Makrele** F skȗša *f* **Makrone** F kọlāčić *m* od bạ̄demā **mal** → einmal; **vier ~ drei ist zwölf** čẹtiri pụta trȋ je dvạ̄naest **Mal** N *Fleck* mạdež *m*; → *a* Muttermal; **jedes ~** svạkī pȗt; **das nächste ~** sljẹ̄dēćī pȗt **malen** [na-]slịkati **Maler** M slịkār *m*; *Anstreicher* lịčilac *m*, sọboslikār *m* **Malerei** F slikạ̄rstvo *n* **Malerin** F slikạrica *f* **malerisch** slịkovit **Malz** N slạ̄d *m* **Malzbier** N slạ̄dnō pịvo *n* **man**: **kann ~ ...?** mọžē li se ...?; **~ muss** mȍrā se **Manager** M mẹnadžer *m* **Managerin** F mẹnadžerka *f* **manche**, **mancher**, **manches** pọnekī, pọkojī, gdjẹkojī **manchmal** kạtkad(a), pọnekad **Mandarine** F mandarịna *f* **Mandel** F mạndula *f*, bạ̄dem *m*; **~n** ANAT krajnịci *m/pl*, tonzịle *f/pl*, mạndule *f/pl* **Mandelentzündung** F ụpala *f* krajnịkā **Manege** F mạnēž *m*; *Zirkusmanege* arẹ̄na *f* **Mangel** M nedostạ̄tak *m*, nestašica *f*, mȃnjak *m* (**an** *D G*); *Fehler* grẹ̄ška *f* **mangelhaft** nẹdovōljan (*a Zensur*), mạnjkav **mangels** u nedostạ̄tku (*G*) **Mangelware** F dẹficitārnā rọba *f*

Manieren F/PL manịre f/pl
Maniküre F manikīrānje n
manipulieren manipulīrati
Mann M muškārac m; *Ehemann* mūž
Männchen N ZOOL mụžjāk m
Mannequin N → Model
Männer... mūškī
männlich mūškī
Mannschaft F SPORT mọmčād f, postava f; SCHIFF pọsada f
Manöver N mạnēvar m
Manschette F manšẹta f
Mantel M kạpūt m
Mappe F mạpa f
Märchen N bājka f, prīča f
Marder M kūna f
Margarine F margarīn m
Marienkäfer M bubamāra f
Marinade F marinạda f
Marine F mornạrica f
mariniert marịnīrān
Marionette F marionẹta f (*a fig*)
Mark[1] F: *hist* **Deutsche ~ (DM)** njẹmačkā mạrka f
Mark[2] N sīž m
Marke F *Fabrikat* mạrka f; *Briefmarke* mạrka f
Markenartikel M rọba f s zāštitnīm znākom (*od* s pọtpisom *umg*)
markieren *Weg* oznāčiti (-čāvati); **Markierung** F ọznaka f
Markise F markīza f
Markt M tržnica f; HANDEL tṛžīšte n **Markthalle** F tṛžnica f **Marktplatz** M tṛg m **Markttag** M sạjmenī dān
Marmelade F marmelāda f, džẹm m
Marmor M mrạmor m
Marsch M MIL họdnja f; MUS kọrāčnica f **marschieren** stūpati, maršīrati
März M ọžujak m
Marzipan N marcịpān m
Masche F ọčica f, pẹtlja f
Maschendraht M žịčanā mrẹža f
Maschine F strọj m; *Flugzeug* avịōn m; *Motorrad umg* mašīna f
maschinell strọjno proizvẹden
Maschinenbau M strojārstvo n **Maschinengewehr** N mitrạljēz m, strọjnica f **Maschinenpistole** F autọmāt m
Masern PL ọspice f/pl
Maske F krạbulja f, mạska f, krīnka f
Maske F mạska f; **medizinische ~** mẹdicīnska mạska
Maskenpflicht F *z. B. im Zusammenhang mit der COVID-19--Pandemie* ọbveza nọšenja mạske f
maskiert zamạskīrān, zakrạbuljen
Maskulinum N GRAM imenica f mūškog rọda
Maß N mjẹra f; **nach ~** po mjẹri
Massage F masāža f
Massaker N pọkolj m, masạkr m
Masse F PHYS, *Menge* mạsa f; *Menschenmasse a* gọmila f
massenhaft mạsōvan **Massenkarambolage** F mạsōvnī

sụdār *m* automọbilā **Massenmedien** N/PL mạsōvnī mẹ̄diji *m/pl*
Masseur(in) M(F) mạsēr(ka) *m(f)*
massieren masīrati *(im)pf*
mäßig ụmjeren; *mittelmäßig* ọsrednjī
mäßigen obụzd(ā̧v)ati; **sich ~** obụzd(ā̧v)ati se
massiv ADJ mạsīvan
Maßnahme F mjẹra *f* **Maßstab** M GEOG, *fig* mjẹrilo *n*
Mast M SCHIFF jārbol *m*; *Leitungsmast* stūp *m* **Mastdarm** M zạdnjē crijẹ̄vo *n*
mästen [u-]tọviti
Material N materijāl *m*; *Baumaterial* grạdīvo *n*; *Lehrmaterial* grạ̄đa *f*
materiell mạterijālnī, tvạ̄ran
Mathematik F matemạtika *f*
Mathematiker M matemạtičār *m* **Mathematikerin** F matemạtičārka *f*
Matratze F mạdrac *m*
Matrose M, **Matrosin** F mọrnār(ka) *m(f)*
Matsch M glīb *m*, kāl *m*, blạto *n*
matt *Glas* mụ̄tan; *Farbe*, FOTO mạt; *kraftlos* ụmōran; *Schach* mạt
Matte F *Fußmatte* otịrāč *m*; *Schilfmatte* rọgožina *f*; *Gymnastikmatte* strụnjača *f* **Mattscheibe** F *umg* televịzījskī ẹkrān *m*
Mauer F zīd *m*
Maul N gụbica *f* **Maulesel** M mạzga *f* **Maulkorb** M brnjica *f* (*a fig*); **Maultier** N mụla *f*
Maulwurf M kṛtica *f*
Maurer(in) M(F) zidār(ka) *m(f)*
Maus F mīš *m* (*a* IT); **Mausefalle** F mišọlōvka *f* **Mausklick** M klịk *m* mịša
Mausoleum N mauzọlej *m*
Maut F *öster* cestạrina *f* **Mautstelle** F nạplatnā kụ́ćica *f*
maximal ADJ maksimālan; ADV maksimālno
Mayonnaise F majonẹ̄za *f*
MB → Megabyte
Mechanik F mehạnika *f* **Mechaniker(in)** M(F) mehạničār(ka) *m(f)*
mechanisch mehạničkī **Mechanismus** M mehanịzam *m*
meckern *fig umg* zanovijẹ̄tati
Medaille F mẹdalja *f*
Medien PL mẹ̄diji *m/pl*
Medikament N lijẹ̄k *m*, medikạment *m*
Medizin F medicīna *f*; *Arznei* lijẹ̄k *m* **medizinisch** medịcīnskī
Meer N mọ̄re *n* **Meerenge** F mọrskī tjẹsnac *m*
Meeresfrüchte F/PL plọdovi *m/pl* mọ̄ra **Meeresspiegel** M rạzina *f* mọ̄ra; **über dem ~** nad mọrskōm rạzinōm
Meerrettich M hrẹn *m* **Meerschweinchen** N mọrskō prạ̄se *n*, zạ̄morac *m*
Mega... mega- **Megabyte** N mẹgabajt *m*
Mehl N brạšno *n*
mehr vịšē; (**als nego**); **immer ~** svẹ vịšē; **nichts ~** nịšta vịšē; **~ oder weniger** mạnjē-vịšē *od* vị-

šē-mạnjē
Mehrbettzimmer N višẹkrevetnā sọba *f*
mehrere nẹkoliko
mehrfach višẹstruk; ADV višẹstruko
Mehrheit F većịna *f*
mehrmals višẹpūt
mehrtägig višẹdnevnī
Mehrwegflasche F pọvratnā bọca *f* **Mehrwertsteuer** F pọrez *m* na dọdanū vrijẽdnōst (*Abk* PDV); **Mehrzahl** F većịna *f*; GRAM množịna *f* **Mehrzweck...** višenạmjenskī
meiden ịzbjeći (-bjegā̧vati) (*A*), klọniti se (*G*)
Meile F mīlja *f*
mein, meine mõj *m*, mọja *f*, mọje *n*
meinen *im Sinn haben* ịmati na ūmu; *denken* mịsliti
meinerseits s mọjē strānē
meinetwegen zbog *od* rạdi mene; INT dọbro! u rẽdu!
Meinung F mnijẽnje *n*; **meiner ~ nach** po mọm mịšljẽnju **Meinungsverschiedenheit** F *Streit* rạspra *f*, nesụglasica *f*
Meise F sjẹnica *f*
meist → meistens
meiste većịna *f*; **am ~n** nạjvišē
meistens većịnōm
Meister M mạjstor *m* (*a Handwerksmeister*); SPORT prvāk *m* **meisterhaft** mājstorskī **Meisterin** F mājstorica *f*; SPORT prvạkinja *f* **meistern** svlād(āv)ati **Meisterschaft** F mājstorstvo *n*; SPORT prvẽnstvo *n* **Meisterwerk** N rẹmek-djẹlo *n*
Meldeamt N prijavnī ụred *m*
melden priọpćiti (-ćā̧vati); *anzeigen* prijā̧viti (-vljīvati); **sich ~** jā̧viti (-vljati) se (**bei** kod *G*; **für** za *A*; **am Telefon** na telẹfõn); *von sich hören lassen* jā̧viti (-vljati) se **Meldung** F prijava *f*; *Zeitungsmeldung usw* vijẽst *f*
melken [ịz-, pọ-]mūsti
Melodie F melọdija *f*; *Lied* nā̧pjev *f*
Melone F *Honigmelone* dịnja *f*; *Wassermelone* lubẹnica *f*
Memorystick M IT mẹmōrijskī stick
Menge F količịna *f*; *Menschenmenge* gọmila *f*; **e-e ganze ~** poprīlịčno
Mensch M čọvjek *m*; **kein ~** nịtko **menschenleer** pūst; *unbewohnt* nenạseljen **Menschenmenge** F gọmila *f* **Menschenrechte** N/PL ljụdskā prā̧va *n/pl* **Menschheit** F čovječạnstvo *n* **menschlich** čọvječan **Menschlichkeit** F čọvječnōst *f*
Menstruation F menstruā̧cija *f*, mjẹsečnica *f*
Mentalität F mentalịtet *m*
Menthol N mẹntōl *m*
Menü N mẹnī (*a* IT)
Merkblatt N nā̧putak *m*
merken ọpaziti (opā̧žati), uọčiti (-čā̧vati); *spüren* ọsjetiti (-ećati); **sich etw ~** [ụ-, zạ-]pāmtiti
merklich uọčljiv, zamjẹtljiv

Merkmal N obiljēžje
merkwürdig čudan
Messband N → Bandmaß
Messe F REL misa *f*; HANDEL sājam *m* **Messegelände** N sājamskī prōstor *m* **Messehalle** F sājamskā hala *f*
messen [iz-]mjeriti
Messer N nōž *m*
Messgerät N mjerilo *n*
Messing N mjed *m*
Messung F mjerēnje *n*
Metall N kovina *f*, mètāl *m* **Metallarbeiter** M metālac *m*
Meter M metar *m* **Metermaß** N metar *m*
Methode F metōda *f*
Metzger(in) M(F) → Fleischer(in)
Metzgerei F mesnica *f*
meutern [po]būniti se
mexikanisch mèksički, meksikānskī
Mexiko N Mèksiko *m*
mich mene, *enkl* me; **ohne ~** bez mene
Mieder N stēznīk *m* **Miederwaren** F/PL žènskō rūblje *n*
Miene F izrāz līca *f*
mies loš
Miesmuschel F dagnja *f*
Miete F stanarina *f* **mieten** unājmiti (-mljīvati) (*a Auto, Boot*) **Mieter** M stanār *m* **Mieterin** F stanārka *f* **Mietvertrag** M najamnī ugovōr *m*
Mietwagen M → Leihwagen
Migräne F migrēna *f*
Mikrochip M TECH mikročip *m*
Mikrofaser F mikrovlākno *n*
Mikrofon N mikrofōn *m*
Mikroskop N mikroskop *m*
Mikrowellenherd M mikrovālnā pećnica *f*
Milch F mlijēko *n* **Milchflasche** F boca *f* za mlijēko **Milchglas** N mliječnō staklo *n* **Milchkaffee** M bijèlā kava *f* **Milchkännchen** N kāntica *f* za mlijēko **Milchmixgetränk** N mliječnī koktēl *m* **Milchpulver** N mlijēko *n* u prāhu **Milchreis** M riža *f* na mlijēku
mild *Klima, Strafe* blāg
mildern ublāžiti (-žīvati)
Militär N vōjska *f* **Militärdienst** M vōjnā slūžba *f* **militärisch** vojnički, vōjnī
Milliarde F milijārda *f*
Millimeter M milimetar *m*
Million F milijūn *m* **Millionär** M milijunāš *m* **Millionärin** F milijunašica *f*
Milz F slezena *f*
Minderheit F manjina *f* **minderjährig** maloljetan
mindern smānjiti (-njīvati); **minderwertig** manjē vrijèdan
Mindest... nājmanjī
Mindestabstand M nājmanjā udāljenōst *f*
mindestens barem, nājmanjē, u nājmanjū rūku
Mindesthaltbarkeitsdatum N rok *m* trajanjā
Mine F MIL, *Kugelschreibermine* mīna *f*

Mineral N minẹrāl *m* **Mineralöl** N mịnerālnō ūlje *n*, nạfta *f* **Mineralwasser** N mịnerālnā vọda *f*

Minigolf N mịnigolf *m* **minimal** mịnimālan **Minirock** M mịni sụknja *f*

Minister M mịnistar *m* **Ministerin** F mịnistrica *f* **Ministerium** N ministārstvo *n*

Ministerpräsident M prẹdsjednīk *m* vlạdē *m*, premijēr *m* **Ministerpräsidentin** F prẹdsjednica *f* vlạdē, premijērka *f*

minus mạnjē; **~ 7 Grad** sẹdam stūpnjēvā ịspod nịšticē

Minute F minūta *f*

mir mẹni, *enkl* mi

mischen [iz-]mijẹšati **Mischung** F mjẹšavina *f*

miserabel mịzēran

missachten omalovāžiti (-žāvati); **missbilligen** ne odọbriti (-brāvati), nẹgodovati

Missbrauch M zlọuporaba *f*, zlọupotreba *f* **missbrauchen** zlorābiti, zloupotrijēbiti (-bljāvati); *sexuell* spōlno *od* sẹksuālno zlọstavljati

Misserfolg M nẹuspjeh *m* **missfallen**: **es missfällt mir** nẹ svīdā mi se **Missfallen** N nẹgodovānje *n* **missglückt** nẹuspio

misshandeln zlọstavljati **Misshandlung** F zlọstavljānje *n*

misslingen ne ụspjeti (uspijēvati); **missmutig** zlọvōljan, mṛzovōljan **Missstände** M/PL lọšē prīlike *f/pl* **misstrauen** nemati povjerẹ̄nje (**j-m** u *A*); **misstrauisch** nepovjẹrljiv

Missverständnis N nẹsporazum **missverstehen** krīvo shvạtiti (shvạćati)

Mist M gnọ̄j *m*; *fig umg* smẹće *n* **Misthaufen** M gnọ̄jnica *f*

mit *j-m* s (*I*); **~ dem Zug** vlākom

Mitarbeit F surādnja *f* **Mitarbeiter** M sụradnīk *m* **Mitarbeiterin** F sụradnica *f*

Mitbestimmung F suodlučīvānje *n*

mitbringen dọnijēti (-nọsiti); *j-n* dọvesti (-vọditi)

Mitbürger M sụgrađanin *m* **Mitbürgerin** F sụgrađānka *f*

miteinander skụpa, zājedno

mitfahren vọziti se (**mit** s *I*); *begleiten* prạtiti **Mitfahrgelegenheit** F prīlika *f* za vōžnju

Mitgefühl N sụćūt *m*, sụosjećānje *n* **mitgehen** ịći (pọ̄ći) (**mit** s *I*)

Mitglied N člạ̄n *m*

mithilfe: **~ von** ụz pomōć (*G*)

Mitleid N sạmilōst *f*, sažaljẹ̄nje *n*

mitmachen sụdjelovati (**bei** u *L*); **mitnehmen** *etw* pọnijēti, *j-n* pọvesti sạ sobom

Mitreisende M, F sụputnīk *m* (-nica *f*)

mitschreiben zapīs(īv)ati

Mitschüler M škọlskī kolẹ̄ga *od* drūg *m* **Mitschülerin** F škọlskā kolẹ̄gica *od* drugạrica *f*

Mitspieler M suịgrāč *m* **Mit-**

spielerin F suigráčica *f*
Mittag M pộdne *n*; **zu ~ essen** rúčati *v/t (im)pf*, objedovati *v/i (im)pf*; **heute ~** dạnas u pộdne
Mittagessen N rúčak *m*, objed *m*
mittags u pộdne
Mitte F sredina *f*
mitteilen priopćiti (-ćīvati) (**j-m** *D* **etw** *A*); **Mitteilung** F priopćēnje *n*, obavijēst *f*
Mittel N srẹdstvo *n*; MED lijẹk *m* **Mittelalter** N srẹdnjī vijẹk *m* **mittelalterlich** srednjovjẹkovnī **Mittelfinger** M srẹdnjī pṛst *m*, srẹdnjāk *m* **mittelfristig** srednjoročan **mittelmäßig** osrednjī **Mittelmeer** N Srẹdozēmnō mọre *n* **Mittelpunkt** M središte *n* **Mittelstreifen** M zẹlenī pojās *m* između kộlničkīh trạkā autocẹstē
mitten: **~ in** usred (*G*); **~ im Sommer** usred ljẹta
Mitternacht F pộnoć *f*
mittlere srẹdnjī; **mittleren Alters** srẹdnjē dộbī, sredovječan
Mittwoch M srijẹda *f*; → *a* Dienstag
mitwirken sudjelovati (**bei** u *L*); **Mitwirkung** F sudjelovānje
Mixer M *Gerät* mịkser *m*
Möbel N/PL pokućstvo *n*, namještāj *m* **Möbelwagen** M kamiọn *m* za prijẹvoz pokućstva
mobil pokrẹtan, mobilān **Mobilfunknetz** N mrẹžnī operatẹr *m* **Mobiltelefon** N mobitẹl *m*, mobīlnī telẹfōn *m*
möblieren namjestiti (-mjẹštati); **möbliertes Zimmer** namještenā soba *f*
Mode F mộda *f* **Modefarbe** F pomōdnā boja *f* **Modejournal** N mộdnī časopis *od* magazīn *m*
Model N manẹkēn(ka) *f*, mọdel *m*; → *a* Fotomodell
Modell N makẹta *f*, mọdel *m*
Modem N mọdēm
Modenschau F mộdnā rẹvija *f*
Moderator M TV, *Radio* moderātor *m* **Moderatorin** F moderatorica *f*
moderieren moderīrati *(im)pf*
modern ADJ mọdēran **modernisieren** modernizīrati *(im)pf*
Modeschmuck M bižutẹrija *f*
Modeschöpfer M mộdnī kreātor *m* **Modeschöpferin** F mộdnā kreātorica *f*
modisch pomōdnī
Mofa N mopẹd *m*
mogeln varati
mögen *j-n* māriti; *wollen* htjẹti; **ich möchte** hoću; *bei Bestellungen* želim; **ich mag kein Fleisch** nẹ volīm mẹso
möglich mogūć(an); **alles Mögliche** svẹ mogūće **Möglichkeit** F mogūćnōst *f* **möglichst** po mogūćnosti
Mohn M mạk *m*
Möhre F mṛkva *f*
Mokka M mọka *f*
Molkerei F mljẹkara *f*
Moll N MUS mộl *m*; **c-Moll** c-mộl

mollig debeljkast
Moment M trenūtak *m*, moment *m*
Monarchie F monarhija *f*
Monat M mjesēc *m* **monatlich** mjesečnī; ADV mjesečno
Monatsende N krāj *m* mjesēca **Monatsgehalt** N mjesečnā plāća *f* **Monatskarte** F mjesečnā kārta *f* **Monatsrate** F mjesečnī obrok *m*
Mönch M redovnīk *m*
Mond M Mjesēc *m* **Mondfinsternis** F pomrčina *f* Mjesēca **Mondschein** M mjesečina *f*
Monitor M monitōr *f*, IT *a* ekrān *m*
Monopol N monopol *m*
Montag M ponedjeljak *m*; → *a* Dienstag **Montagabend** M u ponedjeljak navečēr
Montage F montāža *f*
Monteur(in) M(F) montēr(ka) *m(f)*
montieren montīrati *(im)pf*
Monument N spomenīk *m*
Moor N močvara *f*
Moos N mahovina *f*
Moped N mopēd *m*
Moral F morāl; *Lehre* pouka *f* **moralisch** morālan
Morast M kaljuža *f*
Mord M ubōjstvo *n*, umōrstvo *n* **morden** ubiti (ubījati), umoriti *pf*
Mörder M ubojica *m* **Mörderin** F ubojica *f*
morgen sutra; ~ **früh** sutra ujutro
Morgen M jutro *n*; **guten ~!** dobro jutro!; **gestern Morgen** jučēr ujutro **Morgendämmerung** F svanūće *n*, osvit *m* **Morgenrock** M kućnī ogrtāč *m*
morgens jutrom
morgig sutrašnjī
Morphium N mōrfīj *m*
morsch truo
Mörtel M žbuka *f*
Mosaik N mozaik *m*
Moschee F džāmija *f*
Mosel F Moselle [mo'zɛl] *m*
Moskau N Moskva *f*
Moskitonetz N mreža *f* za zāštitu od komārācā
Most M mošt *m*
Motel N motēl *m*
Motiv N motīv *m*
motivieren motivīrati *(im)pf*
Motor M motōr *m* **Motorboot** N motōrnī čāmac *m* **Motoröl** N motōrnō *od* mazivō ūlje *n* **Motorrad** N motocikl *m* **Motorradfahrer(in)** M(F) motociklist(kinja) *m(f)* **Motorroller** M škuter *m* **Motorschaden** M šteta *f* na motōru
Motte F mōljac *m*
Motto N moto *m*
Mountainbike N brdskī *od* planīnskī bicikl *m*
Möwe F galēb *m*
MP3-Player® M MP3-Player *m*
MTA F (Medizinisch-technische(r) Assistent(in)) medicīnski tehničār *m*, medicīnskā tehničārka *f*
Mücke F komārac *m* **Mückenstich** M ubod *m*

komārca
müde umōran **Müdigkeit** F ūmor *m*
Mühe F trūd *m*, mụka *f* (*a fig*); **mühelos** bez trūda *od* mukē
Mühle F mlin *m* (*a Spiel*)
mühsam mučan, tēžak
Müll M smeće *n* **Müllabfuhr** F odvoz *m* smeća **Müllbeutel** M plastičnā vreća *f* za smeće
Mullbinde F zāvoj *m* od gāzē
Müllcontainer M kontejner *m* za smeće **Mülldeponie** F smetlīšte *n* **Mülleimer** M kānta *f* za smeće **Müllkippe** F smetlīšte *n* **Mülltrennung** F razvrstāvānje *n* smeća
Multi... multi-
multikulturell multikulturālan
Multimedia N multimēdija *f*; **multimedial** ADJ multimedijālan
multiplizieren množiti
Mumps M zaušnjāci *m/pl*
München N München *n*
Mund M ūsta *f* **Mundart** F nārēčje *n*
münden utjecati, ulijēvati se (in *A* u *A*)
Mundharmonika F usnā harmonika *f*
mündlich usmenī; ADV usmeno
Mundstück N pīsak *m*, usnīk *m*
Mündung F ūšće *n*; *e-r Pistole* ūsta *f*
Mundwasser N voda *f* za ispirānje ūstā
Munition F streljīvo *n*, municija *f*
munter *heiter* žīvāhan; *wach* būdan
Münze F kovanica *f* **Münzfernsprecher** M jāvnī telefōn *m*
mürbe *Gebäck* prhak; *Fleisch* mekan
murren [pro-]gunđati
mürrisch zlovōljan, mrzovōljan
Muschel F ZOOL, TEL škōljka *f*
Museum N muzej *m*
Musik F glazba *f*, muzika *f* **musikalisch** glazben, muzikālan
Musikbox F glazbenī automāt *m*, džuboks *m* **Musiker** M glazbenīk *m*, muzičār *m*
Musikerin F glazbenica *f*, muzičārka *f* **Musikinstrument** N glazbalo *n*
musizieren muzicīrati, svīrati
Muskat(nuss F) N oraščić *m*
Muskel M mišić *m* **Muskelkater** M ukočenōst *f* mišića
Muskelzerrung F istegnūće *n* mišića
muskulös mišićav
Müsli N müsli, musli *m*
Muslim M muslimān *m* **Muslimin** F muslimānka *f*
müssen mōrati
Muster N *Vorbild* ūzor *m*; *Tapetenmuster* uzorak *m*; HANDEL uzorak *m* **musterhaft** prīmjeran, ūzōran
mustern provjeriti sposōbnōst za vōjnū slūžbu; *betrachten* odmjeriti (-rīvati) poglēdom
Mut M hrābrōst *f*, odvāžnōst *f*

mutig hrạbar, ọdvāžan
Mutter F mājka *f*, mạti *f*; → Schraubenmutter
mütterlich mạjčinskī
Muttermal N mạdež *m* **Muttersprache** F mạterīnskī jẹzik *m*
mutwillig nāmjēran
Mütze F kạpa *f*
MwSt., **Mw-St.** → Mehrwertsteuer
mysteriös tajạnstven, zạgonētan
Mythologie F mitolọgija *f*

N

Nabel M pupak *m*
nach *zeitlich* nạkon, pọslije; *örtlich* u (*A*); **der Zug ~ Utrecht** vlāk za Utrecht; **fünf ~ zwei** dvā i pēt
nachahmen oponāšati
Nachbar M sūsjed *m* **Nachbarin** F sūsjeda *f*;
nachdem pọšto, nạkon štọ; **je ~, (ob)** ọvisno o tọmē (da li)
nachdenken rạzmisliti (-mīšljati) (**über** o *L*); **nachdenklich** zạmišljen **Nachdruck** M *Neudruck* prẹtisak *m*; **~ verleihen** naglạsiti (-lašạvati); **mit ~** izričito
nacheinander uzạstopno
nachfolgen slijẹditi **Nachfolger** M nạsljednīk *m* **Nachfolgerin** F nạsljednica *f*
nachforschen istrạžiti (-žīvati); **Nachfrage** F HANDEL potrạžnja *f*
nachfüllen dopuniti (-njạvati), dọliti (dolijēvati); **Nachfüllpackung** F višekratno upotrebljivā ambalạža *f*
nachgeben popustiti (-pūštati); **Nachgebühr** F dọplata *f* poštarinē **nachgehen** *folgen* slijẹditi (**j-m** *A*); *Uhr* zaọstati (-stajati) (**zwei Minuten** dvije minūtē); **nachgiebig** popustljiv **nachhelfen** pripọmoći (-mạgati)
nachher pọslije
Nachhilfeunterricht M instrụkcije *f/pl*, pọduka *f*, podučạvānje *n*
nachholen *Versäumtes* nadọknaditi (-ađīvati); **nachkommen** *später kommen* dọći (dọlaziti) kạsnije; *folgen* dọći (dọlaziti) iza (*G*); *e-r Bitte od Aufforderung* odạz(ī)vati se (*D*)
Nachlass M HANDEL pọpust *m*; *Erbschaft* nạsljēđe *n*
nachlassen *Regen, Hitze, fig* popustiti (-pūštati); *Schmerzen, Wind* jẹnjati (-njạvati); **nachlässig** nẹmāran **nachlösen** BAHN kūpiti (kupọvati) voznū kạrtu u vlạku **nachmachen** oponạšati; *fälschen* krivotvọriti
Nachmittag M popọdne *n*; **am ~, nachmittags** popọdne
Nachnahme F: **als** *od* **gegen ~** pouzēćem
Nachname M prẹzime *n*

Nachporto N doplata *f* poštarinē **nachprüfen** provjeriti (-rāvati); **nachrechnen** provjeriti (-rāvati) račūn
Nachricht F vijēst *f*; *für j-n* obavijēst *f*; **j-m eine ~ hinterlassen** nekome ostaviti poruku
Nachrichten PL vijēsti *f/pl*
Nachsaison F posezōna *f*
nachschlagen [po-]trāžiti u knjizi **Nachschlagewerk** N priručnīk *m* **Nachschub** M dopuna *f*, opskrba *f* **nachsehen** [po-]gledati (**nach** za *I*); *kontrollieren* pregledati (-glēdati, -dāvati); → nachschlagen
nachsenden [po-]slati za (*I*)
Nachspeise F desert *m*
nächste sljēdēćī; **~ Woche** sljēdēćeg tjēdna
Nächste M, F: **der/die ~, bitte!** sljēdećī (-ćā *f*) molīm!
nachstellen *Uhr* dotjerati (-rīvati)
nächster, **nächstes** → nächste
Nacht F nōć *f*; **gute ~!** lakū nōć!; **heute ~** noćas; **bei ~**, **in der ~** noću **Nachtdienst** M noćnō dežūrstvo *n*
Nachteil M nedostātak *m*
Nachthemd N spavaćica *f*
Nachtigall F slavūj *m*
Nachtisch M → Nachspeise
Nachtportier(in) M(F) noćnī portīr *m*, noćna portīrka *f*
nachträglich nāknadan; ADV nāknadno
Nachtruhe F noćnī počinak *m*
nachts noću
Nachtschicht F noćnā smjena *f* **Nachttisch** M noćnī ormarić *m* **Nachtwächter(in)** M(F) noćnī čuvār *m*, noćna čuvarica *f*
nachweisen dokāz(īv)ati
Nachwuchs M potōmstvo *n*
nachzahlen BAHN doplātiti (-plaćīvati); **nachzählen** ponōvo prebrojiti (-jāvati);
Nachzahlung F doplata *f*
Nachzügler(in) M(F) pridošlica *m, f*
Nacken M šija *f*
nackt nāg, gōl
Nadel F igla *f*; *Stecknadel* pribadača *f* **Nadelbaum** M četinār **Nadelöhr** N ušica *f* iglē
Nagel M čavao *m*; *Fingernagel* nokat *m* **Nagelbürste** F četka *f* za nokte **Nagelfeile** F turpijica *f*
Nagellack M lak *m* za nokte
Nagellackentferner M odstranjivāč *m* laka za nokte
nageln zabiti (-bījati) čavlima
Nagelschere F škare *f/pl* za nokte
nagen [iz-]glodati
Nagetier N glodavac *m*
nahe blīzu (**bei** *G*)
Nähe F blizina *f*; **in der ~** u blizini
naheliegend razumljiv
nähen *Kleid*, MED [sa-]šiti, šivati
näher blīžī
nähern: **sich ~** priblīžiti (-žāvati) se
Nähgarn N šivāćī konac *m*
Nähmaschine F šivāćī strōj

m **Nähnadel** F igla *f* za šivānje
nahrhaft hranjiv **Nahrung** F hrana *f* **Nahrungsmittel** N nāmirnice *f/pl*
Nährwert M prehrambenā vrijēdnōst *f*
Naht F šav *m*
Nahverkehr M prigradskī prōmet *m* **Nahverkehrszug** M prigradskī vlāk *m*
naiv naīvan, bezāzlen
Name M ime *n*
Namenstag M imendān *m*
nämlich ADV naime
Napf M zdjelica *f*
Narbe F ožiljak *m*
Narkose F narkōza *f*
Narzisse F sunovrāt *m*
naschen griskati slatkīše
Nase F nōs *m* **Nasenbluten** N krvārēnje *n* iz nōsa
Nashorn N nosorog *m*
nass mokar; ~ **werden** smočiti se *pf*
Nässe F vlaga *f*, vlažnōst *f*
nasskalt hlādan i vlāžan
Nation F nārod *m*, nācija *f*
national nārodnī **Nationalität** F nacionālnōst *f* **Nationalmannschaft** F reprezentācija *f* **Nationalpark** M nacionālnī park *m*
NATO F NATO *m* (Organizācija sjevernoatlāntskōg sāveza)
Natter F bjelouška *f*
Natur F prīroda *f*; *Wesen* nārav *f* **Naturheilkunde** prīrodnō liječēnje *n*
natürlich prīrodnī; ~! nāravno!
Naturschutz M zāštita *f* prīrodē **Naturschutzgebiet** N prīrodnī rezervāt *m*
Naturwissenschaft F (*meist pl*) prīrodnā znānōst *f*
Navi N *umg* AUTO GPS® *m* **Navigationssystem** N navigācijski sūstav
Nebel M magla *f* **Nebelscheinwerfer** M prednjē svjetlo *n* za maglu **Nebelschlussleuchte** F strāžnjē svjetlo *n* za maglu
neben *wohin ?* (*A*), *wo?* (*D*) pokraj (*G*)
nebenan u sūsjedstvu
Nebenanschluss M TEL sporednī prīključak *m*
nebenbei *außerdem* uzgrēd
Nebenbeschäftigung F sporednō zanīmānje *n* **nebeneinander** jedan uz drugōg, jedan pokraj drugōg **Nebenfluss** M prītok *m* **Nebenkosten** F/PL režije *f/pl* **Nebenraum** M nusprostorija *f*; *benachbarter Raum* sūsjednā prostorija *f* **nebensächlich** sporedan **Nebensatz** M zavisnā rečenica *f* **Nebenstraße** F sporednā cesta *f* **Nebenwirkung** F nuspojava *f*
neblig: **es ist** ~ magla je
necken zadirkīvati
Neffe M nećāk *m*
negativ negatīvan
Negativ N negatīv *m*
nehmen uzēti (uzimati); *wegnehmen* odūzēti (-zimati); *an-*

nehmen prīmiti (-mati)
Neid M zạvist *f* **neidisch** zāvidan
neigen nạgnuti (-ginjati); *fig* bịti sklọn, nạginjati (**zu** *D*)
nein nẹ
Nelke F karạnfil *m*; GASTR klịnčić *m*
nennen *benennen* nạz(ī)vati; *erwähnen* spomẹ̄nuti (spọminjati)
nennenswert znạtan
Nenner M nạ̄zīvnīk *m*
Neonlicht N nẹōnskā svjẹtlōst *f* **Neonreklame** F nẹōnskā reklạ̄ma *f* **Neonröhre** F nẹonskā cijẹ̄v *f*
neppen prẹvariti (vạrati), [o-]gūliti *umg*
Nerv M žīvac *m*
Nervenzusammenbruch M slọm *m* žīvācā
nervös žịvčan, nẹrvōzan **Nervosität** F žịvčanōst *f*
Nerz M nẹrc *m*
Nest N gnijẹ̄zdo *n*
nett zgọdan
netto nẹto
Netz N mrẹža *f*; **kein ~ haben** *Handy* nẹmati mrẹžu **Netzanschluss** M prīključak *m* nạ mrežu **Netzhaut** F mrẹ̄žnica *f* **Netzwerk** N IT rạčunālnā mrẹža *f*; **soziales ~** drụštvenā mrẹža
neu nọv **neuartig** nọvē vṙstē
Neubau M novọgradnja *f*
Neueröffnung F otvorẹ̄nje *n*; *Wiedereröffnung* pọnōvnō otvorẹ̄nje *n* **Neuerung** F inovạ̄cija *f*
Neugeborene N novọrođenče *n*
Neugier(de) F znạtižẹ̄lja *f*
neugierig znạtižẹ̄ljan
Neuheit F novịna *f* **Neuigkeit** F nọ̄vōst *f* **Neujahr** N Nọvā gọdina *f*; **Prosit ~!** srẹtnū Nọvū gọdinu!
neulich nẹdāvno
Neuling M nọvāk (-ạkinja *f*) *m*
neun dẹvēt **neunhundert** dẹvēt stọtinā **neunte** dẹvētī
Neuntel N devẹtina *f* **neunzehn** devẹtnaest **neunzig** devedẹsēt
neutral nẹutrālan
Newsletter M IT newsletter *m*
New York N New York
nicht ne
Nichte F nećạkinja *f*
Nichtraucher M nepụšāč *m*
Nichtraucherin F nepušạčica *f* **Nichtraucherzone** F nẹpušačka zōna *f*
nichts nịšta; **vor dem Nichts stehen** ọstati *pf* bẹz igdje ịčēga
Nichtschwimmer M neplịvāč *m* **Nichtschwimmerin** F neplịvačica *f*
nichtssagend bẹsadržājan, isprāzan
Nichtzutreffende N: **~s streichen** neodgovạ̄rajūćē prekṝžiti
nicken klịmnuti (-mati)
nie nịkad(ā); **~ mehr**, **~ wieder** nịkad(ā) vịšē
nieder *Beweggrund* nizak; *Rang* nịžī; *adv* dọlje **niedergeschlagen** pọkūnjen **Nieder-**

lage F poraz *m* **Niederlande** N/PL Nizozemska *f* **Niederländer** M Nizozemac *m* **Niederländerin** F Nizozemka *f* **niederländisch** nizozemski **niederlassen**: **sich ~** nastaniti (-njiivati) se; *Arzt* otvoriti (-varati) ordinaciju **Niederlassung** F HANDEL podružnica *f* **Niedersachsen** N Donja Saksonija *f* **Niederschlag** M oborina *f* **niedlich** dražestan **niedrig** nizak **niemals** nikad(a) **niemand** nitko **Niere** F bubreg *m*; GASTR bubrežnjak *m* **Nierenkolik** F bubrežna kolika *f* **Nierenstein** M bubrežni kamenac *m* **Nieselregen** M rosulja *f* **niesen** kihnuti (-hati) **Niete** F *Los* srećka *f* koja gubi **Nilpferd** N nilski konj *m* **nippen** pijuckati **nirgends** nigdje **Nische** F niša *f* **Niveau** N razina *f*, nivo *m* (*a fig*) **noch** još; **~ etwas?** još nešto? **nochmals** još jednom **Nomade** M, **Nomadin** F selilac *m*, nomad *m*, nomatkinja *f* **Nominativ** M nominativ *m* **nominieren** imenovati, nominirati (*im*)*pf* **Nonne** F redovnica *f* **Nonstop-Flug** M neprekidan *od* non-stop let **Nord(en)** M sjever **Nordamerika** N Sjeverna Amerika *f* **nordamerikanisch** sjevernoamerički **nordeuropäisch** sjevernoeuropski **nördlich** sjeverni; **~ von** sjeverno od (*G*) **Nordosten** M sjeveroistok *m* **Nordpol** M sjeverni pol *m* **Nordrhein-Westfalen** N Sjeverna Rajna-Vestfalija *f* **Nordsee** F Sjeverno more *n* **Nordwesten** M sjeverozapad *m* **nörgeln** zanovijetati **Norm** F norma *f* **normal** normalan **Normalbenzin** N normalni benzin *m* **Norwegen** Norveška *f* **Norweger** M Norvežanin *m* **Norwegerin** F Norvežanka *f* **norwegisch** norveški **Not** F nužda *f*; *Elend* bijeda *f*; **zur ~** u krajnjem slučaju **Notar(in)** M(F) bilježnik *m* (-nica *f*) **Notarzt** M, **-ärztin** F liječnik *m* (-nica *f*) prve pomoći **Notausgang** M izlaz *m* za nuždu **Notbremse** F kočnica *f* za slučaj opasnosti **Notdienst** M hitna služba *f* **Note** F MUS nota *f*; *Zensur* ocjena *f* **Notfall** M slučaj *m* potrebe *od* nužde; **im ~**, **notfalls** u slučaju potrebe *od* nužde

notieren zabilježiti (-žávati)
nötig pọtreban; **es ist (nicht) ~** pọtrebno je (nije pọtrebno) (**zu** *inf*); **~ haben** [zạ-]trẹbati
Notiz F bilješka *f* **Notizblock** M nȍtes *m* **Notizbuch** N bilježnica *f*
Notlage F nẹvolja *f* **Notlandung** F prisilnō slijętānje *n*
Notruf M pọziv *m* zạ pomōć **Notrufnummer** F telęfōnskī brọj u hịtnīm slụčājevima
Notwehr F JUR nụžnā ọbrana *f* **notwendig** pọtrebit, nụžan
November M stụdenī *m*
Nu: **im ~** zạ *od* ụ tren ọka
nüchtern trijęzan (*a fig*); **auf ~en Magen** nạtašte, na prāzan žẹludac;
Nudeln F/PL rezānci *m/pl*
null nụla; **~ Uhr** nụla sātī; **eins zu ~** jẹdan nụla; *Temperatur* **unter ~** ịspod nịšticē
Null F nịštica *f*, nụla *f*
Nummer F brọj *m* **nummerieren** numerírati *(im)pf*
Nummernschild N AUTO rẹgistarskā tạblica *f*
nun sạd(ā); **was ~?** štọ sạd(a)?
nur sạmo
Nuss F ọrah *m* **Nussknacker** M klijẹšta *n/pl* za ọrahe
Nutte F *vulg* kūrva *f*, drọlja *f*
nutzen *j-m* bịti od kọrīsti (*D*); *Gelegenheit* iskọristiti (-rišćīvati, -rištāvati) (*A*), kọristiti se (*I*)
nützen kọristiti
nützlich kọristan
nutzlos nẹkorīstan

Oase F oāza *f* (*a fig*)
ob da li
Obdachlose M, F bẹskućnīk *m* (-nica *f*)
oben gọre; **nach ~** nạgore; **von ~** odọzgō; **~ genannt** gọre navẹden *od* spomẹnut;
Ober M kọnobār *m*; **Herr ~!** kọnobār, mọlīm!
Ober... gōrnjī
Oberarm M nạdlaktica *f*
obere, **oberer**, **oberes** gōrnjī
Oberfläche F pọvršina *f* **oberflächlich** pọvršan **Obergeschoss** N gōrnjī kạt *m* **oberhalb** povrh (*G*) **Oberkellner(in)** M(F) nạtkonobār(ica) *m(f)* **Oberkiefer** M gōrnjā čẹljūst *f* **Oberkörper** M gōrnjī dịo *m* tijẹla **Oberschenkel** M bẹdro *n*, stẹgno *n* **Oberschule** F srẹdnjā škọla *f*
oberste, **oberster**, **oberstes** vṛhōvnī; *Stockwerk* gōrnjī
Oberteil M/N gōrnjī dịo *m*
Objekt N ọbjekt *m*
objektiv ọbjektīvan
Objektiv N objẹktīv *m*
Obst N vọće *n* **Obstbaum** M vọćka *f* **Obstsalat** M vọćnā salāta *f*
obszön ọpscen
obwohl iako, mạda
Ochse M vōl *m*

öde pust; *fig* dọsādan
oder ili
Ofen M pę̄ć *f*; *Backofen* pęćnica *f*
offen ọtvoren; *fig* ịskren; **~ lassen** *Tür*; **~er Wein** ọtvorenō vīno
offenbar ADV ọčito **offenlassen** *fig* ọstaviti (-vljati) ọtvorenīm **offensichtlich** ọčit; ADV ọčito
Offensive F ofenzīva *f*
öffentlich jāvan **Öffentlichkeit** F jāvnōst *f*
offiziell služben
Offizier(in) M(F) časnīk *m* (-nica *f*)
öffnen *Tür, Flasche* otvọriti (-vạrati); **Öffner** M → Flaschen-, Dosenöffner **Öffnung** F *Loch* ọtvor *m*; *fig* otvárānje *n* **Öffnungszeiten** F/PL rạdnō vriję̄me *n*
oft čę̄sto
öfters čęšće
ohne bez (*G*)
Ohnmacht F MED nẹsvijēst *f*
ohnmächtig: **~ werden** pạsti (pạdati) u nẹsvijēst, onesvijẹ̄stiti (-svješćīvati, -svještạvati) se
Ohr N ụho *n*; **übers ~ hauen** prẹvariti (vạrati), zarībati *pf umg*
Ohrenarzt M, **-ärztin** F liję̄čnīk *m* (-nīca *f*) za bọlesti ụha **Ohrenentzündung** F ụpala ụha *f* **Ohrenschmerzen** M/PL bō̩lovi *m/pl* u ušima
Ohrfeige F plјụska *f*, zaušnica *f* **Ohrläppchen** N ụšnā rẹsica *f* **Ohrring Ohrstecker** M naušnica *f*
Ökologie F ekolọgija *f* **ökologisch** ekọloškī **ökonomisch** gospọdārskī, ekọnomskī; *sparsam* ekonọmičan
Oktober M lịstopād *m*
Öl N *Speiseöl, Heizöl* ụ̄lje *n*
ölen [na-]ụ̄ljiti
Ölfarbe F ụljenā bọja *f* **Ölgemälde** N ụljenā slịka *f* **Ölheizung** F grijānje nạ ụ̄lje
Olive F mạslina *f* **Olivenöl** N mạslinovo ụ̄lje *n*
Ölpest F onečišćę̄nje *n* nạftōm **Ölsardinen** F/PL sardīna *f* u ụ̄lju **Ölstand** M nịvō *m* ụ̄lja **Ölwechsel** M zamjena *f* mọtornọg ụ̄lja
Olympiade F Olimpijāda *f*
olympisch olịmpījskī
Oma F bạka *f*
Omelett N ọmlet *m*
Omnibus M autō̩bus *m*
Onkel M *mütterlicherseits* ụjāk *m*; *väterlicherseits* strīc *m*
online ADJ IT online **Online...** online; **Onlinebanking** N IT online bankạ̄rstvo *n*; **Onlinekatalog** M IT web katạlog *m*; **Onlineshopping** N IT online kupọvina *f*; **Onlinespiel** N IT online-ịgra *f*; **Onlineversand** M IT webshop *m*
Opa M dję̄d *m*
Open-air-... open air ...
Oper F ọpera *f*
Operation F operạ̄cija *f*
Operette F operẹta *f*
operieren operīrati (*im*)*pf*

Opfer N *fig, Unfallopfer etc* žr̨tva *f*
opfern žr̨tvovati *(im)pf*
Opposition F ọpōrba *f*, opozīcija *f*
Optiker M ọptičār *m* **Optikerin** F ọptičārka *f*
optimistisch optimịstičkī
Orange F nạrānča *f* **orange (-farben)** nạrančast
Orangenhaut F MED celụlit *m* **Orangensaft** M sọk *m* od nạrānčē
Orchester N ọrkestar *m*
Orchidee F orhidẹ̄ja *f*
Orden M odlikovạnje *n*; REL rẹ̄d *m*
ordentlich ụredan; ADV *ziemlich* dọista
ordinär ọrdināran
ordnen urẹ̄diti (-eđīvati) **Ordner** M rẹdār *m*; *Büroordner* registrātor *m* **Ordnung** F rẹ̄d *m*
Organ N ọrgān
Organisation F organizạ̄cija *f*
organisch ọrgānskī
Organismus M organịzam *m*
Orgasmus M orgạzam *m*
Orgel F ọrgulje *f/pl*
Orient M Ọrijent *m* **orientalisch** ọrijentālan
orientieren: **sich ~** snạ̄ći (snạlaziti) se, orijentịrati se *(im)pf*
original ịzvōran
Original N originạ̄l *m* (*a fig*), ịzvōrnīk *m*
originell originālan
Orkan M ọrkān *m*
Ort M mjẹsto *n*
orthodox ortọdoksan; REL prạvoslāvan
orthopädisch ortọpedskī
örtlich mjẹsnī
Ortschaft F mjẹsto *n*
Ortsgespräch N mjẹsnī rạzgovōr *m* **Ortszeit** F mjẹsnō vrijẹ̄me *m*
Öse F ụšica *f*
Osten M ịstok *m*; **Naher (Mittlerer) ~** Blịskī ịstok *m*
Osterei N ụskršnjē jāje *n*
Ostern N Ụskrs *m*; **frohe ~!** srẹtan Ụskrs!
Österreich N Ạustrija *f* **Österreicher** M Austrijạ̄nac *m*
Österreicherin F Austrijānka *f* **österreichisch** ạustrījskī
osteuropäisch istočnoeụropskī
östlich ịstočnī; **~ von** ịstočno od *(G)*
Ostsee F Bạltičkō mọ̄re *n*
Ouvertüre F prẹdigra *f*, uvertīra *f*
oval jajọlik, ọvālan
Overall M kombinẹzōn *m*
Oxid N ọksīd *m* **oxidieren** oksidịrati *(im)pf*
Ozean M ọceān *m*
Ozonalarm M ọzōnski ạlarm *m* **Ozonloch** N ọzōnskā rụpa *f* **Ozonschicht** F ọzōnskī omọtāč *m*

P

paar pạr; **vor ein ~ Tagen** prije nẹkoliko dạnā
Paar N *Personen* dvọje *n*, pạr *m*; *Sachen* pạr
paarmal: **ein ~** nẹkoliko *od* pạr *umg* pụta
Pacht F zạkup *m*; *Entgelt* zakupnịna *f* **pachten** zakūpiti (-plịīvati)
Pächter M zạkupnīk *m* **Pächterin** F zạkupnica *f*
Päckchen N pakẹtić *m*; *Zigarettenpäckchen* kụtija *f*
packen *Koffer* [s-, u-]pakīrati; *ergreifen* zgrạbiti *pf* (**an** *D* **za** *A*); **Packpapier** N pạkpapīr *m* **Packung** F pakīrānje *n*
Paddel N dvọpērnō vẹslo *n* **Paddelboot** N kạjak *m*
paddeln [za-]vẹslati
Paket N pạkēt *m* **Paketannahme** F prijam *m* pakẹtā **Paketausgabe** F prẹdaja *f* pakẹtā
Pakt M pạkt *m*
Palast M dvọrac *m*
Palästina Palestīna *f*
Palme F pạlma *f*
Pandemie F pandẹmija *f*
paniert pọhān, pạnīrān
Panik F pạnika *f*
Panne F kvạr *m* **Pannenhilfe** F pọmoć *m* na cẹsti
Panorama N panorạma *f*
Panther M pantẹra *f*
Pantoffel M pạpuča *f*
Panzer M ZOOL ọklop *m*; MIL tẹnk *m*
Papagei M pạpiga *f*
Papier N pạpīr *m*; **~e** *pl Ausweispapier* papīri *m/pl* **Papierkorb** M kọšara za pạpīr **Papiertaschentuch** N papịrnatī rụpčić *m*
Pappe F kạrtōn *m*
Pappel F topọla *f*
Paprika M *Gemüse, Gewürz* pạprika *f*
Papst M, **Päpstin** F pāpa *m*, žẹnski *f* pāpa
päpstlich pāpinskī
Parade F parạda *f*
Paradies N rạj *m*
Paragliding N padọbrānskō jẹdrēnje *n*
Paragraf M parạgraf *m*
parallel ụsporedan; MATH paralelan; ADV ụsporedno
Parasit M nạmetnīk *m*, parạzīt *m*
Pärchen N pạr *m*
Parfüm N pạrfēm *m* **Parfümerie** F parfimẹrija *f*
Paris N Pạrīz *m*
Park M pạrk *m*, pẹrivōj *m*
parken parkīrati *(im)pf*; **Parken verboten!** zạbrānjeno parkịrānje!
Parkett N *Boden*, THEAT pạrkēt *m*
Parkgebühr F pristọjba *f* za parkīrānje **Parkhaus** N jāvnā garạža *f* **Parklücke** F slọbodnō mjẹsto *n* između parkị-

rānīh vozilā **Parkplatz** M parkiralīšte *n* **Parkschein** M parkīrnā kārta *f* **Parkuhr** F parkirališnī sāt *m* **Parkverbot** N zābrana *f* parkīrānja

Parlament N parlament *m*; *kroatisches Parlament* Sābor *m*

Partei F POL, JUR strānka *f* **parteiisch** pristran

Partie F *Spiel* partija *f*

Partizip N partīcip *m*, glagolskī prīdjev *m*

Partner(in) M(F) partner(ica) *m(f)* **Partnerschaft** F partnerstvo *n* **Partnerstadt** F grād *m* prijatelj

Party F domjenak *m*, zābava *f*, tulum *m umg*

Pass M putōvnica *f*; *Gebirgspass* prijēvoj *m*

Passage F prolaz *m*; MUS pasāža *f*

Passagier(in) M(F) pūtnīk *m* (-nica *f*)

Passbild N fotografija *f* za dokumente

passen *Kleidung* pristajati; *geeignet sein* pristajati (**zu** uz *A*)

passend prikladan

passieren *Grenze* proći (prolaziti); *geschehen* dogoditi (-gāđati) se

passiv pasīvan

Passiv N GRAM pasīv *m*

Passkontrolle F kontrōla *f* putōvnicā

Passwort N IT lozīnka *f*, zapōrka *f*

Pastete F paštēta *f*

Pastor(in) M(F) pastor(ica) *m(f)*

Pate M krsnī kūm *m*

Patenkind N kūmče *n*

Patent N patent

Patient M pacijent *m* **Patientin** F pacijentica *f*

Patin F krsnā kūma *f*

Patrone F patrōna *f*

Pauke F timpan *m*

pauschal paušālan **Pauschalreise** F putovānje *n* u pakēt-aranžmānu

Pause F stānka *f*, pauza *f*; THEAT stānka *f*

pausenlos neprestān

Pazifik M Pacifik *m*, Tihī ocēān *m*

PC M osobnō račūnalo *n*

Pech N: **~ haben** imati smolu *umg*

Pedal N pedāla *f*, papučica *f*

Pegel M vodostāj *m*

peinlich *unangenehm* neugodan; **~ genau** vrlo točan

Peitsche F bič *m*

Pelikan M pelikan *m*

Pellkartoffeln F/PL krumpīr *m* u ljusci

Pelz M kŕzno *n* **Pelzmantel** M būnda *f* **Pelzmütze** F krznenā kapa *f*

pendeln [za-]njīhati

Penis M pēnis *m*, spōlnī ūd *m*

Penizillin N penicilin *m*

Pension F pansiōn *m*; *Ruhegehalt, Ruhestand* mirovina *f*, penzija *f* **Pensionär(in)** M(F) umirovljenīk *m* (-nica *f*), penzionēr(ka) *m(f)* **pensioniert** umirōvljen; penzionīrān

per: **~ Post (Fax, Telefon)** po-

štōm (faksom, telefōnom)
perfekt savȓšen, perfektan
Perfekt N GRAM perfekt *m*
Periode F period *m*; *der Frau* periōda *f*
periodisch periodičan, periodičkī
Perle F biser *m*
Person F osoba *f*, čeljāde *n*; **pro ~** po osobi
Personal N osōblje *n* **Personalabteilung** F odjel *m* za općē i kādrovskē poslove **Personalausweis** M osobnā iskaznica *f* **Personalien** PL osobnī podāci *m/pl*
Personen... osoban **Personenbeschreibung** F opis *m* osobē
persönlich osoban, ličan **Persönlichkeit** F ličnōst *f*
Perücke F vlasulja *f*, perika *f*
pervers pervȅrzan
pessimistisch pesimističan
Petersilie F pȇršin *m*
Petroleum N petrolej *m*
Pfad M staza *f*
Pfadfinder M izviđač *m* **Pfadfinderin** F izviđačica *f*
Pfahl M kolac *m*
Pfand N zālog *m*; → *a* Flaschenpfand
pfänden [za-]plijēniti
Pfandflasche F povratnā boca *f*
Pfanne F tāva *f*
Pfannkuchen M uštipak *m*, palačīnka *f*
Pfarramt N žūpnī ured **Pfarrer** M *katholisch* žūpnīk *m*; *evangelisch* pastor **Pfarrerin** F pastorica *f*
Pfau M paūn *m*
Pfeffer M papar *m* **Pfefferminze** F metvica *f* **pfeffern** [za-, po-]papriti
Pfeife F zviždāljka *f*; *Tabakspfeife* lula *f*
pfeifen zviždati, fućkati; *Lokomotive* pīštati; **ich pfeife darauf** *umg* fućkā mi se za tō
Pfeil M strijēla *f*
Pfeiler M stūp *m*
Pferd N konj *m*
Pferderennen N konjskē trke *f/pl* **Pferdestall** M konjskā staja *f*
Pfiff M zviždūk *m*
Pfifferling M lisičarka *f*
Pfingsten N Duhovi *m/pl*
Pfirsich M breskva *f*
Pflanze F bīljka *f* **pflanzen** [po-, za-]sāditi
Pflaster N pločnīk *m*; MED flaster *m*
Pflaume F šljiva *f*
Pflege F njega *f* **pflegeleicht** lagan za održāvānje
pflegen *Freundschaft, Kranke* njegovati
Pfleger M bolničār *m*, njegovatelj *m* **Pflegerin** F bolničārka *f*, njegovateljica *f*
Pflicht F dūžnōst *f*, obveza *f*
pflücken [po-, u-] brati
pflügen [za-, po-]orati
Pförtner(in) M(F) vratār(ka) *m(f)*
Pfosten M ARCH potpōranj *m*; SPORT vratnica *f*, statīva *f*
Pfote F šāpa *f*

pfui! fui
Pfund N fūnta *f*
pfuschen pṛtljati, šepṛtljati
Pfütze F lọkva *f*
Phantasie *usw* → Fantasie
Phase F fāza *f*
Philosophie F filozọfija *f*
phlegmatisch flegmatičan
Physik F fizika *f* **physikalisch** fizikālnī **Physiker** M fizičār *m* **Physikerin** F fizičārka *f*
physisch fizičkī
Pianist M pijanist *m* **Pianistin** F pijanistica *f*
Pickel M *Bergsport* cepīn *m*; MED prištić *m*, bubuljica *f*
Pickerl N *öster* nāljepnica *f*
Picknick N piknik *m*
piepsen [za-]pīštati
Pik N *Karte* pik *m*
pikant pikantan
Pille F pilula *f*
Pilot(in) M(F) pilot *m*, pilōtkinja *f*
Pilz M gljiva *f*; MED gljivice *f/pl*
PIN F (persönliche Identifikationsnummer) *zum Geldabheben* PIN *m*
Pinguin M pingvīn *m*
Pinie F pīnija *f*
pinkeln *umg* pišati *umg*
Pinsel M kīst *m*
Pinzette F pinceta *f*
Pionier(in) M(F) MIL, *fig* pionīr(ka) *m(f)*
Pistazie F pistācija *f*, pistāč *m*, tršlja *f*
Piste F FLUG, *Skisport* pista *f*, staza *f*
Pistole F pištōlj *m*
Pizza F pizza *f*, pica *f*
Pizzeria F pizzeria *f*, picerija *f*
Pkw M osobnī automobil *m*
Plage F mụka *f*
plagen [is-, na-]mučiti; **sich ~** [is-, na-]mučiti se
Plakat N plakāt *m*
Plakette F plaketa *f*
Plan M plān *m*, nacrt *m*; *Stadtplan* plān *m* grāda
Plane F cerāda *f*
planen [is-]planīrati; *beabsichtigen* namjerāvati
Planet M planēta *f*
Planke F plānka *f*
planmäßig plānskī; *Ankunft* po voznōm rēdu; ADV plānski; BAHN po voznōm rēdu
planschen brčkati
Plantage F plantāža *f*
Planung F planīrānje *n*
plappern brbljati
Plastik¹ F plastika *f*
Plastik² N plastika *f*
Plastikbeutel M, **Plastiktüte** F plastičnā vrećica *f*
plätschern *Regen* romīnjati; *Bach* žuboriti
platt plosnat; *Reifen* probūšen; **einen Platten haben** *umg* imati probūšenū gumu
Platte F ploča *f*; *Schallplatte* gramofōnskā ploča *f*; **kalte ~** hlādnā jela *n/pl*
Plattenspieler M gramofōn *f*
Plattform F platfōrma *f*
Platz M *Raum, Sitzplatz*, SPORT mjesto *n*; **~ nehmen** sjesti (sjedati)
Plätzchen N čājnī kolačić *m*
platzen puknuti (pucati)

Platzkarte F rezervạcija *f*
plaudern čavrljati, ćạskati
pleite: **~ sein** bịti bạnkrot; *umg kein Geld haben* bịti švọrc *umg*; **Pleite machen** bankrotịrati (*im*)*pf*
Plombe F *Zahn* plọmba *f* **plombieren** *Zahn* plombịrati (*im*)*pf*
plötzlich nạgao; *unerwartet* iznenādan; ADV nạglo, iznenáda
plump *dick* zdẹpast; *unbeholfen* nẹzgrạpan; *fig durchsichtig* prọzīran
plündern [o-]plјačkati
Plural M množina *f*
plus MATH plụs, vịšē; **3 Grad ~** plụs trị stụ̄pnja
Plusquamperfekt N plụskvamperfekt *m*
PLZ → Postleitzahl
pochen [po-]kụcati
Pocken F/PL bọginje *f/pl* **Pockenschutzimpfung** F cijẹ̄pljẽnje *n* prọtiv bọginjā
Podium N pọ̄dīj *m*
poetisch poẹtičkī
Pokal M pẹhār *m*, kụp *m* **Pokalspiel** N kụp-ụtakmica *f*
Pol M pōl *m*
Pole M Pọljāk *m*
Polen N Pọljskā *f*
Police F pọlica *f*
polieren [is-]polịrati
Polin F Poljạkinja *f*
Politik F polịtika *f* **Politiker** M polịtičār *m* **Politikerin** F polịtičārka *f* **politisch** polịtičkī
Politur F politụ̄ra *f*
Polizei F polịcija *f* **Polizeirevier** N *Dienststelle* polịcījskā pọstaja *f*
Polizist M policạ̄jac *m* **Polizistin** F policạ̄jka *f*
polnisch pọljskī
Polster N pọdstava *f* **Polstermöbel** PL tapẹcīrānī nạmještāj *m*
polstern pọdstaviti (-vljati); *Möbel* tapecịrati (*im*)*pf*
poltern rọndati, štropọtati; *schimpfen* [za-]galạ̄miti
Pommes: **~ frites** PL pọmfrit *m*
Pony[1] N pọ̄ni *m*
Pony[2] M *Frisur* šịške *f/pl*
Pool M *Schwimmbecken* bạzēn *m*
Popmusik F pọp-glạzba *f*
Popo M *umg* dụpence *n*
populär pọpulāran
Pore F pọ̄ra *f*
Pornografie F pornogrạfija *f*
Porree M pọriluk *m*
Portal N pọrtāl *m*
Portemonnaie N novčạnīk *m*
Portier(in) M(F) vrạtār(ka) *m*(*f*), pọrtīr(ka) *m*(*f*)
Portion F pọrcija *f*
Porto N poštạrina *f*
Porträt N pọrtrēt *m*
Portugal N Pọrtugāl *m*
Portugiese M Portugạ̄lac *m* **Portugiesin** F Portugālka *f* **portugiesisch** portụgālskī
Porzellan N porcụlān
Position F pọzicija *f*
positiv pọzitīvan
Post®[1] F pọšta *f*; **mit der ~** pọ̄štōm
Post[2] M > IT pọst *m*
Postamt N pọštanskī ụred *m*

Postbank F poštanskā bānka f **Postbeamte** M, F, **-beamtin** F poštanskī službenīk m, poštanska službenica f **Postbote** M, **-botin** F poštār m, poštarica f
posten IT pīsati post
Posten M dūžnōst f; HANDEL stāvka f; MIL strāža f
Postfach N poštanskī prẹtinac m **Postkarte** F dopisnica f **Postleitzahl** F poštanskī brōj m **Poststempel** M poštanskī žīg m **Postwertzeichen** N poštanskā mạrka f
Pracht F rāskoš f
prächtig rāskošan
prägen *Münzen* [is-]kovati; *fig* oblikovati (*im*)*pf*
prahlen hvạstati se; rạzmetati se (**mit** *I*)
Praktikum N prạktikum m **praktisch** prạktičan; **~er Arzt** m liječnīk prạktičār m
praktizieren prakticīrati (*im*)*pf*
Praline F pralịnē m
prall pūn; *Sonne* žārkī
Prämie F *Belohnung, Versicherungsprämie* prẹmija f
Präposition F prijẹdlog m
Präsidentin M(F) prẹdsjednīk m (-nica *f*)
prasseln *Feuer* puckẹtati; *Regen* pljūštati
Praxis F *Berufspraxis* prạksa f; *Arztpraxis* ordinạcija f
präzise prẹcīzan
predigen propovijẹdati
Predigt F prọpovijēd f
Preis M cijẹna f; *Siegespreis* nạgrada f **Preisausschreiben** N nạgradnā ịgra f
Preiselbeere F brụsnica f
Preiserhöhung F povišẹnje n cijẹnā **Preisliste** F cjẹnīk m
Preissenkung F snižẹnje n cijẹnā
preiswert pọvōljan
Prellung F MED kọntūzija f
Premiere F prạizvedba f, premijẹra f
Prepaidkarte F telẹfōnskā kạrtica f
Presse F *Zeitungen* tịsak m
pressen stịsnuti (stīskati)
Priester(in) M(F) svẹćenīk m (-nica *f*)
prima ịzvrstan; *adv* sjājno, ịzvrsno
Primel F jạglac m
primitiv prịmitīvan
Prinz M prịnc m **Prinzessin** F princẹsa f
Prinzip N prịncīp m, načẹlo n
Prise F prstovēt m
privat prịvātan; **~ versichert** prịvātno ọsigurān **Privatleben** N ọsobnī žịvot m
Privileg N pọvlastica f
pro po (*D*), na (*A*); **~ Tag** nạ dān
Probe F *Weinprobe, Theaterprobe* prọba f; *fig* kūšnja f; *Warenprobe* ūzorak m **Probefahrt** F prọbnā vọžnja f
proben prọbati
probieren *versuchen* pọkuš(āv)ati; *Speise* kušati, prọbati
Problem N prọblēm m
Produkt N proịzvod m
Produktion F proizvọdnja f

produktiv prọduktīvan
produzieren proịzvesti (-vọditi)
Professor M prọfesor *m* **Professorin** F prọfesorica *f*
Profi M profesionālac *m* (-ọnālka *f*)
Profil N *a Reifenprofil* prọfil *m*
Profit M dọbīt *f*, dobịtak *m*, prọfit *m* **profitieren** profitịrati (*im*)*pf*, ịzvūći (izvlāčiti) kọrīst
Prognose F prognōza *f*
Programm N prọgram *m* **programmieren** programịrati (*im*)*pf* **Programmierer** M progrạmēr *m* **Programmiererin** F progrạmērka *f*
Projekt N prọjekt *m*
Projektor M prọjektor *m*
Promenade F promenāda *f*
Promille N prọmil *m*
prominent prominẹntan
prompt prọmptan; ADV prọmptno
Pronomen N zāmjenica *f*
Propaganda F propagānda *f*
Propeller M propẹlēr *m*
prophezeien prọreći (-rīcati)
prosit! žīvjeli! nạzdrāvlje!
Prospekt M prọspekt *m*
Prostata F prọstata *f*
Prostituierte(r) F(M) prostịtūtka *f*, mụška prọstitūtka *m*
Protest M prọsvjed *m*, prọtest *m* **Protestant** M protẹstant *m* **Protestantin** F protẹstantica *f* **protestantisch** protẹstantskī **protestieren** prọsvjedovati, protestịrati (*im*)*pf*
Prothese F protẹ̄za *f*
Protokoll N zāpisnīk *m*; *Etikette* prọtokol *m*
Proviant M pọpudbina *f*
Provider M prọvider *m*
Provinz F prọvīncija *f*
Provision F prọvīzija *f*
provisorisch prọvizōran
Prozent N pọstotak *m*
Prozess M prọces *m*; JUR pārnica *f* **Prozession** F procẹsija *f*
prüde prẹtjerāno sramẹžljiv
prüfen ispịt(īv)ati **Prüfung** F ịspit
Prügel PL bạtine *f*/*pl*
prügeln: **sich ~** [pọ-]tụ̄ći se
PS *im Brief* P.S.
Psychiater M psihijātar *m* **Psychiaterin** F psihijātrica *f*
psychisch psihijạtrījskī **psychologisch** psihọloškī
Pubertät F pubẹrtēt *m*
Publikum N pụblika *f*
Pudding M pụdīng *m*
Puder M pūder *m* **Puderzucker** M šẹćer *m* u prạ̄hu
Pullover M pulọ̄ver *m*
Puls M pụls *m*, bịlo *n*
Pulver N prạ̄h *m*; MED prạ̄šak *m* **Pulverkaffee** M kạva *f* u prạ̄hu
Pumpe F cṛpka *f*, pūmpa *f*
pumpen pūmpati; *umg*: **sich etw von j-m ~** [ụ-]žịcati nọvac od (*G*) *umg*
Punkt M tọčka *f*; **~ drei Uhr** tọčno ụ trī sạ̄ta
pünktlich tọčan
Pupille F zjẹnica *f*
Puppe F lụtka *f*

pur CHEM, *Getränk*, *fig* čịst
Püree N pirẽ *m*
pusten pũhnuti (-hati)
Pute F pụra *f*
Puter M purãn
putzen *Schuhe* [pọ-, ọ-]čịstiti, *Zähne* [ọ-]prạti
Putzfrau F čistạčica *f* **Putzlappen** M krpa za čišćēnje **Putzmann** M čistạč *m* **Putzmittel** N srẽdstvo *n* za čišćēnje
Puzzle N slågalica *f*
Pyjama M pidžãma *f*
Pyramide F piramīda *f*

Q

Quadrat N četvọrina *f*, kvạdrāt *m* **quadratisch** kvạdrātnī **Quadratmeter** M čętvōrnī mẹtar *m*
quaken [za-]krekẹtati (*a fig*)
quälen [iz-, nạ-]mụčiti; **sich ~** [iz-, na-]mụčiti se
Qualifikation F kvalifikācija *f*
Qualität F *Art* kakvọća *f*, kvalitẹ̄ta *f*; *Güte* vrsnọća *f*
Qualle F mọrskī klọbūk *m*, medūza *f*
Qualm M dịm *m* **qualmen** [za-]dịmiti
Quantität F količịna *f*, kvantitẹ̄ta *f*
Quarantäne F karantẹ̄na *f*
Quark M svjẹ̄žī (krạvljī) sịr *m*
Quartal N kvạrtāl *m*
Quartett N kvạrtēt *m*
Quartier N *Unterkunft* smjẹ̄štāj *m*; *Nachtquartier* prẹnoćīšte *n*
Quarz M kręmen *m*, kvạrc *m*
Quatsch M *umg* bljezgạrija *f* **quatschen** *umg* blebẹtati, bṛbljati
Quecksilber N žīva *f*
Quelle F ịzvor *m*
quellen *Wasser* ịzvirati; *Holz* [nạ-]bụbriti; *Tränen* pọteći *pf*
quer ADV poprečno; **~ durch die Stadt** krọz grād
Querschnitt M prẹ̄sjek *m* **Querschnitt(s)lähmung** F cẹrebrālnā paralīza *f*
Querstraße F pọprečnā ụlica *f*
quetschen [pri-, z-]gnjẹ̄čiti **Quetschung** F MED kọntūzija *f*, nạ̄boj *m*
quietschen [za-]škrīpati
Quirl M kụhača *f*
quittieren *Empfang* potvr̄diti (-rđịvati); *Dienst* napụstiti (-pụ̄štati); **Quittung** F prịznanica *f*
Quiz N kvīz *m*
Quote F kvọta *f*

R

Rabatt M rạbat *m*
Rabe M gạvrān *m*
Rache F ọsveta *f*
Rachen M ždrijẹ̄lo *n*
rächen: **sich ~** osvētiti (-ećịva-

ti) se

Rad N kọtāč *m*; *Fahrrad* bicịkl *m*; **~ fahren** vọziti se bicịklom

Radar M/N rạdār *m* **Radarkontrolle** F rạdarskā kontrọla *f*

Radfahrer M biciklist *m* **Radfahrerin** F bicịklistica *f*

Radiergummi M brịsalica *f*, gụma *f* za brịsānje, gụmica *f*

Radieschen N rọtkvica *f*

radikal rạdikālan

Radio N rạdio *m*; → *a* Rundfunk

radioaktiv radioaktịvan

Radius M pọlumjēr *m*, rādijus *m*

Radrennen N biciklịstičkā ụtrka *f* **Radtour** F biciklịstičkā tūra *f* **Radweg** M biciklịstičkā stạza *f*

raffiniert *fig* prẹpreden

Ragout N rạgu *m*

Rahm M vṛhnje *n*

Rahmen M *Fahrradrahmen, Bilderrahmen* ọkvīr *m*

Rakete F rakẹ̄ta *f*

rammen *Auto* nalẹtjeti (na *A*); *Pfahl* zạbiti (-bījati) (**in** *A* u *A*)

Rampe F rạ̄mpa *f*

Ramsch M bọfl *m*

Rand M rūb *m*

randalieren ponạ̄šati se nạ̄sīlnīčki

Randstreifen M bankịna *f*

Rang M MIL čịn *m*; *fig* rạng *m*; THEAT gạlērija *f*

rangieren BAHN ranžịrati (*im*)*pf*, manevrịrati

ranzig ụžegnūt

Rarität F rijẹ̄tkōst *f*

rasch bṛz; ADV bṛzo

rascheln šụškati

rasen [po-]jūriti; *vor Wut* [po-] bjẹsnjeti

Rasen M trạ̄va *f*

rasend *Geschwindigkeit* bjẹsomūčan; *Schmerz* žẹstok

Rasenmäher M kọsilica *f* za trạ̄vu

Rasierapparat M brijạ̄ćī apạrāt *m* **rasieren**: **sich ~** [o-]brịjati se **Rasierklinge** F brịtvica *f* **Rasierwasser** N losịōn *m* pọslije brijānja

Rasse F rạsa *f*; ZOOL pạsmina *f*

rasseln zvẹckati

Rast F ọdmor *m*; **~ machen**, **rasten** odmọriti (-mạ̄rati) se

Rastplatz M parkịralīšte *n* uz autocẹstu **Raststätte** F ọdmorīšte *n*

Rasur F brijānje *n*

Rat M sạ̄vjet *m*; **j-n um ~ fragen** [po-, za-]trạ̄žiti sạ̄vjet od (*G*)

Rate F rạta *f*, ọbrok *m*; **in ~n** u ọbrocima *od* rạtama

raten [po-]sạ̄vjetovati (**j-m zu etw** da ...); *erraten* pogọditi (-gạ̄đati)

Ratgeber(in) M(F) *Person* savjetọdạ̄vac *m*, savjetọdāvka *f*

Rathaus N grạdskā vijẹ́ćnica *f*

Ration F ọbrok *m*

rationalisieren racionalizịrati (*im*)*pf*

rationell rạcionālan

ratlos bẹspomoćan

Rätsel N zạgonētka *f* (*a fig*); **rätselhaft** zạgonētan

Ratte F štạkor *m*

rattern *Rad* dṛndati

rau *Oberfläche, Stimme* hrạpav; *Klima* ọštar
Raub M grābež *m*, pljačka *f*; JUR rāzbōjstvo *n*; *Beute* grābež *m* **rauben** [ọ-]pljačkati
Raubtier N grabežljivā zvijēr *f* **Raubvogel** M ptịca grạbljivica *f*
Rauch M dịm *m* **rauchen** [pọ-]pušiti; **Rauchen verboten!** zābranjeno pušēnje **Raucher** M pušāč *m* **Raucherin** F pušạčica *f*
räuchern dịmiti
rauchig zạdimljen; *Stimme* hrạpav
Rauchverbot N zābrana *f* pušēnja
raufen *Haare* [po-]čupati; *sich prügeln* [pọ-]tūći se
Raum M *Platz* mjẹsto *n*; *Räumlichkeit* prōstor *m*
räumen *entfernen* uklọniti (uklānjāti); *wegräumen* sprēmiti (-mati) (**in** *A* u *A*); *Straße* rąskrčiti (-čīvati), rąščistiti (-čišćạvati, -čišćịvati); MIL napụstiti (-pūštati)
Raumfahrt F putọvānje *n* u svẹmīr
räumlich prọstōran
Raumschiff N svẹmīrskī brọd *m* **Raumstation** F svẹmīrskā pọstaja *f*
Räumung F *Beseitigung* ukląnjānje *n*; *Evakuierung* evakuạcija *f*
Raupe F ZOOL, TECH gụsjenica *f*
Raureif M ịnje *n*
Rausch M *Alkoholrausch* opijenōst *f*; *fig* zānos *m*
rauschen šūmiti
Rauschgift N opōjnā drọga *f* **rauschgiftsüchtig** ọvisan o drōgi
räuspern: **sich ~** hrạknuti (-kati), iskąšlj(ạv)ati se
reagieren reagīrati (*im*)*pf* (**auf** *A* na *A*)
Reaktion F CHEM, POL reạkcija *f*
real stvạran **realistisch** realịstičkī **Realität** F stvārnōst *f*
Realschule F (*BRD*) desetogọdišnjā škōla *f*
Rebe F lọza *f*
Rebell M bụntōvnīk *m* **rebellieren** [po-]būniti se **Rebellin** F bụntōvnica *f*
rechen [nạ-]grạbljati
Rechen M grạblje *f/pl*
Rechenschaft F: **~ über etw ablegen** polọžiti (-lāgati) rạčūn o (*L*); **j-n zur ~ ziehen** pọz(īv)-vati (*A*) na odgovọrnōst
rechnen račụnati **Rechner** M *Gerät* račụnalo *n* **Rechnung** F HANDEL, *im Restaurant* rạčūn *m*; **die ~ bitte!** mọlīm rạčūn!
recht prạvī; **das ist mir ~** u rẹdu!; **~ haben** ịmati prạvo *od* bịti u prạvu
Recht N prạvo *n*; **im ~ sein**, bịti u prạvu
rechte dẹsnī
Rechteck N prạvokūtnīk *m* **rechteckig** pravọkutan
rechter, **rechtes** → rechte
rechtfertigen ọprạvd(ạv)ati
rechtlich JUR prạvan **recht-**

mäßig zākonit
rechts dēsno **Rechtsabbieger** M kojī skrēćē ųdesno
Rechtsanwalt M ọdvjetnīk *m* **Rechtsanwältin** F ọdvjetnica *f*
Rechtschreibung F prąvopis *m*
rechtsextrem ekstremnī dẹsničārskī
Rechtshänder M dęšnjāk *m* **Rechtshänderin** F dešnjąkinja *m*
rechtswidrig prọtuprāvan
rechtwinklig pravọkutan
rechtzeitig ADV na vrijḛme
Recycling N reciklīrānje *n*
Redakteur M ųrednīk *m* **Redakteurin** F ųrednica *f*
Redaktion F ųrednīštvo *n*, redąkcija *f*
Rede F *Festrede* gọvōr *m*
reden gọvọriti (**über** *A* o *L*)
Redensart F įzreka *f*
Redner M gọvọrnīk *m* **Rednerin** F gọvọrnica *f*
Reederei F brọdārskō poduzḛće *n*
Referat N referāt; *Abteilung* referąda *f*
reflektieren odrąziti (-ažavati), reflektīrati *(im)pf*
Reflex M MED rẹfleks *m*
reflexiv GRAM pọvratnī
Reform F rẹfōrma *f* **Reformhaus** N trgovịna *f* zdrąvōm hrąnōm **reformieren** reformīrati *(im)pf*
Regal N pọlica *f*
Regatta F regąta *f*
Regel F prąvilo *n*; *der Frau* mjęsečnica *f* **regelmäßig** redọvit
regeln urēditi (uređīvati)
Regen M kịša *f*; **bei ~** pọ kiši; **saurer ~** kịselē kịše *f/pl* **Regenbogen** M dųga *f* **Regenmantel** M kịšnā kabąnica *f*
Regenschauer M pljųsak *m*
Regenschirm M kịšobrān *m*
Regenwetter N kišọvitō vrijḛme *n* **Regenwurm** M kịšnā glīsta *f*
Regie F rẹžija *f*
regieren vlądati *(I)* **Regierung** F vlạda *f*
Regime N rẹžīm *m*
Region F rẹgija *f* **regional** rẹgionālan
registrieren registrịrati *(im)pf*
regnen kịšiti; **es regnet** pądā kịša
regnerisch kišọvit
regulär rẹgulāran **regulieren** regulịrati *(im)pf*
Reh N sṛna *f*
Reibe F rịbež *m*, trẹnica *f*
reiben [is-, na-] tṛljati; GASTR [na-]rịbati
reich bogat
Reich N cąrstvo *n*
reichen *geben* prụžiti (prųžati); *genügen* dọst(aj)ati; *sich erstrecken* sēgnuti (sēzati) (**bis** do *G*); **es reicht** dọsta je **reichhaltig** bọgat **reichlich** ọbīlan
Reichtum M bọgatstvo *n*
Reichweite F dọseg *m*
reif zrẹo **Reife** F zrẹlōst *f* **reifen** [są-]zrẹti
Reifen M ọbrūč *m*; AUTO (au-

tomobilskā) guma *f* **Reifendruck** M pritisak *m* u gumama **Reifenpanne** F kvār *m* na gumi **Reifenwechsel** M zamjena *f* gumē
Reihe F rēd *m*; *Buchreihe* sērija *f*; **der ~ nach** po rēdu; **ich bin an der ~** jā sam na rēdu
Reihenfolge F rēdoslijēd *m*
Reiher M čaplja *f*
reimen: **sich ~** rimovati se
rein *sauber, pur* čist
Reinfall M neuspjeh *m*
reinigen [o-]čistiti (*a chemisch*) **Reinigung** F čišćēnje *n*; *Geschäft* čistiōnica *f* **Reinigungsmittel** N srēdstvo *n* za čišćēnje, čistilo *n*
Reis M rīža *f*
Reise F putovānje *n*, pūt *m*; **gute ~!** srētan pūt! **Reiseapotheke** F prīručnā apotēka *f* **Reisebüro** N turistički birō *m* **Reisebus** M pūtnički autōbus *m* **Reiseführer** M *Person, Buch* turistički vodič *m* **Reiseführerin** F turistička vodičica *f* **Reisegepäck** N prtljāga *f* **Reisegesellschaft** F grupa *f* turistā **Reiseleiter(in)** M(F) turistički vodič *m*, turistička vodičica *f*
reisen [ot-]putovati (**nach** u *A*)
Reisende M, F pūtnīk *m* (-nica *f*)
Reisepass M putōvnica *f* **Reiseroute** F ruta *f* putovānja **Reisetasche** F pūtnā tōrba *f* **Reiseveranstalter** M pūtnička agēncija *f* **Reiseverkehr** M pūtnički prōmet *m* **Reiseziel** N cīlj *m* putovānja
reißen trgati, [is-]kidati, [po-]derati; *zerren* trgnuti *pf* (**an** *D A*); **die Macht an sich ~** prigrabiti vlāst; V/I *Hose* [po-]derati se; *Schnur* prekinuti (-kīdati) se, pretgrnuti se *pf* **reißend** *Gewässer* divljī; **~en Absatz finden** ići kao hālva **Reißverschluss** M patentnī zatvarač **Reißzwecke** F čavlić *m* za učvršćīvānje papīra; rajsnēgl *m umg*, pūntina *f umg*
reiten [za-]jahati
Reiter(in) M(F) jahāč *m*, jahačica *f*
Reitpferd N jahaći konj *m*
Reitschule F škōla *f* jahānja
Reitsport M jahaćī sport *m*
Reiz M *fig* drāž *f*; MED podražāj *m* **reizbar** razdrāžljiv **reizen** drāžiti; *ärgern* razdrāžiti (-žīvati); MED nadrāžiti (-žīvati); **reizend** dražestan
Reklamation F reklamācija *f*
Reklame F reklāma *f*
reklamieren reklamīrati (*im*)*pf*
Rekord M rekōrd *m*
relativ relatīvan
Relief N reljef *m*
Religion F relīgija *f* **religiös** religiōzan
Reling F palubnā ograda *f*
Rendite F dobīt *f*
Rennbahn F trkalīšte *n*
rennen [po-]trčati
Rennen N trka *f*
Rennfahrer(in) M(F) vozāč(ica) *m*(*f*) trkāćih automobila **Rennstrecke** F trkāćā staza *f* **Rennwagen** M trkāćī automobil *m*;

Bolide bọlīd *m*
renovieren obnọviti (-nạvljati), renovịrati *(im)pf* **Renovierung** F renovịrānje *n*
rentabel ụnosan, rẹntabīlan
Rente F mirọvina *f*
rentieren: **sich ~** isplạtiti (-aćịvati) se
Rentner(in) M(F) umirovljẹnīk *m* (-nica *f*)
Reparatur F pọpravak *m* **Reparaturwerkstatt** F radiọnica *f* za pọprāvke
reparieren pọpraviti (-vljati)
Reportage F reportạža *f*
Reporter(in) M(F) repọrtēr(ka) *m(f)*
repräsentieren prẹdstavljati
Reptil N gmạz *m*
Republik F repụblika *f*
Reserve F pričuva *f*, rẹzērva *f* **Reserverad** N rẹzērvnā gụma *f*
reservieren rezervịrati *(im)pf* **reserviert** *Tisch* rezẹrvīrān; *zurückhaltend* sụzdržān **Reservierung** F rezervạcija *f*
resignieren rezignịrati *(im)pf*
respektieren pọštovati *(im)pf*, respektịrati *(im)pf*
Rest M ostạtak
Restaurant N restọrān *m*
restaurieren obnọviti (-nạvljati), restaurịrati *(im)pf*
Resultat N rezụltāt *m*
retten spạsiti (spašạvati); **Retter(in)** M(F) spạsitelj(ica) *m(f)*; spạsilac *m*
Rettich M rọtkva *f*
Rettung F spašạvānje *n*; spās *m*
Rettungs... spạsilačkī
Rettungsboot N čạmac *m* za spašạvānje **Rettungsring** M kọlūt *m* za spašạvānje
Reue F kạjānje *n*, pọkora *f*
revanchieren: **sich für etw ~** odụžiti (-žịvati) se, revanšịrati se *(im)pf* za *(A)*
Revier N rẹvīr *m*
Revolte F pọbuna *f*, rẹvolt *m*
Revolution F revolụcija
Revolver M revọlver *m*
Revue F rẹvija *f*
Rezept N rẹcept *m* **rezeptfrei** bez rẹcepta **rezeptpflichtig** (sạmo) na rẹcept
Rhabarber M rạbārbara *f*
Rhein M Rạjna *f*
Rheuma N reumatịzam *m*
Rhythmus M rịtam *m*
richten *Bitte; Brief* upụtiti (upućịvati) (**an** *A D*); *reparieren* pọpraviti (-vljati); **sich nach etw ~** rạvnati se prema *(D)*
Richter(in) M(F) sụdac *m*, sụtkinja *f*
richtig ịsprāvan, tọčan **richtigstellen** pọpraviti (-vljati)
Richtlinie F smjẹrnica *f*
Richtung F smjẹr *m*
riechen V/T [po-]mirịsati; V/I mirịsati (**an** *D A*; **nach** *D* na *A*, po *L*); *schlecht* zaụdarati (na *A*); *stinken* smṛdjeti po *(L)*
Riegel M zạsun *m*, krạčūn *m*
Riemen M rẹmēn *m*
Riese M, **Riesin** F gorọstas *m*, dịv *m*
rieseln kạpati
riesig gọlem, sịlan

Riff N grẹbēn *m*
Rille F *Bodenrille* žlijẹ̄b *m*; TECH ūtor *m*
Rind N gọvedo *n*
Rinde F *Baumrinde, Brotrinde, Käserinde* kọra *f*
Rinderbraten M gọveđē pečẹ̄nje *n*
Rindfleisch N gọvedina *f*, gọveđē mẹ̄so *n*
Ring M pṛstēn *m*; SPORT rịng; *unter den Augen* pọdočnjāk *m*
ringen bọriti se (**um** za *A*, **mit** s *I*); SPORT hṛvati se **Ringfinger** M prstẹnjāk *m*, dọmālī pṛst *m* **Ringkampf** M hṛvāčkī meč *m*
Rinne F žlijẹ̄b *m*
rinnen cūriti
Rippe F rẹbro *n*
Risiko N rịzik *m*
riskant rịzičan **riskieren** riskīrati *(im)pf*
Riss M pụkotina *f*
Ritt M jạhānje *n*
Ritter M vịtēz *m*
Ritze F pụkotina *f*
ritzen [ụ-]rẹzati
Rivale M sụpārnīk *m* **Rivalin** F sụpārnica *f*
Roaming N IT roaming *m* **Roaminggebühren** PL nạknada *f* za roaming
Robbe F tụljan *m*
Roboter M rọbot *m*
robust rọbustan
Rock M *Damenrock* sụknja *f*
Rockmusik F rọck-glạzba *f*
rodeln sạ̄njkati se **Rodelschlitten** M saọnice *f/pl*, sạ̄njke *f/pl*
Roggen M rạ̄ž *f* **Roggenbrot** N rạženī krụh *m*
roh *fig* sịrov **Rohkost** F sịrovō vọće i pọvrće
Rohr N cijẹ̄v *f*; *Bambusrohr* tṛska *f* **Rohrbruch** M pụcānje *n* cijẹ̄vi
Röhre F cijẹ̄v *f*; *Backröhre* pẹćnica *f*
Rohstoff M sirọvina *f*
Rollbahn F FLUG pịsta *f*
Rolle F kotạčić; THEAT ụloga *f*
rollen VT vạ̄ljati, kotṛljati; *wickeln* [s-]mọtati; VI kotṛljati se
Roller M *Tretroller* romọbīl *m*; *Motorroller* skụter *m*
Rollkragen M zạvṝnūtī ọvratnīk *m* **Rollladen** M rọlō *m* **Rollschuhe** M/PL kotụrāljke *f/pl* **Rollstuhl** M invạlīdskā kolịca *f* **Rolltreppe** F pọmičnē stụbe *f/pl*
Rom[1] N Rịm *m*
Rom[2] M *Angehöriger eines Volksstammes* Rōm *m*
Roman M rọmān *m*
romantisch romạntičan
römisch rịmskī
Romni F Rọ̄mkinja *f*
röntgen rẹndgenski prẹgledati (-glẹ̄dati, -gledạ̄vati); **Röntgenaufnahme** F rẹndgenskā snịmka *f*
rosa rụžičast
Rose F rūža *f*
Rosé M rụžičastō vịno *n*
Rosenkohl M kẹlj pụpčār *m*
Rosenkranz M REL krụnica *f*
rosig rụžičast

Rosine F grọžđica *f*
Rost M hŕđa *f*; *Gitter* rẹšētka *f*
rosten [za-]hŕđati
rösten [is-]pŕžiti
rostfrei nehŕđajūćī
rostig hŕđav
rot cṛven; **bei Rot durchfahren, rübergehen** prọ̄ći (prọlaziti) kroz cṛvenō; **Rote Bete** cịkla *f*; **Rotes Kreuz** Cṛvenī krīž
Röteln PL rubẹola *f*, crljẹnica *f*
rothaarig rịđ
Rotkohl M cṛvenī kụpus *m*
rötlich crvẹnkast
Rotlicht N cṛvenō svjẹtlo *n*
Rotstift M cṛvenā ọlōvka *f*
Rotwein M cŕnō vịno *n*
Roulade F rulạda *f*
Route F rụta *f*
Routenplaner M plạnēr *m* rụte
Router M TECH router *m*
Routine F rutịna *f*
Rowdy M razbijāč *m*, nạsīlnīk *m*
Rübe F rẹpa *f*; **Gelbe ~** mṛkva *f*; **Rote ~** cịkla *f*
Rubin M rụbīn *m*
Ruck M trzāj *m*
rücken *Stuhl* mạknuti (mịcati), pomạknuti (-mịcati); *wegrücken* odmạknuti (-mịcati) (**von** od *G*); *Platz machen* mạknuti (mịcati) se
Rücken M lẹ̄đa *n/pl* **Rückenlehne** F nạslon *m* za lẹ̄đa **Rückenschmerzen** M/PL bọlovi *m/pl* u lẹ̄đima **Rückenschwimmen** N lẹđnō plịvānje *n* **Rückenwind** M SCHIFF vjẹtar u krmu (*a fig*)
Rückerstattung F refundīrānje *n*, nạdoknada *f* **Rückfahrkarte** F pọvratnā kạ̄rta *f*
Rückfahrt F pọvratak *m*
Rückfall M pọvrāt *m*, recịdīv *m* **rückfällig**: **~ werden** JUR u pọvrātu počịniti kạznenō djẹlo **Rückflug** M pọvratnī lẹ̄t *m*
Rückgang M ọpadānje *n*
rückgängig: **~ machen** pọnịštiti (-štạ̄vati), stornīrati (*im*)*pf*
Rückkehr F pọvratak **rückläufig** ọpadajūćī, kojī ọpadā
Rücklicht N strạžnjē svjẹtlo *n* **Rückreise** F pọvratak *m*
Rucksack M nạ̄prtnjača *f*
Rückschlag M *fig* ịznenādnō pogoršạ̄nje *n* **Rückschritt** M nạzadak **Rückseite** F *v Stoff* nạlīčje *n*; *v Schriftstück* pọleđina *f*
Rücksicht F ọbzīr; **~ nehmen** biti ọbzīran (**auf** *A* prema *D*)
rücksichtslos bẹzobzīran
rücksichtsvoll ọbzīran
Rücksitz M strạžnjē sjẹdalo *n*
Rückspiegel M retrọvīzor *m*
Rückstand M zaostạ̄tak *m*
Rückstau M *Verkehr* zạ̄stoj *m*
Rücktritt M *von e-m Amt* ọstāvka *f*; *von gebuchter Reise* odụstanak *m*
rückwärts nạtrāškē **rückwärtsfahren** vọziti se nạtrāškē **Rückwärtsgang** M rịkverc *umg* **rückwärtsgehen** ịći nạtrāškē
Rückweg M pọvratnī pụ̄t *m*
rückwirkend retroạktīvno
Rückzahlung F → Rückerstattung **Rückzug** M po-

vlạčēnje *n*
Ruder N vẹslo *n* **Ruderboot** N čậmac *m* na vẹsla
rudern [za-]vẹslati
Ruf M pọzīv *m*, zộv *m*; *Berufung* pộziv *m*; *fig* glậs *m*
rufen vịknuti (-kati); *j-n* [pọ-]zvạti
Rufnummer F pọzīvnī brộj *m*
rügen ukọriti (-rậvati)
Ruhe F mīr *m*; *Ausruhen* pọčinak; **~!** tišịna!; **~ bewahren** [sa-]čūvati mīr
ruhen pọčinuti (-čịvati)
Ruhestand M mirọvina *f*
ruhig mīran
Ruhm M slạva *f*
Rührei N stučenā pṛženā jāja *n/pl*, ọmlet *m*
rühren *umrühren* [po-]mijḕšati; *fig* gạnuti, dīrnuti (-rati) **rührend** gạnutljiv, dịrljiv **Rührung** F ganūće *n*
ruinieren ruinịrati (*im*)*pf*; upropậstiti (-paštậvati, -pašćịvati)
rülpsen pọdrignuti (-gịvati) (se)
Rum M rụm *m*
Rumäne M Rụmūnj *m* **Rumänien** N Rụmūnjskā *f* **Rumänin** F Rụmūnjka *f* **rumänisch** rụmūnjskī
Rummel M mḗtež *m*, gungūla *f* *umg* **Rummelplatz** M zābavnī pạrk *m*
Rumpf M trūp *m*
rund okrūgao; *ungefähr* ọko
Rundblick M panorậma *f*
Runde F krūg *m*; SPORT rūnda *f*
Rundfahrt F krūžnā vộžnja *f*
Rundflug M krūžnī lệt *m*
Rundfunk M rậdio *m*; **im ~** na rậdiju **Rundfunksender** M radiopọstaja *f*
Rundgang M obịlazak *m*
Rundreise F krūžnō putọvānje *n* **Rundschreiben** N ọkružnica *f*, cirkụlār *m*
runzeln [na-]mṛštiti se, [nạ-]mṛgoditi se
rupfen *Gras* čụpati, tṛgati; *Huhn* [o-]perušati, [o-]čerụpati
Ruß M čađa *f*
Russe M Rụs *m*
Rüssel M sūrla *f*
Russin F Rụskinja *f* **russisch** rụskī **Russland** N Rụsija *f*
rüsten MIL [na-]orụžati se
Rüstung F naoružậnje *n*
Rutschbahn F tọbogān *m*
rutschen klīzati; *Auto* isklịznuti (-zati) **rutschfest** ọtpōran na klīzānje **rutschig** klịzav
rütteln [prọ-]dṛmati, [po-]trẹsti

S

s. (siehe) vịdi
S. → Seite
Saal M dvorạna *f*
Saat F *Säen* sjẹtva *f*; *Saatgut* sjẹme *n*
Sachbearbeiter(in) M(F) referent(ica) *m*(*f*)
sachdienlich svrsịshodan
Sache F stvậr *f*; *Angelegenheit*

posao n; **~n** pl stvāri f/pl
sachkundig stručan
sachlich stvāran
sächlich GRAM srednjēg roda
Sachschaden M materijālnā šteta f
Sachsen N Saskā f
Sachverhalt M stānje n stvārī
Sachverständige M, F vjēštāk m, vještakinja f
Sack M vreća f **Sackgasse** F slijēpā ulica f; fig a ćorsokāk m
säen [po-]sijati
Safe M trezōr m, sef m
Saft M sōk m **saftig** sočan
Sage F sāga f
Säge F pila f
sagen govoriti, kāzati pf, reći pf
sägen piliti
Sahne F vrhnje n; *Schlagsahne* tučenō vrhnje n; šlāg *umg*
Saison F sezōna f
Saite F struna f
Saiteninstrument N gudačkī instrument m
Sakko M/N sakō m
Salami F salāma f
Salat M BOT, GASTR salāta f
Salbe F māst f
Salmonellen F/PL salmonele f/pl
salopp *ungezwungen* ležēran; *nachlässig* nemāran
Salz N sōl f **salzen** [po-, za-] soliti **salzig** slān **Salzkartoffeln** F/PL ogūljen krumpīr m kuhān u slānōj vodi **Salzwasser** N slānā voda f
Samen M BOT sjeme
sammeln *Beeren, Briefmarken etc.* sakupiti (sakūpljati); *Geld a* skupiti (skūpljati); *Erfahrungen* steći (stjecati); **Sammlung** F *Kunstsammlung* zbīrka f; *Geldsammlung* sakūpljānje n
Samstag M subota f; → a Dienstag
Samt M baršun m
sämtliche PL svi m/pl
Sanatorium N sanatorīj m
Sand M pijēsak m
Sandale F sandāla f
Sandbank F sprūd m **sandig** pjeskovit **Sandstrand** M pješčanā plāža f
Sandwich M sendvič m
sanft blāg
Sänger M pjevāč m **Sängerin** F pjevačica f
Sanierung F sanācija f
Sanitäter M bolničār m **Sanitäterin** F bolničārka
Sardelle F brgljūn m, inćūn m
Sardine F srdela f; *Ölsardine* sardīna f
Sarg M lijēs m
Satellit M satelīt m
Satellitenfernsehen N satelitskā televīzija f
satt sit, zasićen
Sattel M sedlo n
satthaben: **etw ~** biti sit (G)
sättigen [za-]sititi
Satz M GRAM rečenica f; *Sprung* skōk; *Tennis* set; MUS stavak; *Bodensatz* tālog m
Satzung F statūt m
Sau F krmača f
sauber čist; **~ machen** [po-] čistiti **Sauberkeit** F čistoća f

säubern [o-]čistiti
Saudi-Arabien N Saudijskā Arābija *f*
sauer *Wein, Gurken* kiseo; **~ werden** *Milch* ukiseliti se *pf*; *fig* razljutiti se *pf* **Sauerkraut** N kiseli kupus *m* **Sauerstoff** M kisik *m*
saufen *Tier* [po-]piti; *Person* lokati
saugen sisati; **Staub ~** usisati (usisāvati) prašinu
Säugetier N sisāvac *m*
Säugling M dojēnče *n*
Säule F stūp *m*
Saum M porub *m*, obrub *m*
Sauna F sauna *f*
Säure F kiselina *f*
Saxofon N saksofōn *m*
S-Bahn® F gradskā željeznica *f*
Scan M skēn *m*; **scannen** skenirati; **Scanner** M skener *m*
schaben strūgati
schäbig otrcān; *gemein* nizak, podao; *armselig* bijedan
Schach N: **~ spielen** igrati šah *m* **Schachbrett** N šahovskā ploča *f*, šahōvnica *f* **Schachfigur** F figūra *f* u šahu **schachmatt** mat
Schacht M okno *n*
Schachtel F kutija *f*
schade: **es ist ~, dass** šteta da ...; **~!** šteta!
Schädel M lubanja *f*
schaden štetiti, [na-]škoditi
Schaden M šteta *f* **Schadenersatz** M odšteta *f* **Schadenfreude** F zluradōst *f*
schadhaft oštećen
schädigen oštetiti (-ećīvati);
schädlich štetan
Schadstoff M štetnā tvār *f*
schadstoffarm AUTO kojī ispūštā malo štetnīh tvārī
Schaf N ōvca *f*
Schäfer M ovčār *m* **Schäferhund** M ovčār *m* **Schäferin** F ovčarica *f*
schaffen *erschaffen* stvoriti (stvārati); *Platz, Ordnung* [na-]praviti; **es ~** uspjeti (-pijēvati)
Schaffner(in) M(F) BAHN konduktēr(ka) *m(f)*
Schal M šāl *m*
Schale F *Obstschale, Nussschale etc* ljuska *f*; *Muschelschale* ljuštura *f*; *Gefäß* zdjela *f*
schälen *Obst, Kartoffeln, Eier* [o-] ljūštiti; [o-]gūliti
Schall M zvūk *m* **schalldicht** neprōpustan za zvukove
schalten ELEK uklūčiti (-čīvati) (**auf** *A A*); AUTO mijēnjati (promijēniti) brzinu **Schalter** M *Lichtschalter* prekidāč *m*; *Bankschalter, Postschalter* šalter *m*
Schaltjahr N prijēstupnā godina *f* **Schaltung** F sklop *m*
schämen: **sich ~** stīdjeti se, srāmiti se
schamlos bestīdan, besrāman
Schande F sramota *f*
Schanze F SPORT skakaōnica *f*
Schar F četa *f*
scharf *Speise* ljūt; *Messer* oštar; *fig* bridak; FOTO, *Kurve, Gehör* oštar
Scharlach M MED šarlah *m*
Scharnier N šārka *f*

scharren [za-]čeprkati
Schatten M sjẹna *f* **schattig** sjenọvit
Schatz M blạgo *n*
schätzen procijẹ̄niti (-cjenjīvati); *achten* cijẹniti
Schau F izložba *f*; **zur ~ stellen** izlọžiti (-lạgati) pọglēdima
schaudern [na-]jẹ̄žiti se
schauen [pọ-]glẹdati
Schauer M *Regenschauer* pljụ̄sak *m*
Schaufel F lọpata *f*
Schaufenster N ịzlog *m*
Schaukel F ljuljačka *f*
schaukeln *Baby* [za-]ljụ̄ljati; V/I [za-]ljụ̄ljati se
Schaukelstuhl M stọlica *f* za njịhānje
Schaum M pjẹna *f*
schäumen [za-]pjẹniti se
Schaumstoff M pjẹnastā plạstika *f*
Schauplatz M pọprīšte *n*; *e-s Films* mjẹsto *n* rạdnjē
Schauspiel N ịgrokāz *m*; *fig* prīzor *m* **Schauspieler** M glụ̄mac *m* **Schauspielerin** F glụmica *f*
Scheck M čẹk *m* **Scheckkarte** F čẹkōvnā kạrtica *f*
Scheibe F ọkrūglā plọča *f*; TECH dịsk *m*; *Glasscheibe* stạklo *n*, ọkno *n*; **eine ~ Brot** krịška *f* krụha
Scheibenbremse F dịsk- kọčnica *f* **Scheibenwischer** M brịsāč *m*
Scheide F ANAT rọ̄dnica *f*, vagīna *f*
scheiden: **sich ~ lassen** rạstaviti (-vljati) se (**von** od *G*); **Scheidung** F rạstava *f*
Schein M *Lichtschein* sjạ̄j *m*, svjẹtlōst *f*; *Bescheinigung* pọtvrda *f*; *Geldschein* novčạnica *f*; *fig* prīvid *m* **scheinbar** prīvidan **scheinen** sjạ̄jiti, sijati; *fig* [u-]čịniti se **Scheinwerfer** M rẹflektor *m*; AUTO fạ̄r *m*
Scheiße F *vulg* gọ̄vno *n*; **~!** srạ̄nje!
Scheitel M rạzdjeljak *m*
scheitern prọpasti (-padati)
Schema N shẹ̄ma *f*
Schemel M → Hocker
Schenke F točiọnica *f*
Schenkel M *Oberschenkel* bẹdro *n*; *Unterschenkel* pọtkoljenica *f*; MATH krạ̄k *m*
schenken darọvati (-rịvati); poklọniti (pọklanjati)
Scherbe F krhotina *f*
Schere F škạre *f/pl*, nọžice *f/pl*; *Krebsschere* kliјẹ̄šta *n/pl*
scheren [pọ-]strịći, [o-]šịšati
Scherereien F/PL neprịlike *f/pl*
Scherz M šạ̄la *f* **scherzhaft** šạljiv
scheu plạ̄h
scheuen: **etw ~** prẹzati od (*G*)
scheuern [iz-, o-]rịbati; *reiben* [is-, na-]trḷjati
Scheune F sjẹnīk *m*, štạ̄galj *m* *umg*
Scheusal N rugọba *f*, nạkaza *f*
scheußlich grọ̄zan
Schi M → Ski
Schicht F *Speckschicht, soziale* slọ̄j *m*; *Arbeitsschicht* smjẹna *f*

Schichtarbeit F rad m u smjenama
schick elegantan, šik
schicken [po-]slati
Schicksal N sudbina f
Schiebedach N pomični krov m **schieben** gurnuti (gurati); **Schiebetür** F vrata n/pl na posmik
Schiedsrichter(in) M(F) SPORT sudac m, sutkinja f
schief kos
Schiefer M škriljavac m
schiefgehen ne poći (polaziti) za rukom, ići naopako
schielen škiljiti
Schienbein N cjevanica f
Schiene F BAHN tračnica f; MED udlaga f
schienen imobilizirati (im)pf udlagom
schießen [u-]pucati **auf** (A) u (A)
Schiff N brod m; ARCH a lađa f; **mit dem ~ fahren** ploviti
Schifffahrt F plovidba f
Schiffsreise F putovanje n brodom
schikanieren šikanirati (im)pf, kinjiti
Schild N štit m; *Hinweisschild* ploča f; *Nummernschild, Firmenschild* tablica f, pločica f
Schilddrüse F štitnjača f
schildern opis(iv)ati, prikaz(iv)ati
Schildkröte F kornjača f
Schilf N trska f
schillern prelijevati se u bojama
Schimmel[1] M *Pferd* bijelac m
Schimmel[2] M plijesan f
schimmelig plijesniv **schimmeln** plijesniviti (se)
schimmern blijesnuti (blijeskati) se
Schimpanse M čimpanza f
schimpfen [iz-, na-]grditi (**mit** A); **auf** *od* **über etw ~** [iz-, o-]psovati (A) **Schimpfwort** N pogrdan izraz m
Schinken M šunka f
Schirm M *Regenschirm* kišobran m; *Bildschirm* ekran m
Schlacht F bitka f
schlachten [za-]klati
Schlaf M spavanje n, san m
Schlafanzug M pidžama f
Schläfe F sljepoočnica f
schlafen spavati; **~ gehen** ići spavati
schlaff mlohav
Schlaflosigkeit F nesanica f
Schlafmittel N sredstvo n za spavanje
schläfrig pospan
Schlafsack M vreća f za spavanje **Schlafwagen** M vagon m za spavanje **Schlafzimmer** N spavaća soba f
Schlag M udar m **Schlagader** F žila kucavica f **Schlaganfall** M moždani udar m
schlagen [is-]tući, udariti (-rati); *Sahne* [is-]tući; *Uhr* izbiti (-bijati); *Herz* kucati; *besiegen* pobijediti (-bjeđivati)
Schlager M MUS šlager m
Schläger M *Tennis* reket m; *Golf* palica f; *Rowdy* razbijač m

Schlägerei F tučnjava *f*
Schlägerin F razbijāčica *f*
Schlagloch N rupa *f* u kōlnīku
Schlagsahne F tučenō vrhnje *n*, šlag *m umg* **Schlagwort** N geslo *n*, krilatica *f*
Schlagzeile F glavnī novīnskī nāslov **Schlagzeug** N MUS udarāljke *f/pl*
Schlamm M mūlj *m* **schlammig** mulјevit
schlampig *Mensch* neuredan, šlampav *umg*; *Arbeit* nemāran
Schlange F ZOOL zmija *f*; **~ stehen** stajati u rēpu
schlängeln: **sich ~** vijugati
schlank vitak **Schlankheitskur** F kūra *f* mršāvljēnja
schlapp mlitav, mlohav
schlau lukav
Schlauch M crijēvo *n*; *Fahrradschlauch* zrāčnica *f*, šlauh *m umg* **Schlauchboot** N gumenī čāmac *m*
schlecht lōš; ADV lōše; **ihr ist ~** zlo joj je; **es geht mir ~** lōše mi je **schlechtmachen** ocŕniti (-njīvati)
schleichen šūljati se
Schleier M veo *m*
schleierhaft nejasan
Schleife F vrpca *f*
schleifen *auf dem Boden* povūći (povlāčiti); *Messer* [iz-, na-]brūsiti; *Glas* brūsiti
Schleim M slūz *f* **Schleimhaut** F slūznica *f*
schlemmen gostiti se
schlendern švŕljati
schleppen *Last* vūći; AUTO, SCHIFF tegliti
Schlepplift M (skijāškā) vučnica *f*
schleudern *Speer* bāciti (bacati); *Honig* vrcati; *Wäsche* centrifugīrati (im)pf; **ins Schleudern geraten** *Auto* počēti klíziti na sklīskoj cesti
Schleuse F ustava *f*
schlicht priprost
schlichten izmíriti (-rīvati)
schließen zatvoriti (-vārati); *Vertrag, Ehe, Augen* sklopiti (sklāpati); *Sitzung* zaključiti (-čīvati); *folgern* zaključiti (-čīvati)
Schließfach N pretinac *m*
schließlich konačno
schlimm zao; *böse* zločest; **das Schlimmste** najgorē
Schlinge F omča *f* **schlingen** oviti (ovíjati) (**etw um** oko *G*); *Hände* [za-]grliti (**um** *A*); *Essen* pohlēpno [pro-]gutati
Schlips M kravata *f*
Schlitten M saonice *f/pl*
Schlittschuh M klizāljka *f*; **~ laufen** klīzati
Schlittschuhläufer(in) M(F) klizāč *m*, klizačica *f*
Schlitz M *Rockschlitz, Einwurfschlitz* prōrez *m*; *Hosenschlitz* rāspor *m*
Schloss N *Türschloss* brava *f*; *Gebäude* zāmak *m*
Schlosser(in) M(F) bravār(ica) *m(f)*
Schlucht F sutjeska *f*
schluchzen jecati, grcati
Schluck M gutljāj *m* **Schluck-**

auf M štụcānje *n* **schlucken** [pro-]gụtati
schlüpfen *Küken* ịzlēći (-lijẹ̄gati) se
Schlüpfer M gąćice *f/pl*
schlüpfrig sklịzak; *fig* golịcav
Schlupfwinkel M skrọvīšte *n*
schlürfen sr̄knuti (-kati)
Schluss M krȃj *m*
Schlüssel M ključ̄ *m* (*a fig*); **Schlüsselbund** N svẹžanj *m* ključevā **Schlüsselloch** N kljụčanica *f*
Schlusslicht N strąžnjē svjẹtlo *n* **Schlussverkauf** M sẹzōnskā rąsprodaja *f*
schmackhaft ụkusan
schmal ụzak
Schmalz N mȃst *f*
schmecken: **j-m ~** prijati (*D*); **nach etw ~** ịmati ọkus po (*L*); **gut ~** bịti ụkusan
schmeichelhaft lạskav **schmeicheln** lạskati (**j-m** *D*)
schmeißen bạciti (bạcati)
schmelzen *Eisen* [ras-]tạliti; *Eis* [o-, ras-]tọpiti se
Schmerz M bȏl *m* **schmerzen** [za-]bọljeti **schmerzhaft** bōlan **schmerzlich** bōlan **Schmerzmittel** N srẹdstvo *n* prọtiv bōlovā
schmerzstillend kọjī ublạžujē bȏl
Schmetterling M lẹptīr *m*
schmieren *Brot* [nạ-]mạzati (**auf** *A* na *A*); TECH pọdmaz(īv)ati
Schmiergeld N mịto *n*
schmierig zạmazān
Schminke F šmīnka *f*
schminken: **sich ~** [na-]šmīnkati se
schmollen dụriti se
Schmorbraten M pirjānō mẹso *n* **schmoren** [is-]pịrjati
Schmuck M *Juwelen* nạkit *m*
schmücken [nạ]kịtiti (**mit** *I*)
schmuddelig prljav
schmuggeln [pro-]krijumčāriti
schmunzeln smijụckati se
Schmutz M prljāvština *f*; **~ abweisend** kọjī ọdbījā prljāvštinu
schmutzig prljav
Schnabel M kljūn
Schnalle F kọpča *f*
schnappen *Schloss* škljọcnuti (-cati); **Luft ~** ịzīći nạ zrāk
Schnappschuss M mọment-snīmka *f*
Schnaps M rạkija *f*
schnarchen [za-]hr̄kati
schnaufen dạhtati
Schnauze F njūška *f*
schnäuzen: **sich ~** usẹknuti (-njīvati) se
Schnecke F ZOOL, TECH pūž *m*
Schnee M snijẹ̄g *m* **Schneeball** M grụda *f* snijẹ̄ga **Schneefall** M pądānje *n* snijẹ̄ga **Schneeflocke** F snjẹžnā pahụljica *f* **schneefrei** bẹz snijẹ̄ga **Schneegestöber** N mẹćava *f* **Schneeglöckchen** N vịsibaba *f* **Schneekette** F AUTO lānac *m* za snijẹ̄g **Schneemann** M snjẹgović *m* **Schneematsch** M bljụzgavica *f* **Schneepflug**

M snjegobrān *m* **Schneeregen** M susnježica *f* **Schneesturm** M vijavica *f*
schneiden [na-]rezati; *in den Finger* [po-]rezati
Schneider(in) M(F) krojāč *m*
Schneiderin F krojačica *f*
schneien [za-]snijēžiti; **es schneit** padā snijēg
Schneise F prosjeka *f*
schnell brz; ADV brzo; **~ machen** jūriti **Schnellhefter** M fascikl *m* **Schnelligkeit** F brzina *f* **Schnellimbiss** M zalogājnica *f* **Schnellstraße** F autocesta *f*
Schnitt M rēz *m*; **im ~** u prōsjeku **Schnitte** F krīška *f*
Schnittlauch M vlāsac *m*
Schnittwunde F posjekotina *f*
Schnitzel N odrezak *m*; **Wiener ~** bēčkī odrezak *m*
schnitzen rezbāriti
Schnorchel M disalica *f*
schnüffeln njušiti
Schnuller M cucla *f*
Schnulze F *umg* sentimentālan šlāger *m*
Schnupfen M hunjavica *f*
Schnur F uzica *f*; ELEK kābel *m*
schnüren vēzati *(im)pf*
Schnurrbart M brkovi *m/pl*
schnurren *Katze* presti
Schnürsenkel M vezica *f*, žniranac *m umg*
Schock M šok *m* **schockieren** šokirati *(im)pf*
Schokolade F čokolāda *m*
Scholle F *Fisch* ivērak zlatopjeg *m*
schon već; **~ wieder** opēt
schön lijēp; ADV lijēpo
schonen [po-]štēdjeti; **sich ~** [po-]štēdjeti se, čūvati se
schonend obazriv; *Mittel* blāg
Schönheit F ljepota *f*
Schonkost F dijetālnā hrāna *f*
schöpfen [is-]crpsti
schöpferisch kreatīvan
Schöpfung F stvāranje
Schoppen M čaša *f* pića
Schorf M krasta *f*
Schornstein M dimnjāk *m*
Schornsteinfeger(in) M(F) dimnjačār(ka) *m(f)*
Schoß M: **auf den ~ nehmen** uzēti (uzimati) u krīlo
Schote F mahuna *f*
Schotte M Škot *m*
Schotter M makadam *m*
Schottin F Škotkinja *f* **schottisch** škotskī
schräg kōs
Schramme F ogrebotina *f*, brazgotina *f*
Schrank M ormār *m*
Schranke F brklja *f*
Schraube F vījak *m*; SCHIFF propelēr *m*
schrauben zavrnuti (zavrtati)
Schraubenmutter F matica *f* vījka **Schraubenschlüssel** M ključ za vījke **Schraubenzieher** M odvijāč *m*
Schraubverschluss M zavrtnī poklopac *m*
Schreck M strāh *m*; **vor ~** od straha *f* **schrecklich** strahovit
Schrei M krīk *m*, vrīsak *m*

schreiben [na-]pȉsati **Schreiben** N dopis *m* **Schreibmaschine** F pìsāćī strȍj *m* **Schreibpapier** N pìsāćī pȁpīr *m* **Schreibtisch** M pìsāćī stȏl *m* **Schreibwarengeschäft** N pàpīrnica *f* **schreien** [za-]dèrati se, [po-]vȉkati **Schreiner(in)** M(F) stòlār *m*, stòlarka *f* **Schrift** F pȉsmo *n* **schriftlich** ADV pìsmen **Schriftsteller** M pȉsac *m*, knjìžēvnīk *m*, spìsatelj *m* **Schriftstellerin** F knjìževnica *f*, spisàteljica *f* **schrill** pìskav **Schritt** M kòrāk *m* **schroff** *fig* òsōran **Schrot** M sàčma *f* **Schrotflinte** F sàčmarica *f* **Schrott** M stârō žèljezo *n* **schrubben** [iz-, o-]rȋbati **Schubfach** N → Schublade **Schubkarre** F tàčke *f/pl* **Schublade** F làdica *f* **schüchtern** sramèžljiv, stìdljiv **schuften** rìntati **Schuh** M cìpela *f*, postòla *f* **Schuhbürste** F čȅtka *f* za cìpele **Schuhcreme** F krȅma *f* za cìpele **Schuhgeschäft** N tr̀govina *f* za cìpele **Schuhgröße** F veličina *f* cìpelā **Schuhmacher(in)** M(F) postòlār *f*, postòlarka *f* **Schuhsohle** F pòtplat *m* **Schularbeiten** F/PL škòlskā zàdaća *f* **Schulbank** F škòlskā klȕpa *f* **Schulbuch** N škòlskā knjiga *f* **Schulbus** M škòlskī autòbus *m* **Schuld** F krȋvnja *f*; *Geldschuld* dȗg *m*; **an etw** (*D*) **schuld sein** bìti krȋv (*D*) **schulden**: **j-m etw** dugòvati **schuldig** krȋv **Schuldige** M, F krȋvac *m* **Schuldner(in)** M(F) dùžnīk *m* (-nica *f*) **Schule** F škòla *f* **schulen** škòlovati **Schüler** M ùčenīk *m*, đȁk *m* **Schülerin** F ùčenica *f* **Schulferien** PL škòlskī prȁznīci *m/pl* **schulfrei**: **~ haben** nèmati škȍlu **Schulfreund** M škòlskī prìjatelj *m* **Schulfreundin** F škòlskā prìjateljica *f* **Schulhof** M škòlskō dvòrīšte *n* **Schuljahr** N škòlskā gòdina *f* **Schultasche** F škòlskā tȍrba *f* **Schulter** F rȁme *n*, plèća *n/pl* **Schulung** F škòlovānje *n* **Schulzeit** F škòlskō dȍba *n* **Schund** M *Schundliteratur* šȕnd *m*; *schlechte Ware* bȍfl *m* **Schuppe** F *Fischschuppe* ljùska *f*; *Haarschuppe* pr̀hūt *f* **Schuppen** M šùpa *f* **Schürze** F prègača *f* **Schuss** M hȉtac *m*, pȗcanj *m*; *Fußball* ùdarac *m* **Schüssel** F zdjèla *f* **Schusswaffe** F vȁtrenō òrūžje *n* **Schuster(in)** M(F) postòlār *m*, postòlarka *f*

Schutt M *Bauschutt* šụta *f*
Schüttelfrost M zịmica *f*
schütteln [s-]trẹsti, [z-]dṛmati; **j-m die Hand ~** stịsnuti rụku *(D)*; **vor Gebrauch ~** prọmućkati prije ụporabē
schütten sịpati; *gießen* lijẹ̄vati
Schutz M zā̦štita *f* (**vor** *D* od *G*), ọkrīlje *n* **Schutzblech** N blạtobrān *m*
Schütze M ASTRON, SPORT, MIL strijẹ̄lac *m*
schützen [za-]štịtiti (**vor** *D* od *G*)
Schutzimpfung F cijẹ̄pljēnje *n*
Schützin F SPORT, MIL žẹna strijẹ̄lac *f*
Schutzmaske F zā̦štitna mạska *f*
schwach slạb
Schwäche F slạbōst *f*
schwächen ọslabiti (-bljīvati)
Schwachstrom M slạbā strū̦ja *f*
Schwager M *Bruder der Frau* šụrjāk *m*; *Bruder des Mannes* djẹvēr *m*; *Mann der Schwester* zẹt *m*, svạ̄k *m*
Schwägerin F *Frau des Bruders* snạha *f*; *Schwester des Mannes* zạova *f*; *Schwester der Frau* svạ̄st *f*, svạstika *f*
Schwalbe F lạstavica *f*
Schwamm M spụžva *f*
Schwan M lạbūd *m*
schwanger: **~ sein** bịti trūdnā *o* nọsēćā **Schwangerschaft** F trudnoća *f*
schwanken *Schiff* [za-]ljū̦ljati se; *Gang* [za-]tetụrati; *fig* kolẹbati se
Schwanz M rẹ̄p *m*
schwänzen markīrati *(im)pf* iz *(G)*
Schwarm M *Insektenschwarm* rọ̄j *m*; *Vogelschwarm, Fischschwarm* jạto *n*
schwärmen: **für j-n, etw ~** zạnijẹ̄ti (-nọsiti) se *(I)*
schwarz cṛn; **das Schwarze Meer** Cṝnō mọ̄re *n* **Schwarzarbeit** F rạ̄d *m* na cṝno
Schwarzbrot N cṝnī krụh *m*
Schwarze M, F cṝnac *m*, cṛnkinja *f*
schwarzfahren švẹrcati se *umg* **Schwarzfahrer** M pūtnīk *m* bez vọ̄znē kā̦rtē
schwarzsehen glẹdati cṝno
Schwarz-Weiß-Film M crno-bijẹ̄lī fịlm *m*
schwatzen *plaudern* [pro-]čavṛljati; *Unsinn* bṛbljati
Schwätzer M bṛbljavac *m*
Schwätzerin F bṛbljavica *f*
schweben [za-]lẹbdjeti
Schwede M Švẹ̄đanin **Schweden** N Švẹdskā **Schwedin** M Švẹ̄đānka *f* **schwedisch** švẹdskī
Schwefel M sūmpor
schweigen [za-]šụ̄tjeti
schweigsam šụtljiv
Schwein N svịnja *f*
Schweinefleisch N svịnjetina *f* **Schweinerei** F svinjạrija *f*
Schweinestall M svịnjac *m*
Schweiß M znọ̄j *m*
schweißen TECH zavā̦riti (-rīvati)

Schweiz F: **die ~** Šv̩icarskā; **in der ~** u Šv̩icarskōj **Schweizer** ADJ Šv̩icarac *m* **Schweizerin** F Šv̩icārka *f* **schweizerisch** šv̩icarskī
schwelen *Brand, Hass* tin̩jati
Schwelle F BAHN, *Türschwelle* pr̩ag **Schwellung** F ot̩eklina *f*
schwenken *Hut* mā̩hnuti (-hati); *Richtung ändern* zaokrē̩nuti (-ē̩tati) se
schwer tē̩žak; ADV tē̩ško; *fig schwierig* tē̩žak; **~ krank** tē̩ško bo̩lestan; **~ verletzt** tē̩ško o̩zlijē̩đen
Schwerbehinderte M, F tē̩škī invȁlīd *m* **schwerfallen** tē̩ško pȁsti (pȁdati); **schwerfällig** trom **schwerhörig** naglūh **Schwerkraft** F si̩la *f* tē̩žē **Schwerpunkt** M tē̩žīšte *n*
Schwert N mač *m*
Schwerverletzte M, F tē̩ško o̩zlijē̩đenā o̩soba *f*
schwerwiegend *Grund* vā̩žan; *Folgen* daleko̩sežan
Schwester F se̩stra *f*
Schwiegereltern PL sve̩kar i sve̩krva; tast i pu̩nica **Schwiegermutter** F *der Frau* sve̩krva *f*; *des Mannes* pu̩nica *f* **Schwiegersohn** M ze̩t *m* **Schwiegertochter** F sna̩ha *f* **Schwiegervater** M *der Frau* sve̩kar *m*; *des Mannes* ta̩st *m*
Schwiele F žū̩lj *m*
schwierig tē̩žak **Schwierigkeit** F poteško̩ća *f*
Schwimmbad N plivalīšte *n* **Schwimmbecken** N pli̩vāčkī bazē̩n *m* **schwimmen** [za̩-] pli̩vati **Schwimmer(in)** M(F) pli̩vāč *m*, pli̩vačica *f* **Schwimmflosse** F perā̩ja *f* **Schwimmsport** M pli̩vāčkī spo̩rt *m* **Schwimmweste** F pr̩sluk *m* za spašā̩vānje
Schwindel M MED vrto̩glavica *f*; *fig* prijē̩vara *f* **schwindelerregend** vrto̩glav
schwindeln [s-]la̩gati
Schwindler M, **Schwindlerin** F va̩ralica *m, f* **schwindlig**: **mir ist** *od* **ich werde ~** vr̩tī mi se u̩ glāvi
schwingen [za-]vi̩tlati **Schwingung** F PHYS ti̩trāj *m*
Schwips M: **e-n ~ haben** bi̩ti pripīt, bi̩ti po̩d gāsom *umg*
schwitzen zno̩jiti se
schwören prisē̩gnuti (-ē̩zati), za̩klēti (-klinjati) se
schwul *umg* ho̩moseksuālan; *verächtlich* pē̩derskī *umg*
schwül: **es ist ~** spā̩rno je
Schwule M *umg* homoseksuā̩lac *m*; *verächtlich* pē̩der *m umg*
Schwung M zā̩mah *m*; *fig* po̩lēt **schwungvoll** po̩lētan
Schwurgericht N po̩rota *f*
Science-Fiction F znā̩nstvenā fantȁstika *f*
scrollen IT skro̩lati
sechs šē̩st **sechste** šē̩stī **Sechstel** N šē̩stina *f*
sechzehn šesnaest
sechzig šezdē̩set
See[1] M je̩zero *n*
See[2] F mō̩re *n* **Seegang** M stā̩nje *n* mō̩ra **Seehund** M tu̩-

ljan *m* **Seeigel** M morskī jēž *m* **seekrank**: **~ sein** imati morskū bolēst
Seele F dūša *f* **seelisch** dušēvan **Seelsorge** F dušobrižnīštvo *n*
Seeluft F morskī zrāk *m* **Seemeile** F morskā mīlja *f* **Seenot** F opāsnōst *f* na mōru **Seereise** F putovānje *n* mōrem **Seezunge** F līst *m*
Segel N jedro *n* **Segelboot** N jedrilica *f* **Segelfliegen** N letjeti jedrilicōm **Segelflugzeug** N jedrilica *f*
segeln [za-]jedriti
Segelschiff N jedrenjāk *m*
Segen M blagoslōv *m*
segnen blagosloviti (-slīvljati)
sehen vidjeti *(im)pf*
sehenswert znamenit **Sehenswürdigkeit** F znamenitōst *f*
Sehne F ANAT, MATH, *Bogensehne* tetiva *f*
sehnen: **sich nach etw ~** čeznuti za *(I)*
Sehnsucht F čēžnja *f* (**nach** za *I*)
sehr vrlo; **~ gut** vrlo dobro
seicht plītak
Seide F svīla *f*
Seife F sapūn *m*
Seil N uže *n* **Seilbahn** F žičara *f*
sein[1] biti; **etwas ~ lassen** pustiti (pūštati); **ich bin** jesam; *enkl* sam; **wir sind** jesmo; *enkl* smo
sein[2], **seine** njegov; svoj
seinetwegen radi njega
seit od *(G)*; **~ wann?** otkad(a)?
seitdem ADV, CJ otad(a)
Seite F strāna *f*; *Buchseite* stranica *f* (*Abk* str.)
Seiteneingang M sporednī ulāz *m* **Seitensprung** M afēra *f* **Seitenstraße** F sporednā ulica *f* **Seitenwind** M bočnī vjetar *m*
seither otad(a)
seitlich bočnī
Sekretär M tājnīk *m* **Sekretariat** N tājnīštvo *n* **Sekretärin** F tājnica *f*
Sekt M pjenūšac *m*
Sekte F sekta *f*
Sektor M sektor *m*
Sekunde F sekūnda *f*
selbst sām
Selbstauslöser M samookidāč *m* **Selbstbedienung** F samoposluživānje *n* **selbstbewusst** samosvjestan **Selbstbewusstsein** N samosvijēst *f*
Selbstmord M samoubōjstvo *n* **Selbstmörder** M, **Selbstmörderin** F samoubojica *m, f*
selbstständig samostālan
selbstverständlich razumljiv sām po sebi; **~!** dabo(g)me! dakako! **Selbstvertrauen** N samopouzdānje *n*
Sellerie M/F celer *m*
selten rijēdak; ADV rijētko **Seltenheit** F rijētkōst *f*
seltsam čudan
Semester N semestar
Semikolon N točka i zārez
Seminar N semīnār *m*
Semmel F pecivo *n*; žemička *f* *umg*
senden [po-]slati; TV, *Radio*

emitịrati *(im)pf* **Sender** odašịljāč *m* **Sendung** F *a Gegenstand* pọšīljka *f*; TV, *Radio* emịsija *f*
Senf M gorụšica *f*, sẹnf *m*
Senior M umirovljẹnīk *m* **Seniorenheim** N dȏm za stạrije *m* **Seniorin** F umirovljẹnīk *m*
senken spụstiti (spȗštati); *Preise* snịziti (snižạvati); **sich ~** spụstiti (spȗštati) se
senkrecht ọkomit
Sensation F senzạcija *f*
Sense F kọsa *f*
sensibel osjẹtljiv
sentimental sẹntimentālan
September M rȗjan *m*
Serbe M Sṛbin *m*; *aus Serbien* Srbijạnac *m* **Serbien** N Sṛbija *f* **Serbin** F Sṛpkinja *f*; *aus Serbien* Srbijạnka *f* **serbisch** *auf serbischen Staat bezogen* srbịjānskī; *allgemein* sṛpskī
Serie F sẹ̄rija *f*; *Reihe a* nȋz *m*
seriös ọzbīljan
Serum N sẹ̄rum *m*
Server M IT server *m*, poslụžitelj *m*
Service[1] N *Teeservice* sẹrvīs *m*
Service[2] M *Kundendienst* sẹrvīs *m*
servieren servịrati *(im)pf* **Serviererin** F konobạrica *f*
Serviette F ụbrus *m*
Servolenkung F AUTO servo-upravljāč *m*
Sessel M naslọnjāč *m* **Sessellift** M jednosjednā žičara *f*
setzen stạviti (-vljati); *Frist* pọstaviti (-vljati); *einpflanzen* [po-] sạditi; *wetten* [ọ-]klạditi se (**auf** *A* na *A*); **sich ~** sjẹsti (sjẹdati)
Seuche F pọšāst *f*
seufzen uzdạhnuti (ụzdisati)
Sex M sẹks *m* **sexuell** sẹksuālan
Shopping N šọping *m*
Shorts PL krạtkē hlạče *f/pl*
Show F šọu *m* **Showmaster(in)** M(F) vọditelj *m* / voditẹljica *f* šọua
Sibirien N Sịbīr *m* **sibirisch** sịbīrskī
sich *(D)* sẹbi, *enkl* si; *(A)* sẹbe, *enkl* se
Sichel F sṛp *m*
sicher sịgūran; *gewiss* sịgūrno; **~ sein** bịti sịgūran (**vor** *D* od *G*); **Sicherheit** F sigūrnōst *f*; HANDEL jạmčevina *f*
Sicherheitsgurt M sigụrnosnī pọjās *m* **Sicherheitsnadel** F (igla) sigurnica *f*, zịherica *f umg* **Sicherheitsschloss** N sigūrnosnā brạva *f*
sichern osigụr(ạv)ati **Sicherung** F ELEK osigụrāč *m*
Sicht F *Aussicht* vịdīk *m*; *Sichtverhältnisse* vịdljivōst *f* **sichtlich** vịdljiv **Sichtvermerk** M vịza *f*
sie SG ọna; *(A)* njū, *enkl* je, ju; PL ọni *m*, ọne *f*, ọna; *(A)* njịh, *enkl* ih **Sie** SG, PL Vị *(A)* Vās, *enkl* Vas
Sieb N *Teesieb* cjẹdīljka *f*
sieben[1] [prọ-]sijati
sieben[2] sẹdam
Sieben F sẹdmica *f*
siebente sẹdmī **siebzehn** sedạmnaest **siebzig** sedamdẹset

sieden *Wasser* [pro-]vreti, [za-]kīpjeti **Siedepunkt** M vrelīšte *n*
Siedler(in) M(F) naseljenīk *m* (-nica *f*) **Siedlung** F nāsēlje *n*
Sieg M pobjeda *f*
Siegel N pečat *m*
siegen pobijēditi (-bjeđīvati); **Sieger** M pobjednīk *m* **Siegerin** F pobjednica *f*
Signal N signāl *m*
Silbe F slog *m*
Silber N srebro *n*
silbern srebrn, od srebra; *Farbe* srebrnast
Silvester N doček *m* Novē godinē, Silvestrovo *n*
simulieren simulīrati (*im*)*pf*
Sinfonie F simfonija *f*
singen [za-]pjevati
Single M sāmac *m*, samica *f*
Singular M jednina *f*
sinken *Preis* pasti (padati); *Sonne* zāći (zalaziti); *Schiff* [po-]tonuti
Sinn M *Gefühl* osjećāj *m*, čūvstvo *n*; *Bedeutung* smīsao *m* **sinnlich** *Mensch* puten **sinnlos** besmislen **sinnvoll** smislen
Sirup M sirup *m*
Sitemap F IT mapa stranice
Sitte F obićāj *m*
Situation F situācija *f*
Sitz M *Platz* sjedalo *n*; *Parlament* mjesto *n*; *Auto* sjedalo *n*; *e-r Firma* sjedīšte *n*
sitzen sjediti; *Kleid* stajati; **~ bleiben** osta(ja)ti sjediti; *umg Schüler(in)* ponoviti (-nāvljati) rāzred
Sitzplatz M sjedalo *n*, mjesto *n*
Sitzung F sjednica *f*
Skala F ljestvica *f*
Skandal M skandāl *m*
Skandinavien Skandināvija *f*
Skandinavier M Skandināvac *m* **Skandinavierin** F Skandināvka *f* **skandinavisch** skandināvskī
Skateboard N skejtbord *m*
Skelett N kostūr *m*
skeptisch skeptičan
Ski M skija *f*; **~ laufen, ~ fahren** skijati se
Skifahrer(in) M(F), **Skiläufer(in)** M(F) skijāš *m*, skijašica *f*
Skilift M skijāškā žičara *f* **Skipiste** F skijāškā pista *f* **Skispringen** N skijāškī skokovi *m/pl* **Skistiefel** M skijāškē cipele *f/pl*
Skizze F skica *f* **skizzieren** skicīrati (*im*)*pf*
Skorpion M škorpiōn *m* (*a* ASTRON)
skrupellos beskrupulōzan
Skulptur F skulptūra *f*
Skype® *ohne Artikel* IT Skype®
skypen IT koristiti Skype
Slalom M slalom *m*
slawisch slavēnskī
Slip M slip-gaćice *f/pl* **Slipeinlage** F dnevnī uložak *m*
Slowake M Slovāk *m* **Slowakin** F Slovakinja *f* **slowakisch** slovāčkī; **Slowakische Republik** *f* Slovāčkā republika
Slowene M Slovēnac *m* **Slowenin** F Slovēnka *f* **slowe-**

nisch slovēnskī
Smaragd M smaragd *m*
Smartphone N TEL smartphone
Smoking M smoking *m*
Smoothie M *Mixgetränk* smōōthie *m*
SMS F poruka *f*; **j-m eine ~ schicken** nękome poslati *pf* poruku
so tąkō; **~ weit** ukoliķō; **~ viel** toliķī **sobald** nętom, čim, tęk što
Social Network N IT društvenā mreža *f*
Socke F kratkā čarapa *f*, sokna *f*
Sockel M postōlje *n*
sodass tąkō da
Sodbrennen N žgaravica *f*
soeben upravo
Sofa N sofa *f*
sofort odmāh
Software F softvēr *m*
sogar dapače, čąk **sogenannt** tąkozvānī
Sohle F *Schuhsohle* potplat *m*; *Fußsohle* tąban *m*
Sohn M sīn *m*
solange dok
Solarium N solārij *m*
solch tąkav
Soldat(in) M(F) vojnīk *m*, vojnīkinja *f*
solide solīdan (*a fig*)
Solist(in) M(F) solist(ica) *m(f)*
Soll N dugovānje *n*
sollen [zą-]trębati
Sommer M ljęto *n* **Sommerferien** PL; ljętnī prāznici *m/pl* **sommerlich** ljętnī **Sommerreifen** M ljętnē gųme *f/pl* **Sommerschlussverkauf** M ljętnā rasprodaja *f* **Sommerzeit** F ljętnō vrijęme *n*
Sonde F sōnda *f*
Sonderangebot N pōsebnā ponuda *f*
sonderbar čųdan
Sondermüll M opāsnī otpad *m*
sondern nęgo; **nicht nur ..., ~ auch** ne sāmo ... nęgo *od* vęć i
Sonderzug M izvanrednī vlāk *m*
Sonnabend M subota *f*
Sonne F Sūnce *n*
sonnen: **sich ~** sūnčati se
Sonnenaufgang M izlazak *m* Sųnca **Sonnenbad** N sūnčānje *n* **Sonnenblume** F suncokrēt *m* **Sonnenbrand** M sunčanā opeklina *f* **Sonnenbrille** F sunčanē naočāle *f/pl* **Sonnencreme** F kręma *f* za sūnčānje **sonnengebräunt** preplanuo **Sonnenhut** M sunčani šešīr *m* **Sonnenkollektor** M sunčanī kolektor *m* **Sonnenlicht** N sunčanā svjętlōst *f* **Sonnenöl** N ūlje *n* za sūnčānje **Sonnenschirm** M suncobrān *m* **Sonnenstich** M sunčanica *f* **Sonnenstrahl** M Sunčeva zrāka *f* **Sonnenstudio** N solārij *m* **Sonnenuntergang** M zālaz *m* Sųnca
sonnig sunčan
Sonntag M nędjelja *f*; **an Sonn- und Feiertagen** nędjeljōm i blagdanom; → *a* Dienstag

sonst inače; **~ noch etwas?** još nešto?
Sopran M sopran m **Sopranistin** F spranistica f
Sorge F briga f; **sich ~n machen** [za-]brinuti se (**um** zbog G)
sorgen [po-]brinuti se (**für etw** za A)
sorgfältig pōman, pomnjiv
sorglos bezbrižan
Sorte F vrsta f **sortieren** razvrst(av)ati
Sortiment N izbor m, asortimān m
Soße F umak m
Souvenir N suvenīr m
souverän *Staat, Auftreten* suverēn
sowie kao i
sowohl: **~ ... als auch** kako ... tako, i ... i
sozial socijālan
Sozialarbeiter M socijālnī rādnīk m **Sozialarbeiterin** F socijālnā rādnica f
Sozialversicherung F socijālnō osigurānje n
Soziussitz M sjedalo n za suvozāča
sozusagen takoreći
Spaghetti PL špageti m/pl
Spalt M *Türspalt* pukotina f; *Felsspalt* prōcjep m
Spalte F *Felsspalte* prōcjep m; *Text* stūpac m
spalten rascijēpiti (cijēpati); **sich ~** cijēpati se
Spange F kopča f; *Haarspange* kopčica f
Spanien N Španjōlska f **Spanier** M Španjōlac m **Spanierin** F Španjōlka f **spanisch** španjōlskī
spannen napēti (napinjati)
spannend napēt **Spannung** F napētōst f; ELEK nāpon m
Sparbuch N štēdnā knjižica f
Sparbüchse F štēdnā kasica f **sparen** [u]štēdjeti **Sparer** M, **Sparerin** F štediša m, f
Spargel M šparoga f
Sparkasse F štediōnica f
spärlich oskudan
sparsam štedljiv (*a im Verbrauch*)
Spaß M šāla f; **viel ~!** dobrā zābava!
spät kasan; **wie ~ ist es?** koliko je sātī?; **zu ~ kommen** zakasniti (-kašnjāvati)
Spaten M štihača f
später kasnijē; **bis ~!** do skora!
spätestens nājkasnije
Spatz M → Sperling
spazieren: **~ fahren**, **~ gehen** [pro-]šētati (se)
Spaziergang M šētnja f
Specht M djetlić m
Speck M slanina f
Spedition F špedīcija f
Speer M koplje n **Speerwerfen** N bacānje n koplja
Speiche F žbica f
Speichel M slina f
Speicher M *Dachboden* potkrōvlje n, tavan m; *Warenlager* skladīšte n; IT memōrija f
Speicherkarte F memōrījskā kartica f **speichern** *Daten* pohrāniti (-njīvati) **Speicher-**

platz M IT računalnā memōrija *f*
Speise F jelo *n* **Speiseeis** N sladolēd *m*; **Speisekarte** F jelovnīk *m* **Speiseöl** N jestivō ūlje *n* **Speiseröhre** F jēdnjāk *m* **Speisesaal** M blagovaōnica *f* **Speisewagen** M vagōn-restorān *m*
Spekulation F *Vermutung* spekulācija *f*; HANDEL špekulācija *f*
Spende F prīlog *m* **spenden** *Geld, Blut*, darovati (-rīvati)
Sperling M vrābac *m*
Sperma N sjēme *n*, sperma *f*
Sperre F *Straßensperre* pregrada *f* **sperren** *Straße* zatvoriti (-vārati); *Konto* blokīrati (*im*)*pf*
sperrig glomāzan **Sperrmüll** M glomāzno smeće *n* **Sperrstunde** F policījskī sāt *m*
Spesen PL troškovi *m*/*pl*
Spezialist M strūčnjāk *m* **Spezialistin** F stručnjakinja *f*
Spezialität F specijalitēt *m*; GASTR *a* poslastica *f*
Spiegel M zrcalo *n* **Spiegelbild** N odrāz *m* **Spiegelei** N jāje *n* na oko **spiegeln** *glänzen* zrcāliti se; **sich ~** zrcāliti se (**in** *D* u *L*); *fig* odrāziti (-rāžavati) se u (*L*)
Spiel N igra *f* **Spielautomat** M automāt *m* za igre na sreću
spielen igrati (se); *Karten* kārtati; THEAT, *Stück* [od-]igrati; *Rolle* glūmiti; MUS [za-]svīrati
spielend ADV bez pō muke
Spieler M kockār *m* **Spielerin** F kockarica *f* **Spielfeld** N igralīšte *n* **Spielhalle** F salōn *m* za kockānje **Spielkarte** F igrāćā kārta *f* **Spielkasino** N kasīno *m* **Spielplan** M repertoār *m* **Spielplatz** M igralīšte *n* **Spielzeug** N igračka *f*
Spieß M GASTR rāžanj *m*; **am ~** na rāžnju
Spinat M špināt *m*
Spinne F paūk *m*
spinnen [o-]presti
Spinngewebe N paučina *f*
Spion M špijūn *m* **Spionage** F špijunāža *f* **spionieren** špijunirati (*im*)*pf* **Spionin** F špijūnka *f*
Spirale F spirāla *f*, zāvōjnica *f*; MED spirāla *f*
Spirituosen PL alkohōlnā pīća *n*/*pl*
spitz šiljast
Spitze F vrh *m*; *Bergspitze* vrhūnac *m*; *Gewebe* čipka *f*
spitzen *Bleistift* [za-]šiljiti **Spitzer** M šiljilo *n*
Spitzname M nadimak *m*
Splitter M *Glassplitter* trūn *m*; *Holzsplitter* iver *m*, trijēska *f*
splittern smrsk(āv)ati se
Sponsor(in) M(F) sponzor(ica) *m*(*f*)
spontan spontān
Sport M sport *m*, šport *m*; **~ treiben** baviti se športom **Sportartikel** M/PL športskā roba *f*
Sportler M športāš *m* **Sportlerin** F športašica *f* **sportlich** športskī **Sportplatz** M igralīšte *n* **Sportunfall** M športskā ozljeda *f* **Sportveranstal-**

tung F sportskā priredba f **Sportverein** M športskō drūštvo n **Sportwagen** M športskā kola n/pl
Spott M poruga f **spottbillig** vrlo jeftin; ADV badava *umg*
spotten [na-]rūgati se (**über j-n, etw** *D*)
spöttisch podrugljiv
Sprache F jezik m **Sprachführer** M jezičnī vodič m **Sprachkurs** M tečāj m strānog jezika **sprachlos** zaprepāšten
Spray M *od* N sprej m **Spraydose** F raspršivāč m
sprechen govoriti (**über** *A* o *L*, **mit** s *I*); **Sprecher** M, **Sprecherin** F *Radio*, TV spiker m (-ica f); *Firmensprecherin, Regierungssprecherin* glasnogovōrnīk m (-nica f)
Sprechstunde F prīmānje n **Sprechstundenhilfe** F pomoćnica f liječnīka
Sprechzimmer N ordinācija f
spreizen raskrēčiti (-čīvati)
Sprengel M oblāst m
sprengen dignuti (dizati) u zrāk; *mit Wasser* škropiti **Sprengstoff** M eksplozīv m
Sprichwort N poslovica f
sprießen niknuti (nicati)
Springbrunnen M vodoskok m
springen skočiti (skākati)
Springer M *Schach* skakāč m, konj m
Springer(in) F SPORT skakāč m, skakačica f
Sprit *umg* M benzīn m
Spritze F MED štrcāljka f, brizgalica f, šprica f *umg*; *Einspritzung* injekcija f **spritzen** MED *Mittel* ubrizg(āv)ati
spröde krhak, lomljiv
Sprosse F prečka f
Spruch M izreka f
Sprudel M minerālnā voda f
sprudeln izvirati
Sprühdose F raspršivāč m
sprühen raspršiti (-šīvati); **Sprühregen** M rosulja f
Sprung M skok m (*a* SPORT); *Riss* pukotina f **Sprungbrett** N odskočnā daska f (*a fig*); **Sprungschanze** F skakaōnica f
Spucke F pljuvačka f **spucken** pljunuti (pljuvati)
Spülbecken N sudoper m
Spule F svītak m
spülen *Geschirr, Wäsche* [o-] prati; *Mund* isp(i)rati **Spülmaschine** F strōj m za prānje posūđa **Spülmittel** N sredstvo za prānje posūđa
Spur F trāg m; *Fahrspur* trāk m
spürbar osjetan **spüren** osjetiti (osjećati)
spurlos bez trāga
Squash N SPORT squash m, skvoš m
Staat M država f **staatlich** držāvnī
Staatsangehörigkeit F državljānstvo n **Staatsanwalt** M, **-anwältin** F držāvnī odvjetnīk m, držāvna odvjetnica f **Staatsbürger(in)** M(F) državljanin m, državljānka f

Staatsoberhaupt N dr̥žāvnī glāvār *m*
Stab M štāp *m*; MIL stožēr *m*
Stabhochsprung M skok *m* s motkōm
stabil stabīlan
Stachel M bodlja *f*; *Insektenstachel* žālac *m* **Stachelbeere** F ogrōzd *m* **Stacheldraht** M bodljikavā žica *f* **stachelig** bodljikast
Stadion N stadiōn *m*
Stadium N stādij
Stadt F grād *m* **Stadtbahn** F gradskā željeznica *f* **Stadtbummel** M šētnja *f* grādom **Stadtführung** F razgledavanje grada
städtisch gradskī
Stadtmitte F gradskā jezgra *f* **Stadtplan** M plān *m* grāda **Stadtrand** M periferija *f* **Stadtrundfahrt** F krūžnā vōžnja *f* **Stadtteil** M, **Stadtviertel** N gradskā četvr̄t *f*
Stahl M čelik *m*
Stall M staja *f*
Stamm M *Baumstamm* stāblo *n*
stammeln zamuckīvati
stammen potjecati (**aus** od *G*)
Stammgast M stālnī gost *m* **Stammkunde** M, **-kundin** F stālnī *m* / stālna *f* mušterija **Stammplatz** M uobičājenō mjesto *n* **Stammtisch** M stōl *m* za stālnē goste
stampfen *schwer gehen* toptati; SCHIFF posrtati; **mit den Füßen** ~ udarati nogama o pod
Stand M *der Dinge* stānje *n*; *Verkaufsstand, Messestand* štand *m*; → *a* instand, imstande, zustande
Ständer M stālak *m*
Standesamt N matičnī ūred *m*
ständig trājan, stālan; *Wohnsitz* stālan
Standlicht N parkīrnō svjetlo *n* **Standort** M položāj *m*; MIL garnizōn *m* **Standpunkt** M stajalīšte *n* **Standspur** F zaustāvnī trāk *m*, zaustāvnica *f*
Stange F motka *f*; *Zigaretten* šteka *f*
Stängel M stabljika *f*
Stapel M hr̥pa *f* **stapeln** [na-]slāgati
Star M ZOOL čvōrak *m*; MED **grauer** ~ sīvā mrena *f*; **grüner** ~ zelenā mrena *f*
stark jāk; *Verkehr* velikī
Stärke F snāga *f*, jākōst *f*; *Wäschestärke* škrob *m*
stärken *kräftigen* ojāč(āv)ati; *Wäsche* [za-]škrobiti; **sich** ~ okrijēpiti (okrepljīvati) se
starr krūt; *steif* ukōčen
starren zūriti (**auf** *A* u *A*)
Start M *Beginn*, SPORT stārt *m*; FLUG polijētānje *n*; *e-r Rakete* lansīrānje *n* **Startbahn** F uzletnā staza *f* **startbereit** spreman za uzlijētānje
starten SPORT startati; FLUG poletjeti (-lijētati)
Startseite IT F naslovnica *f*
Station F *Haltestelle* postaja *f*; *Krankenhaus* odio, odjel
Statistik F statistika *f*
statt mjesto (*G*)

stattfinden odr̯ž(ā̯v)ati se
Statue F kīp m
Stau M zā̯stoj m
Staub M prā̯šina f **stauben** prā̯šiti, dịzati prạšinu **staubig** prā̯šan **Staubsauger** M usisạvāč m
Staudamm M nā̯sip m
stauen: **sich ~** *Verkehr* zạst(aj)ati
staunen [zạ-]čụditi se (**über** *A D*)
Stausee M akumulā̯cījskō jẹzero n
Steak N stẹk m
stechen *Insekt* [ụ-]bọsti **stechend** *Schmerz* ọštar **Stechmücke** F komā̯rac m
Steckdose F ụtičnica f **stecken** *etw* mẹtnuti (-tati); **den Schlüssel ins Schloss ~** stạviti kljūč ụ bravu; **wo steckst du?** gdjẹ si?; **~ bleiben** *im Schlamm* zaglī̯biti (-blji̯vati) se; *beim Reden* zạpēti (-pinjati) **Stecker** M utịkāč m **Stecknadel** F pribạdača f
Steg M br̄vno n; *Bootssteg* gạt m; *Geigensteg* kọbilica f
stehen stạjati; *stillstehen* stạjati mīrno; *sich befinden* nā̯ći (nạlaziti) se; **~ bleiben** zaụstaviti (-vljati) se; **~ lassen** ọstaviti (-vljati); **j-m ~** *Kleidung* stạjati (*D*)
Stehlampe F stọjḗćā svjẹtīljka f
stehlen [ụ-]krạsti
Stehplatz M stạjalīšte n
steif *Hut* tvr̄d; *Nacken, Benehmen* ụkọčen
steigen *klettern, Fieber, Preise* pọpēti (pẹnjati) se; (**auf** *A* na *A*); (**in** *A* u *A*)
steigern povẹ́ć(ā̯v)ati
Steigung F ụzbrdica f
steil str̄m
Stein M kạmēn m; *Obst* kọštica f; *Spielstein* plọčica f **Steinbock** M kọzorōg m; ASTRON jạrac m **steinig** kamẹnit
Steinkohle F kạmenī ụgljēn m **Steinpilz** M vr̄gānj m **Steinschlag** M ọdron m kạmēnja
Stelle F *Ort* mjẹsto n; *Arbeitsstelle* rā̯dnō mjẹsto; *Textstelle* ọdlomak m
stellen stạviti (-vljati); *Uhr* nạmjestiti (-mjḗštati)
Stellenangebot N pọnuda f namještẹ̄nja **Stellengesuch** N mọlba f za zapošljā̯vānje
Stellplatz M parkịralīšte n
Stellung F *Haltung, Lage*, MIL, *soziale* pọložāj m **Stellungnahme** F zaụzimānje n stạjalīšta
Stellvertreter M zạmjenīk m
Stellvertreterin F zạmjenica f
stemmen *Gewicht* dịgnuti (dịzati); **sich ~** ụprijēti (ụpirati) se (**gegen** o *A*); *fig* odụprijēti (-pirati) se (*D*)
Stempel M žīg m **stempeln** ụdariti (-rati) žīg
stenografieren stenografīrati (*im*)*pf*
Steppdecke F pọplūn m
Steppe F stẹpa f
Sterbehilfe F eutanā̯zija f

sterben umrijēti (umirati) **Sterbeurkunde** F umrlica *f* **Stereoanlage** F stereo-uređāj *m*
steril sterīlan
Stern M zvijēzda *f* **Sternschnuppe** F zvijēzda padalica *f* **Sternwarte** F zvijezdārnica *f* **Sternzeichen** N zodijak *m*
Steuer[1] N SCHIFF kormilo *n*; AUTO volān *m*
Steuer[2] F porez *m* **Steuerberater** M porezni sāvjetnīk *m*
Steuerbord N dęsnā strāna *f* brōda
Steuererklärung F poreznā prijava *f* **steuerfrei** oslobođen plaćānja poreza
steuern SCHIFF upravljati (*I*)
steuerpflichtig kojī je obvezan plaćati porez **Steuerzahler(in)** M(F) poreznī obveznīk *m*, porezna obveznīca *f*
Steward M stjuārd *m* **Stewardess** F stjuardęsa *f*
Stich M *Insektenstich* ubod *m*; *Nähstich* bōd *m*; *Kupferstich* bakrorēz *m*; **im ~ lassen** ostaviti na cjędilu **Stichprobe** F slučājnī uzorak *m* **Stichtag** M fiksnī rok *m* **Stichwort** N natuknica *f*
sticken vēsti
Stickerei F vezīvo *n*
stickig zagušljiv
Stickstoff M dušīk *m*
Stiefbruder M polubrat *m*
Stiefel M čizma *f*
Stiefeltern F/PL očūh i maćeha
Stiefmutter F maćeha *f* **Stiefmütterchen** N BOT maćuhica *f* **Stiefschwester** F polusestra *f* **Stiefsohn** M pastorak *m* **Stieftochter** F pastōrka *f* **Stiefvater** M očūh *m*
Stiel M držālo *n*; BOT petēljka *f*
Stier M ZOOL, ASTRON bīk *m*
Stift M *Metallstift* klin *m*; → Bleistift
stiften osnovati (osnīvati); **Stiftung** F zāklada *f*
Stil M stīl *m*
still tih; **~!** tiho!
Stille F tišina *f*
stillen *Kind* [na-]dojiti; *Blutung* zaustaviti (-vljati)
stillhalten mirovati **stilllegen** zatvoriti (-vārati); **stillschweigend** šutkē **Stillstand** M zāstoj *m* **stillstehen** zast(aj)ati
Stimme F glās *m*
stimmen glasovati, glasati (**für** za *A*, **gegen** protiv *G*); MUS ugoditi (ugāđati); **das stimmt** tako je **Stimmung** F raspoložēnje *n*; *Atmosphäre* ozrāčje *n*
stinken [za-]smrdjeti
Stipendium N stipęndija *f*
Stirn F čelo *n*
Stock M štap *m*; → Stockwerk
stocken zāpēti (-pinjati)
Stockwerk N kat *m*
Stoff M tkanina *f*; *Materie* tkīvo *n* **Stoffwechsel** M izmjena *f* tvārī, metabolizam *m*
stöhnen [za-]stenjati
Stollen M *Bergbau* galērija *f*
stolpern saplesti (-pletati) se; **~ über** (*A*) spotaknuti (spotica-

ti) se (o *A*)
stolz ponosan (**auf** *A I*)
stopfen *Pfeife* nabiti (-bījati); *ausbessern* [za-]krpati
Stopp M zaustavljānje *n*; **stopp!** stoj! **stoppen** *Auto* zaustaviti (-vljati); *Zeit* štopati (*im*)*pf*, [iz-]mjeriti štopericōm; *stehen bleiben* zaustaviti (-vljati) se **Stoppuhr** F štoperica *f*
Stöpsel M čep *m*
Storch M rōda *f*
stören [za-]smētati (**j-n** *D*); **Störung** F smētnja *f*; TECH, MED poremećāj *m*
Stoß M *Schlag* udarac *m*; *Erdstoß* potres *m*; *Stapel* hrpa *f* **Stoßdämpfer** M amortizēr *m* **stoßen** *j-n* gurnuti (gūrati); udariti (-rati) (**an** *A*, **gegen** u *A*); *fig* naići (nailaziti) (**auf** *A* na *A*); **Stoßstange** F branīk **Stoßverkehr** M vrijēme nājvećeg prōmeta, špica *umg*
stottern [pro-, za-]mucati
Str. → Straße
Strafanstalt F kaznenā ustanova *f* **Strafanzeige** F kaznenā prijava *f*; (**gegen** protiv *G*); **strafbar** kažnjiv **Strafe** F JUR kazna *f* **strafen** kazniti (kažnjāvati)
straff *Seil* natēgnūt; *Haut* napēt; *Organisation* strog
straffrei nekažnjen **Strafraum** M kaznenī prōstor *m* **Strafstoß** M kaznenī udarac *m* **Straftat** F kaznenō djelo *n* **Strafzettel** M kazna *f* za nepravīlnō parkīrānje
Strahl M zraka *f*; *Wasserstrahl* mlāz *m* **strahlen** sjati, [za-]sjājiti; *fig a* [za-]blistati; PHYS zrāčiti **strahlend** sjājan
Strahlung F zrāčēnje *n*
Strähne F *Haarsträhne* pramēn *m*
Strampelhöschen N štramplice *f/pl*
strampeln koprcati se
Strand M žāl *m*; *Badestrand* plāža *f*; **am ~** na plāži **Strandpromenade** F šetalīšte *n* uz obalu
Strang M *Seil* ūže *n*; *Strick* konopac *m*; *Kabelstrang* grāna *f*
strapazierfähig otpōran
strapaziös nāpōran
Straße F cesta *f*; *in der Stadt* ulica *f*; **auf der ~** na ulici
Straßenbahn F tramvāj **Straßenbau** M cestogrādnja *f* **Straßenbeleuchtung** F uličnā *od* jāvnā rāsvjeta *f* **Straßenhändler(in)** M(F) uličnī prodavāč *m*, ulična prodavačica *f* **Straßenkarte** F cestōvnā kārta *f* **Straßenverkehr** M cestōvnī prōmet *m* **Straßenverkehrsordnung** F prāvilnīk *m* o cestōvnōm prōmetu **Straßenverzeichnis** N popis *m* ulicā
sträuben: **sich ~** [us-]protīviti se (**gegen** protiv *G*)
Strauch M grm *m*
Strauß M *Blumenstrauß* kita *f* (cvijēća)
Stream M IT stream *m*
streben tēžiti (**nach** za *I*)

Strecke F *Reisestrecke* relācija *f*; BAHN prūga *f*; MATH dužina *f*
strecken (**sich** se) rastēgnuti (rastēzati)
Streich M *fig* vragolija *f*, šāla *f* **streicheln** [po-]milovati **streichen** [po-]glāditi (**über** *A* po *L*); *Wort* prekrīžiti *pf*; *anstreichen* [o-]līčiti **Streichholz** N šibica *f* **Streichinstrument** N gudački instrument *m* **Streichkäse** M sir *m* za mazānje **Streichorchester** N gudački orkestar *m*
Streife F patrōla *f*
streifen *berühren* dotaknuti (doticati)
Streifen M prūga *f* **Streifenwagen** M policījskā kola *n/pl*
Streik M štrajk *m* **streiken** štrajkati
Streit M svađa *f* **streiten** [po-]svađati se **Streitkräfte** F/PL vōjnē snāge *f/pl*
streng strog; *Winter* oštar
Stress M stres *m* **stressig** stresnī
streuen [po-]sipati (**auf** *A* na *A*)
Strich M crta *f*
Strick M konopac *m* **stricken** plesti **Strickjacke** F vesta *f*, džemper *m*, kardigān *m* **Stricknadel** F igla *f* za pletēnje **Strickwaren** F/PL trikotāža, pletenā roba *f*
strikt striktan
Stroh N slama *f* **Strohhalm** M *zum Trinken* slāmka *f*
Strom M ELEK, *Golfstrom* strūja *f*; *Fluss* (velikā) rijēka *f* **stromabwärts** nizvodno *n* **stromaufwärts** uzvodno *n* **Stromausfall** M prēkid *m* strūjē
strömen *Wasser, Luft, Menschen* strūjati, teći
Stromstärke F jākōst *f* električnē strūjē
Strömung F *Meeresströmung, fig* struja *f*; PHYS strūjānje *n*
Strophe F kitica *f*, strōfa *f*
Struktur F struktūra *f*
Strumpf M čarapa *f* **Strumpfhose** F hulahupke *f/pl*
struppig čupav
Stube F soba *f*
Stück N *Teil*, THEAT komād *m*; *Torte, Brot* krīška *f*
Student M student *m* **Studentenheim** N studentskī dom *m* **Studentin** F studentica *f*
studieren studīrati *(im)pf*; *erforschen* proučiti (-čāvati)
Studium N *Erforschung, Hochschulstudium* stūdīj *m*
Stufe F stuba *f*
Stuhl M stolica *f* **Stuhlgang** M stolica *f*
stumm nijēm
stumpf *Messer* tūp
Stunde F sāt *m* (*a Schulstunde*)
stunden odgoditi (-gāđati) plāćānje
Stundenkilometer M kilometar *m* na sāt **stundenlang** sātima *f* **Stundenlohn** M sātnica *f* **Stundenplan** M sātnica *f*
stündlich svakī sāt

stur tvrdoglav, zadrt
Sturm M bura *f*
stürmen SPORT napasti (-padati) **Stürmer(in)** M(F) SPORT napadač *m*, napadačica *f* **stürmisch** buran (*a fig*), olujni
Sturz M pad *m*
stürzen *fallen* pasti (padati); *eilen* [po-]juriti, [po-]trčati, letjeti; *Regierung* oboriti (obarati)
Sturzhelm M kaciga *f*
Stute F kobila *f*
Stütze F potporanj *m*
stutzen *Hecke* podrez(iv)ati; *innehalten* zabezeknuti se *pf*
stützen *j-n* poduprijeti (-pirati); **sich ~** osloniti (oslanjati) se (**auf** *A* na *A*)
stutzig: **~ machen** izaz(i)vati sumnju (**j-n** u *L*); **~ werden** *misstrauisch werden* [po-]sumnjati *pf* (u *A*)
Stützpunkt M baza *f*, uporište *n*
Subjekt N subjekt *m* **subjektiv** subjektivan
Substantiv N imenica *f*
Substanz F tvar *f*; PHIL supstancija *f*
Subvention F subvencija *f*
Suche F potraga *f*
suchen [po-]tražiti
Suchmaschine IT F tražilica *f*
Sucht F *Drogensucht* ovisnost *f*; *Besessenheit* manija *f*
süchtig *rauschgiftsüchtig* ovisan
Südafrika N Južna Afrika *f* **Südamerika** N Južna Amerika *f* **südamerikanisch** južnoamerički **Süden** M jug *m*
südeuropäisch južnoeuropski **südlich** južni; ADV južno (**von** od *G*); **Südosten** M jugoistok **südöstlich** jugoistočni **Südpol** M južni pol *m* **Südwesten** M jugozapad *m*
Sülze F hladetina *f*
Summe F *Geldsumme* svota *f*, suma *f*; MATH zbroj *m*, suma *f*
summen zujati
summieren: **sich ~** nagomil(av)ati se
Sumpf M blato *n* (*a fig*), kal *m* **sumpfig** blatan
Sünde F grijeh *m*
Superbenzin N super benzin *m* **Supermarkt** M supermarket *m*
Suppe F juha *f* **Suppenteller** M duboki tanjur *m*
Sup'port M podrška *f*
Surfbrett N daska *f* za jedrenje **surfen** jedriti na dasci; (**im Internet**) surfati **Surfer** M jedriličar *m* na dasci **Surferin** F jedriličarka *f* na dasci
süß sladak **süßen** [za-]sladiti **Süßigkeiten** F/PL slastice *f/pl* **Süßspeise** F slastica *f* **Süßstoff** M sladilo *n* **Süßwasser** N slatka voda *f*
Swimmingpool M plivački bazen *m*
Symbol N simbol *m* **symbolisch** simbolički
symmetrisch simetričan
sympathisch simpatičan
Symptom N simptom *m*
Synagoge F sinagoga *f*

synthetisch sintẹtičkī
Syrien N Sịrija *f* **syrisch** sịrījskī
System N sụstav *m* **systematisch** sụstāvan
Szene F scẹ̄na *f*, prịzor *m*

T

Tab N tab *m*
Tabak M dụhān *m*
Tabelle F tabẹla *f*, tạblica *f*
Tablet N tạblet *m*
Tablett N plạdanj *m*
Tablette F tablẹta *f*
Tacho(meter) M brzinọmjer *m*, tahometar *m*
tadellos besprijẹkōran
tadeln prekọriti (-rạ̄vati), [pọ-]kụditi
Tafel F plọča *f*; *Schokolade* tạ̄bla *f*; *Wandtafel* plọča *f*
Tag[1] M dạ̄n *m*; **guten ~!** dọbar dạ̄n!; **am ~** dạnju
Tag[2] N tag *m*
Tagebuch N dnẹ̄vnīk *m*
tagelang ADV dạ̄nima
tagen zạsjedati
Tagesanbruch M svanụ̄će *n* **Tagesgericht** N dnẹvnī mẹnī *m* **Tageslicht** N dnẹ̄vnō svjẹtlo *n* **Tagesordnung** F dnẹ̄vnī rẹ̄d *m* **Tageszeitung** F dnẹ̄vnī lịst *m*, dnẹ̄vnīk *m*
taggen stạviti tag
täglich ADV dạnimicē
tagsüber prekọ dāna
Tagung F zasjẹ̄danje *n*
Taille F strụ̄k *m*
Takt M MUS tạkt *m* **Taktgefühl** tạkt *m* **Taktik** F tạktika *f* **taktlos** nẹtaktičan **taktvoll** tạktičan
Tal N dolịna *f*
Talent N tạlent *m*
Talg M lọ̄j *m*
Talkshow F talk show *m*
Tampon M tạmpōn *m*
Tang M mọrskā trạ̄va *f*
Tank M sprẹmnīk *m*, rezervọār *m* **tanken** [na-]tọčiti, ụzēti (ụzimati) gọrīvo *od* bẹnzīn
Tanker M tạnker *m* **Tankstelle** F bẹnzīnskā pọstaja *f* **Tankwart(in)** M(F) prodạvāč (-ica) *m(f)* na bẹnzīnskōj pọstaji
Tanne F jẹ̄la *f*
Tante F tẹtka *f*
Tanz M plẹ̄s *m* **tanzen** [za-]plẹ̄sati
Tänzer M plẹsāč *m* **Tänzerin** F plesạčica *f*
Tapete F tapẹ̄ta *f* **tapezieren** tapetịrati *(im)pf*
tapfer hrạ̄bar, odvạ̄žan
Tarif M tarịfa *f* **Tarifvertrag** M tạrīfnī dọgovōr *m*
tarnen MIL kamuflịrati *(im)pf*; *fig* prịkriti (-krịvati); **sich ~** kamuflịrati se *(im)pf*
Tasche F *in Kleidung* džẹp *m*; *Handtasche* tọrbica *f*; *Einkaufstasche* tọ̄rba *f*; *Aktentasche* ạktōvka *f*
Taschenbuch N džẹpnā knjiga *f* **Taschendieb(in)** M(F)

džẹpār *m*, džẹparica *f* **Taschengeld** N džẹpārac *m* **Taschenlampe** F džẹpnā svjẹtīljka *f* **Taschenmesser** N džẹpnī nọžić *m* **Taschenrechner** M džẹpnō računalo *n* **Taschentuch** N rụpčić *m*

Task F zadātak *m* **Taskforce** F task force

Tasse F šạlica *f*

Tastatur F tipkọvnica *f*, tastatūra *f*

Taste F tịpka *f*

tasten pịpnuti (-pati)

Tastsinn M ọpip *m*

Tat F djẹlo *n* (*a* JUR)

Täter M počịnitelj *m* **Täterin** F počịnitẹljica *f*

tätig djẹlātan **Tätigkeit** F djẹlatnōst *f*

Tätowierung F tetovīrānje *n*

Tatsache F čịnjenica *f* **tatsächlich** zbīljskī; ADV ọzbīljno

Tattoo N tetovāža *f*

Tau[1] N ụže *n*

Tau[2] M rọsa *f*

taub glūh

Taube F gọlūb *m*

taubstumm glụhonijēm

tauchen [za-]rọniti

Taucher M rọnilac **Taucherin** F ronitẹljica *f*

tauen: **es taut** topī se

Taufe F krstitke *f/pl* **taufen** krstiti (*im*)*pf*

taugen bịti spọsoban, prịkladan, vạljati (**zu** za *A*)

taumeln [za-]tetụrati, posr̄nuti (pọsrtati)

tauschen zamijẹniti (-mjenjīvati) (**gegen** za *A*)

täuschen obmānuti (-manjīvati), prẹvariti (vạrati); **sich ~** prẹvariti (vạrati) se

tausend tịsuća **Tausendstel** N tisụćina *f*

Taxi N tạksi *m* **Taxifahrer** M tạksist *m* **Taxifahrerin** F tạksistica *f* **Taxistand** M tạksi--stajalīšte *n*

Team N tīm *m* **Teamarbeit** F tīmskī rād *m*

Technik F tẹhnika *f* **Techniker** M tẹhničār *m* **Technikerin** F tẹhničārka *f*

technisch tẹhničkī **Technologie** F tehnolọgija *f*

Tee M čaj *m* **Teebeutel** M vrẹćica *f* čaja **Teekanne** F čājnīk *m* **Teekessel** M čājnīk *m* **Teelöffel** M čājnā žlịčica *f*

Teer M kạtran *m*

Teich M bạra *f*; *im Park* jẹzērce *n*

Teig M tijẹsto *n* **Teigwaren** F/PL tjestenịna *f*

Teil N/M dịo *m*; **zum ~** dijẹlom

teilen [po-]dijẹliti; IT podijẹliti

Teilhaber(in) M(F) dịonīk *m*, sudiọnica *f*, ọrtāk *m*, ortạkinja *f*

Teilnahme F ụdio *m*, ụdjel *m*

teilnehmen sụdjelovati (**an** *D* na *L*); **Teilnehmer** M sudiọnīk **Teilnehmerin** F sudiọnica *f*

teils djẹlomicē **Teilung** F dijẹljēnje *n*, diọba *f* **teilweise** djẹlomičan; ADV djẹlomicē **Teilzahlung** F *Ratenzahlung* plāćānje *n* u ọbrocima **Teilzeitarbeit** F zaposlẹnje *n* s

nẹpunīm rạdnīm vrẹmenom
Teint M tẹn *m*, pụt *m*
Telefax N tẹlefaks *m*
Telefon N telẹfōn *m* **Telefonbanking** N telẹfōnskō bạnkārstvo *n* **Telefonbuch** N telẹfōnskī ịmenīk *m* **Telefongespräch** N telẹfōnskī rạzgovōr *m* **telefonieren** telefonīrati (*im*)*pf* (**mit** s *I*); **telefonisch** telẹfōnskī **Telefonkarte** F telẹfōnskā kạ̄rtica *f* **Telefonnummer** F telẹfōnskī brọ̄j *m*
Telefonzelle F jạ̄vnā gọvōrnica *f* **Telefonzentrale** F telẹfōnskā centrạ̄la *f*
Teleobjektiv N teleobjẹktīv *m*
Teller M tạnjūr *m*
Tempel M hrạ̄m *m*
Temperament N temperạment *m* **temperamentvoll** temperạmentan
Temperatur F temperatụ̄ra *f*
Tempo N tẹmpo *m* **Tempolimit** N ograničẹ̄nje *n* brzịnē
Tendenz F tendẹ̄ncija *f*
Tennis N tẹ̄nis *m* **Tennisball** M tẹ̄niskā lọpta *f* **Tennisplatz** M tẹ̄niskō ịgralīšte *n* **Tennisschläger** M tẹ̄niskī rẹket *m*
Tennisspieler M tenịsāč *m*
Tennisspielerin F tenisạčica *f*
Tenor M tẹnōr *m*
Teppich M tẹpih *m*, sạ̄g *m*
Teppichboden M tapịsōn *m*
Termin M tẹrmīn *m*, rọk *m*
Terminal M/N termịnāl *m*
Terminkalender M rokọvnīk *m*
Terrasse F terạsa *f*
Terror M tẹrōr *m* **Terrorismus** M terorịzam *m*
Test M tẹst *m*
Testament N ọporuka *f*
testen testịrati (*im*)*pf*
Tetanus M tẹtanus *m*
teuer skụ̄p; *fig* drạ̄g
Teufel M vrạ̄g *m*, đạvao *m*
Text M *Wortlaut, Liedtext* tẹkst
Textilien PL tẹkstīlnā rọba *f*
Textverarbeitung F ọbrada *f* tẹksta
Theater N kạzalīšte *n* **Theaterstück** N kạzalīšnī kọmād *m*
Theke F *Ladentheke* trgovạčkī stọ̄l *m*; *Schanktisch* šạnk *m*
Thema N tẹ̄ma *f*
theoretisch teọretskī
Theorie F tẹōrija *f*
Therapie F terạpija *f*
Thermometer N tọplomjēr *m*
These F tẹ̄za *f*
Thron M prijẹ̄stōlje *n*
Thunfisch M tụna *f*, tụ̄nj *m*
Thüringen N Thuringen *f*
Thymian M mạ̄jčinā dụšica *f*
ticken kục(k)ati
tief *Loch, Schnee, Ton* dụbok
Tief N → Tiefdruckgebiet
Tiefbau M niskogrạ̄dnja *f*
Tiefdruck M dụbokotīsak *m*
Tiefdruckgebiet N pọdrūčje *n* nịskōg tlạ̄ka **Tiefe** F dubịna *f*
Tiefgarage F pọdzēmnā garạ̄ža *f* **tiefgekühlt** dubọko zamrznut
Tiefkühlfach N prẹtinac *m* za dubokō zamrzạ̄vanje **Tiefkühltruhe** F škrịnja *f* za dụ-

bokō zamrzāvanje
Tier N životinja *f* **Tierarzt** M, **-ärztin** F veterinār(ka) *m(f)* **tierisch** živọtīnjskī
Tiger M tịgar *m*
Tinte F cṛnilo *n*, tīnta *f*
Tintenfisch M họbotnica *f*; lịgnja *f*; sipa *f*
Tipp M *Rat* mīg *m* **tippen** [ọ-] tịpkati; *im Lotto, Toto* [ọ-]klạditi se (**auf** *A* na *A*); **Tippschein** M lịstić *m* lọta
Tisch M *Schreibtisch, Esstisch* stō̩l *m* **Tischdecke** F stō̩lnjāk *m* **Tischler(in)** M(F) stọlār *m*, stọlarka *f* **Tischtennis** N stō̩lnī tē̩nis *m*, pịng-pọng *m* **Tischtuch** N stō̩lnjāk *m*
Titel M *Buchtitel*, SPORT, *Anrede* nā̩slov *m*
Toast M *Brot* prepečẹ̄nac *m*, tọst *m* **Toaster** M tọster *m*
toben [po-]bjẹsnjeti
Tochter F kćị *f*, kćẹ̄rka *f*
Tod M smṛt *f*
Todesanzeige F ọsmrtnica *f*
Todesstrafe F smṛtnā kạzna *f*
tödlich smrtọnosan
todmüde mṛtav ụmōran
Toilette F toạlet *m*, zạhod *m*, WC *m*; **wo ist die ~?** gdje je toạlet/zạhod/WC?
Toilettenpapier N toạletnī pạpīr *m*
tolerant tolerạntan, snọ̄šljiv
Toleranz F snọ̄šljivōst *f*
toll bijẹ̄san
Tollwut F bjesnọća *f*
Tomate F rā̩jčica *f*
Tombola F tō̩mbola *f*
Ton[1] M GEOL glị̄na *f*
Ton[2] M *Laut, Farbton* tō̩n *m*
Tonart F tonalịtēt *m*
tönen zvụčiti; *Haar* nijansị̄rati (im)pf
Tonleiter F glạzbenā ljẹstvica *f*
Tonne F *Fass* bạčva *f*; *Maßeinheit* tō̩na *f*
Top N tọp *m*
Topf M lọnac *m*
Töpferwaren F/PL lončạrija *f*
Tor N vrā̩ta *n/pl*; *Fußballtor* vrā̩ta *n/pl*, gō̩l *m*; *Treffer* gō̩l *m*
Torf M trẹset *m*
torkeln → taumeln
Torlinie F gōlnā lị̄nija *f* **Torschütze** M strijẹ̄lac *m* pọgotka
Torte F tō̩rta *f*
Torwart(in) M(F) vrạtār(ka) *m(f)*
tot mṛtav
total tọtālan
Totalschaden M tọtālnā štẹta *f*
Tote M, F mṛtvac *m*
töten ụbiti (ubị̄jati); ụsmrtiti (-rćị̄vati)
Totenschein M smrtō̩vnica *f*
Toto N/M tọto *m*
Totschlag M ubō̩jstvo *n* nạ māh
Touchscreen M dọdirnī zā̩slon
Toupet N tụpē *m*
Tour F ịzlet *m*; tū̩ra *f*
Tourismus M turịzam *m*
Tourist M tụrist *m* **Touristenklasse** F turịstičkī rā̩zred
Touristin F tụristica *f*
Tournee F turnẹja *f*

Trab M kȃs *m*
Tracht F nȍšnja *f*
Tradition F trȁdīcija *f*
träge trȏm
tragen nòsiti; *haben* ìmati, dŕžati (**bei sich** ùza se)
Träger M *an Kleidung* naramènica *f*; *v Lasten* nòsāč *m*; TECH nòsilica *f*
Tragetasche F tȍrba *f*; cèker *m umg*
Tragik F trȁgika *f*
tragisch trȁgičan
Tragödie F trȁgēdija *f*
Trainer(in) M(F) trȅner *m*, trènērka *f* **trainieren** trenírati (*im*)*pf* **Training** N trȅning *m* **Trainingsanzug** M trenírka *f*
Traktor M trȁktor *m*
trampeln tòptati
trampen putòvati àutostopom; → *a* Anhalter
Träne F sȕza *f*
Tränke F pòjilo *n*
Transfer M trȁnsfer *m*
Transformator M transfòrmātor *m*
Transitverkehr M trȁnzitnī prȍmet *m*
Transplantation F transplantȁcija *f*
Transport M prijȇvoz *m*, trȁnsport *m* **transportieren** prèvesti (-vòziti), transportírati (*im*)*pf* **Transportkosten** PL vozarìna *f* **Transportunternehmen** N prijȇvoznō podùzēće *n*
Trasse F trȁsa *f*
Traube F grȍzd *m*
Traubenzucker M grȍžđanī šȅćer *m*
trauen: **j-m ~** vjȅrovati (*D*); **sich ~, etw zu tun** usúditi (usuđívati) se *inf*; **sich ~ lassen** vjȅnčati se (*im*)*pf*
Trauer F tȕga *f* **Trauerfeier** F pȍgrebnā svȅčanōst *f* **trauern**: **~ um j-n** tugòvati, žȁliti za (*I*)
Trauerspiel N tragèdija *f*
Traum M sȃn *m*
träumen sánjati; *fig* sanjáriti (**von** o *L*)
traurig tȕžan, žȁlostan **Traurigkeit** F tȕga *f*, žȃlōst *f*
Trauring M vjȅnčanī pȑstēn *m* **Trauschein** M vjènčanica *f* **Trauung** F vjȅnčānje *n* **Trauzeuge** M, **-zeugin** F vjȅnčanī kȗm *m*, vjȅnčana kȕma *f*
treffen *Ziel* pogòditi (-gáđati); **sich ~** srȇsti (srètati) se (**mit** s *I*)
Treffen N sàstanak *m* **Treffer** M *Lotto* zgodítak *m*; *mit Waffe* pògodak *m* **Treffpunkt** M sastàjalīšte *n*, okùpljalīšte *n*
treiben *antreiben* tjȅrati; *tun* rȁditi; **was treibst du?** štȍ rȁdīš?; *Handel etc* bȁviti se (*I*); *auf dem Wasser* plùtati
Treibgas N pògonskī plȉn *m*
Treibhaus N stàklenīk *m* **Treibhauseffekt** M ùčinak *m* stakleníka
Treibstoff M gòrīvo *n*
Trend M trȅnd *m*
trennen [po-]dijȅliti; *Wort* rȁstaviti (-vljati); *Begriffe* razlúčiti (-čívati); **sich ~** rȁsta(ja)ti se;

Ehepartner rastaviti (-vljati) se **Trennung** F *Silbentrennung* rastavljānje *n*; *Ehe* rastava *f*
Treppe F stube *f/pl*
Treppenabsatz M odmorīšte *n* **Treppengeländer** N ograda *f* **Treppenhaus** N stubīšte *n*
Tresor M trezōr *m*
treten *j-n* [z-, u-]gaziti; **auf etw ~** nagaziti (-zīvati) na (*A*)
treu vjēran
Treue F vjērnōst *f*
Tribüne F tribīna *f*
Trichter M lijēvak *m*
Trick M trik *m* **Trickfilm** M crtānī film *m*
Trieb M *Instinkt* nāgon *m*; BOT mladica *f* **Triebwagen** M BAHN šinōbus *m* **Triebwerk** N FLUG pogon *m*
Trikot N trikō *m*
trinkbar pitak **trinken** [po-]piti **Trinker** M pijānac *m* **Trinkerin** F pijanica *f* **Trinkflasche** F *boca iz koje se može direktno piti* **Trinkgeld** N napōjnica *f* **Trinkspruch** M zdravica *f* **Trinkwasser** N pitkā voda *f*
Tripper M kapavac *m*
Tritt M → Fußtritt
Trittbrett N nogostūp *m*
Triumph M trijumf *m* **triumphieren** trijumfīrati (*im*)*pf*
trocken sūh; *Wein* sūh; *Boden* sūh; *fig* suhopāran **Trockenheit** F sūša *f*
trocknen [o-]sūšiti (*v/i* se)
Trockner M sušilo *n*
Trödelmarkt M buvljā pijaca *f*
trödeln motati se
Trommel F MUS, TECH būbanj *m* **Trommelfell** N ANAT būbnā opna *f*
trommeln bubnjati
Trompete F trūba *f*
Tropen PL tropi *m/pl*
Tropf M MED infūzija *f*; **armer ~** jadnīk *m*
tropfen *Wasserhahn* kapnuti (-pati)
Tropfen M kāp *f*, kaplja *f*; MED *m/pl* kapljice *f/pl*
tropisch tropskī
Trost M utjeha *f*
trösten [u-]tješiti
trostlos *verzweifelt* očājan; *Verhältnisse* žalostan; *öde* jednolīčan
Trostpreis M utješnā nāgrada *f*
Trottel(in) M(F) budala *m/f*
trotz unātoč
Trotz M prkos; **aus ~** iz prkosa
trotzdem ADV usprkos tomē
trotzig prkosan
trübe *Flüssigkeit* mūtan; *Himmel, Wetter* tmūran
Trubel M vreva *f*
trüben [po-, za-]mūtiti
trübsinnig snužden
Trüffel F tartuf *m*
trügerisch varav, varljiv
Truhe F škrinja *f*
Trümmer PL ruševine *f/pl*
Trumpf M adūt *m*
Trunkenheit F opijenōst *f*
Truppe F MIL, THEAT trupa *f*
Truthahn M purān
Tscheche M Čeh *m* **Tsche-**

chien N Čẹškā *f* **Tschechin** F Čẹhinja *f* **tschechisch** čẹ̄škī; **Tschechische Republik** *f* Čẹ̄škā repụblikā
T-Shirt N mạjica *f*
Tube F tūba *f*
Tuberkulose F tuberkulōza *f*, sụšica *f*
Tuch N kṛpa *f*; *Kopftuch, Halstuch* rūbac *m*
tüchtig spọsoban
tückisch pọdmūkao
Tugend F vrlịna *f*
Tulpe F tụlipān *m*
Tumor M tụmor *m*
Tümpel M bạra *f*
Tumult M komẹšānje *n*
tun [u-]čịniti, [u-]rạditi; *hintun* stạviti (-vljati); mẹtnuti (-tati)
Tunnel M tụnēl *m*
Tupfen M pjẹga *f*, tọčka *f*
Tür F vrạta *n/pl*
Turban M tụrbān *m*
turbulent bụran
Türke M Tụrčin *m* **Türkei**: **die ~** F Tụrskā *f* **Türkin** F Tụrkinja *f* **türkisch** tụrskī
Türklinke F kvạka *f*
Turm M *Kirchturm* tọranj
turnen gimnasticīrati *(im)pf*, vjẹ̄žbati **Turner** M gimnạstičār *m* **Turnerin** F gimnạstičārka *f* **Turnhalle** F gimnạstičkā dvorạna *f*
Turnier N tụrnīr *m*
Turnschuh M tẹnisica *f* **Turnverein** M gimnạstičkī klụ̄b *m*
Türöffner M autọmatskī otvạrāč *m* vrạtā
Tusche F tụš *m*
Tüte F *Papiertüte, Plastiktüte* vrẹćica *f*; *Eistüte* kọrnet *m*
Tutorial N IT tutorial *m*
TÜV M tẹhničkī prẹ̄gled vọzilā
Twitter® *ohne Artikel* IT Twitter® **twittern** IT pịsati na Twitteru
Typ M tịp *m*
Typhus M tịfus *m*
typisch tipičan
Tyrann(in) M(F) tlačitẹlj(ica) *m(f)*

U

u. a. (unter anderem) ịzmeđu ọstālōg
U-Bahn F pọdzemnā željeznica *f* **U-Bahn-Station** F stạnica *f* pọdzēmnē žẹljeznice
übel zạo, lọš; **mir wird ~** *adv* mụka mi je; **~ nehmen** (j-m etw) zạmjeriti (-rati) **Übelkeit** F mučnịna *f*
üben vjẹžbati
über *oberhalb: wohin?* (A) nad (A); *wo?* (D) nad (I), ịznad (G); *quer* prẹko (G), krọz (A); *reisen über* prẹko (G); *sprechen über* o (L); *mehr als* prẹko *od* ịznad (G)
überall svụdā
überanstrengen: **sich ~** prenaprẹ̄gnuti (-prẹ̄zati) se
überbieten nạdmašiti (-šịvati); *Rekord* prẹmašiti (-šịvati);
Überblick M prẹ̄gled **überblicken** ịmati prẹ̄gled (etw

nad *I*); **überbringen** prenijēti (-nositi); **Überdosis** F prevelikā *od* prekomjērnā dōza *f* **übereinander** jedan nad drugīm *od* preko drugōg **Übereinkunft** F nagodba, pogodba *f* **übereinstimmen** *Meinungen, Dinge* podudariti (-rati) se, složiti (slāgati) se (**in** u *L*)
überempfindlich preosjetljiv **überfahren** *j-n* pregaziti *pf* **Überfahrt** F prijēlaz *m* **Überfall** M *Raubüberfall* prijēpad *m* **überfallen** *Bank* [o-]pljačkati
überfliegen preletjeti (-lijētati); *Text* preletjeti (-lijētati) poglēdom **Überfluss** M izobīlje *n* (**an** *G*); **überflüssig** nepotreban **überfordern** preopteretiti (-rećīvati) (**mit** *I*); **Überführung** F BAHN nadvožnjāk *m* **überfüllt** prepun, krcāt **Übergabe** F predaja *f* **Übergang** M prijēlaz *m* **übergeben** predati (-dāvati); **sich ~** povrātiti (povraćati); **übergehen**[1] prijēći (prelaziti) (**zu** na *A*); **übergehen**[2] *übersehen* previdjeti (-vīđati)
Übergepäck N vīšak *m* prtljāgē **Übergewicht** N prevaga *f*, vīšak *m* kilogramā; *fig* nadmōć *f*
überhandnehmen uzēti (uzimati) *od* uhvatiti *pf* māha **überhäufen** *mit Lob, Fragen* obasuti (-sipati); *mit Arbeit* pretrp(āv)ati **überhaupt** uopće; (**~ nicht** uopće ne); **überheblich** umišljen, ohol **überholen** preteći (-tjecati); *ausbessern* popraviti (-vljati) **Überholverbot** N zābrana *f* pretjecānja *f* **überhören** prečuti *pf*
überladen ADJ preopterećen **überlassen** prepustiti (-pūštati); **überlasten** preopteretī (-rećīvati)
überlaufen[1] *Gefäß* preliti (-lijēvati) se; *zum Gegner* prebjeći *pf*
überlaufen[2] ADJ krcat, dupkom pun
überleben preživjeti (-vljāvati); **Überlebende** M, F kojī je preživio *m*, kojā je preživjela *f* **überlegen**[1] *etw* promisliti (-mīšljati); **es sich anders ~** predomisliti (-mīšljati) se **überlegen**[2] ADJ nadmoćan **übermäßig** prekomjēran **übermorgen** prekosutra **übermüdet** premoren **übermütig** obijēstan, razuzdān **übernachten** [pre-, za-]noćiti **Übernachtung** F noćēnje *n* **Übernahme** F preuzimānje *n* **übernehmen** preuzēti (-uzimati); **überprüfen** preispīt(īv)ati **überqueren** prijēći (prelaziti); **überragen** nadvīsiti (-sīvati) (*a fig*)
überraschen iznenāditi (-nađīvati); **Überraschung** F iznenađēnje *n*
überreden nagovoriti (-vārati); **überreichen** pred(āv)ati **überschätzen** precijēniti

(-cjenjīvati); **überschlagen** *Kosten* izračụn(āv)ati; *Seite* prelịst(āv)ati; **sich ~** prevṝnuti (prẹvrtati) se **überschneiden**: **sich ~** prẹsjeći (-sijẹ̄cati) se **überschreiten** prekorạ̄čiti (-čīvati)
Überschrift F nạ̄slov *m* **Überschuss** M vịšak *m*; (**an** *A G*); **Überschwemmung** F pọplava *f*, pọvōdanj *m*
übersehen prẹvidjeti (-vīđati)
übersetzen[1] *Text* prẹvesti (-vọditi); **übersetzen**[2] *mit der Fähre* prijẹ̄ći (prẹlaziti); **Übersetzer** M prevọditelj *m* **Übersetzerin** F prevoditẹljica *f* **Übersetzung** F prijẹ̄vod *m*; TECH prijẹ̄nos *m*
Übersicht F prẹgled *m* **übersichtlich** prẹgledan
überspringen preskọčiti (-skạ̄kati) (*a fig*); **überstehen** pretṝpjeti *pf*; *Krankheit* prebọljeti (-lijẹ̄vati); **übersteigen** prijẹ̄ći (prẹlaziti); *Kräfte* nadịlaziti **überstimmen** nadglạsati (-sạ̄vati); **Überstunden** F/PL prekọvremenī sạtovi *m/pl*
überstürzen prenạ̄gliti (-lịjvati)
übertragbar prenọsiv **übertragen** TV, *Radio*, *Krankheit* prẹnijēti (-nọsiti); **Übertragung** F prijẹ̄nos *m*; *Übersetzung* prijẹ̄vod *m*; MED zạ̄raza *f*
übertreffen nạdmašiti (-šīvati); **übertreiben** prẹtjerati (-ạ̄vati, -rīvati); **überwachen** nạdzirati, nadglẹ̄dati **Überwachung** F nạ̄dzor *m* **überwältigen** svlạ̄d(āv)ati **überwältigend** zadịvljujūćī
überweisen *Geld* doznạ̄čiti (-čīvati); *Patienten* upụ̄titi (upućīvati) (**an** *A od* **zu** *D D*); **Überweisung** F MED ụputnica *f*; *Summe* doznačīvānje *n*
Überweisungsschein M ụplatnica *f*
überwiegend prẹ̄težan; ADV prẹtežito **überwinden** svlạ̄d(āv)ati
überzeugen ụvjeriti (-rạ̄vati); **sich ~** ụvjeriti se *pf* (**von** u *A*); **Überzeugung** F uvjerẹ̄nje *n*
überziehen *Mantel* ogṝnuti (ọgrtati); *Konto* prekorạ̄čiti (-čīvati)
üblich ọbičan
U-Boot N pọdmōrnica *f*
übrig preọstalī; **~ bleiben** preọst(aj)ati; **~ lassen** ọstaviti (-vljati)
übrigens uọstālom
Übung F vjẹ̄žba *f*
Ufer N ọbala *f*
UFO N NLO (neidentificīrānī lẹtēćī ọbjekt) *m*
UG N (Untergeschoss) dọnjī kạt *m*
Uhr F sạ̄t *m*; **wie viel ~ ist es?** kọliko je sạ̄tī?; **es ist drei ~** trī je sạ̄ta **Uhrmacher(in)** M(F) ụrār(ka) *m(f)* **Uhrzeiger** M kạzāljka *f*
Uhu M ụšara *f*
UKW F (Ultrakurzwelle) ụltrakratkī vạl *m*
Ultraschall M ụltrazvūk *m* **Ul-**

traschalluntersuchung F ultrazvūčnā pretraga *f*
um *örtlich* oko (G); *Zeitangabe* u (A); *ungefähr* oko (G); **~ zwei Uhr** u dvā sāta; **~ zu ...** kako bi; → umso
umarmen [za-]grliti
umbauen pregrāditi (-ađīvati);
umblättern okrēnuti (okrētati) stranicu **umbringen** umoriti *pf*, ubiti (ubījati); **umbuchen** *Reise* prebukīrati *pf umg*; HANDEL preknjìžiti *pf*
umdrehen okrēnuti (okrētati); *wenden* obr̄nuti (obrtati); **sich ~** okrēnuti (okrētati) se (**nach** za *I*); **Umdrehung** F okretāj *m*
umfahren obīći (obilaziti); *Kap* oploviti (-vlījvati); **umfallen** pasti (padati)
Umfang M opseg *m* **umfangreich** opsežan
umfassen obuhvatiti (-hvaćati)
umfassend obuhvātan
Umgang M općēnje *n* **Umgangssprache** F razgovōrnī jezik *m*
umgeben opkoliti (-koljāvati) **mit** s (*I*) **Umgebung** F okolica *f*
umgehen *Gesetz* zaobīći (-obilaziti); *fig vermeiden* izbjeći (-bjegāvati); **Umgehungsstraße** F zaobilaznā cesta *f*
umgekehrt obr̄nūt; *Richtung* obrātan
Umhängetasche F torba *f* kojī se nosī preko ramēnā
umkehren preokrēnuti (-krētati); *v/i* vrātiti (vraćati) se
umkippen *etw* prevr̄nuti (prevrtati) (*v/i* se); *ohnmächtig werden* pasti (padati) u nesvijēst
umklammern obuhvatiti (-hvaćati)
Umkleideraum M svlačionica *f*
umkommen [po-]ginuti
Umkreis M: **im ~ von** u okrūgu (G) **umkreisen** okrūžiti (-žīvati)
Umlauf M optijecāj *m* **Umlaufbahn** F orbita *f*
umleiten preusmjeriti (-rīvati);
Umleitung F obilazak *m*
umliegend okōlnī
umrechnen preračun(āv)ati (**in** *A* u *A*); **Umrechnungskurs** M obračūnskī tečāj *m*
umringen opkoliti (-koljāvati);
Umriss M obrīs *m* **umrühren** [pro-]miјēšati **Umsatz** M HANDEL prōmet *m* **umschalten** prekopčati *pf*, prespojiti (-spājati); **Umschlag** M *Brief* omotnica *f*; *Buch* omot *m*; MED oblog *m* **umschlagen** *Wetter* promijēniti (mijēnjati) se; *Boot* prevr̄nuti (prevrtati) se **umschreiben** prepīs(īv)ati **Umschulung** F preškolovānje *n* **Umschwung** M preokrēt *m*
umsehen: **sich ~** *sich umdrehen* osvr̄nuti (osvrtati) se; *suchen* ogledati (-glēdati, -gledāvati) (**nach etw ~** za *I*); **umsetzen** *Pflanze* presāditi (-sađīvati); *Plan* ostvāriti (-rīvati); *Ware*

prọd(ạ̄v)ati **umsichtig** ọprēzan
umso: ~ **eher** utoḷikō prije; ~ **mehr** utoḷikō vịšē
umsonst *gratis* bẹsplatno; *vergebens* ụzalūd
Umstand M okọ̄lnōst *f*, prịlika *f*
Umstände M/PL okọ̄lnosti *f/pl*; **unter ~n** mọžda, mọgūće; **machen Sie sich keine** ~ nẹmōjte se trụ̄diti
umständlich zaplẹten, komplịcīrān; *Mensch* šẹprtljav
Umstandskleid N trụdničkā hạljina *f*
umsteigen prẹsjesti (-sjẹdati)
umstellen *anderswohin* prẹmjestiti (-mjẹ̄štati); **sich** ~ prilagọditi (-gođīvati) se (**auf** *D*); **umstimmen** nạtjer(ạ̄v)ati da prọmijēnī mịšljēnje **umstoßen** obọriti (obārati), prevṝnuti (prẹvrtati); **umstritten** spọ̄ran **umstrukturieren** prestrukturịrati (*im*)*pf*
Umtausch M zạmjena *f* **umtauschen** zamijẹ̄niti (-mjenjịvati)
umwandeln pretvọriti (-vạ̄rati) (**in** *A* u *A*)
Umweg M zaobịlazak *m*; **e-n ~ machen** zaọbīći (zaobịlaziti)
Umwelt F ọkolīš *m* **umweltbelastend** kọjī zagađujē ọkolīš *m* **umweltfreundlich** ekọloški prihvạtljiv **Umweltschutz** M zā̆štita *f* ọkolīša **Umweltschützer(in)** M(F) ọsoba *f* kọjā se zạlažē za zā̆štitu ọkolīša **Umweltverschmutzung** F zagađịvānje *n* ọkolīša
umwerfen obọriti (obạrati), prevṝnuti (prẹvrtati), [s-]rụšiti
umziehen [pre-]sẹliti se; **sich** ~ prẹsvūći (-svlạ̄čiti) se, preọbūći (-blạ̄čiti) se; preọdjenuti (-dijẹ̄vati) se
Umzug M sẹlidba *f*, sẹljēnje *n*; *Festzug* pọvōrka *f*
unabhängig neọvisan **unabsichtlich** nenạ̄mjēran, nẹhotičan
unachtsam nepạžljiv
unangenehm nẹzgodan **Unannehmlichkeiten** F/PL neugọ̄dnosti *f/pl* **unansehnlich** nẹuglēdan **unanständig** nepṛistōjan
unartig neọdgojen
unaufhörlich nẹprekīdan **unaufmerksam** nepạžljiv
unausstehlich nepodnọšljiv, nẹsnosan
unbedenklich neškọdljiv; ADV bez dạljnjēga **unbedeutend** nẹznatan **unbedingt** ADV bezụvjetno **unbefahrbar** neprọlazan **unbefriedigend** nezadovoljạ̄vajụćī **unbefugt** neọvlāšten **unbegreiflich** neshvạtljiv **unbegrenzt** neogrạničen **unbehaglich** nẹugodan **unbeholfen** nẹspretan **unbekannt** nẹpoznāt **unbeliebt** neọmiljen **unbemerkt** neọpažen **unbequem** nẹudoban **unberechenbar** neproračụnljiv; *Mensch* nepredvịdiv **unberührt** nẹdīrnūt

unbeschädigt neoštećen **unbeschreiblich** neopisiv **unbestritten** neospōran **unbewacht** nečūvān, bez nadzora **unbewohnt** nenaseljen **unbewusst** nesvjestan **unbezahlbar** nenaplativ
unbrauchbar neupotrebljiv
und i, te; ~ **so weiter** i tako dalje
uneinig nesložan **unempfindlich** neosjetljiv (**gegen** na *A*); **unendlich** beskonačan, beskrājan
unentbehrlich nuždan **unentgeltlich** besplatan **unentschieden** neodlūčan **Unentschieden** N SPORT neodlūčen rezultāt *m* **unentschlossen** neodlūčan
unerfahren neiskusan **unerfreulich** neugodan **unerklärlich** nepojmljiv **unerreichbar** nedostiživ **unerschwinglich** nedostiživ **unersetzlich** nenadoknadiv **unerträglich** nepodnošljiv, nesnosan **unerwartet** neočekīvān; *plötzlich* iznenādan
Unfall M nezgoda *f*, nesreća *f* **Unfallbericht** M izvješće *n* o nezgodi **Unfallflucht** F → Fahrerflucht **Unfallstation** F odjel *m* hitnē pomoći **Unfallversicherung** F osiguranje *n* za slučāj nesreće
unfreundlich neljubāzan **unfruchtbar** neplodan, jalov
Unfug M besmislica *f*
Ungar M Mađār *m* **Ungarin** F Mađarica *f* **ungarisch** mađarskī
Ungarn N Mađarskā *f*
ungebildet nenaobražen
Ungeduld F; nestrpljivōst *f* **ungeduldig** nestrpljiv
ungeeignet neprikladan **ungefähr** otprilikē **ungefährlich** neopāsan **ungeheuer** golem
Ungeheuer N čudovište **Ungehorsam** M neposlūšnōst *f* **ungemütlich** neudoban
ungenau netočan
ungenießbar *Pilz* nejestiv; *Speise* neukusan **ungenügend** nedovōljan (*a Note*) **ungerade** *Zahl* nepāran **ungerecht** nepravedan
ungern nerado
ungeschickt nevješt **ungesetzlich** nezākonit **ungesund** nezdrav **ungewiss** nesigūran **Ungewissheit** F nesigūrnōst *f* **ungewöhnlich** neobičan **ungewohnt** neobičan
Ungeziefer N gamād *f*
ungezogen *Kind* neodgojen
ungezwungen neusiljen
unglaublich nevjerojatan
Unglück N nesreća *f*, nedaća *f* **unglücklich** nesretan
ungültig poništen **ungünstig** nepovōljan **unhandlich** neprikladan
Unheil N zlo *n*
unheilbar neizlječiv **unheimlich** *Furcht einflößend* zastrašujūćī; *unbehaglich* nelago-

dan; *umg riesig* golem **unhöflich** neuljudan **unhygienisch** nehigijēnskī
Uniform F odora *f*, unifōrma *f*
Union F sāvez *m*
Universität F sveučilīšte *n*
Unkenntnis F neznānje *n*
unklar nejasan **unklug** nerazūman **Unkosten** PL troškovi *m/pl* **Unkraut** N kōrov *m* **unleserlich** nečitljiv **unmenschlich** neljudskī **unmittelbar** neposredan **unmöbliert** nenamješten **unmöglich** nemogūć **unmoralisch** nemorālan **unnötig** nepotreban **unnütz** nekorīstan
UNO F OUN *m* (Organizācija *f* ujedīnjenīh nārodā)
unordentlich neuredan
Unordnung F nerēd
unparteiisch nepristran **unpassend** neumjestan **unpersönlich** bezličan **unpraktisch** nepraktičan **unpünktlich** netočan
Unrecht N neprāvda *f*; **unrecht haben** nēmati prāvo
unregelmäßig nepravilan
unreif nedozreo
Unruhe F nemīr *m* (*a fig*); **unruhig** nemīran
uns (*A*) nās, *enkl* nas; (*D*) nāma, *enkl* nam
unschädlich neškodljiv **unscharf** FOTO nejasan, mūtan
unschlüssig neodlūčan
Unschuld F nevinōst *f* **unschuldig** nevīn, nedūžan
unser, **unsere** naš **unsererseits** s nāšē strānē **unseretwegen** rādi nās
unsicher nesigūran **Unsicherheit** F nesigūrnōst *f*
unsichtbar nevidljiv
Unsinn M besmislica *f* **unsinnig** besmislen
Unstimmigkeit F neskladnōst *f*; *Uneinigkeit* nesuglasica *f*
unsympathisch nesimpatičan **untätig** nedjelatan, dokon **untauglich** nesposoban
unten dolje
unter *wohin?* (*A*) pod (*A*); *wo?* (*D*) pod (*I*), ispod (*G*); *zwischen* između (*G*), među (*I*); *weniger als* ispod (*G*); **~ anderem** između ostālog
Unterarm M podlaktica *f* **Unterbewusstsein** N podsvijēst *f*
unterbrechen prekinuti (-kīdati); **unterbringen** smjestiti (smjēštati); **unterdrücken** *Volk* potlačiti (-čīvati); *Tränen* susprēgnuti (-prēzati)
untere dōnjī
untereinander među sobōm, između sebe
unterer, **unteres** → untere
Unterführung F podvožnjāk *m* **Untergang** M propāst *f*; *Schiffsuntergang* potonūće *n* **untergehen** *Schiff* [po-]tonuti; *Sonne* zāći (zalaziti); **untergeordnet** podrēđen
unterhalb ispod (*G*)
Unterhalt M *Lebensunterhalt* uzdržāvānje *n* **unterhalten** zabaviti (-vljati); *betreiben*

održāvāti; **sich ~** razgovārati (**mit** s *I*); *sich vergnügen* zabaviti (-vljati) se **Unterhaltung** F razgovōr *m*; *Vergnügen* zābava *f*; *Instandhaltung* održāvānje *n*
Unterhemd N potkošulja *f* **Unterhose** F gaće *f/pl* **unterirdisch** podzēmnī **Unterkiefer** M dōnjā čēljūst *f* **Unterkunft** F smještāj *m* **Unterlage** F podloga *f*; **~n** *pl* isprave *f/pl*, dokumenti *m/pl*
unterlassen propustiti (-pūštati); **Unterleib** M dōnjī dio *m* trbuha **unterliegen** *Gesetzen, e-m Gegner* podlegnuti (-lijēgati); **Untermiete** F stanarina *f* **Untermieter** M podstanār *m* **Untermieterin** F podstanārka *f*
unternehmen poduzēti (-uzimati)
Unternehmen N *Betrieb* poduzēće *n* **Unternehmer** M poduzetnīk *m* **Unternehmerin** F poduzetnica *f* **unternehmungslustig** poduzētan
unterordnen podrēditi (-ređīvati)
Unterricht M poduka *f*; *Schulstunden* nāstava *f* **unterrichten** *etw* predāvati; poučāvati (**j-n in** *D* u *L*); *informieren* obavijēstiti (-vještāvati)
Unterrock M podsuknja *f*
unterschätzen potcijēniti (-cjenjīvati)
unterscheiden rāzlikovati; **sich ~** rāzlikovati se
Unterschenkel M potkoljenica *f* **Unterschied** M rāzlika *f* **unterschlagen** JUR utājiti (-jīvati); *Tatsache* zatājiti (-jīvati); **unterschreiben** potpīs(īv)ati **Unterschrift** F potpis *m* **Unterseeboot** N podmōrnica *f* **untersetzt** zdępast
unterste nājdonjī
unterstellen *böse Absichten* podmetnuti (-metati)
unterster, **unterstes** → unterste
unterstreichen podvūći (-vlāčiti)
unterstützen poduprijēti (-pirati); *finanziell* potpomoći (-māgati); **Unterstützung** F podrška *f*; *Beihilfe* pripomōć *f*
untersuchen istrāžiti (-žīvati), ispīt(īv)ati; MED pregledati (-glēdati, -gledāvati); **Untersuchung** F istražīvānje *n*; JUR istraga *f*; MED pretraga *f*
Untertasse F tanjurić *m* **untertauchen** *unter Wasser* zaroniti (-rānjati); *in e-r Menschenmenge* nestati (-stajati) **Unterteil** N/M dōnjī dio **Untertitel** M podnāslov **Unterwäsche** F dōnjē rūblje *n*
unterwegs na pūtu, pūtem
unterwerfen pokoriti (-rāvati); **unterzeichnen** → unterschreiben **unterziehen**: **sich ~** podvrgnuti (-vrgāvati) se (**e-r Sache** *D*)
Unterzucker M: *umg* **~ haben** imati niski šećer
untrennbar nerazdvojiv
untreu nevjeran

unübersichtlich nępreglēdan **unübertroffen** nenądmāšen **unüberwindlich** nesavlądiv **unumgänglich** pǫtreban, nųždan **ununterbrochen** nęprekīdan **unverantwortlich** nęodgovōran **unverbindlich** nęobvez(at)an **unverbleit** bęzolōvnī **unverdaulich** neprobąvljiv **unvergänglich** neprǭlazan **unvergesslich** nęzaborāvan **unverheiratet** *Frau* nęudāta; *Mann* neǫženjen **unverkäuflich** kǫjī nije za prǫdaju **unverletzt** neǫzlijēđen **unvermeidlich** neįzbjēžan **unverschämt** bezǫbrazan, bęsrāman, bęstīdan **unversehrt** neǫzlijēđen; *unbeschädigt* neǫštećen **unverständlich** nerazųmljiv **unverzüglich** neodgǫdiv **unvollständig** nępotpun **unvorhergesehen** neprędviđen **unvorsichtig** neǫprēzan **unwahrscheinlich** nevjerǫjatan

Unwetter N nęvrijēme **unwichtig** nębītan **unwiderstehlich** neodǫljiv **unwillkürlich** nęhotičan, nenąmjeran; ADV nęhoticē **Unwissenheit** F neznąnje **unwohl** *unbehaglich* nęlagodan **Unwohlsein** N neraspoložęnje *n*, nęlagodnōst *f* **unzählig** nębrojen; **~e Male** nębrojeno pųta **unzerbrechlich** nelǫmljiv **unzertrennlich** nęrazdvōjan **unzufrieden** nęzadovōljan **unzugänglich** nępristupačan **unzuverlässig** nępouzdān

Update N update, ažurīranje **Upgrade** N upgrade, nadogrądnja **üppig** *Mahl* ǫbīlan **uralt** prąstar **Uran** N Ųrān *m* **Uraufführung** F prąizvedba *f* **Urenkel** M praųnuk *m* **Urenkelin** F praųnuka *f* **Urgroßmutter** F prąbaka *f* **Urgroßvater** M prądjed *m* **Urheber(in)** M(F) *Veranlasser, Schöpfer* tvǭrac *m*; JUR ąutor(ica) *m(f)* **Urin** M mǫkraća *f*, ųrīn *m* **Urkunde** F *amtliche* įsprava *f* **Urlaub** M dǫpust *m*; *Erholungsurlaub* gǫdišnjī ǫdmor *m* **Urlauber** M tųrist *m* **Urlauberin** F tųristica *f* **Urne** F ūrna *f*, žąra *f* **Urologe** M, **Urologin** F urǫlog(inja) *m(f)* **Ursache** F ųzrok *m*; **keine ~!** nēma na čęmu! **Ursprung** M įzvor *m* **ursprünglich** įzvōrnī **Urteil** N sūd *m*; JUR pręsuda *f* **urteilen** sūditi **über etw** o (*L*) **Urwald** M prąšuma *f* **USA** PL SAD *m* (Sjędinjenē Amęričkē Držāve *f/pl*) **USB-Stick** M IT USB stick *m* **usw.** (und so weiter) i tąkō dąljē (*Abk* itd.) **Utensilien** PL utęnzīlije *f/pl*, potrēpštine *f/pl*

utopisch utọpījskī
UV-Strahlen PL UV zrạke *f/pl*

V

vage neọdrēđen
Vakuum N vǟkuum *m*
Vanille F vạnīlija *f*
Vase F vǟza *f*
Vater M ọtac *m* **Vaterland** N dọmovina *f*
väterlich ọčīnskī
Vaterschaft F ọčīnstvo *n*
vegan vegānskī
Veganer(in) M(F) vegānac *m*, vẹgānska *f*
Vegetarier(in) M(F) vegetarijā-nac *m*, vegetarijānka *f* **vegetarisch** vegetarijānskī
Vegetation F vegetācija *f*
Veilchen N ljụbica *f*
Vene F vḗna *f*
Ventil N vẹntīl *m*
Ventilator M ventịlātor *m*
verabreden ugovọriti (-vāra-ti); **sich ~** dogovọriti (-vārati) se (**mit** s *I*); **Verabredung** F dọgovōr *m*; *Stelldichein* randẹvū *m*, sạstanak *m*
verabschieden *Gesetz* dọnijēti (-nọsiti); *pensionieren* umirọviti (-vljīvati); **sich ~** oprọstiti (oprāštati) se (**von** od *G*)
verachten prẹzreti (-zirati)
verächtlich prẹzīrno
verallgemeinern uọpćiti (-ćāvati)
veraltet zạstario
veränderlich promjẹnjiv
verändern promijẹniti (mijẹnjati); **sich ~** izmijẹniti se, promijẹniti (mijēnjati) se **Veränderung** F prọmjena *f*
Veranlagung F sklọnōst *f*; *steuerliche* rāzrez *m*
veranlassen *anordnen* narẹditi (-rеđīvati); *zu etw bewegen* potạknuti (pọticati)
veranstalten prirẹditi (-ređịvati); **Veranstalter** M priređịvāč *m*, organịzātor *m* **Veranstaltung** F prīredba *f*
verantworten odgovārati za (*A*); **sich ~** odgovārati (**für** za *A*); **verantwortlich** ọdgovōran **Verantwortung** F odgovọrnōst *f* **verantwortungslos** nẹodgovōran
verarbeiten prerāditi (-rađīvati); **Verarbeitung** F ọbrada *f*
Verb N glạgol *m*
Verband M MED zāvoj *m* **Verbandzeug** N zāvōjnī materịjāl *m*
verbergen [za-]tājiti, sạkriti (sakrīvati)
verbessern pobọljš(āv)ati; *berichtigen* pọpraviti (-vljati) **Verbesserung** F poboljšānje *n*; *Berichtigung* ịspravak *m*
Verbeugung F nạklon *m*
verbieten zabrāniti (-njīvati)
verbilligen pojeftịniti (-njīvati)
verbinden *Wunde* prẹviti (-vījati)
verbindlich ọbvezan

Verbindung F *Verkehr* veza *f*; TEL, CHEM, ELEK spōj *m*; *mit j-m* veza s (*I*)
verbleit kojī sadržī olovo
verblüfft zaprepāšten
verblühen ocvasti *pf*
verbluten iskrvāriti *pf*
verborgen[1] *verleihen* posūditi (-uđīvati)
verborgen[2] ADJ skriven
Verbot N zābrana *f* **verboten** zābranjen
Verbrauch M potrošak *m*; **verbrauchen** [po-]trošiti **Verbraucher** M potrošāč *m* **Verbraucherin** F potrošačica *f*
Verbrechen N zločin *m*
Verbrecher M zločinac *m*
Verbrecherin F zločīnka *f*
verbreiten rašīriti (-širīvati); **verbreitern** rašīriti (-širīvati)
verbrennen izgorjeti (-gārati), spāliti (-ljīvati); **sich ~** opeći se *pf* **Verbrennung** F MED opeklina *f*
verbringen *Zeit, Urlaub* provesti (-voditi)
verbrühen: **sich ~** opariti (-rīvati) se, ošuriti se *pf*
Verbündete M, F sāveznīk *m*, (-nica *f*)
verbüßen *Strafe* izdrž(āv)ati
verchromt kromīrān
Verdacht M sūmnja *f*
verdächtig osumnjičen **verdächtigen** [o-]sumnjičiti (**e-r Sache** za *A*)
verdammt proklēt
verdanken zahvāliti (-ljīvati) (**j-m** *D* **etw** *A*)
verdaulich probavljiv **Verdauung** F probava *f* **Verdauungsstörung** F probavnē smētnje *f/pl*
Verdeck N *Auto* krōv *m*
verdecken *Sicht* zastrijēti (-stirati)
verderben [po-]kvāriti; *Lebensmittel* [po-]kvāriti se **verderblich** *Speisen* pokvarljiv
verdienen *Geld* zarāditi (-rađīvati); *Lob* zaslūžiti (-žīvati)
Verdienst[1] N *Gehalt* zarada *f*
Verdienst[2] M zāsluga *f*
verdoppeln udvojiti (udvājati), udvostručiti (-čīvati)
verdorben *Speisen, Magen* pokvāren
verdrängen istisnuti (-tiskīvati); *ein Gefühl* potisnuti (-tiskīvati)
verdrehen *Hals, Worte* iskrēnuti (iskretati); *Tatsachen* izvŕnuti (izvrtati); **den Kopf ~** *fig* zavŕtjeti glāvōm (**j-m** *D*)
verdünnen razrijēditi (-rjeđīvati)
verdunsten ispariti (-parīvati)
verdursten umrijēti (-mirati) od žēđi
veredeln oplemeniti (-njīvati)
verehren obožāvati **Verehrer** M obožavatelj *m* **Verehrerin** F obožavateljica *f*
vereidigt zaprisēgnūt
Verein M udruga *f*, drūštvo *n*
vereinbaren *Treffen, Tag* dogovoriti (-govārati); **Vereinbarung** F dogovōr *m*, pogodba *f*

vereinfachen pojednostạviti (-vljīvati), pojednostạvniti (-njīvati)
vereinigen sjedīniti (-njạ̄vati)
vereist zạleđen
vereiteln osụjetiti (-ećīvati)
vereitert zạgnojen
verengen: **sich ~** sū̧ziti (-zīvati) se
vererben ọstaviti (-vljati) u nạsljedstvo
verfahren postūpati; **sich ~** [za-]lūtati
Verfahren N TECH, JUR pọstupak *m*
verfallen *Gebäude, Fahrkarte* prọpasti (-padati); ADJ *Gebäude* rụšēvan **Verfallsdatum** N rọk *m* ụpotrebē *od* ụporabē
verfassen sạstaviti (-vljati) **Verfasser(in)** M(F) ạutor(ica) *m(f)*
Verfassung F POL ụstāv *m*
verfaulen [sạ-]gnjịti, [ịs-]trụnuti, gnjịliti
verfehlen *Ziel, Beruf* prọmašiti (-šīvati)
verfilmen ekranizīrati *(im)pf*
verflucht prọklēt
verfolgen *jagen* [pro-]gọniti; *Geschehen* prạtiti; *politisch* progọniti (-gạ̄njati); *Absicht* slijẹ̄diti **Verfolger(in)** M(F) progọnitelj (-ica) *m(f)* **Verfolgte** M, F progọnjēnīk *m* (-nica *f*); **Verfolgung** F *Strafverfolgung* gonjẽnje *n*; POL prọgon *m*
verfrüht preụranjen
verfügbar raspoḷọživ **verfügen** raspolạ̄gati (**über** *A* s *I*)
Verfügung F: **j-m etw zur ~ stellen** stạviti na raspolạ̄gānje
verführen zạvesti (-vọditi); (**zu** na *A*); **verführerisch** zavọdljiv
vergangen prọšao **Vergangenheit** F prọ̄šlōst *f*; GRAM prọšlō vrijẹ̄me *n*
Vergaser M rasplịnjāč *m*
vergeben *Preis, Amt* dodijẹ̄liti (-djeljīvati) (**an** *A D*); **j-m etw** oprọstiti (oprạ̄štati); **vergeblich** ụzalūdan; ADV ụzalūd
vergehen *Zeit* prọ̄ći (prọlaziti); **sich an j-m** *od* **etw ~** ogrijẹ̄šiti (ogrešīvati) se o (*A*)
vergessen zabọraviti (-vljati)
vergesslich zaborạvljiv
vergewaltigen sịlovati *(im)pf* **Vergewaltigung** F sịlovānje *n*
vergewissern: **sich ~** ụvjeriti se *pf*
vergießen *Tränen, Blut, Wein* prọliti (-lijẹ̄vati)
vergiften [ọ-]trọvati **Vergiftung** F otrovạ̄nje *n*
Vergissmeinnicht N pọtočnica *f*, spomẽnak *m*
Vergleich M uspọredba *f*; JUR nạ̄godba *f* **vergleichen** usporẹ̄diti (-ređīvati) (**mit** s *I*)
vergnügen: **sich ~** zạbaviti (-vljati) se
Vergnügen N zạ̄bava *f*; **viel ~!** dọbrā zạ̄bava!
vergnügt vẹseo; *vergnüglich* zạ̄bāvan **Vergnügungspark** M zạ̄bavnī pạrk *m*
vergoldet pọzlāćen
vergriffen rạsprodān

vergrößern povẹ́ć(ā̦v)ati **Vergrößerung** F povećā̦nje *n* (*a* FOTO); **Vergrößerungsglas** N povẹćalo *n*
Vergütung F *Lohn* plā̦ća *f*; *von Auslagen* nā̦plata *f* trọškovā
verhaften ụhititi (-ćīvati); **Verhaftung** F uhićẹ̄nje *n*
Verhalten N *Benehmen* ponā̦šānje *n*, vlā̦dānje *n*; *Handeln* pọstupak *m*
verhalten: **sich** ~ *sich benehmen* vlā̦dati se, dṛžati se; *Sache* odnọsiti se
Verhältnis N rā̦zmjer *m*; *Beziehung* ọdnos; *Liebesverhältnis* ljụbāvnā vẹza *f*; **~se** *pl* prīlike *f/pl* **verhältnismäßig** rā̦zmjērno
verhandeln pregovā̦rati (**über** *A* o *L*); **Verhandlung** F prẹgovori *m/pl*; JUR rọčīšte *n*
verhasst ọmražen
verheimlichen zatā̦jiti (-tajīvati)
verheiratet *Frau* ụdata (**mit** za *A*); *Mann* ọženjen (**mit** s *I*)
verhindern sprijẹ̄čiti (sprečā̦vati)
verhindert sprijẹ̄čen
Verhör N JUR preslušā̦vānje *n* **verhören** prẹsluš(ā̦v)ati; **sich** ~ krīvo čụti (*im*)*pf*
verhungern ụmrijēti (umirati) ọd glādi
verhüten sprijẹ̄čiti (sprečā̦vati); **Verhütung** F sprečā̦vānje *n*; MED kontracẹpcija *f* **Verhütungsmittel** N kontracẹptīvnō srẹdstvo *n*
verirren: **sich** ~ [za-]lū̦tati
verjagen ọtjerati (-rīvati)
Verkauf M prọdaja *f* **verkaufen** prọd(ā̦v)ati; **zu** ~ na prọdaju
Verkäufer M prodạvatelj *m* **Verkäuferin** F prodavatẹljica *f*; *im Geschäft* prodạvāč *m*, prodavạčica *f*
Verkehr M prọ̄met *m*
verkehren *Verkehrsmittel* prọmetovati
Verkehrsampel F sẹmafōr *m* **verkehrsberuhigt**: **~e Zone** zọ̄na *f* smīrenọ̄g prọ̄meta **Verkehrsbüro** N turịstičkī ụred *m* **Verkehrschaos** N prọ̄metnā gụžva *f* **Verkehrsmittel** N prọ̄metnō srẹdstvo *n* **Verkehrsschild** N prọ̄metnī znā̦k *m* **Verkehrsunfall** M prọ̄metnā nẹzgoda *od* nẹsreća *f* **Verkehrszeichen** N prọ̄metnī znā̦k
verkehrt ọbr̄nūt *falsch* krīv; ADV naopạčkē
verklagen tụ̄žiti (**wegen** zbog *G*)
verkleiden: **sich** ~ prẹrušiti (-šīvati) se
verkleinern smā̦njiti (-njīvati); FOTO umā̦njiti (-njīvati)
verkommen[1] prọpasti (-padati)
verkommen[2] ADJ *moralisch* pọkvāren; *Gebäude* orọnuo
verkraften svlā̦d(ā̦v)ati
verkrampft grčẹvit
verkriechen: **sich** ~ zạvūći (-vlā̦čiti) se

verkünden objąviti (-vljīvati); *öffentlich* ogląsiti (oglašąvati) **verkürzen** skrątiti (-aćịvati) **verladen** utọvariti (-rịvati); SCHIFF ukṛc(ąv)ati **Verlag** M nąklada *f*, nąkladnō poduzẹće *n* **verlangen** *fordern* zahtijẹvati; *j-n* [po-]trąžiti; *sich sehnen* čẹznuti (**nach** za *I*) **Verlangen** N *Forderung* ząhtjev *m*; *Sehnsucht* čẹžnja *f* (**nach** za *I*) **verlängern** produ̇̄ljiti (-ljịvati); *zeitlich* produ̇̄žiti (-žịvati); **Verlängerung** F *Rohr*, SPORT produžẹtak *m*; *Pass* produžẹnje *n* **Verlängerungsschnur** F prọdužnī kąbel *m* **verlangsamen** uspọriti (-rąvati) **verlassen** napụstiti (-pụ̄štati), ọstaviti (-vljati); **sich ~ auf** (*A*) pouzd(ąv)ati se u (*A*) **Verlauf** M tijẹk *m*; *Grenzverlauf* protẹzanje *n* **verlaufen** *ablaufen* prọtjecati; *zerfließen* prelijẹvati se; **sich ~** [za-]lụ̄tati **verlegen**[1] *Termin* odgọditi (-gąđati) (**auf** *A* za *A*); *etw* zametnuti (-metati); *Buch* ịzd(ąv)ati **verlegen**[2] ADJ zbụ̄njen **Verlegenheit** F zbụ̄njenōst *f* **Verleger** M nąkladnīk *m* **Verlegerin** F nąkladnica *f* **Verleih** M iznajmljịvānje *n* **verleihen** posụ̄diti (-suđịvati); *gegen Gebühr* iznąjmiti (-mljịvati)

verlernen zabọraviti (-vljati) **verletzen** *j-n* ozlijẹditi (-zljeđịvati); *Gesetz, Vertrag* prekṛšiti (-šịvati); **sich ~** ozlijẹditi (-zljeđịvati) se **Verletzte** M,F ọzlijēđenā ọsoba *f* **Verletzung** F ọzljeda *f* **verleumden** [o-]klevẹtati **verlieben**: **sich ~** zaljụ̄biti (-bljịvati) se (**in** *A* u *A*); **verliebt** zạljūbljen **verlieren** [iz-]gụbiti **Verlierer** M gụbitnīk *m* **Verliererin** F gụbitnica *f* **verlinken** IT stạviti lịnk, povẹzati **verloben**: **sich ~** zarụ̄čiti (-čịvati) se **verlobt** zạrūčen **Verlobte** M,F ząručnīk *m* (-nica *f*); **Verlobung** F ząruke *f/pl* **verlockend** zạmāman **verlogen** lạžljiv **verloren** ịzgubljen; **~ gehen** [ịz-]gụbiti se **Verlosung** F ždrijẹbānje **Verlust** M gubịtak *m* **vermehren** umnọžiti (-žịvati); **sich ~** umnọžiti (-žịvati) se; BIOL razmnọžiti (-žịvati) se **vermeiden** ịzbjeći (-bjegąvati) **Vermerk** M bịlješka *f*, nạpomena *f* **vermessen** prẹmjeriti (-mjerịvati) **vermieten** *Wohnung, Auto* iznąjmiti (-mljịvati); **Vermieter** M iznajmljịvāč *m* **Vermieterin** F iznajmljịvạčica *f* **vermischen** [po-, pro-, iz-]

miješati
vermissen opaziti (-pážati) da nēmā (*G*)
Vermisste M, F nestalā osoba *f*
vermitteln posredovati **Vermittler(in)** M(F) posrednīk *m* (-nīca *f*) **Vermittlung** F TEL telefōnskā centrāla *f*
Vermögen N *Besitz* imētak *m*
vermögend imūćan
vermuten pretpostaviti (-vljati)
vermutlich vjerojātan; ADV po svōj prilici
vernachlässigen zapustiti (-pūštati), zanemāriti (-rīvati)
vernehmen JUR presluš(āv)ati
verneinen [za-]nijēkati
vernichten uništiti (-štāvati)
Vernunft F razūm *m*, ūm *m*
vernünftig razūman
veröffentlichen objāviti (-vljīvati); **Veröffentlichung** F *Bekanntmachung* objavljīvānje *n*; *wissenschaftliche* publikācija *f*
verordnen MED propīs(īv)ati **Verordnung** F MED propisīvānje *n*; JUR uredba *f*
verpachten dati (dāvati) u nājam
verpacken [s-, u-]pakīrati **Verpackung** F ambalāža *f*
verpassen: **den Zug ~** zakasniti (-kašnjāvati) na vlāk, propustiti (-pūštati) vlāk
verpflegen opskrbiti (bljīvati); **Verpflegung** F opskrba *f*
verpflichten: **sich zu etw ~** obvēzati (-zīvati) se **Verpflichtung** F obveza *f*
verprügeln is-, pretūći *pf*
Verputz M žbuka *f* **verputzen** [o-, za-]žbukati
Verrat M izdaja *f* **verraten** izd(āv)ati, od(āv)ati
verrechnen HANDEL prebiti (-bījati) (**mit** s *I*); *Scheck* obračun(āv)ati; **sich um ... ~** prevariti se u račūnu; *falsch einschätzen* preračun(āv)ati se (u *L*); **Verrechnungsscheck** M obračūnskī ček *m*
verreisen otputovati *pf*
verrenken MED iščašiti (-šīvati)
verriegeln zakračun(āv)ati
verringern smānjiti (-njīvati)
verrosten [za-]hrđati
verrückt lūd
Vers M stih *m*
versagen *Person* zakāz(īv)ati; *Bremse* zatājiti (-jīvati), podbāciti (-cīvati)
Versager(in) M(F) gubitnik *m* (-nica *f*)
versalzen ADJ presoljen
versammeln okupiti, skupiti (-kūpljati), sab(i)rati; **sich ~** okupiti (okūpljati) se **Versammlung** F zbor *m*, skup *m*; *Volksversammlung* skupština *f*
Versand M otprema *f* **Versandhandel** M katalōškā prodaja *f*
versäumen *Zug* zakasniti (-kašnjāvati) na (*A*)
verschaffen priskrbiti (-bljīvati)
verschärfen pooštriti (-oštrāvati)

verschenken darovati (-rivati), pokloniti (poklanjati); *austeilen* razd(av)ati; *Chance* prọigra(ạv)ati, propụstiti (-pụ̄štati)
verschicken rasạslati (-šiljati)
verschieben pomạknuti (pọmicati); *zeitlich* odgọditi (-gạđati) (**um** za *A*, **auf** *A* za *A*)
verschieden rạ̄zličit; **Verschiedenes** rạ̄znō
verschiffen prẹvesti (-vọziti) brọ̄dom
verschimmelt pljẹsniv
verschlafen *etw* prespạ̄vati *pf*; ADJ snẹn
verschlechtern pogọrš(ạv)ati; **sich ~** pogọrš(ạv)ati se
Verschleiß M trošẽnje *n*
verschleppen deportirati (*im*)*pf*; *entführen* otẽti (otimati); *Verhandlung* otẽgnuti (otẽzati), odugovlạ̄čiti
verschließen zaklјuč(ạv)ati
verschlingen prọždrijẽti (-ždirati); *Buch* [pro-]gụtati
verschlossen zạtvoren (*a fig*)
verschlucken [pro-]gụtati; **sich ~** zạgrcnuti (-cạ̄vati) se
Verschluss M zatvạrač *m*; *Deckel* pọklopac *m*; FOTO zạ̄por *m*
verschmähen prẹzreti (-zirati)
verschmelzen stọpiti (stạ̄pati)
verschmutzen [za-, u-]prljati; *Umwelt* zạgaditi (-gađivati)
verschnaufen predạhnuti (-njivati)
verschneit zạvijen *od* prekrịven snijẽgom
verschnupft: **~ sein** ịmati hụnjavicu; *verärgert sein* rạzljūćen *od* ljụtit
verschollen nẹstao
verschonen poštẽdjeti (-šteđivati)
verschönern poljẹpš(ạv)ati
verschreiben MED propis(iv)ati; **sich ~** pọgrešno [na-, za-] pisati
verschulden *Unfall* skrịviti *pf*
verschuldet zạdūžen
verschütten *Salz* rạsūti (-sipati); *Kaffee* rạzliti (-lijẽvati)
verschweigen prešụ̄tjeti (-šućivati)
verschwenden rạsūti (-sipati)
Verschwendung F rạ̄strošnōst *f*
verschwinden nẹsta(ja)ti
verschwommen rạsplīnūt, razlịven
Verschwörung F ụrota *f*
Versehen N zạ̄buna *f*; **aus ~**, **versehentlich** zạ̄bunōm
versenken potọpiti (-tạ̄pati)
versetzen *Beamte* prẹmjestiti (premjẽštati); **j-n in die Lage ~ zu** omogụ̄ćiti (-ćivati) (*D*) (*inf*); *umg nicht erscheinen* ne dọ̄ći na sạstanak; **versetzt werden** *Schüler* prijẽći (prẹlaziti) u vịšī rạzred
verseucht zạrāžen
versichern osigụr(ạv)ati (**gegen** protiv *G*); *beteuern* ụvjeriti (-rạ̄vati); **Versicherte** M,F osigụranīk *m* (-nica *f*); **Versicherung** F osigurạ̄nje *n*
Versicherungsfall M osigụranī slụčāj *m*; **im ~** u slụčāju

osiguranog slučajā
Versicherungspolice F, **Versicherungsschein** M polica *f* osigurānja
versinken *Schiff* [po-]tonuti; *Sonne* zāći (zalaziti)
versöhnen: **sich ~ mit** [iz-, po-]mīriti se s (*I*)
versorgen opskrbiti (-bljīvati) (**mit** *I*); **Versorgung** F opskrba *f*
verspäten: **sich ~** zakasniti (-kašnjāvati); **Verspätung** F zakašnjēnje *n*
versperren zatvoriti (-vārati)
verspielen proigr(āv)ati, prokock(āv)ati
verspotten izrūg(īv)ati
versprechen obeć(āv)ati
Versprechen N obećānje *n*
Verstand M razūm *m*
Verständigung F sporazumijēvānje *n*
verständlich razumljiv
Verständnis N razumijēvānje *n* **verständnisvoll** pun razumijēvānja
verstärken pojač(āv)ati **Verstärker** M TECH pojačalo *n* **Verstärkung** F MIL, *baulich* pojačānje *n*
verstauchen: **sich den Fuß ~** uganuti *pf* nogu
verstauen posložiti (-slāgati)
Versteck N skrīvalīšte *n* **verstecken** skriti (skrīvati)
verstehen razumjeti (*im*)*pf*; **etw falsch ~** krīvo shvatiti (shvaćati) *od* razumjeti
Versteigerung F dražba *f*
verstellbar pomičan **verstellen** *Sitz* pomaknuti (pomicati); *versperren* zakrčiti *pf*; *Stimme* pretvoriti (-tvārati)
versteuern oporezovati (-zīvati)
verstopft *Abfluss, Straße* zakrčen **Verstopfung** F MED začep *m*, opstipācija *f*
verstorben pokōjnī
verstoßen prekršiti (-šīvati) (**gegen** *A*)
verstreichen *Frist* isteći (-tjecati); *Zeit* prōći (prolaziti)
Versuch M pokušāj *m*; *Experiment* pokus *m* **versuchen** pokuš(āv)ati **Versuchung** F nāpast *f*; iskušēnje *n*
vertauschen zamijēniti (-mjenjīvati)
verteidigen [o-]brāniti **Verteidiger(in)** M(F) MIL, JUR branitelj *m* (-teljica *f*); *Fußball* branič *m* **Verteidigung** F obrana *f*
verteilen razdijēliti (-djeljīvati) (**auf** *A* na *A*); *Geschenke* [po-]dijēliti
verteuern *Waren* poskūpiti (-pljīvati); **sich ~** poskūpjeti (-pljīvati)
vertiefen udūbiti (-bljīvati); **Vertiefung** F udubina *f*
Vertrag M ugovōr *m* **vertragen** podnijēti (-nositi); **sich ~** slāgati se
verträglich podnošljiv
Vertragshändler(in) M(F) ovlāštenī trgovac *m*, ovlāštena trgōvkinja *f* **Vertragswerk-**

statt F ovlãštenī sęrvīs *m*
vertrauen pouzd(ãv)ati se (**j-m, auf j-n** u *A*)
Vertrauen N povjerẹnje *n*
vertrauensvoll pụn povjerẹ̄nja **vertraulich** povjẹrljiv
vertraut *verbunden* blịzak, intīman; **mit etw ~ sein** bịti upūćen u (*A*)
vertreiben prọtjerati (-rīvati), prọgnati (-gọniti); *Sorgen* odạgnati *pf*; *handeln* trgọvati s (*I*), raspạč(ãv)ati (*A*); **sich die Zeit ~** [s-]krạ̄titi vrijẹ̄me
vertreten *Land, Firma* zastūpati; *im Amt* zamijẹ̄niti (-mjenjīvati); **Vertreter** M *Volksvertreter, Handelsvertreter* zạ̄stupnīk *m*; *im Amt* zạ̄mjenīk *m* **Vertreterin** F zạ̄stupnica *f*; zạ̄mjenica *f* **Vertretung** F zạ̄stupnīštvo *n*; *im Amt* zamjena *f*; *diplomatische* prẹdstāvnīštvo *n*
vertuschen zatašk(ãv)ati
verunglücken [na-]strạ̄dati; unesrećiti (-srećīvati); **tödlich ~** [pọ-]gịnuti
veruntreuen pronẹvjeriti (-rīvati)
verursachen [pro-]uzrokovati, prouzročiti (-čīvati)
verurteilen osūditi (-uđīvati); **Verurteilung** F prẹsuda *f*
vervielfältigen umnọžiti (-žīvati)
vervollständigen upọtpuniti (-njīvati)
verwackelt nẹjasan, mūtan
verwählen: TEL **sich ~** bịrati pọgrešnī telẹfōnskī brọj
verwalten upravljati **Verwalter** M uprạvitelj *m* **Verwalterin** F upravitẹljica *f* **Verwaltung** F uprava *f*, administrạ̄cija *f*
verwandeln pretvọriti (-tvạ̄rati)
verwandt u rọdu (**mit** s *I*); *fig* srọdan (*D*)
Verwandte M,F rọđak *m*, rođạkinja *f*
Verwandtschaft F srọdnōst *f*; *Familie* rọdbina *f*
Verwarnung F ọpomena *f*
verwechseln zamijẹ̄niti (-mjenjīvati), [po-]br̄kati **j-n** (*A*) **mit** s (*I*) **Verwechslung** F zạ̄mjena *f*
verweigern uskratiti (-kraćīvati)
Verweis M *Tadel* ūkor *m*; *Hinweis* uputa *f* **verweisen** *hinweisen* upozọriti (-rạ̄vati); **an j-n ~** upūtiti (upućīvati) (*D*)
verwelken [u-]vẹnuti
verwenden upotrijẹ̄biti (-trebljạ̄vati), [upo-]rạ̄biti; *Zeit, Geld* [po-]trọšiti (**auf** *A* na *A*)
verwerten iskọristiti (-ištạ̄vati, -išćīvati); **Verwertung** F iskorištạ̄vānje *n*
verwickeln *Schnur* zam̄rsiti (-ršīvati); **j-n** (*A*) **in etw ~** uplesti (uplẹtati) u (*A*) **verwickelt** zạm̄ršen
verwirklichen ostvạ̄riti (-rīvati), ozbīljiti (-ljīvati), oživotvọriti (-rīvati)
verwirrt zbūnjen, zbr̄kān
verwischen [iz-]brịsati (*a*

Spur)
verwitwet obudọvio *m* (-vjela *f*)
verwöhnen razmāžiti (-zīvati)
verwöhnt rązmāžen
verworren smūšen
verwundert začuđen
verwundet rąnjen
Verwundete M, F rąnjenīk *m* (-nica *f*)
verwüsten opustọšiti (-šīvati)
verzählen: **sich ~** zabrọjiti se *pf* (**um** za)
verzaubern začār(āv)ati, opčịniti (-čīnjati)
verzehren [pọ-]jẹsti, konzumīrati (*im*)*pf*
Verzeichnis N pọpis *m*
verzeihen oprọstiti (oprāštati); **Verzeihung** F oproštāj *m*; **~!** oprọsti(te)!
verzichten ọdreći (-rīcati) se (**auf** *A G*)
verzögern otẹgnuti (otẹzati), odugovlāčiti; **sich ~** otẹgnuti (-tẹzati) se **Verzögerung** F otẹzānje *n*
verzollen [ọ-]cąriniti; **haben Sie etwas zu ~?** imāte li štọ za prijāviti *od* za cąrinu?
verzweifeln očaj(āv)ati **verzweifelt** ọčājan **Verzweiflung** F očajānje *n*
Vetter M bratić *m*
VHS → Volkshochschule
Video N *Film* vịdeo *m* **Videokamera** F videokąmera *f*
Vieh N stọka *f*
viel mnọgo; **sehr ~** vẹoma *od* vṛlo mnọgo; **nicht ~** ne … mnọgo; **~ zu …** prẹviše
vielleicht mọžda
vielmals: **danke vielmals!** pụno hvālā! **vielmehr** naprotīv **vielsagend** znạčājan
vielseitig svẹstran **vielversprechend** obećāvajūćī, nadobūdan
vier čẹtiri
Vier F čẹtvōrka *f* **Viereck** N čẹtverokūt **viereckig** čẹtverokutan **vierfach** čẹtverostruk **vierhundert** čẹtiristō, čẹtiri stọtine **viermal** čẹtiri pụta **vierte** čẹtvṛtī
Viertel N čẹtvṛt *f*; MUS čẹtvṛtīnka *f*; *Stadtviertel* čẹtvṛt *f*; **~ vor (nach) elf** čẹtvṛt do jedanaest (jedanaest i čẹtvṛt); **Viertelfinale** N čẹtvrtfināle *n*/*m*
Vierteljahr N čẹtvṛt gọdinē
Viertelstunde F čẹtvṛt sāta *f*
vierzehn četṛnaēst
vierzig četrdẹsēt
Vignette F *Autobahnmaut* vinjẹta *f*
Villa F vịla *f*
violett ljụbičast
Violine F violīna *f*
virtuell vịrtuālan
Virus N/M vīrus *m*
Visum N vīza *f*
Vitamin N vitąmīn *m*
Vize... vice-, do-
Vogel M ptịca *f*
Vokabel F riječ *f*
Vokal M sąmoglasnīk *m*
Volk N nārod *m*
Volksfest N pūčkā svẹčanōst *f*
Volkshochschule F

nārodnō sveučilīšte *n* **Volkslied** N nārodnā pjesma *f* **Volksmusik** F nārodnā glāzba *f* **Volkswirtschaft** F nārodnō gospodārstvo *n*
voll pun; *ganz* cio **vollautomatisch** potpuno automatskī
Vollbart M punā brāda *f*
vollenden završiti (-šāvati); *Lebensjahr* navŕšiti (-šāvati)
Volleyball M odbōjka *f*
Vollgas N: **~ geben** dati (dāvati) punī gās
völlig ADV posve, potpuno
volljährig punoljetan
Vollkaskoversicherung F potpunō kasko-osigurānje *n*
Vollkornbrot N integrālnī kruh *m* **Vollmacht** F JUR punomōć *f* **Vollmilch** F punomāsnō mlijēko *n* **Vollmond** M pun Mjesēc *m* **Vollnarkose** F potpunā narkōza *f* **Vollpension** F punī pansiōn *m* **vollständig** potpun **volltanken** napuniti *pf* sprēmnīk; **~!** do vrha! **Vollwertkost** F punovrijēdnā hrāna *f* **vollzählig** u punōm brōju
Volt N volt *m*
Volumen N volūmen *m*, zāpremnina *f*
von *Herkunft, Urheber, zeitlich* od (*G*); *grüßen* **~ mir** od mene **voneinander** jedan od drugōg(a)
vor *wohin?* (*A*) pred (*A*); *wo?* (*D*) pred (*I*), ispred (*G*); *zeitlich* prije (*G*), pred (*A*); **~ einer Woche** prije tjedan dānā; **zehn ~ drei** deset do trī
Vorabend M: **am ~** u predvečērje (*a fig*)
voran naprijēd **vorangehen** ići naprijēd; *fig* napredovati **vorankommen** napredovati
voraus: **im Voraus** unaprijēd **vorausgehen** ići naprijēd; *Ereignis* prethoditi **voraussagen** prorēći (-rīcati); **voraussehen** predvidjeti (-vīđati); **voraussetzen** pretpostaviti (-vljati) **Voraussetzung** F *Annahme* prētpostāvka *f*; *Vorbedingung* predūvjet *m* **voraussichtlich** predvidiv **Vorauszahlung** F predūjam *m*
vorbei *örtlich* mimo (**an** *D G od A*); **der Winter ist ~** zīma je prošla **vorbeifahren** provesti (-voziti) se (**an** *D* pokraj *G*); **vorbeigehen** prōći (prolaziti); **vorbeikommen** navrātiti (navraćati) (**bei j-m** *D*); **vorbeilassen** propustiti (-pūštati)
vorbereiten priprēmiti (-mati)
Vorbereitung F priprema *f*
vorbestellen rezervīrati (*im*)*pf*
vorbeugen *verhüten* spriječiti (sprečāvati) (*A*); **sich ~** sagnuti (-gībati) se **vorbeugend** preventīvan
Vorbild N ūzor *m* **vorbildlich** ūzōran
Vorder... prednjī **Vorderachse** F prednjā osovina *f* **Vordergrund** M prednjā strāna *f*; **im ~ stehen** biti u prvōm plānu **Vorderradantrieb** M pogon *m* na prednjē

kotāče **Vorderreifen** M prednjā guma *f* **Vorderseite** F prednjā strāna *f* **Vordersitz** M prednjē sjedalo *n*
vordrängen: **sich ~** [pro-]gūrati se naprijēd
Vordruck M tiskanica *f*, formulār *m*
voreilig brzoplet
voreingenommen pristran
vorerst zasad(a)
Vorfahrt F prednōst *f* prolaska *f* **Vorfall** M događāj *m*
vorführen *Theaterstück* prikāz-(īv)ati; *Häftling* predvesti (-voditi); *bloßstellen* izvrgnuti (-gāvati) rūglu **Vorführung** F prikazīvānje *n*, demonstrācija *f*; *Darbietung* izvedba *f*
Vorgang M *Ereignis* događāj *m*; *Hergang* proces *m*
Vorgänger M prethodnīk *m* **Vorgängerin** F prethodnica *f*
vorgehen *handeln* postūpati; *Uhr* ići naprijēd
Vorgesetzte M, F pretpostavljenī *m* (-nā *f*)
vorgestern prekjučēr
vorhaben *beabsichtigen* namjerāvati (**zu** *inf*)
Vorhaben N nāmjera *f*
vorhanden pōstojēćī; **~ sein** pōstojati
Vorhang M zāstor *m*, zāvjesa *f*; THEAT zāstor *m*
vorher prije **vorhergehend**, **vorherig**; prēthodnī, prijašnjī **Vorhersage** F *Wettervorhersage* prognōza *f* **vorhersehbar** predvid(lj)iv
vorhin malo prije
vorig prošlī; **~es Jahr** prošlē godinē, lāni
Vorkehrung F mjera *f* opreza
Vorkenntnisse F/PL predznānje *n*
vorkommen *sich finden* nalaziti se; *passieren* dogoditi (-gāđati) se
Vorlage F *Muster* predložak *m*
vorläufig privremen; ADV privremeno
vorlegen *Bescheinigung* podastrijēti (-stirati)
vorlesen [pro-]čitati naglās **Vorlesung** F predāvānje *n*
vorletzte pretposljednjī
Vorliebe F sklonōst *f* (**für** prema *D*)
vorliegen *bestehen* pōstojati
vormerken predbilježiti (-žīvati); **sich ~ lassen** predbilježiti (-žīvati) se (**für etw** za *A*)
Vormittag M prijepōdne *n*; **am ~** u prijepōdne
vormittags prijepōdne, dopōdne
vorn sprijēda; **nach ~** naprijēd; **von ~** sprijēda; *zeitlich* iz početka
Vorname M ime *n*
vornehm otmjen
vornehmen: **sich ~** [na-]kāniti (**etw zu tun** *inf*)
vornherein: **von ~** od početka
Vorort M predgrāđe *n*
Vorrat M zāliha *f* **vorrätig**: **~ sein** imati na skladīštu *od* u zālihi

Vorrecht N povlastica *f*
Vorrichtung F sprava *f*, naprava *f*
Vorruhestand M prijevremenā starosnā mirovina *f*
Vorrunde F SPORT pr̄vī krūg *m*
Vorsaison F predsezōna *f*
Vorsatz M nākana *f*; JUR nāmjera *f* **vorsätzlich** nāmjēran, hotimičan; ADV s nāmjerōm
Vorschau F TV prēgled *m* programa
Vorschlag M prijēdlog *m* **vorschlagen** predložiti (-lāgati)
vorschreiben propīsati (-sīvati), narēditi (-ređīvati); **Vorschrift** F propis *m* **vorschriftsmäßig** po propisu
Vorschuss M predūjam *m*, akontācija *f*
vorsehen prędvidjeti (-vīđati); **vorgesehen** prędviđen
Vorsicht F oprēz *m*; **Vorsicht!** oprēz! **vorsichtig** oprēzan
Vorsorge F preventīva *f* **Vorsorgeuntersuchung** F preventīvnī prēgled *m*
vorsorglich ADV iz oprēza, preventīvno
Vorspeise F prędjelo *n*
Vorspiel N prędigra *f* **vorspielen** [od-]svīrati (**j-m** *D*)
Vorsprung M ARCH izbočina *f*; *fig* prędnōst *f*
Vorstand M *Firmenvorstand* uprāvnī odbor *m*
vorstellen *j-n* prędstaviti (-vljati); *Uhr* pomaknuti (pomicati) naprijēd; **sich ~** *j-m* prędstaviti (-vljati) se (*D*); *denken* predočiti (-čāvati) s(eb)i **Vorstellung** F prędstāvljānje *n*; *Idee* prędodžba *f*; THEAT prędstava *f* **Vorstellungsgespräch** N razgovōr *m* s mogūćnīm poslodāvcem
Vorstrafe F ranijā kazna *f*
Vorteil M *Nutzen* korīst *f*; *Vorzug* prędnōst *f* **vorteilhaft** korīstan
Vortrag M predāvanje *n*
Vortritt M: **j-m den ~ lassen** dati (dāvati) prędnōst (*D*)
vorüber → vorbei
vorübergehen prōći (prolaziti); **vorübergehend** prōlazan, privremen
Vorurteil N prędrāsuda *f*
Vorverkauf M prętprodaja *f*
Vorwahl F TEL pozīvnī brōj *m*
Vorwand M izlika *f*
vorwärts naprijēd; **vorwärts!** požūri! **vorwärtsgehen** ići naprijēd **vorwärtskommen** napredovati
vorweisen *Pass* pokāz(īv)ati; *Kenntnisse* imati
vorwerfen (**j-m** *D* **etw** *A*) predbāciti (-cīvati)
Vorwort N prędgovōr *m*
Vorwurf M prigovōr *m*, zāmjērka *f*
Vorzeichen N *Anzeichen*, MATH, MUS prędznāk *m*
vorzeigen pokąza(īv)ti
vorzeitig prijevremen
vorziehen *Termin* odrēditi (-ređīvati) ranijī rok; *lieber mögen* pretpostaviti (-vljati); **Vor-**

zug M *Vorteil* prędnōst *f*; *Vergünstigung* pọvlastica *f* **vorzüglich** ọdličan; *Speise* slą̄stan
vulgär vụlgāran
Vulkan M vụlkān *m*

W

Waage F vāga *f* (*a* ASTRON), tęzulja *f*
waagerecht vọdorāvan
wach bū̧dan
Wache F strą̄ža *f*
Wacholder M bọrovica *f*; *Schnaps* klękovača *f*
Wachs N vọsak *m*
wachsam bū̧dan **Wachsamkeit** F bū̧dnōst *f*
wachsen *Pflanze, Haare, Bart* [nạ-, pọ-]rą̄sti
Wachstum N BIOL, ECON rą̄st *m*
Wächter(in) M(F) čụvār *m*, čuvạrica *f*
wackelig klịmav
Wackelkontakt M klịmav *od* lạbav kọntakt *m*
wackeln [zạ-]klịmati se
Wade F lị̄st *m*
Wadenbein N goljẹnica *f*
Waffe F ọrūžje *n*
Waffel F vąfl(a *f*) *m*
wagen (**etw zu tun** *inf*) odvą̄žiti se *pf*, usū̧diti (-uđị̄vati) se
Wagen M *Auto* kọla *n/pl*; BAHN vạgōn *m*; *Einkaufswagen* kolị̄ca *f* **Wagenheber** M dịzalica *f*
Waggon M vạgōn *m*
Wahl F ịzbor *m*; POL ịzbori *m/pl*; HANDEL **zweite ~** drụgā klạsa *f*
wählen *aussuchen* izạb(i)rati, bị̄rati; POL bị̄rati
Wähler(in) M(F) bịrāč(ica) *m(f)*, glạsāč(ica) *m(f)* **wählerisch** izbịrljiv, probịrljiv
Wahlheimat F drụgā dọmovina *f* **Wahlkampf** M ịzbōrnā kampạnja *f* **Wahlrecht** N ịzbōrnō prạvo *n*
Wahnsinn M lụdilo *n* **wahnsinnig** lū̧d
wahr *echt* prạvī; *wirklich* ịstinit; *zutreffend* tọčan; **nicht ~?** zạr ne?
während PRP za vriję̄me (*G*); CJ dọk
Wahrheit F ịstina *f*
wahrnehmen ọpaziti (opą̄žati); *nutzen* kọristiti se (*I*)
Wahrsager M vrą̄č *m*, gą̄talac *m* **Wahrsagerin** F vrạčara *f*, gą̄talica *f*
wahrscheinlich vjẹrojātan; ADV vjẹrojātno
Währung F valū̧ta *f*
Wahrzeichen N sịmbōl *m*, znạmēnje *n*
Waise F sirọče *n*
Wal M kị̄t *m*
Wald M šụma *f*
Wald... šụ̄mskī **Waldbrand** M šụ̄mskī pọžār *m* **waldig** šumọvit **Waldsterben** N umịrānje *n* šụmā
Wallfahrt F hodọčašće *n*

Walnuss F *Baum, Frucht* ọrah m
Walze F TECH, *Straßenwalze* vāljak m
wälzen vạljati, kotṛljati
Walzer M vạlcer m
Wand F zīd m; *Felswand* stijēna f, lịtica f
wandern pješāčiti, hōdati **Wanderung** F pješāčēnje n **Wanderweg** M pjẹšāčkā stạza f
Wange F ọbraz m
wann kạd(a)
Wanne F kạda f
Wanze F stjẹnica f
Wappen N gṛb m
Ware F rọba f
Warenhaus N rọbnā kụća f **Warensendung** F rọbnā pọšiljka f
warm tọpao; ~ **halten** dṛžati na toplōme
Wärme F toplịna f **Wärmedämmung** F termoizolācija f
wärmen grijati
Wärmflasche F termọfōr m
Warnblinker M uređaj m za istodobnō uključīvānje svịh pokazivāčā smjẹra **Warndreieck** N sigūrnosnī trọkūt m
warnen upozọriti (-rāvati) (**vor** *D* na *A*); **Warnschild** N znāk m opāsnosti **Warnstreik** M štrạjk m upozorēnja **Warnung** F upozorēnje n **Warnweste** F reflektịrajućī pṛsluk m
warten [prị-]čẹkati (**auf** *A A*); TECH odṛž(āv)ati
Wärter(in) M(F) strạžār m, strạžarica f
Wartesaal M čekaōnica f **Wartezimmer** N čekaōnica f
Wartung F TECH održāvānje n
warum zạšto
Warze F brạdavica f
was štọ
Waschanleitung F ụputa f za prānje n **Waschbecken** N umịvaōnīk m, lavābō m *umg*
Wäsche F rūblje n; *das Waschen* prānje n **Wäscheklammer** F štīpāljka f
waschen [ọ-]prạti; **sich** ~ [ọ-]prạti se, ụmiti (umīvati) se
Wäscherei F praōnica f
Wäschetrockner M sušilo n zạ rūblje
Waschlappen M krpa f za prānje **Waschmaschine** F perilica f rūblja, strōj za prānje rūblja **Waschmittel** N detẹrdžent m **Waschprogramm** N prọgram m prānja **Waschpulver** N prāšak m za prānje rūblja **Waschraum** M umivaōnica f **Waschsalon** M praōnica f rūblja **Waschstraße** F praōnica f automobīlā
Wasser N vọda f; **fließendes** ~ tẹkūćā vọda f **Wasserball** M vạterpolo m **wasserdicht** nepromọčiv, nẹpropustan **Wasserfall** M slāp m **Wasserhahn** M slạvina f **Wasserinstallateur(in)** M(F) vodoinstalatēr(ka) m(f) **Wasserleitung** F vọdovōd m **Wassermann** M ASTRON vodẹnjāk m **Wasser-**

melone F lubẹnica *f* **Wasserski** M skijānje *n* na vọdi **Wasserspiegel** M rạzina *f* vọdē **Wassersport** M spọrt *m* na vọdi **Wasserstoff** M vọdik *m*
waten gạziti
Watte F vạta *f*
WC N zạhod *m*, WC *m*
Web N IT web *m*, mrẹža *f*
weben [ọ-]tkạti
Website F web strạnica *f*
Wechsel M mijẹ̄na *f* **Wechselgeld** N *Restgeld* ostạ̄tak *m*; *Kleingeld* sịtnīš *m* **wechselhaft** *Wetter* promjẹniv **Wechseljahre** M/PL klimạktērij *m*, menopạuza *f* **Wechselkurs** M tẹčāj
wechseln *Geld in e-e andere Währung* promijẹ̄niti (mijẹ̄njati); *in Kleingeld* razmijẹ̄niti (-mjenjīvati); *das Hemd* promijẹ̄niti (mijẹ̄njati)
Wechselstrom M izmjẹničnā strūja *f*
Weckdienst M autọmatskō bụ̄đēnje *n*
wecken [pro-]bụ̄diti
Wecker M bụdilica *f*
weder: **~ ... noch ...** ni(ti) ... ni(ti) ...
weg: **weit ~ von** dalẹko od (*G*); **das Messer ist ~** nẹ̄mā nọ̄ža
Weg M pụ̄t *m*
wegbringen ọdnijẹ̄ti (-nọsiti)
wegen rạdi (*G*)
wegfahren ọdvesti (-vọziti) se
wegfallen ọtpasti (-padati)
weggehen ọtići (ọdlaziti);
weglassen *Text* ispụstiti (-pụ̄štati); **weglaufen** pọbjeći (bjẹ̄žati); **wegnehmen** odụzẹ̄ti (-zimati)
Wegweiser M pụtokāz *m*
Wegwerf... za jednọkratnū ụporabu
wegwerfen odbạ̄citi (-cīvati); **wegziehen** odsẹ̄liti (-seljạ̄vati) se
wehen pụ̄hati
Wehen F/PL trụ̄dovi *m/pl*
wehleidig plạčljiv
wehmütig tụ̄žan
wehren: **sich ~** [o-]brạ̄niti se (**gegen** od *G*); **wehrlos** *schutzlos* nezạštīćen; *unbewaffnet* golọruk
wehtun (**j-m** *D*) zạd(ạ̄v)ati bọ̄l
Weibchen N ZOOL žẹ̄nka *f*
weiblich žẹnstven
weich mẹk(an); *Bett, Sessel* mẹk; **~ gekocht** mẹko kụhān
Weiche F BAHN skrẹ̄tnica *f*
Weide F pašnjāk *m*; BOT vr̄ba *f*
weiden pạ̄sti
weigern: **sich ~** [us-]protịviti se
Weihnachten N Bọžić *m*; **fröhliche ~!** srẹtan Bọžić!
Weihnachtsabend M Bạdnjāk *m*, Bạdnjā vẹčēr *f* **Weihnachtsbaum** M božićnō dr̄vce *n* **Weihnachtsgeschenk** N božićnī dạ̄r *m*
Weihnachtslied N božićnā pjẹsma *f* **Weihnachtsmann** M Djẹd Bọžićnjāk *m*
weil zạtō štọ
Weile F: **eine ganze ~** prịlično dụgo

Wein M vịno *n*; *Rebe* lọza *f* **Weinberg** M vịnogrād *m* **Weinbrand** M vịnjāk *m*
weinen [zạ-]plạkati
Weinflasche F vīnskā bọca *f* **Weinglas** N vịnskā čąša *f* **Weinkarte** F vịnskā kạrta *f* **Weintraube** F zṛno *n* grọzda
weise mūdar
Weise F nāčin; **auf diese ~** nạ tāj nāčin
Weisheitszahn M ūmnjāk *m*
weiß bijẹl
Weißbrot N bijẹ̄lī krụh *m* **Weißkohl** M, **Weißkraut** N bijẹ̄lī kụpus *m* **Weißwein** M bijẹ̄lō vịno *n*
weit *entfernt* dạlek; *breit* šịrok; *ausgedehnt* prọstran; *Weg, Reise* dụg; **wie ~ ist es von hier nach ...?** kolịkō ịmā do (G)?; **von Weitem** izdalẹka
weiter: **~ vorn** jọš nạprijēd
weitere dạljī, dọdatnī
weiterfahren nạstaviti (-vljati) pūt **weitergeben** dạti (dāvati) dạljē; *Gesuch* proslijẹ̄diti (-sljeđīvati); **weitergehen** ịći dạljē **weitermachen** nạstaviti (-stavljati)
weitgehend zạmāšan
Weitsprung M skọk ụ dālj **weitverbreitet** šịroko rasprọstrānjen **Weitwinkelobjektiv** N širokokūtnī objẹktīv *m*
Weizen M pšẹnica *f* **Weizenbier** N pšẹničnō pịvo *n*
welche, **welcher**, **welches** kọjī
welk ụveo **welken** [ụ-]vẹnuti
Welle F *Woge*, PHYS, *fig* vạ̄l *m* **Wellenbad** N bạzēn *m* s ụmjetnīm vạlovima **Wellenlänge** F vạ̄lnā duljịna *f* **Wellensittich** M prụgastā pạpigica *f*
wellig valọvit
Wellnessbereich M wellness zọna *f* **Wellnesshotel** N wẹllness hotẹl *m*
Welt F svijẹ̄t *m*; **Dritte ~** Trẹ́ćī svijẹ̄t *m* **Weltall** N svẹmīr *m* **Weltanschauung** F svjetonạ̄zor *m* **weltberühmt** svjẹtski pọznāt **Weltkrieg** M svjẹtskī rạt *m* **weltlich** svjetọvnī **Weltmeister(in)** M(F) svjẹtskī prvāk *m*, svjẹtska prvākinja *f* **Weltmeisterschaft** F svjẹtskō prvẹ̄nstvo *n* **Weltraum** M svẹmīr *m* **Weltreise** F pūt *m* ọko svijẹ̄ta **Weltrekord** M svjẹtskī rẹkōrd *m* **weltweit** šịrom *od* dīljem svijẹ̄ta
wem kọmu
wen kọga
Wende F prẹokrēt *m*
wenden prevṝnuti (prẹvrtati); *Auto* okrẹ̄nuti (-krẹ̄tati); **sich ~ an** obrạ̄titi (ọbraćati) se (D)
Wendepunkt M prẹkretnica *f*
Wendung F prẹokrēt *m*
wenig mạ̄lo; **~er** mạnjē; **am ~sten** nạjmanjē **wenigstens** u nạjmanjū rụ̄ku
wenn *Bedingung* ạko; *Zeit* kạd(a); **selbst ~** čạk (i) ako
wer tkọ

Werbeagentur F rẹklāmnā agẽncija *f* **Werbefachmann** M, **-frau** F rẹklāmnī strụčnjāk *m* rẹklāmna strụčnjākinja *f* **Werbefernsehen** N rẹklāmnī TV-prọgram
werben (**für**) reklamīrati *(im)pf* *(A)*
Werbespot M rẹklāmnī spọt *m*
Werbung F reklāma *f*
werden pọst(ja)ati; **ich werde kommen** dọ̄ći ću
werfen bāciti (bạcati)
Werft F brodogrạdilīšte *n*
Werk N djẹlo *n*; *Arbeit* rād *m*; *Fabrik* pọgon *m* **Werkstatt** F radiōnica *f* **Werktag** M rādnī dān *m* **Werkzeug** N alāt *m*
wert *würdig* vrijēdan; **~ sein** vrijēditi; **es ist nichts ~** ništa ne vạljā
Wert M *Messwert* vrijēdnōst *f*; **im ~ von** u vrijēdnosti *(G)*; **~e** *pl fig* vrednọte *f/pl*
wertlos bẹzvrijēdan
Wertpapiere PL vrijēdnosnī papīri *m/pl* **Wertsachen** PL dragọcjenosti *f/pl*
wertvoll dragọcjen
Wesen N *Lebewesen* bīće *n*; *Wesensart* bīt *m*; *Charakter* ćūd *f*
wesentlich bịtan; **im Wesentlichen** uglạvnōm
weshalb zbog čega
Wespe F ọsa *f*
wessen čijī
Weste F prsluk *m*
Westen M zāpad *m*
westeuropäisch zapadnoẹuropskī
Westfalen N Vestfālija *f*
westlich zāpadnī (**von** od *G*)
Wettbewerb M nạtjecānje *n*; HANDEL konkurẹncija *f*
Wette F ọklada *f* **wetten** [ọ-] klạditi se (**um etw** o, za *A*)
Wetter N vrijēme *n* **Wetterbericht** M vrẹmenskā prognōza *f* **wetterfest** ọtpōran na vrẹmenskē ụtjecāje **Wetterlage** F vrẹmenskō stānje *n* **Wetterumschwung** M nāglā prọmjena *f* vrẹmena
Wettervorhersage F prognōza *f* vrẹmena
Wettkampf M ụtakmica *f*
Wettlauf M ụtrka *f*, tṛka *f*
Wettrüsten N ụtrka *f od* tṛka *f* u naoružānju
wichtig vāžan
wickeln mọtati; *Säugling* prẹviti (-vījati); **Wickelraum** M prostọrija *f* za previjānje dọjenčadi
Widder M ZOOL, ASTRON ōvan *m*
widerlegen pọbiti (-bījati), opọvrgnuti (-gāvati)
widerlich ọdvrātan
widerrechtlich protuzākonit
widerrufen opọz(ī)vati **widersprechen** protụrječiti, protuslọviti (**j-m** *D*); **Widerspruch** M *Gegensatz* protụrječje *n*; JUR prigovōr *m* **widersprüchlich** protụrječan, protuslōvan **Widerstand** M ọtpor *m* (**gegen** *D*); **widerwärtig** mṛzak **Widerwille** M gađēnje *n* (**gegen** prẹma *D*); **wi-**

derwillig mr̥zovōljan
widmen: **sich ~** posvẹtiti (-svećīvati) se *(D)* **Widmung** F pọsveta *f*
wie kạko; **~ lange?** kạko dụgo? **~ viel(e)?** kọliko?
wieder ọpēt
Wiederaufbau M pọnovnā izgrạ̄dnja *f*, ọbnova *f*
wiederbekommen dọbiti (-bīvati) nạtrāg **wiederbeleben** ožīviti (-vljāvati); **wiederbringen** dọnijēti (-nọsiti) nạtrāg **wiedererkennen** prepọzn(ạ̄v)ati **wiederfinden** prọnāći (pronạlaziti); **wiedergeben** vrạ̄titi (vraćati) (nạtrāg); *e-n Inhalt* preprị̄č(ạ̄v)ati **wiedergutmachen** pọpraviti (-vljati) **wiederherstellen** obnọviti (-nạ̄vljati); *Verbindung* uspọstaviti (-vljati); MED [iz-]lijẹ̄čiti **wiederholen** ponọviti (-nạ̄vljati); **Wiederholung** F ponạ̄vljānje *n* **Wiederkehr** F pọvratak *m* **wiederkommen** vrạ̄titi (vraćati) se
wiedersehen ọpēt vịdjeti
Wiedersehen N pọnōvnī sụsret *m*; **auf ~!** dovịđēnja!
Wiedervereinigung F pọnōvnō sjedinjẹ̄nje *n od* ujedinjẹ̄nje *n*
wiederverwenden pọnovo upotrijẹ̄biti *od* uporạ̄biti **wiederverwerten** reciklīrati *(im)pf*
wiegen V/T vạgnuti (-gati), izvạ̄gati *pf*; ... **wiegt 50 kg** ... ịmā 50 kịlā
wiehern [zạ-]hr̥zati
Wien N Bẹ̄č *m*
Wiese F lịvada *f*
Wiesel N lạsica *f*
wieso zạšto
wild dịvljī
Wild N dịvljāč *m* **Wildleder** N antịlop *m* **Wildnis** F divljịna *f* **Wildschwein** N dịvljā svīnja *f*
Wille M vọlja
willkommen dobrodọšao
willkürlich sạmovōljan; *zufällig* slụčājan
wimmeln vr̥vjeti (**von** / *od* od *G*)
wimmern [zạ-]jẹcati
Wimper F trẹpavica *f*
Wimperntusche F mạskara *f*
Wind M vjẹtar *m*
Windel F pẹlena *f*
winden: **sich ~** *Fluss, Straße* vijụgati, krivụdati
windgeschützt: **~e Stelle** F zạ̄vjetrina *f*
windig vjetrọvit; *fig* neuvjẹrljiv
Windjacke F vjẹtrōvka *f*
Windpocken PL mạ̄lē bọginje *f/pl*, varịčela *f*, kọzice *f/pl*
Windschutzscheibe F vjẹtrobrān *m* **Windstärke** F jạčina *f* vjẹtra **Windstille** F bezvjẹtrica *f* **Windstoß** M zạ̄mah *m* vjẹtra **Windsurfen** N jẹdrēnje *n* na dạsci
Winkel M MATH kụ̄t *m*; *Ecke* kụ̄tak *m*
winken mạ̄hnuti (-hati) (**j-m** *D* **mit etw** *I*)
Winter M zịma *f* **winterlich**

zīmskī **Wintermantel** M zīmskī kạpūt *m* **Winterreifen** M zīmskē gụme *f/pl* **Winterschlussverkauf** M zīmskā rạsprodaja *f* **Wintersport** M zīmskī šport *m*
Winzer(in) M(F) vinogrạdār(ka) *m(f)*
winzig sịćūšan
Wipfel M vṛh *m* krọšnjē
wir mī
Wirbel M ANAT krāļježak *m*; *Strudel* vṛtlog *m* **Wirbelsäule** F krāļježnica *m* **Wirbelsturm** M cịklōn *m*
wirken djẹlovati (**auf** na *A*); *arbeiten* rādīti
wirklich stvạran; ADV zbịlja, stvạrno **Wirklichkeit** F zbīlja *f*, stvạrnōst *f*
Wirkung F ụčinak *m* **wirkungslos** neučinkọvit, nẹdjelotvōran
wirr smụšen; *Haar* raščụpān
Wirt M kṛčmār *m*; *Hauswirt* gospọdār **Wirtin** F kṛčmạrica *f*; gospodạrica *f*
Wirtschaft F gospodārstvo *n*; *Gastwirtschaft* gostiọnica *f*
wirtschaften gospọdāriti
wirtschaftlich gospọdārskī; *sparsam* ekonọmičan
Wirtshaus N kṛčma *f*, gostiọnica *f*
wischen [iz-]brịsati **Wischerblatt** N mẹtlica *f* brisāča **Wischlappen** M kṛpa *f* za brịsānje
wissbegierig znạtižēljan
wissen znạti
Wissenschaft F znạnōst *f*
Wissenschaftler M znạnstvenīk *m* **Wissenschaftlerin** F znạnstvenica **wissenschaftlich** znạnstven
Witterung F vrẹmenskē prīlike *f/pl*
Witwe F udọvica *f*
Witwer M udọvac *m*
Witz M vịc *m* **witzig** duhọvit
WLAN N IT WLAN **WLAN-Hotspot** M IT WLAN hotspot
wo gdję **woanders** drụgdje **wobei** pri čemu
Woche F tjẹdan *m*
Wochenende N vịkend; **schönes ~ende!** ụgodan vịkend!
Wochenendhaus N vịkendica *f* **wochenlang** ADV tjẹdnima **Wochentag** M rạdnī dạn *m*
wöchentlich tjẹdnī
Wodka M vọtka *f*
wodurch čịm(e), po čẹmu **wofür** za štọ
Woge F vāl *m* (*a fig*)
wogegen prọtiv čẹga; CJ *wohingegen* dọk **woher** ọdākle
wohin kạmo
wohl *vermutlich* vạljda
Wohl N dọbro *n*; **auf Ihr ~!** u vạše zdrāvlje!
wohlfühlen: **sich nicht ~** ne ọsjećati se dọbro
wohlhabend ịmūćan
Wohlstand M blagostạnje *n*
wohltätig dọbrotvōrnī **Wohltätigkeits...** dọbrotvōrnī
wohltuend blagọtvōran
wohlwollend blagonạklon

Wohnanlage F stambenī kompleks *m*
wohnen stanovati; *im Hotel* odsjesti (-sjedati)
Wohngebiet N stambenā oblāst *f*
Wohnmobil N kamp-kućica *f*
Wohnort M mjesto *n* prebivalīšta **Wohnsitz** M prebivalīšte *n*
Wohnung F stān *m*
Wohnwagen M kamp-prikolica **Wohnzimmer** N dnevnī boravak *m*
wölben: **sich ~** izbočiti (-čivati) se
Wölbung F svod *m*
Wolf M,**Wölfin** F vūk *m*, vučica *f*
Wolke F oblāk *m*
Wolkenbruch M prolom *m* oblākā
Wolkenkratzer M neboder *m*
wolkig oblāčan
Wolldecke F vunenī pokrivāč *m*
Wolle F vuna *f*
wollen htjeti, željeti
womit čim(e) **womöglich** možda **wonach** po čemu **woran** na čemu **worauf** na čemu; *zeitlich* nakon čega **woraus** iz čega **worin** u čemu
Wort N riječ *f*; **in ~en** slovima
Wörterbuch N rječnīk *m*
wörtlich doslovan; ADV doslovce
wortlos ADV bez riječī, šutkē
Wortschatz M jezičnō blāgo *n*
worüber o čemu **worum** o čemu **worunter** pod čime
wovon od čega **wovor** pred čim(e) **wozu** čemu
Wrack N olupina *f*, podrtina *f*
Wucher M lihva *f*
wuchern *Pflanze* bujati
Wucherung F MED izraslina *f*
Wucht F silina *f*
wühlen *Schwein* rovati; *im Schrank* kopati
wund bolan; *fig* ranjiv; **sich ~ reiben** nažuljati (-ljivati) se
Wunde F rana *f*
Wunder N čudo *n*
wunderbar čudesan
wundern: **sich ~** [na-]čuditi se (**über** *A D*)
Wundstarrkrampf M tetanus *m*
Wunsch M želja *f*
wünschen [po-, za-]željeti (**j-m** *D* **etw** *A*); **ich wünschte, ich hätte ...** želio (-ljela *f*) bih da sam ...
wünschenswert poželjan
Würde F dostojanstvo *n*
würdig dostōjan
würdigen cijēniti
Wurf M hitac *m*; ZOOL leglo *n*
Würfel M MATH, *Spielwürfel, Zuckerwürfel* kocka *f*
würfeln kockati
Würfelzucker M šećer *m* u kockama
würgen *j-n* dāviti, gūšiti; *an etw* dāviti, gūšiti se
Wurm M crv *m*
wurmstichig *Holz* crvotočan; *Obst* crvljiv
Wurst F kobasica *f*; *Brühwurst*

hrenōvka *f*; *Bratwurst* pečenica *f*
Würstchen N *Wiener* hrenōvka *f*; *Bratwürstchen* pečenica *f*
Würze F *Gewürz* zāčin *m*
Wurzel F korijēn
würzen začiniti (začīnjati)
würzig pikantan
Wüste F pūstinja *f*
Wut F bijēs *m*, srdžba *f*
wütend bijēsan

X-Beine N/PL ikserice *f/pl*, iks-noge *f/pl*
x-beliebig bilo kojī
x-mal iks pūtā

Yoga N jōga *f*

Z

Zacke F zūbac *m*
zäh *Fleisch*, *fig* žilav **zähflüssig** židak
Zahl F brōj *m*
zahlbar plativ
zahlen plātiti (plāćati); **bitte ~!** molīm plātiti!
zählen [iz-, pre-]brojiti
Zähler M TECH brojāč *m*, brojilo *n*; MATH brōjnīk *m*
Zahlkarte F uplatnica *f*
zahllos bezbrōj (G) **zahlreich** mnogobrōjan; ADV u velikōm broju
Zahlungsanweisung F doznačnica *f*
zahm pitom, krotak; *fig mild* blāg
zähmen pripitomiti (-mljāvati)
Zahn M zūb *m* **Zahnarzt** M zūbnī liječnīk *m*, zubār *m* **Zahnärztin** F zūbnā liječnica *f*, zubarica *f* **Zahnbürste** F četkica *f* za zūbe **Zahnersatz** M zūbnā proteza *f* **Zahnfleisch** N zūbnō mēso *n*, dēsni *f/pl* **Zahnpasta** F zūbnā pasta *f*, pasta *f* za zūbe **Zahnrad** N zupčanīk *m* **Zahnschmerzen** M/PL zubobolja *f* **Zahnseide** F zubnī konac *m*, zubnā svila *f* **Zahnstein** M zūbnī kamēnac *m* **Zahnstocher** M čačkalica *f*
Zange F kliještа *n/pl*
zanken: **sich ~** [po-]svađati se, prepirati se
Zäpfchen N ANAT čepić *m*
Zapfsäule F benzīnskā crpka *f*
zappeln koprcati se, praćakati se
zappen mijēnjati TV programe daljīnjskīm upravljāčem
zart *weich, fein* nježan; *empfind-*

lich osjętljiv
zärtlich nježan **Zärtlichkeit** F nježnost *f*
Zauber M čarolija *f*; *Reiz* čār **Zauberei** F čarolija *f* **zauberhaft** čaroban **Zauberkünstler(in)** M(F) čārobnjāk *m*, čarobnica *f*
zaubern čārati
Zaum M ųzda *f*
Zaun M *Lattenzaun* plōt *m*; *Maschendrahtzaun* ograda *f*
z. B. (zum Beispiel) naprīmjer (*Abk* npr.)
Zebra N zebra *f* **Zebrastreifen** M zebra *f*
Zeche F račūn *m*; *Bergbau* rūdnīk *m*; **die ~ zahlen** *fig* plātiti cęh
Zecke F krpelj *m* **Zeckenstich** M ubod krpelja
Zehe F nožnī prst *m*
zehn deset
Zehn F desetica *f* **Zehnkampf** M desetoboj *m*
zehnte desētī
Zehntel N desetina *f*
Zeichen N znāk *m* **Zeichenblock** M blok *m* za crtānje **Zeichensetzung** F interpunkcija *f* **Zeichensprache** F znakōvnī jezik *m* **Zeichentrickfilm** M crtānī film *m*
zeichnen [is-, na-]crtati
Zeichner M crtāč *m* **Zeichnerin** F crtačica *f*
Zeichnung F crtež *m*
Zeigefinger M kažiprst *m*
zeigen pokāz(iv)ati; *Film* prikāz(iv)ati; **sich ~** *sich erweisen* pokāz(iv)ati se
Zeiger M pokazivāč; *Uhrzeiger* kazāljka *f*
Zeile F rēd(ak) *m*
Zeit F vrijēme *n*; **eine ~ lang** nekō vrijēme; **keine ~ haben** nēmati vremena **Zeitalter** N doba *n* **Zeitarbeit** F rād na određenō vrijēme **zeitgenössisch** suvremen
zeitig rān; ADV na vrijēme
Zeitkarte F pokaz *m*
zeitlich vremenskī
Zeitlupe F usporenā snīmka *f* **Zeitpunkt** M trenūtak *m* **zeitraubend** dugotrājan **Zeitraum** M rāzdoblje *n* **Zeitschrift** F časopīs *m*
Zeitung F novine *f/pl*
Zeitungsartikel M novīnskī člānak *m* **Zeitungskiosk** M novīnskī kiosk *m*
Zeitunterschied M vremenskā rāzlika *f* **Zeitverschwendung** F traćēnje *n* vremena **Zeitvertreib** M razonoda *f* **Zeitwort** N glagol *m* **Zeitzeichen** N vremenskī signāl *m*
Zelle F *Gefängniszelle* ćelija *f*; BIOL stanica *f*, TEL govōrnica *f*
Zelt N šator *m* **zelten** kampīrati (*im*)*pf* **Zeltlager** N tābor *m*, lōgor *m* **Zeltplatz** M prōstor *m* za kampīrānje, kamp *m*
Zement M cement *m*
Zensur F *staatliche* cenzūra *f*; *Note* ocjena *f*
Zentimeter M/N centimetar *m*

Zentner M cȩnta *f* **zentral** cȩntrālnī **Zentrale** F centrąla *f* **Zentralheizung** F cȩntrālnō grijānje *n* **zentralisieren** centralizīrati *(im)pf* **Zentralverriegelung** F cȩntrālnō zaključąvānje *n* **Zentrum** N cȩntar *m* **zerbeißen** įzgristi (-grīzati); **zerbrechen** [s-]lomiti; *Vase* rązbiti (-bījati); *v/i* [s-]lomiti se; *Vase zerspringen* rązbiti (-bījati) se **zerbrechlich** lomljiv **zerdrücken** [z-]gnjȩ̄čiti **Zeremonie** F ceremonija *f* **zerfallen** rąspasti (-padati); ADJ rųšēvan **zerfressen** ADJ izjeden, nagrizen **zergehen** rastopiti (-tąpati) se **zerkleinern** usitniti (-njąvati); **zerknirscht** pokājničkī **zerknittert** zgužvān **zerknüllen** [iz-, z-]gųžvati **zerkratzen** įzgrepsti (-grȩ̄bati); **zerlegen** rąstaviti (-vljati), rasklopiti (-kląpati); **zerplatzen** rąspuknuti se *pf*, rąsprsnuti (-rskąvati) se; *Hoffnung* rąsplinuti (-njąvati) se **zerquetschen** [z-]gnjȩ̄čiti **zerreißen** *etw* rąstrgnuti *pf*, rąskinuti (-kīdati) **zerren** potȩ̄gnuti (-tȩ̄zati) (**an** *D* za *I*); **Zerrung** F MED istegnųće *n* **zerschlagen** rązbiti (-bījati); **zerschneiden** rązrez(īv)ati **Zerstäuber** M raspršivąč *m* **zerstören** razoriti (-ārati), *Gebäude a* rązrušiti *pf*

zerstreuen *Laub, Menschenmenge* rąstjerati (-tjerīvati); *Bedenken* rązbiti (-bījati); *ablenken* razonoditi (-nąđati); *unterhalten* ząbaviti (-vljati) **zerstreut** *fig* rastrȩsen **zertrampeln** [rąz-, z-]gąziti **zertreten** [iz-]gąziti **zertrümmern** smr̄sk(āv)ati **Zettel** M cȩdulja *f* **Zeug** N *Sachen umg* stvąri *f/pl*; **dummes ~** glųposti *f/pl* **Zeuge** M svjȩdok *m* **zeugen** *deutlich machen* [po-]svjedočiti (**von** o *L*) **Zeugenaussage** F įskaz *m od* įzjava svjȩdoka **Zeugin** F svjedokinja *f* **Zeugnis** N *geschichtliches* svjedočąnstvo *n*; *ärztliches, Schulzeugnis* svjȩdodžba *f* **z. H(d). (zu Händen)** ną rūke **Zickzack** M: **im ~** u cįk-cąku **Ziege** F koza *f* **Ziegel** M opeka *f*; *Dachziegel* crijȩ̄p *m* **Ziegenkäse** M kozjī sir *m* **ziehen** *j-n od etw* vųći; *Los* įzvūći (-vląčiti); *Zahn* [iz-]vąditi; *Strich* povūći (-vląčiti); *v/i* vųći (**an** *D* za *A*); *umziehen* [od-, pre-]sȩliti se (**nach** u *A*); **sich in die Länge ~** rązvūći (-vląčiti) se, protȩ̄gnuti (-tȩ̄zati) se; **es zieht** pųšē **Ziehharmonika** F ručnā harmonika *f* **Ziehung** F *der Lottozahlen* izvląčēnje *n* **Ziel** N cīlj *m* (*a Reiseziel*, SPORT),

mȩta *f*; *Zweck* svȓha *f*
zielen gầđati (**auf** *A A*); *fig* [na-] cȉljati (**auf** *A* na *A*)
Zielgerade F cȉljnā ravnịna *f*
Zielscheibe F mȩta *f*
ziemlich poprịličan; ADV poprịlično, dobrạno
zierlich nježan, grạcilan
Ziffer F brọjka *f*, znạmēnka *f*, cịfra *f* **Zifferblatt** N brojčạnīk *m* nạ sātu
Zigarette F cigarȩta *f*
Zigarettenautomat M autọmāt *m* za cigarȩte
Zigarre F cigầra *f*
Zigeuner M *neg!* Ciganin *m*
Zigeunerin F *neg!* Cigānka *f*
Zimmer N sọba *f* **Zimmermädchen** N sọbarica *f* **Zimmerpflanze** F sọbnā bȉljka *f* **Zimmerschlüssel** M ključ *m* ọd sobē **Zimmerservice** M posluživānje *n* ụ sobi **Zimmertemperatur** F sọbnā temperatūra *f*
zimperlich preosjȩtljiv
Zimt M cịmet *m*
Zink N cịnk *m*
Zinn N kọsitar *m*
Zinsen M/PL kạmate *f/pl*
Zipfel M krajičak *m*, ọkrajak *m*
Zippverschluss M *öster* patentnī zatvạrač *m*
Zirkel M šestār *m*
Zirkus M cịrkus *m*
zischen pịsnuti (pịskati), [za-] sịktati
Zitat N nậvod *m*, cịtāt *m*
zitieren nạvesti (-vọditi), citīrati *(im)pf*
Zitrone F lịmūn *m*
Zitronenlimonade F limunầda *f* **Zitronenpresse** F tijȩsak *m* za lịmūn **Zitronensaft** M lịmūnov sọk *m*
Zitrusfrüchte F/PL ạgrumi *m/pl*
zittern [za-]trȩsti se, [za-] dȓhtati, podrhtầvati
zivil cịvīlnī; **in Zivil** u civīlu **Zivildienst** M cịvīlnā slụžba *f*
Zivilisation F civilizạcija *f*, ụljudba *f*
zivilisiert civilịzīrān
zögern oklijȩvati
Zoll M *Behörde, Abgabe* cạrina *f* **Zollamt** N carinạrnica *f* **Zollbeamte** M cạrinīk *m* **Zollbeamtin** F cạrinica *f* **Zollerklärung** F cạrinskā deklarạcija *f* **zollfrei** bescạrinskī **Zollkontrolle** F cạrinskī prȩgled *m* **zollpflichtig** pọdložan cạrini
Zone F zọna *f*
Zoo M zoọloškī vȓt *m*
Zoologie F zoolọgija *f*
Zoom M zoom-objȩktīv *m*
Zopf M *Haar, Backwerk* pletȩnica *f*
Zorn M gnjȇv *m*, jậrōst *f* **zornig** gnjȩvan, jạrōstan, sȓdit
zu PRP *Richtung, zu j-m* k(a) *(D)*; *zu e-r Veranstaltung* na *(A)*; *Zeit, zu Ostern* za *(A)*; *passen zu* uz *(A)*; *bei Zahlen* **das Kilo ~ zwei Euro** kịla po dvā eụra; **~ lang** prȩdug; **um ~** da bi; **~ viel** prȩviše; **~ wenig** prȩmalo
zuallerletzt nạjposlijē, nạjzād
Zubehör N ọprema *f*, prȋbor *m*

zubereiten spraviti (-vljati)
Zucchini F tikvica *f*
Zucht F uzgoj *m*; *Disziplin* stega *f*
züchten *Pflanzen, Tiere* uzgojiti (-gājati)
Züchter M uzgajivāč *m* **Züchterin** F uzgajivačica *f*
zucken trgnuti (-zati) se; **mit den Achseln ~** slegnuti (slijegati) ramenima
Zucker M šećer *m* **Zuckerdose** F šećernica *f* **zuckerkrank** bolestan od šećernē bolesti
zuckern [za-]šećeriti
Zuckerrohr N šećernā trska *f*
Zuckerrübe F šećernā repa *f*
zudecken pokriti (-krīvati) (**mit** *I*)
zudringlich nasrtljiv
zuerst nājprije, (i)sprva; *als Erster* prvī
Zufahrt F prilaz *m*; *zur Autobahn* prilaznā cesta *f* **Zufall** M slučāj *m* **zufällig** ADV slučājno **Zuflucht** F utočište *n*, sklonīšte *n*
zufrieden zadovōljan (**mit** *I*); **Zufriedenheit** F zadovōljstvo *n* **zufriedenstellen** zadovoljiti (-ljāvati); **zufriedenstellend** zadovoljāvajūćī
Zug M BAHN vlāk *m*; *Luftzug* propūh *m*; *Atemzug* udisāj *m*; *Schluck* gutljāj *m*; *beim Spiel* potēz *m*
Zugabe F THEAT dodātak *m*, bis *m umg*
Zugang M prīstup *m*; *Betreten* ulazak *m* **zugänglich** pristupačan
zugeben dod(āv)ati; *gestehen* prizn(āv)ati
Zugehörigkeit F pripadnōst *f*
Zügel M uzda *f*
Zugeständnis N ustupak *m*
Zugführer(in) M(F) BAHN vlakovođa *m*
zugig izložen propuhu
zügig bez zāstoja
Zugluft F propūh *m*
zugreifen *sich festhalten* prihvatiti (-hvaćati) se (*G*); **greif zu!** uzmi!
zugrunde: **~ gehen** propasti (-padati), upropāstiti (-paštāvati) se; **~ richten** upropāstiti (-paštāvati), uništiti (-štāvati)
Zugschaffner(in) M(F) kondukter(ka) *m(f)*
zugunsten (*G*) u prīlog (*D*)
Zugverbindung F željeznīčkā veza *f*
Zuhälter M svodnīk *m*
Zuhause N dom *m*
zuhören [po-]slušati **Zuhörer** M slušatelj **Zuhörerin** F slušateljica *f*
Zukunft F budūćnōst *f*
zukünftig budūćī; ADV ubudūće
Zulage F doplatak *m*
zulassen *erlauben* dopustiti (-pūštati); *zu einer Prüfung* pripustiti (-pūštati); *Tür* ostaviti (-vljati) zatvorenīm; *Auto* registrīrati (*im*)*pf* **zulässig** dopustiv **Zulassung** F dopuštēnje *n*; AUTO registrācija *f*; *Zulassungspapiere* knjižica *f* vozila

zulasten na tẹret (G)
Zulauf M nāvala f
zuletzt naposljẹ̄tku, nạpokōn; *als Letzter* pọsljednjī
zuliebe (D) zạ ljūbav (D)
zumachen zatvọriti (-vạ̄rati); *Augen* zaklọpiti (-klạ̄pati)
zumindest bạrem
zumuten (**j-m** od G **etw** A) zahtijẹ̄vati, trạ̄žiti **Zumutung** F *Unverschämtheit* bezọbraznōst f
zunächst *anfangs* nājprije; *einstweilen* zạsad(a)
Zunahme F povećạ̄nje n
Zuname M prẹzime n
zünden [za-]pạ̄liti
Zündholz N šịbica f **Zündkerze** F svjẹćica f **Zündschlüssel** M kljūč m za pạ̄ljēnje **Zündung** F pạ̄ljēnje n
zunehmen povẹ́ć(ạ̄v)ati se; *dicker werden* [u-]dẹbljati se; **vier Kilo ~** dọbiti (-bīvati) četiri kilograma
Zuneigung F nạ̄klonōst f (**für** D)
Zunge F jẹzik m
zunichtemachen *vereiteln* osụjetiti (-jećīvati)
zunutze: **sich ~ machen** iskọristiti (-rišćīvati, -rištạ̄vati)
zuordnen svṛst(ạ̄v)ati (**zu** u A)
zupfen [iš-]čụpati; *Saiten* prẹbirati
zurechnungsfähig ubrọjiv
zurechtfinden: **sich ~** snạ̄ći (snạlaziti) se **zurechtkommen** ịzići (izlạziti) nạ krāj (**mit** s I); **zurechtmachen** *Bett* sprẹ̄miti (-mati); *verschönern* dọtjerati (-rīvati)
zureden nagọvoriti (-vạ̄rati)
zurück nạtrāg, ụnatrāg; **sie ist noch nicht ~** nīje se jọš vrạ̄tila
zurückbehalten zadṛž(ạ̄v)ati **zurückbekommen** dọbiti (-bīvati) nạtrāg **zurückbleiben** zaọsta(ja)ti **zurückbringen** dọnijēti (-nọsiti) nạtrāg **zurückerstatten** nadọknaditi (-nađīvati); **zurückführen** ọdvesti (-vọditi) ụnatrāg; *fig* **auf etw ~** pripīs(iv)ati (D) **zurückgeben** vrạ̄titi (vrạćati) nạtrāg **zurückgehen** ịći nạtrāg; *abnehmen* ọpasti (ọpadati); **zurückhaltend** suzdṛžljiv **zurückkommen** vrạ̄titi (vrạćati) se (nạtrāg); **zurücklassen** ọstaviti (-vljati) **zurücklegen** *Ware* sačụ̄vati pf; *Theaterkarten* rezervīrati (im)pf; *Weg* prevạ̄liti (-ljīvati); **zurücknehmen** ụzēti (ụzimati) nạtrāg; *fig* opọz(ī)vati **zurückschicken** vrạ̄titi (vrạćati) nạtrāg **zurückstellen** *Uhr* pomạknuti (pọmicati) ụnatrāg; *aufschieben* odgọditi (-gạ̄đati); **zurücktreten** v *Amt* odstụ̄piti (-pati) **zurückweisen** ọdbiti (-bījati); **zurückzahlen** vrạ̄titi (vrạćati) (**Geld** nọvac); *vergelten* vrạ̄titi (vrạćati) mịlo za drạ̄go **zurückziehen** pọvūći (-vlạ̄čiti); **sich ~** pọvūći (-vlạ̄čiti) se
zurufen dovịknuti (-vikīvati)
zurzeit trẹnutāčno
Zusage F obećạ̄nje n

zusagen *j-m etw* obeć(ạv)ati; *bei e-r Einladung* prịsta(ja)ti (na *A*); *gefallen* dọpasti (-padati) se (**j-m** *D*); *schmecken* prijati (**j-m** *D*) **zusammen** skụpa, zạjedno **Zusammenarbeit** F surạdnja *f* **zusammenbrechen** *Brücke* [s-]rụšiti se, ụrušiti (urušạvati) se; *vor Erschöpfung* slọmiti (slạmati) se, kolabīrati (*im*)*pf*; **der Verkehr brach zusammen** dọšlo je do prōmetnōg kọlapsa **Zusammenbruch** M slọm *m*; MED *a* kolaps *m* **zusammenfassen** *fig* sažēti (-žimati) **Zusammenfassung** F sažẹ̄tak *m* **zusammengehören** *Dinge* pripadati jẹdan drugōm(e) **zusammenhalten** V/T [za-] dṛžati na ọkupu **Zusammenhang** M sụvislōst; *im Text* pọvēzānōst *f*; **im ~ mit** u vẹzi s (*I*) **zusammenhängen** bịti povēzān **mit** s (*I*) **zusammenhängend** sụvisao; ADV sụvislo **zusammenkommen** sạsta(ja)ti se **Zusammenkunft** F sạstanak *m* **zusammenleben** žīvjeti zajedno **zusammenpassen** prịstajati jẹdan ụz drugōg **zusammenrechnen** → zusammenzählen **zusammensetzen** sạstaviti (-vljati) **Zusammensetzung** F sạstav *m* **zusammenstellen** sạstaviti (-vljati) **Zusammenstellung** F sạstav *m* **Zusammenstoß** M sụdār *m*; *bewaffneter* sụ̄kob *m* **zusammenstoßen** sụdariti (-rati) se (**mit** s *I*) **zusammentreffen** sạsta(ja)ti se; *Ereignisse* poklọpiti (-klạ̄pati) se **zusammenzählen** zbrọjiti (zbrạjati) **Zusatz** M dodạ̄tak *m*; *Beimengung* prịmjesa *f* **zusätzlich** dọdatnī; ADV dọdatno **Zusatzstoff** M prịmjesa *f* **zuschauen** [pọ-]glẹdati (**j-m** *A*) **Zuschauer(in)** M(F) glẹdatelj *m*, gledatẹljica *f* **zuschicken** [pọ-]slạti **Zuschlag** M dọplatak *m*; BAHN (nạ)dọplata *f* **zuschlagen** *Tür* zạlupiti *pf* (*A od I*); *laut zufallen* zạlupiti se *pf* **zuschließen** zaklјụč(ạv)ati **zuschnüren** [za-, s-]vẹzati **zuschrauben** zavṝnuti (zạvrtati) **Zuschuss** M dọplatak *m* **zuschütten** zatṛp(ạva)ti **zusehen** → zuschauen; **~, dass** glẹdati da... **zusichern** [za-]jạmčiti, [za-] garantīrati **zuspitzen**: **sich ~** *Situation* zaọ̄striti (-štrạ̄vati) se **Zustand** M stạnje *n*; *Situation* (*meist pl*) prịlike *f/pl* **zustande**: **~ kommen** ostvạriti (-īvati) se **zuständig** nạdležan **zustehen** pripasti (-padati) (**j-m** *D*)

zusteigen ụ̄ći (ụlaziti)
zustellen *Tür* zakr̄čiti (-čīvati, -čạ̄vati); *Post* dọstaviti (-vljati)
Zusteller(in) M(F) dostạvljāč *m*, dostavljạčica *f* **Zustellung** F dọstava *f*
zustimmen *recht geben* slọžiti (slạ̄gati) se (**j-m** s *I*); prịst(aj)ati (**e-r Sache** na *A*); **Zustimmung** F *Bejahung* sụglasnōst *f*; *Einverständnis* prịstanak *m*
zustoßen *geschehen* snạ̄ći (snạlaziti) (**j-m** *A*)
Zustrom M prīljev *m*; *v Menschen* nạvala *f*
Zutat F sạ̄stojak *m*, zạ̄čin *m*
zuteilen dodijẹ̄liti (-djeljīvati) (**j-m** *D* **etw** *A*)
zutrauen: **j-m etw ~** očekịvati (*A*) od (*G*)
zutraulich povjẹrljiv
zutreffen *stimmen* bịti tọčan; *passen* odnọsiti se (**auf** *A* na *A*); **zutreffend** tọčan
Zutritt M prịstup *m* (**zu** *D*)
zuverlässig pọuzdān
Zuversicht F pouzdạ̄nje *n* **zuversichtlich** pụn pouzdạ̄nja
zuvor prije
zuvorkommen predụhitriti (-rīvati) (**j-m**, **e-r Sache** *A*); **zuvorkommend** susrẹtljiv
Zuwachs M *Produktionszuwachs* pọrāst *m*; *Bevölkerungszuwachs* prīrast *m*
Zuwanderer(in) M(F) doseljẹ̄nīk *m* (-nica *f*)
zuweisen *Schuld* pripīs(īv)ati; *a* → zuteilen
zuwenden *j-m Aufmerksamkeit* obrạ̄titi (ọbraćati); (*D*) *Rücken* okrẹ̄nuti (okrẹ̄tati); **Zuwendung** F nọvčanā pọtpora *f*; *Beachtung* pạžnja *f*
zuwider ADJ mṛzak **zuwiderhandeln** *e-m Gesetz* prekṛšiti (-šīvati) (*A*)
zuwinken domạ̄hnuti (-hīvati) (**j-m** *D*)
zuziehen *Vorhang* nạvūći (-vlạ̄čiti); *Krankheit* **sich ~** nạvūći (-vlạ̄čiti) (*A*)
zuzüglich uračụnavši
Zwang M *Gewalt* prịsila *f*; **unter ~** pod prịsilōm; *innerer* nạ̄gon *m* **zwanglos** *Beisammensein* neụsiljen
Zwangslage F tẹ̄žak pọložāj *m*, tjẹsnac *m*
zwanzig dvạ̄deset **zwanzigste** dvạ̄deseti
zwar dodụ̄šē; **und ~** ị tō
Zweck M svṛha *f*
zwecklos *nutzlos* bẹskorīstan; *vergeblich* ụzalūdan **zweckmäßig** svrhọvit, svṛsishodan
zwei dvạ̄ *m, n*; dvije *f*
Zwei F dvọ̄jka *f*
Zweibettzimmer N dvọkrevetnā sọba *f*
zweideutig dvọsmislen
zweifach dvọstruk
Zweifel M dvọjba *f*, sụ̄mnja *f*; F **zweifelhaft** sụmnjiv **zweifellos** nedvọjbeno
zweifeln dvọjiti, [po-]sụ̄mnjati (**an** *A* u *A*)
Zweig M grạ̄na *f* **Zweigstelle** F pọdružnica *f*
zweihundert dvjẹsto, dvije

stọtine **zweijährig** dvogọdišnjī **zweimal** dvāput **Zweisitzer** M dvọsjed *m* **zweisprachig** dvọjezičan **zweispurig** *Straße* dvọtračan **zweistöckig** dvọkatan
zweit: **zu ~** ụdvoje
zweite drụgī
zweitens (kạo) drụgo
zweitrangig drugọrāzredan
Zweitwohnung F stān *m* pọvremenōg bọrāvka
Zwerchfell N ọšit *m*, dijafrạgma *f*
Zwerg(in) M(F) patūljak *m*, patụljica *f*
Zwetschge F šljiva *f*
zwicken uštīnuti *pf*, štīpnuti (-pati)
Zwieback M dvọpek *m*
Zwiebel F lụk *m*; *Blumenzwiebel* lukovica *f*
zwielichtig sụmnjiv, mūtan
zwiespältig prọturječan, prọtuslōvan
Zwilling M blizānac; **~e** *pl* blizānci *m/pl* (*a* ASTRON)
zwingen prisiliti (-ljāvati), primọr(āv)ati (**zu** na *A*)
zwinkern mịgnuti (-gati)
Zwirn M kọnac *m*
zwischen *wohin?* (*A*) među (*A*); *wo?* (*D*) među (*I*), između (*G*)
Zwischendeck N međupạluba *f*
zwischendurch pọvremeno
Zwischenfall M izgrēd *m*, incịdent *m* **Zwischenlandung** F međuslijētānje *n*; **ohne ~** bez prēkida lętēnja
Zwischenruf M ụpadica *f*
Zwischenzeit F: **in der ~** u međuvrẹmenu
zwitschern [za-]cvrkụtati
zwölf dvānaest
Zwölffingerdarm M dvānaesnīk *m*, dvanaestērac *m*
Zyklus M cịklus *m*
Zylinder M TECH cilịndar *m*; MATH vāljak *m*
zynisch cịničan
Zypern N Cịpar *m*
Zypresse F čẹmpres *m*
zypriotisch cịparskī

Sprachführer

Das Allerwichtigste

Guten Tag!	**Dobar dan!**
Guten Abend!	**Dobra večer!**
Auf Wiedersehen!	**Doviđenja!**
Bitte!	**Molim!**
Danke!	**Hvala!**
Nichts zu danken!	**Nema na čemu!**
Ja!	**Da!**
Nein!	**Ne!**
Entschuldigung!	**Oprosti(te)!**
In Ordnung!	**U redu!**
Hilfe!	**U pomoć!**
Wir brauchen schnell ärztliche Hilfe!	**Treba nam brzo liječnička pomoć!**
Rufen Sie schnell einen Krankenwagen!	**Zovite brzo hitnu pomoć!**
Wo ist die Toilette?	**Gdje je toalet?**
Wann?	**Kada?**
Was?	**Što?**
Wo ist ...?	**Gdje je ...?**
Wo gibt es ...?	**Gdje ima ...?**
Hier.	**Ovdje.**

Dort.	**Tamo.**
Rechts.	**Desno.**
Links.	**Lijevo.**
Geradeaus.	**Ravno.**
Heute.	**Danas.**
Morgen.	**Sutra.**
Haben Sie …?	**Imate li …?**
Ich möchte …	**Želim …**
Was kostet das?	**Koliko stoji ovo?**
Ich will nicht.	**Ne želim.**
Ich kann nicht.	**Ne mogu.**
Einen Moment bitte.	**Trenutak molim.**
Lassen Sie mich in Ruhe!	**Ostavite me na miru!**

Verständigung

Da li ste razumjeli? / Da li si razumio *(m)* **/ razumjela?** *(f)*	Haben Sie / Hast du verstanden?
Ich habe verstanden.	**Razumio sam.** *(m)* / **Razumjela sam.** *(f)*
Ich habe das nicht verstanden.	**Nisam to razumio.** *(m)* / **Nisam to razumjela.** *(f)*
Sagen Sie es bitte noch einmal.	**Recite to još jedanput, molim Vas.**
Bitte sprechen Sie etwas langsamer.	**Govorite malo sporije, molim Vas.**
Bitte schreiben Sie mir das auf!	**Zapišite mi to, molim Vas.**

Small Talk

Wie heißen Sie / heißt du?	**Kako se zovete / zoveš?**
Ich heiße …	**Zovem se …**
Woher kommen Sie / kommst du?	**Otkuda ste / si?**
Ich komme aus …	**Ja sam iz …**
Deutschland.	**Njemačke.**
Österreich.	**Austrije.**
der Schweiz.	**Švicarske.**
Wie alt sind Sie / bist du?	**Koliko godina imate / imaš?**
Ich bin … Jahre alt.	**Imam … godina.**
Was machen Sie / machst du beruflich?	**Što ste / si po zanimanju?**
Ich bin … (Ich arbeite als …)	**Ja sam … (Radim kao …)**
Sind Sie / bist du zum ersten Mal hier?	**Da li ste / si ovdje prvi put?**
Nein, ich war schon zweimal / mehrmals in Kroatien.	**Ne, već sam bio** *(m)* **/ bila** *(f)* **dva / više puta u Hrvatskoj.**
Wie lange sind Sie / bist du noch hier?	**Kako dugo ste / si još ovdje?**
Noch eine Woche / zwei Wochen.	**Još tjedan dana. / Još dva tjedna.**
Gefällt es Ihnen / dir hier?	**Da li Vam / ti se sviđa ovdje?**
Es gefällt mir sehr (gut).	**Jako mi se sviđa.**

Unterwegs ...

Entschuldigung, wo ist ... ?	**Oprostite, gdje je ...?**
Wie komme ich nach ...?	**Kako mogu doći do ...?**
Wie komme ich zur Autobahn?	**Kako mogu doći do autoceste?**
Wie komme ich am schnellsten / am billigsten ...?	**Kako mogu najbrže / najjeftinije doći ... ?**
zum Bahnhof?	**do kolodvora?**
zum Busbahnhof?	**do autobusnog kolodvora?**
zum Flughafen?	**do zračne luke?**
zum Hafen?	**do luke?**
in die Innenstadt?	**do centra?**
Morate natrag.	Sie müssen zurück.
Ravno.	Geradeaus.
Na desno.	Nach rechts.
Na lijevo.	Nach links.
Najbolje taksijem.	Am besten mit dem Taxi.

... und über Nacht

Ich habe bei Ihnen ein Zimmer reserviert.	**Rezervirao** *(m)* **/ rezervirala** *(f)* **sam sobu kod Vas.**
Mein Name ist ...	**Zovem se ...**
Hier ist meine Bestätigung.	**Ovdje je moja potvrda.**
Mogu li dobiti Vaš vaučer?	Dürfte ich bitte Ihren Gutschein haben?
Haben Sie ein Doppelzimmer /	**Da li imate slobodnu**

Einzelzimmer frei ...?	**dvokrevetnu / jednokrevetnu sobu ...?**
für eine Nacht / für ... Nächte?	**za jednu noć / za ... noći?**
mit Bad / Dusche und WC?	**s kadom / tušem i WC-om?**
mit Blick aufs Meer?	**s pogledom na more?**
Nažalost smo prebukirani.	Leider sind wir ausgebucht.
Sutra / ...-og će se osloboditi jedna soba.	Morgen / Am ... wird ein Zimmer frei.
Molim račun.	Die Rechnung bitte.
Wie viel kostet es ...?	**Koliko stoji ... ?**
mit / ohne Frühstück?	**s doručkom? / bez doručka?**
mit Halbpension / Vollpension?	**puni pansion / polupansion?**

Shopping

Wo bekomme ich ...?	**Gdje mogu dobiti ... ?**
Što želite?	Was möchten Sie?
Mogu li Vam pomoći?	Kann ich Ihnen helfen?
Danke, ich sehe mich nur um.	**Hvala, samo razgledavam.**
Ich werde schon bedient.	**Hvala, već sam naručio** (*m*) **/ naručila** (*f*)**.**
Imate li ...?	Haben Sie ...?
Htio / Htjela bih ...	Ich hätte gerne ...
jednu bocu vode.	eine Flasche Wasser.
Oprostite, nemamo više ...	Es tut mir leid, wir haben keine ... mehr.
Was kostet (kosten) ...?	**Koliko stoji (stoje) ... ?**

Das gefällt mir (sehr). — **Ovo mi se (jako) sviđa.**
Ich nehme es. — **Uzet ću.**
Da li trebate još nešto? — Darf es sonst noch etwas sein?
Danke, das ist alles. — **Hvala, to je sve.**
Kann ich mit dieser Kreditkarte bezahlen? — **Da li mogu platiti ovom kreditnom karticom?**

Im Restaurant

Die Karte bitte. — **Jelovnik, molim.**
Što želite piti / jesti? — Was möchten Sie trinken / essen?
Ich möchte … — **Želim …**
ein Glas Rotwein. — **čašu crnog vina.**
eine Flasche Weißwein. — **bocu bijelog vina.**
ein großes / kleines Bier. — **veliko / malo pivo.**
Haben Sie vegetarische Gerichte? — **Da li imate vegetarijanskih jela?**

Želite li predjelo / desert? — Möchten Sie eine Vorspeise / einen Nachtisch?

Je li Vam prijalo? — Hat es Ihnen geschmeckt?
Danke, sehr gut. — **Hvala, bilo je odlično.**
Ich möchte zahlen. — **Želim platiti.**

Jelovnik | Speisekarte

Juhe | Suppen

Juha od povrća	Gemüsesuppe
Goveđa juha	Rindersuppe
Pileća juha	Hühnersuppe
Krem juha od gljiva	Pilzcremesuppe
Krem juha od šparoga	Spargelcremesuppe
Juha od rajčice	Tomatensuppe
Riblja juha	Fischsuppe
Juha sa štruklima	Suppe mit Štrukli (*Quarkstrudel*)

Hladna predjela | Kalte Vorspeisen

Svježi kravlji sir s kiselim vrhnjem	Frischkäse aus Kuhmilch mit Sauerrahm
Slavonski kulen	Slawonische Kulen-Wurst
Dalmatinski pršut	Dalmatinischer Rohschinken
Salata od hobotnice	Tintenfischsalat
Paški sir	Pager Käse

Topla predjela | Warme Vorspeisen

Rižoto s gljivama	Risotto mit Pilzen
Rižoto s lignjama	Risotto mit Kalmaren
Rižoto s plodovima mora	Risotto mit Meeresfrüchten
Crni rižoto	Schwarzer Tintenfischrisotto

Rižoto s povrćem	Gemüserisotto
Pohani šampinjoni	Panierte Champignons
Pohane bukovače	Panierte Austernpilze
Pohani sir	Panierter Käse
Omlet s gljivama	Omelette mit Pilzen
Omlet sa sirom	Omelette mit Käse
Omlet sa šunkom	Omelette mit Schinken
Zapečeni štrukli	Überbackene Štrukli (*Quarkstrudel*)

Glavna jela | Hauptspeisen

Fuži s tartufima	Nudelgericht mit Trüffeln
Ćevapčići	Cevapcici (*Röllchen aus gegrilltem Hackfleisch*)
Ražnjići	Spießchen
Pljeskavica	Hackbeefsteak
Lungić	Rinderfilet
Biftek	Beefsteak
Bečki odrezak	Wiener Schnitzel
Zagrebački odrezak	Zagreber Schnitzel (*Wiener Schnitzel gefüllt mit Schinken und Käse*)
Purica s mlincima	Pute mit Mlinci (*dünne Teigblätter als Beilage*)
Teleći steak	Kalbssteak
Janjetina	Lammfleisch
Punjena paprika	Gefüllte Paprika
Sarma	Krautwickel

Pastrva na žaru	Forelle vom Grill
Šaran	Karpfen
Fišpaprikaš	*Slawonische Fischsuppe*
Brodet	*Dalmatinisches Fischgericht*
Škampi	Scampi; Garnelen
Bakalar	Dorsch
Pržene lignje	Gebratene Kalmare
Punjene lignje	Gefüllte Kalmare
Dalmatinska pašticada	*Dalmatinische Spezialität aus Kalbsfleisch*

Prilozi | Beilagen

Pečeni krumpir	Bratkartoffeln
Pomfrit	Pommes frites
Krumpir pire	Kartoffelpüree
Riža	Reis
Njoki	Gnocchi
Okruglice	Knödel
Blitva na dalmatinski	Mangold auf dalmatinische Art
Povrće na žaru	Gemüse vom Grill
Kruh	Brot
Zelena salata	Kopfsalat
Miješana salata	Gemischter Salat
Salata od rajčica	Tomatensalat
Salata od kupusa	Krautsalat
Sezonska salata	Salat der Saison

Deserti | Desserts

Kremšnite	Cremeschnitte
Palačinke	Pfannkuchen
s marmeladom	mit Marmelade
s čokoladom	mit Schokolade
s orasima	mit Walnüssen
Rožata	*Dalmatinische Karamellcreme*
Štrudla od jabuka	Apfelstrudel
Štrudla od sira	Quarkstrudel
Makovnjača	Mohnkuchen
Orehnjača	Walnusskuchen
Torta od čokolade	Schokoladentorte
Voćna torta	Obsttorte
Voćna salata	Fruchtsalat
Sladoled	Eis

Pića | Getränke

Bezalkoholna pića | Nichtalkoholische Getränke

Voda	Wasser
Mineralna voda	Mineralwasser
Sok od jabuke	Apfelsaft
Sok od naranče	Orangensaft
Sok od marelice	Aprikosensaft
Sok od breskve	Pfirsichsaft

Sok od borovnice	Blaubeersaft
Sok od višnje	Sauerkirschsaft
Sok od rajčice	Tomatensaft
Limunada	Limonade
Ledeni čaj	Eistee

Alkoholna pića | Alkoholische Getränke

Pivo	Bier
malo pivo	kleines Bier *(0,33 l)*
veliko pivo	großes Bier *(0,5 l)*
Točeno pivo	Bier vom Fass
Bezalkoholno pivo	alkoholfreies Bier
Vino	Wein
Crno vino	Rotwein
Bijelo vino	Weißwein
Rosé	Rosé
Gemišt	Gespritzter Weißwein
Travarica	Kräuterschnaps
Lozovača	Grappa
Šljivovica	Zwetschgenschnaps, Sliwowitz
Viljamovka	Birnenschnaps
Medovača	Honigschnaps
Pelinkovac	Kräuterlikör

Topli napici | Warme Getränke

Kava	Kaffee
Kava s mlijekom	Kaffee mit Milch
Bijela kava	Milchkaffee
Kava sa šlagom	Kaffee mit Schlagsahne
Kapučino	Cappuccino
Kakao	Kakao
Mlijeko	Milch
Čaj	Tee

Zahlen | Brojevi

Grundzahlen | Glavni brojevi

0 *nula* null
1 *jedan* (*jedna f, jedno n*) eins
2 *dvā* (*dvije f, dvā n*) zwei
3 *trī* drei
4 *četiri* vier
5 *pēt* fünf
6 *šēst* sechs
7 *sedam* sieben
8 *osam* acht
9 *devet* neun
10 *deset* zehn
11 *jedanaēst* elf
12 *dvānaēst* zwölf
13 *trīnaest* dreizehn
14 *četrnaest* vierzehn
15 *petnaēst* fünfzehn
16 *šesnaēst* sechzehn
17 *sedamnaēst* siebzehn
18 *osamnaēst* achtzehn
19 *devetnaest* neunzehn
20 *dvādeset* zwanzig
21 *dvādeset i jedan* einundzwanzig
22 *dvādeset i dvā* zweiundzwanzig
23 *dvādeset i trī* dreiundzwanzig
30 *trīdeset* dreißig
31 *trīdeset i jedan* einunddreißig
40 *četrdesēt* vierzig
41 *četrdesēt i jedan* einundvierzig
50 *pedesēt* fünfzig
51 *pedesēt i jedan* einundfünfzig
60 *šezdesēt* sechzig
61 *šezdesēt i jedan* einundsechzig
70 *sedamdesēt* siebzig
71 *sedamdesēt i jedan* einundsiebzig
80 *osamdesēt* achtzig
81 *osamdesēt i jedan* einundachtzig
90 *devedesēt* neunzig
91 *devedesēt i jedan* einundneunzig
100 *stō* (ein)hundert
101 *stō i jedan* hunderteins
200 *dvjesto, dvije stotinē* zweihundert
300 *tristo, trī stotinē* dreihundert
400 *četiristō, četiri stotinē* vierhundert
500 *pētstō, pēt stotinā* fünfhundert
572 *pētstō sedamdesēt i dvā* fünfhundertzweiundsiebzig
1000 *tisuća* (ein)tausend
1966 *tisuću devetstō šezdesēt i šēst* tausendneunhundertsechsundsechzig, neunzehnhundertsechsundsechzig
2 000 *dvije tisuće* zweitausend
1 000 000 *milijūn* eine Million
2 000 000 *dvā milijūna* zwei Millionen
1 000 000 000 *milijārda* eine Milliarde
10^{12} *bilijūn* eine Billion
10^{15} *bilijārda* eine Billiarde

Ordnungszahlen | Redni brojevi

1. *pȓvī* erste
2. *drùgī* zweite
3. *trȅćī* dritte
4. *čȅtvrtī* vierte
5. *pȇtī* fünfte
6. *šȇstī* sechste
7. *sȅdmī* siebente
8. *ȍsmī* achte
9. *dèvētī* neunte
10. *dèsētī* zehnte
11. *jedànaestī* elfte
12. *dvànaestī* zwölfte
13. *trìnaestī* dreizehnte
14. *četrnaestī* vierzehnte
15. *pètnaestī* fünfzehnte
16. *šèsnaestī* sechzehnte
17. *sedàmnaestī* siebzehnte
18. *osàmnaestī* achtzehnte
19. *devètnaestī* neunzehnte
20. *dvàdesētī* zwanzigste
21. *dvàdesēt pȓvī* einundzwanzigste
22. *dvàdesēt drugī* zweiundzwanzigste
23. *dvàdesēt trèćī* dreiundzwanzigste
30. *trìdesētī* dreißigste
31. *trìdesēt pȓvī* einunddreißigste
40. *četrdèsētī* vierzigste
41. *četrdèsēt pȓvī* einundvierzigste
50. *pedèsētī* fünfzigste
51. *pedèsēt pȓvī* einundfünfzigste
60. *šezdèsētī* sechzigste
61. *šezdèsēt pȓvī* einundsechzigste
70. *sedamdèsēti* siebzigste
71. *sedamdèsēt pȓvī* einundsiebzigste
80. *osamdèsētī* achtzigste
81. *osamdèsēt pȓvī* einundachtzigste
90. *devedèsētī* neunzigste
91. *devedèsēt pȓvī* einundneunzigste
100. *stȍtī* hundertste
101. *stȏ pȓvī* hundert(und)erste
200. *dvjèstōtī* zweihundertste
300. *trìstòtī* dreihundertste
572. *pètstō sedamdèsēt ì drugī* fünfhundertzweiundsiebzigste
1 000. *tìsuć(it)ī* tausendste
2 000. *dvìjetisuć(it)ī* zweitausendste
100 000. *stȏ tìsuć(it)ī* hunderttausendste
1 000 000. *milijūntī* millionste

Abkürzungen und Symbole | Kratice i simboli

a	auch	i, također
A	Akkusativ	akuzativ
ABK, *abk*	Abkürzung	kratica
ADJ, *adj*	Adjektiv	pridjev
ADV, *adv*	Adverb	prilog
AGR	Landwirtschaft	poljoprivreda
ANAT	Anatomie	anatomija
ARCH	Architektur	arhitektura
ART, *art*	Artikel	član
ASTRON	Astronomie, Astrologie	astronomija, astrologija
AUTO	Auto	auto
BAHN	Eisenbahn	željeznica
BIOL	Biologie	biologija
BOT	Botanik	botanika
CHEM	Chemie	kemija
D	Dativ	dativ
e-e	eine	neka
ELEK	Elektrizität, Elektrotechnik	elektricitet, elektrotehnika
e-m	einem	nekome
e-n	einen	neki, nekog
enkl	enklitisch	enklitično
e-r	einer	neki
e-s	eines	neko
etw	etwas	nešto
F, *f*	Femininum	imenica ženskog roda

N	Nominativ	nominativ
N, *n*	Neutrum	imenica srednjeg roda
neg!	wird als beleidigend empfunden	smatra se uvredom
NUM, *num*	Zahlwort	broj
od	oder	ili
österr	österreichisch	austrijski
pers	Person	lice
PERS PRON	Personalpronomen	lična zamjenica
PF, *pf*	perfektives Verb	svršeni glagol
PHILOS	Philosophie	filozofija
PHYS	Physik	fizika
PL, *pl*	Plural	množina
POL	Politik	politika
poss	possessiv	posvojni
präs	Präsens	prezent
prät	Präteritum	preterit
PRON, *pron*	Pronomen	zamjenica
PRP, *prp*	Präposition	prijedlog
PSYCH	Psychologie	psihologija
®	eingetragene Marke	registrirani zaštitni znak
refl	reflexiv	povratan
reg	regional	regionalno
REL	Religion	religija
rel	relativ	odnosan
SCHIFF	Schifffahrt	plovidba
schweiz	schweizerisch	švicarski
SG, *sg*	Singular	jednina
SPORT	Sport	sport
SUBST, *subst*	Substantiv	imenica